仁化年鉴

2017

仁化年鉴编纂委员会　编

方志出版社
Publishing House of Local Records

图书在版编目（CIP）数据

仁化年鉴．2017 / 仁化年鉴编纂委员会编．—北京：方志出版社，2017.11
ISBN 978-7-5144-2706-6

Ⅰ．①仁… Ⅱ．①仁… Ⅲ．①仁化县—2017—年鉴 Ⅳ．①Z526.54

中国版本图书馆CIP数据核字（2017）第287581号

仁化年鉴（2017）

编　　者：仁化年鉴编纂委员会
责任编辑：章　瑾
出 版 人：冀祥德
出 版 者：方 志 出 版 社
地址　北京市朝阳区潘家园东里9号（国家方志馆4层）
邮编　100021
网址　http：//www.fzph.org
发　　行：方志出版社图书经销中心
电话（010）67110500
经　　销：各地新华书店
印　　刷：韶关市新华宏达印务有限公司
开　　本：889×1194　1/16
印　　张：41.625
字　　数：927千字
版　　次：2017年11月第1版　2017年11月第1次印刷
印　　数：0001~1000册
ISBN 978-7-5144-2706-6　定价：280.00元

编 辑 说 明

一、《仁化年鉴（2017）》以马克思列宁主义、毛泽东思想、邓小平理论、“三个代表”重要思想、科学发展观、习近平新时代中国特色社会主义思想为指导，坚持辩证唯物主义和历史唯物主义的立场、观点和方法，全面、系统地记述仁化县自然、政治、经济、文化、社会等方面基本面貌和发展情况，为社会各界和海内外人士了解和研究仁化提供全面、真实、准确的年度资料性文献。

二、《仁化年鉴（2017）》采用分类编辑法，主体内容设类目、分目、条目三个结构层次，以条目为表现内容的基本形式。全书条目的标题统一用黑体加【 】表示，少数包含多方面资料的条目则在文内用楷体标题标明各段内容的主题。

三、《仁化年鉴（2017）》着重反映2016年仁化县经济社会发展基本情况。全书分正文和彩页两大部分，正文内容由特辑、大事要闻、仁化概貌、行业专文、中央省市驻仁化单位、镇（街道）概况、先进单位先进个人、社会经济统计资料、附录、索引等组成，共33个类目191个分目1170个条目，计927千字；彩页主要反映年内全县政务活动（部分内容适当下延至2017年）。

四、本年鉴所录资料，分别由县域各有关部门负责提供，并经各撰稿单位领导审核。附录所选文献均照录原文。文中“党”除特别说明，均指“中国共产党”。统计数据以县统计局提供的“社会经济统计资料”为准。文中“上年”指“2015年”，计量单位除亩产量用“亩”外，其余用法定单位。

五、本年鉴稿件撰稿人姓名署于条目之后，若连续两个以上条目均由同一人撰写，则在最后一个条目下署名。

仁化年鉴编纂委员会

名誉主任： 林国华（中共仁化县委书记）

主　　任： 周小明（中共仁化县委副书记、县人民政府县长）

副 主 任： 邱志坚（中共仁化县委常委、县委办主任、县委统战部部长）

包伟红（仁化县人民政府副县长）

成　　员： 邓志立　祝向恩　徐诚林　李伟强　林志平

李庆云　黎　明　易永恒　罗有发　罗金宝

陈新华　邓又进　刘贤琴　刘华兴　温宇军

邓诗常　马甲娣　梁　炜　廖永香　梁伟军

肖润华　刘秀琼　邬立雄　谭卫东　钟文辉

刘　强　龚国雄

仁化年鉴编辑部

主　　编： 徐诚林

副 主 编： 彭丽云　谢嘉文

编　　辑： 刘小东　陈　琳　王燕燕

《仁化年鉴（2017）》撰稿人名单

（按姓氏笔画为序）

王加平　王建玲　王燕燕　仇旭君　文小平　邓立权　邓刘军　邓炜斌　邓贵胜　邓健贵
邓盛明　邓堂忠　邓新辉　邓慧华　龙　飞　叶　青　叶仲林　叶建平　叶莉华　叶莉华
叶惠娟　宁家红　朱应杰　朱家强　朱福娣　华少滨　刘　勇　刘　逸　刘　志　刘大旺
刘庆华　刘志勇　刘志强　刘春香　刘树永　刘俊文　刘美军　刘艳凤　刘晓霞　刘娟宁
农兰君　李　奇　李　荣　李　健　李　婷　李子春　李月煌　李伟忠　李庆云　李兴歌
李诗怡　杨舒明　连柳娇　肖润华　吴　琼　吴舟红　吴孙强　吴春松　吴莉莉　吴静涛
岑浩祺　邱云辉　邱少芸　邱璟宜　何为亲　何光理　余健勇　邹　武　邹健伟　宋嘉荣
张水甜　张水甜　张双明　张国辉　张相群　张秋利　张雪琴　张路强　张静怡　张燕梅
陈　欣　陈丽娟　陈贤坤　陈诗华　陈铁雄　陈润娟　范　全　范　琦　林龙田　欧阳剑蔚
易　佳　罗　姗　罗　虹　罗永芳　罗有发　罗润桃　罗培槐　罗楚红　周文斌　周庆国
周国明　周鹏举　郑玉江　郑菊霞　钟　坚　侯文斌　侯燕梅　姚以凯　袁　虹　聂　超
徐志勇　郭　粤　郭六生　唐　军　黄仁烽　黄伟华　黄秀青　黄林珍　黄敦雄　黄福成
龚国雄　崔　鑫　彭艳芳　彭晓婉　彭僖华　董育娜　董朝元　董朝元　童凌云　曾凡文
曾晓榕　温观华　温杨明　温荣生　谢纪根　谢明清　谢翊辉　谢嘉文　蓝传宝　蒙万长
蒙万胜　雷　清　蔡君兰　谭芳苗　谭玮玲　谭建华　谭细远　谭梅兰　谭彩林　谭紫鹏
谭德永　黎学荣　黎奎芳

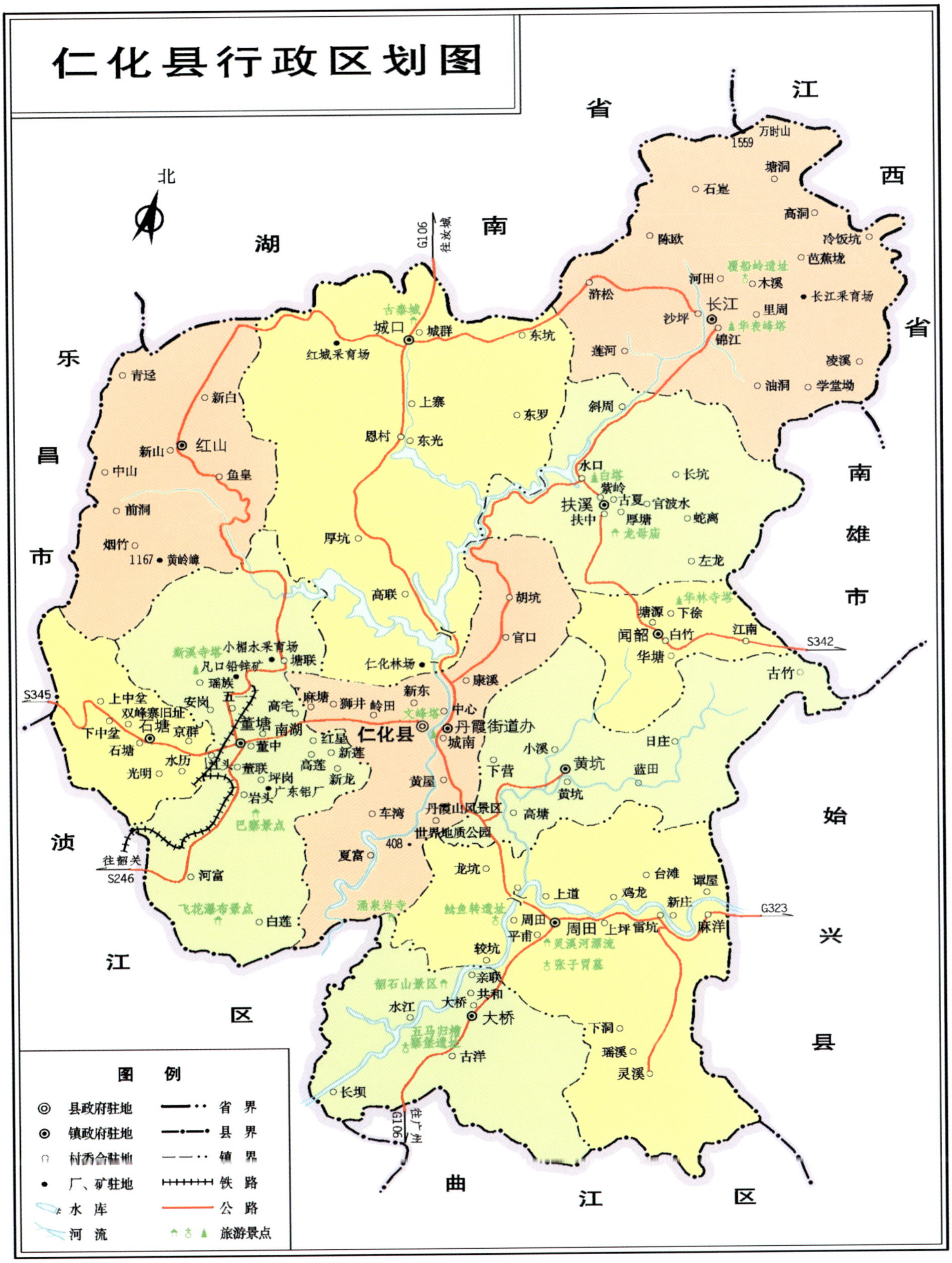

出自广东省地图出版社2009年出版的《韶关市地图册》审图号：粤（S2009）013号

数字仁化2016

土地面积222321.98公顷

年末常住人口20.9万人

年末户籍总人口244703人

地区生产总值1022128万元

第一产业增加值206407万元

第二产业增加值356752万元

全部工业增加值327639万元

第三产业增加值458969万元

第一、第二、第三产业构成20.2:34.9:44.9

人均地区生产总值49082元

全社会固定资产投资637496万元

货物周转量万吨92280/公里

社会消费品零售总额304816万元

实际利用外商直接投资82万美元

地方财政一般预算收入62767万元

地方财政一般预算支出226410万元

国家税收收入13022万元

地方税收收入22199万元

城乡居民储蓄存款余额629800万元

城镇居民人均可支配收入23374元

农村居民人均纯收入13919元

城镇居民家庭恩格尔系数37.7%

医院、卫生院床位750张

2016年12月2日，国家旅游局局长李金早到丹霞山调研。图为李金早（右五）在丹霞山地质博物馆听取讲解员介绍丹霞山地质概况和生态保护情况

（县政府办 供稿）

图为2016年4月15日，广东省人民政府副省长许瑞生（前左二）在中共韶关市委书记江凌（前右二）等陪同下察看仁化县石塘古村保护建设情况

（张伟 摄）

2016年8月9日，广东省人民政府副省长邓海光（前左三）带领省直有关部门到周田镇平甫村调研“精准扶贫”工作，中共韶关市委书记江凌（左四）仁化县长王晓梅（左一）等陪同参加调研。图为在平甫村调研现场

（县农业局 供稿）

2016年1月7日，广东省环保厅副厅长李晖（右二）一行到仁化县开展环保工作调研，韶关市环保局局长谭启源陪同调研，中共仁化县委书记刘锋、分管环保副县长张元展及县环保局中层以上干部参加座谈会

（刘韶俊 摄）

2016年1月13日，广东省综治办专职副主任邓远强（右二）调研指导仁化县“干群会客厅”工作，中共仁化县委书记刘锋（右一）陪同调研

（邱文凤 摄）

2016年9月1日，广东省委农办主任陈祖煌（前左一）在中共仁化县委书记刘锋（前左二）陪同下，到仁化县大桥镇调研“丹霞彩虹”新农村建设工作。图为在大桥村委会调研现场

（县农业局 供稿）

2016年2月21日，中共韶关市委书记江凌（右三）到仁化县调研指导新农村建设工作。江凌一行在中共仁化县委书记刘锋（右二）、县长王晓梅（右一）陪同下实地察看瑶塘新村建设情况。图为在瑶塘新村调研现场

（县农业局 供稿）

2016年2月21日，中共韶关市委书记江凌（左二）调研指导仁化县“干群会客厅”工作，中共仁化县委书记刘锋（左一）陪同调研

（邱文凤 摄）

2016年4月21日，中共韶关市委书记江凌（右二）到丹霞街道调研时，与街道相关负责人交谈

（丹霞街道 供稿）

2016年10月12日，韶关市人民政府市长骆蔚峰到仁化县调研经济和丹霞山改革工作。图为骆蔚峰（右五）在仁化县城至丹霞山绿道一期项目工程调研

（龙全明 摄）

2016年1月26日，仁化县"'悠游仁化 携手美团途家'互联网+旅游推介会"在仁化县城召开

（谭凯 摄）

2016年3月31日，仁化县分级诊疗工作启动会议在县卫计局召开

（县卫计局 供稿）

2016年5月31日，在仁化县石塘镇石塘村举行国家AAA级旅游景区——石塘古村揭牌仪式

（龙全明 摄）

2016年3月23日，仁化县人民政府、中国联合网络通信有限公司韶关市分公司在仁化县举行推进“互联网+”合作框架协议签约仪式

（联通仁化分公司 供稿）

2016年6月17日，仁化县土壤修复现场观摩会在董塘镇高宅村召开

（县农业技术推广中心 供稿）

2016年6月30日，中共仁化县委常委、常务副县张元展（左）颁发仁化县第一本不动产登记证

（温杨明 摄）

2016年7月21-25日，世界地质公园执行局专家到丹霞山实地开展中期评估

（刘加青 摄）

2016年8月30日至9月2日，“永远的丰碑 光辉的历程——韶关市纪念建党95周年图片巡回展（仁化站）”在县体育馆开展

（龙全明 摄）

2016年9月9日，《仁化县旅游发展总体规划（2016—2025）》专家评审会在仁化县锦城宾馆召开

（谭凯 摄）

2016年12月30日，仁化县举行首届农业生态博览会活动启动仪式

（县农业局 供稿）

2016年2月24—26日，仁化县第十四届人民代表大会第六次会议在仁化县政府礼堂召开

（黄林珍 摄）

2016年3月3日，仁化县2016年环境保护工作会议在县政府礼堂2楼会议室召开

（刘韶俊 摄）

2016年3月17日，仁化县电子商务行业协会成立大会召开

（丹霞街道 供稿）

2016年4月7日，仁化县委政法暨信访工作会议在县政府礼堂召开

（县政法委办公室 供稿）

2016年7月8日，仁化县召开全县“精准扶贫、精准脱贫”工作会议

（县农业局 供稿）

2016年7月13日，仁化县县镇人大换届选举工作会议在县政府礼堂2楼会议室召开

（黄林珍 摄）

2016年10月14日，仁化县全县基层工作会议在县政府礼堂召开

（龙全明 摄）

2016年10月24—26日，中国人民政治协商会议仁化县第十一届委员会第一次全体会议在县政府礼堂召开

（龙全明 摄）

2016年10月25—28日，仁化县第十五届人民代表大会第一会议在县政府礼堂召开

（黄林珍 摄）

2016年11月24日，仁化县创建全国县级文明城市2016年度测评工作汇报会在县政府礼堂召开

（龙全明 摄）

2016年1月18日，仁化县首届“冬笋王”比赛在县林业局举行

（县林业局 供稿）

2016年3月28日，2016仁化县“锦江欢歌”广场文化系列活动之第二届仁化县道德模范现场交流活动在县城文化广场举行

（龙全明 摄）

2016年7月10日，2016献血古驿道定向大赛（韶关·仁化站）开幕式在仁化县石塘古村举行

（龙全明 摄）

2016年7月30日，2016仁化县首届荷花垂钓旅游文化节在董塘镇举办

（谭凯 摄）

2016年9月25日，“百名文化记者走进粤北重走长征路”记者在城口镇红军走访

（城口镇 供稿）

2016年11月19日，“2016年一带一路汽车集结赛暨献血古驿道文化万里行”在仁化县石塘古村举行

（何为君 摄）

2016年11月19日，南粤古驿道定向大赛系列活动之“醉美历史古镇 穿越红色石塘”趣味定向大赛在石塘镇举行

（龙全明 摄）

2016年12月2日，第三届仁化县黄坑贡柑电商旅游文化节在宝能丹霞山国际旅游度假村举行

（县政府办 供稿）

2016年6月13日，仁新高速公路全线首座隧道城口镇五里亭隧道双幅全线贯通

（县高速建设指挥部 供稿）

2016年10月9日，广东省高速公路下穿铁路最大跨径（四孔并行50米）框架桥梁——武（汉）深（圳）高速公路仁化至博罗段下穿赣韶铁路框架桥圆满完成施工

（县高速建设指挥部 供稿）

锦江电力开发总公司

JINJIANGDIANLIKAIFAZONGGONGSI

锦电公司党总支组织全体党员召开第七届委员会选举大会

锦江电力开发总公司是仁化县属国有中型水电企业，主要负责锦江梯级电站的开发和经营管理工作，机组总装机容量4.266万千瓦，固定资产总值6.13亿元，现有职工总人数363人。总公司设行政办、党办、生技科、财务科4个科室，下辖锦江电厂、黄屋电站、丹霞电站、瑶山电站、九龙岩电站、塘洞电站6个厂站。从1993年锦江电厂首台机组并网发电到2017年，共发电36.164亿千瓦时，发电收入14.611亿元，上缴财税5.431亿元。该公司先后获得"全国优秀水利企业"、"全国模范职工之家"、"全国职工书屋"（公司图书室）、"2010年-2011年度国家守合同重信用企业"、"2014-2015年度'国家守合同重信用'企业"，连续三届省"文明单位"、"全国'安康杯'竞赛广东赛区优胜企业"、"广东省先进集体"、"广东省模范职工之家"、"广东省国有企业'四好'领导班子创建活动先进单位"、"广东省企业思想政治工作先进单位"、"广东省扶贫开发'规划到户、责任到人'工作优秀单位"、"广东省守合同重信用企业"等荣誉称号。

瑶山电站计算机监测监控系统改造现场

黄屋电站2#机组转轮增效改造现场

丹霞电站1#机组定子增容改造现场

仁化县地方税务局

RENHUAXIANDIFANGSHUIWUJU

省局党组成员、副局长杨荣华（左三）一行到仁化县地税局开展调研及慰问基层一线工作人员

市局党组成员、副局长彭峰彪（右三）率队到仁化县地税局开展营改增巡查督查工作

仁化县地方税务局成立于1994年9月,是主管仁化县地方税务工作的正科级行政单位。内设办公室、人事教育股、监察室、思想政治工作办公室、征收管理股、税政股、纳税服务股、税收研究会八个职能股室；一个直属单位稽查局，一个事业单位规费服务中心，下辖城区、董塘、周田、长江、城口五个基层税务分局。主要负责营业税、企业所得税、个人所得税、资源税、房产税、城镇土地使用税、城市维护建设税、印花税、土地增值税、车船税、契税、耕地占用税等十二个税种和社保费、教育费附加、地方教育附加、文化事业建设费、残疾人就业保障金、堤围防护费、工会经费、价格调节基金等八项规费的征收管理，2016年5月起，全面实施“营改增”。2016年，有在职干部职工92人，大专以上学历88人，占总人数的95.65%。

2016年，仁化县地方税务局在仁化县委、县政府和韶关市地方税务局的正确领导下，深入贯彻党的十八大、十八届三中、四中、五中、六中全会精神及习近平总书记系列讲话精神，努力克服税费收入任务基数高、新增税源少、营改增全面实施、减税清费政策密集出台等减收因素，及早谋划、主动作为、严征细管，圆满完成收入预期目标。全年累计组织税费收入6.60亿元，其中：税收收入3.44亿元，比去年同期减收6146万元，下降15.17%，剔除营改增影响可比增长6.16%，完成全年市局预期目标的101.96%。县级收入2.22亿元，同比减收4613万元，同比下降17.20%，完成县政府预期目标的100.90%；八项费金收入合计3.17亿元，同比增收1902万元，增长6.39%，其中：社保费收入2.68亿元，同比增收2312万元，增长9.43%。为服务仁化经济发展和社会稳定做出了积极的贡献。

在圆满完成各项税费收入任务的同时，仁化县地方税务局精心打造“科学·和谐·人本”地税文化，精神文明建设取得丰硕成果，2016年荣获创建基层“五好”优秀单位、优秀团支部、韶关市2013-2015年扶贫开发“双到”优秀单位等荣誉和表彰，组织人员参加全市地税系统乒乓球比赛、篮球比赛、岭南风·2016年广东地税摄影作品征集比赛、“强党性 铸党魂”党章党规知识竞赛等文体活动均获优异成绩。在全县民主评议政风行风活动中，获得“2015年度仁化县政风行风建设优

仁化县地税局党组书记、局长朱伟东给全局干部职工上“两学一做”学习教育主题党课

县政协主席廖志常（右一）、县委常委张元展（左二）、仁化县地税局局长朱伟东（左一）等领导深入古竹村开展“新春”扶贫慰问活动

仁化县国地税局举办“聚焦营改增试点 助力供给侧改革”第25个全国税收宣传月活动启动仪式

仁化县地税局在暨南大学举办税收知识更新培训班

仁化县首个国税、地税联合共建办税服务厅在周田正式挂牌启用

联合县国税局召开加强协作联席工作会议

仁化县地税局获黄坑镇古竹村赠予的“扶贫帮扶 真心为民”爱心牌匾

胜单位”荣誉称号，已连续七年获得此荣誉。深入开展绩效管理，以优异成绩荣获全县2015年度绩效考评优秀单位一等奖，连续五年荣获全县绩效考核垂直管理类单位考核第一名，同时，获评韶关市地税系统2015年度绩效考评“优秀”等次。

新的一年，仁化县地方税务局将全面贯彻党的十八大、十八届历次全会和习近平总书记系列重要讲话精神，按照“四个全面”战略布局及省、市局和县委、县政府的的决策部署，紧紧围绕实现广东地税“一个率先、三个定位”的目标，结合供给侧结构性改革要求，以打基础、建机制、推创新、强素质为抓手，以依法组织税费收入为中心，着力推进服务体系、征管体系、信息体系、组织体系“四大体系”建设，确保全县地税工作持续健康发展，为县域经济发展作出新的更大贡献。

开展全国法制宣传日宣传活动

仁化县地税局在全市地税系统“强党性 铸党魂”党的知识竞赛中荣获第一名

参加“利用身边事、警示身边人”预防职务犯罪教育展览

开展税务知识进党政机关税收宣传活动

仁化县丹霞街道办事处

RENHUAXIANDAIXIAJIEDAOBANSHICHU

丹霞街道办事处(简称“丹霞街道”)位于仁化县中南部，四周与黄坑、闻韶、扶溪、仁化林场、董塘、大桥、周田及浈江区接壤。是中共仁化县委、县人民政府驻地，全县政治、经济、文化、金融、信息和科技中心。总面积288.13平方公里，其中耕地面积2747.53公顷，山地面积21265.64公顷。下辖13个村委会，123个村民小组，4个社区居委会，2个农场，总户数21464户，总人口63155人，其中农业人口27865人。

2016年4月21日下午，韶关市委书记江凌到街道调研

丹霞街道自然资源和人文景观丰富。境内丹霞山是世界自然遗产，世界地质公园，国家AAAAA级景区，广东省四大名山之一，省级旅游度假区，被誉为中国红石公园，是世界“丹霞地貌”命名地。境内有丹霞源国家水利风景区、“广东省古村落”夏富村、广东省仁化省级森林公园、瑶前晒谷岭古人类遗址、国家级文物保护单位丹霞山摩崖石刻和省级文物保护单位文峰塔。

2016年丹霞街道坚定不移围绕县委、县政府中心工作，团结带领全街党员干部群众，不忘初心，脚踏实地，继续前进，继续推动社会经济平稳健康发展。全街道完成工业增加值612449万元，农业总产值70210万元，农业增加值39449万元，农村人均纯收入15739元，完成税收入库12908万元。坚持项目促发展，投入82500万元，加快梦幻丹霞、宝能、丹霞新城等旅游、房地产项目建设；以“丹霞彩虹”省级新农村示范片、“美丽乡村”示范点、“乡村清洁美”工程为契机，以点带面建设新农村，投入近两亿元实施“中小河流”治理、高标准农田建设、农业综合开发项目、农业基础设施建设；积极贯彻落实精准扶贫工作，推进全年162户296人实现脱贫。同时，以“中心+网格化+信息化”的模式创新工作方式，全面加强平安街道建设。

“丹霞彩虹”省级新农村建设示范片之一——黄屋村瑶塘村小组

丹霞街道召开新时期精准扶贫工作会议

中小河流治理成果

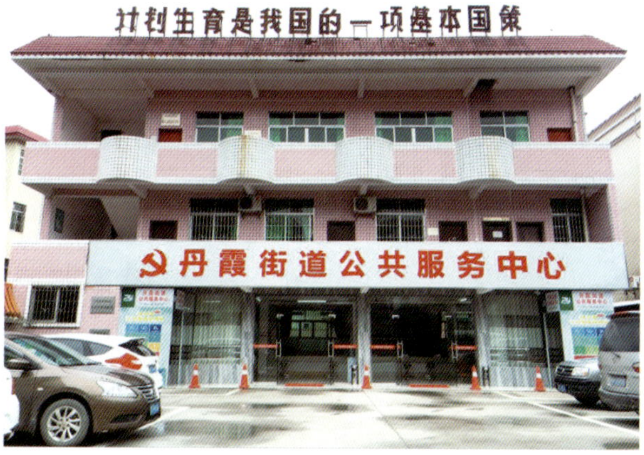

丹霞街道公共服务中心

美丽乡村示范点——狮井村坳扶岭村小组村容村貌一角

董塘镇

DONGTANGZHEN

2016年9月，广东省人大常委会副主任陈小川率省人大常委会检查组实地检查董塘镇高莲村以及董塘镇岩头村生活垃圾卫生填埋场

董塘镇位于仁化县城西南12公里，东邻县城，北邻红山镇，西邻乐昌市廊田镇，南邻浈江区，辖区总面积243.3平方公里，其中耕地3405.77公顷，墟镇面积为3.09平方公里。S246线贯穿墟镇，一小时内可到武广高铁韶关站，S345线可达乐昌，京广铁路黄岗支线从镇区北面经过，董塘河流与锦江河相接，交通便利。下辖17个村委会，3个社区居委会。2016年，全镇总人口44976人，其中，农业人口33429人，外来人口5948 人。

董塘镇旅游资源丰富，境内有大丹霞景区巴寨、燕岩、大石山、五仙岩、飞花瀑布等旅游景点。古塔有国家级文物保护单位，广东省现存最早唐代砖塔云龙寺塔，省级文物保护单位唐末宋初澌溪山寺塔，明万历腾风塔。矿产资源丰富，有锌铅、铁矿、石灰石等。工业发达，有知名企业中金岭南凡口铅锌矿、丹霞冶炼厂、华粤煤矸石发电厂等。土地肥沃，农业发展以优质水稻和高产地膜花生生产为主，种植农作物主要有优质稻、花生、柑橘、火龙果、淮山、竹类等。养殖业主要以养猪、养鱼和养鸽为主。

2016年，董塘镇围绕“四化推四区”工作思路，积极推动社会经济平稳较快发展。全镇生产总值296326万元，比上年增长8.6%，全年农业总产值49745万元，比上年增长4.6%，农村经济总收入42087.37万元，同比增长0.9%，农村人均纯收入13361元，同比增长17.2%，社会固定资产投资27650万元。2016年，全镇积极履行协税护税职责，超额完成税收收入。引进阳光电源股份有限公司的兴建投产，项目总投资25亿元，完成150MW光伏发电及土壤修复项目前期各项工作；完成2016年高标准农田建设申报；7月30日和国庆期间，分别举办了首届荷花垂钓旅游文化节和第三届龙皇宫生态旅游文化节；12月份，董塘镇繁塘路至S246线路段改造提升工程项目启动将进入建设阶段；完成董塘镇污水处理厂管网第一期工程，污水处理厂正式投入运营；董塘镇土壤修复工程（96万元）已完成，各项修复指标达到方案要求；丹霞书画院采风创作交流基地、全县首个“爱心妈妈小屋”在董塘镇揭牌成立，董塘女子健身队参加第四届广场舞比赛荣获一等奖。

2016年6月28日，韶关副市长李安平慰问董联困难党员

2016年4月6日，韶关市住建考核组到高莲村检查环境卫生

2016年11月16日，县委书记刘锋到董塘镇调研精准扶贫、美丽乡村重点工程建设的等工作

2016年7月28日，董塘镇召开第十四次代表大会

2016年董塘镇教育表彰大会

2016年9月28日，董塘镇第十六届人民代表大会第一次会议隆重召开

2016年7月30日，董塘镇首届荷花垂钓旅游文化节隆重开幕

广东电网韶关仁化供电局

GUANGDONGDIANWANGSHAOGUANRENHUAGONGDIANJU

仁化供电局2016年领导班子合影

2016年，广东电网韶关仁化供电局（简称“仁化供电局”）在县委县政府和韶关供电局的正确领导下，积极适应经济新常态，主动把握改革发展新机遇，严格落实“三严三实”和全面从严治党、依法治企的要求，建立了本局企业精神（乐于奉献、敢于担当、善于拼搏、勇于创先），广泛汇聚全局干部员工力量，突出工作重点，抓好抓牢基础建设，全面提升各项工作业务指标，取得了较好的成效。

截至2016年12月31日，仁化供电局未发生受上级考核的人身事故事件，实现安全生产366天；资产总额25603.74万元；供电量10.78亿千瓦时；售电量10.37亿千瓦时，其中大工业8.2742亿千瓦时，农业0.0888亿千瓦时，商业0.3029亿千瓦时，住宅0.9124亿千瓦时,非普0.7833亿千瓦时，农村排灌0.0043亿千瓦时；缴纳税款0.41亿元，其中上缴仁化县国税局0.23亿元，仁化县地税局0.18亿元。周田、黄坑、大桥三镇农村电网改造升级项目列入县政府十件惠民实事，完成效果得到社会肯定。2016年，仁化供电局在电网建设方面共投资6246.95万元。

2016年8月25日，仁化县政府在仁化供电局三楼会议室组织召开电网建设及线行清理专题工作会议。仁化县县委常委邱志坚以及县各镇（街）镇长、供电、农业、林业、安监、公安、发改、国土局等主要负责人参加了会议

一年来，仁化供电局安全生产局面总体稳定，线路设备运维持续加强，营销服务优质到位，电网建设稳步推进，综合管理也得到全面加强，并扎实有效的开展党建党廉及企业文化建设。2016年，仁化供电局先后荣获“广东省工人先锋号”、“广东电网农电工作先进单位”、“广东电网模范职工之家”、“广东电网五四红旗团委”、“韶关市青年文明号”、“韶关供电局先进集体”、“韶关供电局工会工作先进集体”等荣誉称号。

2016年3月9日，仁化供电局的“蓝公益”志愿者走进闻韶镇泰学校，并与来自闻韶镇3个贫困村的15名留守儿童一道走进35千伏黄坑变电站进行现场教学

2016年1月25日，仁化供电局组织客户服务人员走进丹霞冶炼厂，协助检查企业方用电设施，并提醒客户密切关注寒潮去向，做好错峰用电和安全用电工作

2016年3月21日，强对流天气导致供电线路设备受灾。电力抢修施工队在黄坑镇水源线#32号杆处进行全力抢修复电

2016年3月11日上午，仁化供电局团委组织开展了义务植树活动，这是该局连续15年参加义务植树活动

2016年3月20日，强对流天气袭击韶关仁化县，个别乡镇还出现了山泥倾泻和山体滑坡等地质灾害。图为仁化供电局工作人员抢修路途中

2016年6月30日，仁化供电局组织开展黄坑镇“10千伏水源线线行清理”主题特色党日特色活动

仁化县国家税务局

RENHUAXIANGUOJIASHUIWUJU

2016年10月31日，仁化县委常委、常务副县长张元展（左一）在县财政局局长邓又进（左二）陪同下到县国税局调研

2016年5月10日，韶关市国税局党组成员、副局长高海（中）到县国税局调研营业税改征增值税试点扩围工作

2016年1月26日，县国税局党组书记、局长黄盛明（右一）到离退休老干部家中开展慰问

仁化县国家税务局(简称“县国税局”)是仁化县主管国家税收工作职能部门，为正科级全职能局。内设办公室、政策法规股、收入核算股、纳税服务股、征收管理股、人事教育股、监察室、税源管理一股、税源管理二股等9个正股级机构，辖1个直属机构（稽查局），1个事业单位（信息中心）和3个派驻机构（董塘税务分局、长江税务分局、周田税务分局）。主要负责征收国内增值税；中央与地方所属企、事业单位组成的联营企业、股份制企业缴纳的企业所得税；农村信用社缴纳的企业所得税；2002年1月1日以后注册的企业、事业单位缴纳的企业所得税；外商投资企业和外国企业所得税；储蓄存款利息所得个人所得税；出口产品退税；国家税务总局明确由国家税务局负责征收的其他税收及负责征收各税种的滞纳金、补税和罚款。2016年，县国税局有干部职工67名，含公务员61人，事业管理人员4人，工人2人。其中本科学历39人，大专学历26人，大专以上学历占全局在岗干部职工的97%；中共党员（在职）44名；离退休党员37人。

2016年，县国税局以科学发展观为统领，贯彻落实上级部门税收工作要求，坚持为国聚财、为民收税工作宗旨，准确把握形势，找准着力点，增强责任和服务意识，提高税收质量，规范税收管理，强化队伍教育培训，确保国家税务事业发展。

2016年，县国税局连续第三年荣获仁化县政风行风建设优胜单位，县国税局纳税服务股被继续认定为“2014-2015年度国税系统广东省青年文明号集体”，长江税务分局被继续认定为“2014-2015年度国税系统韶关市青年文明号集体”。

2016年8月25日，县国税局举办“崇尚职业道德、感悟道德力量”道德讲堂暨“理想·责任·作为”主题演讲活动

2016年11月10日，县国税局到县实验学校举行“蓝色助学 放飞梦想”捐助发放仪式

2016年5月1日零时，在县国税局工作组的辅导下，仁化丹霞山索道有限公司开出营改增后全县第一张增值税发票

2016年4月7日，县国税局、地税局以“环城骑行”送税法启动第25个税宣月活动

仁化县人民检察院

RENHUAXIANRENMINJIANCHAYUAN

2016年12月19日，在“干群会客厅”开展检察长专场接访活动

仁化县人民检察院位于仁化县丹霞大道166号，是国家法律监督机关，行使检察权，担负着审查批捕、提起公诉、法律监督、职务犯罪预防和侦查等重要职能。

2016年，县检察院在县委和上级检察机关的正确领导下，在县人大常委会的监督和县政府、县政协及社会各界的支持下，坚持以党的十八大和十八届三中、四中、五中、六中全会和习近平总书记系列重要讲话精神为指导，积极围绕振兴仁化经济社会发展大局，依法履行检察职能，强化法律监督、强化自身监督、强化队伍建设，各项工作取得了新进展。全年共受理公安机关移送审查批准逮捕案件131件170人；受理移送审查起诉案件207件269人；立案查办职务犯罪案件11件12人：其中贪污贿赂案件9件9人，渎职侵权犯罪案件2件3人；受理各类民事行政申诉案件11件；受理举报线索15件，受理群众来信来访12件，办理刑事被害人司法救助2件；开展职务犯罪预防警示教育讲座30场次，受教育930余人次；向有关单位发出《纠正违法通知书》3份，发出检察建议11份，办理羁押必要性审查案件10件；为深化阳光检务，不断提升司法透明度，发布重要案件信息20件，导出程序性信息查询261件，法律文书公开172件。

2016年10月19日，县检察院副检察长李红出庭支持公诉

县检察院干警成功追逃涉案犯罪嫌疑人

2016年11月9日，县检察院副检察长冯卫国带领民行科和控申科的干警到被害人家中送国家司法救助金

2016年10月9日，韶关市检察机关对公安派出所侦查活动监督试点工作现场经验交流会在县检察院召开

仁化县人民法院

RENHUAXIANRENMINFAYUAN

2016年2月18日，市中级人民法院院长叶向荣（前排左一）莅临仁化法院调研

2016年9月5日，县法院院长蓝韶东（后排左一）深入基层指导精准扶贫

2016年，仁化县人民法院在县委的正确领导，在人大监督和政府、政协及社会各界的关心支持下，认真学习贯彻党的十八大和十八届三中、四中、五中、六中全会以及习近平总书记系列重要讲话精神，忠实履行宪法法律赋予的职责，各项工作取得新进展。

全年受理各类案件1933件，同比增加23.6%，审（执）结1699件，同比增加12.1%，审限内结案率99.45%，解决诉讼标的金额50415.83万元。全省法院综合业务系统绩效评价12项指标中，有10项达标，在全市基层法院排名第二。许瑞琳当选为中共仁化县第十三次代表大会代表、韶关市第十四届人民代表大会代表；被评为2016年度“全市优秀法官”。

①②
③④

① 2016年3月14日，县法院刑事审判庭开庭审理留容他人吸毒一案

② 2016年12月，县法院民事法官开庭审理案件

③ 县人大代表现场监督执行工作

④ 2016年8月24日，群众为县法院送锦旗

仁化县司法局 RENHUAXIAN SIFAJU

2016年3月3日下午，省司法厅社区矫正处副处长吕彤一行在市司法局社区矫正科科长陈裕文陪同下来到仁化县调研社区矫正工作及政法网使用情况，县政府副县长、县公安局局长杨云，县司法局长黎东等人陪同调研

3月15日是第34个国际消费者权益日，当天，仁化县在县城文化广场举办了主题为“新消费我做主”的“3·15”宣传咨询活动（图为县长王晓梅与市民“零距离”接触，了解百姓维权意识）

仁化县一村（社区）一法律顾问工作联席会议于10月20日15时在司法局五楼会议室召开。县委常委、县委政法委书记谭建华，县人大常委会副主任廖兰英，副县长、县公安局局长邹永祥等县领导出席了会议，县委组织部、县农业局等10个单位分管领导参加

12月4日，是我国第二个“国家宪法日”，也是第十六个“12·4”全国法制宣传日，12月2日上午，仁化县在县城文化广场开展了以“弘扬宪法精神、建设法治仁化”为主题的大型宣传活动（上图为县委常委、县委政法委书记谭建华，县政府副县长、县公安局长邹永祥在司法局长黎东陪同下参观活动现场）

6月24日上午，仁化县在文化广场举行了以“珍爱生命，远离毒品”为主题的“6·26”国际禁毒日禁毒宣传活动，呼吁全社会关注毒品危害，增强公民防范毒品意识，深入推进禁毒人民战争

2016年1月23日，丹霞街道司法所走进丹霞中心小学给同学们上了一堂别开生面的交通安全法制教育课

仁化县教育局

RENHUAXIANJIAOYUJU

2016年7月20日，韶关市教育局局长张立江（左三）到仁化中学调研

韶关市教育局局长张立江在仁化县召开调研座谈会

韶关市教育局局长张立江、副局长曾楚清、仁化县副县长包伟红为获得教学优胜单位颁奖

2016年10月20日，县委书记刘锋在韶关市中小学教学工作会议上致欢迎词

2017年全市职成教育工作暨中职学校春季招生工作会议在仁化县召开

2016年9月28日，仁化县中小学校（幼儿园）平安食堂管理工作会议在丹霞学校召开

2016年1月15日，仁化县争做“四有好老师”活动汇报演出在县体育馆举行

2016年11月25日，韶关市教育局副局长曾楚清（右三）到仁化县指导“平安食堂”建设工作

仁化县教育局为大桥镇共和村送上扶贫春节慰问金

2015年3月27日，仁化县周田虎门小学综合楼奠基暨捐赠仪式在周田镇举行

2016年12月28日，仁化县教育局文化扶贫文艺汇演在大桥镇共和村举行

仁化县工商行政管理局

Renhua County Administration for Industry & Commerce

2016年3月15日，仁化县工商局联合县消委会等16个职能部门开展315宣传咨询活动，图为县长王晓梅（中）在现场认真了解活动开展情况

2016年，仁化县工商行政管理局在县委、县政府的正确领导下，紧紧围绕中心工作，全面深化改革，认真履行工商职能，全面落实商事登记制度改革，以推进“五证合一”、“两证整合”、“一照一码”改革、深入贯彻落实《广东省商事登记条例》、《广东省市场监管条例》等工作为抓手，扎实开展各项工作，提升监管效能，服务仁化经济社会发展取得了明显成效。2016年，我县被韶关市文明办、综治办等部门认定为“无传销县城”，全县共有45家市场主体被韶关市消委会评为“诚信单位”，同时，我局还被评为2015年度韶关市“消费维权先进单位”、仁化县2016年国庆黄金周旅游服务先进集体、扶贫开发“双到”考核优秀等荣誉称号。

2016年10月8日，仁化县工商局颁发首份“五证合一 一照一码”营业执照

2016年11月29日，仁化县工商局局长陈治平（中）、副局长陈彬（左）深入黄坑镇高塘村开展精准扶贫工作

2016年1月17日，仁化县工商局副局长钟立强（中）带队深入企业开展调研活动

2016年5月27日，仁化县工商局举办道德讲堂活动

2016年5月，仁化县工商局开展“创建无传销县城”宣传进校园、进社区活动

2016年5月，仁化县工商局开展打击走私社区宣传活动

2016年9月23日，仁化县工商局牵头组织召开“五证合一”登记制度改革工作协调会议

2016年4月，仁化县工商局结合创文工作，在丹霞山景区及周边区域开展整治无照经营工作

2016年8月，仁化县工商局为获得市消委会评定的“诚信单位”颁发牌匾

2016年6月23日，仁化县工商局联合县消委会等单位在黄坑镇开展精准扶贫进农村宣传活动

Nonfemet

深圳市中金岭南有色金属股份有限公司

凡口铅锌矿

2016年4月21日，中共韶关市委书记江凌（左二）在仁化县委书记刘锋（右二）的陪同下到凡口铅锌矿调研。图为凡口矿矿长蔡文（左一）、矿党委书记骆建辉（右）

管理创新、岗位创新、技术创新“三个创新”工作为矿山提质增效发挥重大作用

深圳市中金岭南有色金属股份有限公司凡口铅锌矿（简称“凡口铅锌矿”）位于广东省韶关市仁化县境内，西南距韶关市48公里，矿区公路与省道246线相接，矿内铁路与京广线相连，矿区面积约为 6.07 平方公里。

凡口铅锌矿资源丰富，品位高，储量大，按矿产资源种类划分，是目前亚洲最大的铅锌银矿种生产基地之一，是集采、选于一体的综合性企业。矿石中除富含13%左右的铅锌金属外，还赋存大量的银和锗、镓等稀散金属，主要产品有铅精矿、锌精矿、混合铅锌精矿和高铁硫精矿。

凡口铅锌矿于1958年建矿，1968年正式投产，原设计生产规模为日处理铅锌矿石3000吨，年产铅锌金属量12万吨。历经多次改造，目前达到日处理铅锌矿石5500吨、年产18万吨铅锌金属量的生产能力。

地址：广东省韶关市仁化县凡口铅锌矿

邮编：512325

电话：（0751）6310270

传真：（0751）6311999

坚持不懈推进探矿工作，积极寻找矿山后续资源，成果喜人

着力培育矿山工匠，拥有高级技师13人、技师90人

井下-455米净化工程2016年11月14日完工投入使用

凡口铅锌矿采矿工艺有无底柱和常规大直径深孔采矿法、盘区机械化中深孔采矿新工艺、全尾砂充填、泡沫砂浆新材料充填等；选矿工艺有高碱快速浮选电位调控优化工艺、新四产品选矿工艺。

2016年，面对资源品质下降、井下生产作业条件变差、溜破系统先天不足、设备老化故障率高、井下通风困难等内外部不利因素，凡口铅锌矿干部员工在中金岭南公司的领导下，以“六种意识”为指引，锐意创新，果敢改革，采取一系列的管理创新和技术创新措施，克服困难，化解问题，力破瓶颈，全年生产铅锌金属量16.5518万吨，生产成本比预算节约近3000万元，超额完成公司下达的各项生产经营任务，同时实现了真正意义上的安全年，安全环保工作保持良好的稳定态势。

选矿厂5000吨技术升级改造工程2016年12月9日开工

未雨绸缪，对使用年限较长的尾矿管进行彻底更换，2016年更换了6.2千米

尾矿库环境综合整治工作取得显著成效

本版图文由张秋利供稿　封面摄影：崔永红

Nonfemet

深圳市中金岭南有色金属股份有限公司 丹霞冶炼厂

2017年4月19日，中共韶关市委书记莫高义(右三）到丹霞冶炼厂调研

中金岭南丹霞冶炼厂系深圳市中金岭南有色金属股份有限公司（深交所股票代码：000060）直属企业之一，于2007年3月26日成立，在岗职工人数873人，位于广东省韶关市仁化县。年产锌锭12万吨、硫磺3万吨、实现有价金属综合回收、年销售收入超过20亿元，管理、技术、装备、环保先进，备受行业关注、具备自身成长能力的现代化锌冶炼企业。

十年来，工厂先后攻克了针铁矿除铁、深度净化等工艺技术难关，突破完善了硫化物滤饼处理、回转窑烟气脱硫等工艺流程，创新应用了3.2平方米超大极板电解、全自动行车等先进设备，大力推动了电解剥锌机组、阴阳极板等进口设备及备件的国产化进程，自主打造了镓锗综合回收全新联合流程，全面释放出锌氧压浸出工艺的独特优势。100多项关键技术改造、1000多条合理化建议、200多项技术革新、20多项专利技术在生产实践中广泛应用，见证了丹冶人在创新发展道路上的一路芬芳、异彩绽放。

十年来，丹冶始终坚守“山青水秀、地净人康”的环保理念，以对社会、对员工高度负责之态度，以孜孜以求追崇绿色环保之精神，以高标准治理水、气、渣，完善设施、强化责任之举措，将安全环保理念深深植根于每个员工、每个环节、每处细节，致力打造铅锌冶炼行业的绿色、本质环保型标杆企业。

十年来，丹冶人坚持科技兴企、创新强企的理念，以技术创新为引领，以深化改革为动力，以人才队伍为支撑，实现了从小到大、从弱到强、从籍籍无名到行业瞩目、从仰望对手到行业标杆的华丽转身，演绎了无愧于时代、无愧于自我的精彩华章。“四个第一”骄人成就赢得了国内外同行的目光聚焦和众口赞誉，“全国有色金属行业先进集体”、“全国模范职工之家”等诸多荣誉光彩四射。

2016年以来连续盈利，实现了“伟大的转折”，开启了工厂生存发展的新篇章。

2017年3月23日，丹霞冶炼厂举行成立十周年“圆梦”主题晚会

丹霞冶炼厂生产场景

仁化县华粤煤矸石电力有限公司

RENHUAXIANHUAYUEMEIGANSHIDIANLIYOUXIANGONGSI

仁化县华粤煤矸石电力有限公司始建于2003年，位于仁化县董塘镇河富村，距韶关市区35公里处，仁化县城20公里处，占地面积266亩,注册资本为18000万元。公司内设六个部门:生产技术部、检修部、安环部、经营部、综合部、财务部。公司装机容量为2X60MW，年发电量7亿千瓦时以上，上网电量6亿千瓦时以上，年纳税2000万元以上,是资源综合利用发电厂，是仁化县的纳税大户、重点民营企业。

【生产经营与目标】企业的管理目标：安全第一，预防为主；夯实基础，完善制度；强化执行，刚性考核；稳产降耗，创造效益。目标是：实现信息化管理，建立新型的环保电厂。

【企业管理】一、加强员工培训，全面提升员工的职业素质和知识技能，培育高素质的员工团队；二、拓展人才晋升通道，营造求真务实的、高素质人才施展才华的环境；三、坚持科学管理、价值追求。四、坚持以人为本。要科学用人，注重人才的归属需要、自尊需要、自我实现、道德完善和审美需要。

【企业方针】走清洁生产企业、持续发展的道路，以实现先进的环保型电厂。贯彻落实科学发展观，大力发展火力发电行业的资源综合利用，响应国家节能减排的号召，树立经济与环保和谐的理念，坚持可持续发展战略，开展清洁生产审核工作，全面实施清洁生产。

近年来，公司先后荣获“广东省先进环保单位”、“仁化县重点保护企业”、“广东省清洁生产企业”、“广东省资源综合利用企业”等荣誉称号。

继往开来，公司将继续以科技进步为支撑，加大资金投入，提高清洁生产的意识；加大管理力度，提高清洁生产绩效，努力实现经济与环境的和谐发展，为维护生态发展与社会环境作出更大的贡献。

2016年5月17日，中共广东省委常委、纪委书记黄先耀（中）、在中共韶关市委书记江凌（右三）的陪同下到周田镇调研

2016年4月26日，中共广东省委统战部副部长陈升东（中），在县委书记刘锋（左一）的陪同下到平甫村慰问贫困户

周田镇位于仁化县南部，距韶关市区30公里，距仁化县城17公里，系省级中心镇。下辖15个村委会和1个社区居委会，共168个村民小组。辖区面积289平方公里。截至2016年年末，全镇总户数5387户，户籍人口28414人（其中农业人口24837人）。耕地面积2162公顷（其中水田1423.8公顷），山地近2.8万公顷。全镇共有39个党支部（含“两新”党组织13个），共1131名党员。镇内有浈江河、赣韶铁路、国道323线、106线、韶赣高速和正在建设中的武深高速穿过，具有较好的水陆交通条件。

2016年，全镇生产总值80575万元，同比增长8.8%；全镇固定资产投资43069万元（其中镇属21680万元）;本级“两税”财政收入1489.45万元，同比增长30.6%；农民人均纯收入14018.8元，同比增长5%。社会各项事业协调发展，经济社会和谐稳定。

副市长李安平（左二）在县委书记刘锋（中）的陪同下到周田指导火灾隐患整治工作

县委常委邱志坚（左一）到台滩村走访贫困户

2016年6月30日，周田镇党委副书记、镇长曾凡军（左一）到村委调研

县委副书记、县长王晓梅（中）率队到雷坑村调研扶贫工作

2016年6月30日，珠影集团董事长蔡伏青（右二），在镇党委书记冯奋德的陪同下到较坑调研

高速互通

2016年7月27日，中国共产党周田镇委员会第十六次代表大会隆重召开（党委换届）

2016年9月26日，周田镇第十六届人民代表大会第一次会议胜利召开（政府换届）

2016年6月2日，省文化厅厅长方健宏、公共文化处处长唐国华等一行人在县委书记刘锋、宣传部长赖小红等同志的陪同下，到扶溪镇古夏村及镇文化站对文化建设情况进行调研，并与古夏村青少年舞狮队合影留念

扶溪镇位于仁化县境东北部，东连百顺镇，南接闻韶镇，西与丹霞街道、县城为邻，北与长江镇交界，属山区镇。镇政府驻紫岭村委会，距县城37公里。S342公路贯穿全境，锦江河与扶溪河相接，交通便利。辖区面积187.9平方公里，山地15942.73公顷；耕地面积1927公顷，其中有效灌溉面积927公顷。下辖村委会9个，居委会1个，总户数3896户，总人口13719人，农业人口8790人，外来人口17人。全镇有初级中学1所、小学1所（其中，中心小学1所，完全小学1所，教学点2个）、幼儿园2所(其中，公办1所)，在校学生1260人；有文化站1个，广播站1个。扶溪镇是典型盆地山区镇，整个地势属山地丘陵地带，山岭连绵起伏、茂林修竹终年覆盖，地形特征俗有“九山、半水、半分田”之称。境内物产资源丰富，矿产资源主要有铀、铁、钨、硅石、花岗石等，土特产主要有优质稻米、板鸭、沙糖橘、贡柑、冬笋、香菇等。境内水资源丰富，年均降雨量达1690毫米，水能蕴藏量达10000千瓦。

扶溪镇有悠久的历史，境内存有石拱桥、石坎路、古亭、寺庙、宝塔、碉楼、明清古建筑群体和土法造纸的遗址，部分保存完好。其中，明代水口白塔（又名水口塔、双水塔），是省重点文物保护单位；唐代南台庙（龙母庙）具有深厚文化底蕴，是旅游和历史考察景观，具有深度开发前景。同时扶溪镇有八音、花灯、走马灯、火狮、火龙、禾斋、板凳舞等民俗文化，现正在挖掘中，古夏村被评为广东省古村落，八音、走马灯、土法造纸已列入韶关市级非物质文化遗产。

2016年，全镇社会生产总产值31288万元，比上年增长8.4%。其中农业总产值21573万元，比上年增长4.5%。农民人均纯收入达到11666元，比上年增长4.7%。镇财政收入1026万元，比上年增长8%。

2016年7月9日（农历六月初六），正值古夏村传统禾斋民俗文化节，中共仁化县委宣传部副部长、县文联主席罗有发和扶溪镇党委书记彭国强共同在古夏村李氏祠堂为古夏古村揭牌

2016年7月9日（农历六月初六），扶溪镇古夏村一年一度的“禾斋节”隆重举行

城口镇位于县境北部，东连长江镇和扶溪镇，南接丹霞街道，西与红山镇为邻，北与湖南省汝城县三江口镇交界，属山区镇。地形属山地丘陵型地带，以山地为主，素有“九山半水半分田”之称，山林面积20827公顷，其中毛竹林占0.23公顷，是仁化县重点毛竹基地之一，耕地面积1431公顷。

武深高速公路——上寨村路段

镇政府驻城口镇城群村委会辖区（墟镇内），距县城38公里，辖区面积266.89平方公里。G106线公路贯穿全境，武深高速在辖区上寨村距墟镇约5公里处设有出入口，公路交通非常便利。城口东河河流与城口西河相接。辖内有7个村委会、1个居委会，共68个村民小组，总人口约1.1万人。主要经济来源有农业生产、水力发电、畜牧养殖、矿产资源等。主产优质稻谷、柑橘、辣椒和茶叶，土特产有冬笋、香菇、木耳等，其中以“古秦城板鸭”闻名。域内资源水利、林木和矿产，工业以萤石矿开采、小型水电站为主。旅游景点主要有恩村古村落、上寨美丽乡村、蓝森生态园等。

城口镇历史文化深厚，辖区有恩村和上寨两个古村落，墟镇有南越王赵佗修建的古秦城遗址。城口镇着点打造“重走红军路”旅游路线，重点保护好铜鼓岭阻击战遗址、谭甫仁将军旧居、胜一理发店等历史遗迹；将红军长征露宿地正龙街、河边街打造成为“红军一条街”，“红军长征纪念广场”正在建设中；广东唯一的红军长征粤北纪念馆已经确定选址于城口，并在筹划建设计划中。

2016年，全镇生产总产值30227万元，比上年增长8.6%，农业总产值18697万元，人均可支配收入较上年增长10%，工业增加值5912万元，第三产业总量16224万元，同比增长11.3%。

铜鼓岭阻击战遗址·红军革命烈士纪念碑

红军长征露宿地——正龙街

爱国主义教育基地——谭甫仁将军旧居

古秦城门遗址

城口
CHENGKOU

蓝森生态农业园——梯田风光

金果飘香　全是“柚”惑
——仁化首届农村电商节暨第二届长坝金柚节

大桥镇地处仁化县南部，距县城24公里，与韶关市东郊相连，东与周田灵溪、枫湾镇为界、南与火山镇、湾头黄浪为界，西与犁市黄竹为界，北与周田镇较坑、平甫为界，地理坐标为东经115° 30至34度，北纬23° 14至18度。大桥镇是因古时附近的干坑河上一座万年石砌拱桥而得名。

大桥镇地理位置优越、交通网络发达，国道106、323线贯通全境，韶赣高速、韶赣铁路穿镇而过，浈江从北至南、锦江从西至东流经辖区在大桥交汇。湾头水利枢纽工程，使韶关至大桥通航能力达50吨。在经过两个多月的施工后，2016年11月，大桥镇水江东西码头改造完成，为水江村村民的安全出行提供了更安全的保障。

长坝沙田柚的果形美观，为端正梨形，果实脐部有个明显的金钱印，果皮较薄、表面光滑、肉质脆嫩、色泽金黄、香甜可口，具有浓郁的蜜香味等特点。1998年，长坝沙田柚基地选送的“龙皇二号”株系柚果，在全国名特优果品展示会上被评为“中华民果”，并于2004年通过中鉴认证有限责任公司有机认证，于2008年经国家质检总局的审批，成为全县第一个拥有产地保护地理标志的农产品。2014年、2015年连续两年举办了金柚节，提升了旅游品牌效应和综合利益，进一步促进大桥镇旅游产业的发展。

铁皮石斛

2016年7月7日，县委书记、县人大常委会主任刘锋率队到长江镇调研精准扶贫精准脱贫工作

2016年3月11日，县长王晓梅，副县长杨云、丘光强率领县相关部门主要负责人，到长江镇实地检查指导2015年“7·4”水灾水毁农村公路工程修复建设情况

长江镇位于仁化县东北部，南距仁化县城49公里。地处粤赣湘三省五县交界处，东与江西省内良乡、河洞乡接壤，东南与南雄市百顺镇相接，西南与扶溪镇、城口镇毗邻，西北与湖南省汝城县三江口镇、热水镇相依，北与江西省崇义县聂都乡、乐洞乡相连。辖区面积300.64平方公里，其中耕地面积3101.97公顷，山林面积23596公顷。下辖16个村委会和1个社区居委会。2016年，总人口27434人，有初级中学1所、小学8所、幼儿园6所，在校学生2985人。

2016年长江镇第十四次党代会、十六届人大会新当选班子成员合影

长江镇资源丰富，山林面积、木材蓄积量均居全县首位，活立木蓄积量130.88万立方米，毛竹8275.9公顷，是全县最大毛竹基地。全镇有小水电站72座，总装机容量27194万千瓦。矿藏资源丰富，有铀、钨、铜、硅石、钾长石、辉绿石、花岗石等，其中铀分布面最广，储量最多，为中国最大铀矿之一。旅游资丰富，镇内有全省第三高峰——万时山（海拔1559米），有风景秀丽、蔚为壮观的万亩竹林，有保留完好的古塔、会馆等自然景观和人文景观。土特产有玉扣纸、浒松腊鸭、冬笋、白糖饼、香菇等，其中以玉扣纸、浒松腊鸭、白糖饼闻名。

2016年9月28—29日，长江镇召开第十六届人民代表大会第一次会议

2016年，全镇实现地区生产总值77658万元，比上年增长8.5%；农业总产值21059万元，比上年增长4.7%；农民人均纯收入达13618元，比上年增长10.9%。镇财政收入5452万元，比上年增加75%。

2016年11月28日，粤北人民医院到仁化长江镇开展医疗扶贫义诊活动

仁化县副县长包伟红到闻韶镇幼儿园调研

闻韶镇新一届党政领导班子全体成员

闻韶镇位于仁化县东部，与南雄市百顺镇毗邻，接壤于黄坑镇，丹霞街道和扶溪镇，距离县城32公里，总面积98平方公里，其中耕地面积703.26公顷，2016年全镇辖区5个村委会，1个社区居委会，40个村民小组。总人口5917人，其中农业人口4996人，有九年制学校1所，在校学生377人，幼儿园1所，在校幼儿158人。

2016年，是全面建成小康社会决胜阶段的开局之年，在县委、县政府的正确领导下，闻韶镇始终坚持以马列主义、毛泽东思想、邓小平理论、“三个代表”和科学发展观为指导，以党的十八大十八届三中、四中、五中、六中全会精神和习近平总书记治国理政新理念新思想新战略系列重要讲话精神为指引，积极落实好中央和省、市、县的大政方针和决策部署，紧紧围绕“五位一体”总体布局、“四个全面”战略布局的要求和县委县政府提出的工作目标，稳步推进“精致小镇、休闲闻韶”建设，以打造“美丽乡村”工作为抓手，团结拼搏，攻坚克难，有效实现了镇经济稳步增长。

2016年，全镇地区生产总值16630万元，比上年增长8.3%；农村人均纯收入12025元，比上年增长10%；本级财政收入680.42万元，比上年增长18.96%。

镇党委书记刘普新慰问贫困户

闻韶

WEN SHAO

闻韶华林寺塔

闻韶镇文化森林公园门楼

红山镇党委书记刘志宏在新白村进行扶贫调研

红山镇镇长何海生到烟竹调研扶贫工作，听取村两委汇报扶贫工作开展情况

红山镇是革命老区镇、仁化县城居民食水源头地、省自然环境保护区及林业生态镇，地处仁化县城西北部，粤湘两省交界处，东邻城口镇，南接董塘、石塘镇，西连乐昌市五山镇，北与湖南汝城县大坪镇交界。距县城52公里，距国道106线30公里，县道335线贯穿全镇，西面有公路经前洞村通往乐昌市。全镇总面积169.64平方公里，其中山林面积1.53万公顷，耕地面积1188.47公顷，辖村委会8个，居委会1个，共77个村民小组。全镇总户数2966户，总人口10900人，其中农业人口10592人。全镇以山地为主，山高陡峭，山多田少，是典型“九山半水半分田”山区镇，森林覆盖率达85%，林木、水力、矿产资源丰富，通信发达。

红山镇茶叶

红山镇境内红山镇拥有丰富的水资源，是仁化县县城食水源头镇。境内有高坪省级自然保护区，保护区内拥有绿树成荫的“景区森林”，库面达349.99公顷的“红山湖”，奔腾不息的“二垅瀑布”和“正坑瀑布”以及风景秀丽的“下坑河”和“花垄河”。高坪水库附近还有两座水量大、温度高、水质好、可直接饮用、具有保健功能的待开发的地热温泉“高坪温泉”和“丹竹坑温泉”。同时，辖区内有黄岭嶂、三磨石锡坪嶂等7座海拔1000多米的山峰，风景秀丽，奇石茂林。红山镇还拥有梅花龙、布龙、醒狮、山歌、花鼓戏等丰富多彩的非物质文化遗产，旅游结合本地独特的传统文化，使其相辅相成、相互促进。

红山镇旅游资源

茶叶产业是红山镇特色农业产业，竹木、茶叶收入是全镇农民主要经济来源。水电站发电收入是镇、村主要经济支柱。2016年，全镇生产总值 40409万元，同比增长7.3 %；农业增加值7114万元，同比增长4.5%；工业增加值23590万元，同比增长7%；本级地方财政收入 547万元，增长106 %；农村年人均纯收入12517元，增长10%，额外完成县下达固定资产投资任务4200万元。

革命老区石塘镇位于仁化县西南部，距县城19公里，距世界自然遗产丹霞山约21公里，东面与董塘镇接壤，南面与韶关浈江区花坪镇交界，西面与乐昌市廊田镇相连，北面与红山镇相邻。省道345线东西向贯穿全镇，交通便利，区域优势明显。辖区面积77.92平方公里，其中耕地面积1634.25公顷，林地面积5176.33公顷。下辖6个行政村、1个居委会。总户数3612户,年末户籍总人口13581人，其中农业人口9122人。主要经济来源有：蔬菜、水稻、花生、马蹄、西瓜和贡柑等。全镇有初级中学1所、小学5所（其中，中心小学1所，完全小学1所，教学点4个）、幼儿园1所(其中，公办1所)，在校学生1021人；有文化站1个，广播站1个。

2016年6月27日，中共韶关市委常委、组织部部长华旭初到石塘镇调研指导旅游工作

石塘镇历史悠久，文化底蕴深厚，拥有“中国历史文化名村”、第一批“中国传统村落”、“广东省十大最具红色景观村落”、“广东旅游名村”——石塘古村；“国家重点文物保护单位”、“广东省爱国主义教育基地”、“广东省委党史教育基地”——双峰寨；“省级非物质文化遗产”——石塘月姐歌和石塘堆花酒酿造技艺。石塘厚重的人文历史，丰富的生态旅游资源，优越的区位优势，秀丽的自然风光，得天独厚的农业资源优势，宽阔的建设腹地，蕴含巨大的开发潜力。石塘镇正大力实施旅游文化产业带动战略，通过开发双峰寨“红色追忆游”、古村探秘游、乡村休闲游，农业体验游等乡村旅游产品，形成旅游产业与现代农业有机结合的发展格局，促进乡村旅游业和旅游经济的发展。2016年石塘古村景区被评为国家AAA级旅游景区。

2016年5月31日上午，石塘镇举行国家AAA级旅游景区——石塘古村揭牌仪式

2016年11月19日，南粤古驿道定向大赛系列活动之“醉美历史古镇，穿越红色石塘”趣味定向大赛在石塘镇启动

石塘

SHITANG

2016年7月10日，南粤古驿道定向大赛在石塘古村隆重开幕

黄坑镇召开第十六届人民代表大会第一次会议

黄坑镇班子成员：张晓飞、刘德荣、张建梅、江谷林、刘小巧、谭家琪、邓永林、沈家盛、李维胜、许兴远、冯智灵（从左至右）

黄坑镇位于仁化县境东南部，东连南雄、始兴县，南接周田镇，西与世界自然遗产、世界地质公园丹霞山为邻，北与闻韶镇交界，属郊区镇。镇政府驻黄坑墟镇，距县城15公里。106国道于西南部穿境而过，并有硬底化公路直达镇区及各村委会驻地，交通便利。辖区面积164.94平方公里，下辖高塘、下营、黄坑、小溪、蓝田、曰庄、古竹共7个村委会和黄坑居委会(社区)1个，总户数4164户，2016年年末户籍人口15897人，农业人口14774人，外来人口381人。

黄坑镇庆祝第三十二个教师节暨表彰大会

2016年，全镇生产总值2.964亿元，比上年增长7.4%。镇财政收入847万元，比上年增长12.6%。全年农业产值2.152亿元，比上年增长5.5%。2016年农民人均收入达到16908元，比2015年的15553元增长约8.71%。耕地面积1479.98公顷，贡柑、砂糖橘等优质果树发展到1000多公顷，新种贡柑200余公顷，可挂果面积666.67公顷，实现产量3万吨，产值达2亿元。林地面积13589.91公顷，森林覆盖率76%。

土特产有贡柑、茶叶、冬笋等，主产水稻、贡柑和花生。镇内资源有竹木、硅石，工业以小型水电站、加工业为主，有企业上坑水电站、中寨水电站、辉祥果业打蜡厂等68家。旅游景点主要有黄坑南庄生态名园、东庄门楼、黄坑镇冯屋文明公祠等。

黄坑镇贡柑果形靓丽、皮色橙黄至橙红，皮薄多汁，果肉脆嫩，爽口化渣，清甜低酸，风味独特，且营养丰富，富含多种维生素、微量元素、矿物质、有机酸等特点被水果业界称为当今健康时尚的水果新贵，柑桔中的极品，深受消费者欢迎。

2016年12月2日，镇政府成功举办第三届黄坑贡柑电商旅游文化节，进一步打响黄坑贡柑品牌。

贡柑节开幕启动仪式

盈保电业（仁化）有限公司

EPRO HYDRO（REN HUA）CO., LTD.

新庄水电站是一座低水头径流式电站，位于韶关市仁化县周田镇境内，是浈水干流梯级开发的第六级电站。控制流域面积4113平方公里，本工程发电为主，兼有航运、旅游和养殖等综合效益的水利水电工程。

枢纽工程由拦河闸、厂房、升压站、船闸及两岸连接段组成。工程等级为Ⅲ等，主要建筑物为3级，次要建筑物为4级。设计洪水30年一遇，校核洪水100年一遇，抗震裂度为Ⅵ度。

拦河闸共9孔，总长127米。每孔净宽12米，闸墩厚2米。闸墩高10.40米，闸底板高程74.80米，长20米，厚3.8米。交通桥宽5米。采用12米×8.8米弧形门挡水，正常蓄水位83.30米，库容1200万立方米。设计洪水流量3505立方米/秒，水位83.12米。校核洪水流量4151立方米/秒，水位84.20米。6#7#8#闸孔设消力池，消力池长30米。护坦长8米，海漫长8米。其余闸孔闸下设30米长护坦和8米长海漫。

电站安装3台贯流式机组。单台机组容量3900千瓦，设计水头5.5米，最大水头8.5米，最小水头2.5米，设计流量84.58立方米/秒。总装机1.17万千瓦。三台满发下游水位76.88米，一台满发下游水位75.98米。多年平均发电量4508万千瓦小时，年利用小时3853小时。电站进水渠前设拦污浮排，厂房进水口设有拦污栅、检修闸门，尾水设检修闸门。主厂房尺寸36米×16.5米，副厂房尺寸为36米×13.36米，安装间尺寸为13米×16.5米。主厂房分三层：运行层高程81.55米，设备层高程77.43米，廊道层高程66.23米。副厂房为二层：上层高程81.55米，下层高程76.5米。安装间高程81.55米。

升压站平面尺寸51米×27米，布置两台变压器，一台1万千伏安、一台5千千伏安。

船闸长70米，宽8米，底板高程72.47米，侧墙顶高程83.8米，上下出口闸门宽8米。上游引航道长60米，下游引航道45米，航道最小水深1.5米。船闸通航等级为7级，最大通航单船吨位50吨，船型标准尺寸为36米×6.6米×0.7米（长×宽×槛上最小水深），改善航道14千米。

两岸连接段为土堤。库区防护堤按10年一遇洪水标准，治涝标准按10年一遇24小时暴雨三天排干设计。

主体工程量：土石方开挖15.04万立方米，土方填筑27.08万立方米，石渣和回填2.35万立方米，砌石2.35万立方米。砼及钢筋砼5.59万立方米，金属结构制作安装930吨，水泥灌浆1896立方米。

主要建筑材料：水泥1.66万吨，钢筋1362吨，木材943立方米。施工总工期18个月。

工程总投资1.085亿元，每千瓦投资0.927万元，每千瓦小时投资2.41元。

仁化县行政服务中心

RENHUAXIAN XINGZHENGFUWUZHONGXIN

2016年12月28日，县委书记刘锋（左二）到县行政服务中心办事大厅调研

2016年12月16日，县长王晓梅（右二）到县行政服务中心办事大厅调研

仁化县行政服务中心成立于2009年5月，为县人民政府直属公益一类正科级事业单位，核定事业编制12名，其中主任1名，副主任2名，内设机构领导职数4名，后勤服务人员数1名。经费按县财政补助一类拨付。

2016年，仁化县行政服务中心始终坚持“服务群众、促进发展”的服务宗旨，秉承“便民、高效、廉洁、规范”的服务理念，以打造优质高效的行政审批服务为平台，在优质服务上下功夫，在提升审批效率上出真招，开辟重点项目行政审批“绿色通道”，对重点项目实行特事特办，马上办、立即办。推行上门服务、预约服务、延时服务，各项工作均取得了新的成效，中心形象有了新的提高。2016年，县行政服务中心共接待服务对象1825多人次，办理各类服务事项812件，为企业联办代办数达86家，新注册企业71家，注册资金达65680万元。在工作量明显提高的情况下，行政服务提速提质，行政许可服务准确率达98%，承诺件按时办结率达100%。

为深入推进“一门式、一网式”政务服务模式改革，县行政服务中心按县委、县政府要求，积极配合筹建仁化县公共服务中心网上办事大厅，2016年10月16日，县公共服务中心办事大厅正式启用，目前，全县已有35个单位进驻大厅，共设有卡位41个，为群众提供“一门式、一网式”简单、方便、快捷、周到的服务，大厅启用以来受理行政审批事项4891宗，办结4856宗，办结率达99%，群众满意率100%。2016年，县行政服务中心被韶关市文明委评为“韶关市文明示范窗口单位”。

仁化县行政服务中心综合办事大厅环境整洁舒适

仁化县行政服务中心获得荣誉称号，以及群众送来锦旗

仁化县国土资源局

RENHUAXIANGUOTUZIYUANJU

仁化县国土资源局（简称“县国土资源局”）是主管土地资源、矿产资源和测绘事业的县人民政府工作部门。局机关内设办公室（纪检监察室）、地籍管理股（不动产登记局）、规划和耕地保护股、土地利用管理股、执法监察大队（副科级）、矿产资源管理股6个职能机构；下设仁化县国土储备交易中心（2014年5月更名为仁化县土地储备中心）、仁化县土地开发整理中心、仁化县国土资源信息中心、仁化县不动产登记中心4个事业单位，及丹霞国土资源管理所、董塘国土资源管理所、长江国土资源管理所、扶溪国土资源管理所、石塘国土资源管理所、红山国土资源管理所、闻韶国土资源管理所、城口国土资源管理所、黄坑国土资源管理所、大桥国土资源管理所、周田国土资源管理所11个基层国土资源管理所。

2016年6月30日，仁化县不动产登记启动仪式上，副县长张元展发出仁化县第一本不动产登记证

2016年，县国土资源局以《中华人民共和国土地管理法》等相关法律法规为准则，落实最严格资源保护制度和最严格的资源节约集约利用制度，以服务经济建设为中心，切实转变工作作风，增强服务意识，做好基本农田保护、高标准基本农田建设、建设用地征收报批、“三旧”改造、土地利用总体规划、地籍管理、矿产资源管理、地灾防治、不动产登记管理、测绘行政管理、国土资源执法监察等工作。

县国土资源局2016年高标准基本农田项目建设现场

2016年，在县国土资源系统干部职工的共同努力下，县国土资源管理工作再上新台阶，荣获了广东省“2015年度土地执法监察考核二等奖”、韶关市“2015年度耕地保护先进单位”、韶关市“三旧”改造先进单位等荣誉称号。

2016年6月30日，仁化县不动产登记中心发证仪式在县国土资源局一楼举行

2016年10月10日，县国土资源局联合林业、水务、黄坑镇等多个部门对蓝田日庄沙场开展联合执法行动

2016年5月17日，县国土资源局联合公安局在董塘石门圜开展煤山整治执法行动

韶关市仁化公路局

SHAOGUANSHIRENHUAGONGLUJU

2016年1月19日，仁化县副县长丘光强（右一）在仁化公路局局长梁颂文（右二）的陪同下到仁化公路局养护中心开展春节慰问活动

2016年6月27日，仁化公路局局长梁颂文（右四）、仁化公路养护中心主任林裕强（右五）出席韶关市仁化公路养护中心成立仪式

韶关市仁化公路局(以下简称“仁化公路局”)隶属于韶关市公路局，是正科级事业单位，主要负责仁化县境内国、省道公路建设、养护、路政管理、辖区内机动车辆路桥通行费年票征收工作。内设办公室、生产技术股、人事监察股、财务股、安全生产股、路政管理所、收费管理所及新设立的韶关市仁化公路养护中心（2016年6月底，由月岭、城口、董塘、扶溪4个养护中心合并成立，上述4个养护中心相应变更为养护中心管理下的养护所），全局共有职工108人，其中在职中共党员33人，本科学历9人，大专学历29人。2016年，仁化公路局所辖国、省道包括：G106线、G323线、S246线、S342线和S345线，总养护里程为200.381公里，其中国道88.267公里，省道112.114公里，拥有压路车、洒水车、扫路车和装载车等一批现代化养护机械设备，具备路面高等级施工作业能力。

公路养护

2016年11月30日，仁化公路局局长梁颂文（右一）、仁化公路局精准扶贫联络员刘俏邦（左一）与精准扶贫组员一同到扶贫挂点村（长江镇陈欧村）开展扶贫工作

路域整治

2016年6月，路面修复后的S345线仁化县石塘镇文昌路

仁化县食品药品监督管理局

RENHUAXIANSHIPINGYAOPINGJIANDUGUANLIJU

8月3日，韶关市副市长王伟阳（左二）、仁化县副县长丘光强（右一）与局长胡德宁（左一）调研仁化县派出机构建设情况。图为调研组在董塘所调研

仁化县食品药品监督管理局归属地方管理，为仁化县人民政府工作部门，正科级。内设办公室、食品餐饮安全监管股、药品医疗器械安全监管股、保健食品化妆品监管股、食品生产流通安全监管股、综合协调股、政策法规股等8个职能股室，并成立了仁化县周田食品药品监督管理所、仁化县黄坑食品药品监督管理所、仁化县董塘食品药品监督管理所、仁化县城口食品药品监督管理所、仁化县扶溪食品药品监督管理所、仁化县长江镇食品药品监督管理所等6个乡镇所，其工作职能为承担药品、医疗器械、保健品、化妆品监督管理职能以及履行食品生产、流通消费环节食品安全监督管理职责和食品经营许可的职责。2016年，有干部职工41人，其中行政编13人，工勤服务人员4人，局干部职工本科以上学历人员占76%。一年来，在县委、县政府和上级食品药品监管部门的正确领导下，认真贯彻科学发展观，坚持科学监管的理念，以构建和谐社会为目标，始终把食品药品质量安全作为改善民生、造福百姓的基础工作常抓不懈；扎实推进食品药品安全监管各项工作，未发生重大食品药品安全事故。

8月9日，韶关市食药监局副局长李丽冰（右二）到仁化县开展行政执法调研。图为调研现场

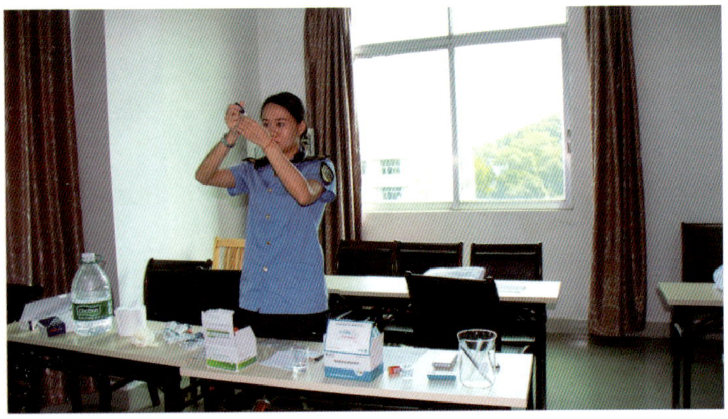

为提高执法人员快检水平，仁化县食药监局举办快检工作竞赛活动。图为竞赛选手认真滴度

仁化县食药监局认真开展节前检查行动。图为执法人员向超市管理员讲解安全知识

仁化县质量技术监督局

RENHUAXIANZHILIANGJISHUJIANDUJU

2016年，仁化县质量技术监督局(简称“县质监局”)围绕质监定位，以“服务经济质量发展，规范市场经济秩序，维护企业合法权益，保障民生质量安全”为使命，以改革创新精神抓质量、保安全、促发展，全方位为仁化经济社会发展服务。

2016年，县质监局积极发挥质量强县办公室的牵头作用，共开展产品质量定期监督检验18家企业23批次产品，合格23批次，产品合格率100%。全县共有获得工业产品生产许可证企业13家共15张证书。加强对认证获证组织的监管，全年共对28家获得认证组织的认证现场审查活动进行了监督检查，对我县辖区内获得管理体系认证和3C强制性产品认证的单位建立档案，仁化县未发现获证组织存在违法违规行为。

2016年，县质监局出动特种设备安全监察人员430人次，检查特种设备使用单位156家，检查设备487台（套），发现安全隐患特种设备52家170台套，发出特种设备安全监察指令书52份，截至2016年年底，完成闭环处理126台套。敦促和引导企业开展事故应急救援演练，提高企业应对突发事件、处置事故能力。实施电梯维保公司驻点基本资源条件备案，进一步规范维保市场。开展和参与“安全生产月”、科技下乡等特种设备安全知识宣传活动，提高群众安全防范意识。

2016年，县质监局深入开展计量惠民活动，为12家集贸市场1812台计量器具实施免费检定，为广大个体经营者节省检定费用近10万元。开展计量专项监督检查，对瓶装液化石油气净含量、大米和商场超市定量包装商品等计量专项监督检查，全年抽查13批次。

2016年，县质监局挂点扶贫村为长江镇沙坪村，工作期间县质监局认真落实中共仁化县委、县政府关于扶贫工作要求，全面完成精准扶贫信息化管理工作，顺利通过县扶贫办的考核。

摩托车安全头盔检查

机动车检测站监管

农资打假检查

液化石油气站安全演练

2016年“3·15”宣传

中国人民银行 THE PEOPLE'S BANK OF CHINA 仁化县支行

2016年4月6日，县委书记刘锋到人行仁化县支行调研金融精准扶贫工作

人行韶关市中心支行纪委书记王义平和仁化县副县长张元展为“仁化县金融知识教育基地”揭牌

2016年，中国人民银行仁化县支行坚持“一主二优三加强”的工作思路，围绕“基础求实、重点求准、亮点求效”工作主线，努力优化货币政策传导，不断优化金融发展环境，加强金融创新和产融结合，加强金融管理和风险防范，加强党的建设和内部管理，促进了县域经济加快发展。2016年年末，全县金融机构各项存款余额90.64亿元，同比增长8.82%；各项贷款余额36.74亿元，同比增长10.4%，比全市平均增速高4.84个百分点。

《湘粤赣“红三角”金融稳定协作协议》签约仪式现场

提升金融服务企业效能。大力推广中征应收账款融资业务，深入开展“双服务”（服务企业、服务项目）活动，联合政府部门组织召开政银“服务企业、服务项目”座谈会，有效拓宽了企业融资渠道。

推进农村普惠金融发展。以普惠金融“村村通”工程为重点，不断强化支付基础建设，改善农村支付服务环境，实现了行政村农村金融服务全覆盖率。认真开展农户信用采集、评定工作，促使社会信用建设进入良性循环。目前，全县共建成信用村109个。

深化金融精准扶贫工作。协助县政府出台金融精准扶贫精准脱贫政策，增加风险补偿基金，提高扶贫贷款贴息比例。实施智力扶贫工作，举办“金融知识扶贫”专题讲座，推动各项金融扶贫政策进村入户，精准惠及贫困群众。

全年，人行仁化支行共获6项韶关中支级集体荣誉，9人次获得广州分行和韶关中支及以上个人荣誉。支行党支部被人行韶关市中支党委授予“2015-2016年度先进基层党组织”荣誉称号。

2016年6月7日，仁化县政银“服务企业、服务项目”座谈会在有色金属工业园区召开

2016年6月17日，人行仁化县支行与仁化县委党校举办金融知识宣传教育合作框架协议暨“金融知识扶贫”讲座

人行仁化县支行组织金融系统志愿者开展普惠金融宣传活动

PICC

中国人民财产保险股份有限公司

PLCC Property and Casualty Company Limited 仁化支公司

2016年6月，人保财险仁化支公司班子成员到董塘镇董联村因农房倒塌导致孩童死亡现场查勘

2016年人保财险仁化支公司给北控（仁化）环境服务有限公司赠送锦旗

中国人民财产保险股份有限公司（PICC P&C，简称“中国人保财险”）是经国务院同意、中国保监会批准，于2003年7月由中国人民保险集团公司发起设立，是目前中国内地最大的非寿险公司。其前身是1949年10月20日成立的中国人民保险公司。

中国人民财产保险股份有限公司仁化支公司成立于1984年，一直以服务地方发展为己任，通过有效地保险保障、全面的风险管理和及时的保险赔付，为仁化经济建设、社会发展、人民福祉保驾护航。公司主营业务有：农业保险、机动车辆保险、企业财产险、家庭财产险、责任险、信用险、意外健康险等非寿险各个领域。

人保财险仁化支公司召开政策性水稻保险工作会议

①

②

③

④

①2016年人保财险仁化支公司到县检察院预防职务犯罪教育基地听讲座

②2016年人保财险仁化支公司到县检察院预防职务犯罪教育基地参观展览

③人保财险仁化支公司荣获省公司营销业务标杆销售团队经理

④荣获省公司营销业务标杆销售团队的仁化支公司营销业务一部

仁化县体育局

RENHUAXIANTIYUJU

相约百年古村，共享定向快乐。7月10日，2016年南粤古驿道定向大赛在石塘古村隆重开幕

2016年11月27日晚，由县篮球协会主办，北控环境投资（中国）有限公司赞助的仁化县2016年首届“北控环境杯”篮球赛1经过10天25场激烈角逐圆满落下帷幕。

仁化城建代表队凭借丰富的经验、过硬的实力，最终将比分锁定在96比84，摘得冠军头衔

2016年11月19日,仁化县“醉美历史古村，穿越红色石塘”趣味定向大赛捆绑旅游活动在石塘古村落成功举办，省社体中心副主任郑凤玲、业务部部长李国富，县人民政府副县长包伟红、县体育局和石塘镇领导出席了启动仪式。

由中国汽车摩托车运动联合会汽车露营分会、广东省社会体育中心、中国国际文化传播中心中南联络部联合主办的“2016年‘一带一路’汽车集结赛暨南粤古驿道文化万里行”顺利抵达仁化县石塘村。

在石塘村古村落举行了第七站的发车仪式，省社体中心副主任郑凤玲、业务部部长李国富，市体育局副局长林静、县人民政府副县长包伟红、县体育局和石塘镇领导出席了发车仪式并和全体车手合影，车手们将进入下一个赛段的激烈角逐。

仁化县开展“全民健身日”系列活动

广东仁化银龙供水有限公司

GUANGDONGRENHUAYINLONGGONGSHUIYOUXIANGONGSI

仁化县人大常委会副主任邓田庭、副县长包伟红莅临公司检查指导工作

县委组织部领导为公司党支部颁发荣誉称号

县人大常委会副主任、县总工会主席马小荣到公司工会检查指导工作

广东仁化银龙供水有限公司于2003年12月15日由（香港）中国供水集团有限公司与仁化县自来水公司联合组建合资公司，其中：（香港）中国供水集团有限公司占注册资本的73%；仁化县自来水公司占注册资本的27%。公司下设13个部门，在职员工 61人，拥有专业技术初级职称人员2人，本科学历6人，大专学历14人，高中及中专学历26人。公司拥有水厂一座，供水能力4万立方米/日，主管网总长约200余公里，供水面积约20余平方公里；供水范围主要以仁化县主城区、丹霞片区、董塘片区及县城周边农村用水。

随着仁化县发展及用水需求，原建县城供水管网已无法满足用水需要，饮水管网经常出现爆裂。为确保仁化县经济发展和县城供水安全、稳定、优质，公司投资约4000万元对县城管网及水厂滤水系统进行了增容扩建改造，改造后可确保仁化县十五年的供水需求。

公司始终秉承“以人为本，达善社会”的服务理念为用水户提供优质的服务，人性化的管理、完善的管理机制，深受广大用户的尊重及赞誉，得到省供水协会、市委组织部、县政府及相关单位领导的一致好评。公司先后获得“韶关市非公有制经济组织党建工作示范点”、国税系统“模范纳税户”、“仁化县工会委员会示范点”等荣誉，现收费大厅已申报创建仁化县“巾帼文明岗”。

公司领导高度重视供水水质安全管理，除严格按照国家卫生部饮用水的规范标准要求，建立制水工作室、水质化验室外，还要求水质化验工作人员每天定时对水源水、出厂水、管网水进行严格检测，层层把关。县疾控中心及卫生监督所还按照生活饮用水卫生标准GB5749-2006的要求，每月不定期对公司源水、管网末梢水进行取样检测，每年对出厂水进行《国家生活饮用水标准水质安全106项》检测，检测的各项指标均达到国家饮用水标准，合格率100%。

公司将继续秉承“以人为本，达善社会”的服务理念，加强服务质量，严格供水水质，以安全、优质、稳定的供水去回报每一位用水户，让每位用水户都能喝上“放心水”。

公司收费服务大厅

水管维修

仁化县奥达胶合板有限公司

RENHUAXIANAODAJIAOHEBANYOUXIANGONGSI

华林王

仁化县奥达胶合板有限公司成立于2004年。占地近20万平方米，自建厂房60000多平方米，实验室600平方米。公司建有先进的各类胶合板生产线15条，年产竹胶板、木模板、覆膜板、生态板、免漆板、车厢板、集装箱板等各类胶合板（多层板）15万立方米。自有原料林基地2000多公顷，是国内大型的胶合板生产基地之一，集科研、制造、检测、销售为一体，是广东省林业、农业龙头企业。

2014年7月，时任中共仁化县委书记刘锋深入企业调研

奥达公司坚持科技兴厂，科技兴林的经营理念，注重人力资源开发利用，不断引进和培养具有丰富经验、技术过硬的人才骨干。长期和中南林业科技科技大学合作开发新技术、新工艺、新产品。严格执行生产工艺标准，以“质量是市场的保证，信誉是生存的基础”为品质方针，获得广东省民营科技企业称号。

公司有17个项目获得了国家知识产权专利授权，顺利通过了ISO9001：2008质量管理体系认证、法国船级社BV认证及FSC森林体系认证，获得了“全国竹胶合板行业名牌企业”称号，是韶关市竹纤维胶合板工程技术研究开发中心，广东省民营企业创新产业化示范基地及广东省高新技术企业。产品取得到广东省质量技术监督局颁发的“采用国际标准产品标志证书”与“广东省采用国际标准产品认可证书”等获得了“名牌产品”的称号。

公司拥有全套胶合板检测设备，可实现产品原材料检验，生产过程质量控制，产成品理化性能及甲醛释放量测试等。

公司荣誉

广东省渔政总队仁化大队

GUANGDONGSHENGYUZHENGZONGDUIRENHUADADUI

2016年8月16日，广东省渔政总队仁化大队在仁化县锦江水库大坝南侧库湾举行锦江勤务码头启动仪式。广东省渔政总队总队长白桦出席活动，韶关渔政支队、县政府等单位领导干部参加了此次活动。“中国海监9002”船正式入驻仁化县，将对仁化县锦江上游鱼类资源的综合保护开发和“三防”抢险工作发挥重要作用。广东省渔政总队总队长白桦为广东省渔政总队仁化大队锦江勤务码头揭牌，标志着锦江勤务码头正式投入使用

广东省渔政总队总队长白桦（左二）出席活动，韶关渔政支队支队长邱成标（右一）、中共仁化县委书记刘锋（左三）、副县长黄付养（左四）、邹永祥（左一）等领导干部参加了锦江勤务码头启动仪式

仁化县小水电行业协会

RENHUAXIANXIAOSHUIDIANHANGYEXIEHUI

仁化县小水电行业协会自成立以来，不忘初衷，努力为全县的二百多家小水电企业会员依法维权服务。在争取贯彻省人大决议落实上网最低保护电价政策、解决历史遗留的分摊被扣线损问题、争取小水电可再生能源全额保障上网电量、执行水电税收政策支持地方财税源增收等多方面取得了立竿见影的成果，发挥了桥梁纽带作用，一直得到广大会员满意支持和政府部门的充分肯定和赞扬。

2016年11月，参加世界第七届今日水电论坛在国际小水电中心与领导们合影

2014年6月，各市县代表全省与相关部门跟进落实取消线损问题

2014年9月9日，广东省水电代表依法与“电网公司”协调2013年度加权平均电价

2011年8月24日，小水电协会依法维权，为跟进落实电价留影

仁化县水电行业协会2017新春开年会员代表大会

仁化县黄竹坪水电有限公司

RENHUAXIANHUANGZHUPINGSHUIDIANYOUXIANGONGSI

董事长邓纪蓁

仁化县黄竹坪水电有限公司为港商独资企业，公司（水电站）位于广东省韶关市仁化县红山镇黄竹坪，主营电力生产与销售。截至2016年年底，公司（水电站）注册资金 200万港元，总装机容量920千瓦；水电站发电量275.18万千瓦时，产值160.59万元，公司缴纳税金27.5万元。

公司始建于1993年 4月，1994年4月1日，黄竹坪水电站建成投产。23年来，公司始终坚持“守法、诚信、创新、安全、高效”的经营理念，从开始的合作经营到自主经营，再到外商独资经营，企业不断发展壮大。2008年和2015年，公司共投资185万元，进行了两次增效扩容的技术改造，走上了技改创新之路，使水电站的装机容量扩大、发电量增加，生产总值增长。2008年至2016年，公司实现总发电量1871.12万千瓦时，生产总值1002.96万元，缴纳税金144.64万元。

公司董事长邓纪蓁先生，1930年5月出生，是仁化县首位荣获韶关市人大常委会授予韶关市荣誉市民称号的香港人士，曾任仁化县政协委员、政协常委，是一位热心公益事业的人士。他关注、关心山区教育、敬老养老和扶贫济困等事业，20多年来，邓纪蓁先生捐资赞助社会公益和山区教育事业的大、小项目50多个，包括红山镇中学、小学、敬老院和丹霞黄屋小学等，捐资总额76.3万元，受到当地政府和群众的好评。

红山中心小学教学大楼奠基时，邓纪蓁先生（前排右三）与县、镇领导等合影

2000年6月1日，邓纪蓁先生（右四）与校友等参加捐助的红山中心小学教学大楼落成典礼时合影

“增效扩容”技改后发电机装配的情景

公司员工察看发电机安全运行情况

邓纪蓁先生（右四）与校友、企业员工等在电站前合影

韶关市粤运汽车运输有限公司

SHAOGUANSHIYUEYUN
QICHEYUNSHUYOUXIANGONGSI
RENHUAQICHEZHAN

仁化汽车站

韶关市粤运汽车运输有限公司仁化汽车站原为广东省韶关市汽运集团有限公司仁化汽车站。2014年9月19日，广东省交通集团与韶关市政府交通运输合作项目正式签约，广东省韶关市汽运集团成功转制为韶关市粤运汽车运输有限公司。

粤运交通工会柯主席到站检查

韶关市粤运汽车运输有限公司仁化汽车站始建于1955年，位于老街旧邮电所旁，仅20平方米，街道停车。随着社会的不断发展，县城区域逐渐扩大，1964年迁址于县田家炳对面；1968年再迁址于现建设路29号丹霞城市步行街处；2008年11月迁至现址，位于仁化县建设路135-2号，是一个公用型的二级客运站场。

仁化汽车站占地20849平方米，建筑总面积4532.5平方米；各安全服务功能设施设备齐全有效，候车环境优美，布局合理；配备售票管理系统、财务管理系统、电子显示系统、视频监控系统、车载视频监控系统、GPS定位系统、行李安检机等先进设备；下设综合事务办、安全技术办，经营发展办、保修车间、财务管理办等5个部门，并兼管仁化县飞马汽车客运有限公司。拥有客运车辆89辆，经营仁化—丹霞山—韶关、仁化往返长江、扶溪、闻韶、红山、城口、白莲、南雄等客运班线；仁化往返董塘、黄坑、周田、胡坑、夏富、石塘、丹霞山以及广东铝厂、丹霞山火车站和周田往返灵溪等农村客运班线。现有进站经营客车营运仁化经董塘往返韶关班线、仁化往返广州、深圳、兴宁等长途客运班线，并承接旅游包车。

仁化汽车站发往韶关的早班车是5：30时、晚班是19时；韶关往返仁化早班车是6：50时、晚班是20：30时；自早上7：00时至16：00时每半小时发一班开往韶关高铁站的班车。

仁化汽车站外貌

仁化汽车站保修车间是一个具有汽车二类维修资质的汽车修理车间。

仁化汽车站秉承“安全第一，服务至上”的宗旨，坚持“以人为本、求实创新、诚信规范、和谐共赢”的经营理念，竭诚为广大旅客服务。

2016年度，仁化汽车站紧紧围绕安全、高效、优质、畅通的工作目标，圆满完成各项工作任务，荣获广东省粤运交通股份有限公司“先进集体”称号、广东省粤运交通股份有限公司“先进基层党组织”称号、韶关市妇女联合会颁发的“巾帼文明岗”称号、韶关市总工会颁发的“粤北女职工文明岗”称号。

车站开展消防演练活动

候车大厅旧貌换新颜

仁化汽车站登山活动

业务联系电话：0751-6352441

目　录

中共仁化县委员会

仁化县人民代表大会及人大常委会

仁化县人民政府

政协仁化县委员会

中国共产党仁化县纪律检查委员会

民主党派·社会团体

法治政府建设

武　装

交通·邮电·信息化工作

供电 · 供水 · 供气

水利 · 气象 · 水文监测

城乡建设 · 环境保护

经济综合管理

农　业

工　业

商　贸

旅游业

财政·税务

银行·保险

教科文体卫

社会生活

中央、省、市驻仁化单位

镇（街道）概况

先进单位·先进个人

社会经济统计资料

附　录

索　引

雄奇的丹霞风光樵山寨 （谢嘉文 摄）

特　辑

仁化县开展“两学一做”掠影

【活动概述】 2016年，仁化县各级中共党组织围绕全覆盖、常态化、重创新、求实效目标，主动打牢“学”的基础、把握“做”的关键，坚持学用结合、知行合一，扎实开展“两学一做”学习教育。一方面，牢牢把住“学”这个基础。仁化县党政班子以身作则、率先垂范，带头开展专题学习，带头以普通中共党员身份参加所在支部的组织生活，在全县构建起上行下效、上率下行的良好局面。另一方面，着力突出“做”这个重点。各级党员干部强化以学促做，以“五联系五提高”“温心档案”等实践载体，主动服务基层党组织、困难群体，积极关爱“空巢”老人和留守儿童，为农村基层和广大群众办好一批民生实事。通过“两学一做”学习教育，各级党员领导干部的政治意识、大局意识、核心意识、看齐意识进一步增强。

【切实加强领导，精心组织实施】 仁化县委高度重视“两学一做”学习教育，中共仁化县委常委会专题研究部署全县“两学一做”学习教育工作，县委书记亲自谋划“两学一做”学习教育工作，提出党员干部要围绕中心，立足岗位，服务大局，践行“五联系五提高”（联系工作岗位，提高制度的执行力；联系基层党组织，提高基层党组织的战斗力；联系重点发展项目，提高工作的落实力；联系民生难题，提高民忧的解决力；联系困难群体，提高社会综合保障力）载体，强化以学促做，解决实际问题，确保学有实效，做有实绩。县委建立以组织部牵头抓总的协调机构，各级党组织层层建立协调小组，切实抓好学习教育工作。

【领导干部带学，党员参学全覆盖】 仁化县把学习教育工作作为管党治党的一项重大政治任务来抓，县委常委会专题学习《中国共产党章程》、《党委会的工作方法》和习近平总书记系列重要讲话精神；县委书记带头讲党课，带头深入基层调研，带头主持“干群会客厅”接待群众，在全县构建起上行下效、上率下行的良好局面。扎实开展党组织关系集中排查工作，联系“口袋”党员、“失联”党员183名，让这些党员回归党组织，在学习教育中实现流动党员“零掉队”；对流动党员采取引学、线上线下学的方式；对离退休、年老体弱党员“结对子”送学、帮学，确保广大党员参加学习教育全覆盖。

【创新学习形式，深化学习效果】 仁化县坚持从实际出发，针对各个岗位各种类型的党员实施学习教育，增强针对性和实效性。以抓好党务干部“两学一做”学习教育业务培训为重点，对160多名县、镇党务干部和农村、“两新”党组织书记进行专项培训，提高党支部书记和党务干部抓学习教育的业务水平，扎实推动“十个规定”动作高标准落实。协调市、县委党校骨干教师组成讲师团，围绕《中国共产党章程》、习近平总书记系列重要讲话精神等内容分期分片到各镇（街）进行“两学一做”党课巡回宣讲，参加宣讲学习的党员人数达1.2万人次；1800多名党员参加建党95周年图片巡回展，接受一次很好的党性教育。各基层党组织制定精细的学习计划，开办“支部课堂”“流动课堂”“实践课堂”集中培训党员干部，党员通过自学，参加集中学习和研讨，深化学习效果。将《习近平总书记系列重要讲话读本》作为庆祝中国共产党建党95周年政治礼物实名赠送给全县党员。搭建“互联网+党建”教育平台，通过现代远程网、微信群、QQ群等方式，及时向全县基层党员发送党章党规以及习近平总书记讲话等信息，组织全县党员干部参加“两学一做”知识考学、网络竞答，全县党员11582人，参加考学党员10655人，参与率达92%，达到以考促学效果。拍摄“践行两学一做，为党旗增辉”专题宣传片，努力营造学习先进、崇尚先进、争当先进的良好氛围。

【边学边改边做，立足岗位作奉献】 仁化县各级党员干部深刻查摆在思想、组织、作风、纪律等方面存在的问题，坚持边学边改边做，进一步转变工作作风，有效提高工作效率。围绕中共仁化县委提出“五联系五提高”实践载体，各级党员干部立足岗位，围绕重点发展项目，开展“企忧档案”活动，解决企业在生产经营中遇到的困难和问题64件，进一步提高工作落实力。结合“一厅三档案”活动和驻点联系群众工作，各级党组织听民言、纳民意，推动承诺民生实事工作顺利完成，集中精力抓好精准扶贫、美丽乡村等各项工作，全面提高“民忧”解决力。围绕关心关爱“空巢”老人和留守儿童，开展“温心档案”活动，做到“用心联系、用情沟通、用力帮扶、用爱温暖”，提高“空巢”老人和留守儿童综合保障力。开展“双争双促”活动，全县党员模范履行岗位职责，县直机关窗口单位和服务行业重点落实党员挂牌上岗，亮身份，做表率，时刻提醒自己是一名党员，激励党员永葆先进本色。通过开展“两学一做”，全县党员干部群众精气神十足，全县上下形成了激情工作、干事创业的良好氛围，推动解决一批关系群众切身利益的问题，经济社会发展取得阶段性成果。

（邓盛明）

仁化县打造全域旅游工作纪实

2016年8月，仁化县为贯彻落实国家旅游局关于全域旅游的总要求，在韶关市成功入选“国家全域旅游示范区”创建单位的区域发展背景之下，全面启动国家全域旅游示范区创建工作，把国家和省级全域旅游示范区创建工作作为一项重要工作来抓，推动仁化县旅游业发展向全域旅游发展转型。“全域旅游”是指在旅游为优势产业的特定区域，将该区域作为功能完整的旅游目的地，进行整体规划、建设、管理、运营，通过旅游业整合推进经济、政治、文化、社会、生态文明“五位一体”建设，协调带动经济社会发展，形成政府与市场、居民与游客共建共享，人与自然和谐共处的旅游先行示范区和创新发展区。仁化县发展全域旅游重点是要加强旅游业转型升级，着力推动产业融合发展，实现“全景仁化，全域旅游，全时旺季”的思路，构建“全域旅游”大格局。

创建国家全域旅游示范区的重要指标为：旅游业增加值占本地GDP比重15%以上，就业人口中旅游从业人员达到20%以上，年游客接待人次达到600万人次以上，农民人均旅游收入占比达到20%以上，旅游税收占地方财政税收10%左右。

一、仁化县全域旅游工作发展情况

近年来，仁化县旅游经济快速发展。2016年全县接待游客总人数852.30万人次，同比增长16.23%，其中过夜人数264.22万人次，同比增长16.20%，实现旅游收入49.09亿元，同比增长16.78%。

二、仁化县打造全域旅游工作情况简述

仁化县为准确把握旅游业发展的态势，加快推进全域旅游发展步伐，主要做了以下几方面工作：

一是根据创建国家、省级全域旅游示范区的创建要求，制订《仁化县创建国家和省级全域旅游示范区三年行动计划》，完成《仁化县全域旅游发展规划》初稿，预计2017年6月份可完成《仁化县全域旅游发展规划》编制工作。

二是协调推进旅游公共服务设施建设。县旅游局完成10条旅游公路项目申报工作，并着力完善仁化县高速出口、各主要交通干道、镇（街）乡道等旅游标识标牌的建设，形成清晰、明确的交通引导，已在仁化县重要交通干道新设置或更换旅游交通指示牌15块。积极实施旅游厕所改扩建设工作，按标准完成好省、市、县扶持建设旅游厕所任务，2016年仁化县已完成丹霞灵溪景区、福宝农家乐园、金喆园等7家旅游厕所建设工程，并通过了验收。为方便广大游客到仁化县旅游，县城游客集散中心设计方案也正在定稿中。

三是营造全域旅游创建的宣传氛围。加强与中国旅游报、韶关日报等媒体的合作，借助媒体扩大全域旅游宣传影响力。在各镇（街）广告牌、公路路牌、公交车尾等载体，投放相关主题系列旅游宣传广告。

四是按照省、市有关通知要求，结合仁化县旅游实际，推荐丹霞印象、五马寨生态园、丹霞灵溪景区、维以纳酒店、彤景酒店等企业申报乡村旅游民宿、旅游驿站、旅游厕所、A级景区和星级宾馆工作。

五是不断完善全域旅游发展及激励机制。制定并出台《仁化县关于加快发展乡村生态旅游的意见》《仁化县关于进一步促进旅游业发展暂行办法》，落实旅游企业创先争优奖励政策，通过综合评定，分别给予仁化县的星级农家乐、十大特色民宿及新创建的A级景区相应额度的奖励。

（易　佳）

仁化县首届生态农业博览会

2016年12月30日至2017年1月1日，2016仁化县首届生态农业博览会在丹霞山景区中山门隆重举行。

首届农业生态博览会以“美丽仁化，醉美丹霞”为主题，旨在全面推广名优农特产品及旅游资源，打造农业和旅游品牌，集中展示仁化现代化农业及精准扶贫成果，并借助丹霞山元旦旅游小旺季，让国内外游客感受仁化生态农业旅游魅力。由仁化县人民政府主办，仁化县农业局、仁化县国家现代农业示范区管委会、韶关民声网承办，韶关市丹霞山管理委员会、韶关市电子商务行业协会协办。是近年来韶关市各县（市、区）所举办的农博会中规模最大的一次，展出规模为235个展位，设置了农业专区、旅游文化专区、扶贫专区、电商专区、舞台中心区等五大板块。“农业专区”包括“农业名优产品展区”“农特产品展示墙”“农副产品菜式体验区”“农耕文化展示墙”，“旅游文化专区”展示“旅游产品展区”“丹霞仁家旅游展区”“仁化生态旅游展示墙”三个板块，“扶贫专区”包括“扶贫村展区”“爱心区”“扶贫村展示墙”“爱心庄园计划——扶贫项目”四个板块。农博会为期3天，不仅有产品展示展销，还举行旅游线路体验、爱心义卖、歌舞表演、亲子游戏、农产品评比、知识竞赛等活动。农博会吸引参展企业、商家200多家，参展的有国家地理标志保护产品长坝沙田柚、仁化白毛茶、国家绿色食品A级产品丹霞岩红•红茶、国家无公害产品石塘荸荠、富然油茶等农产品150多种，汇集了仁化知名的农特产品品牌企业；3天吸引各地客商2.3万人次。

首届农博会开幕式于2016年12月30日上午举行，韶关市人民政府副市长李欣，省农科院副院长何秀古，省农业厅总经济师陈暹秋，中共仁化县委书记、丹霞山管委会书记兼主任刘锋，中共仁化县委副书记、仁化县人民政府县长王晓梅及省农业厅、省旅游局、省农科院、省电子商务局、省农技总站、省农民专业合作推广中心，东莞市虎门镇、凤岗镇等有关单位领导出席开幕式。开幕式上，李欣和王晓梅分别代表市、县两级人民政府致辞。

李欣在致辞中指出，韶关是传统的农业大市，生态环境优美、农业基础扎实。近年来，仁化县委、县政府高度重视“三农”工作，把建设大农业、现代农业作为重要目标，大力推动“一镇一品”，特别是在农业的市场化、品牌化，基地化方面成就显著，打造了一批“国字号”的农业基地和农业品牌，现代农业工作走在了全市的前列。仁化县举办生态农业博览会打造交流合作平台，目的是展示现代农业的新成果，必将促进农产品的贸易流通，促进现代农业的加快发展。李欣希望仁化主动作为，先行先试，强化品质品牌和市场意识，举生态旗、打生态牌，大力发展特色精品农业，利用电子商务平台进一步拓宽农产品销售渠道，为韶关农业的发展发挥引领示范作用。

王晓梅在致辞中指出，仁化县是广东省全国现代农业示范区之一，这不仅是因为有过去良好的农业基础，更因为近年来在各级领导和各界朋友关心下，仁化县拥有了长坝沙田柚、红山茶叶、黄坑贡柑等众多的农业名优产品。今天在这里举办农博会就是要让更多的人知道、品尝到仁化的农产品，展示宣传仁化绿色生态农业发展成果及特色农产品品牌形象。希望各参展企业一定要充分利用这一有利平台，做好展示展销，不断提升仁化现代农业品牌影响力和竞争力，让仁化县的农产品在全省、全国知名度、影响力不断提高，推动仁化县经济的发展。

中共仁化县委书记刘锋宣布2016仁化首届生态农业博览会开幕，并与李欣、何秀古、陈暹秋、王晓梅等领导嘉宾共同出席本届生态农业博览会启动仪式。

开幕式还举行了精准扶贫签约仪式。仁化县周田镇人民政府、仁化县董塘镇人民政府、仁化县供销社、仁化县农业局、仁化县经济和信息化局等单位分别与仁化县佳明达农业科技有限公司、广东丹霞南药发展有限公司、广州鸡博仕农业科技有限公司等企业签订合作协议8个，协议资金21.7亿元，主要涉及建设扶贫养老机构、生态旅游度假、扶贫养殖、蔬菜基地、何首乌加工厂以及扶贫信贷等产业。

开幕式上，仁化县副县长梁钰清宣读了对仁化县农民专业合作社、广东省名牌、名特优新农产品的表彰决定，县领导邱志坚、张毅、李湘柱以及有关嘉宾先后为受表彰的企业和专业合作社颁奖。

农博会还进行了长坝金柚、丹霞铁皮石斛、丹霞红茶、丹霞山红豆以及书法绘画作品等捐赠义拍及爱心义卖活动，筹集善款近十万元。善款由仁化县民政局收集，用于仁化的“精准扶贫”。区毅明、谢庆伟等仁化县领导及有关嘉宾为捐赠此次义拍活动拍卖品的企业和个人颁发了慈善牌匾，刘锋、王晓梅、廖志常等仁化县领导与有关嘉宾为竞拍受买方颁发了慈善牌匾。

仁化县首届农博会以展会为媒，全面展现仁化从传统农业向现代农业转型的发展成果，达到了宣传仁化名优农特产、推介仁化农业资源、招商引资、精准扶贫，促进农业发展、全域旅游等产业发展的效果。

（刘志强）

仁化县纪念中国工农红军长征胜利80周年系列活动

粤北反映了中国工农红军从初创到发展壮大、从长征到南方游击战的战斗历程。中国工农红军的战斗历程是一部完整的历史。朱德、彭德怀、邓小平、陈毅、阮啸仙等老一辈无产阶级革命家，都在这里留下过战斗的足迹。而红军奇袭城口镇和铜鼓岭的战斗，突破国民党在长征路上设置的第二道封锁线，更是留下了许多可歌可泣的英雄事迹，在党的武装斗争史上谱写了光辉的一页。

2016年是中国工农红军长征胜利80周年。为充分展示红军长征精神的文化内涵，更好地弘扬红军长征精神，不断加强爱国主义教育，仁化县大力开展各项纪念红军长征胜利80周年活动，取得了良好成效。

筹备设立“红军长征粤北纪念馆”。2016年4月20日，仁化县成立了由县委副书记任组长的“粤北红军长征纪念馆”展陈工作筹备领导小组，组织并召开粤北红军长征纪念馆筹备会，对筹建工作作出了具体部署。通过实地勘测、分析研讨后，仁化县于8月17日向中央和省、市报送了《关于设立“红军长征粤北纪念馆”的请示》。同时，认真抓好项目选址和项目规划等工作。

完善爱国主义教育基地宣传阵地。2016年9月，中共仁化县委宣传部积极推进红军长征重要遗址遗迹标识牌工程建设，完成制作仿红木类标识牌14块：城口铜鼓岭、城口水东桥、城口五里山碉堡战壕、城口温泉、城口萝卜坝、城口正龙街、城口谭甫仁将军旧居（2块）、长江中山公园、长江广州会馆、长江陈欧营下村、长江日头河红军桥、红山李氏宗祠、红山红军长征革命烈士纪念碑。铜鼓岭宣传栏1块。同时，投入78万元，对城口镇红军革命旧址胜一理发店、打铁铺原址进行复原修缮。投入110万元，对仁化县城口镇红军长征纪念广场进行整体修缮。结合当地的城镇文化和地形，外面设置停车场，内部设有红军标语墙、长征画廊、红军号手、血战铜鼓岭、奇袭水东桥等雕塑。整个广场结合城口当

2016年8月30日，广东省网信办、广东省扶贫办、中共广东省委党史研究室主办，金羊网、今日头条承办的"长征路上奔小康"（广东站）网络媒体"走转改"大型主题采访活动走进仁化，对铜鼓岭等红军长征革命遗址遗迹以及当地脱贫奔康的新举措新成效进行采访报道　（县委宣传部供稿）

地的城镇风貌和人文景观，创造出浓郁的城镇特色，延续红色文化和革命精神，展现红军不屈不挠的精神。

树立仁化县红色名片形象。为纪念长征胜利80周年，人民日报社等单位于10月6日发起题为"我心目中的长征纪念地"投票活动。该次评选活动共设置80个纪念地候选项，既有公众耳熟能详的长征纪念地、纪念馆，也有不为人熟知的长征旧址、遗迹，全面展现了中国共产党领导红军战胜无数艰难险阻、胜利完成万里长征的光辉历程。仁化县按照活动要求，积极通过电视台、仁化文明网、微信公众号、政务微博等方式更新动态，鼓励广大群众踊跃参与投票。最后，仁化县铜鼓岭由于其深厚的红色文化底蕴，获得广大网友和专家的好评，成功入选。仁化县城口镇是红军长征突破敌人设置在第二道封锁线上的中心据点，也是广东唯一入选的红军长征纪念地。此外，中国邮政从5—10月陆续发行《中国工农红军长征胜利80周年》纪念邮资明信片一套15枚，面值80分，售价1.2元，邮资片选取15个长征途经省中具有代表性的图片作为附图。经过前期的调研以及实地考察，仁化县铜鼓岭红军烈士纪念碑代表广东省荣登该套邮资片。

大力开展文艺纪念活动。8月16日，中共仁化县委宣传部、县文联发出《关于印发

〈仁化县纪念红军长征胜利80周年系列文艺活动实施方案〉的通知》（仁宣联字〔2016〕5号），大力开展纪念红军长征胜利80周年系列文艺活动，举办了“继承红军传统、弘扬长征精神”纪念红军长征胜利80周年征文活动、“长征颂，中国梦”纪念红军长征胜利80周年仁化曲江两地书法联展活动以及“继承红军传统、弘扬长征精神”纪念红军长征胜利80周年书法大赛活动，全县广大文艺爱好者踊跃参与，取得了良好的成效，有力推动仁化县爱国主义教育。

做好宣传报道工作，积极营造良好宣传氛围。7月13—14日，广东电视台记者到仁化，作“长征胜利80周年”系列报道；7月22日，南方日报、贵州日报等长征沿线11个省级党报联合发起“雄关漫道——党报联盟重走长征路”大型采访报道活动，走进仁化城口，采访报道城口相关红军长征遗址遗迹和军史故事；7月23日，中共广东省委宣传部联合南方日报、羊城晚报、广东广播电视台、广州日报、南方都市报等多家媒体到仁化开展“重走长征路”大型采访报道活动；8月10日，广东省国际文化交流中心组织省内书画名家来仁开展“重走长征路”主题书画创作写生活动；8月16日，中共广东省委宣传部网信办联合大洋网到仁化，就做好“长征路上奔小康”（广东）网络媒体“走转改”主题采访活动对城口镇、长江镇等红军长征遗址遗迹开展采访报道；8月25日，赣南日报记者箫森一行到仁化，对城口镇红军遗址开展采访报道；8月29—30日，“长征路上奔小康”网络媒体“走转改”大型主题采访到仁化，由广东省网信办组织重点新闻网站、中央新闻网站地方频道、省内日报、电视台等多家媒体和党史专家、省内网络名人对城口镇、铜鼓岭等红军长征革命遗址遗迹以及当地脱贫奔康的新举措新成效进行采访报道；9月1日，新华社广东分社农村新闻部主任欧甸丘到仁化，围绕“弘扬长征精神，决胜全面小康”主题开展采访活动；9月10日、13日、18日，中央电视台驻广东记者站记者张琦一行到仁化，围绕“弘扬长征精神，决胜全面小康”主题，集中采访城口镇；9月14日，为纪念中国工农红军长征胜利80周年，中宣部带领多家媒体记者到仁化，在城口组织开展“重走长征路”主题采访活动；9月25—26日，为纪念中国工农红军长征胜利80周年，由羊城晚报组织百名文化记者重走长征路走进仁化，开展走访红军长征路，听红军长征故事系列采访报道活动。截至是年年底，共形成媒体报道110余篇，大型电视新闻报道4个。其中，新华社《探访粤北：游击战故地开启致富新征程》、人民网《韶关仁化：城口的红军烙印：一岭一街一广场一故居》、《韶关仁化：红军故事要世世代代讲下去》等报道深入人心。10月30日，中央电视台《新闻联播》播出《长征路·新故事之广东韶关：民忧卡　带民致富为民解忧》，更是极大地提高了仁化的知名度和美誉度。

（中共仁化县委宣传部）

仁化县连续五届荣获“广东省双拥模范县”称号

近年来，仁化县进一步贯彻落实中共中央、国务院、中央军委关于做好新时期“双拥”工作，加强军政、军民团结指示精神，围绕新时期“双拥”工作特点，广泛、深入开展拥军优属、拥政爱民工作，以创建省第十届“双拥”模范县为目标，推动“双拥”工作健康、持久发展，进一步巩固提高全县“双拥”工作水平。

重视和加强“双拥”工作领导，健全完善“双拥”机制。中共仁化县委、县政府、驻仁化部队领导非常重视“双拥”工作，将该项工作纳入全县经济社会发展和部队建设总体规划。根据省委、省政府、省军区关于创建第十届全省“双拥”模范县工作的工作部署，县委、县政府成立了创建第十届全省“双拥”工作领导小组，由县委书记刘锋为组长，县长王晓梅为常务副组长，相关部门负责人为成员的创建第十届省双“双拥”范县工作领导小组，各镇（街）县直各单位也相应成立了领导小组和办事机构，加强全县“双拥”工作的组织领导。同时加强县“双拥”办建设，配备“双拥”专职工作人员，落实创建“双拥”模范县工作经费，完善办公场所和各类办公设施，纳入绩效考核。把创建全省“双拥”模范县列入政府工作报告，并纳入全县经济和社会发展规划和各镇（街）及职能部门目标考核指标体系。一年来，全县党政军民视创建“双拥”模范县荣誉为动力，坚持以邓小平理论和“三个代表”重要思想为指导，深入贯彻落实科学发展观和践行“三严三实”，按照“争先创优”和“牌子更响、亮点更亮”，争当山区“双拥”工作排头兵的工作思路，对照省“双拥”模范城（县）的条件，高标准、严要求，在巩固、提高、发展上下功夫，积极开展创建第十届全省“双拥”模范县活动，“双拥”工作取得成绩。

加强“双拥”工作宣传力度，营造浓厚“双拥”氛围。中共仁化县委、县人民政府一直把“双拥”、国防教育作为大事来抓。一是重视重要场所“双拥”工作广泛宣传。县政府安排“双拥”宣传专项经费，在大桥、周田、丹霞山、县城、董塘镇等公路要道及各镇（街）设置大型彩图“双拥”宣传标语20多幅，在县城路牌、公交候车亭、公路沿线灯箱，出租车、乡村班车、公共汽车上设置“双拥”宣传标语200多个，在仁化县政府公众信息网开设“双拥”专栏。二是深入开展学习教育，宣传“双拥”工作。县委、县政府把县委党校、县人武部、县人社局和各中小学、县爱国主义基地等作为干部职工和中小学生国防教育的主阵地。全年全县开展干部职工、中学生军训人数4000多人次，发放“双拥”宣传画册和影像光碟等资料400多份。县委宣传部、县司法局等单位把《国防教育法》《兵役法》《军人抚恤优待条例》《义务兵安置条例》等法规政策作为普法的重要内容，受教育面达85%以上。三是强化重要节日“双拥”工作宣传。在征兵期间及春节、“八一”建军节、国庆节等重要节庆日，充分利用报纸、广播电视新闻媒体和宣传栏、黑板报、宣传车等宣传工具，广泛开展“双拥”宣传教育，在全县范围内营造浓厚的“双拥”氛围。

结合节假日，组织开展“双拥”慰问活动。春节、“八一”期间，县委、县政府高度重视节日慰问活动，组织了由县委、县政府、县人大、县政协等四套班子主要领导组成的春节、“八一”节日拥军慰问团，由县委书记刘锋和县长王晓梅带队，亲切慰问县人武部、武警中队、消防大队官兵，以及韶关军分区、驻韶关炮旅、市武警支队、市消防支队、广州军区通信营、96318部队、96318部队哨所等驻韶关部队，共给部队送上慰问金27万元；组织了优抚对象慰问组，深入到各镇300多户困难优抚对象和全县600多人在乡参战人员家中，送上慰问金30多万元。同时，各镇、各单位开展形式多样的拥军优属活动，组织慰问组走访慰问军烈属、伤残军人、军队离退休干部、孤老优抚对象，召开拥军优属招待会、军政军民座谈会，优抚对象座谈会，切实帮助部分困难优抚对象解决部分实际困难，让他们过上一个欢乐、祥和的节日，把党和政府的温暖及时送到广大优抚对象心里。

2016年年初，为鼓励现役军人工作表现突出，在部队再接再厉，再立新功，县委、县政府组织由副县长杨云和县人武部部长郭忠诚带队的慰问团，慰问荣立三等功的刘厚旺等3位士兵和部分军烈属。在走访慰问刘厚旺家属时，副县长杨云对刘厚旺的父母表示感谢。他说，刘厚旺因工作表现突出，2015年在部队荣立了三等功，感谢你们培养出这么优秀的儿子，为仁化的父老乡亲争了光。同时，还为刘厚旺的家人送上慰问金和颁发了刘厚旺在部队荣获三等功的证书。当天，民政工作人员还为刘厚旺家张贴“发扬革命传统，争取更大光荣” 的光荣之家春联，送去节日的祝福。

切实落实优抚优待政策，做好退役士兵安置工作。仁化县认真落实优抚对象自然增长机制，提高抚恤补助标准，确保优抚对象的生活与当地群众生活水平同步增长。截至2016年年底，仁化县城镇烈属月定抚恤1895元，农村烈属月定抚恤1485元，农村病故遗属月定抚恤1385元。在乡老复员军人月定补1110元，高于省标准173元；带病回乡退伍军人月定补587元，高于省标准105元，参战涉核退役人员月定补550元，高于省标准50元；定恤定补标准达到省规定的补助标准，给予43名退伍军人医疗补助和生活困难补助，支出3万元。

根据《军人抚恤优待条例》和《仁化县征兵优抚安置规定》的要求，认真做好2015年军烈属优待工作，优待城镇义务兵每人14850元，优待农村义务兵每人12600元；优待定恤“三属”9人，每人8820元；还优待孤老复员军人每人1000元，优待在乡伤残军人每人800元，优待非定恤烈属每人1200元，全年全县支出优待款210万元，截至2016年10月，优待款全部发放到优待对象手中。

为进一步做好全县“双拥”工作，鼓励仁化籍现役军人在部队安心服役、勇立新功，根据《仁化县拥军优属实施办法》和《仁化县征兵优抚安置规定》（仁府〔2009〕2号）等有关文件规定，对在2015年度立功受奖现役军人给予经济奖励，城镇义务兵被评为优秀士兵每人奖励3780元，农村义务兵被评为优秀士兵每人奖励3135元。全年全县发放城乡退役士兵一次性补助金115万元。

2016年，仁化县根据广东省委办公厅、广东省人民政府办公厅《关于深化退役士兵安置改革，实行职业技能培训促进就业的实施意见》，仁化县认真做好退役军人职业技能培训各项工作，给每一名退役士兵发放技能培训指南和有关学校宣传资料，鼓励退伍军人参加各类职业技能培训，全县2015年冬季退伍军人全部入读高等职业技术学院和中等职业学校，报名和参加培训率达100%。根据《广东省人民政府关于做好我省2015年退役士兵安置工作的通知》（粤府〔2016〕108号）要求，认真做好退役士兵接收、安置工作，积极与有关单位沟通协商做好退役士兵安置工作。依托县复退军人服务管理中心、镇（街）复退军人服务工作站、村（居）复退军人服务工作联络点三级复退军人服务管理体系，为仁化县的重点优抚对象和复退军人提供服务，为优抚对象排忧解难，为全县退伍军人稳定做出了积极的贡献。

民拥军、军爱民，共建“双拥”显真情。2016年中秋节期间，县爱国拥军促进会在会长李贵林带领下，走访慰问县武警、消防、武装部全体官兵，与官兵们座谈，为2016年新入伍士兵赠送笔记本。同时，为县消防大队官兵更换图书架、阅览书桌价值2万元，体现父老乡亲对人民子弟兵的厚爱，为全县军队建设和国防建设贡献一份力量。

驻仁化部队牢记中国人民解放军全心全意为人民服务宗旨，认真做好本职工作，大力支持地方经济建设，为维护社会安定和保护国家、人民财产安全作出积极贡献，全年，全县官兵支持地方经济建设，派出官兵141人次、车辆15台次，抢救转移群众200多人次，保护和抢救人民财产20.4万元。始终把强化官兵为驻地群众服务意识作为部队精神文明建设主旋律来抓，把驻地视为第二家乡，视人民为父母，充分利用休息时间以实际行动支持和参加地方经济、文明建设。驻仁化部队多年如一日，义务照顾孤寡老人，资助特困学生，开展学雷锋等便民利民活动；在春节、“八一”建军节、中秋节，把孤寡老人接到部队与官兵一起共度佳节；派出校外辅导员，军训学生3000人次。积极与当地群众、驻仁化单位开展军民共建活动，全县设立军民共建点18个，共建单位为驻仁化部队开展电脑知识和文化知识的培训，驻仁化部队为共建成员单位培训军事知识和消防知识。

中共仁化县委、县人民政府始终不渝地坚持关心和支持军队的建设，把支持部队看作义不容辞的责任，坚持从资金、设备、技术和人才培养上支持部队建设，坚持每年为部队至少办一件实事，2016年投入支持部队建设资金147.9万元。

2016年8月，全省“双拥”模范城（县）命名暨“双拥”模范单位和个人表彰大会在广州举行。仁化县被中共广东省委、省政府、省军区联合评为“广东省双拥模范县”。这是该县继2001年、2004年、2008年、2011年连续4次被命名为“广东省双拥模范县”后，第五次荣获“广东省双拥模范县”荣誉，成为名符其实的“双拥”工作“五连冠”县。

（刘志勇　李　婷）

石塘古村：南粤古驿道定向大赛首站

2016年7月10日，2016南粤古驿道定向大赛首站赛事在国家AAA级旅游景区——韶关市仁化县石塘古村举行。广东省人民政府副秘书长赵坤，省体育局局长王禹平，韶关市副市长王伟阳，刘锋、王晓梅等在家的仁化县“四套班子”领导和省市县各相关部门有关负责人以及数千名来自各地的参赛选手、观众嘉宾参加了开幕式。

韵味十足的月姐歌、铿锵

澎湃的男声独唱、精彩的表演唱、热热闹闹的舞狮等一个个热情洋溢的表演节目将活动现场气氛推向高潮后，活动嘉宾相继走上主席台，活动在庄严的国歌声中拉开序幕。

韶关市副市长王伟阳、广东省体育局局长王禹平分别在开幕式上致辞，对活动的举办致予热烈的祝贺。王伟阳指出，近年来，韶关市坚持以户外运动为抓手，以南粤古驿道为主线，依托独特的生态环境、优美的自然风光、璀璨的人文历史，打造了一批独具特色的户外运动品牌项目。他认为，在富有古韵、民风淳朴的古村落里举办定向比赛，将给参赛者和体验者留下深刻而美好的印象。王禹平在致辞中阐述了此次定向大赛的宗旨和意义，并衷心地祝愿参赛运动员在比赛中赛出风格，赛出成绩。

9时30分，广东省人民政府副秘书长赵坤郑重宣布2016年南粤古驿道定向大赛正式开幕，并与王禹平、王伟阳等赛事支持单位代表，共同为运动员开赛鸣笛。

该站赛事有参赛运动员600多名，设有男、女公开组个人、团体，男、女子精英组个人和团体，体验组团体3个组别9个小项的比赛，其中，公开组和体验组年龄不限，精英组要求17岁以上，每项前10名的运动员方可参加总决赛。

比赛开始后，紧跟比赛选手的脚步走进石塘古村，亲身体验被形容为“迷宫”的巷道。选手们从双峰寨左侧的小路开始慢慢深入，随着第一个三岔路口的出现逐渐分流。沿路除了手拿地图的参赛选手穿插过往，隐匿在石塘古村里大大小小的酒馆映入眼帘，潮湿的鹅卵石路、插在旧木门上的酒旗，此情此景犹如时空穿越回到了明清时期的石塘村，安静祥和。酒馆摆满了当地特色美酒——堆花米酒。堆花米酒因在斟酒时，酒在杯中泛起层层叠叠酒泡，有如花朵堆起一般，且经久不散而得名。

感受完酒文化后，选手们继续探寻本次定向大赛的路线。越深入人越少，“迷宫”的感觉越来越强烈，经常会看到选手们走错路线往一个小巷冲进去，又急忙往回跑。石塘古村巷巷相连，屋屋相通，其建筑物以五福临门民居为主，是典型的石塘古民居，门前设照壁，地上以鹅卵石铺花，寓意“五福临门”。而这种独具特色的建筑构造，使陌生人进入村中就如进入迷宫，极易迷路。

其间，中共仁化县委书记、县人大常委会主任刘锋，县长王晓梅等县领导以及县镇村相关部门有关负责人分别陪同省、市领导深入石塘古村比赛场地，实地观看比赛实况，详细了解比赛情况，为参赛选手加油鼓劲，亲切地与参赛选手交谈，询问参赛身心感受和比赛成绩。

经过激烈的角逐，来自广东轻工职业技术学院的蒋志定和广州南方人才市场的张梅燕分别摘得男女个人公开赛冠军，精英组男女个人赛冠军则分别归属中山纪念中学的杜坚华和周梓盈。电子科技大学中山学院、广州南方人才市场分获男女公开组团体冠军，男女精英组团体冠军则分别被广东轻工职业技术学院和中山纪念中学夺得。

颁奖仪式上，赵坤、王伟阳、刘锋、王晓梅等省市县领导相继为获得男女子公开组、女子公开组、男子精英组、女子精英组以及前八名的选手颁发证书、奖章和奖杯，并留影合照。

该次活动由省体育局主办，省农办、住建厅、文化厅、旅游局、地方志等单位支持，比赛将体育与“寻找南粤古驿道，讲述广东好故事”，以及古驿道、古村落的保护利用开发，挖掘整合历史文化资源，改善农村人居环境，实施精准扶贫精准脱贫以及全民健身等举措紧密结合起来。赛事的成功举办将有效促进石塘古村文化融合与发展，带动生态农村的快速建设，有效地发挥名村名镇示范作用。

（石塘镇党政办）

要闻与大事记

重大新闻

1月10日，《南方日报》头版、2版以《堆花米酒沙田柚等上网“触电”，逐步实现线下生产线上销售新模式——仁化农特产品搭上“互联网+”快车》为题，报道仁化县借助“互联网+”建设，推动农村电子商务发展，与京东集团、广东省电子商务商会、中国邮政等签订电子商务战略合作协议，为农产品进城及乡村旅游等市场拓展更大空间。大桥镇长坝村、黄坑镇蓝田村、红山镇鱼皇村、石塘镇石塘古村等地农户把自产沙田柚、贡柑、白毛茶、堆花米酒等推上淘宝网、京东、丹霞旅游电子商务平台、微商城等网上销售平台，2015年仁化县优质农产品网上交易额达20多亿元，线上电商平台成为仁化农产品“走出去”的一个有效途径。游客在仁化休闲旅游中，可直接在线上下单购买农特产品。

1月11日，《韶关日报》以《仁化牵手途家网依托平台拓展旅游发展空间》为题，报道仁化县与途家网网络技术（北京）有限公司签订旅游战略合作协议，途家网将在仁化通过对原有房源进行改造，发展特色化、高端化住宿业态，盘活旅游地不动产、降低空置率，将其在仁化区域经营的度假公寓及民宿形式房源数量扩展1000套，为到仁化的各种家庭度假、主题度假、商务出行、团队旅游游客增添温馨居家体验，满足个性化深度旅游需要。这是该县适应“互联网+”形势发展，促进智慧旅游建设，拓展旅游发展空间又一重大举措。

1月14日，《韶关日报》以《小小联络点“呼应”大民生——记仁化县周田镇人大代表联络点“开进”合作社》为题，报道仁化县周田镇风顺农民养殖专业合作社社理事长、市人大代表陈景标，在合作社设立人大代表联络点，联络点成为信息交流站，反映民意，传递着党委、人大、政府惠民政策。党政举措，市场新形势，“三农”有关政策，都通过联络点铺开到田间地头。小小联络点推动着基层民主，农村经济社会发展，维护社会稳定。

2月1日，《韶关日报》以《我市积极推进农村普惠金融工作，今年将新增乐昌、乳源、仁化、始兴四个试点》为题，报道落实市长骆蔚峰承诺的做好试点县（市）农村普惠金融“村村通”为民办实事要求，2016年全市新增仁化县等四个县（市）作为农村普惠金融试点，并要求试点县在2016年重点围绕农村信用开展工作，抓好县级综合征信中心和乡村金融服务站建设，推广农村产权抵押担保贷款、“政银保”合作农业贷款、妇女小额担保财政贴息贷款和金融扶贫贷款，全力打通金融服务农村“最后一公里”，为农村群众提供方便快捷金融服务。

2月17日、18日，《南方快报》《羊城晚报》《韶关日报》等媒体以《仁化举行“春暖行动”企业用工招聘会，1571名求职者在家门口就业》为题，报道仁化县利用春节期间大量外出务工人员返乡有利时机，在县城文化广场举行2016年“春暖行动”企业用工招聘会，吸引约5100名求职者前往应聘，1571人在家门口喜圆就业梦。据悉，该县连续8年在春节期间举办大型企业用工招聘会，1.5万多人成功实现在家门口就业，为促进劳动力就业和满足县内企业单位用人需求搭建良好发展平台。

2月18日，《韶关日报》以《仁化县领导干部节后深入贫困村调研——共商扶贫大计 实施精准扶贫》为题，报道春节后，仁化县四套班子领导转变工作作风，轻车简从，率领县机关单位负责人，分组深入到各镇（街）精准扶贫贫困村调研，了解相对贫困村和贫困户情况，共商摆脱贫困、加快发展大计，为新时期精准脱贫工作开好头、起好步。

2月21日，《韶关日报》以《仁化编织民生幸福网，去年逾16亿元支出用于民生》，报道仁化县2015年财政用于教育卫生、环境保护、社会保障等11大类民生支出高达16.95亿元，同比增长40.83%，占全县一般公共财政预算支出77.18%，高于全省69.6%民生支出比重，让广大群众得到看得见、摸得着的实惠。2016年，该县继续保障和改善民生基础，公开承诺办好、办实10件惠民实事，让发展成果惠及更多百姓。

2月22日，《韶关日报》以《江凌到南雄始兴仁化调研时指出探索建立普遍直接联系群众制度》为题，报道中共韶关市委书记江凌先后到南雄、始兴、仁化调研。调研中，江凌对仁化县开展的“干群会客厅”活动给予肯定，认为该活动在推动普遍直接联系群众工作中作出了积极探索。江凌要求仁化要进一步完善制度机制，建立部门解决问题的会商制度，提高解决群众实际问题的工作能力和水平；要将“单向”变为“双向”，通过“干群会客厅”让群众更多地了解党委、政府的中心工作，更好地听取群众的意见和建议。组织部门要认真总结经验，结合全市基层治理工作实际加以完善推广，打造韶关市加强基层治理、密切干群关系新品牌。

2月23日，《韶关日报》以《仁化4个古村入选“省古村落”》为题，报道省文学艺术界联合会和省民间文艺家协会公布第五批“广东省古村落”名单，仁化县周田镇风度村和大围村、扶溪镇古夏村、黄坑镇南庄村等四个古村落榜上有名。该次入选的四个古村落，分别始建于唐、北宋、元、清等朝代，留有古屋群、古祠堂、古门楼、古街巷、古城墙、古排水渠等完好的珍贵遗存，体现出古朴的徽派建筑体式，展现农耕文化久远传承的宜居生活理念和天人和谐关系。

2月24日，《南方日报》《韶关日报》以《仁化县人大代表履行监督职责提建议——改造千亩桉树让市民喝放心水》为题，报道2014年仁化县人大代表张洁通过深入基层，零距离倾听民声，了解到小楣水片的桉树林可能会对仁化水质造成破坏，在充分调研后，在该县十四届人大五次会议上提出“保护仁化县饮用水源地生态环境”建议。建议提出后，县委、县政府高度重视，由县政府办、人大办、林业局等多部门携手实施“绿色”改造工程，引导、鼓励经营者改造完成小楣水林场至赤石迳地段82.47公顷桉树商品林，保护饮用水水源地生态环境，让县城广大市民喝上放心水。

3月3日，《韶关日报》以《仁化突出加强产业“四对接”加快实现融合发展》为题，报道仁化制定出台《仁化县国民经济和社会发展第十三个五年规划纲要》，提出要树立主动融入“珠三角”战略思维，突出加强工业产业、旅游产业、城建配套产业、农业产业等“四产业”对接合作，借助东莞虎门对口帮扶力量，加快实现融合发展，力争率先在全省山区县走出一条绿色转型发展新路子。

3月5日，《韶关日报》以《仁化县石灰厂发生一起3人死亡事件》为题，报道仁化县丹霞街道办狮井石灰厂发生一起疑似一氧化碳气体中毒事件，县公安、消防等部门接报后立即赶赴现场营救出中毒人员5名。中毒人员随后被“120”救护车送到县人民医院救治。经市、县医务人员近2个小时全力抢救，1人脱离危险，1人恢复心跳，3人抢救无效死亡。事故发生后，中共韶关市委书记江凌立即指示要全力做好人员抢救和事故处置工作，市长骆蔚峰就事故处置工作做出批示。市委、市政府委派市委常委、常务副市长陈波赶赴现场指导事故处置。中共仁化县委、县政府主要领导第一时间赶赴现场指挥，立即启动应急处置工作预案，全力以赴抢救伤员，做好事故调查和善后安抚工作。

3月9日，《韶关日报》以《仁化“一揽子”实招推动工业发展，力争首季经济实现“开门红”》为题，报道仁化紧扣“2016年地区生产总值要比上年增长8%，工业增加值要增长9%”工作目标，做强以工业园区为主战场“五型”工业，加强对全县工业企业运营监测和协调指导，制定全县招商工作任务分解表，积极深入虎门、广州等“珠三角”地区开展多种形式招商活动，推动工业发展，力争第一季度经济实现“开门红”。

3月21日、22日，《南方日报》《羊城晚报》《韶关日报》等媒体以《武深高速仁化段工程受损 施工方紧急疏散100多人》为题，报道仁化县各地普降大雨到暴雨，武深高速TJ5仁化段浈江大桥在建项目部分路基、设备均遭受不同程度损毁，直接经济损失超1000万元。灾情发生后，相关施工单位启动红色防汛抢险工作预案，积极和仁化县周田镇政府联手做灾后恢复工作，派出挖掘机、铲机对周边房屋、水利设施进行疏通，并紧急疏散100多名施工人员。施工方表示，仅栈桥修复时间需要1个多月，影响高速公路工程工期两个月。

3月26日，《韶关日报》以《骆蔚峰到仁化中学检查山体滑坡地质灾害时指出科学处置险情 确保师生人身安全》为题，报道市长骆蔚峰率队到仁化县仁化中学检查山体滑坡等地质灾害情况。据悉，受连续强降雨影响，仁化中学后山山体出现两条裂缝，涉及土方约6万立方米，存在滑坡险情，危及学校3栋师生宿舍楼、2000多名学生和周边地区部分住户安全。骆蔚峰要求市直有关部门和仁化县一定要保持高度警惕，以“安全第一”为首要原则，切实保障学校师生及抢险队员人身安全。要进一步摸清山体和附近楼房情况，根据专家出具的地质灾害报告，科学研判险情及研究处置措施，加快有序开展抢险工作。要做好学生安置工作，尽快恢复学校正常教学秩序，把地质灾害对学生学业影响降到最低限度。

4月1日，《韶关日报》以《仁化县城至丹霞山绿道再添靓丽名片——打造休闲旅游“慢城”》为题，报道仁化县一条崭新的绿道从县城锦江河畔文峰塔延绵至卜古岭村路口段，让生活在该地居民又多一个休闲好去处，也为仁化县休闲旅游再添一靓丽名片。该绿道主要分为绿道、机动车道、人行道、休闲广场、景观建筑、绿化景观带等，占地面积约14万平方米，满足人民群众日益提升的生活品位需要。

4月9日，《韶关日报》以《仁化想方设法破解难题推进重点项目建设，34个重点项目开工率达65%》为题，报道仁化县重点项目挂点县领导、责任单位纷纷深入各项目地现场办公，详细了解工期进度，想方设法破解当前融资、用地、征地拆迁和环评等问题，推动重点项目加快建设进度。该县还建立重点项目“问题库”，制定月投资额和形象进度挂图倒排工期，实行重点项目“一项一策”制，力争早日完成建设任务。据悉，2016年，仁化县有重点建设项目34个，年度计划投资41.59亿元，截至是年3月末开工率达65%。

4月13日，《韶关日报》以《仁化第三产业成经济增长“新引擎”，去年占全县GDP41.9%对经济增长贡献率65.9%》为题，报道仁化县公布《2015年全县国民经济和社会发展统计公报》。2015年，面对经济下行压力，仁化县主动适应经济发展新常态，坚持稳中求进，大力实施“四化推四区”发展战略，第三产业在休闲商旅化推动中蓬勃发展。据核算，2015年，仁化县地区生产总值（GDP）达94.34亿元，其中第三产业增加值39.5亿元，同比增长12.4%，对全县经济增长贡献率达65.9%，占全县GDP比重上升到41.9%，首次超过第二产业成为国民经济第一大产业。

4月15日，《韶关日报》《南方日报》以《许瑞生到我市调研时强调，用好乡村特色资源 促进经济发展》为题，报道副省长许瑞生在市委书记江凌、副市长朱余旺陪同下，深入仁化县石塘镇石塘古村、夏富村委牛鼻村穿越丹霞山赛事路线等，亲身感受古村落古道文化民俗气息，仔细查看古村落古道保护和修缮状况，了解相关项目开发进度。许瑞生强调，先辈留下了丰厚的历史文化资源，一定要好好保护，且要突出一个“古”字，在修缮过程中要特别注重保留原材料。各级相关部门要充分发挥历史文化遗存丰富的优势，创新宣传形式，深入挖掘古村落古道的历史文化底蕴，增强吸引力和竞争力；要科学整治，合理规划，注重细节和形象包装，从而提升品牌效应，形成相关产业链，带动经济发展；要利用古村落、古道举办相关体育活动，增加体育活动的文化内涵，特别是要结合精准扶贫和供给侧改革的精神，通过用好古村落古道的资源激活乡村文化体育旅游，满足人民群众不断增长的休闲旅游需求，带动当地村民增收致富，促进经济发展。调研中，许瑞生还看望了“三师下乡”志愿者朱雪梅。

4月21日，《韶关日报》以《仁化发挥城市规委会作用让城市建设不留遗憾——否决政府一项“三旧”改造规划》为题，报道仁化县在该县城市规委会上，市规划专家和县人大代表、政协委员、公众代表等31名委员踊跃建言献策，由于有1/3以上委员提出反对意见，致使《仁化县财政局北侧“三旧”改造地块控制性详细规划》未获通过，该地块暂不能进行开发建设。据了解，2012年以后，该县规委会召开例会24次，审议城乡规划编制方案、城市重要公共基础设施建设项目、重大民生工程项目、房地产建设等160项，审议通过率达85%，正在优化类项目占10%，否决类项目占5%，优化城市发展空间，确保城市建设高品位、高品质发展。

4月23日，《韶关日报》以《江凌在仁化调研县域经济发展时指出，明晰产业定位 找准着力点》为题，报道4月21—22日，中共韶关市委书记江凌一行轻车简从深入到仁化调研县域经济发展。江凌一行先后深入丹霞山游客服务中心、丹霞冶炼厂、凡口铅锌矿、丹霞街道办和董塘镇等地考察，在锦城宾馆主持召开县域经济发展座谈会。在认真听取仁化情况汇报以及该县相关领导相关部门和企业负责人意见和建议后，江凌指出，发展县域经济，要处理好百姓增收与财政收入增长的关系、长远与当前的关系、国家重点生态功能区与仁化发展定位的关系、资源与需求的关系、发展谋划与工作落实的关系。江凌强调，仁化加快县域经济发展，一要依托有色金属产业发展的基础，在保护环境的前提下，做大做强有色金属产业。二要依托丹霞山品牌，在研究分析丹霞山旅游发展定位和发展规模、对仁化经济贡献率以及丹霞山与县城融合发展等的基础上，站在全市乃至更高的角度，认真谋划丹霞山旅游发展。三要处理县域经济和镇级经济的关系，适度放权，激活镇级经济发展，从而为县域经济发展提供支撑。

5月1日，《韶关日报》以《仁化一季度经济实现开门红，第三产业增加值增长11.4%、固定投资增长22.9%》为题，报道仁化县2016年第一季度经济实现开门红，全县完成地区生产总值17.72亿元，增长7.5%，比2015年同期增速高出5.4个百分点，高于全国、全省、全市增速。其中，第三产业增加值6.66亿元，增长11.4%。固定资产投资完成6.25亿元，同比增长22.9%。

5月9日，《韶关日报》以《仁化组建“精准扶贫”驻村工作队，选派26名干部驻村开展帮扶》为题，报道仁化县“精准扶贫”驻村工作队组建到位，全县选派26名副主任科员以上干部组成驻村帮扶工作队，分别深入到相对贫困村，与省直部门、东莞市和韶关市等省市帮扶单位共同开展为期3年的驻村帮扶工作。根据省安排，仁化县相对贫困村的省直帮扶单位4个、东莞市帮扶单位26个、韶关市帮扶单位3个。其中东莞市帮扶单位的23个村，由仁化县选派驻村工作队副队长兼第一书记配合帮扶。该县要求驻村帮扶干部在驻村期间，要明确工作纪律，保证驻村工作时间和工作质量，用心做好帮扶工作。

5月11日，《南方日报》《韶关日报》以《仁化举办丹霞赏石文化节，推动区域交流打响石文化品牌》为题，报道广东省观赏石协会和仁化县联合举办丹霞赏石文化节，以石为媒，以节会友，推动区域文化交流与合作，提升本土观赏石爱好者收藏、鉴赏水平，打响仁化赏石文化品牌。中国观赏石协会、广东省观赏石协会相关负责人以及粤湘赣等周边地区观赏石协会代表、观赏石爱好者等参加活动。该次活动吸引周边地区观赏石协会共选送280块各类天然无打磨奇石参展，各地约80档石商参加展销，其中两块天然形成有着酷似“仁”“化”两字奇石，吸引众多爱好者驻足观赏。

5月13日，《韶关日报》以《仁化开展镇级班子换届监督，三承诺三监督确保风清气正》为题，报道仁化县从上至下认真开展镇级领导班子换届风气监督工作，采取“三承诺”“三监督”和零容忍方式，着力营造风清气正换届环境，确保选出忠诚干净担当好干部，配出结构优功能强好班子。在“三承诺”中，县委组织部全体干部、干部考察组全体成员和镇（街）组织委员集中签订保证书，全县11个镇（街道）党（工）委书记签订责任书，全县党员干部广泛签订“承诺书”。在“三监督”中，县纪委、县委组织部等有关单位抽调人员组成2个换届风气监督组对全县10个镇换届风气进行巡回督查，从镇（街道）机关、村（社区）基层干部及“两代表一委员”中选聘30名特邀监督员全程参与换届民主推荐、民主测评、考察对象确定和干部考察等监督工作。

5月17日，《韶关日报》以《留住历史记忆　呵护精神家园——仁化县加大对历史文物保护利用工作纪实》为题，报道仁化县按照“保护为主、抢救第一、合理利用、传承发展”原则，在县财政资金紧张情况下，加大对历史文物保护力度，留住历史记忆、呵护精神家园，走出一条修缮保护与适度开发利用相结合之路。该县推动历史文物保护工作步入“新常态”，把文物保护纳入城市建设总体规划、城镇体系规划，要求建设工程选址要尽量避开各级文物保护单位，需要迁移拆除的文物要依法履行审批手续，统筹协调文物保护与城乡建设。并建立一支以县文化局为主、乡镇文化站为枢纽，村干部、文物保护积极分子为骨干文物保护网络，文物保护工作进入制度化。

5月29日，《韶关日报》以《仁化着力打造生态景观家园，30个村实施绿化美化工程》为题，报道2015年来，仁化县结合绿化广东和美丽乡村建设，大力实施乡村“绿化美化”工程、一镇一森林公园建设和城乡生态环境综合整治，着力打造生态景观家园。各乡镇以出入道路、城乡接合部、休闲广场、自然保护区等为重点，建设特色景观林带、园林小区、风景游憩林等，推进城乡一体化绿化，实现乡容乡貌整洁美观、生态良好。截至是月底，该县创建市生态示范镇9

个、市生态示范村10个。有30个村庄完成了“绿化美化”工程，建设生态景观林带22.5公里，基本完成“一镇一森林公园”建设，累计新增绿地45余万平方米，人均公园绿地面积达17.13平方米，形成分布合理点、线、面相统一生态景观家园。

6月1日，《韶关日报》以《仁化石塘镇国家AAA级景区石塘古村揭牌，打造古村品牌促经济发展》为题，报道仁化县石塘镇举行国家AAA级旅游景区——石塘古村揭牌仪式。据悉，2015年3月，仁化启动石塘古村创建国家AAA级旅游景区工作，投入1490.5万元，按照“修旧如旧，开发与保护并重”原则，推动古村旅游环境提档升级，将古村打造为具有地方特色和知名度的国家AAA级文化旅游胜地。石塘古村建设得到上级部门肯定。2016年3月，石塘古村成功创建为国家AAA级旅游景区，成为该县除丹霞山外另一个国家AAA级及以上旅游景区。

6月15日，《韶关日报》以《电商成为经济发展“新引擎”，仁化已引进或建立电商平台15个，网上交易农产品等超8亿元》为题，报道随着“互联网+”行动的深入推进，仁化县电子商务行业快速发展，采取“专业市场+电商+物流”齐步发展的电子商务产业模式，推动电子商务载体“引进来”和农业、旅游等各类产品“走出去”。自主建立丹霞旅游电子商务、黄坑贡柑网上销售、仁化新农人生态农业等多个电商平台，实现旅游线路分享和在线订餐、订房、订土特产等功能。截至是年5月底，该县引进或建立电子商务平台15个，涉网商户1000多家。2016年1—5月，全县农产品、餐饮、住宿等网上交易额超8亿元，电子商务成为该县经济发展“新引擎”。

6月26日，《韶关日报》以《仁化县与广东丰泰集团签约，投10亿元建设温泉小镇》为题，报道仁化县人民政府与广东丰泰集团正式签订丹霞湖山温泉度假村项目投资框架协议。该项目的引进是东莞市虎门镇对口仁化产业帮扶又一成果。根据协议，由其在仁化县城口镇开发建设丹霞湖山温泉度假村项目，总投资10亿元，建设内容包括200公顷森林公园休闲观光区和总用地面积66.67公顷温泉风情小镇，拟打造集休闲度假、健康养生、科学养老、古城文化旅游、绿色农产品生产、健康食品饮品生产为一体宜商宜居宜游跨粤湘赣三省温泉小镇。项目计划用18个月时间建成。

7月11日，《南方日报》、《韶关日报》等媒体以《2016年南粤古驿道定向大赛首站（韶关·仁化站）开跑，促进体育与旅游文化融合发展》为题，报道由广东省体育局主办的2016年南粤古驿道定向大赛首站比赛在仁化县石塘古村举行，613名来自全省各地定向运动爱好者参与该站赛事。省政府副秘书长赵坤、省体育局局长王禹平、副市长王伟阳出席活动并为优胜者颁奖。该站比赛包括短距离赛、团队赛两个项目，分为男子精英组、女子精英组、男子公开组、女子公开组等组别。各组录取前八名予以现金奖励并颁发奖杯。该次比赛旨在将体育与“寻找南粤古驿道，讲述广东好故事”古驿道保护利用、古村落保护开发，以及改善农村人居环境、实施精准扶贫脱贫等工作紧密结合，落实全民健身国家战略和省政府关于加快发展体育产业促进体育消费的实施意见精神，让陈列在南粤大地上的遗产活起来。

7月12日，《韶关日报》以《仁化举办“装故事”“禾斋节”等民俗活动，游古村落 品民俗文化》为题，报道仁化县环丹霞山周边古村落举办“装故事”“月姐歌”“禾斋节”等民俗文化活动，吸引大批周边县（市、区）及“珠三角”地区游客前往游览古村落、品民俗文化。据了解，仁化县有省级古村落7个、省（市）非物质文化遗产9项，其中夏富村、古夏村在2015年被评为省级古村落，“装故事”在2015年被列入市级非物质文化遗产。该县依托丹霞山旅游资源，将旅游、古村、民俗等融合在一起，大力举办各种民间民俗文化活动、古村旅游文化节庆活动，打造古村民俗文化体验游，让四方游客感受仁化乡村魅力。

7月15日，《韶关日报》以《铜鼓岭战役红军烈士纪念碑》邮资片昨发行，我市新添一张城市名片》为题，报道由中共韶关市委宣传部主办、中共仁化县委和中国邮政集团公司韶关市分公司协办的《中国工农红军长征胜利80周年——广东仁化铜鼓岭战役红军烈士纪念碑》邮资片首发仪式在仁化县城文化广场举行。据了解，《铜鼓岭战役红军烈士纪念碑》邮资片的发行，是继《丹霞山》《南华寺》等邮票发行之后，韶关市增添的又一张城市名片，作为韶关甚至是广东省的一件大事，对进一步挖掘和弘扬红色文化，凝聚和宣传长征精神正能量，扩大韶关作为长征途中重要一环的影响力，促进全市经济、文化、旅游，推动社会主义文化大发展、大繁荣具有积极意义。

7月18日，《韶关日报》以《仁化重金属污染耕地修复试验取得新突破，已有百亩耕地达到修复治理目标》为题，报道2015年3月，仁化县引入一种名为“健地丰”土壤调理剂，在董塘镇高宅村、五一村和丹霞街道麻塘村等地开展重金属污染耕地修复治理试验。经过一年多努力探索，仁化县董塘镇重金属污染耕地修复治理有新突破。环境保护部环境规划院、省生态环境与土壤研究所、省农科院等单位研究员到仁化县董塘镇高宅村，评估施用土壤调理剂试验治理后重金属污染耕地修复情况。据多次抽样检测显示：高宅、五一、麻塘等村试验田种出的农产品重金属含量大部分降到标准范围内，其中水稻全部达标、蔬菜类也大部分达标。通过市环保局公开招标修复治理，仁化县有6.67公顷耕地达到修复治理目标。

8月2日，《韶关日报》以《仁化首届荷花垂钓旅游文化节开幕，助推休闲农业乡村旅游发展》为题，报道以“相约荷花·走进仁化”为主题的首届荷花垂钓旅游文化节，在仁化县董塘镇喜洋洋休闲农庄隆重举办，充分展现仁化县休闲农业和乡村旅游特色优势，促进当地经济及特色旅游发展。当天，上演精彩旗袍秀、歌舞秀、书法名家泼墨挥毫、爱心义卖、荷花插花等活动，吸引不少群众参与。

8月5日，《韶关日报》以《仁化人武部获全国表彰，被中央军委国防动员部评为“先进党委”》为题，报道在中央军委国防动员部对全国先进旅团级单位党委、先进基层党组织等的表彰名单中，仁化县人民武装部党委榜上有名，是广东省唯一获此殊荣的单位。

8月11日，《韶关日报》以《内外媒体聚焦红军长征在仁化，缅怀历史伟绩弘扬长征精神》为题，报道南方日报、广东卫视、贵州日报等10多家省内外媒体记者聚焦仁化，通过重走红军长征路、参观铜鼓岭阻击战遗址和谭甫仁将军故居、采访亲历者后人及文史专家等方式，感受红军长征在仁化与国民党军队浴血奋战冲出封锁线的历史伟绩。此次采访活动将与其他10个省的红军长征经历进行整合连串报道，以凝聚和宣传长征精神正能量，并扩大粤北在长征途中重要一环的影响力。

8月18日，《韶关日报》以《仁化锦江码头启用，“中国海监9002”快艇入驻保护锦江流域》为题，报道仁化县注重锦江河流域水文生态保护，2015年向省渔政总队申请200多万元，用于锦江勤务综合码头项目建设。新码头建成后，省渔政总队向仁化调配编号为“中国海监9002”执法快艇。渔政锦江勤务综合码头正式启用，“中国海监9002”执法快艇入驻码头，在锦江全流域巡航，对于仁化锦江渔业资源综合保护开发和“三防”抢险工作有重要作用。

8月25日，《韶关日报》以《再获“广东省双拥模范县”称号，仁化实现“五连冠”》

为题，报道全省双拥模范城（县）命名暨双拥模范单位和个人表彰大会在广州举行。仁化县被省委、省政府、省军区联合评为“广东省双拥模范县”，是仁化县连续第五次荣获该项殊荣。

9月4日，《韶关日报》以《〈仁化年鉴（2014）〉受到全国通报表扬，获全国地方志优秀成果一等奖》为题，报道在山西省太原市召开的全国年鉴工作会议上，《仁化年鉴（2014）》荣获全国地方志优秀成果（年鉴类）一等奖，并被中国地方志指导小组通报表扬，是韶关市唯一获该项殊荣的年鉴。据悉，仁化县出版发行《仁化年鉴》7部，内容全面、系统地记述仁化县自然、政治、经济、文化、社会等方面基本面貌和发展情况，为社会各界和海内外人士了解和研究仁化提供全面、真实、准确的地情资料。

9月7日，《韶关日报》以《仁化15所新建平安食堂正式启用，近4000师生吃上“放心餐”》为题，报道2016年年初，该县将中小学校（幼儿园）示范性平安食堂建设工程作为全县10项惠民实事之一，遴选15所中小学校（幼儿园）食堂，投入资金655万多元，从食堂硬件设施、内部管理、操作规程、服务质量等方面逐项建设，使每个创建学校食堂达到餐饮服务食品安全监督量化分级管理B级以上（含B级）标准和要求，全力打造师生满意、家长放心“平安食堂”。

9月22日，《韶关日报》以《仁化确定今后五年工作目标，力争全县GDP5年后达156亿》为题，报道仁化召开中国共产党仁化县第十三次代表大会，研究确定今后五年工作，要求全县深入实施“四化推四区、统筹促发展”的发展战略，全力将仁化打造成为国家全域旅游示范县、广东休闲旅游慢城、全市生态休闲示范区，努力走出一条山区县加快振兴发展新路子。仁化县提出今后五年的主要目标是：到2021年，全县地区生产总值达到156.6亿元，年均增长9%，人均生产总值年均增长8%；城乡居民人均可支配收入年均增长10.3%；地方公共财政预算收入达到9.68亿元，年均增长8%；固定资产投资107亿元，年均增长10%。

9月29日，《韶关日报》以《仁化打造五大平台，加快县域经济发展》为题，报道中共韶关市委十一届九次全会把项目攻坚、城市提升、县域发展作为推动韶关振兴发展“三大主题”工作。仁化县贯彻落实市委全会精神，同步推进“三大主题”工作，为确保取得实效，以问题为导向，全面排查和解决制约发展短板，梳理出当前面临产业结构较为单一、投融资机制不完善、项目落地制约因素较多、民营经济缺乏活力、城镇化发展水平低等一系列发展难题。仁化县采取有力措施尽快补齐短板，在中共仁化县委十二届十二次全会上，创新提出打造投融资平台、项目库服务平台、中小企业社会化服务平台、工业园区管理服务平台和农村基层治理综合服务平台等“五个平台”，全力推动县域经济发展。

10月21日，《韶关日报》以《央视〈新闻联播〉关注仁化传承红军一心为民精神》为题，报道央视《新闻联播》以“长征路：新故事”为题，报道1934年10月25日，红军从江西进入广东境内，于11月初进入仁化县城口镇，突破国民党军在城口一带精心设置的第二道封锁线。在城口镇休整期间，红军不打扰当地居民，在老街上席地而睡，他们帮老百姓打水做饭、清扫卫生等。80多年过去了，红军一心为民的精神在城口镇传承了下来。近年来，针对民情民忧难以及时掌握和解决等实际情况，城口镇开展“民忧档案”活动，定时向全镇老百姓发放“民忧卡”，大家有什么需求、困难都可以写到卡片上，这些档案给基层党委政府提供决策依据。

10月25日，《韶关日报》以《仁化“十二五”残疾人工作获国家肯定，民生工程惠及广大残疾人》为题，报道“十二五”期间，仁化县人民政府残疾人工作委员会以切实改善残疾人基本生活状况为主线，积极实施惠残民生工程，使全县残疾人基本生活得到有效保障。在国务院残疾人工作委员会召开的第五次全国残疾人事业工作会议上，仁化县人民政府残疾人工作委员会被评为“全国残疾人工作先进单位”。

10月27日，《韶关日报》以《仁化致力做好丹霞山的管理和保护，全方位提升品质让景区环境更美》为题，报道自2016年年初中共韶关市委、市政府改革理顺丹霞山管理体制机制后，仁化县全力做好丹霞山管理和保护工作，启动景区环境卫生整治工作，由北控集团仁化环境有限公司接管丹霞山北门金霞小区环境卫生清洁工作。强化属地管理责任，把丹霞山国家自然保护区生态公益林保护责任层层分解到镇（街）、村、村民，并签订管护责任书、责任状或合同；成立仁化县公安局森林分局丹霞山派出所，承担打击丹霞山涉林违法犯罪和维护丹霞山林区治安稳定。建立健全联席会议制度，每个月定期召开丹霞山管委会与仁化县联席会议。加强对丹霞山景区交通、环境卫生、物价、食品安全、非法营运、非法拉客等方面管理，切实维护丹霞山良好经营秩序。

11月9日，《韶关日报》以《仁化县与国内知名企业签订合作协议，引资12.7亿元建发电项目》为题，报道仁化县与三一重工集团下属子公司三一重型能源装备有限公司签署战略合作框架协议、与安徽亚森新能源科技有限公司签订光伏扶贫项目框架协议，成功招引投资9.2亿元风电产业项目及投资3.5亿元的光伏发电扶贫项目落户仁化。

11月20日，《韶关日报》以《全省近500名选手参与石塘古村趣味定向大赛，助推“体育＋旅游”发展》为题，报道由仁化县人民政府主办的“醉美历史古镇·穿越红色石塘”趣味定向大赛在仁化县石塘古村拉开序幕。来自全省各地近500名选手参加活动。据了解，该次趣味定向大赛是“南粤古驿道定向大赛”常态化延续。为打造休闲旅游“慢城”、创建全域旅游示范县，仁化县决定把“体育+旅游”模式在石塘古村作为常态化项目固定开展。为确保活动持续深入推进并取得实效，当日起至2018年12月前，该活动将每月开展2次以上，以助推石塘古村旅游乃至仁化县旅游发展，促进“体育+旅游”发展。

11月23日，《韶关日报》以《全国20个“我心中的长征纪念地”名单出炉，仁化一处旧址成功入选》为题，报道为纪念中国工农红军长征胜利80周年，人民日报社、全国红色旅游工作协调小组办公室、中共中央党史研究室宣传教育局于2016年10月初发起“我心中的长征纪念地”评选活动。仁化县红军长征突破第二道封锁线旧址作为广东省唯一一处候选地点成功入选。

12月2日，《韶关日报》以《仁化与中航集团深化合作推动全域旅游，打造三大产业集群》为题，报道仁化县人民政府与中航集团全资子公司广东中航天旭恒源节能科技有限公司签订战略合作协议，拟在仁化县投资建设“中华石斛园”大健康产业集群、“中华聚匠园”文化产业集群、“中华科普园”创新教育产业集群等三大投资项目，推动仁化全域旅游发展。

12月6日，《韶关日报》以《仁化黄坑镇举行第三届贡柑电商旅游文化节，电商助力以旅促农》为题，报道仁化县黄坑镇举行第三届黄坑贡柑电商旅游文化节，以柑会友、以旅促农，做大做强贡柑产业，打响绿色水果品牌。据悉，该次贡柑电商旅游文化节重点推广“互联网+电商物流”，体现该次电商旅游文化节“一网情深、苦尽柑来”主题。据悉，该镇已联合锦霞、乐村淘等电商企业，积极探索和推广线上、线下同步销售渠道，并初步形成稳定有效销售网络。

12月14日，《韶关日报》以《农业部公布2016年农村实用人才培训基地考核结果，仁化平甫基地获评优秀》为题，报道农业部在仁化县平甫农村实用人才培训基地举行为期3天的农村实用人才带头人和大学生村干部示范培训工作业务培训班，全国30个省农业厅（农委）、30个全国农村实用人才培训基地有关负责人参加培训。开班仪式上，农业部公布2016年全国30个农村实用人才培训基地考核结果，仁化平甫基地考核结果优秀，并位居全国首位。当天，平甫基地还与广东农垦贷款公司、中国人民财产保险公司广东省分公司分别签订战略合作协议，广东农垦贷款公司将授信5亿元用于平甫基地建设及学员创业，人民财产保险公司广东省分公司将专门为创业学员提供农业保险服务。

（谭玉玲）

大事记

1月

1日 仁化县提高孤儿基本生活费标准，标准由原来每人每月760元提高到820元。

是日 仁化县文学学会成立。

5日 在广东省环境保护宣传教育中心与广东广播电视台经济科教频道（TVS-1）共同主办的“粤环保•粤时尚”社区公益晚会暨TVS-1《粤环保粤时尚》栏目开播仪式上，丹霞山被授予“广东自然学院试点学校”，成为广东省首批自然学校。

7日 广东省环保厅副厅长李晖一行到仁化县开展环保工作调研。

10日 仁化县人民医院在医院门诊6楼会议室举行与中山大学附属第一医院远程网络服务合作开通仪式，远程会诊系统正式开通启用。

11日 仁化县旅游局与同程网络科技股份有限公司签订旅游战略合作框架协议。该项目合作以“发挥优势、协同促进、互惠共赢、长期合作”为原则，包括智慧旅游建设、旅游数据共享、提供线上销售平台等多项建设内容。

12日 中国有色金属工业协会原常务副会长高德柱、《中国有色金属报》社社长张湘斌一行到凡口矿调研。

是日 广东省综治委第二核评组到仁化县考核仁化县2015年度创建平安暨综治工作。

18日 《中国档案报》总第2864期头版头条报道仁化县“一厅三档案”工作，题为《从“坐着等”到“上门找”广东仁化推行“一厅三档案”带来基层治理新变化》。

是日 仁化县首届毛竹“冬笋王”比赛在县林业局举行。

26日 仁化县旅游局举办“悠游仁化，携手美团途家”互联网+旅游推介会，美团网、途家网韶关地区负责人及仁化县各镇（街道）分管旅游领导、县旅游局全体人员、旅游企业负责人参加会议。

是月 粤赣湘三省，仁化、崇义、汝城三县，书、画、摄影作品展在县文化馆正式开展。

2月

1日 经群众举报，仁化县公安、消防、安监、工商等部门迅速行动，在董塘镇田庄村、五一村、铁厂等地民用屋内查获非法储存和无证经营走私烟花爆竹70多箱。

2日 中国农业银行仁化县支行周田自助银行开通运营。

15日 春节黄金周7天假

期（2月7日—2月13日），仁化县景区接待游客309331人次，比2015年同期增长29.32%。其中，丹霞山风景区接待游客303775人次，比上年同期增长30.56%；别传寺接待游客1417人次，比上年同期下降6.96%；双峰寨（石塘古村落）接待游客3587人次，比上年同期增长3.6%；性文化博物馆接待游客343人次，比上年同期下降25.27%。纳入统计的县域主要宾馆、农家乐、民宿接待过夜游客6934人次，比上年同期下降13.9%；入住率57%。

16日 仁化县2016年“春暖行动”企业用工招聘会在县文化广场举行。

是日 中共仁化县委书记刘锋到安岗村主持召开“精准扶贫”座谈会。

19日 根据《中国人民银行、住房城乡建设部、财政部关于完善职工住房公积金账户存款利率形成机制的通知》（银发〔2016〕43号）规定，自2016年2月21日起，仁化县职工住房公积金账户存款利率，由现行按照归集时间执行活期和三个月存款基准利率，调整为统一按一年期定期存款基准利率执行。

21日 中共韶关市委书记江凌到仁化县调研指导新农村建设工作。江凌一行在中共仁化县委书记刘锋、县长王晓梅陪同下，实地察看丹霞街道瑶塘新村建设情况，参观瑶塘新村“格物图书馆”“丹霞印象”两家风格独特的民宿旅馆。

22日 仁化县国家税务局首笔电池、涂料消费税成功征收入库，计成功申报9户，累计申报收入1281.17万元，入库税款51.25万元。

24—26日 仁化县第十四届人民代表大会第六会议在政府礼堂召开。

是月 广东省文学艺术界联合会、广东省民间文艺家协会公布第五批广东省古村落名单，仁化县扶溪镇古夏村、周田镇大围村、周田镇风度村、黄坑镇南庄村入选第五批“广东省古村落”。

3月

1日 直属《求是》杂志的《小康》杂志2016第5期（总第264期）报道“干群会客厅”工作，题为《广东仁化：“会客厅”里有故事》。

3日 丹霞山风景名胜区列入广东省省旅游协会公布的首批“广东游学旅游示范基地”。

是日 仁化县召开2016年环保工作会议，部署仁化县生态文明建设、重点企业污染防治、锦江河流域环境整治等重点工作。

是日 中金岭南丹霞冶炼厂被列为国家第三批铅锌规范企业准入名单。

4日 仁化县狮井石灰销售部发生一起疑似一氧化碳中毒事件，死亡3人，受伤1人。

是日 仁化县在大岭工业园集中公开销毁假冒伪劣烟花爆竹3716箱，市值约20万元。

13日 中国气象局综合观测司处长佘万明一行在广东省气象局副局长刘锦銮、韶关市气象局局长李国毅等陪同下，到仁化县调研指导南岭生态气象中心建设和丹霞山旅游气象服务工作。

14日 中共仁化县委书记、县人大常委会主任刘锋率队到珠海农业投资控股集团考察。考察组一行考察星园市场、珠海市农业科学研究中心、台湾农民创业园。

15日 陕西省人大常委会副主任李晓东率队到仁化县考察扶贫开发“双到”工作。

17日 20时，仁化县出现雷雨大风、冰雹等强对流天气，冰雹最大直径达3厘米至4厘米。据统计，冰雹集中出现在长江镇锦江等12个村（社区）、城口镇厚坑等4个村、扶溪镇斜周村等地，造成农房瓦背受损3户，农作物覆盖地膜26.67公顷及部分农作物受损。

是日 仁化县电子商务行业协会成立。

是日 仁化县丹霞街道官口村妇女第一次代表大会在丹霞街道官口村召开。

21日 仁化旅游旗舰馆

在同程网正式上线。仁化旅游旗舰馆集中展示仁化旅游目的地品牌、旅游资源和旅游产品，涵盖仁化县知名旅游景点、特产特色展示及酒店信息等，主要有“美丽仁化”“吃在仁化”“游在仁化”“乡村旅游”“住在仁化”“便民交通”“互动交流”等版块。

21—25日　仁化县农业局在广东省农科院举办补助项目技术指导员培训班，为期4天，有项目管理人员和技术指导员50人参加培训。

23日　2016年全县档案工作会议在县政府礼堂召开。

是日　广东省军区党委常委、政治部主任吴烈冲带工作组到仁化县人民武装部检查指导工作。

是日　联通仁化分公司与县政府签订“互联网+”协议。

25日　韶关市人民政府市长骆蔚峰、副市长王青西带领市国土、住建、教育、安监、应急等部门负责人到仁化县检查指导仁化中学后山地质灾害处置工作。

31日　仁化县分级诊疗工作启动会议在县卫计局召开。

是月　广东省人民政府副省长许瑞生、省体育局局长王禹平视察仁化县石塘镇体育设施和石塘古村。

是月　仁化县长江镇动物产地检疫点增设。

是月　仁化县广播电视台实施中央无线数字覆盖工程。

4月

1日　仁化县《仁化县机关事业单位聘用制后勤人员缴存住房公积金实施方案》出台，聘用制后勤人员住房公积金缴存统一列入财政预算。从2016年1月起，按照机关事业单位的现行缴存比例（按月应发工资总额个人缴交12%，财政配套12%）为聘用制后勤人员缴交住房公积金，减轻职工购房压力。

6日　仁化县首个国税、地税联合共建办税服务厅周田国地税联合办税服务厅挂牌启用。

6—11日　仁化县组队参加国家旅游局在澳门和香港举行的“美丽中国—2016内地旅游（港澳）嘉年华”活动。通过现场接受咨询以及派发仁化旅游指南、仁化旅游手绘地图、仁化特色民宿、水上丹霞景点、宣传小礼品等形式，向港澳居民宣传、展示仁化县独特、丰富旅游资源。

7日　仁化县委政法暨信访工作会议在县政府礼堂召开。

是日　广东省气象局副巡视员林献民在韶关市气象局纪检组长饶刚伟等陪同下到仁化县开展气象现代化重点工程建设指导工作。

12日　全市高速公路建设现场推进会在仁化县锦城宾馆会议室召开。

13日　广东省人民政府副省长许瑞生率省住建厅、体育局、旅游局等领导到仁化县石塘古村看望“三师下乡”代表。

是日　中国人民武装警察部队广东省总队司令员赵继东到武警仁化县中队检查指导工作。

是日　由仁化县图书馆、民营企业家李树森等人合作共建的仁化县流动图书馆丹霞分馆，在仁化县丹霞山景区瑶塘新村挂牌成立。

15日　仁化县人民政府出台《仁化县“丹霞贡柑”农产品地理标志登记工作实施方案》。

20—23日　“中国丹霞进校园”活动在南开大学、天津师范大学、天津市自然博物馆举行。

21日　中共韶关市委书记江凌到仁化县调研。

25日　广东电视台《广东视窗》栏目专题报道仁化县“一厅三档案”工作。

是日　仁化县开展“丹霞彩虹”新农村“村歌”创作活动。

26日　中共广东省委统战部副部长陈升东带队到定点帮扶点仁化县周田镇平甫村开展“精准扶贫”对接工作。

是日　仁化县电子商务行业协会成立。

是日　南方农村报走基层送科技公益活动走进周田暨柑橘优质高产种植管理技术专题讲座在仁化县周田镇政府会议室举行。

30日　“美国油画家协会

主席会员丹霞山创作展”在丹霞山博物馆开幕。该次展览展出美国、加拿大等国画家10多名深入丹霞山创作作品63幅。展期时间至5月30日，免费向公众开放。

5月

1日　仁化县首张“营改增”增值税普通发票在仁化县地税局开出。

是日　仁化丹霞山索道有限公司成功开具第一张“营改增”生活服务业增值税专用发票和普通发票。

3日　“五一”3天假期（4月30日至5月2日），仁化县主要景区（点）接待旅游者99616人次，同比下降4.2%。其中，丹霞山风景区接待旅游者96492人次、同比下降5.57%；别传寺接待旅游者177人次，同比下降56.19%；双峰寨（石塘古村）接待旅游者2679人次，同比增长606.86%；丹霞山中华性文化博物馆接待268人次，同比下降16.51%。

5日　仁化县环保局环保监测站后墙北端边坡发生崩塌地质灾害，造成局部围墙及彩钢棚受损，无人员伤亡。

10日　仁化县选派副主任科员以上领导干部23名组成驻村帮扶工作队，分别深入到相对贫困村，与省直部门、东莞市和韶关市等省市帮扶单位共同开展为期三年驻村帮扶工作。

是日　仁化县首个“爱心妈妈小屋”在董塘镇和顺竹制厂揭牌启用。

12日　广东省环保厅厅长鲁修禄在中共韶关市委副书记、市长骆蔚峰陪同下，调研丹霞山自然保护区整治情况。

是日　中共仁化县委办公室、县人民政府办公室联合印发《仁化县新时期分散人口精准扶贫精准脱贫攻坚方案》。

是日　中国邮政陆续发行《中国工农红军长征胜利80周年》纪念邮资明信片一套15枚，邮资片选取15个长征途经省中具有代表性的图片作为附图，仁化县铜鼓岭红军烈士纪念碑代表广东省荣登该套邮资片。

16日　仁化县人民政府出台《仁化县新型职业农民扶持奖励办法（试行）》《仁化县新型职业农民培育认定管理办法（试行）》。

是日　广州市人大常委会农村农业委员会主任委员陈绍康到仁化县调研美丽乡村建设和乡村旅游发展工作情况。

是日　丹仁南药专业合作社在丹霞街道举办何首乌种植技术培训班，有农户150多人参加培训。

19日　第六个“中国旅游日”，仁化县旅游局在丹霞山举行“爱旅游、爱生活、爱文明”旅游利民惠民活动。

是日　广东省妇联原副巡视员张丽玲率考察组到石塘镇实地考察广东“基层妇联社会工作创新示范点”拟选项目之一——石塘镇下中坌村妇女培力计划。

23日　广东省古籍保护中心专家林锐一行到仁化县检查指导古籍保护工作。

25日　广东省国土资源厅副厅长、党组成员黄奕锋到仁化县和凡口铅锌矿调研。

28日　第五届丹霞绿道快乐骑行活动在世界自然遗产丹霞山举行。

31日　石塘古村国家AAA级旅游景区授牌颁奖仪式在石塘镇石塘古村新牌坊举行。

6月

1日　仁化县振华建筑工程有限公司报税成功、税款准确入库，标志着仁化县“营改增”试点扩围后首个申报日顺利铺开。

是日　仁化县南岭生态气象中心被仁化县科学技术协会命名为仁化县县级科普教育基地。

是日　广东省环能总站副站长李振森到仁化县检查指导土壤修复试验示范工作。

2日　广东省文化厅厅长方健宏、公共文化处处长唐国华等中共仁化县委书记刘锋、县委宣传部部长赖小红陪同下，到扶溪镇古夏村及镇文化站调研文化建设情况。

3日 仁化县农业局会同广东省省农科院彩田信息中心在黄坑镇召开“丹霞贡柑”地标申报工作会议。

是日 仁化县首次国税、地税2016年稽查工作联席会议在仁化县国家税务局6楼召开。

6日 中国农业科学院棉花研究所马雄风到仁化县考察棉花品种筛选开展情况。

13日 仁新高速公路全线首座隧道城口镇五里亭隧道双幅全线贯通。

13—15日 中共仁化县委书记刘锋率团参加2016年粤港经济技术贸易合作交流会。

17日 仁化县在县城文化广场开展“保护传统文化·践行非遗传承”主题世界文化遗产日和国际博物馆日纪念活动。

20日 广东省渔政总队仁化大队主管部门由仁化县农业局调整为仁化县水务局。

23日 新疆喀什地区气象局副调研员依力达尔江·吐生、喀什国家基准气候站副站长努尔顿江·买买提一行在广东省气象局人事处副调研员黄穗英、机关服务中心副主任许兵甲，韶关市气象局副局长曾运东陪同下，到仁化县南岭生态气象中心开展生态气象服务和旅游气象服务工作调研。

24日 仁化县在文化广场举行“珍爱生命，远离毒品”主题“6•26”国际禁毒日禁毒宣传活动。

25日 “虎门侨留会（东莞市侨联归国留学人员联谊会虎门分会）爱心图书馆”在仁化县董塘镇文化站挂牌成立。

26日 国家防总、水利部防洪风险隐患排查工作组在省水利厅副厅长、省“三防”办主任贺国庆等陪同下，到仁化县检查防洪风险隐患排查情况工作。

27日 仁化公路养护中心在原月岭养护中心挂牌成立。

28日 中共广东省委党委、省委统战部部长林雄在中共韶关市委书记江凌、中共仁化县委书记刘锋陪同下，到周田镇调研指导“精准扶贫”工作。

30日 仁化县不动产登记启动仪式在仁化县国土资源局举行，全县第一批不动产权证书颁发。

是月 仁化县民政局、仁化县财政局联合印发《关于调整全县城乡低保标准和“五保”供养标准的通知》。从2016年1月1日起，仁化县城乡最低生活保障标准调整为城镇每人每月490元，农村每人每月340元；“五保”供养标准调整为每人每年7536元。

是月 仁化县乐村淘电商启动仪式在仁化县乐村淘公司举行。

7月

1日 仁化县税务部门在县国税局会议室举办广东省电子税务局（一期功能）上线培训班，全县企业财务和办税人员200人参加培训。

是日 珠影集团中共党委书记兼董事长蔡伏青到该集团“精准扶贫”对口帮扶点仁化县周田镇较坑村调研指导“精准扶贫”工作。

5日 国家安全生产监督管理局第七督查小组到中金岭南凡口铅锌矿检查汛期安全工作。

7日 广东省气象局气候中心联合中国气象科学研究院、华南农业大学等单位专家到仁化县南岭生态气象中心考察调研。

8日 仁化县召开全县“精准扶贫、精准脱贫”工作会议，会议就当前“精准扶贫、精准脱贫”工作作全面安排部署。县领导刘锋、王晓梅、廖志常等在家的县挂扶镇村四套班子领导出席会议。

10日 2016南粤古驿道定向大赛首站（韶关·仁化站）在仁化县国家AAA级旅游景区石塘古村举行。

13日 仁化县县镇人大换届选举工作会议在县政府礼堂2楼会议室召开。

是日 中共广东省委统战部副部长唐晓萍组织省党外知识分子联谊会到周田镇平甫村开展扶贫活动。

17日 15点55分，仁化县高坪电站遭受特大雷击灾害，造成该电站机组飞车、发电机着火、机组失控、水轮机发生破裂和厂房、机组设备受到水淹事故，无人员伤亡。

27日 仁化县“丹霞彩虹”省级新农村示范片施工监理挂网招标。

30日 仁化县首届荷花垂钓旅游文化节在喜洋洋农庄开幕。该文化节以“相约荷花，走进仁化”为主题，由董塘镇人民政府主办，韶关日报社承办，县旅游局、文广新局、农业局协办。

是月 仁化县投入资金192万元建设省广电网络公司韶关分公司仁化范围覆盖全县85个学校全长35公里教育网工程项目。

是月 《仁化年鉴（2014）》被评为全国地方志优秀成果（年鉴类）一等年鉴，是全市唯一一部获该奖项年鉴。

8月

2日 仁化县瑞霞酒店有限公司成功开具出全县首张小规模住宿业纳税人增值税专用发票。

2日 韶关市人民政府副市长王伟阳到仁化县调研基层食品药品安全监管工作。

5日 仁化县国税局办税大厅地税窗口成功开具全县首张税收完税证明，标志着仁化县国税局代开增值税发票与征收地方附加税费实现现场同步，开启国地税联合办税新常态。

8日 广东省卫计委党组成员、副巡视员王国红率督导组到周田镇检查指导2016年全省第八批火灾隐患重点地区整治工作。

9日 广东省副省长邓海光带领省直有关部门到周田镇平甫村调研“精准扶贫”工作，中共韶关市委书记江凌、韶关市人民政府副市长王青西和仁化县县长王晓梅、副县长黄付养陪同参加调研。

16日 仁化县国家现代农业示范区气象综合监测服务体系建设方案论证会在南岭生态气象中心召开。会议由广东省气象局技术总师杜尧东主持，省气象局气候中心、减灾处、省农业厅、华南农业大学、韶关市气象局、仁化县现代农业示范园区、县财政局和县气象局等单位领导及专家参加会议。

是日 广东省渔政总队仁化大队在仁化县锦江水库大坝南侧库湾举行锦江勤务码头启动仪式，“中国海监9002”船入驻仁化县。

18日 仁化县根据《关于2016年度住房公积金缴存调整工作的通知》规定，自2016年8月1日起，韶关市住房公积金最高缴存基数不得高于韶关市2015年职工月平均工资4577元的3倍13731元，最低缴存基数不低于本市现行最低工资标准1210元；韶关市住房公积金单位和职工缴存比例均不低于5%，不高于12%。

21—28日 世界自然遗产、世界地质公园丹霞山景区科普考察代表团应西澳大利亚州政府国家公园和野生动物保护部、澳大利亚帕奴鲁鲁国家公园和珀斯国家公园邀请，到澳大利姐妹公园亚帕奴鲁鲁国家公园与珀斯国家公园开展科普考察活动，广东省国土资源厅彭岳龙、丹霞山管委会副主任段平波、中共仁化县委副书记区毅明、香港岩石保育协会主席吴振扬等参加考察。

27日 仁化县查获一宗非法经营烟叶案，查获烟叶14905公斤，涉案金额72万多元，抓获涉案人员4名。

是月 在宁夏银川组织召开的全国农村实用人才工作会议上，仁化县平甫村培训基地作为全国26个农业部农村实用人才培训基地唯一代表作典型经验介绍。

是月 仁化县被韶关市文明办、综治办等部门认定为“无传销县城”。

是月 韶关市水产行业协会仁化分会成立。

是月 仁化县被中共广东省委、广东省人民政府、广东省军区评为第十届双拥模范县。

是月 “永远的丰碑 光辉的历程——韶关市纪念建党95周年图片巡回展（仁化站）”在县体育馆开展。

是月 《仁化历代方志集成》（上、下卷）正式出版。

9月

1日　广东省委农办主任陈祖煌率队到仁化县调研指导“丹霞彩虹”省级新农村示范片建设工作。

2日　仁化县开始“一门式一网式”政务办理模式改革，与公共服务平台建设一并推进。

6日　中国丹霞世界自然遗产专业保护委员会第六次工作会议在仁化县召开。

8日　仁化县人民政府办公室印发《仁化县创建互联网农业试点小镇试点工作实施方案》。

是日　广东省环境保护厅党组书记、副厅长陈光荣，总工程师陈铣成等一行到凡口铅锌矿检查涉重金属行业环境综合治理整治工作进展情况。

是日　广东省人民政府参事、广州市原常务副市长苏泽群，省政府参事、南方广播影视传媒集团原党委书记白玲到仁化县调研生态旅游及丹霞民宿发展现状。

12日　“韶关市福彩育苗计划——仁化县育苗班”开班仪式在仁化县青少年宫举行。

14日　仁化县人民政府办公室出台《仁化县农村产权抵押贷款工作实施方案》《仁化县农业“政银保”项目实施方案》。

20日　中国艺术报社社长兼中国文联文艺资源中心主任向云驹、中国艺术报社国际通联部主任孟祥宁到仁化县考察。是日晚，在丹霞山博物馆举办“中国艺术报社孟祥宁先生摄影艺术讲座”。

22日　中央电视台第七套节目播放在仁化县拍摄的专题片《从农田到餐桌——走进仁化》。

23日　全市国税系统财务管理工作会议在仁化县锦城宾馆召开。

25日　羊城晚报报业集团联合中共韶关市委宣传部、中共仁化县委宣传部、中共南雄市委宣传部、中共乐昌市委宣传部和韶关学院在仁化县城口镇开展“百名文化记者走进粤北重走长征路”探寻长征遗迹活动。

30日　全国第3个烈士纪念日。仁化县在县红陵公园举行庄严仪式，祭奠革命先烈。

是月　仁化县实施企业“五证合一、一照一码”改革。

是月　仁化县再次提高“五保”供养标准，从每人每月628元提高到680元。

10月

1日　在英国里维耶拉地质公园举行的联合国教科文组织第七届世界地质公园大会上宣布，丹霞山世界地质公园顺利通过2016年中期评估，丹霞山成为2015年联合国教科文组织《国际地球科学和地质公园计划章程》施用后首批通过评估认证的公园之一。

4日　仁化第二届龙皇宫生态旅游文化节在董塘镇新莲村举行。

7日　国庆“黄金周”7天假期（10月1—7日），丹霞山景区接待团队212个、车流16024台、游客257064人次，其中，别传寺接待790人次，双峰寨景区接待4348人次，丹霞山中华性文化博物馆接待483人次。全县主要酒店（宾馆）总接待入住人数3.96万人次，7天平均客房入住率60%。

8日　仁化县首张“五证合一、一照一码”营业执照在县工商局颁发。

9日　广东省高速公路下穿铁路最大跨径（为四孔并行50米）框架桥梁——武（汉）深（圳）高速公路仁化至博罗段下穿赣韶铁路框架桥成功顶进。

11日　仁化县人民检察院举行首批员额内检察官集体宣誓。

12日　韶关市人民政府市长骆蔚峰到仁化县大桥镇金喆园、丹霞街道瑶塘新村等地调研现代农业项目、新农村建设和乡村旅游发展情况。

是日　广东省电视台到仁化县拍摄农村土地承包经营权确权登记颁证工作专题片。拍摄组一行先后到董塘镇高莲村、黄坑镇小溪贡柑农民专业合作社、大桥镇金喆园拍摄。

13日　中央电视台“新闻

联播”栏目播放在仁化县城口镇红军长征遗迹、遗址拍摄的“长征路·新故事”节目。

17日 广东省农科院在仁化县农业局召开仁化县种质资源普查工作座谈会。会后，广东省省农科院对仁化县水稻、经济作物等方面品种进行为期5天调查。

17—21日 仁化、曲江两地纪念中国共产党成立九十五周年暨红军长征胜利八十周年书法作品展在仁化县文广新局3楼展厅举办。

19日 环境保护部华南督查中心到仁化县丹霞冶炼厂、凡口铅锌矿等重点企业开展环保调研。

20日 韶关市中小学教学工作会议在仁化县召开。

21—22日 广东省能源总站副站长李振森、韶关市农业局总畜牧兽医师黄苑芳等一行8人，到仁化县开展全省第二批“省控点”（农产品土地重金属污染）培训班及农产品生产禁止区划定试点督查工作。

25日 仁化县金融协会第一届运动会羽毛球项目比赛在县体育馆开赛。

24—26日 政协仁化县第十一届委员会第一次全体会议在县政府礼堂召开。

25—28日 仁化县第十五届人民代表大会第一次会议在县政府礼堂召开。

27日 中共广东省委党史研究室主任杨建伟一行到仁化县城口镇开展党性锤炼活动。

是日 红山镇举行红山聚海盛德中山小学落成典礼。

29日 韩国荣州市议会议长金显益率议会访问团到丹霞山考察。

11月

1日 省道S246线狮井至河塘段通过交工验收。

是日 广东省农产品产地第二批“省控点”建设培训班在仁化县举办，县农技推广中心作土壤修复经验成果介绍。

3日 仁化县城口镇红军长征纪念广场建设启动。

4日 “虎门仁化实施教育融合发展对接行动启动座谈会”在东莞市虎门镇召开，中共仁化县委常委（挂职）、产业帮扶总指挥何庆华及仁化县教育局有关人员参加座谈。

是日 由人民日报社新媒体中心和全国红色旅游工作协调小组办公室、中央党史研究室宣传教育局共同主办的“我心中的长征纪念地”评选结果正式揭晓，红军长征突破第二道封锁线旧址入选“我心中的长征纪念地”（全国共20个）。

8日 澳大利亚联邦大学校长保罗•海明等一行5人到丹霞山景区开展科普交流。

9日 仁化县启动长江镇和城口镇灾毁基本农田垦复项目。该两个项目各投资约100万元，主要针对2015年7月在洪灾中冲毁的陂头、水渠等进行重建。

9—13日 2016年仁化县中小学生足球赛在仁化一中、仁化县实验学校举行。该届中小学生足球赛分小学男子、小学女子、初中男子、初中女子、高中男子五个组别，有参赛单位25个，代表队41支，运动员500多名，比赛86场，是仁化县有史以来规模最大的一次中小学生足球盛会。

12—14日 仁化县选送原创作品表演唱《月姐歌》获广东省文化厅在东莞凤岗举办“‘开心广场·百姓舞台’——2016两岸暨港澳地区客家山歌邀请赛”银奖。

14日 中金岭南凡口铅锌矿井下溜破系统除尘及循环风利用综合治理项目建成试运行。

是日 仁化县农业局在广东省农科院举办为期5天的2016年现代生态养殖培训班，参加培训人员23人。

17日 广东省农业厅种植业管理处副调研员李杰等3人到仁化县开展高标准农田建设工作调研。

17—19日 全省第八批火灾隐患重点地区仁化县周田镇通过省级整治工作验收。

19日 2016年“一带一路”汽车集结赛暨南粤古驿道文化万里行在仁化县石塘村举行。

是日　“醉美历史古村　穿越红色石塘”趣味定向大赛捆绑旅游活动在仁化县石塘村举办。

21日　仁化县红山镇富农茶叶专业合作社、风顺养殖农民专业合作社、子明优质水稻农民专业合作社、黄坑镇小溪柑橘农民专业合作社、大桥沙田柚种植农民专业合作社、长坝惠香沙田柚农民专业合作社、霞丰农机农民专业合作社、丹山红茶叶专业合作社、黄坑冯屋贡柑专业合作社、丹源水果农民专业合作社、金霞水果生产与流通专业合作社等11家合作社被认定为韶关市市级农民专业合作社示范社（全市共160家）。

23日　由湖南省汝城县、广东省仁化县、江西省崇义县联合举办的“南岭风·第28届赣湘粤边文艺汇演”在仁化县人民广场举行。

24日　仁化县选送的仁化县红丹舒茶叶有限公司丹霞红红茶、红山镇富农茶叶合作社白茶被评选为广东省第二届“十大名牌”系列农产品。

是日　仁化县人民政府县长王晓梅、副县长兼县委农办主任梁钰清参加全省农村人居环境综合整治工作（粤西粤北）现场会。

24—25日　仁化县组织6家农业企业（合作社）参加在广州琶洲广交会展馆举办的第七届广东现代农业博览会。

26日　仁化县举办“仁化县推进教育现代化和打造特色学校专题培训班”。

28日　仁化县人社局与县机关事务管理局在锦城宾馆联合举办“本地特色粗菜精做”烹饪职业技能竞赛活动。

29日　仁化县根据《关于简化住房公积金贷款购房提取手续的通知》规定，缴存人再次（第二次起）提取住房公积金用于偿还公积金贷款本息的，可不再提供房产权证明或还贷记录；缴存人提取住房公积金用于偿还2016年12月1日后申请住房公积金贷款本息的，不再提供购房合同、借款合同和还款单据等购房材料。

是日　仁化县农业局将建于1998年的塘洞电站无偿移交给仁化县公共资产管理中心管理。

30日　中共中央党史研究室研究员王新生在韶关市史志办主任丁伟志陪同下，到仁化县调研红军长征革命遗址，中共仁化县委常委、县委办主任邱志坚及县委宣传部、县史志办有关人员陪同调研。

是月　仁化县开展政策性生猪家禽保险工作，截至是年年底，全县投保生猪1000头。

是月　首届2016年粤湘“平安边界”创建联谊活动在城口镇举行。

是月　2016年首届“北控环境杯”篮球赛在仁化县举办。

12月

1日　2016年粤湘“平安边界”联谊活动在仁化县城口镇举办。该活动由广东韶关、湖南郴州两市联合组织仁化县、乳源县、乐昌市、宜章县、汝城县5个县（市）民政部门举办，旨在积极探索实现“平安边界”新形式、新途径。

是日　仁化县大桥镇水江东西码头竣工。

2日　国家旅游局局长李金早到丹霞山进行实地调研和考察，广东省旅游局局长曾颖如，中共韶关市委书记江凌、韶关市副市长王伟阳，市旅游局局长文清年及仁化县领导陪同参加调研活动。

是日　主题为“一网情深，苦尽‘柑’来”的仁化县第三届黄坑贡柑电商旅游文化节开幕，活动吸引各地群众1000多人参加。

3日　2016年第九届徒步穿越丹霞山活动举行。该活动起点为韶关市区帽峰公园，终点为丹霞山，全程46.3公里，吸引港澳、“珠三角”和韶关本地徒步爱好者8000多人参加。

6日　全国农村实用人才带头人和大学生村干部示范培训工作业务培训班在仁化县周田镇平甫农村实用人才培训基地开班，全国30个省农业厅（农委）、30个全国农村实用人才培训基地有关负责人参加培训。

6—7日 仁化县选送的表演唱节目《月姐歌》获得“首届广东民歌民乐大赛决赛”银奖。

8日 仁化县召开农村人居环境综合整治暨“精准扶贫”工作会议。

是日 北京富景天策气象科技公司董事长张勇等一行6人和广东省气象台台长胡胜等一行7人，在韶关市气象局局长李国毅陪同下到仁化县调研南岭生态气象中心。

9日 仁化县扶溪镇古夏村上榜第四批中国传统村落名录，成为仁化县第二个上榜中国传统村落名录古村。

10日 “2016首届迷你徒步穿越丹霞山”如期举行。该活动由韶关市丹霞山管理委员会、韶关市体育局、韶关市旅游局、仁化县人民政府联合举办，来自全省各地徒步爱好者1200人参加活动。该次活动路程选取丹霞山最为精华的徒步线路，徒步者在徒步过程中可以近距离感受丹霞山迷人风光，充分领略丹霞山巴寨、锦江等沿线美景。

14日 广西壮族自治区桂林市气象局信息与技术保障中心主任姚立红等一行3人，到仁化县调研南岭生态气象中心。

18—20日 中山大学教授彭华主持的国家科技基础性工作专项重点项目“全国丹霞地貌基础数据调查”2016年度专家审查咨询会暨丹霞地貌高峰论坛在广东省韶关丹霞山召开，来自全国各地知名地质地貌专家及丹霞地貌调查项目合作单位专家30余人参加会议，科技部基础研究司原司长彭以祺到会指导。

19日 广东省仁化县文学工作者联合会正式更名为仁化县文学艺术界联合会。

21日 中共仁化县委办公室、县人民政府办公室联合印发《仁化县新时期精准扶贫精准脱贫三年攻坚实施方案》。

是日 仁化县国税局数字人事信息系统成功上线。

27日 仁化县乐淘淘、君诚、董塘镇霞源、大桥镇唐氏方兴、顺天、辉强种养等6家家庭农场被认定为2016年韶关市市级示范家庭农场。

28日 仁化县在丹霞山景区举办以“农情仁化，醉美丹霞”为主题的仁化县首届农业博览会。该届农博会设置农业专区、旅游文化专区、扶贫专区、电商专区、舞台中心区等五大板块，为期3天，由仁化县人民政府主办，韶关市丹霞山管委会、韶关市电子商务行业协会、韶关民声网协办。

28日 G106线、G323线灾毁路面工程通过竣工验收。

是日 仁化县在县城文化广场举办2016年“精准扶贫”专场招聘会，有用人单位55家参加招聘会，提供就业岗位3000人以上。

29日 广东省环保督察组组长李亚男一行到仁化县督导中央环境保护督察组交办案件办理情况，并深入到有关企业生产车间，实地了解企业整改情况。

是日 仁化县国土资源局收到韶关市国土资源局和韶关市农业局出具《关于仁化县全域永久基本农田划定方案的审核意见》，仁化县全域永久基本农田划定方案审核通过。

是日 中共广东省委老干部局副局长钟铨率督导组到仁化县开展老干部重点工作检查督导。

是月 仁化县投入资金约10万元，建设“一村居一视频监控网”治安视频监控工程项目4个村27个摄像点。

是年 仁化县全面铺开自然村落历史人文普查工作。截至是年年底，完成全县900多条自然村表格填写及初稿形成工作。

是年 仁化县开展高标准基本农田项目建设工作，2016年高标准基本农田建设项目规模0.09万公顷，总投资3401万元。

仁化概貌

自然理

【位置、范围和面积】 仁化县隶属于广东省韶关市，位于南岭山脉南麓，广东省东北部，北纬24° 49′ 10.1″ ~25° 27′ 25.8″ ，东经113° 30′ 09.5″ ~114° 03′ 01.9″ ，东与始兴县、南雄市接壤，东北与江西省崇义县、大余县接壤，南面紧邻浈江区、曲江区，西与乐昌市、浈江区接壤，北与湖南省汝城县毗邻，是名副其实粤、湘、赣三省交界地。县城距韶关市区49公里，距广州市区270公里。G106线、G323 线及S345线、S342线、S246线穿越境内，韶赣高速公路经过境内周田镇，并设有出口；韶赣铁路在周田镇设立丹霞山火车站；正在建设的武深高速公路横穿县境，在县城设有出口。县道四通八达，镇、村都有公路可通，交通便利。县境内东西相距47.3公里，南北相距44公里（最宽处为67.65公里），西北至东南最短距11公里。全县边境长303.6公里，总面积2223.22平方公里。

【地质、地貌】 仁化县地处广东省最北部、南岭山脉中段，地势大体北高南低，地形复杂，以山地丘陵为主，其中山地约占70%、丘陵约占20%、小平原占10%，总体走向为东南向。北部及东南部主要为中低山及丘陵，中部以丘陵为主。董塘至县城一带为覆盖下岩溶盆地，地形平坦。丹霞山一带山体柱立，风景优美，以独特“丹霞地貌”闻名于世，是国家AAAAA级风景名胜区、世界地质公园、世界自然遗产。全县地势总体北部及东南部高，中部低。北部最高点万时山海拔1559米，南部长坝一带最低点海拔61.5米，相对高差1497米，北江支流锦江斜贯全境。

区域位于南岭巨型纬向构造带中段，地质结构发育，岩浆活动频繁。区内出露地层从老到新有寒武系、奥陶系、泥盆系、石炭系、二叠系、三叠系、侏罗系、白垩系、古近系、第四系。寒武系较广泛分布于县域中北部小楣水林场、丹霞林场及东南部黄坑、灵溪一带，岩性主要为一套板岩、浅变质砂岩。奥陶系见于东南部灵溪一带，岩性以板岩为主，次为浅变质砂岩。泥盆—石炭系分布于中部石塘、董塘、仁化县城、胡坑一带，岩性主要为灰岩、泥岩、砂岩。二叠系级三叠系见于西部董塘至花坪一带，岩性为含煤砂质岩。侏罗系零星分布石塘西南侧，岩性主要为泥岩、砂岩。白垩—古近系分布于中南部丹霞山、周田、大桥一带，零星见于中北部塘村，岩性主要为砂砾岩、砂岩、泥岩。第四系主要见于中部董塘—仁化盆地，为冲洪积中细沙、粉砂、黏土，偶有砂砾层；侵入岩广泛分布于北部红山、城口、长江、扶溪及东部闻韶、黄坑一带，属诸广山岩体一部分，主体为印支期—燕山期侵入体，岩性主要为中粗粒黑云母花岗岩及中粗粒斑状黑云母花岗岩、中西粒黑云母花岗岩。扶溪一带有海西期花岗闪长岩呈岩株产出；区内地质结构有东西向、北东向、西北向3组，以东西向构造最为发育，表现为诸广山岩体及由泥盆—石炭系地层组成的董塘—仁化复向斜作东西向展布。北部向构造以断裂构造最为发育，为吴川—四会深断裂带北段（仁化—韶关断裂带）组成部分。北西向构造表现为寒武系、奥陶系地层作北西向紧密褶皱产出。

（温杨明）

【气候】 气候特征。仁化县地处中亚热带南沿，地势北高南低；北部多崇山峻岭，南部为丘陵平地；具有明显季风气候特点，气候暖湿，热量丰富，降雨充沛，无霜期长，四季分明。但由于降水集中，旱涝灾害常有发生。灾害性天气以低温阴雨、龙舟水、暴雨、干旱、寒露风、低温霜冻、高温、冰雹、龙卷风等为主。

2016年，全县总的气候特点：年平均气温正常，年总降水量偏多，年日照正常偏少，气象灾情属中等偏重年景。

①日照。2016年，全县年日照时数1527.5小时，比历年平均偏少1成多。月日照时数最大值出现在7月，为226.4小时，月日照时数最小值出现在1月，为57.7小时。

②气温。2016年，全县年平均气温为20.3℃。最冷月出现在1月，月平均气温为10.0℃；最热月出现在7月，月平均气温为28.6℃。年极端最高气温39.0℃（7月30日和8月1日），年极端最低气温-3.6℃（1月25日）。日最高气温≥35℃炎热天气开始于5月，终止于9月，以6月、7月、8月出现最多，全年日数为42天。日最低气温≤0℃寒冷期出现3天，出现在1月25日、2月7日和8日。

③降水。2016年，全县年总降雨量为2276.2毫米。月最大降水量出现在4月（362.7毫米）和5月（362.5毫米）。汛期（4—9月）总降水量为1406.0毫米，占全年总降水量61.8%。全年日最大降水量为124.3毫米，出现在5月20日。日降水量≥50毫米的暴雨，共出现9天，3—5月各出现2次，1月、6月和11月各出现1次。

特殊天气。①雾。2016年，全年出现雾日数68天。全县各地一年四季均有雾出现。从季节分布看，冬季、春季雾日最多，秋季次之，夏季最少；从地形分布看，山区多于平地，林区多于荒山杂草地带；从雾的聚散时间看，一般形成于0—6时，太阳出来后雾浓度加大，上午9—10时逐渐消散。浓雾密布，水平能见度小，容易造成交通安全事故发生。

②霜。县内初霜日，山地早于平地；霜日，山地多于平地。海拔每升高100米，无霜期约缩短4—9天。2016年，全县无霜期为209天，初霜日出现在12月13日，终霜日出现在次年1月23日。霜日数是16天（2015—2016年）。

③雪。2016年，全县出现1天降雪天气，出现在1月24日。

④雷暴。2016年，全县全年雷暴日数76天。一年中最早闪雷是1月5日，最晚雷暴日是11月21日。雷暴日集中在2—11月。7月最多达15天。

（蓝传宝）

【水文】 仁化县地处浈江流域，县区内河流均属于山区性河流。最大河流为锦江，全长108公里，集水面积1913平方公里，其中仁化县境内河长90公里，集水面积1874平方公里。县境内集水面积100平方公里以上的河流有5条，分别为扶溪水、城口水、黎屋水、董塘水、百顺水，其中百顺水为浈江一级支流，其余4条河流为锦江一级支流。

2016年，仁化县降水量2333.8毫米，比上年（1945.1毫米）多20.0%；比多年平均降水量（1669.1毫米）多39.8%。降水量时空分布不均，多集中在3—6月份。年降水量最大值为五度村站2546.5毫米，年降水量最小值为石塘站2122.5毫米。是年有4场较大降水过程，分别出现在1月16日—1月28日、3月17日—3月23日、4月12日—4月17日、6月11日—6月15日。

2016年，仁化县地表水资源量为29.27亿立方米，比多年平均值多34.3%，其中入境水量为4.05亿立方米；地下水资源量8.48亿立方米，比多年平均值多23.3%。仁化县属山丘区，地下水资源量即河川基流量，故地表水资源量已包含地下水资源量。

2016年，仁化县境内河流水质监测断面4个，监测、评价一级河流水功能区2个、二级水功能区2个（对有二级区的一级区只计二级区个数），浈江始兴——曲江保留区水质目标为Ⅲ类，水质现状为Ⅲ类；锦江仁化保留区水质目标为Ⅱ类，水质现状为Ⅱ类；锦江丹霞山景观用水区水质目标为Ⅲ类，水质现状为Ⅲ类；锦江江口饮用农业用水区水质目标为Ⅱ类，水质现状不达标。

境内水库水功能区2个：赤石迳水库开发利用区水质目标为Ⅱ类，水质现状为Ⅱ类，达标；锦江水库开发利用区水质目标为Ⅱ类，水质现状为Ⅲ类，不达标。两个水库水功能区的营养状态均为中营养。

（文小平）

【自然灾害】 冰冻、雷雨大风、冰雹、强降雨。①1月22—25日，夜间，受最强冷空气霸王级寒潮影响，22日夜间开始仁化县出现雨夹雪和结冰等灾害性天气。1月23日夜间，仁化县大部分地区出现雨夹雪、小雪天气，持续时间较短，录得23日8时至24日8时全县最低气温在红山镇为–2.5℃。24日夜间至25日早晨，仁化县各地出现霜冻、结冰天气，最低气温出现在红山镇为–5.3℃，出现时间为25日06时55分。该次寒潮过程具有来势凶猛、降温剧烈、影响范围大和致灾严重特点，录得过程最低气温–5.3℃，接近于历史极值（–5.4℃）。据农业局最新统计各镇数据：扶溪、黄坑、董塘、长江、石塘5个镇共有受灾人口189人，经济作物（蔬菜）受灾面积0.73公顷，果树受灾43.87公顷，柑桔苗受灾5.2公顷，大蕉受灾3.33公顷，葡萄受灾14.4公顷，猪死亡6头，水产养殖损失0.53公顷。直接经济损失148.64万元。

②3月17日20时，受高空槽东移带来的强回波影响，仁化县长江镇大部分地区出现雷雨大风，冰雹等强对流天气，冰雹最大直径达3—4厘米。据县“三防”办统计，仁化县长江镇区、锦江、沙坪、莲河、木溪、高洞、芭蕉垅、河田、塘洞、里周、凌溪、冷饭坑村，城口镇厚坑、恩村、东光、东罗村，扶溪镇斜周村出现冰雹天气。受冰雹天气影响，仁化县长江镇冷饭坑村上坑组1间泥砖房、莲河村2户泥砖房屋顶瓦片小部分被冰雹击碎，长江镇沙坪村、锦江村、里周村、木溪村、冷饭坑村、莲河村26.67公顷农作物覆盖地膜、部分农作物因冰雹灾害受损，无人员伤亡，直接经济损失约15万元。

③3月19日20时到23日8时，仁化县有3个测站录得超250毫米雨量，分别为红山274毫米、周田256毫米、扶溪252.4毫米；有9个测站录得超200毫米雨量。其中最大降雨过程在19日20时至21日20时，降雨量为209.7毫米。20日16时30分至17时30分，长江、城口、红山等部分地区出现直径1—2厘米冰雹。据县“三防”办统计，仁化县各镇（街）不同程度受灾，全县受灾人口6083人，倒塌房屋22间，83户209间房屋受浸，转移人口2083人，农作物受灾面积321.47公顷，过水鱼塘48公顷，1处养猪场受浸，损坏公路桥3座，3个村组供电中断，多处公路塌方，山体滑坡1处，损坏堤防1处，4宗山塘受损，损坏灌溉设施42处。22日15时，仁化中学学生宿舍楼后山发生山体滑坡，山体出现严重裂缝，学生得到迅速撤离，无人员伤亡。该次洪灾造成直接经济损失5730万元，其中水利设施直接经济损失452万元。

④4月17日8时到18日8时，受高空槽与偏南暖湿气流影响，仁化县有16个测站录得50毫米到100毫米暴雨，平均降雨量70.3毫米。具体实况如下：闻韶90.8毫米，仁化观测站84.2毫米，红山83.7毫米，丹霞山80.2毫米，黄坑79.7毫米，扶溪79.5毫米，董塘小湄水林场74.4毫米，丹霞街道胡坑69.5毫米，董

塘69.2毫米，县城68.3毫米，周田64.1毫米，长江59.8毫米，城口57.8毫米，石塘57.4毫米，大桥53.3毫米。据仁化县“三防”办统计，全县各镇（街）不同程度受灾，受灾人口173人，倒塌房屋30间，7户18间房屋受浸，转移人口51人，农作物受灾面积27.87公顷，鱼塘过水1.33公顷，公路中断3条次、多处塌方，损坏公路桥2座，损坏灌溉设施7处，造成直接经济损失153万元，其中水利设施直接经济损失38万元。

⑤5月9日7时到10日7时，受高空槽与暖湿气流影响，仁化县5个测站录得50～100毫米暴雨，4个测站录得25～50毫米大雨，5个测站录得10～25毫米中雨，平均降雨量36.0毫米，最大雨量出现在周田为75.4毫米。具体实况如下：周田75.4毫米，灵溪65.8毫米，大桥65.0毫米，丹霞山风景区62.5毫米，黄坑57.7毫米，仁化观测站43.6毫米，闻韶32.0毫米，董塘29.2毫米，县城28.2毫米，长江23.6毫米，扶溪23.5毫米，小湄水林场20.9毫米。据仁化县“三防”办统计，全县各镇（街）不同程度受灾，受灾人口97人，倒塌房屋30间，转移人口65人，农作物受灾面积69公顷，损坏公路桥3座，1宗山塘受损，多处公路塌方，损坏灌溉设施4处，洪灾造成直接经济损失132万元，其中水利设施直接经济损失5.5万元。

⑥5月19日20时到21日8时，受高空槽、低空切变线、西南暖湿气流共同影响，仁化县11个测站录得100～250毫米大暴雨，5个测站录得50～100毫米暴雨，平均降雨量131.8毫米，最大雨量出现在仁化县红山镇为187.4毫米。具体实况如下：红山187.4毫米，董塘小湄水林场181.0毫米，长江177.8毫米，石塘171.4毫米，董塘162.0毫米，扶溪161.3毫米，仁化观测站157.4毫米，城口155.7毫米，丹霞山风景区152.0毫米，仁化老气象局站128.2毫米，闻韶125.1毫米，周田88.4毫米，大桥87.1毫米，周田灵溪63.7毫米，丹霞街道胡坑59.2毫米。据县“三防”办统计，全县各镇（街）不同程度受灾，受灾人口4990人，水浸房屋260户405间，倒塌房屋27间，转移人口667人，农作物受灾面积538.67公顷，11.67公顷鱼塘过水，供电中断3条次，损坏灌溉设施7处，公路多处塌方，损坏公路桥5座，县城老船厂到康溪片区自来水主管损坏，420户2150人供水受影响，洪灾造成直接经济损失817.8万元，其中水利设施直接经济损失91万元。

⑦6月12日08时到13日08时，受西南季风加强的影响，仁化县6个测站录得50～100毫米暴雨，7个测站录得25～50毫米大雨，1个测站录得10～25毫米中雨，平均降雨量42.2毫米，最大雨量出现在闻韶镇为79.8毫米。具体实况如下：闻韶79.8毫米，县城72.1毫米，扶溪63.1毫米，大桥60.1毫米，石塘53.5毫米，董塘小湄水林场52.1毫米，丹霞山风景区47.2毫米，黄坑46.6毫米，周田45.3毫米，周田灵溪44.0毫米，仁化观测站42.4毫米，红山26.4毫米，长江镇26.0毫米。据县“三防”办统计，全县各镇（街）不同程度出现灾情，受灾人口261人，转移人员75人，水浸房屋79户，倒塌房屋12间，农作物受灾面积71.33公顷，损坏灌溉设施16处，公路多处塌方，白石岭路段中断，损坏公路桥4座，造成直接经济损失246.6万元，其中水利设施直接经济损失74万元。

⑧6月15日8时至16日8时，受西南季风和冷空气共同影响，仁化县普降暴雨到大暴雨，仁化县5个测站录得100～250毫米大暴雨，10个测站录得50～100毫米暴雨，平均降雨量93.6毫米，最大雨量出现在仁化观测站为114.0毫米，最大时雨量出现在红山为73.0毫米（15日22时至23时）。具体实况如下：仁化观测站114.0毫米，闻韶镇113.1毫米，周田109.8毫米，黄坑108.2毫米，长江100.8毫米，扶溪99.9毫米，丹霞山风景区99.4毫米，城口97.5毫米，县城97.4毫米，董塘小湄水林场97.0毫米，石塘95.2

毫米，红山93.0毫米，周田灵溪89.0毫米，大桥84.6毫米，董塘73.2毫米。据县“三防”办统计，全县各镇（街）不同程度出现灾情，全县受灾人口1195人，转移人员103人，水浸房屋192户，倒塌房屋46间，农作物受灾面积538.87公顷，损坏灌溉设施20处，多处公路塌方，供电中断3条次，损坏公路桥1座，自来水管损坏130米，洪灾造成直接经济损失386万元，水利设施直接经济损失77万元。

（蓝传宝）

资源物产

【土地资源】 仁化县土地资源丰富，全县总面积2223.22平方公里，人口24.5万人，人均土地拥有量0.9公顷。全县有耕地21419.72公顷，土地肥沃，灌溉条件良好，少风、水、旱灾害。全县25°以下山坡地近万公顷可开发利用。2016年，全县有园地1912.88公顷，林地180455.49公顷，草地2585.12公顷，城镇村及工矿用地4886.16公顷，交通运输用地1838.50公顷，水域及水利设施用地7148.20公顷，其他土地共计2075.91公顷。

2016年仁化县土地利用现状二级分类面积汇总表

表1　　　　单位：公顷

行政区域	耕地	园地	林地	草地	城镇村及工矿用地	交通运输用地	水域及水利设施用地	其他土地
仁化县	21419.72	1912.88	180455.49	2585.12	4886.16	1838.50	7148.20	2075.91
丹霞街道	2733.04	612.58	21184.06	406.85	1252.21	341.67	1979.11	303.58
城口镇	1423.16	49.12	24163.43	134.03	156.20	247.66	347.20	168.58
长江镇	3099.97	15.17	25629.86	53.05	493.29	118.33	307.80	346.95
扶溪镇	1927.40	13.80	15943.32	37.89	175.25	79.73	419.85	193.15
董塘镇	3405.44	175.98	17114.05	660.24	1317.21	258.70	1086.05	316.11
石塘镇	1634.25	56.30	5176.33	210.19	235.46	65.60	301.97	111.63
闻韶镇	702.47	6.40	7527.13	67.05	73.51	37.46	82.79	80.98
红山镇	1188.03	31.38	14985.71	17.82	125.61	69.54	398.52	147.58
大桥镇	1328.52	145.81	10182.00	311.66	202.43	187.57	805.52	116.51
周田镇	2160.83	472.59	24436.38	409.65	585.34	353.07	1046.13	148.27
黄坑镇	1752.41	330.50	13325.67	255.03	267.10	77.25	350.92	134.99
镇域之间争议地	64.20	3.25	787.55	21.66	2.55	1.92	22.34	7.58

说明：表内数据来源于仁化县2016年土地调查数据库

（温杨明）

【水资源】 仁化县境内山多林密，雨量充沛，多年平均降雨量1669.1毫米，年降水总量36.8亿立方米；多年平均地表水资源量21.8亿立方米；多年平均地下水资源量6.88亿立方米。境内有流域面积100平方公里以上河流6条，流域面积100平方公里以下一～三级支流约120条，其中集雨面积100平方公里以上河流有扶溪河、城口河、塘村河、董塘河，呈树枝状分布在锦江干流上，在大桥镇水江汇入浈江；黄坑河（百顺河）由南雄市百顺流经闻韶、黄坑和周田3个镇，由周田镇和平汇入浈江；灵溪河由周田镇平甫汇入浈江。全县年径流与降雨分布规律相似，多年平均径流深，自南向北分布在800～1100毫米之间。县境内，浈江河主干长约40公里，从周田镇（新庄电站处）入境水量约36.8亿立方米，从大桥镇（湾头电站处）出境水量约60.7亿立方米。县境内，浈江河一级支流锦江河（仁化县主要流域地）全长108公里，流域面积1913平方公里，多年平均年产水量17.66亿立方米（含外省县292平方公里集雨面积产水量及湖南省龙洞水库跨流域引入流量为1立方米每秒水量）；浈江河一级支流黄坑河（百顺河）全长59公里（其中县境内32公里），流域面积392平方公里（其中县境内268平方公里），年产水量约6亿立方米；浈江河一级支流灵溪河全长38公里，流域面积116平方公里，年产水量约1.5亿立方米。全县水力资源丰富，理论蕴藏量约16万千瓦。截至2016年年底，全县水电站装机容量18.3065万千瓦，水力资源开发100%。境内还有少量地热水资源，水量较少，属硫磺矿温泉，主要分布在城口、长江、红山、扶溪、闻韶和周田等镇。2016年，全县降雨量2276.2毫米，年降水总量约50.6亿立方米，为丰水年；全县有1万立方米以上蓄水工程352宗，蓄水库容3亿多立方米。

（刘　志）

【矿产资源】 仁化县矿产资源丰富，是中国“有色金属”之乡。探明和开发矿藏主要有铜、铅、锌、钼、铋、银、汞、镓、锗、铁、煤、铀、萤石、钾长石、石英石、水泥用灰岩、建筑用灰岩、地热水等，已发现的矿产类型有12类51种，其中探明有储量（查明上表矿区）矿产地7处，铅锌矿和煤矿资源分别在省、市占重要位置。县域分布矿产资源特点是：矿产种类较多，分布范围广，大矿、富矿相对集中，域内凡口铅锌矿是东南亚最大铅锌矿生产基地，是中国目前探明储量最大铅锌矿之一，矿石中除含14.1%铅锌金属外，还富含（伴生）银、锗、镓、汞、钼、铋等元素，是中国较大的银矿生产基地，也是中国三大镓、锗矿之一。全县大中型以上矿产地较少，非金属矿产则以小型为主。

仁化县矿产资源丰富，但分布不均匀。域内优势矿种为铅、锌、银、汞，以及地热水、煤、铀等矿床，主要分布于董塘镇、长江镇，集中于凡口、格顶、云顶和棉花坑矿区；钨、锡、钼、铋多金属矿床多以伴生形式出露，铌、钽、稀土等与花岗岩密切相关矿床，主要分布于县域北部诸广山岩体内。

【地热资源】 仁化县地热资源具有分布广、水质优、贮量大、埋藏浅等特点，开发潜力巨大，利用前景广阔。截至2013年年底，全县发现城口镇城群村、闻韶暖水村等地热资源17处。①红山镇有丹竹坑地热水、高坪水库地热水2处。丹竹坑地热水水温约40℃，高坪水库地热水水温约60℃，地热水流量中上，两地距离县城约32公里。从地热水水温、流量、所处地理位置看，高坪水库地热水开发条件较为成熟。②城口镇有厚坑暖洞地热水、城群三里亭地热水、城群地热水、东坑竹山下地热水、东坑塘湾地热水5处。城口镇地热水除城群地热水外，其他地热水水温均在40℃左右，且流量不大。城群地热水位于城口镇政府所在地街道，距离县城32公里，水温约80℃，水质好，流量可观，并且取得地热水开采许可证，最具备开发条件。③长江镇有地热水2处。陈欧村地热水离村委会约1公里，距离长江镇政府约8公里。地热水水温约50℃，流量较大，如与万时山申报省级地质公园配套建设，则有较大开发价值。④扶溪镇有斜周上湾地热水、斜周船兜地热水、紫岭地热水等4处。斜周上湾、船兜地热水距离扶溪镇政府约10公里，紫岭地热水距扶溪镇政府所在地约2公里。地热水水温均在80℃左右，流量大，可开发利用价值高。截至2015年年底，投资者着手开发斜周上湾地热水、斜周船兜地热水。⑤周田有冯屋地热水2处，闻韶有暖水地热水1处。冯屋地热水、暖水地热水分别于2012年、2013年由省国土资源局通过招拍挂出让，前者由丹霞一号竞得，后者由段云生竞得。周田冯屋地热水位于周田镇政府约2公里冯屋村，地热水水温约40℃，流量不大。闻韶暖水地热水距离闻韶镇政府约9公里，地热水水温约80℃，流量大

（温杨明）

【生物资源】 仁化县国土总面积为2223平方公里。2016年，全县林业用地面积17.35万公顷，占82.3%，森林覆盖率78.92%，活立木蓄积量1135.4万立方米。

仁化域内森林有针叶林、阔叶林、针阔混交林、经济林、毛竹林、灌木林等。在生态林保护区及自然保护区内，多为大面积连片、保护较完好天然阔叶林。在阔叶林群落中，上层主要以壳斗科、木兰科、樟科、山茶科植物占优势，下层多以桃金娘、细齿叶柃、芒箕、乌毛蕨为主。

根据调查统计，仁化县共有维管植物191科611属1074种，其中栽培植物56科101属138种，野生植物176科534属936种。在176科534属936种野生维管植物中，就其习性而言，以草本植物占优势。其中蕨类植物全为草本，单子叶植物中则有101种为草本。

仁化县野生动物资源较丰富，经调查鉴定，全县境内野生动物资源有4纲26目53科148种，其中兽类23种，鸟类89种，爬行类21种，两栖类15种。分布有国家一级保护野生动物华南虎、云豹、黑鹿、蟒蛇、豹、白颈长尾雉、白鹳、大鲵（俗称娃娃鱼）8种，黄嘴白鹭、白鹇、勺鸡、小青脚鹬、豺、穿山甲、褐翅鸦鹃等国家二级保护动物20多种。

（崔　鑫）

人口·语言

【人口】 2016年，全县：总人口244703人，比2015年增长0.9%；出生人口2709人，出生率13.38‰，比2015年提高1.87个百分点；自然增长率为6.73‰，比2015年提高0.9个百分点。其中，农业人口14.86万人，占总人口比重60.7%，非农业人口9.61万人，占总人口比重39.3%；男性12.43万人，占总人口比重为50.8%，女性12.04万人，占总人口比重49.2%，性别比例（女性=100）103.3，比2015年提高0.4个百分点。人口密度110人/平方公里，比2015年109.1人/平方公里增加0.9人/平方公里；社会各行业在业人口10.89万人，比2015年增加0.01万人。

（袁　虹）

【语言】 仁化县位于粤赣湘三省交界处的粤北边陲，境内城乡居民大多数是客家人，且有部分江西、湖南、粤语区（珠江三角洲）和河源县移民，加上有少量历史上早已定居县内的瑶民，方言比较多样。由于历史渊源不同，客方言就有董塘话、长江话、附城话、塞麻（同虱嫲、虱螂、虱婆）话（原与北江船话相通）、河源话5个变体。其中董塘话与兴宁、梅县、惠州客方言更为接近，操这种方言人数约占全县客方言人口一半。2004年7月，调整韶关市行政区划，从曲江县划入仁化县管辖的周田、黄坑、大桥3个镇方言，因为村民所居与仁化相邻，客方言、虱婆声、粤方言

（白话）等均与仁化县相同类别方言接近。只有在周田镇道管、新庄村委会与大桥镇共和村委会等处部分村民，还有一种连滩话，该方言与潮州话相似，属闽南方言系统。

（谢嘉文）

民族•宗教

【民族】 仁化县居民以汉族为主。2016年年末，有瑶族、畲族、壮族、回族、满族、苗族、彝族、土家族等21个少数民族，少数民族总人口2578人，占全县总人口1.1%，其中男性1322人，女性1256人。瑶族人口最多，达1887人，占少数民族的72.1%；其次为畲族334人，占12.2%；壮族190人，占6.6%；苗族90人，占2.7%；土家族77人，占2.2%。各镇（街道）均有分布，瑶族主要分布在董塘镇瑶族村委会、周田镇瑶族村委会、周田镇雷坑村委会、黄坑镇小溪村委会以及县内的中省厂矿中。除长期定居的瑶族、畲族外，其余都是中华人民共和国成立后迁移到仁化居住。

【宗教】 截至2016年年底，全县有合法宗教活动场所8处，分别是丹霞山别传寺、丹霞山灵树禅院、丹霞山锦石岩寺、丹霞山仙居岩道观、董塘云龙寺、仁化妙善禅寺、基督教丹霞聚会点、基督教董塘聚会点，宗教备案教职人员60人，信教群众6500多人，比2015年增加27.45%。未登记（非法）宗教场所共有28处，信教群众约5000多人。

（朱福娣）

环境质量

【概况】 2016年，仁化县环境质量总体良好，县城集中式饮用水源地水质达标率为100%，锦江丹霞山市控断面和瑶山电站县控断面达到Ⅲ类水质要求，锦江广东桥和瑶山电站地表水重金属专项监测断面达到Ⅲ类水质要求，全县主要江河水质达标率为100%，城镇生活污水处理率逐年提高，水环境质量不断改善；县城空气质量保持良好，二氧化硫、二氧化氮、可吸入颗粒物三项污染指标年均浓度均达到《环境空气质量标准》二级标准，较上年度呈明显下降趋势，县城环境空气质量改善明显；县城区域环境噪声昼间等效声级年平均值为52.4分贝，总体水平较好，区域声环境质量保持稳定。

【水环境质量】 县城区饮用水水源地水质良好，根据2016年监测结果表明，仁化县县城区饮用水源地全部水质指标达到国家《地表水环境质量标准》（GB3838—2002）Ⅲ类，大多数指标还优于国家《地表水环境质量标准》（GB3838—2002）Ⅱ类。水质良好，水质达标率为100%，完全符合饮用水源地取水水质标准。

江河地表水按照各断面所处功能区类别相应标准进行判定，断面水质指标全部达国家《地表水环境质量标准》（GB3838—2002）Ⅲ类标准。断面大多数水质指标还优于国家《地表水环境质量标准》（GB3838—2002）Ⅱ类，水质良好。锦江河段达到Ⅲ类水质标准限值，董塘河段达到Ⅲ类水质标准限值，与2015年相比，总体上水质没有太大变化，只有少数断面水质指标值有所上升。

【大气环境质量】 2016年，仁化县县城区开展空气质量自动监测，监测主要项目有二氧化硫、二氧化氮、PM10、PM2.5、臭氧、一氧化碳，全年有效监测356天，取得AQI指数341个，AQI指数最大值183。根据空气污染指数AQI及对应的空气质量级别划分为优、良、轻度污染、中度污染、重度污染五等级，全年有效监测341天中，仁化县县城区大气环境质量优为149天、良为168天、轻度污染为23天、中度污染为1天、重度污染为0天，优、良以上天数合计317天，优良率占比92.96%。

【声环境质量】 2016年，仁化县声环境质量监测包括区域环境噪声监测和道路交通噪声监测。区域环境噪声监测是在3.68平方公里的县城建成区内按200米×200米划分网格布点，共设101个测点，覆盖面积4.04平方公里。道路交通噪声监测按照监测技术规范在县城区主、次交通干线布设15个监测点位，监测道路总长12.8公里。据监测，2016年度，县城区域环境噪声等效声级年平均值为52.4分贝，达到2类区昼间标准（60分贝），比上年49.3分贝有所上升，城区区域环境噪声质量整体水平良好；县城区域道路交通噪声等效声级平均值为64.6分贝，未超过标准值70分贝，与上年63.9分贝监测值持平。平均车流量为1120辆/小时，比上年增加132辆/小时。监测点位达标率为100%。总体而言，县域声环境质量为良好。

（温观华）

建置·区划

【建置沿革】 仁化县古属百越之地，秦末汉初仁化地域属南越国南海郡。南越归汉，仁化为曲江县地域。南朝齐（479—502年）析曲江县地，始置仁化县。南朝梁至唐垂拱三年（502—687年）撤销仁化县，并入曲江县。唐垂拱四年（688年）复置。北宋开宝五年（972年），仁化县并入乐昌县，宋真宗咸平三年（1000年）恢复建置。南宋至元、明、清、民国时期，均相沿未改。中华人民共和国成立后，1949年10月16日，成立仁化县人民政府。1958年11月7日，仁化县并入广东省韶关市，为市辖郊区。1961年1月17日，仁化县从韶关市划出，恢复县建置，属广东省韶关地区。1983年6月，韶关市与韶关地区合并，以市带县，仁化县属广东省韶关市辖。2004年7月，韶关市部分行政区划调整，原曲江县辖黄坑镇、周田镇、大桥镇划归仁化县管辖。此后未再变动。2016年，仁化县辖10个镇和1个街道办事处。

（谢嘉文）

【行政区划】 2016年，全县辖董塘、石塘、城口、红山、扶溪、闻韶、长江、黄坑、大桥、周田10个镇，丹霞街道办事处1个街道办事处，16个居民委员会（社区），109个村民委员会，1108个村民小组。

（罗润桃　叶莉华）

经济社会发展

【简述】 2016年，仁化县经济取得历史新突破。据初步核算，全县地区生产总值102.2亿元，比上年增长7.8%，首破100亿元大关，增速比上年同期回升0.9个百分点。从产业结构看：第一产业增加值20.6亿元，比上年增长4.4%；第二产业增加值35.7亿元，比上年下降0.2%；第三产业增加值45.9亿元，比上年增长16.8%。按常住人口计算，人均地区生产总值49082元，按平均汇率折算为7389美元。全县民营经济增加值57.6亿元，比上年增长7.2%，占全县生产总值的比重为56.4%。

【农业产值增长】 2016年，仁化粮食总产量10.3万吨，同比下降0.7%；蔬菜产量23.4万吨，同比增长5.2%，园林水果产量0.42万公顷，同比增长9.6%，其中：柑产量3.3万吨，同比增长14.4%，橘产量482.4公顷，同比增长8.4%，沙田柚产量1.01万吨，同比增长7.4%；禽蛋产量1279吨，比上年下降2.1%，禽肉产量3358吨，比上年增长0.4%；猪肉产量12230吨，比上年下降2.4%；水产品产量9656吨，同比增长2.4%。农林牧渔业总产值33.4亿元，同比增长4.6%。实施沙田柚示范基地、石斛种植基地等现代农业项目40个。特色农业产业初具规模，沙田柚、贡柑等优质水果种植面积0.73万公顷。环丹霞山农业观光园发展态势向好，有规模以上休闲农业、乡村旅游企业7家，培育县级以上农业龙头企业22家，发展农民专业合作社269个。全县农产品“三品”认证（无公害农产品认证、绿色食品认证、有机食品认证）累计42个，其中，长坝沙田柚和仁化白毛茶是国家农产品地理标志保护产品。

【工业效益好转】 2016年，仁化工业增加值完成32.8亿元，比上年增长3.2%。完成规模以上工业总产值90.4亿元，比上年同期增长7%；从经济类型看：国有及国有控股企业增加值19.5亿元，同比增长13.9%，股份制企业增长7.8%，外商及港澳台企业16.4%。中央、省属工业增加值18.5亿元，比上年增长14.1%，县属工业增加值1.07亿元，同比增长4.1%。从行业看：有色金属行业增加值17.8亿元，比上年增长12.9%，电力行业增加值5.78亿元，比上年增长12.9%。主要工业产品产量增减情况：发电量同比增长17.8%，铅锌矿比上年下降0.7%，锌锭比上年下降0.7%，人造板比上年增长14.8%，全社会用电量12.4亿千瓦时，同比增长8.9%。规模以上工业企业产销率达到99.4%。仁化县有色金属循环经济产业基地建设加快推进，被认定为省级产业集聚区，并被省经信委批准为省循环化改造试点园区，截至是年年底，引进企业21家，计划总投资18亿元，其中16家企业建成试产。

【固定资产投资减缓】 2016年1—12月，全县固定资产投资完成额63.7亿元，同比增长5.3%，回落14.2个百分点。5000万元及以上项目43.3亿元，同比增长0.7%；基础设施完成额12.07亿元，同比下降13.1%。其中：国有经济投资比上年下降41.2%，民间投资比上年下降32.3%。从行业看：第一产业投资4亿元，同比下降48.9%；第二产业投资41.2亿元，同比增长72.6%，其中：工业投资21.9亿元，同比增长32.3%，第三产业19.6亿元，同比下降33.5%。

【楼市去库存显成效】 2016年，是中国全面建成小康社会决胜阶段开局之年，也是推进结构性改革攻坚之年。仁化县配合中央去库存号召并出台多项房地产利好政策，有力促进楼市回暖升温，市场总体呈现稳步向好发展态势。

开发投资高位运行。2016年，全县房地产开发完成投资5.1亿元，同比增长42.7%，增幅较一季度下降27.9%的速度提高70.6个百分点。

销售市场回暖升温，去库存化成效显著。2016年，全县商品房销售面积18.07万平方米，同比增长6.8%，较前11月增长3.9%的速度提高3个百分点。全年，全县商品房销售额5.77亿元，较上年同期5.08亿元增加0.68亿元，增长13.5%。

房屋开发快速扩张。2016年，全县房屋施工面积71.6万平方米，同比下降0.8%。在所有房屋施工面积中，其中，新开工面积30.33万平方米，比上年的8.41万平方米增加21.92万平方米，增长261%。

【市场销售稳步提升】 2016年，全县完成社会消费品零售总额30.5亿元，比上年增长10.3%。其中：批发和零售业零售额26.9亿元，比上年增长11.3%；住宿和餐饮业零售额3.5亿元，比上年增长3.2%。

【财政收入平稳】 2016年，全县财政收入平稳增长，民生支出占预算支出的八成。年内，全县一般公共预算收入完成6.27亿元，同比增长6.35%。一般公共预算支出22.6亿元，同比增长3.1%。其中：一般公共服务支出2.2亿元，同比增长31.1%；教育、社会保障、医疗卫生、节能环保等事业投入加大，分别比上年增长12.5%、35.4%、23.1%和60.5%。民生事业资金18.4亿元，占预算支出比重达81.4%。

【金融市场稳健运行】 2016年，全县金融机构各项存款余额90.6亿元，各项贷款余额36.7亿元，分别同比增长8.8%、10.4%，城乡居民储蓄存款余额62.9亿元，比上年增长9.1%。

【经济结构持续优化】 2016年，仁化服务业增加值比上年增长16.8%，对经济增长贡献率89.7%。三次产业结构比重为20.2∶34.9∶44.9，第一产业提高0.1个百分点，第二产业下降3.5个百分点，第三产业提高3.4个百分点，结构调整优化。年内，仁化县全面贯彻落实中共十八大和十八届三中、四中、五中全会以及中央经济工作会议精神，按照县委、县政府工作部署，着力加强供给侧结构性改革，积极做好钢铁行业化解过剩产能工作。

【旅游业蓬勃发展】 2016年，全县接待旅游人数852万人次，比上年增长16.2%；旅游总收入49亿元，比上年增长16.8%。

【城乡差距缩小】 城乡差距继续缩小，人民生活水平不断提高。2016年，仁化县城乡居民收入稳步增长，生活水平不断提高。全县农村居民人均可支配收入13919元，比上年增长10.9%；全县城镇居民人均可支配收入23374元，比上年增长10.5%。城乡收入比为1.68。

城镇居民家庭八大类消费支出呈"六升二降"态势。2016年，仁化县城镇居民家庭人均消费性支出为12948元，同比上年下降2.47%。八大类消费支出呈"六升二降"态势，其中：食品烟酒、衣着、生活用品及服务、教育文化娱乐、医疗保健、其他用品和服务分别比上年增长11.77%、4.65%、7.34%、1.59%、27.55%和14.76%；居住、交通通信支出分别比上年下降4.86%和42.96%。

农村居民人均生活"八大类消费"呈"四升四降"态势。2016年，全县农村居民人均生活消费支出10943元，比2015年少70元，下降0.01%。"八大类消费"呈"四升四降"态势，衣着消费支出、居住消费支出、文教娱乐用品及其他用品和服务支出有所上升，分别比上年增速0.24%、0.04%、0.26%、0.79%，食品消费支出、生活用品及服务支出、交通通信、医疗保健呈现出下降，分别比上年增速－0.02%、－0.28%、－0.23%、－0.03%。

【社会保障体系完善】 2016年年末，全县：参加城乡养老保险人数75446人，比上年增长2.3%；参加职工企业养老保险44598人，比上年增长2.6%；参加职工医疗保险25271人，比上年增长7.8%；参加职工失业保险14326人，比上年增长1.7%。参加城乡居民基本医疗保险178711人，比上年增长2.2%；参加生育保险16586人，比上年增长1.8%，参加工伤保险17668人，比上年增长0.76%。全县享受社会养老保险的离退休人员33736人，比上年增长4.5%。

（袁　虹）

精神文明建设

【概况】 2016年，仁化县精神文明建设工作继续深入贯彻落实中共十八大和十八届四中、五中、六中全会以及全国、全省精神文明建设表彰大会精神，以培育和践行社会主义核心价值观为主线，以深化"全国县级文明城市"创建为重点，突出"素质提升、城市建设、环境整治、民生改善"四个重点，全面实施典型示范引领、未成年人思想道德建设，着力提升人的文明素质和社会文明程度，将全县精神文明建设工作引向深入。

【培育和践行社会主义核心价值观】 2016年，仁化县印发《关于进一步加强培育和践行社会主义核心价值观工作的通知》《关于转发省文明办省委农办〈关于开展"崇德向上·敦风化俗——乡村里的价值观"主题教育实践活动的通知〉的通知》《关于转发〈爱岗敬业·梦圆南粤——"车间里的价值观"主题教育实践活动实施方案〉的通知》《关于印发仁化县〈睦邻和谐·德润社区——"社区里的价值观"主题教育实践活动实施方案〉的通知》等文件，从加强组织领导、融入国民教育、强化领域实践、活用载体宣传、活用优秀文化、培育社会风尚、把握舆论导向、稳抓示范引领等方面深化社会主义核心价值观培育和践行。借助社会主义核心价值观“六进”活动载体，在社会主义核心价值观深耕厚植上下功夫，全县14个社会主义核心价值观示范点结合“五好”标准，扎实开展培育和践行工作，取得成效：企业示范点锦电公司开展“践行核心价值观全民齐修身”宣传活动；社区示范点丹霞街道新城社区在春节期间精心组织举办核心价值观灯笼迎新春、舞龙醒狮闹新春、免费赠送“全家福”、趣味体育竞赛和猜谜语等文化“套餐”活动；农村示范点董塘镇高莲村以培育社会主义新型农民为着力点，制定村规民约维护村庄秩序，开展先进人物“文明家庭”“孝老爱亲道德模范”等评比活动，倡导健康向上道德风尚。同时，将社会主义核心价值观与创建全国县级文明城市相结合，在锦江河畔重点打造广东省社会主义核心价值观“仁文化”主题公园，在先行完成“仁”字文化长廊基础上，完善公园二期建设，在园内新增一处“仁园”景色，采用奇石刻字、木刻对联、浮雕、绘墙、堆塑和剪纸形式表达“仁”文化，共有石刻40幅，楹联10对，文化墙2面，所有作品均由本土书法家和剪纸艺术家创作，各镇（街）也完善自身社会主义核心价值观主题公园建设，让群众在休闲娱乐的同时感受到社会主义核心价值观的教育和熏陶。年内，在丹霞大道路段新设立宣传社会主义核心价值观灯柱广告130多个，灯柱宣传画150多幅；在县城显眼位置设立宣传共建文明卫生城公益广告牌，增设周田高速路口、县质监局楼、县总工会楼顶，大岭工业园入口等大型广告牌，社会主义核心价值观融入群众生活，带动群众共创文明城市积极性。

【公民道德建设】 2016年，仁化县召开2015年第三、四季度“仁化好人”名单发布会，表彰张新秀等5名“仁化好人”；召开2016年第一、二季度“仁化好人”名单发布会，表彰刘长明等6名“仁化好人”，向市推荐6名好人参选韶关季度好人评选活动，其中，扶溪镇阙世邦获第二季度“韶关好人”（孝老爱亲）荣誉称号。力推“仁化好人”参加“广东好人”评选，陈景标获2016年第一季度“广东好人”诚实守信荣誉。印发《关于表彰第二届仁化县道德模范的决定》，表彰通报刘丽娟等10人获道德模范奖，钟宝兴等11人获道德模范提名奖，并在县城文化广场举行第二届仁化县道德模范现场交流会，宣传与表彰道德模范和道德模范提名奖获得者。印发《关于继续深化开展道德讲堂建设活动的通知》，各单位积极配合部署开展“道德讲堂”系列活动，全年在县道德讲堂总堂开展道德讲堂6期，各创文网格化管理小区利用创文网格化管理模式开展道德讲堂30余场。印发《关于要求模范遵守交通法规做到文明安全行车的通知》，由县委宣传部、县文明办、县公安局、县交通运输局联合主办县文明交通宣讲活动在政府礼堂启动，市文明办、市文明交通宣讲团、县直相关单位、各镇（街）相关负责人500人参加。8—9月，县文明交通宣讲团在全县各镇（街）开展文明交通巡回宣讲活动11场。县文明办联合县发改局启动仁化县诚信“红黑榜”信息发布工作，成功召开诚信“红黑榜”信息发布会3次，发布红榜企业和个人70余个，黑榜企业或个人20余个。2016年年初，仁化文明网通过审核正式加入中国文明网联盟。仁化文明网积极开展社会主义核心价值观宣传教育，开设专栏专题“道德建设”“文明创建”“道德模范”“未成年人”“志愿服务”等，加大道德模范、身边好人、最美人物、美德少年、优秀志愿者的宣传展示，及时转发中央文明网、广东文明网的重点稿件、重要活动，转发、发表稿件篇数120余篇。积极报道全县“创文工作推进会”“诚信红黑榜信息发布会”“县级文明城市座谈会”等专题会议，推动全县网络文明建设。健全仁化县文明网、文明仁化微博、微信公众号推送机制，年内推送“美丽乡村建设”“广东好人”“文明旅游”“文明交通”“文明餐桌”等消息260余篇。

【推进志愿服务活动】 2016年，印发《仁化县推进志愿服务制度化2016年工作方案》，各镇（街）、单位都按照该方案要求开展一系列志愿服务活动。实施“志愿者计划”“心理关爱计划”等系列关爱行动，有针对性开展心理辅导和爱心关怀。深入开展文明劝导志愿服务活动，1月，县文明办联合县住建局召开2015年第四季度仁化县优秀兼职文明劝导志愿者表彰大会，表彰获得“2015年第四季度仁化县优秀兼职文明劝导志愿者称号”志愿者5名。全年编辑关于文明劝导志愿服务活动情况通报5期，指出文明劝导活动中存在的问题，志愿服务成为仁化党员、干部、群众精神文明建设的主流意识。

【开展创文网格化管理活动】 2016年，全县各创文网格化管理小区根据县精神文明建设部署及《仁化县开展创文网格化管理实施方案》要求，活用社区道德讲堂，组织开展各种精神文明活动，常态性开展志愿服务，经常性整治环境卫生，网格小区居民精神文明建设提高。全年，全县在各网格小区张贴社会主义核心价值观标语、“文明餐桌”宣传标语及惠民政策计600余条，开展道德讲堂授课30余次。

【基层文明创建基础夯实】 2016年，仁化县加强基层文明创建，组织县文明委成员单位及全县各镇（街）参加广东省创建文明镇街工作电视电话会议。召开仁化县培育和践行社会主义核心价值观暨创建文明镇街工作推进会议，传达省、市关于培育和践行社会主义核心价值观和创建文明镇街工作精神，部署全县创建文明镇街工作。印发《仁化县文明镇街整治百日行动方案》，积极贯彻落实省、市培育和践行社会主义核心价值观工作推进会及创建文明镇街工作会议精神，部署和推动精神文明建设进一步向镇街和基层延伸拓展。重视农村精神文明建设，结合“丹霞彩虹”省级新农村文明示范片创建工作，以培育和践行社会主义核心价值观为根本，以培育新型农民和文明乡风为抓手，以省级新农村连片建设示范点为依托，点片结合，整合资源，集中力量，切实增强文明镇街创建工作针对性和实效性，“丹霞彩虹”省级新农村示范片成为乡风民风美、生态环境美、文化生活美农村文明示范片。根据省文明委《关于在全省开展文明公厕创建活动的通知》要求，确定首批文明公厕示范点丹霞绿道公厕等4个名单，并按照标准，以点带面，提升全县公厕文明水平。

【未成年人思想道德建设加强】 2016年，仁化县以“我的中国梦”和“扣好人生第一粒扣子”为主题，组织未成年人开展丰富多彩的教育实践活动。清明节期间，印发《关于在清明期间开展“倡导文明祭祀传递清明清风”活动的通知》，全县有3000余名师生到县革命烈士陵园扫墓或到爱国主义教育基地参观献花和宣誓，礼敬先烈先辈，培养爱国情感。开展“网上祭英烈”活动，组织全县未成年人在网上向先贤先烈鞠躬献花、签名寄语，参加活动学生25300多名。组织美德少年评选活动。联合县教育局开展2016年仁化县“美德少年”评选活动，全县评选出何敏怡等23名学生为“2016年仁化县‘美德少年’”。2016年韶关市“最美南粤少年”市级活动中，仁化县有24人获韶关市“最美南粤少年”荣誉称号，1人获韶关市最佳人气奖。组织在夏富村开办“扣好人生第一粒扣子”——夏富村“我们是一家”夏令营活动，促进留守儿童思想道德教育。

【全国县级文明城市创建工作全力推进】 2016年，仁化县强力推进“创文”工作，重新调整仁化县创文工作领导小组。3月，组织召开全县宣传思想暨创文巩卫推进工作会议，表彰2014—2015年度仁化县“文明单位”9个、“文明村”30个、“文明镇”1个、“文明社区”1个、“文明示范窗口”1个。召开仁化县2016年创建全国县级文明城市工作骨干培训会，培训骨干172人。组织创文办、县公安局等有关部门前往南雄市学习交通秩序整治先进工作经验，提升全县道路通行力。组织各镇（街）及相关单位进行文明镇街创建，部署和推动精神文明建设进一步向镇街和基层延伸拓展，缩小城乡差距。推进主线建设培育良好风尚，设立14个社会主义核心价值观示范点。借助11个镇（街）建成的社会主义核心价值观主题公园为载体，培育社会主义核心价值观。加强道德培育提升群众素养，全年评选表彰“仁化好人”11名，开展道德讲堂活动50余场，参加人数2000余人次。深掘主题活动丰富节日气氛，突出“以仁化人·共建文明城市”主题，以春节、元宵、清明、端午、中秋等传统节日为契机开展民俗活动，如春节组织县书画家协会开展“道德春联进万家”活动、夏富村开展“装故事”等特色活动，激发市民爱家乡、爱祖国的热情。组织未成年人开展丰富多彩教育实践活动，组织师生到县革命烈士陵园扫墓，组织美德少年评选。建立健全全县各创文网格化管理小区，全县共收集群众诉求145个，解决问题131个。创文办开展“文明餐桌”“文明交通”“文明旅游”“文明网络”等行动规范全县人民行为习惯。凝聚诚信力量巩固法治根基，印发《仁化县精神文明建设2016年工作要点》《仁化县推进诚信建设制度化2016年工作要点》《仁化县诚信“红黑榜”发布制度》等工作方案，发布红榜企业和个人70余个，黑榜企业或个人20余个，持续推进诚信建设工作。召开仁化县文明委全会暨创文工作联席会议，针对短板问题，提出下一步工作建议。年内，仁化县顺利通过2016年创文年度测评。

【创建全国县级文明城市有成效】 2016年，仁化县以建设“全国文明县城、广东休闲旅游慢城”为目标，以培育和践行社会主义核心价值观为主线，以“仁化”这一地名为切入点，紧扣“仁”字做文章，从细微处着手，深入推进全国县级文明城市创建工作。年内，在全县设立社会主义核心价值观示范点14个，在县城及各乡镇建设“仁文化”主题公园；发放“文明旅游”“文明餐桌”“文明交通”“网络文明”宣传资料2万余份，设立户外广告牌、宣传栏421个，悬挂横幅456条，刊播宣传标语3523条，发送短信8560条，制播新闻2200条；仁化文明网成功加入中国文明网联盟，发布文明创建信息700余条，文明仁化微博、微信公众号推送消息300余条；表彰“仁化好人”11名，其中1人获“广东好人”、2人获“韶关好人”荣誉称号；成功举办第二届仁化县道德模范经验交流活动，表彰模范人物和“美德少年”一批；开展“三送”下乡活动，其中送戏下乡35场，送书、送视频下乡12场，送电影下乡1320场。积极开展古村落保护工作，城口镇恩村、丹霞街道夏富村、扶溪镇古夏村等7个村入选广东省古村落名录，石塘古村成功创建为国家AAA级旅游景区。

仁化县精神文明建设办公室负责人名录：

主　任：邹雪玲（女）

（黄秀青）

生态文明建设

【概况】 2016年，仁化县生态建设以中共十八大、十八届三中、四中、五中、六中全会和习近平总书记系列重要讲话精神为指导，围绕贯彻落实县委工作会议精神，以建设生态仁化、美丽乡村为目标，发挥组织协调与督查指导作用，持续加强农村环境卫生整治，完善农村生活垃圾收运处理体系，统筹推进美丽乡村示范村建设，并取得阶段性成效。

【垃圾收运保洁设施完善】 2016年，仁化县投入450多万元为11个镇（街）购置垃圾中转站配套设备一批、挂桶式垃圾桶1300个，手推车373个、分类垃圾箱414个，提高镇村垃圾收运处理承载力。截至2016年年底，全县农村设置垃圾收集设施3115个（台），比上年增加903个（台），其中：垃圾屋109个，垃圾池370个，垃圾桶2003个，手推车633台；聘请保洁员263名，比上年增加44名。2016年5月，11个镇（街）垃圾中转站全面启动运行。县政府将周田高速出口至县城沿线道路和新S246线两个重点严控区环境卫生保洁划入社会化服务管理范围，扩展城乡环境卫生保洁面和提升管理水平。

【考核机制完善】 2016年，县政府制定出台《关于仁化县贯彻落实〈韶关市农村生活垃圾收运处理工作绩效考核办法（试行）〉的实施方案》，建立县镇两级党政领导约谈制度，对在每月环境卫生督查中连续两次排名后两名的镇（街），由县主要领导对镇（街）主要领导进行约谈，镇（街）主要领导对分管领导进行约谈，着力解决镇村对属地环境卫生“督而不查、查而不改”问题。2016年，仁化县在韶关市2015年度农村生活垃圾处理工作考核中综合排名第二。

【专项整治活动开展】 2016年，县生态办根据市住建局有关工作要求，联合住建局在春节前开展“人人动手、整洁有序、清洁家园、美丽仁化”主题活动，11个镇（街）通过清理“三边”（路边、河边、池边）垃圾、建立保洁机制、开展综合整治，有效推进农村清洁工程开展。该活动县镇村三级共投入资金179.7万元，参与清洁劳动力量3968人次，清理路边457公里，清理河边60.5公里，清理池塘93个，清理公共区域164个，共清理积存垃圾668吨。

【村容村貌整治督查】 2016年，县生态办在继续加强县域国道、省道、县道、乡道及通往旅游景区的主干道、各镇严控区及沿线村庄环境卫生督查基础上，重点解决农村“四边”垃圾遍地和“垃圾下河”等突出问题，将巡查范围扩展到“靠山沿河”部分村庄及沿线河流水域，对发现的问题及时采取书面通报、短信通知、网络及电视台曝光等方式，督促相关镇（街）及时整改。2016年5月，县生态办联合县电视台以“我县垃圾下河现象严重”为题，曝光全县各地存在的垃圾下河问题。11月，组织县广播电视台暗访11个镇（街）墟镇、村庄、公路等环境卫生及村容村貌情况，并在12月8日召开的仁化县农村人居环境综合整治暨精准扶贫工作会议上播出。

【推进农村环境卫生整治工作改革创新】 2016年，仁化县开展农村垃圾分类综合减量试点，制定《仁化县农村生活垃圾分类减量处理试点工作方案》印发至各镇（街）及相关单位。以长江、扶溪为试点，联合住建部门对山区镇开展热能垃圾处理综合减量建设项目进行分析论证，形成《仁化县长江镇20吨垃圾综合减量集运站PPP项目书》供县政府参考。鼓励村民委员会通过召开村民代表大会议事方式向村民收取本村保洁费用。截至2016年年底，董塘镇高联村、石塘镇京群村、丹霞街道狮井坳扶岭村小组农村落实向村民收取保洁费。开展“十镇一街”环卫服务市场化运作调研工作，配合北控环境形成《仁化县十镇一街环卫服务市场化项目实施方案》，推动“十镇一街”环卫服务市场化项目落实。

【开展美丽乡村示范村考核评选】 2016年年初，县美丽乡村办对2015年建设的11个美丽乡村示范村进行验收考核，除岩头村和被列为“丹霞彩虹”省级新农村示范片建设的3个村外，其余7个村（红山镇高坪村、石塘镇石塘村、城口镇上寨村、扶溪镇窑口村、闻韶镇大岭头村、黄坑镇蓝田村、长江镇竹田村）均达到示范村建设标准，被评定为2015年度美丽乡村示范村，授予“仁化县美丽乡村示范村”牌匾，并给予每个示范村10万元奖补。对个别未竣工项目进行跟踪，督促相关镇加快建设速度，保质保量完成建设任务。

【统筹推进美丽乡村示范村建设】 2016年，县美丽乡村办完善规范美丽乡村示范村项目建设申报、审核程序，督促镇（街）严格实行工程项目招投标制度。在全县遴选出10个村庄（丹霞街道坳扶岭村、红山镇伍渡村、石塘镇京地村、董塘镇山背村、长江镇寨脚下村、闻韶镇白竹五组、扶溪镇新屋场村、黄坑镇新木村、周田镇龙坑新村、大桥镇下墩坪村）作为第二批美丽乡村示范村建设点。城口镇上寨村列为2016年特色村创建点。11个示范村（含上寨村）投入资金597.95万元，集中开展垃圾和污水处理设施建设、绿化美化亮化、道路硬化、房屋整治、文体广场（室）、文化墙绘制等90个工程项目建设。

【打造美丽乡村特色村】 2016年，仁化县美丽乡村建设突出村庄特色打造，在选择示范村创建点方面，选择地域优势明显、村庄基础设施完善、辐射示范带动作用强、村组干部积极性高、乡风民风好村庄作为创建点。在示范村建设方面，围绕改善农村人居环境和塑造乡村文化品牌两大抓手，着力打造美丽乡村特色村。如：以建设生态休闲旅游乡村为标杆的龙坑新村，聘请“原色客栈”专业设计团队为龙坑新村进行规划，建设集“乡村旅游+养蜂文化+绿道休闲”为一体的美丽乡村；聘请资深团队为上寨大村门楼建设、村展示中心进行设计，打造“古村旅游+书香文化+农家乐体验”为一体的美丽乡村；伍渡村、坳扶岭村、京地村亦呈现各具特色的建设亮点。

【生态环境保护和美丽乡村建设宣传活动】 2016年，县生态办根据省、市有关要求，牵头制订《仁化县改善农村人居环境建设美丽乡村工作分工实施方案》，落实改善农村人居环境建设美丽乡村工作。定期编写工作简报，总结宣传仁化县各地各部门开展环境卫生整治和美丽乡村建设工作进展情况进，全年编印环境整治和美丽乡村建设简报11期，制作村容村貌督查视频资料11份，拍摄美丽乡村建设专题片2个，并在有关会议上播放；在“仁化美丽乡村”微信平台、《韶关日报》、仁化政务信息、仁化电视台等媒体宣传报道仁化美丽乡村建设和生态文明建设动态；组织各镇（街）在主要交通干道制作生态环境和美丽乡村建设意义户外宣传牌和宣传标语。开展《仁化县生态系统服务价值核算》和《仁化县生态系统生产总值及生态环境可持续发展研究》成果宣传活动，印发成果报告及配套宣传手册450份。

仁化县生态文明建设工作领导小组办公室负责人名录：

主　任：谢翊辉

副主任：黄仁烽

（黄仁烽　谢翊辉）

中共仁化县委员会

中共仁化县委员会负责人名录：

书　记：刘　锋（其中：2016年7月兼任中共韶关市丹霞山管委会党委书记，2016年8月兼任韶关市丹霞山管委会主任）

副书记：王晓梅（女，其中：2016年7月兼任中共韶关市丹霞山管委会党委副书记）

区毅明（2016年3月任职）

县委常委、纪委书记：张朝盛（任至2016年8月）

张　毅（2016年8月任职）

县委常委、政法委书记：李秀荣（任至2016年9月）

谭建华（2016年9月任职）

县委常委、常务副县长：区毅明（其中，2016年7月免副县长职务）

张元展（2016年9月任职）

县委常委、县委办主任：谢庆伟（其中：2016年9月兼任中共韶关市丹霞山管委会党委副书记，2016年10月兼任韶关市丹霞山管委会副主任、丹霞山保护区管理局局长，2016年10月免县委办主任职务）

县委常委、开发区主任：邱志坚（2016年10月兼统战部部长、县委办主任）

县委常委、宣传部部长：赖小红（女，任至2016年8月）

邓红红（女，2016年8月任职）

县委常委、组织部部长：李湘柱

县委常委（挂职）、产业帮扶总指挥：何庆华

综　述

2016年，中共仁化县委在中共韶关市委、市政府领导下，深入贯彻中共十八届六中全会和习近平总书记系列重要讲话及中共中央、省、市文件精神，团结和带领全县党员干部群众，突出经济中心，注重统筹协调，狠抓工作落实，经济发展稳健提速，社会民生稳步改善，社会大局稳定和谐，中共党组织建设稳步推进，较好完成各项目标任务。加强县委班子自身建设，充分发挥县委统揽全局作用。年内，中共仁化县委高度重视并切实加强自身建设，不断强化领导核心作用，增强县委班子的凝聚力、决策力和执行力。贯彻落实发展新理念，推进经济社会各项事业全面进步，切实加强对经济社会发展的领导，认真贯彻落实中央“五位一体”总体布局、“四个全面”战略布局和“五大”发展理念，中共韶关市委主动融入珠三角、“项目攻坚、城市提升、县域发展”三大主题工作，推动全县经济、政治、文化、社会、生态文明建设协调发展。落实全面从严治党要求，新时期中共党的建设工作得到加强，坚持“党要管党、从严治党”，全面加强和改进党的建设，为全县经济社会持续健康发展提供坚强的政治和组织保证。

2016年，全县地区生产总值达到103.3亿元，比2011年增长42%，年均增长7.2%；地方一般公共预算收入达到6.27亿元，比2011年增长59.9%，年均增长9.8%；社会固定资产投资达到63.7亿元，比2011年增长121%，年均增长17.2%；社会消费品零售总额达到30.5亿元，比2011年增长79.4%，年均增长

12.4%；全县城镇居民人均可支配收入23374元、农村居民人均纯收入13919元，分别比2011年增加8467元、5713元。从2012年起，全县GDP连续突破70亿元、80亿元、90亿元和100亿元大关，地方一般公共预算收入连续突破4亿元、5亿元和6亿元大关。2014年和2015年连续两年经济综合发展力在全省28个山区县（市）中排第三名。

重要会议

【县委工作会议】 2016年1月29日，县委工作会议在县政府礼堂一楼会议室召开。会议的主要任务是深入学习贯彻中央经济工作会议、省委十一届六次全会、市委工作会议和县委十二届十次全会精神，总结全县2015年工作，部署2016年全县工作。主要议程：一是刘锋传达中央经济工作会议、省委十一届六次全会和市委工作会议精神并作县委工作报告；二是王晓梅总结全县2015年经济工作，部署2016年全县经济工作；三是召开2015年年度选人用人“一报告两评议”和市管干部年度考核民主测评工作会议。

会议充分肯定中共仁化县委2016年的工作。2016年，中共仁化县委在市委、市政府领导下，积极适应经济发展新常态，坚持以“主攻项目、决战四区”为抓手，以“加快发展、改善民生”为主线，团结带领全县干部群众，聚精会神谋发展，凝心聚力抓落实，推动经济社会持续健康发展，基本完成全年目标任务和“十二五”规划发展主要目标。主要体现在：一是扎实推进全面深化改革。坚持以改革促发展，以改革破难题，经济社会发展活力显著增强。加快商事登记制度改革，稳步推进“先照后证”“三证合一”改革。加快便民服务网络建设，实现镇、村两级便民代办点“全覆盖”。创新融资方式，采取PPP等模式，引导有实力的企业参与基础设施、民生工程等项目建设。机关事业单位职工工资套改、公务用车制度改革全面完成。加强农村“三资”管理，深化农村综合改革，深化干部人事制度改革，创新建立科级干部“干事档案”。二是全力抓好“四区”建设。坚持以“四区”作为经济建设主战场，主动作为，多措并举，精准发力，有效应对经济下行压力，全县地区生产总值增速从第一季度2.1%回升到第二季度5.1%、第三季度5.7%，初步核算全年增长6.9%。工业园区基础设施逐步完善，旅游景点景区建设全面提速，城镇建成区扩容提质不断优化，国家农业示范区建设稳步推进。三是切实加强社会建设。四是着力保障和改善民生。坚持民生优先，致力民生改善，全年民生支出16.95亿元，占总支出的77.18%。五是全面推进党的建设。

会议强调，2016年是全面实施“十三五”开局之年，认真落实好中央和省、市大政方针，准确把握形势发展变化，全面剖析全县发展中存在的不足，找准发展坐标定位，谋划好抓落实的各项工作举措，对做好2016年工作具有十分重要意义。全县上下要认真领会贯彻落实中共中央和省委、市委精神，要牢牢把握发展机遇，清醒正视面临的挑战。

会议指出，2016年全县工作的总体要求是：全面贯彻落实中共十八届五中全会、中央经济工作会议、省委十一届六次全会和市委工作会议精神，进一步贯彻落实县委十二届十次全会精神，以邓小平理论、“三个代表”重要思想、科学发展观为指导，深入贯彻习近平总书记系列重要讲话精神，以“四个全面”战略布局和“五大发展”理念为统领，积极适应新常态，主动融入珠三角，继续深入实施“四化推四区、转型促升级”发展战略，做大以丹霞山为核心的旅游产业、做强以工业园区为主战场的“五型”工业、做优以“一县两城”和美丽乡村为着力点的广东生态休闲旅游“慢城”、做活以国家现代农业示范区为支撑的现代农业，切实改善民生，优化发展环境，提升文明素质，全面从严治党，确保社会大局和谐稳定，努力实现“十三五”发展开好局、起好步、打好基础。

围绕总体要求和目标任务，会议要求：一是加快推进新型工业化，夯实发展“五型”工业基础。二是加快推进休闲商旅化，夯实发展“大旅游”产业基础。按照“人心向旅、规划引旅、项目强旅、服务优旅”发展思路，做大做强以丹霞山为核心的“大旅游”产业。三是加快推进新型城镇化，夯实建设广东生态休闲旅游“慢城”基础。制定打造广东休闲旅游“慢城”的战略规划，严格按规划加快项目实施，积极稳妥推进以人为核心的新型城镇化。四是加快推进农业产业化，夯实发展“大农业”基础。五是加快推进社会民生事业发展，夯实保障和改善民生基础。六是加快推进生态文明建设，夯实建设美丽仁化基础。七是加快推进体制机制创新，夯实促进经济社会发展的环境基础。

全会号召，全县各级中共党组织、全体共产党员和广大人民群众要更加紧密地团结在以习近平同志为核心的党中央周围，要全面加强中国共产党的领导，为“十三五”实现良好开局提供强有力的保障。各级各有关部门要加强思想政治建设，领导班子和干部队伍建设，基层党组织建设，执行力建设以及党风廉政建设，要加强维护社会稳定工作。

【县委全委会】 2016年8月19日，中国共产党仁化县第十二届委员会第十二次全体会议在县三中心一馆3楼会议室召开。全会由县委常委会主持。全会深入贯彻落实中共十八大和中共十八届历次全会以及中共广东省委十一届七次全会、中共韶关市委十一届九次全会、中共韶关市委工作会议精神，深入学习贯彻习近平总书记系列重要讲话精神，贯彻落实省委、省政府促进粤东西北地区振兴发展和市委、市政府主动融入珠三角、加快县域经济发展的一系列决策部署，研究确定仁化振兴发展的主要举措，进一步动员全县广大干部群众，凝心聚力，抢抓机遇，全力推进仁化振兴发展，确保如期全面建成小康社会。

全会听取中共仁化县委书记刘锋代表县委常委会所作的讲话和县长王晓梅关于经济工作的讲话，审议并原则通过《仁化县加快县域经济社会发展三年行动计划（2016—2018年）》《仁化县城市提升三年行动计划（2016—2018年）》《仁化县项目攻坚三年行动计划（2016—2018年）》，以及《仁化县项目库服务平台建设实施方案》《仁化县投融资平台建设实施方案》《仁化县工业园区管理服务平台建设实施方案》《仁化县中小企业社会化服务平台建设实施方案》《仁化县农村基层治理综合服务平台建设实施方案》。

全会强调，必须把县域经济发展、休闲旅游慢城建设、项目攻坚作为推动仁化振兴发展的三大主题工作，牢牢扭住，全力推进，不断取得新成效。要围绕“主动融入珠三角”这个发展总战略，深入实施“四化推四区、统筹促发展”发展思路，以休闲商旅化为统筹，加快新型工业化、新型城镇化、农业现代化的融合发展和镇域经济发展。要高起点制定慢城规划、高效率推进慢城建设、高效能管理城市和高标准推进县、镇、村三级慢城发展体系建设，争取用8年时间，将仁化打造成特色鲜明、绿色生态、宜居宜游的广东一流休闲旅游慢城。要以招商引资、园区建设、项目服务为抓手，全力推进项目攻坚，推动产业加快发展。

全会强调，要切实解决制约仁化振兴发展的突出问题，为振兴发展提供有力的支撑和保障。要鼓励干事、鼓励担当，坚持正向激励与负向激励相结合，进一步营造干事创业的浓厚氛围。要坚持以问题为导向，深化机制体制改革，以改革促发展，以改革破难题。要加强干部队伍建设，加大干部教育培训、人才培养与引进力度，为仁化县加快振兴发展提供智力支撑。

全会要求，做好下一步的经济工作，要强化主动对接，加快融入珠三角；强化服务保障，推动经济稳定增长；强化平台建设，夯实发展基础；强化产业带动，增强经济发展实力；强化城市提升，打造休闲旅游慢城；强化项目攻坚，增强县域经济发展后劲；强化民生改善，提升人民群众幸福感。

全会号召，全县各级党组织、全体共产党员和广大人民群众要增强振兴发展的紧迫感和责任感，进一步解放思想，坚定信心，攻坚克难，扎实工作，为加快仁化振兴发展、在全市率先全面建成小康社会而努力奋斗。

【党代会】 2016年9月19—22日，中国共产党仁化县第十三次代表大会在县城召开。会议由大会主席团主持，听取并审议刘锋代表中共仁化县第十二届委员会所作的《加快振兴发展，为全面建成小康社会而努力奋斗》工作报告。

大会高度评价中共仁化十二届县委工作。中共仁化县第十二次党代会以来，县委以中共十八大和十八届历次全会以及习近平总书记系列重要讲话精神为指导，认真贯彻落实中共中央和省委、市委各项决策部署，团结带领全县党员干部群众，大力实施“四化推四区、统筹促发展”发展战略，有力推动经济社会持续稳定发展，基本完成中共仁化县第十二次党代会确定的各项目标任务，为加快振兴发展、全面建成小康社会奠定良好基础。大会认为，报告提出的五条工作经验体会，不仅是过去五年发展历程和工作实践的科学总结，而且对今后五年的工作将起到重要指导作用。全县各级中共党组织要倍加珍惜、坚持并运用这些经验，扎扎实实做好各项工作。

大会赞同报告对当前形势和存在问题的分析，以及今后五年工作的指导思想和奋斗目标。会议强调，要实现既定目标，重点要抓好6个方面工作，即以改革创新为动力，积极主动融入珠三角；以丹霞山管理体制改革为契机，加快发展全域旅游；以休闲商旅化为统筹，加快推进新型工业化、新型城镇化、农业现代化的融合发展；以执政为民为宗旨，全面加快社会民生事业发展；以创建全国文明县城为抓手，不断提高公共文化服务水平；以建设全市生态休闲示范区为目标，加强生态文明建设。

大会强调，完成今后五年的奋斗目标，关键在党，根本在人。坚持党要管党、从严治党，切实为加快振兴发展、全面建成小康社会提供坚强政治保障。要加强思想政治建设，着力激发加快发展的强劲动力；加强基层党组织建设，着力筑牢加快发展的坚强堡垒；加强干部队伍建设，着力锻造干事创业的中坚力量；加强作风效能建设，着力提升狠抓落实的执行力；加强党风廉政建设，着力营造风清气正的良好环境。

大会号召，全县各级党组织、全体共产党员和广大人民群众要紧密团结在以习近平同志为核心的党中央周围，始终保持强烈的责任感和紧迫感，凝心聚力，狠抓落实，为加快仁化振兴发展、全面建成小康社会而努力奋斗。

【县委常委会】 2016年，中共仁化县委员会召开县委常委会28次，主要通过《中共仁化县委关于制定国民经济和社会发展第十三个五年规划的建议》《中共仁化县委常委会2016年工作要点》《仁化县镇级领导班子换届工作意见》《仁化县主动融入珠三角实现加快发展行动计划（2016—2018）》《仁化县推进科级领导干部能上能下实施意见（试行）》及人事任免相关事宜。

县委决策

【关于加强仁化县社会组织党的建设工作的实施意见】 2016年10月25日，中共仁化县委为贯彻落实《中共中央办公厅印发〈关于加强社会组织党的建设工作的意见（试行）〉的通知》、《中共广东省委办公厅印发〈关于加强我省社会组织党的建设工作的实施意见〉的通知》和《中共韶关市委办公室印发〈关于加强我市社会组织党的建设工作的实施意见〉的通知》精神，切实加强仁化县社会组织中国共产党的建设工作，激发社会组织活力，促进社会组织健康发展，结合全县实际，印发《关于加强我县社会组织党的建设工作的实施意见》。

该意见指出：一是要准确把握社会组织党组织功能定位和主要职责。社会组织党组织是中国共产党在社会组织中的战斗堡垒，在从业人员中发挥政治核心作用，在社会组织发展中发挥政治引领作用。要着眼于履行中国共产党的政治责任，围绕党章赋予基层党组织的基本任务开展工作，严肃组织生活，严明政治纪律、政治规矩和组织纪律，充分发挥中共组织的政治功能和政治作用。二是深入推进社会组织党组织和党的工作覆盖。要认真梳理按单位、行业、区域组建党组织的盲区和空白，加大组建力度，做到应建尽建。凡是有3名以上正式中共党员的社会组织，都要按照中国共产党党章规定，经上级中共组织批准，全部单独建立党组织，并按期进行换届。正式中共党员人数不足3名的，要按照“类型相近、行业相通、地域相邻”原则，采取联合组建、行业统建、单位联建、挂靠组建等方式，全部建立党组织。行业特征明显、管理体系健全的行业，可依托行业协会商会建立行业性党组织；在社会组织相对集中的各类街区、园区、楼宇等区域，可以由区域统筹建立党组织。社会组织单独组建中共党组织要达到60%以上。三是认真做好中共党员发展和教育管理服务工作。结合发展中共党员工作和党员队伍现状，认真研究制定社会组织党员发展计划，坚持政治合格为首要标准，按照控制总量、优化结构、提高质量、发挥作用的总要求，优先培养、发展社会组织负责人、高学历高素质的专业人才或管理层人员，优先在没有中共党员或只有个别中共党员的社会组织中发展中共党员。根据所在社会组织特点，从思想政治、能力素质、道德品行、现实表现等方面研究制定发展党员的具体标准，做到成熟一个发展一个，防止把不具备中共党员条件的人吸收到党内。加大入党积极分子培养、教育和考察力度，推行发展党员票决和公示制度，支持共青团组织开展“推优”工作，努力建设一支规模适度、结构合理、素质优良、纪律严明、作用突出的中共党员队伍。四是探索社会组织党组织和中共党员发挥作用途径。各基层党组织要按照社会组织需要、党员欢迎、员工赞成的原则，把中共党组织活动与业务工作紧密结合起来，实现目标同向、互促共进。大力推行社会组织中共党员管理层人员和党组织班子成员“双向进入、交叉任职”做法，探索建立党组织与管理层共同学习、党组织书记参加或列席社会组织管理层会议等制度，积极宣传、贯彻中国共产党的路线方针政策，引导和监督社会组织守法依规、规范管理、服务社会。中共党组织开展的活动可邀请非中共党员社会组织负责人参加。充分发挥有会员单位的行业协会、商会等社会组织的资源和优势，探索建立社会组织党组织和会员单位党组织定期例会制度，加强互动联系，促进工作交流与能力提高。五是建立健全社会组织党组织有效运行的保障机制完善党组织书记选拔任用机制，按照守信念、讲奉献、有本领、重品行的要求，切实抓好社会组织党组织书记的选配。党组织书记原则上从社会组织内部选举产生，提倡社会组织党员负责人担任书记。社会组织负责人不是中共党员的，可推荐业务能力强、群众基础好的管理层担任党组织书记。社会组织内部暂时没有合适人选的，可从退休或不担任现职党政领导干部、专职党建工作指导员和复转军人、大学生村干部中选派，也可提请上级党组织选派，并按党内有关规定任职。要严格选配程序，充分发扬党内民主，可采用公推直选方式选配书记。社会组织因故解聘或辞退党组织负责人，需先征求上级党组织的意见。

（仇旭君）

重要活动

【“两学一做”专题教育】 2016年，仁化县围绕全覆盖、常态化、重创新、求实效的目标，全县各级中共党组织主动打牢“学”的基础、把握“做”的关键，坚持学用结合、知行合一，扎实开展“两学一做”学习教育。

牢牢把住“学”。2016年，中共仁化县党政班子以身作则、率先垂范，带头开展专题学习，带头以普通中共党员身份参加所在支部的组织生活，在全县构建起上行下效、上率下行局面。各基层中共党组织精心制订学习计划，以“支部课堂”“流动课堂”“实践课堂”集中培训党员干部。年内，全县参加宣讲学习的中共党员干部1.2万人次，参加网络考学的中共党员有10655名，参考率91.9%，达到以考促学，深化学习的效果。

着力突出“做”。2016年，仁化县各级中共党员干部强化以学促做，以“五联系五提高”“温心档案”等实践载体，主动服务基层党组织、困难群体，积极关爱“空巢”老人和留守儿童，为农村基层和广大群众办好民生实事一批。县直机关窗口单位和服务行业广泛开展“双争双促”活动，广大中共党员佩戴党徽擦亮党员身份，模范履行岗位职责。着力抓好基层党建七项重点任务（党员组织关系集中排查工作情况、党代表和党员违纪违法未给予相应处理排查清理情况、基层党组织按期换届专项检查情况、党费收缴使用管理工作专项检查情况、推进非公企业和社会组织党的组织覆盖和工作覆盖情况、抓党建促脱贫攻坚工作情况、机关党员干部学习教育情况）的落实，开展党费收缴工作等专项检查，找回“失联”中共党员183名，为健全基层组织，规范基层党费管理打好基础。通过“两学一做”学习教育，全县各级中共党员领导干部的政治意识、大局意识、核心意识、看齐意识进一步增强。

（邓盛明）

县委中心组学习会

2016年，中共仁化县委理论学习中心组在中共韶关市委、韶关市人民政府领导下，在中共韶关市委讲师团直接指导和支持下，围绕中共仁化县委、县人民政府中心工作，积极开展县委理论中心组学习工作，推进中心组学习工作常态化开展，推动县委理论学习中心组工作迈上新台阶。

【中心组学习】 2016年，中共仁化县委理论学习中心组坚持县委中心组理论学习制度，围绕上级党委方针政策、重大部署以及县委确立的发展战略，精心设计课题，开展专题学习。全年组织县委中心组理论学习专题会8次，分别是专题学习《为了成为有思想的民族——培育和践行社会主义核心价值观》《学习习近平总书记在中央政治局常委会审议“两学一做”学习教育方案时的讲话和习近平总书记关于〈党委会的工作方法〉重要批示精神》《学习党的章程，增强党章意识》《治国理政新理念新思想新战略》《学习党的十八届六中全会精神》《治国必先治党、治党务必从严》，观看警示教育片《警鉴——衡阳、南充违反换届纪律案例警示录》《西方民主怎么了》《西方新闻自由只是传说》等。

【专题讲座】 2016年，中共仁化县委理论学习中心组举办专家学者讲座，邀请专家到仁化讲学。年内，邀请：中共广东省委宣传部讲师团副团长冯永忠作《为了成为有思想的民族——培育和践行社会主义核心价值观》专题辅导讲座，中共韶关市委党校党建教研室副主任、政治学副教授田千山作《学习党的章程，增强党章意识》专题辅导讲座，韶关学院党委宣传部部长、副教授宋贵林作《治国理政新理念新思想新战略》专题辅导讲座，韶关学院政务学院副院长、教授杨华山作《治国必先治党、治党务必从严》专题辅导讲座。

【务虚研讨】 2016年6月30日，中共仁化县委理论学习中心组召开《主动融入珠三角，实现加快发展》专题务虚研讨会，贯彻落实中共十八届五中全会精神和中共韶关市委“主动融入珠三角”总战略，结合仁化实际进行广泛深入研讨，为全县主动融入“珠三角”、加快县域经济发展提供理论依据。

【个人自学】 2016年，中共仁化县委理论学习中心组各成员在抓好专题学习的同时，采取多种形式开展自学，自学书目有《中国共产党廉洁自律准则》《中国共产党纪律处分条例》《2016年党委（党组）中心组理论学习资料汇编》《习近平总书记系列重要讲话读本》《廉洁齐家》《新时期公务员依法行政与法治思维培训读本》，并积极参加广东省干部培训网络学院学习和国家公职人员普法学习。

【基层宣讲】 2016年，中共仁化县委理论学习中心组按照上级要求，制订仁化县学习贯彻习近平总书记系列重要讲话精神宣讲工作方案。10月，成立县委宣讲团，赴各镇（街）和县直机关开展《治国理政新理念新思想新战略》专题宣讲活动11场。12月，县委宣讲团到各镇（街）和县直机关开展《党的十八届六中全会精神》宣讲活动13场。

中共仁化县委讲师团负责人名录：

团　长：李子初

副团长：邓贵胜

（邓贵胜）

县委办公室工作

【概况】 中共仁化县委办公室（简称“县委办”）县委办公室下设秘书股、督查室、新闻信息股、综合调研股、机要股（局）、保密股（局）、信访股（局）7个职能股（局）。行政编制23人，后勤服务编制3人。2016年，县委办领导班子在中共仁化县委、县人民政府领导下，围绕县委中心工作，创新机制，狠抓落实，强化干部队伍素质建设，充分履行参谋助手、综合协调、督促检查和后勤保障等职能，保障县委各项工作高效运行，为加快全县经济社会发展做出积极贡献。

【办文办会】 2016年，县委办充分发挥“咽喉”“纽带”作用，坚持讲政治、顾大局，坚持善统筹、勤协调，坚持勇创新、求实效，坚持严管理、强队伍，坚持树形象、抓作风，努力在强化办文、办会、办事职能中提升工作科学化水平，不断增强为领导服务、为部门和基层服务、为人民群众服务的能力，切实为推动经济转型跨越发展、社会和谐稳定发展、民族共同繁荣发展做出应有贡献，得到县委领导和上级主管部门充分肯定。

办文工作。在公文办理上，注重把好四个关口：一是把好发文关，主要检查文中的内容是否符合中共中央和国家的方针政策，是否符合法律、法规，与过去发的文件是否抵触、矛盾，不一致的地方或出台的改革措施是否有解释和说明等，公文文字表述是否正确反映行文机关意图，是否简明扼要，通俗易懂，是否遵守语法，合乎逻辑，是否正确使用标点符号，数字、计量单位是否规范。二是把好制作关，公文版式、纸张、文头、文号必须符合行文规定，印制水平要高。三是把好收文关，安排专门的工作人员利用专门设备负责收文工作，防止公文在签收、拆封、登记等环节出现纰漏。四是把好传文关，完善传阅方式，加大现代信息化技术运用，充分利用网络、视频文件等形式传阅公文，提高工作效率。对需要催办的文件，做好传阅催办，分清轻重缓急予以登记，注意催办方法和技巧，确保顺利完成催办任务。2016年，拟发县委和县委办各类公文396余件次，处理来文来电和领导批示348件，清退不规范公文23件，发出文件528份，未发生漏发、错发、重发、遗失和失密现象。

办会工作。一是会前“细致”筹备。周到细致地做好会前各项准备工作是开好会议的前提。会议主题确定后，县委办深入细致地做好各项准备工作。首先拟定会务方案，包括会议时间、地点、参会人员及费用，会务联系电话与联系人，会议报到及会议议程、日程，与会者的信息，领导讲话和文件的起草，会议通知、宣传报道、住宿安排、安全保卫等与会议相关的各项工作，做到心中有数。其次做好会场布置工作，会场布置的形式必须符合会议类型，会场设施做到齐全，确保会场照明、通风、录音、录像、音响、座位等能够正常使用，装饰性设施合理，恰当摆设会标、会徽、花卉等，准确无误发放会议材料。二是会中“灵活”服务。会议开始后，一般按照既定计划予以执行。但在会议过程中，也会遇到一些计划外的情况，甚至有时还会发生一些突发性问题，影响正常开会。如在室外召开现场会议时，遇到天气变化，及时向领导建议压缩会议议程或转移会场；会场出现突然停电，灯光、音响等设备问题时，采取紧急措施予以应对。三是会后“及时”工作。每次会议结束后，县委办在第一时间高质量撰写会议纪要，对会议议定事项进行认真安排部署。抓好会议议定事项的跟踪落实工作，加强督查催办，并以会议简报、督查专报等形式，向领导及时反馈工作进展情况，确保会议取得实效。在大中型会议或重要会议结束后，及时总结工作经验，查找问题，为今后开好同类型会议提供借鉴。全年，组织召开各种会议140多次，其中大型会议3次，发出会议通知180份。按照县委决策和领导意图，本着把握大局、实事求是、维护团结原则，协调左右、联系内外、沟通上下，保证县委工作意图的贯彻落实，各项工作得到顺利开展，维护了县委的良好形象。

【调研、信息、新闻报道工作】 2016年，县委办文字组发挥领导参谋助手、上下联系纽带作用，积极服务领导、服务部门、服务基层，通过全办上下共同努力，有力保证县委各项决策的顺利实施和县委机关高效运转，较好完成各项工作任务。

调研工作。2016年，县委办完成中共仁化县委十二届十一、十二次全会和十三次党代会等重大会议报告，以及县委书记在精准扶贫、“创文”“巩卫”、卫生教育等各类重要会议上讲话稿的撰写、审核工作任务，起草《仁化县主动融入珠三角实现加快发展行动计划（2016—2018）》等文件，得到县委主要领导充分肯定。全年，起草、审核各类领导讲话稿120余篇，撰写各类会议纪要41篇，编写县委书记调研指示任务分解表20篇。围绕全县经济社会发展中的重大问题，深入开展调研，深入基层、工业园和外地开展实地调研，形成有情况、有问题、有分析、有建议的调查报告一大批，为县委科学决策提供可靠依据。其中，《关于赴英德市、佛冈县考察学习的报告》和《关于赴珠海农控集团考察洽谈主动融入珠三角的有关情况报告》得到中共韶关市委书记江凌批示，并在《韶关信息》等刊物上发表。《志成冠军储能产业园发展情况报告》印发有关县领导和县直部门参考。

信息工作。2016年，县委办信息工作在县委领导下，围绕县委中心工作，按照市委信息科要求，恪尽职守，尽心尽责做好信息报送工作。突出重点信息捕捉、编撰和报送，全年向省市报送信息112篇，被省委、市委采用18篇。其中，《仁化县多举措化解房地产库存》等6篇被列为市普刊信息，《仁化积极主动融入珠三角建设广东休闲旅游“北绿道”》等3篇被列为市专刊信息。全年信息采用得分居全市各县（市、区）前列。对重大紧急信息，坚持做到及时了解、及时采编、及时报送，没有出现迟报、漏报、瞒报和错报现象。

新闻工作。2016年，县委办大力宣传报道全县经济社会发展成果，进一步凝聚发展正能量，提升全县知名度和美誉度。年内，在中央、省、市等党报党刊发表新闻稿件390篇，其中在《韶关日报》用稿350余篇，策划专版27个，总量居全市各县（市、区）第一，连续19年被韶关日报社评为通联工作优秀单位。其中《仁化农特产品搭上互联网快车》在《南方日报》头版刊登。《仁化贡柑成熟上市　线上线下同步销售》等报道在省直媒体及各大网站转载报道。

【改革工作】　2016年，县改革办按照上级改革有关部署，积极统筹协调各项改革工作，参与制定《仁化县农村综合改革实施方案》等一系列推动改革文件，有力推进全县商事登记制度、农村综合改革、全域旅游等一批涉及经济社会各方面的改革，以深化改革为仁化县经济社会发展添动力。大力宣传报道改革工作取得的成效及经验做法，如撰写的《仁化县修复重金属污染耕地的探索和实践》在市《调研内参》刊登，供市深改小组参考。

【督查工作】　2016年，县委督查室围绕重点工作开展督查。围绕县委常委会工作要点、政府工作报告和全县经济工作会议精神，迅速将任务落实到责任单位，实行重点督办、全程跟办，坚持把加强督促整改作为解决群众反映热点难点问题的重要工作来抓，通过不断督促受理单位提高办理质量、加快办理程序、落实答复事项等方面，使群众感受到党委、政府对群众诉求的重视，时时刻刻为群众服务。全年，发出县委书记批示督办件84件，确保了领导批示办结质量，开展专项督查28次，其中，决策督查3次，专项督查25次。依托网络问政平台作用，及时收集、报送、处理网民留言，受理网民问政981件，办结率100%，公众满意度80%以上，进一步掌握社情民意，化解社会矛盾，促进和谐构建，推动工作落实。

【网络问政】　2016年，县委督查室改进网络问政工作。依托网络问政平台，及时收集、报送、处理网民留言。全年受理网民问政955件，比上年增长4.9%，办结率100%，公众满意度达80%以上。

中共仁化县委办公室负责人名录：

主　任：谢庆伟
（任至2016年9月）
邱志坚
（2016年9月任职）

副主任：祝向恩　罗海红
张名城　潘小明
（仇旭君）

组织工作

【概况】　2016年，全县组织工作围绕中心，服务大局，认真贯彻党要管党、从严治党要求，各项工作取得新进展、新成效，为推动全县经济社会平稳健康发展提供坚强组织保证和人才支撑。

【县镇领导班子换届】　2016年，仁化县始终把正风肃纪摆在首位，全程压实“五个责任主体”职责，坚持教育在先、警示在先、预防在先。完成10个镇班子换届选举工作，全部实现组织意图，组织提名的候选人全部高票当选，县党代会、人代会、政协会顺利召开。一是把换届纪律挺在前面。采取专题学习、知识测试、电话查询、印制教育提醒卡、编发手机短信、签订承诺书等多种方式，学习宣传“九严禁”换届纪律要求和“九个一律”处理规定。全县各级领导干部参加换届风气监督专题教育培训3000多人次，组织学习“两片一书一须知”1.5万余人次。二是加强组织把关。成立8个违反换届纪律问题专项查核组，对全县各单位的换届风气实行分片包点监督。搭建“12380”举报电话、短信、网络和信访“四位一体”举报平台，确保第一时间受理举报、核查情况；全面落实“凡提四必”，坚决防止“带病提拔”，营造风清气正氛围。三是选好干部配强班子。坚持好干部标准，完善考察推荐方式，扩大谈话范围，对干部进行多层面深入考察。深入开展“组织部长谈心双约”活动，县委组织部领导与359名科级领导干部开展谈心谈话，对各单位领导班子运行状况和干部现实表现认真做好综合分析研判，进一步增强干部考察工作的准确性和科学性。换届后，新一届镇级领导班子成员具有两年以上镇（街）工作经历的占92.14%；本科以上学历比上一届提高30%；100%配备女干部；党外干部、年轻干部配备率进一步提高。同时，配合市委组织部做好县级领导班子换届工作。

【干部选拔任用】 2016年，仁化县坚持好干部标准，把政治标准放在首位，实行干部选拔全程纪实和“双承诺”、“双公示”、“双征求”、“双核查”以及拟提拔使用人选廉政“十审核”制，提高选人用人公信度。重视“三类”干部培养，年内，先后选派12名年轻干部到东莞虎门和5名年轻干部到市直单位挂职（跟班）学习，选派17名新提拔领导干部和后备干部到县信访部门挂任信访督查员。认真抓好科级领导干部“干事档案”考核应用，真正做到用结果说话，凭实绩用人。制定《仁化县推进科级领导干部能上能下实施意见（试行）》，实行干部预警监督“三提示三书”制度，并对民主测评中满意率较低的3个单位领导班子和4名班子成员分别给予“提醒注意”和“温馨提示”；对经济责任审计中发现问题的9名主要领导干部发出“函询通知书”，对15名主要领导发出“提醒通知书”，进一步强化考核结果运用，增强领导干部工作责任心。

【人才培养与管理】 2016年，仁化县按照“高端引领、中端改善、低端培养”思路，完善人才工作领导体制和党管人才科学决策机制，形成组织部门牵头抓总，有关部门各司其职，社会力量广泛参与运行机制。全面推进实施人才工作目标责任制，健全县领导联系拔尖人才制度，促进人才工作规范化制度化。积极依托县域有色金属、旅游配套服务、现代农业开发等特色产业优势，采取选送人员参加上级培训、开办专题研讨班、到周边地区实地考察学习等多种方式，有针对性开展县内企业人才培训。抓住东莞虎门对口帮扶仁化县的机遇，主动对接《仁化县主动融入珠三角实现加快发展行动计划（2016—2018）》，扩大合作领域，提升合作层次，发挥用人单位在人才引进培养使用上的主体作用。深入推进“扬帆计划”省重点人才扶持项目“仁化县国家现代农业示范区特色农业人才培养工程”和“仁化县省级新农村示范片百名青年创业人才培养工程”，夯实人才智力支持产业基础。

【干部教育培训】 2016年，仁化县围绕贯彻落实中共十八大、十八届五中、六中全会和习近平总书记系列重要讲话精神，精心组织领导干部进行集中轮训。以“专题选学、课程选学、讲座选学”为载体，建立健全领导干部述学、评学、考学、自主学习制度，进一步规范干部培训的组织实施，切实保障培训效果。积极探索“互联网＋干部教育培训”新模式，组织全县领导干部参加省干部培训网络学院在线学习，依托远程教育平台开展农村党员学习培训。围绕经济社会发展战略、城镇规划、新型工业化、农业现代化和全域旅游等专题，创新培训形式，提高培训质量。全年，举办主体培训班9个、部门自主培训班84期，培训干部14967人次，选送领导干部25人参加省市举办的培训班，推动领导干部知识结构转型升级，提高改革创新能力。

【基层党组织建设】 2016年，仁化县落实党建考核目标责任制，开展各级党组织书记述职评议，进一步增强党组织书记“主业”意识。一是强班子，激励创先争优。大力推进村干部“素质提升”工程，对四类村（社区）党组织书记后备干部进行集中轮训，选派村支部书记16名到东莞虎门跟班学习。扎实抓好12个软弱涣散村（社区）党组织整顿转化工作，投入帮扶经费166.2万元，解决突出问题52个。继续开展“十佳”农村党支部书记评选活动，调动农村党支部书记工作积极性。二是强治理，解决民生问题。全面完成村级“三资”管理服务平台建设，有效解决被征地农民征地补偿款、留用地任务、农村土地“三乱”问题专项治理、被征地农民养老保障滞留金等矛盾突出问题，扎实推进农村基层党建工作。加快各级公共服务平台建设，完成104个村（居）公共服务站“一厅四室”建设，基层服务和管理水平得到提升。三是建机制，密切联系群众。深入开展驻点普遍直接联系群众工作，建立县委常委挂点联系和县、镇、村三级联动分析研判制度，落实“三个固定”要求，逐级建立解决问题台账，办结率达到94.5%，受到群众好评。中央电视台《新闻联播》专题报道仁化县驻点干部直接联系群众的做法。深入推进“党建+精准扶贫”，采取“优选、明责、严管、亮评”等措施选优配强“第一书记”，为服务精准脱贫提供坚强组织保障。四是立规范，严肃党内生活。统筹推进各领域党建工作，扎实抓好机关党组织的优化设置，新建立机关党组30个。突出重点领域重点行业推进“两新”组织党建，机关、社区、企业和学校等领域的党建工作均衡发展。加强党员教育和管理，认真落实“三会一课”、组织生活会、民主评议党员等制度，推动党员教育经常化、组织生活正常化、作用发挥常态化。

【党员发展和管理】 2016年，仁化县认真贯彻《中国共产党发展党员工作细则》，按照“控制总量、优化结构、提高质量、发挥作用”总要求，加强基层党（工）委发展党员指导，建立完善发展党员预报制度、发展党员审核制度、定期研究发展党员制度、发展党员责任追究制度，规范发展党员工作，严把新发展党员的质量关。全年，全县发展中共党员104名，其中女性党员41名，占39.4%；农村党员59名，占56.7%；大专以上学历党员53名，占50.9%。

【自身建设】 2016年，仁化县深入开展“讲政治、重公道、业务精、作风好”模范部门建设，落实组工干部联系基层党建工作责任制，组工干部的党性观念、服务意识、廉洁意识和表率意识进一步增强。注重提升组工干部业务水平，坚持每周开展“三讲一练”。实行和落实组工干部工作纪实考核制度，提高工作责任心和执行力，组工干部为民服务的优良作风得到加强。

中共仁化县委组织部负责人名录：

部　长：李湘柱

副部长：易永恒　肖春波

王记有　林　坚

（兼职）

（邓盛明）

宣传工作

【概况】 2016年，仁化县宣传思想文化工作以中共十八大、十八届历次全会精神和习近平总书记系列讲话精神为指导，以大力推进美丽仁化新形象建设为己任，主抓舆论引导，做好媒体接待和对外宣传，进一步拓宽宣传渠道，为促进仁化新形象影响力和促进仁化发展营造良好社会氛围。

【形势宣传】 2016年，中共仁化县委宣传部围绕“十三五”规划、精神文明建设、社会主义核心价值观、中国工农红军长征胜利80周年、中国共产党成立95周年、“平安仁化”、“两学一做”学习教育等重大主题，认真做好宣传报道工作，营造积极向上社会舆论氛围。全年：制作社会主义核心价值观内容主题灯箱广告99个、灯柱广告36个，更新候车亭宣传内容1次、县城路牌3块，制作县城内公益广告宣传栏3个，大型公益广告灯饰3个，制作周田路段、丹霞中学路段灯柱广告360个；制作“两学一做”大型户外广告牌1座；制作和播出电视新闻2200条，上送市电视台播出新闻223条，上送市电台播出新闻321条；参加2015年度全省县（市）区好新闻评析，新闻《毒地焕发新生机》等3件均获省一等奖；“仁化文明”网发布、转载仁化本地信息动态、国家新闻670余篇；“文明仁化”微信公众号推送文明消息310余篇，“仁化发布”政务微博推送信息800余篇。年内，为总结“十二五”宣传工作，成立宣传画册编辑工作领导小组，并印发《编辑〈仁润化人〉宣传画册工作方案》。2016年7月，《仁润化人》画册正式出版，借“仁润无声”之寄意，分别从思想理论、新闻舆论、文明风尚、民俗文化、基层建设等栏目全方位反映宣传仁化思想文化工作。

【对外宣传】 2016年，仁化县围绕中共仁化县委、县政府中心工作，开展一系列宣传报道，突显仁化特色，树立仁化

2016年5月19日，仁化县“两学一做”学习党章专题辅导学习会在县政府礼堂举办

（县委宣传部供稿）

新形象。5月9日，举办“弘扬中华赏石文化，共建和谐文明仁化”主题首届丹霞赏石文化节。7月10日，2016年南粤古驿道定向大赛首站赛事在仁化县石塘镇石塘古村举办。7月30日，以“相约荷花，走进仁化”主题的首届荷花垂钓旅游文化节在董塘镇举办。12月2日，第三届仁化县黄坑贡柑电商旅游文化节在黄坑镇举行。12月31日，仁化县首届生态农业博览会在丹霞山开幕。通过举办或承办上述大型活动，展示、推广仁化旅游资源，汇聚仁化农业、旅游发展最新成果，扩大对外交流与合作，打响仁化生态旅游品牌。

【主题宣传】 2016年，仁化县加强与中央、省、市主流新闻媒体沟通联系，加大正面宣传力度，精心组织策划，加强仁化本土特色宣传。年内，对“一厅三档案”、红军长征胜利80周年系列纪念活动、建党95周年系列纪念活动、“仁”文化主题公园等重大主题进行集中宣传报道。《广东仁化：“会客厅”里有故事》《堆花米酒沙田柚等上网“触电”，逐步实现线下生产线上销售新模式》《仁化“干群会客厅”喝茶中解民忧》《仁化土地承包经营权确权试点引入“法律顾问团” 律师进村化解土地确权纠纷》《“四个融入”弘扬优秀传统文化》等信息在《小康》杂志、南方日报、韶关日报等报刊及网络媒体刊登报道。4月，和广东广播电视台《今日视窗》栏目合作推出“一厅三档案”专题节目，提高仁化影响力和知名度。

【纪念中国工农红军长征胜利80周年宣传】 2016年，仁化县积极筹备设立“红军长征粤北纪念馆”。3月中旬，在中共广东省委、中共韶关市委宣传部关心、支持下，正式铺开“红军长征粤北纪念馆”设立筹建工作。“红军长征粤北纪念馆”设立在城口镇。完善爱国主义教育基地宣传阵地。9月，中共仁化县委宣传部完成红军长征重要遗址遗迹标识牌工程建设，制作城口铜鼓岭、长江中山公园、红山红军长征革命烈士纪念碑等仿红木类标识牌14个，制作铜鼓岭宣传栏1块。树立城口红色名片形象。城口镇因其深厚的红色文化底蕴，其铜鼓岭纪念碑先后代表广东入选《中国工农红军长征胜利80周年》纪念邮资明信片和由人民日报社等单位发起的“我心目中的长征纪念地”名单。大力开展文艺纪念活动。年内，先后开展以纪念红军长征胜利80周年为主题的征文、书法大赛、仁化曲江两地书法联展等活动。全县广大文艺爱好者踊跃参与，取得良好成效。加大爱国主义教育基地宣传氛围。围绕纪念红军长征胜利80周年活动主题，邀请中央、省内及周边各省市文化学者、文化记者开展大型“重走红军长征路”主题采访活动。全年，举行大型采访11次，形成媒体报道110余篇，大型电视新闻报道4个。其中，新华社《探访粤北：游击战故地开启致富新征程》、人民网《韶关仁化：城口的红军烙印：一岭一街一广场一故居》、《韶关仁化：红军故事要世世代代讲下去》和中央电视台《新闻联播》播出《长征路·新故事之广东韶关：民忧卡 带民致富 为民解忧》，提高仁化知名度和美誉度。

【舆情应对水平提升】 2016年，中共仁化县委宣传部围绕全县宣传思想文化工作大局，开展网络舆情信息服务、政务微博发布、网络舆情监控和编撰《仁化县网络舆情信息专报》工作，提升舆情应对引导水平。及时做好舆情收集、研判、上报和处置工作。24小时全天候对各大门户网站、公众微信、微博、论坛和微博网站等媒介发布与网民反映的各类涉仁化信息进行全面监测，全年收集涉仁化信息1886条，编写《仁化县网络舆情信息专报》8期、《仁化县网络舆情信息简报》9期，抓好对“3·12”命案网络编造虚假信息事件等各类热点问题的舆论引导与新闻应对工作，有效化解社会矛盾、维护地方稳定。做好党政客户端、政务微博信息发布工作。党政客户端“魅力仁化”成功上线，政务微博自上线后发布微博1993条，为广大群众提供全面、及时的新闻动态、政务信息和生活资讯。

【理论调研和社科研究】 2016年，中共仁化县委宣传部办好期刊网站微信平台。年内，编辑出版《仁化宣传》4期，编印《仁化县创建全国文明县城工作信息》7期。仁化文明网通过审核正式加入中国文明网联盟，并发布信息120条，微信平台“文明仁化”发布信息260条。加强信息调研工作。上报中共广东省委宣传部、中共韶关市委宣传部调研文章5篇和工作信息27条，其中《“四个融入”弘扬优秀传统文化》在《韶关日报》刊登。抓好社科研究普及。组织各单位、社科学会和专家学者积极申报2016年度韶关市哲学社会科学规划课题，撰写理论文章，贯彻落实《广东省社会科学普及条例》；仁化县编纂出版的《仁化历史文化丛书》在全省社会科学普及工作经验交流会上首次亮相展示。

【党报党刊征订】 2016年，中共仁化县委宣传部继续做好党报党刊征订发行工作，全年征订《人民日报》429份、《南方日报》1699份、《韶关日报》2643份、《求是》杂志202份、《南方》杂志2950份。

中共仁化县委宣传部负责人名录：

部　长：赖小红（女，任至2016年8月）
邓红红（女，2016年8月任职）

副部长：罗有发　李子初
邹雪玲（女）
（邓贵胜　唐　军
郑玉江　彭晓婉）

统战工作

【概况】 2016年，中共仁化县委统一战线工作部（简称“县委统战部”）在市委统战部和中共仁化县委、县人民政府领导下，认真学习中共十八大六中全会精神，贯彻落实科学发展观和中共“长期共存、互相监督、肝胆相照、荣辱与共”统战方针，全面落实无党派知识分子政策，营造尊重知识，尊重人才社会环境，提高统战工作服务水平，服务全县经济社会发展。

【统战队伍建设】 2016年，县委统战部注重统战干部队伍建设。年内，组织干部职工学习中共中央、省、市统战工作会议及指示精神，加深统战干部职工对统战理论的理解，提高统战干部统战工作思想认识水平。利用“两学一做”平台，组织中共党员干部学习《中国共产党章程》、习近平总书记系列重要讲话精神。通过集中学习与自学相结合形式，夯实统战干部职工做好统战工作，服务社会发展理论基础。

【统战工作加强】 2016年，县委统战部坚持中国共产党对统一战线领导权，把加强中国共产党领导和发扬社会主义民主有机结合起来，保持宽松稳定、团结和谐政治环境。落实无党派知识分子政策，对无党派人士在政治上一视同仁，工作上放宽使用，在日常生活中，想方设法为他们解决各种困难。2016年8月，县委统战部选派了两名副处级无党派干部到市社会主义学院学习。发挥统战部门教育引导党外人士重要作用，最大限度团结和调动全体统战对象积极性，鼓励统战对象发扬主人翁精神，积极主动参与全县经济社会建设，围绕县委县政府中心工作，服从、服务大局，推进仁化招商引资、民生发展、全域旅游、休闲“慢城”建设、“精准扶贫”、美丽乡村建设等工作发展。

【加强和推进新形势下工商联工作】 2016年，县委统战部重视工商联工作。年内，组织县工商联部分副主席到韶关参加由广东省委统战部和省工商联召开的“民营企业家和中国梦”主题电视电话报告会；召开主席会议和执委学习贯彻会议；组织会员到贵州博物馆参观学习；县政协主席、副主席，驻会党组成员在年会、执委会上做“两学一做”主题辅导；定期在工商联公共邮箱发送相关政策法规信息；开展光彩事业，积极引导会员回报社会。加强“珠三角”仁化籍企业家领导，提高工商联影响力和凝聚力。5月，丹霞义工会与县工商联组织公益徒步活动，募得善款2万元，用于帮助贫困学生。6月，组织学习贯彻中共中央统战部、全国工商联联合下发《关于开展非公有制人士理想信念教育实践活动的意见》，以“民营企业家与中国梦”为主题，增强非公有制经济人士对中国特色社会主义信念和对中国共产党、中国政府的信任，促进非公有制经济人士为全面建成小康社会、实现中华民族伟大复兴“中国梦”贡献智慧和力量。注重发展新会员，优化工商联队伍结构。8月，发展新会员76名，增加执委10名，增加副主席9名。2016年10月，在县工商联换届选举中，县委统战部担负起组织协调、选人用人任务，经广泛发动，多方协商征求意见，选举产生新一届领导班子，完成换届工作。

【牵头做好2016年县政协换届工作】 2016年，是中国人民政治协商会议仁化县第十一届委员会换届之年。县委统战部按照中共中央、省、市和县委部署，根据政协章程规定和中央、省、市、有关文件措施，牵头做好县政协换届工作。在政协委员人选推荐、提名、汇总、审议、协商、酝酿和确定程序中，统战部严格程序，发扬民主、规范运作，杜绝选人用人不正之风，坚持“统筹兼顾，全面安排”方针，坚持“人选广泛性、代表性统一，有利于巩固和扩大爱国统一战线，积极稳妥地推新交替，加强政协自身建设”原则，以提高素质，完善结构增强活力为重点，保证人民政协更好发挥政治协商、民主监督、参政议政职能，按照政协仁化县第十一届委员会安排委员175名，十一届一次会议安排委员165名，预留10名机动名额待后增补，其中中共政协委员66名、非中共政协委员99名，政协常委32名。县委统战部会同县委组织部，积极主动协调有委员人选单位的工作，为选配好委员做了大量征求意见工作。2016年10月24—26日，政协仁化县第十一届委员会第一次全体会议在县政府礼堂顺利召开。

【“精准扶贫”联络工作】 2016年，县委统战部“精准扶贫”挂点大桥镇亲联村，派出正科级联络员1名驻村开展工作；组织人员进村入户，掌握第一手村情村况；建档立卡，成立领导小组，开展结对子帮扶活动，县委统战部5名干部职工与该村特困家庭10户12人结成帮扶对子，建立“一对一”扶贫联系卡；5月，到村走访慰问3次，送去慰问金3000元，并逐户进行座谈，了解困难户家庭存在的问题和需求，为困难户家庭生活谋出路。7月13日，县委统战部协助省委统战部组织的第23次无党派、党外高级知识分子到仁化县周田镇平甫村开展联谊活动。通过开展惠民义诊、法律咨询、农技下乡、捐资助学等“精准扶贫”活动服务贫困山区，了解省情和社情民意，引导无党派人士接受爱国主义教育，树立和践行社会主义核心价值体系和新时期广东精神，为推动粤北地区振兴发展标凝心聚智、贡献力量。为周田平甫小学捐赠100多万元。10月13日，省委统战部组织民营企业家一行25人到仁化县周田镇平甫村开展精准扶贫调研考察，安排投资环境与项目推介会、走访慰问、座谈交流、考察村容村貌及精准扶贫项目捐赠仪式。民营企业家为平甫村困难户捐款捐物200多万元。

【统战联谊服务“一带一路”建设】 2016年，县委统战部加强统战联谊，服务“一带一路”统战工作，为县域经济社会发展做好服务和引资引智工作。组织学习中共中央统战部印发《关于统一战线服务“一带一路”战略的意见》，认识“一带一路”倡议的全局意义，准确把握中央关于“一带一路”重大部署，调动全县统一战线各方面力量参与“一带一路”建设，围绕积极建言献策、推动经济合作、促进人文交流、传递正面声音等发挥作用。支持县域民主党派、工商联和无党派人士深入“一带一路”前沿实地考察调研。支持有条件的民营企业到沿线地区进行资源开发、工程承包、构建销售网络等。支持少数民族抓住“一带一路”倡议实施。鼓励县籍港澳台同胞、海外侨胞和留学人员将自身事业发展与“一带一路”沿线地区民间组织及国际组织交流合作。7月，县委统战部副部长、民宗局局长谢树富与全市民族宗教局局长到湖南考察古村落、美丽乡村，拓展视野，增强发展信心。

【服务台胞工作】 2016年，县委统战多途径开展台港澳宣传和联谊工作。春节，邀请台胞台属参加县召开的迎春座谈会，走访台胞台属5户，发出慰问金4000元。热忱接待到仁化县考察观光台胞、台商6批次200多人次，引导台胞游览丹霞山，参观农业科技试验基地、双峰寨等。维护县域台胞台属合法权益，年内，县台办妥善处理涉台事件、来信来访2宗。深入台资企业调研，了解情况，及时为台商排忧解难。

【“企忧档案”工作】 2016年，县委统战部围绕“企忧档案”工作目标要求，积极开展帮扶联系工作。针对县委统战部企忧挂点企业仁化县山里人家商贸总汇营业状况不佳情况，主动联系走访企业，帮助企业解决存在的困难和问题。

中共仁化县委统一战线工作部负责人名录：

部　长：马志忠（任至2016年9月）
邱志坚（2016年9月任职）

副部长：肖作顺
谢树富
林伟浩（任至2016年6月）
苏　健（2016年6月任职）

（朱福娣）

县直属机关工委工作

【概况】 2016年，中共仁化县直属机关工作委员会（简称“县直机关工委”）在中共仁化县委领导和市直工委指导下，学习贯彻习近平总书记系列重要讲话精神，围绕“服务中心、建设队伍”和“提高党员素质、加强基层组织、服务人民群众、促进各项工作”目标要求，根据全县总体工作部署，强化管党责任，落实管党措施，大力加强机关党的思想、组织、作风、制度和反腐倡廉建设，注重发挥机关各级党组织在完成本部门各项工作任务中的协助、保证、监督作用，发挥机关党组织战斗堡垒和党员先锋模范作用，为全县经济、社会各项事业发展，提供有力组织保障。

【开展学习活动】 2016年，县直机关工委组织开展学习贯彻习近平总书记系列重要讲话精神活动，把学习贯彻习近平总书记系列重要讲话精神作为培训机关党员干部工作的重中之重来抓。分期、分批、分层次进行。发挥各级党组织书记示范带动作用，组织交流研讨活动。抓好中共十八届五中全会精神学习培训。做好中共十八届五中全会精神的理论解读，学习宣传、普及推广工作，把全县机关党员干部的思想和行动统一到中共十八届五中全会精神上。通过中心组学习、组织生活会、党课教育、专题讨论等形式，提高机关党员干部思想认识，促进党员干部切实转变观念，主动适应“新常态”。

【机关党建】 2016年，县直机关工委组织按照《中国共产党党内监督条例》规定的职责任务，建立健全机关党的工作责任制，并通过抓“三会一课”、民主生活会、收缴党费、党员管理、支部主题活动和民主评议党员等党建工作，抓优化党员队伍结构，在发展党员工作中认真贯彻“控制总量、优化结构、提高质量、发挥作用”方针，坚持适度控制规模、严把质量关原则，重点抓好在工作第一线和机关青年中发展党员工作，把保证发展党员质量的工作做在培养入党积极分子全过程中，积极慎重壮大党员队伍、扩大覆盖面。全年，发展23人加入中共党组织，完成发展任务。坚持“围绕中心抓党建，抓好党建促发展”工作思路，围绕中共仁化县委、县人民政府中心工作，立足部门职责和党员具体岗位找准结合点和着力点，积极推动机关党建工作融入全县改革发展大局。通过开展“两走进三服务一体验”“党员先锋岗”“我为四化推四区做贡献”“双联双进”“三同三谈”等活动，推进“深入基层，服务基层”行动，做到中心工作推进到哪里，机关党的工作就跟进到哪里，努力提升机关党员干部履职水平和服务效能，增强机关党组织和党员队伍凝聚力、号召力和战斗力，发挥基层党组织战斗堡垒作用。

【开展主题活动】 2016年，县直机关工委开展“双争双促”主题实践活动。年内，在县直机关工委所属单位党总支及其所属党支部，认真开展“争做推动发展战斗堡垒，争当干事敬业落实先锋，促进执行力提高，促进机关效能整体提升”为主要内容的“双争双促”主题实践活动。重点解决了机关党员干部工作中“拖不决、一阵风、不愿干、不敢干”等一系列问题，提高机关党员干部工作作风，敢于负责，敢于担当，积极作为意识。

【“精准扶贫”工作】 2016年，县直机关工委挨家挨户走访所挂点的闻韶镇塘源村 6个村民小组 6户贫困户，认真听取村民意见和建议，了解群众现状和真实想法。并根据上级文件精神，在精准识别贫困户上下功夫。驻村工作组和村两委班子及时召开村民代表会议，安排落实建档立卡工作，严格精准识别程序、规范公示公告并录入信息采集系统，严格按照规模分解、初选对象、公示公告、结对帮扶、制定计划、填写手册、数据录入、联网运行、数据更新等步骤，按照相应的时间节点，通过加班加点，在短时间内完成建档立卡工作，确定贫困户6户，贫困人数18人，并全部建档立卡，为精准扶贫奠定基础。

【换届选举工作】 2016年，县直机关工委做好党总支、党支部换届选举工作，抓好基层党组织建设。根据《中国共产党章程》和《中共中央组织部关于党的基层组织任期的意见》规定，2016年，县直机关党总支、党支部任期届满。为选出适应形势发展需要、素质优良、结构合理、群众公认的领导班子，县直机关工委认真计划、精心组织党总支、党支部换届推举工作。通过深入基层了解情况，考察班子人选，指导党总支按程序开好换届推举党员大会，按照选准配强目标要求，完成党支部和党总支换届选举工作。

【教育培训】 2016年，县直机关工委加大党员干部教育培训力度。2016年5月上旬，举办党员发展对象培训班，邀请中共仁化县委党校教师授课，使入党积极分子深刻了解党的知识、党的光辉历史，端正入党动机，提高思想认识。举办党支部书记培训班、党务干部培训班，邀请市、县党校教授、教师上课，适时了解中央政策和时事政治，提高党员干部政治理论水平，增强履职能力。建立健全学习考试制度，提高党员干部教育培训质量。通过抓学习培训，强化党员干部整体素质。

【推选“两会”代表】 2016年，县直机关工委做好县党代会、人大会“两会”代表选举工作。2016年是县镇换届之年，按照中共仁化县委工作部署，县直工委按照有关选举程序，广泛征求基层党组织和群众意见建议，严把代表质量关，选出具有广泛性、代表性、素质高党代表58名，人大代表3名。

【作风建设】 2016年，县直机关工委抓好作风建设，提升机关工作效能。年内，县各机关单位严格按照县委、县政府关于开展践行“三严三实”争做“四有”干部，加强机关作风建设等活动部署，切实抓好中共中央“八项规定”和中共仁化县委“十项制度”贯彻落实，强化党员干部和机关工作人员责任意识、廉洁自律意识和加强发展意识，切实加强作风建设。通过深入开展活动，机关干部作风有新转变，服务水平有新提高，全县上下机关干部逐步转变观念，适应新常态，干部间形成实干苦干工作氛围，加强了不畏艰难、奋发有为，拼搏进取、攻坚克难的工作作风。

【民声热线和政风行风评议工作】 2016年，县直机关工委在“民声热线”工作方面，通过严密组织、联系、协调、安排县领导和有关单位领导6月中旬上线，做到周密部署、精心组织、注重细节、讲求实效，圆满完成上线任务，得到市电台和有关单位好评。政风行风评议工作方面，制订下发评议方案，明确政风行风评议重点单位和参评单位及评议内容、方式、步骤，全县有52个单位参评。从5月份起，先后通过网上征求意见、网上测评、走访各单位发放测评表、召开监督员座谈会评议、组织行评团到重点评议单位评议等形式，全方位开展评议活动，完成工作任务。

【其他活动】 2016年，县直机关工委做好挂点周田镇平甫村委会的计划生育工作并投入支持计生专项资金。做好机关民兵和征兵、档案归档、“企忧档案”、招商引资工作。参与县委组织部开展的“落实总书记要求，建设模范部门”活动，完成县委、县政府交办的其他工作。

中共仁化县直属机关工作委员会负责人名录：

书　记：曾宪衎（任至2016年3月）

副书记：何光华

（刘树永）

老干部工作

【概况】 2016年，全县老干部工作围绕县委、县政府中心工作，以“让老干部满意，让县委放心”为工作目标，抓好落实老干部“两个待遇”，加强离退休干部思想政治建设和老干部党支部建设，确保全县老干部队伍稳定。截至2016年年底，全县有离退休干部2205人，其中，离休干部31人（抗日战争时期参加工作的3人，解放战争时期参加工作的28人；享受副处级以上待遇的21人），退休干部2174人（副处级以上退休干部43人）。

【“为党的事业增添正能量”活动】 2016年，根据省、市委老干部局统一部署，积极筹划在全县离退休干部中深入开展以“展示阳光心态、体验美好生活、畅谈发展变化”为主题的为党和人民事业增添正能量活动，以“学、谈、唱、看、展、为”作为正能量活动抓手和载体，引领老干部争当党委政府决策的拥护者和传颂者，争当改革开放、美好生活的记录者和体验者，争当社会主义核心价值观的培育者和践行者。年内，在仁化县老干部大学成立临时党支部，强化老干部组织建设。通过在老干部大学举办书法、歌舞、太极拳班，提高学员创作水平，丰富和活跃校园文化生活，展示老年人阳光心态。组织开展书法展。组织退休干部谢志明、幸焕坤在县老干部活动中心分别举行个人书法展览。结合纪念中国工农红军长征80周年纪念活动，县老干部书法协会与曲江书法协会在仁化县举办书法展。通过举行书法展览带动全县各单位和老干部积极以艺术创作形式，讴歌新生活、颂扬全县发展新变化，展出正能量。县老干部金秋艺术团以“五一”劳动节、“七一”建党节、“重阳节”等节日为契机，结合纪念中国共产党成立95周年、中国工农红军长征80周年纪念活动，积极到市、县、乡镇开展演出表演，唱响歌颂党、歌颂祖国和反映新风新貌、弘扬正能量的曲艺节目，弘扬社会主义核心价值观，全年县老干部金秋艺术团参加市、县、镇（街）各类慰问、演出16场次。通过开展督导检查指导和督促全县各镇（街）、单位结合自身实际，积极组织老干部开展“增添正能量”活动，推动全县形成老干部“为党和人民事业增添正能量”氛围。

【落实老干部政治待遇】 2016年，县委老干部局继续坚持老干部情况通报、走访慰问、参观学习、订阅《秋光》等政治待遇不变，推动老干部政治待遇落实。以“增添正能量活动”为平台，引导和推动全县老干部发挥余热，为党和人民的事业增添正能量。在仁化县老干部“重阳”“迎春”茶话会上，县委、县政府主要领导向全县离休干部和副处级以上退休干部通报全县经济和社会事业发展情况，县委老干部局组织老干部参观县休闲旅游慢城特色项目丹霞山“喜头村”。继续做好定期、不定期老干部家访、患病、住院探望慰问工作。在春节、中秋节开展慰问离退休干部活动。全年慰问探访老干部260多人次，看望生病住院老干部85人次。坚持为老干部订阅学习报纸杂志。全年为老干部订阅《秋光》杂志1800多份，《中国老年报》《老人报》等报纸800多份。

【老干部生活待遇保障】 2016年，县委老干部局严格按照省委组织部、省委老干部局有关老干部工作政策，抓好落实老干部生活待遇。继续发挥离休干部离休费保障机制、医药费保障机制和财政支持机制“三个机制”作用，增强离休干部医疗保障，保障离休干部“老有所医”。年内，根据离休干部身体实际情况，为离休干部多久生、张玉祥、王春彦调整提高护理费。2016年，按照《省委组织部、省委老干部局、省财政厅、省人社厅〈关于对建国初期参加革命工作的部分退休干部在生活上给予适当照顾的通知〉的通知》精神和市委组织部、市委老干部局统一部署，仁化县审批通过符合照顾条件的人员（简称“50630”人员）15人，并及时将相关的医疗补助、生活补助发放到位。继续开展巡回医疗、老干部体检工作，将关心关爱老干部身体健康落到实处，全年巡回医疗小组共为行动不便离休干部上门服务22人次。

【老干部“两个阵地”建设】 2016年，县委老干部局坚持推进仁化县老干部“两个阵地”建设。一是完善基础设施建设。全年投入资金34万元（其中22万元为2015年老干部学习活动阵地省级专项资金）将县老干部活动中心（老干部大学）沙地门球场改造为室外人工草地门球场，新建羽毛球场，更换活动中心围栏，改造活动中心化粪池，装修乒乓球室、门球室、维修活动中心卫生间。二是继续推进完善老干部大学管理和教学，根据老干部兴趣爱好，精心安排学习课程。2016年，老干部大学春秋两季共办班12班次，有学员575人。积极组织学员外出采风、开展文娱联欢活动等，让老干部“学中有乐、乐中促学”。

【关心下一代工作】 2016年，县关心下一代工作委员会人员继续坚持深入基层调查研究，把社会主义核心价值观、中国梦、爱国主义教育、革命传统教育、法制教育送到基层中小学校，促进下一代健康成长。抓好创建“五好”（领导班子建设好、“五老”作用发挥好、制度健全执行好、活动经常效果好、积极探索创新好）关工委活动。以模范典型作用带动其他单位将“五好”活动落到实处，取得较好效果。继续开展“关爱明天，普法先行”青少年普法教育活动，推动“朝阳读书”活动深入开展。全年组织“五老”队伍进行宣传讲话、法律咨询报告会15场次，发放法律法规宣传资料6000份，受教育人数10000多人次，组织学生观看法律教育电影30多场次，出黑板报和宣传栏40多期。

【队伍建设】 2016年，县委老干部局根据县委印发《仁化县开展“学党章党规、学系列讲话、做合格党员”学习教育方案》工作安排，组织党员干部开展集中学习，引导和鼓励党员干部主动自学，确保学习和工作两不误。年内，先后学习《仁化县“两学一做”学习教育方案》《中国共产党章程》《中国共产党廉洁自律准则》《中国共产党纪律处分条例》，组织观看警示教育片《镜鉴》、纪录片《永远在路上》等。通过集中学习、个人自学，坚定党员干部理想信念，提高干部职工政治思想素质和业务水平，推动全县老干部工作健康发展。

【其他工作】 2016年，县委老干部局围绕县委、县政府中心工作，抓好落实精准扶贫、创文、计生挂点、“企忧档案”和招商引资工作。帮扶干部能做到积极入户，主动帮助挂点村和贫困户解决实际困难；“企忧档案”领导小组人员定时到挂点企业了解企业困难，协助完成生产任务；招商引资领导小组人员按时完成年内招商引资工作。

中共仁化县委老干部局负责人名录：

局　长：林　坚

副局长：杨日生　赖东海

（2016年7月任职）

（邓炜斌）

编制工作

【概况】 2016年，仁化县机构编制委员会办公室（简称“县编办”）围绕县委、县政府，县机构编制委员会（简称“县编委”）中心工作，按照上级部署要求，加强机构编制管理，完成各项工作任务。

【推进政府职能转变和机构改革工作】 完成劳动保障监察综合行政执法体制改革工作任务。2016年1月28日，县编办印发《仁化县机构编制委员会办公室关于设立仁化县人力资源和社会保障局劳动保障监察综合执法大队等问题的批复》（仁机编办〔2016〕1号），撤销县人社局劳动监察股（信访投诉中心）、县劳动监察大队，设立劳动保障监察综合执法大队（信访投诉中心），并明确其职责范围、人员编制事项。

完成农业综合行政执法机构改革工作任务。2016年2月1日，县编办印发《仁化县机构编制委员会办公室关于设立仁化县农业局综合行政执法股等问题的批复》（仁机编办〔2016〕2号），设立县农业局正股级内设机构综合行政执法股（农业应急管理办公室）。整合县农业局机关及所属事业单位（除广东省渔政总队仁化大队外）、县农业机械管理局行政执法职能，统一交由县农业局综合行政执法股（农业应急管理办公室）行使，并明确其职责范围。核定县农业局综合行政执法股（农业应急管理办公室）行政执法专项编制数及收回相关单位原用于农业执法的相应编制。

制订县委办公室新“三定”制订县委办公室新“三定”（定职能、定机构、定编制）规定文件。2016年，由县委办拟订新的《中共仁化县委办公室主要职责内设机构和人员编制规定》并经县编办审核、修改后，经县编委领导同意，报请县委审议。新的县委办“三定”规定其变更内容主要体现在：一是县委办加挂“中共仁化县委全面深化改革领导小组办公室”牌子。二是在“人员编制”中明确县信访局局长由县委办副主任（正科级干部）兼任，副局长由副主任科员或者主任科员担任事项。三是将原信访股分设为接访股和信访综合股，以加强全县信访维稳工作。四是县委机要局为县委办公室管理直属行政单位事项（仁机编〔2009〕61号文已明确）。五是县委办督察室更名为县委督查室事项（仁机编办〔2013〕12号文已明确）。六是增设改革规划股和改革协调股事项（仁机编办〔2014〕73号文已明确）。七是在“职能转变”中体现已增加划入县委办的工作职责。

设立仁化县城市管理机构工作。2016年，县编办向市编办报送《仁化县机构编制委员会关于仁化县城市管理机构设置有关问题的请示》（仁机编〔2016〕14号），要求：一是设立仁化县城市管理局，在仁化县住房和城乡规划建设局挂牌。二是设立仁化县城市管理局丹霞山分局，为仁化县城市管理局的副科级派出机构，设局长1名，教导员1名，副局长2名，主要负责丹霞山景区和环丹霞山旅游产业园内的城市管理工作。

制订并印发县文联机关新“三定”规定文件。2016年，由县文联机关拟订其新“三定”规定文件，经县编办审核、修改，在2016年8月18日县编委会议审议通过并正式印发《仁化县机构编制委员会关于印发〈仁化县文学艺术界联合会机关主要职责内设机构和人员编制规定〉的通知》（仁机编〔2016〕16号）。县文联新“三定”规定文件变更内容主要体现在：一是根据其最新章程将县文联全称由“仁化县文学艺术工作者联合会”改为“仁化县文学艺术界联合会”。二是明确其文联主席由宣传部副部长兼任，并设副主席1名，秘书长1名。

拟订县安监局单独设置的“三定”规定文件。2016年，县编办就仁化县安全生产监督管理部门必须单独设置的相关事宜和县安监局进行沟通协调。县安监局拟订其新“三定”规定报县编办审核后，报县编委会议研究。

拟订县市场监管局“三定”规定文件。2016年，县编办根据县工商局、县质监局和县食药监局的相关意见制订《仁化县市场监督管理局主要职责内设机构和人员编制规定》，主要对上述部门职能和机构进行整合配置，并对其人员编制进行相应调整。该“三定”规定稿已于12月7日县编委会议上审议并原则通过。

拟订县政府办新“三定”规定文件。2016年，县编办与县政府办沟通、协商并重新拟订《仁化县人民政府办公室主要职责内设机构和人员编制规定》，其中主要将原作为县政府办直属行政机构设置三个挂牌机构（县法制局、县人防办、县外事侨务局），不再另行“三定”，不再单独核定编制和领导职数，改为由县政府办相应内设机构体现其相关职能。该“三定”规定稿在12月7日县编委会议上审议并原则通过。

拟订县委政法委新“三定”规定文件。2016年，县编办根据省、市在机构改革方面的相关要求，对县委政法委机关进行重组，主要为:县社会治安综合治理委员会办公室、县委维护稳定工作领导小组办公室、县委防范和处理邪教问题领导小组办公室与县委政法委机关合署，县社会工作委员会与县委政法委机关一个机构、两块牌子，县依法治县工作领导小组更名为县委全面依法治县工作领导小组，领导小组办公室设在县委政法委机关，且上述机构实行一体化运作。为此，由县政法委拟订其重组后的新“三定”规定文件，经县编办审核、修改后，形成《中共仁化县委政法委员会机关主要职责内设机构和人员编制规定》（送审稿），并经县编委会议和县委常务会议审议并通过。

【行政审批标准化工作】 公布《仁化县行政许可事项目录

（2016年版）》。2016年，县编办对照《广东省行政许可事项通用目录（2016年版）》（粤机编办发〔2016〕71号）和《韶关市县级行政许可事项通用目录（2016年参考版）》（韶职转办函〔2016〕12号），整理制订《仁化县行政许可事项目录（2016年版）》（送审稿），并经2016年9月6日县政府常务会议审议通过。《仁化县行政许可事项目录（2016年版）》公布仁化县34个单位共295项行政许可事项，其中4个中央、省、韶关市驻仁化单位10项，30个县直单位285项。

开展行政许可标准化工作。2016年，县编办制订并由县政府办印发《关于开展行政许可事项标准化工作的通知》，正式开展仁化县行政许可标准化工作。2016年12月30日，县编办在县委党校举办为期半天的行政许可标准化工作培训班，有33个相关单位参与培训。培训班上，县编办向参会人员解读行政许可标准化工作主要内容、工作任务和具体要求，并讲解行政许可事项标准录入模块使用方法、注意事项和具体要求。

【推行县政府工作部门权责清单制度工作】 2016年，县编办延续县编办在2015年开展和完成推行权责清单工作。经2016年3月22日县政府常务会议和2016年4月1日县委常委（扩大）会议审议通过，由县政府办印发《仁化县人民政府关于清理非行政许可审批事项并调整县直有关部门职能的决定》（仁府〔2016〕5号）和《仁化县人民政府关于公布县直部门权责清单的通知》（仁府〔2016〕6号）。其中，仁府〔2016〕5号清理和调整仁化县20个县直部门非行政许可事项97项（其中取消8项，转移2项，调整为行政确认10项，调整为其他77项）；仁府〔2016〕6号公布的仁化县38个县直部门权责清单中各类职权事项共6640项（其中行政许可185项，行政处罚3813项，行政强制278项，行政征收25项，行政给付46项，行政检查504项，行政确认84项，行政奖励31项，行政裁决5项，其他1669项）。

【机构编制管理工作】 2016年，县编委贯彻落实省、市关于加强机构编制管理、严格控制机构编制精神，加强机构编制管理。县编委就全县进一步加强机构编制管理提出新要求：一是在政府机构改革、事业单位分类改革期间，冻结审批增设机构、增加编制事项；确需增设新机构的，按“撤一建一”原则办理。二是坚持空编优先使用。单位提出的增编事项，首先通过空编解决；没有空编的，原则上在本部门系统内部同类性质编制中调剂解决。三是不定期清理各部门事业空编，对职能任务萎缩单位及时核减编制，予以收回、统筹使用。四是坚持机构编制“一支笔”审批制度。五是进一步加强机构编制核查工作，加快推进实名制信息公开，主动接受群众和社会监督。六是注重保障基层一线队伍，凡镇街（包括基层卫生院、学校）新招公务员、事业单位工作人员，原则上不调入县机关事业单位工作。建立健全机关事业单位编制核准制度，实行用编申请、批准使用、人员核准、领导审批、办理列编等一系列程序，完善用编、进人环节，明确相关职能部门责任，严格编制管理工作。做好编委日常工作，及时办理编委会议决定事项；做好其他机构编制管理日常工作，全面掌握全县机构编制空编、超编、领导职数配备等情况。

【机构编制实名制管理】 2016年，县编办加强对机构编制实名制信息动态管理，从源头上控制机构编制和财政供养人员增长，优化财政支出结构，降低行政成本，提高工作效率。一是加强业务指导，确保实名制数据准确性。要求各单位实名制系统管理员定期核实本单位机构和实有人员信息、是否有照片等情况，进一步完善仁化县机构编制实名制管理系统数据，提升系统功能，实现信息实时更新；二是继续开展控编减编督查工作。围绕2016年督查目标，按照实事求是原则，落实专人负责。严格规范机构编制基础工作，强化编制台账管理、实名制管理，充实完善机构编制实名制管理系统，做好控编减编自查工作和2016年机构编制统计工作提供科学合理数据基础。

【推进事业单位改革和服务工作】 2016年，县编办根据省、市关于整合不动产登记职责精神，开展设立县不动产登记中心和人员配备工作。年内，完成全县事业单位换发统一社会信用代码证书工作。有序开展机关、群团换发统一社会信用代码证书，截至2016年年底，完成机关、群团统一社会信用代码赋码机关、群团38个。对县工商行政管理局所属事业单位进行分类改革工作。推进简政放权、放管结合，优化服务改革，创新事业单位监管机制和监管方式，完成仁化县5个事业单位法人公示信息抽查工作。适应丹霞山体制管理，调整林业局下属事业单位设置。做好事业单位登记管理日常工作。

【网上名称管理工作】 2016年，县编办按中央、省、市对网上名称工作相关要求，将财政统一支付的全县机关事业单位中文域名费用汇至政务和公益机构域名注册管理中心，并完成各相关单位中文域名缴费和续费工作。

仁化县机构编制委员会负责人名录：

主　任：陈新华

副主任：李远扬

（李诗怡）

保密工作

【概况】 2016年，县保密局全面贯彻中共十八大和中共十八届三中、四中、五中全会精神，深入学习贯彻习近平总书记系列重要讲话精神，围绕“四个全面”战略布局，坚持“五大发展”理念，加强组织领导，强化保密责任，突出重点，不断创新，保密工作再上新台阶。

【加强保密工作领导】 2016年，县保密局制发《中共仁化县委保密委员会2016年工作要点》，细化保密工作要点，强化保密责任，突出重点，引导全县各级领导干部树立“保密工作无小事”观念，消除认为“无密可保、无须保密”观念，提高保密意识，增强做好保密工作自觉性。5月，根据县委保密委员会部分成员工作发生变动情况，县保密委及时调整充实县委保密委员会成员，明确成员职责任务。

【加强自身建设】 2016年，仁化县保密局根据有关文件要求，高标准建设办公环境，按照“三铁一器”（铁门、铁窗、铁柜、报警器）有关要求改造办公环境进行，替换不适宜存放涉密文件的文件柜，添置密码文件柜，确保涉密文件存放的物理环境安全，添置移动4G干扰器，屏蔽涉密会议会场相关信号源，确保涉密会议会场安全，完善涉密计算机配置，购置“三合一”系统、红黑电源插座，保证涉密信息不泄露。通过公务员选调方式选调年轻干部1名到县保密局参与保密工作，为县保密局注入新生力量，充实保密干部队伍。

【保密宣传教育】 组织开展纪律教育学习月保密宣传学习活动。2016年，中共仁化县委副书记、县委保密委主任认真审阅《转发省纪委、省委保密委员会〈关于在“纪律教育学习月”活动中开展保密法纪宣传教育的通知〉》，对做好全县纪律教育学习月中开展保密法纪宣传教育活动进行部署，要求县保密局做好观看在韶关举办的全省窃密泄密技术演示的组织工作，要求各镇（街）、各单位以落实习近平总书记系列重要讲话和胡春华、朱小丹重要批示精神以及领导干部保密工作责任制为主要内容，按照省通知提出“九种形式”，结合本单位实际，扎实开展保密宣传教育活动。采取多种宣传途径开展保密法纪宣传活动，通过征订保密宣传图文资料、组织涉密人员参与学习、发送提醒短信等形式，突出扎实掌握保密法及其实施条例和新出台的保密法规规章教育主题。在县委常委会上同步部署开展保密法纪宣传教育活动，重点学习贯彻习近平总书记重要讲话精神和中央意见，胡春华、朱小丹重要批示精神。动员各单位订阅保密宣传图文资料，全年全县订阅保密宣传图文资料185册，并要求各单位在醒目位置张贴挂图进行保密宣传活动，同时认真组织学习相关保密知识读本。组织县委保密委成员、县各单位分管保密工作领导及涉密人员共102人观看在韶关举办的全省窃密泄密技术演示。窃密泄密技术演示采用现实案例进行现场演示，向与会人员演示在工作中可能出现的计算机信息系统、移动通信以及办公自动化设备的泄密隐患。借助案例，与会人员学习如何在日常工作中防止失泄密事件的发生，提高信息安全保密意识，学习掌握必要的信息安全保密知识。各单位积极组织保密宣传活动，活动形式包括由单位“一把手”上保密专题党课、开展一次保密自查自评活动、从县保密局借阅《全国窃密泄密案例警示教育展（DVD）》《涉密经济数据泄露警示录（DVD）》《〈密战〉警示录（DVD）》等保密宣传教育片进行观看、传阅保密知识杂志读本、在办公场所张贴《涉密会议、活动保密管理须知》《涉密人员保密管理行为规范》挂图等。活动期间，各单位积极报送开展保密专题党课和保密法纪宣传教育通讯及总结。

加强领导干部保密知识培训。2016年10月，县保密局根据县委组织部安排，派人参加2016仁化县科级干部培训班以及中青班保密有关课程，主讲保密知识讲座。保密知识讲座内容包括对保密法及其实施条例进行解读，解读领导保密工作责任制，对当代窃密手段进行介绍并宣传防泄密知识等。

【开展保密绩效考核工作】 2016年1月，县保密局对全县列入2015绩效考核方案的单位开展保密绩效考核工作，主要检查被考核单位保密工作总结，机关、单位保密自查自评标准相关内容，近三年涉密载体管理情况，单位班子成员和保密组织成员关注“保密观”微信订阅号情况。从检查情况看，各受检单位在资料方面总体情况较上年完善，普遍能按照《仁化县2015年度绩效考评实施方案》（仁委办发电〔2015〕41号）和《〈仁化县2015年度绩效考核实施方案〉补充方案》（仁委办发电〔2015〕92号）要求完成全年保密工作任务，部分单位在完成好保密工作的同时还进行创新，对存在问题的单位当场提出整改要求，限期改正。9月，制订《2016年仁化县保密工作绩效考核方案》以及《2016年仁化县机关单位保密工作绩效考核评定表》下发至各绩效考核单位，督促各单位结合自身情况，比照考核评定表率先开展自查自评工作。

【加强涉密人员管理】 2016年6月，县保密局按照上级部署，对县辖区内机关、单位以及国有企业，开展涉密人员岗位确定以及管理工作，对全县涉密岗位以及人员展开清查，确保涉密岗位设置符合要求、涉密人员持证上岗，督促各单位对涉密人员进行审查、签订保密承诺书，优化涉密人员配置，涉密人员按照最小化原则设置，限定国家秘密知悉范围，减少泄密隐患。

【加强网络保密管理】 2016年，县保密局加强互联网信息发布、传输平台保密管理，推进机关、单位信息公开保密审查工作，提高机关、单位保密意识，开展全县机关、单位网站、政务微博、微信公众号等信息发布平台统计报备工作，确保“涉密信息不上网，上网信息不涉密”，督促各单位履行信息公开和发布时保密审查职责，建立信息公开审查领导小组，做到公开必审查，避免泄露国家秘密。

【深化统一考试管理】 2016年，县保密局协同县教育局、县招生办、县公安局、县人社局等部门做好统一考试保密工作。6月，配合考试主管部门做好高考、中考考试期间各项保密管理工作，严格依法履行职责，考前认真验收存放试卷的相关保密室，做好考试全程保密管理，在开考期间对存放试卷的保密室值班情况进行巡查巡视，确保高、中考安全保密。统考全程未出现泄密事件，实现全县2016年平安高考、中考目标。6月，完成2016年粤东西北地区乡镇事业单位专项公开招聘面试工作。10月，完成广东省2016年集中时间组织开展事业单位公开招聘面试工作。

【推进公务用车改革】 2016年，县保密局根据《关于做好定向化保障车辆喷涂统一标识和特种专业技术用车核验工作的通知》，对各单位涉及国家安全、侦查办案等有保密要求的特殊工作用车进行审核，确保有关单位在开展有特殊工作需求的工作时能达到保密要求。

【调整行政许可目录、公共服务权责清单】 2016年，县保密局根据《中华人民共和国保守国家秘密法》《中华人民共和国保守国家秘密法实施条例》以及相关法律法规文件，对县保密局权责清单中的行政许可、行政处罚、行政强制等项目进行调整，对公共服务权责清单中的部分项目进行删除工作，确定2项行政许可事项。

仁化县保密局负责人名录：

局　长：（空缺）

（蒙万长 周文斌）

信访工作

【概况】 2016年，仁化县辖区群众信访总量286宗，同比上升2.8%。走访223批次1181人次，到县上访209批次1153人次，批次同比上升3.4%，人次同比上升2.9%，其中集体访54批次887人次，批次同比下降5.9%，人次同比上升1.8%；到市上访8批次13人次，其中集体访1批次5人次，集体访批次同比下降75%，人次同比下降87.5%；到省上访5批次8人次，批次同比上升67%，人次同比下降27.3%，无集体到省上访；到国家上访3批次4人次，批次同比上升200%，人次同比上升300%，无群众进京非正常上访。群众网上信访25宗，其中国网信5宗、粤网信18宗、韶网信2宗，同比上升25%。群众来信18件次，同比下降10%。群众反映的问题类别：农村农业问题71宗，占24.8%；国土资源问题34宗，占11.9%；城乡建设问题34宗，占11.9%；劳动和社会保障问题29宗，占10.1%；政法问题27宗，占9.4%；教育问题16宗，占5.5%；环境保护问题11宗，占3.8%；卫生计生、民政、交通运输、纪检监察等其他各类问题64宗，占22.4%。全县信访维稳总体形势稳定，实现全国“两会”、全省“两会”、G20杭州峰会、中非国际论坛、国庆节、中共十八届六中全会等时期辖区群众“零”赴省进京上访目标。

【全县信访工作力度加大】 2016年，中共仁化县委、县政府重视信访工作，把信访工作放在突出位置，根据各个时期信访形势和任务，审时度势，加强信访工作领导，做到维护稳定与经济发展同部署、同落实、同考核、同问责，切实承担起“富一方百姓、保一方平安”责任。年内，仁化县多次召开党政班子会、专题工作会、部门联席会等，专题研究部署信访工作，切实加强思想发动，落实工作措施，解决具体问题。中共仁化县委书记、县长等县班子领导以身作则，亲自接待群众来访，阅批群众来信，包案解决信访问题。县信访工作联席会议领导成员精心谋划，敢于担当，每月定期组织召开联席会议，研判信访案情，商讨工作对策，协调处理具体问题。全县形成主要领导带头抓，分管领导重点抓，其他领导配合抓，职能部门各司其职、基层信访工作人员专门抓信访工作大格局。

【信访工作迈入法治化轨道发展】 2016年，仁化县以推进信访法治建设为契机，进一步建立健全信访工作制度，规范信访工作秩序，建立完善诉访分离工作机制，畅通涉法涉诉信访对接渠道，推进全县信访工作规范化、制度化、法治化发展。先后制定实施《2016年度仁化县四套班子领导接待群众来访工作实施方案》《2016年仁化县律师参与接待来访群众工作方案》《仁化县2016年信访工作考核办法》《仁化县开展化解信访积案集中攻坚工作方案》《仁化县创建信访工作“三无”县活动实施方案》《仁化县开展进京非正常上访治理工作方案》，制订实施全国“两会”、全省“两会”、国庆节、中共十八届六中全会等时期信访工作方案。通过建立健全一系列规章制度，明确信访工作职责定位，厘清法定职责界线，明晰权责清单，形成“法定职责必须为、法无授权不可为”工作体系，信访工作迈入法治化轨道发展。

【矛盾纠纷排查化解】 2016年，仁化县信访工作联席会议办公室认真落实《社会矛盾纠纷定期排查制度》和《综治信访维稳形势分析研判联席会议制度》，采取经常排查和重点排查相结合、自查与联合排查相结合方式，组织各镇各部门开展全方位、滚动方式排查，确保及早发现问题、及时调处化解，努力把矛盾解决在基层、化解在萌芽状态。各镇（街）每月召开一次村（社区）治调主任会议，对排查出来的社会矛盾，分门别类、汇总建档。对排查出来的重点矛盾纠纷和突出信访问题，县信访维稳领导小组每月定期召集成员单位召开一次联席会议，分析研判维稳形势，研究处理信访案件，落实措施责任，集中交办有关单位办理。各责任单位在调处过程中坚持做到群众诉求合理合法的，及时依法予以解决；诉求合理，一时难以解决的，努力做好疏导劝说工作，创造条件逐步予以解决；诉求缺乏政策依据且缺乏充分理由的，明确给予答复，并细致说明，耐心解释，劝告当事人要理性对待，明白是非，不要继续缠访，有力推动问题及时就地化解和信访人稳定。全年，全县开展集中排查17次，累计排查矛盾纠纷和信访问题217宗，均落实相关责任和责任人进行调处化解，及时调处化解率达95%以上。

【领导接访】 2016年，仁化县“四套”班子领导认真执行《领导干部定期接待群众来访工作制度》，定期在县信访局轮流值班接待来访群众72批321人次。健全完善“干群会客厅”制度，“干群会客厅”延伸到村一级，实现县镇村全覆盖。县“四套”班子领导坚持每周一晚上轮流在县“干群会客厅”接见来访群众，倾听群众呼声，收集社情民意，集思广益为群众和企业排忧解难，交流探讨推动仁化各项事业发展的计策。截至2016年11月30日，全县各级领导开展干群会客活动493场，座谈会见社会各界人士886批次1555人次，其中县班子领导主持会客活动42场，座谈约访群众424批次925人次。各镇（街）开展会客活动449场，座谈会见社会各界人士462批次630人次。干群会客活动赢得广大群众一致好评，并得省、市领导肯定和批示。“干群会客厅”公检法专场活动的成功做法及成效，得到南方日报、韶关日报、广东省检察院网站、法治广东网站等媒介宣传、报道、推广。

【领导包案化解积案】 2016年，中共仁化县委、县政府实行县“四套”班子领导包挂点镇（街）、镇（街）班子领导包驻点村、村委干部包村小组稳定的“三包”责任制，并结合党的直联活动要求，以“事要解决”为目标，综合施策，采取灵活与规范措施，定期排查不稳定因素。按照中央、省、市信访积案化解集中攻坚年活动要求，制定实施《仁化县开展化解信访积案集中攻坚工作方案》，对全县信访积案进行集中排查、集中清理、集中化解，严格按照“一件案件、一名包案领导、一个化解工作小组、一套化解方案、一套稳控措施、一个化解期限”工作措施，强化责任，狠抓落实，通过“有效化解一批、包案稳控一批、有效打击一批”方式，全力攻克一批时间跨度长、情况复杂、解决难度大信访积案。全年，全县排查信访积案3宗，调处化解3宗，化解率达到100%，其中市交办2宗，县排查1宗。

【律师接访】 2016年，仁化县继续开展律师参与接待来访群众工作活动，由县司法局在每周一上午安排一名公职律师专职在县综治信访维稳中心人民来访接待大厅参与接待来访群众工作。活动中，各接访律师严格恪守律师职业道德和执业纪律，尽职履责，运用自身精湛法律业务知识，认真解答来访群众提出的各种法律问题，免费为来访群众提供法律咨询服务，积极引导群众依法维护自身合法权益，为群众解决大量问题，促进诉访分离，推进信访法治化轨道发展，得到群众好评。全年，接待群众93批次176人次，提供法律咨询服务41批次，成功引导涉民事纠纷、经济纠纷、交通事故赔偿纠纷等涉法涉诉案件52批次。

【重要时期信访维稳工作】2016年，中共仁化县委、县政府围绕增强做好全国“两会”、全省“两会”、“八一”建军节、G20杭州峰会、中非国际论坛、国庆节、中共十八届六中全会等时段信访维稳工作针对性和有效性，综合施治，积极谋划，全力维护社会大局稳定。强化组织领导，成立由县委副书记任组长，县委常委和副县长等相关县领导任副组长的特防期工作领导小组，加强特防期间信访维稳工作的组织领导。强化信息沟通，全面启动重要时期信访信息报送和研判机制，实行“24小时值班制度”和“零报告制度”，确保信息畅通、指挥协调、处置高效。强化稳控措施，对列入有越级上访、群体上访和缠访闹访倾向的信访重点对象，安排稳控小组，指定领导负责，采取外松内紧办法，依法依规做好思想教育工作，安排专人跟踪管理，确保不发生择机上访事件。强化备勤劝返，抽调得力干部组成驻京或驻穗工作组，定期在广州、北京驻会值班开展劝返工作，确保越级上访人员及时安全劝返回当地。强化责任追究，明确责任，严格纪律，对重点人员稳控不力，发生进京上访的严格实行责任倒查，以此促进全县信访工作扎实有效开展。

【规范信访基础工作管理】 2016年，仁化县严格按照上级部门关于涉法涉诉、网络信访等工作要求，不断规范信访基础业务办理工作。严格规范信访事项办理程序。凡是群众来信来访的事项，一律录入电脑，登记建档，统一纳入信访管理系统。对信访事项受理、转办、交办、告知、答复、送达、转送接收、信息录入、复查复核等进行统一规范。把群众来信、来访、来电、网上投诉等不同形式反映的信访事项，纳入网上信访信息系统统一流转，形成网上受理、网下办理、网上回复工作机制，让“数据多跑腿，群众少跑路”。深化“诉访分离”改革。制定实施《仁化县开展通过法定途径分类处理信访投诉请求工作的实施方案》，要求各职能部门形成于法有据、要素齐全、简便易行的法定途径分类处理清单，全面理清信访工作与诉讼、仲裁、行政复议、行政裁决等其他法定途径边界，使各类群众信访诉求依法定渠道和各部门法定职责合理分流，依法处理。强化违法上访打击力度。制定实施《仁化县集中开展进京非正常上访专项治理工作方案》，对择机非正常进京上访实施联防联控专项治理，对违法上访行为，坚持“先处置行为，后处理问题”原则。通过实施一系列规范化管理，信访诉求渠道不断完善畅通，信访工作秩序明显好转，法治信访社会氛围逐步形成。

【夯实信访工作基础】 2016年，仁化县根据市《关于建设县（市、区）信访门户网站的通知》（韶信联明电〔2016〕20号）要求，开通建设仁化县信访门户网站，夯实信访部门建设，畅通群众信访渠道。继续实行信访维稳联席会议成员单位常驻县信访维稳中心工作接待处理群众上访问题制度及新提拔的机关副科级领导干部、县机关后备干部到信访局挂职锻炼制度。

仁化县信访局负责人名录：

局　长：罗海红

（温荣生　谭梅兰）

史志工作

【概况】 仁化县史志办公室（简称“县史志办”）根据《关于印发〈仁化县事业单位分类改革方案和有关配套政策〉的通知》（仁机编〔2014〕2号），编制《仁化县史志办公室机构编制方案》（下称“《方案》”）报县机构编制委员会办公室审核。该《方案》明确县史志办主要任务、内设机构和人员编制。截至2016年年底，县史志办有在编人员5人，借调3人。

2016年，县史志办在中共仁化县委、县政府领导和上级史志部门精心指导、县各单位（部门）大力支持配合下，团结协作，奋发进取，抓实做好各项业务工作，充分发挥史志部门“存史、资政、育人”职能作用，为仁化经济社会文化发展做出贡献。

【《中国共产党仁化县历史（第三卷，1978—2002）》编写】 2016年，县史志办加强做好社会主义时期党史资料收集整理工作，抓紧做好《中国共产党仁化县历史》（第三卷，1978—2002）编写工作，截至2016年年底，完成初稿40万字，经有关专家审阅后报市委党史研究室审核。

【年鉴工作】 《仁化年鉴（2016年）》出版发行。2016年年初，县史志办在充分调研2015年仁化县县情基础上形成《〈仁化年鉴（2016）〉编纂方案》初稿报县委办、县政府办审批。1月，中共仁化县委办公室、县政府办公室下发《关于进一步做好地方志工作的通知》，正式启动《仁化年鉴（2016）》编纂工作。6月29日，完成送审稿《仁化年鉴（2016）》83.3万字送方志出版社审核。9月，《仁化年鉴（2016）》由方志出版社出版发行。

《仁化年鉴（2014）》获奖。2016年，中国地方志指导小组组织开展全国地方志优秀成果（年鉴类）评审工作。县史志办积极响应，所选送《仁化年鉴（2014）》参加该次评审活动获评为一等年鉴，是全市唯一一部获该奖项年鉴。

【《仁化县历代方志集成》出版】 2016年，县史志办按照《广东省地方志事业发展规划（2016—2020年）》（粤府办〔2016〕76号）“2020年前继续实施广东旧志整理工程，市、县两级开展本地旧志分类整理以及旧志点校、提要、考录、辑佚等工作”要求，启动仁化县历代方志收集整理工作。8月，《仁化历代方志集成》（上、下卷）正式出版。《仁化历代方志集成》（上、下卷）收录仁化县建县至中华人民共和国成立期间历代编修《仁化县志》（下称“旧县志”）6种，并以6种旧县志为底本，按照忠于历史、保持原貌、不点不校原则编排，采用影印形式分上、下卷出版。

【地方志资料年报编写工作】 2016年，是仁化县开展地方志年报工作第四年。年内，县史志办根据2016年1月全省地方志工作会议精神，按照中共仁化县委办公室、仁化县人民政府办公室《关于进一步做好地方志工作的通知》（仁委办发电〔2016〕10号）要求，结合全县实际，督促和指导全县95个单位、部门完成2015年地方志资料年报报送工作。截至2016年年底，全县95个单位按时完成2015年地方志资料年报编报工作，资料总字数逾400万字。

【自然村落历史人普查工作】 2016年年初，仁化县全面铺开自然村落历史人文普查工作。7月，县史志办利用地校合作框架协议，与韶关大学旅游与地理学院合作，采取1名教授带3—4名学生为1个小组，共3个组形式开展自然村落历史人文普查。通过调阅县史志办以及各镇文化馆相关藏书资料，结合前期素材准备，有针对性对资料进行核查审验，深入到有明显特色自然村开展实地考察，搜集、补充资料，协助做好全县自然村落历史人文普查事项。截至2016年年底，完成全县900多条自然村表格填写及初稿形成工作。

【申苏申老区工作】 2016年3月，县史志办收集整理完成红军在仁化陈列馆资料10万余字。8月，收集整理完成《韶关（仁化）革命老区历史文集》150余页，约8万字。10月，起草《中共仁化县委 仁化县人民政府关于要求将仁化县呈报纳入罗霄山片区区域发展和扶贫规划范围的请示》并报韶关市人民政府。

【服务社会】 2016年，县史志办发挥史志部门职能作用，主动服务社会。年内，参与中共仁化县委组织部等部门承展的韶关市建党95周年图片巡回展工作。配合、协助市县“红军长征过境粤北纪念馆”选址工作，做好相关党史资料佐证工作。配合广东卫视等主流媒体“纪念红军长征胜利80周年”系列专题片拍摄工作。指导、协助城口、长江等镇（街道）开展 “纪念红军长征胜利80周年”主题革命遗址定点、布展活动。

【队伍建设】 2016年，县史志办采取集中学习与个人学习相结合形式，在巩固“三严三实”教育主题活动基础上，开展“两学一做”活动，做到学有心得、学有所用、学有成效、学有记录。深入学习贯彻习近平总书记系列重要讲话精神，落实《全国地方志事业发展规划纲要（2015—2020年）》和《广东省地方志事业发展规划（2016—2020年）》精神，做好人才培育工作，提高史志部门战斗力。年内，积极派员参加中青年干部培训班、全省地方志机构新进人员培训班、第一期全省地方志机构新任主任培训班、第一期全省地方史志管理培训班、党史专题讲座等。开展党史和地方志理论研究，提高史志人员理论研究水平。年内，县史志办人员向各级有关部门和各类刊物（媒体）、研讨会提交论文5篇，其中在国家级网站发表1篇。

【领导调研】 2016年10月27日，中共广东省委党史研究室主任杨建伟一行（约40人）到仁化县城口镇开展党性锤炼活动，参观红色革命遗址正龙街、五里山战壕、铜鼓岭红军烈士纪念碑，听取红军长征经过仁化县英勇史实和感人事迹。在重温红色历史，缅怀革命先辈过程中，杨建伟一行实地调研仁化县红军长征过境仁化革命遗址保护和开发利用情况。11月30日，中共中央党史研究室研究员王新生在韶关市史志办主任丁伟志陪同下，到仁化县调研红军长征革命遗址，中共仁化县委常委、县委办主任邱志坚及县委宣传部、县史志办有关人员陪同调研。

【其他工作】 2016年，县史志办抓好抓实“精准扶贫”挂点单位丹霞街道黄屋村帮扶工作，主动联系，帮助贫困户了解扶贫政策，解决实际困难。完善“仁化地情网”网站，结合县域特色，及时上传地情信息，宣传、推介仁化；截至2016年年底，仁化地情网上传综合志书4部、地情书籍4部、综合年鉴8部，网站点击率突破60万人次。

仁化县史志办公室负责人名录：

主　任：徐诚林

副主任：彭丽云

（王燕燕）

党校、电大、教师进修学校工作

【概况】 中共仁化县委党校、仁化县广播电视大学、仁化县教师进修学校于2001年4月三校合一。学校领导班子成员5名，其中，县委副书记兼党校校长1名，党校常务副校长兼电大、教师进修学校校长1名，副校长3名。党校党总支直属县机关工委，下设支部3个，截至2016年12月底，有中共党员41人（其中，第一支部7人，第二支部9人，老干支部25人）。学校内设行政办公室、教务处、招生办、培训处、总支办、奥鹏学习中心，截至2016年12月底，有在职教职工33人，离退休人员37人。在职教职工中，有行政干部2人，教师25人，职工6人；研究生3人，本科学历21人，大专学历7人；高级职称4人，中级职称15人，初级职称10人，未评职称2人。

校园总面积16576平方米，有教学楼、办公楼、住宿楼4幢，建筑面积5100平方米，设有饭堂、运动场，环境优雅，是仁化县园林式单位。2016年，学校有课室17间，其中电脑室3间、多媒体教室6间、琴室1间、舞蹈室1间，图书室3间、藏书2.34万册，电脑室电脑及办公电脑150台。

2016年，县委党校、县电大、县教师进修学校围绕“建设高素质干部队伍”中心，落实各级党校工作会议精神和县委、县政府工作部署，重视教师队伍建设，大力开展教研工作，完善各项制度，提高办学水平，积极推动仁化党员干部教育培训事业发展，为仁化经济社会发展提供智力支持

【干部教育培训】 2016年，县委党校根据《中共广东省委关于加强和改进新形势下党校工作的实施意见》（粤发〔2016〕30号），发挥党校“三个阵地，一个熔炉”作用，推动仁化县“四化推四区”建设，抓好主业主课。遵循《中国共产党党校工作条例》，围绕县委中心工作，发挥干部教育培训基地作用，按照“实事求是、与时俱进、艰苦奋斗、执政为民”中共党校教育总体要求，针对干部及公务员成长特点和需求，结合仁化经济社会发展具体实际，举办各类专题研讨班、学习班、培训班和论坛，提高县域干部和公务员政策理论水平，增强公务员服务意识。全年，县委党校举办建党对象培训班、专业技术人员培训班、中青年后备领导干部培训班、科级干部培训班、工会干部培训班、公务员全员培训班、全县妇女干部培训班、镇（街道）领导干部培训班、团干培训班、初任公务员培训班等各类主体班计37期4456人次。

【学历教育】 2016年，县电大、县教师进修学校根据《仁化县创建广东省推进教育现代化》（仁府办〔2015〕56号）及《仁

化县创建广东省推进教育现代化先进县实施方案》，克服生源日趋减少等困难，深挖潜力，严抓常规管理，提高教学质量，提升教师队伍整体水平，拓宽学校生存空间。加强教学科学性，做到教学计划、科目安排、时间安排、教师配备科学合理。加强教学针对性，针对学员不同特点，不同需求，广开专业，满足学员需求，新开设小学教育本科。保持教师先进性，要求教师不断自我充电，提升自身素质，洞悉教学前沿动态。2016年，电大春秋两季招生255人（其中专科134人，本科121人），奥鹏275人；全校有教学班39个（其中本科班19个），开设专业19个，学员577人；毕业103人。

【自身建设】 2016年，县委党校、县电大、县教师进修学校加强年轻工作人员培养力度，通过公开竞争和择优录取，充实一批年轻教师担任学校教学骨干。根据党校教师不同阅历和特点，本着量才用人，扬长避短原则，实行党校与电大之间，党校与机关之间干部相互交流，培养专才和通才，调动教师积极性，增强党员领导干部队伍生机和活力。学校建立以激励为价值取向，以建制度、强考核、重培养为措施用人新机制，形成能上能下、能出能进、目标管理、激励导向局面。全面推行教师队伍全员聘任制、岗位责任制、绩效考核制，提高学校人才管理水平。开展学校青年人才培养计划，制定培养规划，落实培养措施，提高青年人才综合素质。

【教学教研教改】 2016年，县委党校、县电大、县教师进修学校强化教师在岗自学，围绕教师岗位要求和所开课程，重点检查教师备课笔记、教案。选派教师到上级党校组织的业务培训班学习。年内，选派学校基层宣讲骨干2人参加中共韶关市委宣传部组织的“党的十八届六中全会精神宣讲工作部署会暨宣讲骨干培训班”进修学习，选派1人到市委党校参加培训学习，培训教师占专兼职教师总数60%以上。开展教师授课双向选择活动，在主体班开课前，把拟定课题和开设课程，先让教师选择，然后由校领导和教务部门进行综合平衡，最后在小范围内试讲。通过上述活动，提高教师授课能力和授课效果。把科研纳入教师考核内容。2016年，学校教师李建维参加韶关市哲学社会科学规划课题地方特色文化研究，成果形成书稿《丹霞山碑碣、楹联古迹文化研究》。

中共仁化县委党校、县广播电视大学、县教师进修学校负责人名录：

党校校长：区毅明（任至2016年4月任职）

党校常务副校长、电大、教师进修学校校长：刘炳鸿（任至2016年12月）

曾韶基（2016年12月任职）

党校、电大、教师进修学校副校长：张功煌（任至2016年7月）

黄玉文（2016年7月任职）

电大、教师进修学校副校长：

李碧芬（女） 邱云辉

（邱云辉　钟　坚）

仁化县人民代表大会及人大常委会

仁化县人大常委会负责人名录：

主　任：刘　锋（任至2016年10月）
　　　　廖志常（2016年10月任职）
副主任：张云勃（任至2016年10月）
　　　　黄付养（2016年10月任职）
　　　　邓田庭
　　　　马小荣（女）
　　　　连福强（任至2016年10月）
　　　　廖兰英（女）
　　　　夏德文
　　　　李建平（2016年10月任职）

概　况

2016年，仁化县人大常委会机关设办公室、内务司法工作委员会、经济工作委员会、选举联络人事任免工作委员会和教育科学文化卫生工作委员会1室4委。县人大常委会行使重大事项决定权、监督权、任免权。2016年，县人大常委会在中共仁化县委领导下，围绕“四化推四区”发展战略，主动适应新常态，团结带领全体人大代表，把握人大工作正确方向，服务全县大局，依法履行各项职责，践行监督使命，积极回应社会关切，扎实开展各项工作，为推进社会主义民主法治、依法治县建设，促进全县经济发展和社会全面进步做出积极贡献。

重要会议及决策

【代表会议】 县十四届人民代表大会第六次会议。2016年2月24—26日，仁化县第十四届人民代表大会第六次会议在县城召开。会议听取和审议《政府工作报告》《仁化县人民代表大会常务委员会工作报告》《仁化县人民法院工作报告》《仁化县人民检察院工作报告》，审查《仁化县国民经济和社会发展第十三个五年规划纲要（草案）》《仁化县2015年国民经济和社会发展计划执行情况与2016年国民经济和社会发展计划草案的报告》《仁化县2015年财政预算执行情况和2016年财政预算（草案）的报告》，并作出相关决议。会议表彰2015年优秀人大代表建议8件。代表对县“一府两院”及其部门2015年度履职满意度进行测评。

县十五届人民代表大会第一次会议。2016年10月25—28日，仁化县第十五届人民代表大会第一次会议在县城召开。会议听取和审议《仁化县政府工作报告》《仁化县人民代表大会常务委员会工作报告》《仁化县人民法院工作报告》《仁化县人民检察院工作报告》，并作出相关决议。会议依法选举：廖志常为仁化县第十五届人大常委会主任；黄付养、邓田庭、马小荣（女）、廖兰英（女）、夏德文、李建平为仁化县第十五届人大常委会副主任；黄本奎、李集生、刘永保、邱建华、谭家福、罗有发、蔡雪香（女）、徐泳、陈少忠、王记有、周恩善、叶桥忠、张展辉、刘伟雄、肖玲（女）、陈佳楣（女）、陈景标、史华晓、曹卫明、关佩武（女）、沙桂香（女）、郑海燕（女）为仁化县第十五届人大常委会委员；王晓梅（女）为仁化县人民政府县长；张元展、沈建图、丘光强、邹永祥、包伟红（女）、梁钰清为仁化县人民政府副县长；蓝韶东为仁化县人民法院院长；钟全芳（女）为仁化县人民检察院检察长；柳琛子（女）、黄其振、曾洪、李铖、刘锋、王晓梅（女）、廖志常、王凤娟（女）、史华晓、代轶诚、成广南（女）、关佩武（女）、江艳芬（女）、许瑞琳（女）、李雪焦（女）、李斐霞（女）、杨雪花（女）、陈梅（女）、陈景标、罗斯伦、周红菊（女）、高玉峰、郭志林、黄本志、符小密（女）、赖彦君（女）为韶关市第十四届人民代表大会代表。

【常委会会议】 县十四届人大常委会第37次会议。2016年1月6日，仁化县第十四届人大常委会第37次会议在县政府礼堂2楼会议室召开。会议的议程有7项：一是审议县政府《关于提请调整2015年GDP增长目标的报告》，二是审议县政府《关于提请调减2015年县级财政预算收入目标的报告》，三是听取和审议县政府关于2015年财政预算执行与2016年财政预算初步安排的情况汇报，四是听取和审议县政府关于办理县第十四届人大第五次会议代表意见建议情况汇报，五是审议关于表彰2015年优秀人大代表建议的议案，六是讨论召开县第十四届人大第六次会议的有关事项，七是人事任免。会议采用无记名投票表决方式，任命郭葳为县政府副县长（挂职），赖慈辉为县人民法院民事审判第一庭庭长，叶毅权为县人民法院周田人民法庭庭长，何丽萍为县人民法院长江人民法庭庭长；同意恢复赖绍奇执行县第十四届人民代表大会代表职务。

县十四届人大常委会第38次会议。2016年2月1日，仁化县第十四届人大常委会第38次会议在县政府礼堂2楼会议室召开。会议议程有3项：一是人事任免，二是讨论县人大常委会工作报告（稿），三是讨论县第十四届人大第六次会议有关建议名单、日程安排草案。会议采用无记名投票表决方式，同意接受李志贞辞去仁化县人民政府副县长职务；任命包伟红为仁化县人民政府副县长。

县十四届人大常委会第39次会议。2016年3月18日，仁化县第十四届人大常委会第39次会议在县人大会议室召开。会议议程是审议决定个别代表辞去职务申请。会议经以无记名投票方式进行表决，同意接受周锦才辞去韶关市第十三届人民代表大会代表职务。

县十四届人大常委会第40次会议。2016年4月26日，仁化县第十四届人大常委会第40次会议在县政府礼堂2楼召开。会议议程有2项：一是听取和审议县政府关于加快推进旅游休闲产业发展工作情况汇报；二是人事任免。会议通过无记名投票表决，免去邓又进仁化县统计局局长职务、周锦才仁化县财政局局长职务；任命邓又进为仁化县财政局局长。

县十四届人大常委会第41次会议。2016年6月6日，仁化县第十四届人大常委会第41次会议在县政府礼堂2楼召开。会议议程有3项：一是听取和审议县环保局工作情况汇报，二是听取和审议县水务局工作情况汇报，三是人事任免。会议经无记名投票表决，免去：苏建仁化县环境保护局局长职务，徐友生仁化县人民检察院检察员、检察委员会委员、副检察长、反贪污贿赂工作局局长职务。任命：谭建华为仁化县环境保护局局长，马甲娣为仁化县统计局局长。

县十四届人大常委会第42次会议。2016年7月13日，仁化县第十四届人大常委会第42次会议在县政府礼堂2楼会议室召开。会议议程有4项：一是人事任免，二是审议通过《仁化县县镇两级人大换届选举工作方案》，三是审议通过《关于县人民代表大会换届选举的决定（草案）》，四是审议通过成立仁化县选举委员会公告（草案）。会议通过无记名投票表决，同意接受区毅明、杨云辞去仁化县人民政府副县长职务。免去：杨云仁化县公安局局长职务，连辉标仁化县人大常委会丹霞街道工作委员会主任职务，肖举才仁化县人大常委会经济工作委员会副主任职务，张石龙仁化县人大常委会丹霞街道工作委员会副主任职务，陈巧桢仁化县人民检察院检察委员会委员、检察员职务。任命：邹永祥为仁化县人民政府副县长、仁化县公安局局长，沈建图为仁化县人民政府副县长，张增清为仁化县人大常委会丹霞街道办事处工作委员会主任，刘伟雄为仁化县人大常委会经济工作委员会副主任。

县十四届人大常委会第43次会议。2016年8月1日，仁化县第十四届人大常委会第43次会议在县政府礼堂2楼召开。会议审议表决通过《关于调整县镇两级人大换届选举日的决定（草案）》。

县十四届人大常委会第44次会议。2016年8月26日，仁化县第十四届人大常委会第44次会议在县政府礼堂2楼会议室召开。会议议程有7项：一是人事任免，二是听取和审议县审计局关于2015年财政预算执行与其他财政收支情况审计工作报告，三是听取和审议县政府关于2016年上半年国民经济和社会发展计划执行情况报告，四是听取和审议县政府关于2016年上半年预算执行及其他财政收支情况报告，五是听取和审议县政府关于2015年财政决算报告，六是听取和审议县政府关于2016年财政预算调整方案报告，七是听取换届选举有关工作汇报。会议通过无记名投票表决，任命蓝韶东为仁化县人民法院副院长、审判委员会委员、审判员，钟全芳为仁化县人民检察院副检察长、检察委员会委员、检察员。免去肖俊青仁化县经济和信息化局局长职务。同意接受郭葳辞去仁化县人民政府副县长（挂职）职务，张少雄辞去仁化县人民法院院长职务，肖建红辞去仁化县人民检察院检察长、检察委员会委员、检察员职务。决定蓝韶东为仁化县人民法院代理院长，钟全芳为仁化县人民检察院代理检察长。

县十四届人大常委会第45次会议。2016年10月14日，仁化县第十四届人大常委会第45次会议在县政府礼堂2楼会议室召开。会议议程有4项：一是人事任免，二是讨论县人大常委会工作报告（草稿），三是讨论召开县十五届人大一次会议有关事项，四是审议确认县十五届人大代表资格。会议通过无记名投票表决，任命：邓志立为仁化县人民政府办公室主任，李伟强为仁化县环境保护局局长，谭卫东为仁化县民政局局长，廖永香为仁化县林业局局长，黎明为仁化县监察局局长。免去：谭卫东仁化县人民政府办公室主任职务，邓志立仁化县林业局局长职务，廖永香仁化县监察局局长职务，谭建华仁化县环境保护局局长职务，梁德明仁化县民政局局长职务。

县十五届人大常委会第1次会议。2016年11月25日，仁化县第十五届人大常委会第1次会议在县政府礼堂2楼会议室召开。会议议程有3项：一是人事任免，二是审议2016年仁化县第二次财政预算调整方案报告，三是审议通过《仁化县授予荣誉市民称号办法（送审稿）》。会议通过无记名投票表决，任命：徐仁辉为仁化县人大常委会选举联络人事任免工作委员会主任，梁炜为仁化县农业局局长，林伟清为仁化县人力资源和社会保障局局长，邬立雄为仁化县卫生和计划生育局局长，肖润华为仁化县经济和信息化局局长。免去：李集生仁化县人大常委会选举联络人事任免工作委员会主任职务，梁炜仁化县人力资源和社会保障局局长职务，梁钰清仁化县农业局局长职务，陈喜年仁化县卫生和计划生育局局长职务。

县十五届人大常委会第2

次会议。2016年12月22日，仁化县第十五届人大常委会第2次会议在县政府礼堂2楼会议室召开。会议议程有8项：一是审议县政府关于办理县十四届人大六次会议代表意见建议情况汇报，二是审议《2016年仁化县第三次财政预算调整方案报告》，三是审议《将政府购买服务建设项目资金列入县本级财政预算的报告》，四是审议决定个别代表辞去职务的申请，五是人事任免，六是审议通过县十五届人大代表资格审查委员会议案，七是审议《关于表彰2016年人大代表优秀建议的决定（草案）》，八是审议仁化县禁毒委关于禁毒工作情况汇报。会议经以无记名投票表决，同意接受林伟清辞去县十五届人大代表职务；任命刘冬梅为仁化县人民检察院检察委员会委员、检察员，黄远飞、赖仁桥为仁化县人民检察院检察员。

重要活动

【规范性文件备案审查调研】 2016年4月28日，韶关市人大常委会法制工委副主任谢建忠带领法制工委备案审查科一行，到仁化县开展规范性文件备案审查工作调研。县人大常委会副主任连福强等参加座谈。调研组听取县人大常委会内务司法工委关于规范性文件备案审查有关工作报告，并询问制定备案审查程序规定、相关配套制度、备案审查专门机构设立和人员配备等情况。

【农村电子商务发展调研】 2016年6月29日，市人大常委会副主任邓小杰率市人大代表到仁化县视察农村电子商务发展情况，县人大常委会副主任夏德文陪同参加视察活动。邓小杰一行首先到仁化县乐村淘电子商务有限公司，仔细察看公司线上交易平台和店内销售产品，并详细询问公司盈利模式、销售业绩等情况，就政策支持与公司负责人进行详细交流。邓小杰一行还实地走访董塘镇和大岭村乐村淘体验店，认真了解乐村淘镇、村生态系统。

【立法调研】 2016年7月18日，由市人大常委会副秘书长陈曦率队组成的调研组到仁化县开展《丹霞山保护条例》立法调研。县领导张云勃、连福强、廖兰英、郭葳参加调研。

【封山育林议案办理视察】 2016年7月20日，市人大常委会组织部分韶关市第十三届人大代表到仁化县视察封山育林工作议案办理情况。市人大常委会代理主任林平杰，副主任张平、邓小杰参加视察，县人大常委会常务副主任张云勃、副主任夏德文陪同视察，副县长黄付养在现场向视察组介绍仁化县封山育林工作情况。林平杰一行先后视察丹霞山铁皮石斛生产基地、县城城南森林公园、高坪封山育林示范点、高坪茶叶生产加工基地。

【垃圾管理条例检查】 2016年9月7日，广东省人大常委会副主任陈小川率省人大常委会检查组检查仁化县贯彻实施《广东省城市垃圾管理条例》情况，韶关市人大常委会副主任杨小明及仁化县领导刘锋、王晓梅、廖兰英、沈建图等陪同检查。检查组一行深入丹霞街道垃圾清运中转站、董塘镇高莲村以及董塘镇岩头生活垃圾卫生填埋场，实地检查仁化县生活垃圾处理情况

主要工作

【监督工作】 加强经济工作监督。2016年，仁化县人大常委会听取和审议县人民政府关于2015年县级财政预算执行情况与2016年县级财政预算安排的报告，关于2015年县级财政预算执行与其他财政收支情况审计工作报告，关于仁化县2016年上半年国民经济和社会发展计划执行情况报告，关于仁化县2016年上半年预算执行情况报告等经济工作方面专题

报告。并依法提出审议意见或作出决议，切实维护预算严肃性，保证预算资金合理统筹，集中财力办大事，使全县经济保持平稳发展。

凝心聚力支持“一府两院”依法履职。2016年，仁化县人大常委会站在全县大局高度，秉持寓监督于支持之中，与“一府两院”同心协力、有责同担。年内，听取和审议县政府关于加快推进旅游休闲产业发展工作情况汇报，为推动休闲旅游产业发展向县政府提出要充分利用县域旅游资源加大旅游休闲产业产品挖掘力度，丰富旅游产业内涵等建设性意见建议。听取和审议县环保局工作情况汇报，对县环保局提出要提高认识，完善机制，形成合力，严格执行国家、省、市有关环境保护法律法规及生态问责机制，切实履行环保职责，保护好全县青山绿水等意见建议。听取和审议县水务工作，建议县水务局农田水利建设项目应与旅游开发、美丽乡村建设综合考虑、综合规划，要做好验收使用后的水利设施维护和管理工作，加强与镇、村沟通联系，将水利建设真正惠及人民。

加强社会事业监督。2016年7月，仁化县人大常委会组织部分市县人大代表对县社会救助工作情况进行视察，督促县政府及有关部门不断创新完善社会救助政策，建立健全统一高效社会救助管理体制。

【重大事项决定】 2016年，仁化县人大常委会围绕县委中心工作，抓住事关发展、事关全局、事关长远的重大问题，以及人民群众普遍关心和迫切要求解决的热点难点问题，及时依法作出决议、决定。2016年，仁化县人大常委会作出《关于同意调整仁化县2015年财政收支预算的决议》《关于同意将政府购买服务建设项目资金列入县本级财政预算的决议》《关于同意2016年仁化县财政预算调整方案的决议》等决议、决定24项。

【人事任免】 2016年，仁化县人大常委会把坚持中共领导、充分发扬民主和严格依法办事有机统一起来，讲政治、顾大局，依法行使人事任免权。年内，仁化县人大常委会依法任命国家机关工作人员19人次，免去国家机关工作人员职务19人次，接受3名国家机关工作人员因工作需要辞去职务，从组织上保证国家机关正常运转。

【代表工作】 提高代表履职能力。2016年10月，仁化县人大常委会新一届代表产生后，县人大常委会及时举办一期170名人大代表参加的代表履职培训班，提高代表素质，增强代表履职能力。积极为县人大代表订阅《人民之声》等杂志，及时更新县人大网站内容，为人大代表学习相关法律和人大业务知识创造条件。

督办代表议案建议。2016年，仁化县人大常委会把代表议案建议的督办工作列入重要议事日程，建立完善《关于办理代表建议、批评和意见工作考评办法》《关于评选表彰县人大代表优秀议案和建议办法》等制度。全年，评选优秀代表建议8件。加强跟踪督办未办结代表议案，组织代表视察《关于要求加快建设田家炳小学进度的议案》办理情况。

深化联系代表制度。2016年，仁化县人大常委会制定《仁化县人大常委会组成人员联系县人大代表计划安排》，要求县人大常委会组成人员与全体人大代表建立相对固定的“全覆盖”联系。通过联系基层人大代表，了解掌握基层人大代表生产生活情况，加强基层人大代表履职工作指导，激励基层人大代表发挥人大代表作用。

【来信来访工作】 2016年，仁化县人大常委会把人大信访工作作为密切联系群众、了解社情民意、加强对“一府两院”工作监督的一项重要内容，畅通信访渠道，认真受理人民来信来访，综合分析信访动态，重点督办涉法信访件及人民反映突出的问题，妥善化解一批社会矛盾，维护社会公平正义。全年，接待群众来信来访47宗次，接访群众122人次。

【自身建设】 提高服务大局能力。2016年，仁化县人大常委会结合“两学一做”等教育学习活动，深入各镇（街）、部门开展联系、调研、指导工作，参与项目推进、招商引资、干群会客、创文、企优、美丽乡村建设等重点工作，提高服务大局工作能力。

加强基层人大工作的联系与指导。2016年，仁化县人大常委会加强与镇（街）人大工作联系，邀请镇（街）人大干部列席常委会会议，参与执法检查、视察活动。指导镇（街）人大依法开好人代会，开展闭会期间代表视察、联系选民等活动，推进基层人大工作规范化。

重视做好人大宣传工作。2016年，仁化县人大常委会加强通讯员队伍建设，召开宣传工作会议。办好《人大信息》和网站，积极向上级报送信息。通过全方位、多角度宣传活动，为人大工作开展营造良好舆论氛围。全年，出版《人大信息》9期，在县人大网站发布信息70条，向上级报送消息（文章）53篇。

【县镇两级人大换届工作】 2016年，仁化县人大常委会根据中央、省、市统一部署，在中共仁化县委领导下，高度重视县、镇两级人大换届选举工作。在换届选举过程中，认真制定工作方案，层层建立工作机构，明确工作职责，积极宣传动员，加强培训指导，调动选民参选热情，及时研究解决工作中遇到的各种问题。9月13日，依法选举产生新一届县镇两级人大代表。

仁化县人大常委会各工委负责人名录：

办公室主任：黄本奎

内务司法工委主任：邱建华

经济工委主任：谭家福

选联任工委主任：李集生

（任至2016年11月）

徐仁辉

（2016年11月任职）

教科文卫工委主任：刘永保

（陈贤坤　黄林珍）

2016年7月20日，韶关市人大常委会组织部分市第十三届人大代表到仁化县视察封山育林工作议案办理情况 （县人大办供稿）

仁化县人民政府

仁化县人民政府负责人名录:

县　长: 王晓梅（女）

副县长: 区毅明（任至2016年7月）

张元展

黄付养（任至2016年10月）

李志贞（女，任至2016年2月）

杨　云（任至2016年7月）

沈建图（2016年7月任职）

丘光强

邹永祥（2016年7月任职）

包伟红（女，2016年2月任职）

梁钰清（2016年10月任职）

郭　葳（挂职，2016年1月任职，任至2016年8月）

综　述

2016年，仁化县人民政府在中共仁化县委领导和县人大、县政协监督支持下，深入贯彻落实中共十八大，中共十八届三中、四中、五中全会和习近平总书记系列重要讲话精神，紧扣“实事求是，稳中求进”工作总基调，围绕“十二五”发展规划及年度目标任务，全面落实“四化推四区”发展战略，积极采取各种“稳增长、促转型、惠民生”措施，力促全县经济稳步发展。2016年，全县完成地区生产总值103.3亿元，同比增长8.6%，GDP增速位居全市各县（市、区）第二，创2008年以来最好成绩，GDP总量首次突破百亿元大关；人均生产总值4.96万元，比上年增长7.7%，位居全市各县（市）前列。完成一般公共预算收入6.28亿元，比上年增长6.35%，增速位居全市各县（市、区）第一。完成固定资产投资63.74亿元，比上年增长5.3%。县人武部被中央军委国防动员部评为“先进党委”，县政府残工委被国务院残工委评为“全国残疾人工作先进单位”，仁化县再获“广东省双拥模范县”称号，实现“五连冠”。

重要会议

【县政府常务会议】　2016年，县政府召开县政府常务会议18次。主要讨论通过《关于收回龙飞公司未开发土地入驻其他企业的请示》《关于做好我县农村客运班线延伸的工作方案》《关于黄坑镇永茂苗圃评估价格相关事宜的请示》《仁化县关于大力推进大众创业万众创新实施意见》《关于下达仁化县2016年人工商品林采伐指标的请示》《仁化县贯彻落实〈韶关市农村生活垃圾收运处理工作绩效考核办法（试行）〉的实施方案》《关于请求同意〈董塘镇重金属污染农田修复示范实施方案〉的请示》《广东省新时期精准扶贫相对贫困户申报汇总表》《关于开发建设综治中心地块的请示》《仁化县国民经济和社会发展第十三个五年规划纲要（第三次征求意见稿）》、《仁化县2015年国民经济和社会发展计划执行情况及2016年国民经济和社会发展计划草案（讨论稿）》《关于仁化县2015年财政预算执行情况和2016年财政预算草案的报告（征求意见稿）》《2016年政府工作要点》《关于凡口矿、丹霞冶炼厂、煤矸石电厂用水水费价格及水资源费的意见》《关于广东省山区五市中小河流治理仁化县2016年治理项目县级配套资金的承诺书》《关于请求拨付夏富新村建设土地和地上附着物补偿资金的请示》《关于上报仁化县2015年度省级现代农业示范区实施方案的请示》《关于2015年仁化县促进经济发展奖金分配方案的请示》《关于审议〈仁化县政府部门权责清单（送审稿）〉〈仁化县政府部门职能调整目录（送审稿）〉和〈仁化县政府部门非行政许可审批事项清理决定（送审稿）〉的请示》《仁化县国有林场改革实施方案（送审稿）》《关于周田镇新庄大桥南侧地块国有土地使用权出让有关事项的请示》《关于仁化县原林业局仓库地块土地出让有关事项的请示》《关于周田镇有色金属循环经济产业基地土地地块出让有关事项的请示》《关于丹霞街道中心村E、F地块国有土地使用权出让有关事项的请示》《关于城口镇城群村委江头埂A地块土地出让有关事项的请示》《仁化县主动融入珠三角实现加快发展行动计划（2016—2018）（讨论稿）》《关于要求稳定基层动物防疫队伍的请示》《仁化县新型职业农民培育认定管理办法》《仁化县新型职业农民扶持奖励办法》《仁化县建设领域工人工资支付分账管理实施细则》《关于仁化县2016年中小河流治理项目等8个项目向韶关市农发行融资的请示》《关于广东省渔政总队仁化大队划转的请示》《关于采用“F+EPC”模式推进绿道二期及丹霞大道二期项目建设的请示》《关于明确绿道二期及丹霞大道二期项目业主的请示》《关于申请调整仁化县城口镇城群村委江头埂A地块（城口温泉项目）控制性详细规划的请示》《关于新增省道S246线瑶前至三板桥段改线工程、县域生活污水处理厂及污水管网升级改造工程、县村村通自来水工程、县防洪排涝整体疏导改造工程以及县丹霞大道二期中段（卜古岭至青湖塘村）改造等5个项目向市农发行进行融资的请示》《关于新增仁化县省道246线瑶前至三板桥段改线工程项目等5个项目向韶关市农发行融资的请示》《关于我县城口镇城群村委江头埂A地块土地出让有关事项的请示》《关于我县丹霞街道车湾村原澄源小学地块土地出让有关事项的请示》《关于报请审批〈仁化县周田镇总体规划（2014—2030）〉（报批成果）的请示》《关于〈仁化县丹霞新城综合建设项目房屋征收与补偿方案〉补充规定的请示》《关于仁化县环境综合治理、县城污水处理厂委托运营项目服务费用纳入财政预算的请示》《关于审定〈仁化县“十三五”环境保护与生态建设规划〉的请示》《关于提请审定〈仁化县卫生和计划生育事业发展“十三五”规划〉的请示》《关于请求审批石塘镇〈韶关仁化石塘村传统村落保护发展规划〉的请示》《关于请求批准仁化县城镇周边永久基本农田划定工作成果的请示》《关于县人民医院住院部东侧地块土地出让有关事项的请示》《关于印发涉及财政资金安排公文处理程序的通知》《关于县土地开发整理中心转为财政全额拨款事业单位的意见》《关于印发仁化县“梦幻丹霞”建设项目房屋征收与安置补偿方案的请示》《关于请求审核丹霞街道牛鼻村简帛精舍文化旅游项目地上附着物征收与补偿方案（征求意见稿）的请示》《关于请求审定周田镇至韶赣高速丹霞出口市政道路改造建设项目房屋征收与补偿方案补充规定的请示》《关于中达锌业有限公司和丹霞新城房地产开发公司土地出让金返还问题的意见》《仁化县行政事业单位资产盘活方案》《仁化县病险山塘除险加固实施方案》《仁化县党政领导干部生态环境损害责任追究实施意见（初稿）》《仁化县整合建立统一的公共资源交易平台实施方案》《仁化县加快投资项目审批改革方案》《关于进一步促进政府工作提质增效若干机制》《仁化县农村民宿管理办法（试行）》《关于审议〈仁化县行政许可事项目录（2016年版）〉（送审稿）的请示》《仁化县农村产权抵押贷款工作实施方案》《仁化县农业“政银保”项目实施方案》《仁化县农村改革发展三年行动计划（2016—2018年）》《仁化县关于加快构建新型农业经营体系的实施意见（2016—2018）》《仁化县改善农村人居环境建设美丽乡村工作分工实施方案》《关于仁化县贯彻落实粤东西北地区新一轮生活垃圾和污水处理基础设施建设的实施方案》《仁化县加快农村人居环境综合整治建设美丽乡村三年（2016—2018年）行动计划》《仁化县集体建设用地使用权流转管理实施办法》《关于竞拍原煤炭总公司地块相关事宜的请示》《关于我县村（居、社区）“三定”干部参加企业职工养老保险的实施意见》《关于向市农业发展银行融资申请抵押物的请示》《关于将县市政工程公司划归县住建局管辖的请示》《关于批准进行资产置换的请示》《关于印发仁化县河湖养护保洁管理办法及实施细则的通知》《关于印发仁化县“河长制”管理实施方案的通知》《关于下达仁化县二〇一六年度商品林采伐限额的请示》《关于对有关单位要求不进驻行政服务中心综合办事大厅设置窗口的请示》《关于仁化县周田镇黄泥塘广场工程相关事宜的回复》《仁化县新时期精准扶贫精准施策工作意见（送审稿）》《仁化县县城规划区农民住房管理规定（送审稿）》《仁化县授予荣誉市民称号办法（送审稿）》《关于丹霞街道办事处在编在岗工作人员乡镇工作补贴发放范围和标准有关事项的意见》《关于增加仁化县农业生态旅游观光设施项目工程预算的请示》《仁化县农村民宿管理办法（试行）》《仁化消防工作“十三五”规划》《关于仁化县周田产业园基础设施一期工程项目向韶关市农发行融资的请示》《仁化县农村综合改革实施方案》《仁化县新时期精准扶贫精准脱贫三年攻坚实施方案》《关于进一步完善广东省仁化县国家重点生态功能区产业准入负面清单的请示》《关于申请拨付2017年春节安装灯饰挂灯笼费用的请示》《关于继续将县山林纠纷调处办工作人员列入享受信访岗位津贴范畴的请示》《〈仁化县关于妥善解决乡镇老放映员历史遗留问题的实施方案〉、〈仁化县对无法提供“三证一文件”老电影放映员的身份认定方案〉的请示》《关于2016年度退役士兵安置工作的请示》《仁化县2015年基准地价更新成果与周边县市区地价分析报告》《关于仁化县董塘镇原交管站地块国有土地使用权出让的请示》《关于成立仁化县锦成投资开发有限公司的请示》《关于拨付省级财政专项扶贫资金（第一批）、市级财政专项扶贫资金（第一、二批）、县级财政专项资金的请示》《关于审定2016年仁化县第三次财政预算调整方案的请示》，研究关于农村人居环境综合整治、供给侧结构性改革、协税护税、农村普惠金融、省教育现代化先进县创建、全县中小学校（幼儿园）示范性平安食堂示范点创建、“两学一做”专题教育活动等事项。

【县政府工作会议】 2016年1月5日，仁化县人民政府在县政府办会议室主持召开会议，研究加快推进县人民医院至中职学校市政道路改造工程工作。1月13日，县政府在县政府办会议室主持召开会议，研究讨论关于G323线平甫至雷坑段建筑垃圾的清理和工程运输车扬尘的处理工作。1月22日，县政府在县政府办会议室主持召开会议，研究不动产登记工作。2月29日，县长王晓梅在县政府办会议室主持召开县长办公会议，研究部署2016年“10项惠民实事”任务分解表、2016年仁化县政策性农房保险工作方案、教师招聘、县直单位工作绩效考核方案等事项。3月7日，县长王晓梅在县政府办会议室主持召开县长办公会议，研究部署丹霞绿道一期项目收尾、林业生态红线划定、韶赣高速公路周田出入口改造及景观大道工程涉及的土地房屋征收等事项。3月14日，县长王晓梅在县政府办会议室主持召开县长办公会议，研究部署丹霞山环境整治、广东杜氏玻璃项目涉及的交通建设、长江镇“7·4”和“11·16”水灾农村水毁公路修复建设等事项。3月21日，县长王晓梅在县政府办会议室主持召开县长办公会议，研究部署县中医院综合大楼工程建设、周田镇火灾安全隐患重点整治镇迎检工作等事项。4月11日，中共仁化县委副书记、常务副县长区毅明在县政府办会议室主持召开县长办公会议，研究部署处置封存公务用车、简帛精舍文化旅游项目建设、丹霞山环境整治等事项。4月18日，县长王晓梅在县政府办会议室主持召开县长办公会议，研究部署仁化县2016年丹霞山世界地质公园再评估迎检工作方案、县中小河流治理项目征地等事项。4月25日，县长王晓梅在县政府办会议室主持召开县长办公会议，研究部署仁化县重大项目计划投资、县城至丹霞山绿道二期项目推进、武深高速公路（仁化段）建设涉及的房屋征收等事项。5月3日，县长王晓梅在县政府办会议室主持召开县长办公会议，研究部署仁化县环境卫生管理市场化运作、国有林场体制改革、全县第一季度经济形势分析会等有关事项。5月9日，县长王晓梅在县政府办会议室主持召开县长办公会议，研究第一、二市场改造升级、仁化县2016年度企业职工基本养老保险扩面征缴工作实施方案等事项。5月16日，县长王晓梅在县政府办会议室主持召开县长办公会议，研究部署大岭工业园“金钱岭”地块争议问题、县教育局、田家炳小学搬迁、长江镇政府至白洞路段改造等事项。5月23日，县长王晓梅在县政府办会议室主持召开县长办公会议，研究部署仁化县政府全民文化广场一期项目建设、推进全县旅游休闲产业发展、城口温泉小镇投资建设等事项。5月30日，县长王晓梅在县政府办会议室主持召开县长办公会议，研究仁化县游客集散中心方案、招商引资工作方案、仁化县突发事件紧急信息报送机制等事项。6月6日，县长王晓梅在县政府办会议室主持召开县长办公会议，研究部署仁化县新城路政府院内部分房屋改造建设项目房屋征收与补偿方案、周田镇新庄村样板房处置等事项。6月12日，县长王晓梅在县政府办会议室主持召开县长办公会议，研究部署仁化县X335线上社至马岭段公路改线工程和华南虎保护区仁化长江片区调规、丹霞城口温泉小镇项目工作进展等事项。6月20日，县长王晓梅在县政府办会议室主持召开县长办公会议，研究部署基层医疗卫生机构经常性收入支出核定实施办法、县体育馆至丹霞新城道路贯通工程改造、华南虎保护区规划调整等事项。7月4日，县长王晓梅在县政府办会议室主持召开县长办公会议，研究部署县废品收购站设置规划、县县环境综合治理、县城污水处理厂设施建设、S246线仁化县城段公路改线工程等事项。7月11日，县长王晓梅在县政府办会议室主持召开县长办公会议，研究部署仁化一中挡土墙、围墙及排水系统重建工程、龙井村小桥路段路面扩建优化方案、仁化县山区和农村边远山区学校教师津贴进行调整等事项。7月18日，县长王晓梅在县政府办会议室主持召开县长办公会议，研究部署卫生体制改革实施方案、县城主要内涝点整治、各级党政机关和事业单位差旅费管理等事项。7月25日，副县长张元展在县政府办会议室主持召开县长办公会议，研究部署农村集体经营性建设用地、樟树公园规划建设、县级公立医院综合改革等有关事项。8月8日，县长王晓梅在县政府办会议室主持召开县长办公会议，研究部署仁化县水污染防治行动计划、北门片区建设项目、政务新闻、新闻信息管理工作等事项。8月22日，副县长张元展在县政府办会议室主持召开县长办公会议，研究部署仁化县“双创”基地建设推进、仁化县规范性文件清理等事项。8月29日，县长王晓梅在县政府办会议室主持召开县长办公会议，研究部署石窝生活垃圾卫生填埋场移交北控公司试运营、仁化县渔业捕捞和养殖业油价补贴政策调整实施方案等事项。9月12日，县长王晓梅在县政府办会议室主持召开县长办公会议，研究部署有色金属基地征拆工作、银海企业搬迁、新田家炳小学搬迁等事项。9月26日，县长王晓梅在县政府办会议室主持召开县长办公会议，研究部署仁化县购房契税补贴实施方案、仁化县行政服务中心窗口单位进驻工作实施方案、“十一”黄金周期间交通、环境卫生、食品安全等整治工作。10月10日，县长王晓梅在县政府办会议室主持召开县长办公会议，研究部署周田镇平甫村委北侧地块出让方案、丹霞山人工林赎买流转、丹霞新城公共市政设施回购等事项。10月31日，县长王晓梅在县政府办会议室主持召开县长办公会议，研究部署仁化县2016年“企忧档案”工作奖励方案、专项资金支出、协税护税、社保征缴扩面以及土地中期调规等事项。11月14日，县长王晓梅在县政府办会议室主持召开县长办公会议，研究部署仁化县国有资产经营（集团）有限公司组建方案（草案）、政府收储梦幻丹霞项目、闻韶温泉项目等事项。11月21日，常务副县长张元展在县政府办会议室主持召开县长办公会议，研究部署深化县属企业负责人薪酬制度改革的实施方案、县行政事业单位资产的挂牌出让处置等事项。11月29日，县长王晓梅在县政府办会议室主持召开县长办公会议，研究部署丹霞山1号温泉引水工程建设、启动县人居环境整县提升PPP项目咨询服务等事项。12月26日，县长王晓梅在县政府办会议室主持召开县长办公会议，研究部署全县工业发展、制定和调整污水处理收费标准、首届农业生态博览会等事项。

重大政事

【石塘古村成功创建国家AAA级旅游景区】 2016年1月28、29日，国家A级景区评审组对仁化县石塘古村申报创建国家AAA级旅游景区进行评定验收。评审组通过观看石塘古村专题纪实片、听取创建工作情况汇报、现场实地考察评审等方式，对石塘古村景区进行考核打分，认为石塘古村达到国家AAA级旅游景区有关标准要求，同意通过评审验收。

【仁化县突出加强产业“四对接”】 2016年3月1日，仁化县制定出台《仁化县国民经济和社会发展第十三个五年规划纲要》，提出要树立主动融入“珠三角”战略思维，突出加强产业“四对接”，加快实现融合发展，力争率先在全省山区县走出一条绿色转型发展新路子。一是加强工业产业对接合作。抢抓“珠三角”产业转移机遇，借助东莞虎门对口帮扶力量，积极参与“珠三角”地区产业、市场等分工，重点引进旅游产品加工、电子信息、机械制造、新能源、新材料、竹木深加工等项目，培育发展电子商务、现代物流、节能环保等战略性新兴产业。二是加强旅游产业对接合作。利用自身生态资源优势与“珠三角”进行消费交换，积极引进“珠三角”资金参与旅游项目开发，重点是加快石塘古村、灵溪河养生度假、城口温泉、扶溪梯田、万时山等景点景区开发建设，培育一批以“丹霞仁家”为品牌的农家乐以及特

美丽的锦江 （谢嘉文 摄）

色民宿客栈，开发一批“旅游+森林度假、生态养生、户外探险、文艺创作、体育竞技”等特色旅游项目。三是加强城建配套产业对接合作。借鉴“珠三角”等发达地区先进的人居理念，制定打造广东休闲旅游“慢城”战略规划，推进以人为核心新型城镇化建设。引进有实力开发商，积极推进北门片区、火车站广场片区、青湖塘片区等政府储备地开发，建设中高端健康养生小区，制定房地产去库存优惠政策，吸引“珠三角”、韶关市区及县内有条件群众置业居住。四是加强农业产业对接合作。利用优越自然条件，发展高效、生态、安全绿色农业，打造“珠三角”地区优质农产品生产供应基地。积极推进“互联网+”农业休闲观光、“丹霞仁家”、特色农产品发展，加强与“珠三角”知名品牌农产品电商销售平台合作，推动仁化品牌农产品全面直供和专供“珠三角”，推动两地农产品产销联建合作。

【做好招商引资和项目攻坚工作】 2016年，仁化县致力于“抓项目、强后劲”，开展招商引资工作，加大力气推动项目落地建设，为增强经济发展后劲积聚能量。扎实开展虎门仁化产业对口帮扶工作，产业招商成效明显。全年，全县招商新签约项目10个，总投资额96.1亿元；新登记注册千万元以上项目25个，注册资本6.56亿元，新动工项目17个，到位资金3.33亿元。引进拟投资20亿元的安徽祥源文化旅游、拟投资10亿元的北京顺峰“丹霞·水上人家”和拟投资3.5亿元的丹霞湖山温泉旅游度假村等一批重大项目。做好土地利用总体规划中期调整工作，收储土地11宗23.97公顷，组织建设用地网上交易13宗19.93公顷。全县34个重点项目完成投资39.34亿元，4个省市重点建设项目完成投资6.66亿元。连接“珠三角”的武深高速公路（仁化段）建设进展顺利，韶赣高速公路丹霞出入口改造及景观大道建设工程稳步推进。

【仁化县行政服务中心综合办事大厅启用】 2016年10月16日，按照县政府政务服务模式改革要求，位于仁化县丹霞大道228号的新行政服务中心综合办事大厅正式投入使用。仁化县行政服务中心综合办事大厅是按照“便民利民、一站服务”原则设立的集中办理行政审批和相关业务场所，为广大群众提供“便捷、规范、高效”行政审批服务。年内，全县有35个单位进驻行政服务中心综合办事大厅，设有卡位41个，各单位进驻的审批和行政服务事项做到应进必进，实现“一门集中、一网受理、一窗通办”。仁化县行政服务中心综合办事大厅综合化、规范化、便民化、人性化等便民服务让数据多“走路”、群众“少跑腿”，有效促进政府部门职能和作风双转变，杜绝“门难进、脸难看、事难办”现象。

【仁化县“村村通”自来水工程实施】 2016年，仁化县大力实施“村村通”自来水工程，有序建设各中心镇水厂，配套完善入村入户输水管网，实行规模化集中式供水，惠及农村群众4.1万人。按照省规划任务，仁化县计划从2016年至2018年实施“村村通”自来水工程，总投资约8290万元，其中2016年的一期工程投资1919万元。

（邹　武）

县政府办公室工作

【行政督促检查】 2016年，县政府办公室在中共仁化县委、县人民政府领导下，围绕中共仁化县委、县人民政府中心工作，贯彻落实中共十八大和中共十八届五中、六中全会精神，围绕全县“四化推四区　统筹促发展”战略，发挥“综合协调、督查落实、信息调研、参谋决策”职能作用，积极探索完善长效管理机制，切实加强办公室干部队伍建设。倡导“办公室无小事，细节决定成败”思想，发扬任劳任怨、埋头苦干“老黄牛”精神，严谨细致、精益求精“工匠”精神和不计得失、善于补位“钉子”精神，要求全体人员在工作上不分分内分外、难度大小、紧急与否，对领导交办的事交必办、办必果、果必报；对正常业务工作不拖办、不压办、不误办、不漏办；对紧急任务，急事急办，特事特办，切实做到准确、及时、到位。深入贯彻实施“四化推四区　统筹促发展”战略；对一些重点项目、主攻项目、政府10件民生实事做好参谋助手和后勤保障，制订项目进程时间表，稳步推进项目建设协调、督导；努力做好县政府领导组织召开的各类会议会务工作、及时印发会议纪要，并对会议纪要事项进行跟踪落实，对一些进度缓慢、停滞不前的建设项目交由政府督办室进行督办，并定期编写督办简报，供政府领导批阅。做好扶贫工作，全年，县政府办帮扶贫困户23户55人，投入扶贫资金6.1万元，2016年帮扶户中11户实现脱贫。开展办公室行风评议活动，改善政风行风，提升工作效能。优化推行OA电子办公系统使用，优化办事流程，提升文件流转和办事效率，全面实现电脑办公。继续做好督办工作，着重抓好督导落实县政府重大决策部署。围绕县委、县政府中心工作，上级督办事项和领导临时交办事项，群众关心的热点、难点问题进行督办。通过“民声热线”“县长信箱”等途径，及时捕捉群众关心关注的问题，明确专人处理。2016年，县政府办向镇（街）及县直有关单位下发督办事项142件，办复率100%。

【政务工作】 2016年，全县以县政府名义下发各类文件

81件，以县政府办名义下发各类文件97件，处理各种会议材料、资料650件，收到各部门专项报告、请示等2900件，收到市以上文电1977件次。审核规范性文件5件，审查县领导临时交办文件、合同348件。办理2016年度县人大代表议案、建议和政协提案82件。办理行政复议案件24件，办结24宗，其中维持13件，撤销9件，不予受理2件。围绕中共仁化县委、仁化县人民政府中心工作，特别是在县政府10件民生实事推进、“四化推四区”等重点工作中，积极做好相关会议记录、纪要，认真撰写领导有关会议讲话、工作总结、督办情况汇报材料，撰写仁化县第十五届人民代表大会第一次全会《政府工作报告》。全年更新县政府和县政府办政务公开栏内容4期。及时做好档案整理、归档工作。

仁化县人民政府办公室负责人名录：

主　任：谭卫东（任至2016年10月）
邓志立（2016年10月任职）

副主任：刘建新
钟韶荣
徐于冠（2016年4月任职）
黎　明（任至2016年11月）
唐　华（任至2016年4月）

（聂　超）

接待和机关事务管理

【概况】　2016年，仁化县机关事务管理局在中共仁化县委、县人民政府领导下，以习近平总书记系列重要讲话精神、中共十八大和“三严三实”全会精神为指导，全面贯彻落实社会主义核心价值观。围绕县委、县政府重点工作，为全县经济社会发展提供有力后勤保障服务。

【机关建设】　2016年，县机关事务管理局加强和改进机关党组织建设，全面提高机关后勤党建工作科学化水平，推动机关后勤各项工作再上新台阶。深入开展“两学一做”学习活动，认真学习中国共产党党章党规和习近平总书记系列重要讲话，每月组织党员干部集中学习和自学，通过电视、网络等形式扩大学习成效。年内，先后组织党员干部在县检察院、县国土局、石塘镇开展爱国主义教育和反腐倡廉教育活动。通过各种学习，提高党员干部政治素质、服务意识。

【接待】　2016年，县机关事务管理局严格贯彻执行中共中央“八项规定”要求，坚持“厉行节约”为本，严格按照上级规定认真执行接待标准，较好完成各项接待任务。全年，累计接待来自全国各地领导、同行及海内外客商等1258余批次17258人次。其中接待：中央重要首长1批次，省、部级（含中央各部委、省委、省人大、省政府、省政协各类综合调研检查、督察组）125批次，韩国、尼泊尔、港澳台同胞及海外侨胞等接待17批次。完成县人大、政协、党代会以及石塘古驿道定向比赛省级体育赛事等大型会议活动接待工作。

【财务管理】　2016年，县机关事务管理局财务工作人员严格遵守财经工作纪律，坚持照章办事，严格费用支出，做到依法理财。严格执行专项经费支出预算，不挤占、不挪用，保证专款专用。做好“四大办”财务账目，按时完成编制报表、财务归档事务，完成领导交办的各项工作。

【物业管理】　2016年，县机关事务管理局加强物业管理工作，全年累计完成水、电、门、窗等维修150多次。加强大院保洁监督工作，督促清洁员严格卫生标准清洁，确保大院整洁美观。加强办公区和住宅区车位、车辆管理，确保大院道路通畅，停放、进出有序。加强安全保卫工作，全年，妥善处理群众上访事件

175批1100人次（其中集体上访38批812人次），配合公安机关打击各种犯罪行为3人次，抓获犯罪嫌疑人1次2人，制止社会青年和未成年人斗殴3次，清除安全隐患7处；治理县政府前、后大门口乱搭乱摆28次，扑灭火灾隐患6次（中元节住宅区绿化带祭祀），为老干部、群众做好事25件次，帮助教育10人次。每月不定期检查、走访出租屋、出租门店，确保小区无“黄、赌、毒”现象，营造小区内良好风气。

【会务管理】 2016年，县机关事务管理局严格执行会务制度，加强工作人员管理和业务培训，加强保密宣传教育，提高快速处置和反应能力，提高服务水平、服务质量，定期对会议中心设备进行维护保养，为与会人员创造良好会务环境。全年提供会议服务206次。

【扶贫工作】 2016年，县机关事务管理局按照相关文件要求，在精准扶贫精准脱贫工作中对口帮扶石塘镇石塘村。根据新时期“精准扶贫”工作要求，严格贫困户审核认定程序，识别出该村委有分散贫困户30户57人，其中有劳动能力贫困户12户38人，无劳动能力贫困户18户19人。多次组织县机关事务管理局干部职工进村入户，了解贫困户情况，根据贫困户实际情况分别制订脱贫计划，自筹资金5000元帮助石塘村委会用于改善村集体经济建设。截至2016年年底，石塘村脱贫15户16人。

仁化县机关事务管理局负责人名录：

局　长：赵丹宁

副局长：赖新友（任至2016年4月）

李勇明

何有财（2016年7月任职）

唐　慧（女）

（罗永芳）

行政服务

【概况】 仁化县行政服务中心为县人民政府直属公益一类事业单位，正科级。经费按县财政补助一类拨付。2016年，仁化县行政服务中心积极创新服务方式，优化服务环境，努力做好“联办代办”“企忧档案”“便民服务平台建设”等工作。2016年，仁化县行政服务中心接待服务对象984人次，办理各类服务事项768件，为企业联办代办数76家，新注册企业46家。

【联办代办服务企业】 2016年，仁化县行政服务中心接待服务对象984多人次，办理各类服务事项768件，行政许可服务准确率98%；承诺件按时办结率达100%；为企业联办代办数达76家，新注册企业46家，注册资金19632万元。

【“企忧档案”管理】 2016年，全县各挂点单位累计深入企业走访、座谈1407次，提出“企忧”事项66宗，解决事项67宗（包括上年未解决事项），处于跟踪协调事项累计51宗（包括上年跟踪事项）。

【网上办事大厅建设】 2016年，县行政服务中心按照县委、县政府统一部署，在住建、环保综合大楼第1层、第2层建设行政服务中心网上办事大厅。9月，县政府拨付51万元进行行政服务中心综合办事大厅基础设施和网络工程建设。10月8日，县行政服务中心综合办事大厅正式启用，全县35个窗口单位在大厅设置41个卡位，为群众提供“一门式，一站式”服务。

【县、镇、村三级便民服务网络建设】 2016年7月，县财政局通过以奖代补形式将用于县镇村三级便民服务场地改造的专项资金下拨至各镇（街），各镇（街）利用人社所、便民服务中心、计生办等现有场地设施，解决镇（街）公共服务中心场所问题。部分村委会将闲置的小学课室重新改造作为村公共服务站办公场所。截至2016年12月，全县11个镇（街）完成镇（街）公共服务中心场所改造，109个村（居、社区）启动公共服务站场所改造。全县网上办事大厅连通县、镇（街）、村三级网络联网办事，实现“一门式、一网式”政府服务模式目标，方便群众办事。

仁化县行政服务中心负责人名录：

主　任：梁家宁

副主任：苏　恬（女）

潘秀红（女）

（黄伟华）

港澳事务

【概况】 2016年，仁化县外事侨务局积极发挥部门职能作用，协调归口管理和服务仁化县涉港澳工作，维护港澳同胞权益，认真推动落实与港澳重点合作项目。

【因公赴港澳任务审核报批】 2016年，县外事侨务局严格贯彻执行中央、省港澳工作方针政策，坚持原则，严格把关，严格港澳工作统一归口管理，重视港澳工作统筹、协调和服务。加强因公赴港澳管理工作，健全出访报批工作制度，将出访经费纳入预算管理，严格控制预算规模；推行经费先行审核制度，无经费审核不予以报批；及时向县委组织部、县纪委做好报批备案工作。在因公赴港澳团组审核报批中，正确处理管理和服务关系，严格控制出访任务不明、结构不合理团组，减少不必要的因公出访团组。对因公赴港澳执行经贸考察、招商引资、洽谈项目等任务团组，实现高效率完成审批办证工作，积极促进仁化与港澳交流和经济繁荣发展。2016年，全县办理因公赴港澳任务审核报批计7批18人次。

【港澳同胞捐赠】 2016年，全县接受韶港青年交流促进会等港澳机构捐赠公益项目3项，捐赠款物总金额16.3万元。

【港澳同胞信访工作】 2016年，县外事侨务局做好港澳同胞来信来访接待和处置工作，及时与相关部门开展对接协调，依据法律、政策化解矛盾纠纷，防止矛盾纠纷激化。全年处理港澳同胞信访件2件次，结案率100%。

外事·侨务

【概况】 2016年，县外事侨务局围绕外事侨务工作大局和县委、县政府中心工作，坚持以中共十八大、十八届历次全会及习近平总书记系列重要讲话精神，紧扣经济发展、民生改善、社会和谐主题，按中共仁化县委、县政府提出的工作目标、任务和要求，发挥外事侨务部门职能，较好完成全年各项工作任务。

【外事纪律教育】 2016年，县外事侨务局严格按照上级业务部门要求，提前拟报领导干部因公出访计划，严禁未经批准擅自组团出访国家（地区），完善领导干部外事出访管理。在外事行程出访前，结合国家外交政策及省市各级外事部门对因公出访人员的教育管理规定，有针对性进行外事纪律教育，做好出国境人员行前教育，切实履行外事职责，严把审核报批关。全年，全县无发生出访人员违反外事纪律事件，无出现借办理因公出国证件外出旅游或出现出国滞留不归等违纪事件。

【对外接待与友好交流】 2016年，县外事侨务局接待来宾31批189人次。其中，重要接待有日本友人大津安子、韩国荣州市市长张彧铉、荣州市议会议长金显益等。接待中，县外事侨务局借助工作优势推广仁化优质特色旅游资源，提高仁化知名度和美誉度，扩大仁化影响力，奠定仁化县对外深度交流和可行合作项目基础。

【利用外事资源援助扶贫项目建设】 2016年，根据全省“精准扶贫”工作部署，广东省人民政府外事办公室在仁化县红山镇新山村开展为期3年定点帮扶，县外事侨务局积极支持、协助配合驻村工作队做好相关工作，合理开发利用外事资源援助扶贫项目建设，发挥外事为地方经济社会服务积极作用。截至2016年年底，建立并完善“一户一档”建档立卡制度，统筹谋划帮扶方案，为患病人口提供医疗就诊机会，多次为贫困户送上慰问关怀。2016年8月，经各方协调安排，日本友人大津安子一行到新山村开展扶贫助学慰问活动，深入到贫困户家中看望学生，向59位贫困学生捐赠助学款50万日元（合人民币31200元）。

【授予荣誉市民称号管理】 2016年，县外事侨务局起草《仁化县授予荣誉市民称号办法》，对遵守中华人民共和国法律、法规，拥护中国统一大业，履历清楚，对仁化县经济、科教文卫、社会公益慈善事业发展做出重大贡献的国内外人士授予“荣誉市民”称号。该“办法”起草后，经县法制局把关论证，先后在县人民政府常务会议、县人大常委会会议审议通过，最后形成《仁化县授予荣誉市民称号办法》（2016年11月25日仁化县第十五届人大常委会第1次会议通过）。

【贫困归侨专项资金管理】 2016年，县外事侨务局根据上级财政部门有关文件精神，落实2016年中央、省级专项资金0.27万元审批、分配、支出。在资金管理过程中，严格执行《广东省贫困归侨扶贫救助专项补助资金管理办法》有关规定，共发放人数3人，受助对象为患危重病的困难归侨，均符合临时救助条件。在专项资金发放中，补助金全部通过银行转账汇入归侨个人账户，银证对账发放率100%，无截留、挪用、擅自扩大或缩小资金使用范围、改变补助标准行为，严格按规定报账，严格管理，会计核算真实规范。

【节假日慰问侨胞活动】 2016年，县外事侨务局通过争取县财政支持，开展春节慰问归侨侨眷活动，询问归侨侨眷身体状况和生活困难情况，将温暖送到归侨心坎，为全县21名归侨侨眷发放慰问资金计4200元。

仁化县外事侨务局负责人名录：

局　长：罗运全

（范　琦）

档案管理

【概况】 2016年，仁化县档案工作积极落实中共中央办公厅、国务院办公厅《关于加强和改进新形势下档案工作的意见》及广东省实施意见，围绕“三个体系”（建立健全覆盖人民群众的档案资源体系、建立健全方便人民群众的档案利用体系、建立健全确保档案安全保密的档案安全体系）建设，重点做好“三项工作”，守住“一条生命线”（即大力推进档案馆新馆建设，加快档案信息化建设进程，积极开展国家重点档案抢救，守住档案安全这条生命线），档案事业发展环境持续改善，服务大局、服务中心、服务经济社会发展作用更加突出。

【档案馆基础业务】 一是馆舍建设。2016年12月，位于县“三中心一馆”新大楼10—12层的档案馆新馆装修改造工程全部完工，是月完成旧馆整体搬迁，新馆正式启用。新馆总建筑面积4212平方米，其中库房面积2040平方米。二是档案资源建设。2016年，县档案馆接收到期档案1132卷，其中文书档案403卷、202件，专门档案679卷，实物档案30件，各类资料200册。截至2016年12月，县档案馆馆藏总量40132卷，其中文书档案29086卷1726件，专门档案9915卷6576件。参与全县重大会议活动照片拍摄，全年拍摄照片5000多张、整理归档照片300多张。三是国家重点档案抢救。全年，抢救档案资料69卷，占完成本馆待抢救国家重点档案总量20%。四是档案利用服务。2016年，接待到馆查档人数378人，查阅档案625

卷，为单位和个人解决房产、户籍、低保、工龄、婚姻等问题，维护社会稳定起到重要作用。五是档案编研。年内，县档案局利用档案资料编写档案编研材料，在国家级档案媒体发表文章2篇，在省级刊物发表文章1篇。其中《红军英勇穿越仁化山区》在2016年10月21日《中国档案报》第3版刊登。与县史志办联合编辑《仁化历代方志集成》并于2016年8月正式出版。

【档案执法检查】 2016年，县档案局成立档案行政执法检查工作领导小组，促进档案工作规范化、制度化、法治化建设。2016年11—12月，采取现场记录、反馈意见、综合评价和情况通报形式，在全县各机关、团体、企事业单位中开展档案行政执法检查，督促各单位提升档案管理水平。

【全县档案工作会议】 2016年3月，仁化县档案工作会议在县政府礼堂2楼召开。会上，县档案局局长刘贤琴传达全国、全省和全市档案工作会议精神，总结"十二五"期间全县档案工作情况，部署"十三五"全县档案工作任务。县政府副县长丘光强到会并强调4点意见：一是统一思想，充分认识档案工作的重要性；二是科学发展，推动档案工作再上新台阶；三是加强领导，为档案事业发展提供有力保障；四是重视人才，加强档案干部队伍建设。全县各单位、镇（街）分管档案工作领导和档案工作人员共99人参加会议。

【档案数字化】 2016年，仁化县档案局启动数字档案馆一期项目工程建设。该工程由仁化县政府采购管理办公室以公开招标方式采购，江西省睿创科技公司中标，截至2016年12月底，初步完成智能馆库系统和机房建设。2016年6月，县档案局与江西省睿创科技公司签订合同，由该公司对馆藏民国档案、婚姻档案、土地档案和房产档案进行修复、整理、编目录、彩色扫描、著录及挂接入系统。截至2016年12月底，完成：民国档案数字化扫描和修复整理227卷，4647条，28652页；婚姻档案数字化187条，554页；土地档案和房产档案数字化扫描和修复整理228卷，6753条，24419页。

【档案业务培训】 2016年4月，县档案局通过"仁化县档案信息网"开展档案业务网上培训，提高档案人员业务技能。该次培训采用两套视频教材，一是国家档案局编著的《档案人员岗位培训多媒体教材》，包括《文书档案整理》《照片档案整理》《工程项目档案整理》，二是广州市档案局编著的《档案整理技巧与图解》视频教材，包括声像档案、实物档案、会计档案、学校档案、基建档案等8个专题。年内，县档案局组织县直机关档案人员32人参加韶关市档案工作人员岗位培训班，为期10天。

【镇（街）档案考核】 2016年1月，县档案局根据县委办关于各镇（街道）主功能分区绩效考核要求，成立镇（街道）档案工作考核小组，制定档案工作考核内容及评分标准，从行政管理、基础业务、库房管理、开发利用、信息化5个方面，对各镇（街道）2015年档案管理考核评分，规范各镇（街道）档案工作，促进镇（街）档案工作常态化、规范化。

仁化县档案局（馆）负责人名录：

局（馆）长：刘贤琴（女）

副局（馆）长：施旭臻

顾仁福

（谢纪根）

政协仁化县委员会

政协仁化县委员会负责人名录：

主　席：廖志常（任至2016年10月）
李秀荣（2016年10月任职）

副主席：马志忠
李志贞（女，2016年2月任职）
曹杰权（任至2016年10月）
张标兵
包伟红（女，任至2016年2月）
彭俊余
邓诗勤（任至2016年10月）
陈喜年（2016年10月任职）
赖东北（2016年10月任职）

秘书长：林志平

概　况

2016年，中国人民政治协商会议仁化县委员会（简称“县政协”）在中共仁化县委领导下，坚持以邓小平理论、“三个代表”重要思想和科学发展观为指导，全面贯彻中共十八大和十八届三中、四中、五中、六中全会以及习近平总书记系列重要讲话精神，围绕县委、县政府中心工作，突出团结和民主两大主题，认真履行政治协商、民主监督、参政议政职能，努力做好协调关系、汇集力量、建言献策、服务大局等各项工作，为促进经济社会持续健康发展、建设“生态、活力、幸福”新仁化做出积极贡献。

重要会议

【全委会议】　2016年，政协仁化县委员会召开全委会议2次。

政协仁化县第十届委员会第五次全体会议。2016年2月23—25日，政协仁化县第十届第五次全体会议在县政府礼堂召开。会议议程主要有：听取和审议中国人民政治协商会议仁化县第十届委员会常务委员会工作报告；听取和审议中国人民政治协商会议仁化县第十届委员会常务委员会关于十届四次会议以来提案工作情况报告；表彰县先进政协小组和优秀提案；县政协委员大会发言；列席县十四届人大六次会议，听取和讨论仁化县人民政府工作报告和“十三五”规划说明；补选县政协副主席、政协常委；协商讨论并通过中国人民政治协商会议仁化县第十届委员会第五次会议决议。

县政协主席廖志常代表政协仁化县第十届常委会作工作报告。报告从五个方面总结县政协2015年工作：一是谋大计、献良策，政治协商取得新成效；二是提建议、建诤言，民主监督实现新突破；三是重参与、勇担当，参政议政水平有新提高；四是扣主题、促和谐，凝心聚力呈现新亮点；五是强素质、树形象，自身建设得到新提升。报告从要以学习贯彻中共十八届五中全会精神为动力，着力在增进共识上下功夫；要以助推发展为核心，着力在服务科学发展上有作为；要以关注民生、优化环境为主线，着力在巩固和谐稳定的良好局面上出实招；要以提升履职能力为根本，着力在加强自身建设上迈新步等方面对2015年全县政协工作进行安排部署。

县政协副主席张标兵向大会作十届四次会议以来的提案工作情况报告。县政协十届四次会议以来，提案委共收到委员、有关团体提交的书面提案24件，经审查立案21件，立案率87.5%，全部按要求办理完结，办复率为100%。

会上，县政协各有关委员先后作《关于继续加快工业发展 振兴县域经济的建议》《关于提高和改善县城空气质量 进一步打造优美宜居环境的建议》《关于尽快发展养老服务业 推动未来经济发展的建议》专题发言。

会议对县先进政协小组和优秀提案进行表彰。县领导刘锋、王晓梅、廖志常等为受表彰的财税金融政协小组等6个先进政协小组和《关于加大对革命遗址保护力度的提案》等5件优秀提案颁奖。

中共仁化县委书记、县人大常委会主任刘锋在闭幕会上作讲话。刘锋指出，2015年，县政协紧紧围绕县委、县政府中心工作，把促进全县经济社会发展作为第一要务，坚持团结和民主两大主题，履行政治协商、民主监督、参政议政三大职能，发挥协调关系、汇聚力量、建言献策、服务大局四大作用，有力地推动全县经济、政治、文化、社会和生态文明建设。就做好2016年政协工作，刘锋要求：一要鼓发展之劲，在服务发展大局上献计出力；要始终围绕市委、县委提出的中心任务，发挥政协智力密集、人才荟萃优势，充分利用政协在工商界拥有的丰富人脉资源优势，积极为招商引资、招才引智、项目建设、争取政策等牵线搭桥、出谋出力。二要筑和谐之基，在增进民生福祉上奋力作为。首先，要传递“正能量”；其次，要架好“连心桥”；再次，要多做“惠民事”，努力让仁化百姓过上更加美好的生活。三要强素质之本，在加强自身建设上提能增效。通过学习，开阔视野、提高情操、找到工作创新的源泉。要坚持中国共产党领导，不断巩固和深化“三严三实”专题教育活动成果，完善制度建设，不断探索创新政协常委会建设、界别建设、委员队伍建设以及机关自身建设等方面的体制机制，不断健全提案、视察、调研等经常性工作制度，进一步提高政协工作科学化水平。

会议以鼓掌方式通过包伟红辞去县政协副主席请求，以无记名投票方式补选李志贞为政协仁化县第十届委员会副主席，王有华、刘莲、谢树富为政协仁化县第十届委员会常务委员。

县政协十届五次会议应到会委员201人，实到会委员167人。在仁化的市政协委员，各镇（街）党（工）委书记，县直机关各部门主要领导和市垂直管理单位负责人列席大会。

政协仁化县第十一届委员会第一次全体会议。2016年10月24—26日，政协仁化县第十一届委员会第一次全体会议在县政府礼堂召开。会议议程主要有：听取和审议中国人民政治协商会议仁化县第十届委员会常务委员会工作报告；听取和审议中国人民政治协商会议仁化县第十届委员会常务委员会提案工作报告；列席仁化县第十五届人大一次会议，听取和讨论仁化县人民政府工作报告；选举仁化县第十一届政协主席、副主席、秘书长、常务委员会委员；协商讨论并通过中国人民政治协商会议仁化县第十一届委员会第一次会议决议。

县政协副主席马志忠代表政协第十届仁化县委员会常务委员会作常委会工作报告。报告从五个方面总结县政协5年来工作：一是围绕中心，服务大局，政治协商更加规范。二是县政协完善机制，拓宽领域，民主监督更加有效。三是县政协建言献策，注重实效，参政议政更加深入。四是县政协突出主题，凝心聚力，民主氛围更加浓厚。五是开拓创新，强化服务，履职水平更加提升。报告指出，做好政协工作，必须把握好五个“坚持”：一是坚持中国共产党领导，是做好政协工作的根本保证；二是坚持围绕中心助推发展，是做好政协工作的基本要求；三是坚持履职为民，是做好政协工作的根本目的；四是坚持发挥委员的主体作用，是做好政协工作的关键所在；五是坚持与时俱进开拓创新，是做好政协工作的不竭动力。报告强调，今后5年，县政协工作一要加强理论学习，在增进思想共识上要有新提高；二要紧扣中心工作，在服务经济社会发展上要有新贡献；三要高度关注民生，在促进社会和谐上要有新突破；四要突出团结民主主题，在凝聚发展合力上要有新面貌；五要坚持务实创新，在加强自身建设上要有新提升。

受政协第十届仁化县委员会常务委员会委托，县政协副主席张标兵向大会作政协仁化第十届一次会议以来的提案工作情况报告。

县委书记、县人大常委会主任刘锋在闭幕会上作讲话，高度评价县政协过去五年的工作，对今后五年发展提出期许。

会议选举出政协第十一届仁化县委员会主席、副主席、秘书长、常务委员。李秀荣当选为政协第十一届仁化县委员会主席，马志忠、李志贞、张标兵、彭俊余、陈喜年、赖东北当选为政协第十一届仁化县委员会副主席，林志平当选为政协第十一届仁化县委员会秘书长，王有华等21人当选为政协第十一届仁化县委员会常务委员。

县政协十一届一次会议应到会委员165人，实到会委员148人。各镇（街）党（工）委书记，县直机关各部门主要领导和市垂直管理单位负责人列席大会。

【常务委员会议】 2016年，政协仁化县委员会召开常务委员会议3次。

政协仁化县第十届委员会第十三次常委会议。2016年3月15日，政协仁化县第十届委员会召开第十三次常委会议。会议传达学习全国政协主席俞正声在全国政协十二届四次会议上的讲话精神，研究协商县政协2016年工作要点，通报2016年政协提案收集办理工作情况。

政协仁化县第十届委员会第十四次常委会议。2016年7月29日，政协仁化县第十届委员会召开第十四次常委会议。会议听取张元展代表县政府关于全县2016年上半年经济和社会发展情况通报，通报县政协组织开展的“如何打造旅游休闲慢城”专题调研情况，协商通过有关事项，并组织与会政协常委学习换届工作纪律。会议就撤销两名县政协委员资格进行商讨和表决。

政协仁化县第十届委员会第十五次常委会议。2016年10月17日，政协仁化县第十届委员会召开第十五次常委会议。会议协商通过县政协十一届委员名单、十一届常务委员会预备人选建议名单；协商通过县政协十一届一次会议召开的地点、时间、会议议程和日程；讨论协商通过《常委会工作报告》《提案工作报告》和《选举办法》草案；会议还审阅县政府关于县政协十届五次会议以来提案办理情况等事项。

【主席会议】 2016年，县政协主席廖志常主持召开主席会议5次，县政协主席李秀荣主持召开主席会议3次。会议主要内容有：学习全国、广东省、韶关市政协会议精神，学习中共中央、省委、市委、县委有关会议精神；讨论研究县十届政协2016年工作要点；作出增减政协委员等决定；听取提案委情况汇报，确定重点提案；研究和讨论常务委员会工作报告；确定县政协十届第十三、十四、十五次常委会时间和议程；确定县政协十一届一次全会时间和议程；研究布置县政协工作。

重要活动

【调研视察活动】 2016年，县政协开展调研1次、视察活动2次。

深入实际，调研资政服务

发展。2016年，县政协注重科学选题，坚持“抓住重点、彰显特色、打造精品”原则，组织委员以多种形式，深入基层调查研究，着力就旅游休闲“慢城”开展专题调研活动，形成《加快推进旅游休闲慢城建设》调研报告，所提意见建议得到县党政主要领导重视和肯定，县委据此召开全会，专门研究部署旅游休闲慢城建设工作；中共仁化县第十三次党代会明确提出用5年左右的时间，把仁化县城初步打造成特色鲜明、绿色生态、宜居宜游的广东旅游休闲“慢城”。

跟踪问效，视察献策促进发展。2016年，县政协组织县政协委员对全局性工作和重点项目建设进行专题视察，跟踪问效，促使各项工作得到落实。全年，开展委员视察2次，涉及生态旅游、环境保护等。委员们通过实地考察、听取情况汇报、召开座谈会等形式，提出一系列改进性、建设性的意见和建议。其中2016年5月，县政协组织相关部门和部分政协委员对锦江河流域综合治理工作进行视察，并撰写专题视察报告报县委、县政府，为保护“母亲河”鼓与呼，得到县党政主要领导重视，分别作出批示要求相关部门深入研究，切实采取有力措施加快解决，产生良好社会效果。

【“两学一做”学习教育】 2016年，县政协深入开展以“两学一做”为主要内容学习教育。县政协机关按照县委统一部署，加强组织领导，按“两学一做”学习教育方案进行分工，要求党员严格按照《县政协开展“两学一做”学习教育安排表》执行，坚持规定动作不走样，不断创新学习教育形式，切实增强政协机关中共党员党性意识、宗旨意识、执政意识、大局意识、责任意识，做讲政治、有信念，讲规矩、有纪律，讲道德、有品行，讲奉献、有作为的“四讲四有”合格中共党员。

主要工作

【提案工作】 2016年，县政协常委会把提案工作作为县政协重要工作来抓，县委、县政府主要领导坚持带头督办县政协重点提案；县政协委员、政协各参加单位围绕县委、县政府中心工作，群众关心的热点、难点问题积极建言献策。县政协第十届第五次会议后，收到县政协委员、有关团体提交书面提案34件，其中民进仁化县支部、县政协专委会和县各政协小组提出集体提案34件。经县政协提案委员会审查立案33件，立案率97%，1件作为意见建议转交有关单位作参考。33件提案中，县政协委员关注度主要集中在农业和教育方面，其中农业方面有2件，教育方面2件，文化、城建、环保、经贸方面29件。《关于构建自然旅游资源保护长效机制的提案》等5件提案经县政协主席会议审议，定为县政协十届五次会议重点提案。提案所提建议已经采纳或问题基本解决的有6件，占办理提案总数18%；正在解决或列入计划准备解决的22件，占办理提案总数67%；因受条件限制或其他原因有待以后研究解决的5件，占办理提案总数15%。各承办单位做了大量认真务实工作，委员们对提案办理结果满意率为100%。

【反映社情民意工作】 2016年，县政协注重畅通渠道，信息反馈及时有效。建立和完善反映社情民意信息工作制度，积极开展“民情走访”活动，深入基层了解民众意愿和呼声，各界群众合理诉求得到顺畅表达。从县政协委员提案、会议、视察、调研等工作中收集整理重要信息和意见建议30余条，选择一些重要的意见建议和带倾向性、苗头性社会舆情，以《社情民意信息》及时真实地反映给县委、县政府，促进问题解决和落实。如县政协委员提出的“关于改善县城饮用水源保护的建议”等信息，得到县委、县政府高度重视，并转化为党政决策得以落实，切实发挥社情民意信息

“直通车”作用。

【加强团结合作工作】 2016年，县政协深化各党派各界别团体的团结合作。积极支持民主党派、工商联、人民团体、无党派人士履行职能，有计划组织各党派参与全县重大决策的协商讨论，邀请各党派人士参与视察调研活动，推荐担任民主监督员，使党派团体和各界人士在政协尽心履职、放心讲话、舒心合作，营造求同存异、体谅包容氛围。通过邀请、走访、座谈、慰问等形式，加强与“三胞”眷属、少数民族、宗教人士密切联系，加深了解，增进友谊，最大限度地把社会各界人士的智慧和力量凝聚到建设“生态、活力、幸福”新仁化目标上。组织各界别委员积极开展学习、调研、视察、撰写提案、反映社情民意活动，充分发挥各界别委员在各个行业、各自领域典型示范作用。

【文史工作】 2016年，县政协做好《仁化年鉴（2016年）》篇目政协仁化县委员会组稿工作，完成政协仁化县委员会2015年度地方志资料年报，发挥文史资料工作“存史、资政、团结、育人”作用。收集整理红军长征经过仁化革命史料。运用广播电视、《仁化政协》刊物、“政协委员之家”网络平台等载体，多角度地宣传县政协工作和成效。加强与“珠三角”地区政协委员联系，积极宣传县域优良投资环境，为引进外商和项目资金牵线搭桥。

【参与中心助推发展工作】 2016年，县政协积极主动参与全县中心工作、重要活动和重大项目建设，协助县委、县政府落实重点工作任务，做到县委、县政府有决策部署，政协就有声音和行动。2016年，围绕重点项目建设、发展全域旅游、招商引资、扶贫开发、美丽乡村建设、征地拆迁、“企忧档案”等中心工作，通过调研、座谈、研讨等方式，集思广益，为全县经济发展献计献策。在挂点督导镇（街）工作中，县政协班子成员以“美丽乡村”建设为切入点，扎实推进镇（街）的招商引资、农村基层组织建设、综治维稳、清理违规建房、返乡农民工创业等工作，促进挂点镇（街）经济社会协调发展，稳步助推“精准脱贫”工作。

政协仁化县委员会各科（室）负责人名录：

秘书长兼办公室主任：林志平

办公室副主任：蒙万胜　张小兰

组织联络科科长：徐仁辉（任至2016年11月）

温天才（2016年11月任职）

组织联络科副科长：曾凡清

宣传科科长：朱保森

宣传科副科长：叶汉明

（蒙万胜）

中国共产党仁化县纪律检查委员会

中国共产党仁化县纪律检查委员会负责人名录：

书　记：张朝盛（任至2016年8月）
张　毅（2016年8月任职）

副书记：江　云（任至2016年9月）
廖永香（女，任至2016年9月）
黎　明（2016年9月任职）
陈少忠（2016年9月任职）

常　委：谭春宏（任至2016年9月）
李润平
张建珍（女）
谭德永（2016年9月任职）
胡　伟（2016年9月任职）

仁化县监察局负责人名录：

局　长：廖永香（女，任至2016年10月）
黎　明（2016年10月任职）

副局长：谭春宏（任至2016年10月）
李润平（2016年10月任职）
陈少忠（任至2016年10月）
胡　伟（2016年10月任职）
麦海燕（女）

概　况

2015年，中国共产党仁化县纪律检查委员会（简称“县纪委”）在中共仁化县委和中共韶关市纪委领导下，贯彻落实中共中央、省、市纪委全会精神，聚焦党风廉政建设中心任务，把全面从严治党落到实处，坚持不懈改进作风，坚定不移惩治腐败，党风廉政建设和反腐败工作取得了新成效，为全县经济社会发展提供坚强有力纪律保障。

重要会议

【中共仁化县纪委十二届六次全会】　2016年3月7日，中共仁化县纪委十二届六次全会在县政府礼堂1楼会议室召开。会议由县委常委、纪委书记张朝盛主持大会，并代表中共仁化县第十二届纪律检查委员会向大会作题为《坚持全面从严治党，强化监督执纪问责，推进党风廉政建设和反腐败工作深入开展》工作报告。县委书记、县人大常委会主任刘锋出席会议并讲话。

【中共仁化县第十三次代表大会】　2016年9月20日至9月22日，中共仁化县第十三次代表大会在县政府礼堂召开。会议选举产生中共仁化县第十三届纪律检查委员会。

【中共仁化县纪委十三届一次全会】　2016年9月22日，中国共产党仁化县第十三届纪律检查委员会第一次全体会议在县政府礼堂召开，张毅、黎明、陈少忠、李润平、张建珍、谭德永、胡伟7人当选为中共仁化县第十三届纪律检查委员会常务委员，张毅当选为中共仁化县第十三届纪律检查委员会书记，黎明、陈少忠当选为中共仁化县第十三届纪律检查委员会副书记。

【中共仁化县纪检监察党支部党员大会】 2016年10月18日，中共仁化县纪检监察党支部召开党员大会在仁化县城召开。会议选举产生中共仁化县纪检监察党支部新一届班子，选举李润平为党支部书记，谭德永为支部副书记，余香莲、徐于传、邱文灵为支委委员。

【中共仁化县纪检监察工会会员大会】 2016年12月16日，中共仁化县纪检监察工会召开会员大会，选举产生第二届工会委员会和经费审查委员会。会议选举谭春宏为主席，张建珍为副主席，罗国松、邱文灵、张秀群为委员；张建珍为经费审查委会主任，张秀群、罗国松为委员。

主要工作

【落实党风廉政建设责任制】 2016年，仁化县坚持中国共产党“党要管党，从严治党”方针，抓住主体责任，切实履行职责。中共仁化县委以上率下，带头落实。年内，县委书记刘锋多次主持召开县委常委专题会议，学习习近平总书记系列讲话精神和中央纪委第六次全会、省纪委第五次全会、市纪委第六次全会精神，认真听取县纪委工作汇报，研究今年全县党风廉政建设和反腐败工作。签字背书，明确职责。年内，制定县委领导班子、县委书记、县党政领导班子成员主体责任清单，以责任清单形式，明确第一责任人和班子领导成员职责范围和分管领域责任。县党政班子成员、基层党（工）委书记与县委签订党风廉政建设责任书，各镇（街）、各单位班子成员及管辖党组织负责人与本单位党组织签订责任书，一级抓一级，层层传导压力。加强监督，督促落实。全年，组织20个县直单位和镇（街）党政主要领导向县纪委全委会进行述责述廉述德活动，并将活动评议情况、“三述”对象落实主体责任和其他问题清单进行反馈，跟踪落实整改情况。严肃问责，倒逼落实。严格“一案双查”，对履行责任不力领导干部严肃问责。

【党风政风监督】 2016年，仁化县持之以恒贯彻落实中共中央“八项规定”精神，聚焦“四风”，坚持暗访、查处、追责、曝光“四管齐下”。全年，县纪委开展明察暗访15次，公开通报在上班时间纪律松散干部6人。强化换届纪律教育监督，深入开展换届纪律提醒谈话，严格处置问题线索，认真把好廉政意见回复关，确保换届风清气正。会同有关部门开展违规发放津补贴问题专项治理，出台机关事业单位津补贴发放规范性文件，津补贴发放有依有据，减少模糊地带。加强“三公”经费使用情况监督检查，全县“三公”经费得到较好控制。加强党员领导干部操办婚丧喜庆事宜监督，认真审核备案并提醒教育，防止发生违规大操大办、借机敛财问题。严格开展党风廉政建设责任制考核，深入开展述责述廉述德活动，落实“一案双查”，对履行责任不力的领导干部严肃问责，倒逼各级领导干部落实主体责任。通过开展作风整治，提高全县党员、干部遵守各项纪律自觉性，党风政风进一步好转。

【廉政宣传教育】 2016年，仁化县强化廉政教育，推进廉洁文化建设，努力营造崇廉尚洁氛围，增强党员干部拒腐防变能力，积极组织党员干部到县反腐倡廉警示教育基地接受教育。深入开展纪律教育学习月活动，结合“两学一做”活动，组织全县党员认真学习《廉洁自律准则》《纪律处分条例》《问责条例》等党内法规，组织开展知识竞赛，营造学规、守规、用规氛围。深入开展“清廉村风”建设工作，认真总结瑶塘新村“清廉村风”建设示范点经验做法，在全县探索开展“清廉村风”建设工作，发掘中华民族传统文化和家规家风、乡规民约精华，以优秀文化感染人、教育人。继续开展新提任领导干部任前廉政教育活动，对新提拔的87名科级领导干部，全部进行任前学廉考廉诺廉和廉政谈话活动。督促县、镇、村三级便民服务体系建设，督促各单位及时在党风廉政信息公开平台公开党务政务，推进权力公开透明。

【践行“四种形态”】 2016年，仁化县坚持惩前毖后、治病救人方针，积极践行“四种形态”（经常开展批评和自我批评、约谈函询，让“红红脸、出出汗”成为常态；党纪轻处分、组织调整成为违纪处理的大多数；党纪重处分、重大职务调整的成为少数；严重违纪涉嫌违法立案审查的成为极少数）。年内，制定下发《关于加强党员干部谈话提醒工作的通知》，抓早抓小，全县各级领导干部认真履行职责，全年开展谈话提醒400人次。立足早发现、早提醒、早纠正，积极开展信访函询工作，全年开展信访函询7件。2016年受到党纪政纪处分的77人中，除违反计生政策案件被开除党籍的26名农村党员外，其他受处分的51名党员中，其中受到轻处分的42人，受到重处分的9人，没有移送司法机关受到刑罚的，第二、第三种形态分别占受处理人数的82.4%、17.6%，第四种形态为零。

【查处违纪案件】 始终保持高压遏制腐败态势。2016年，仁化县加强反腐败组织协调，坚持力度不减、节奏不变，形成反腐败合力。严格执行案件线索处置、执纪审查“两报告”制度和安全文明办案制度，依纪依法安全文明审查，实现“零申诉”“零事故”。2016年，全县纪检监察机关受理信访举报151件（含重复件），开展信访核查113件，核查率100%；立案77宗77人，立案数比上年增长2.7%，结案77宗，给予党纪政纪处分75人，其中科级干部11人，挽回经济损失468.28万元。

坚持正确执纪导向。2016年，仁化县贯彻落实“两个尊重”（尊重历史、尊重实情）、“三个区分”（区分因缺乏经验、先行先试出现的失误与明知故犯违纪的行为，区分国家没有明确规定时的探索性试验与国家明令禁止后我行我素的行为，区分加快发展的无意过失与为谋取私利故意违纪的行为）原则以及干部容错免责机制，把正风肃纪和推动干事创业统一起来，区别对待和合理处置过去的历史沉积问题，明确引导和规范干部干事创业行为；握紧纪律戒尺、维护党纪严肃性，坚持实事求是、关心爱护干部。2016年，县纪委为42名受到错告、诬告党员干部澄清事实，消除党员干部思想顾虑，保护干部干事创业积极性。

【镇（街）纪委规范化建设】 2016年，仁化县继续深入开展镇街纪委规范化建设，抓基层，打基础，全县11个镇（街）纪委均配备办公室、谈话室、约谈室，并完善有关管理制度，镇（街）纪委执纪审查条件得到进一步改善。

【纪检监察队伍建设】 2016年，仁化县以换届为契机，坚持德才兼备原则，拓宽用人渠道，一批政治坚定、作风过硬、敢于担当的干部选拔到各级纪委领导班子。积极开展“两学一做”专题教育活动，领导班子成员带头做笔记，撰写心得，提高纪检干部政治意识、大局意识、核心意识和看齐意识。深入开展纪检监察系统“能力建设年”活动，积极选派纪检干部参加业务培训，加强纪检干部理论水平、实践能力。继续深入开展镇（街）纪委规范化建设，抓好基层，打好基础，各镇（街）纪委配备办公室、谈话室、约谈室各1间，完善有关管理制度，镇（街）纪委执纪审查条件得到改善。加强对纪检监察干部日常管理，严格执行纪检监察干部外出请示报告制度、重大事项报告制度。发挥特邀监察员、内务监督委员会作用，加强对纪检监察干部监督，坚决防止“灯下黑”。

县纪委监察局各室主任、派驻组组长、纪工委书记名录：

办公室主任：曾凡文
干部管理监督室主任：兰长福
宣教调研室主任：王　敏（女，任至2016年1月）
党风政风监督室（县政府纠正部门和行业不正之风办公室）主任：张秀群（女）
案件监督管理室（查办案件指挥协调保障中心）主任：黄雪辉
信访室主任：李兆用
案件审理室主任：叶燕红（女）
第一纪检监察室主任：丘贯中
第二纪检监察室主任：赵仕雄
第三纪检监察室主任：邱文灵
第一派驻组组长：谭德永（任至2016年10月）
第二派驻组组长：胡　伟（任至2016年10月）
第三派驻组组长：苏学州
第四派驻组组长：李秋霞（女）
第五派驻组组长：李　艳（女）
县直机关纪工委书记：黄玉华（2016年7月任职）
县政法系统纪工委书记：刘运山
丹霞街道纪工委书记：饶长田（任至2016年7月）
马兴战（2016年7月任职）

（谭德永　曾凡文）

2016年6月2日，中共仁化县纪委、县委组织部在县水务局会议室联合举办全县党章党规知识竞赛活动（县纪委办公室供稿）

民主党派·社会团体

中国民主促进会仁化县支部

【概况】 2016年，中国民主促进会仁化县支部（简称“民进仁化支部”）在民进韶关市委会和中共仁化县委领导，中共仁化县委统战部支持下，认真学习习近平总书记系列重要讲话精神，贯彻民进韶关市委员会指示精神，加强自身建设，围绕中共仁化县委、县人民政府中心工作，参政议政，开展各项社会服务活动，为促进仁化县经济和社会各项事业发展做出应有贡献。

【理论学习】 2016年，民进仁化支部组织会员深入学习中共十八大六中全会精神以及习近平总书记系列重要讲话精神。学习全国“两会”和中共仁化县委全会精神及中共韶关市委员会换届工作报告。通过学习，坚定会员走中国特色社会主义政治发展道路信念，自觉坚持和维护中国共产党领导的多党合作和政治协商制度，提高会员政治理论水平和政治把握能力。要求会员：加强学习，每年学习会章1次，学习政治理论专著1本，全年阅读《南方日报》《广东民进》，写读书心得1篇。

【自身建设】 2016年，民进仁化支部贯彻民主集中制原则，坚持和完善集体领导和个人分工负责相结合制度。凡会务重大事项和重大工作任务，都交支委会议讨论研究决定。班子成员和会内形成互相理解，互相支持和互相信任氛围，增强支部凝聚力。修改一系列支部制度，使支部工作规范化和制度化。

【参政议政】 2016年，民进仁化支部重视参政议政，为仁化经济社会发展建言献策。年内，支部主要领导多次参加中共仁化县委组织的座谈会，就仁化的经济和社会发展等重大事项提出建议。民进仁化支部组织会员抓好选题，全年提交政协提案2件，其中《关于加快我县电子商务发展的建议》列为县重点督办提案；人大代表建议2件，其中《关于高中教师职称评聘问题的建议》评为县优秀建议；有1位特约监察员和2名人大代表通过视察和参加有关会议等形式，在参政议政中发挥积极作用。

【社会服务】 2016年，民进仁化支部班子深入会员单位了解会员情况，鼓励会员敬业爱岗。年内，民进仁化支部会员获县级以上奖励5人次。指导会员参与社会服务。会员朱家强利用节假日深入农村考察调查，拍摄旅游宣传照片，写了许多宣传文章，利用自媒体对仁化的旅游进行宣传。会员利用自身人脉资源，推介长江镇石嶎村旅游资源，引起县政府对该村旅游工作的重视。

中国民主促进会仁化县支部负责人名录：

主　委：邓田庭

副主委：陈运莲（女） 罗兆祥 赖丽恒（女） 朱家强

（朱家强）

仁化县总工会

【概况】 2016年，仁化县总工会有干部职工8人，下属单位有工人文化宫。2016年，县总工会被评为韶关市工会工作“先进单位”，2016年创文网格化第九区（县总工会牵头）被评为县先进网格小区，仁化县地方税务局工会职工之家被省总工会评为广东省模范职工之家。

2016年，县总工会在中共仁化县委领导和市总工会指导下，以“服务大局，服务中心，服务职工”为宗旨，解放思想，开拓创新，狠抓落实，完成全年各项目标任务。

【“两个普遍”重点工作】 2016年，县总工会依法推动企业普遍建立工会组织，围绕非公企业建会和会员发展重点加大工会组建及其规范化建设工作力度。以组建区域性、行业性工会为突破点，创新途径，推进区域性、行业性工会组建。在抓建会“数量”基础上，注重建会“质量”。各级工会围绕推动企业发展、促进企业稳定、维护职工权益，通过开展“工会组织亮牌子、工会主席亮身份”“职工之家”和厂务公开民主管理活动，发挥工会参与、服务作用；以非公有制企业工会组建为重点，开展宣传发动工作，采取多种方式方法，正确引导劳资双方达成共识，使业主能够同意成立工会组织，职工自愿加入工会组织，提高企业依法建会主动性和积极性。全年新组建基层工会5家，农民工入会1547人。依法推动企业普遍建立工资集体协商制度。通过抓典型、树样板，以点带面推动工作开展，保障劳动者合法权益，促进企业健康发展，得到广大职工普遍欢迎。

【工会帮扶】 2016年，县总工会按照“为困难职工解难，为党委政府分忧”要求，帮助解决职工问题。春节期间，县总工会开展送温暖活动，筹措专项资金14.91万元，慰问全县家庭经济比较困难职工、因病残生活不能自理职工、孤寡职工，慰问县级以上劳模。通过金秋助困难职工生活救助、医疗救助共发放帮扶资金20万元。

【维护职工合法权益】 2016年，县总工会坚持以构建和谐劳动关系为主线，履行维权职责，创新维权方式。加强民主管理和民主监督工作，完善以职代会为载体厂务公开制度，保护职工群众知情权、参与权，畅通利益诉求渠道，行使职工民主权力；规范平等协商集体合同制度，帮助指导职工签订劳动合同；狠抓工会维权主业。县总工会联合人社局、司法局等单位通过对企业“迎进来、走下去”等方式畅通职工维权渠道，有效维护职工合法权益。全年，全县各级劳动争议调解委员会调解处理劳动争议案件21起；清理拖欠农民工工资83.1万元。

【县第七届劳动技能大赛】 2016年，县总工会围绕建设“‘生态、活力、幸福’新仁化”，组织开展多项行业性劳动竞赛。成功举办仁化县第七届劳动技能大赛，其中，教育系统工会参与各类教学技能竞赛教职工2000余人。劳动技能大赛表彰先进模范典型一大批，其中，获“仁化县‘五一’劳动奖章”称号11人，获“仁化县‘技术能手’”称号22人，仁化县旅游局等7个单位被县劳动竞赛委员会授予“优秀组织奖”。

【宣传弘扬劳模精神】 2016年3月，县总工会组织劳模11人到大塘花海和大塘小坑温泉疗养。4月28日，县首个劳模创新工作室在县锦电公司成立。该工作室发挥劳模在本职岗位创新创造引领作用，受到韶关市总工会表彰并于12月被评为市劳模创新工作室。4月，仁化县供电局工会周田供电所综合营配一班被广东省总工会评为省工人先锋号。4月底，推出劳模风采专题片，通过电视频道滚动播放，宣传劳模事迹，全县营造热爱劳动、学习劳模氛围。“五一”前，召开庆祝“五一”座谈会暨第七届劳动技能大赛表彰大会，县主要领导参加表彰大会；仁化县全国劳模张洁等参会劳模代表相继发言，展现仁化县劳动模范风采和精神。发挥“仁化县劳模义工队”作用。10月，县总工会组织劳模义工队10余名劳模开展义务献血活动；11月，组织全国、省、市、县劳动模范26名作为“文明使者”深入街头巷尾开展文明劝导工作，倡导市民告别文明陋习，争做文明市民。

【工会业务知识培训班】 2016年3月、11月，仁化县总工会组织镇（街）、系统、部分企业工会主席40余人赴广州参加由省总工会、南方日报社联合主办的广东职工大讲堂第22期、29期活动，通过主动走出去交流学习方式，拓宽干部职工视野。7月，县总工会召开学习中共中央群团工作会议精神会议，明确新时期群团工作重要地位、基本原则和主要任务，提高工会干部自身素质和业务工作能力。10月，举办2016年工会干部培训班，重点进行工会经审工作、法律维权工作和帮扶救助工作业务培训。组织工会干部参加市总工会组织的宣传、组建、经审等各类业务培训，有效提升县总工会干部专业技能。

【文体活动】 2016年，县总工会以提升广大干部职工思想道德修养和文明素质为核心，以《“培育社会核心价值观、弘扬中华优秀传统文化”活动实施方案》为指引，开展多样性职工文体活动。全年，全县各级工会组织开展各类社会主义核心价值观主题活动30余场，参与人数1万余人次。第一，举办职工子女夏令营，创新服务职工方式。7月20—25日，县总工会、县教育局与穗港澳地区学校联合举办“同一天空下”夏令营，全县有215名职工子女参加活动。7月下旬，与县文明办联合举办“‘扣好人生第一粒扣子’——我们是一家人”留守儿童夏令营，全县有40名留守儿童参加活动。第二，关爱女职工，首个“爱心妈妈小屋”揭牌启用。5月5日，仁化县董塘镇和顺竹制品厂工会“爱心妈妈小屋”揭牌启用，成为仁化县基层落实女职工“四期”保护的重要阵地和“温馨家园”，为该项工作在仁化县全面开花起到导向作用。第三，大力支持建设基层工会开展职工活动。2016年，县总工会拔付资金10余万元支持各级工会开展职工活动，活跃全县基层工会职工活动氛围

仁化县总工会负责人名录：

主　　席：马小荣
常务副主席：温永清
副 主 席：叶华青

（县总工会）

共青团仁化县委员会

【概况】 中国共产主义青年团仁化县委员会（简称“团县委”）定编5人，其中，行政编制4人，工勤编制1人。截至2016年年底，在职2人，其中书记1人，副书记1人。全县各镇（街道）、县直属机关、县直属学校均设有共青团组织，具有完整组织网络。全年全县有镇（街道）团委11个，县直属机关、事业单位团总支（或团支部）12个，学校团委10个，专（兼）职团干部492人；覆盖14—28周岁青年4.9万人，在册团员5567人，团青比例11.36%。

2016年，团县委深入开展中共“党的群众路线”教育实践活动，围绕履行根本职责，发挥基本职能，坚持服务大局、服务社会、服务青年，继续开展“关爱留守儿童”“志愿服务”“南粤会亲”活动，参与社会管理和创新，团结并动员广大团员青年为构建“生态、活力、幸福”新仁化发挥新时代青年表率作用。

【青年志愿服务】 组织开展春运“暖冬行动”。2016年1月30日，团县委组织仁化中学学生志愿者10余人在县城老汽车站开展“青春志愿行　温暖回家路”主题服务春运志愿活动，面向春运旅客普遍需求和老幼病残孕

等重点旅客群体，依托汽车站等场所，围绕引导咨询、秩序维护、重点帮扶、便民利民、应急救援5方面开展服务。

开展学雷锋全民志愿服务行动月活动。2016年3月4日，团县委组织县直机关15支志愿者服务队开展“践行价值观 全民志愿行”志愿者集中服务一条街活动。组织县城学校志愿者开展卫生大扫除。

街头募捐志愿服务活动。2016年6月30日，团县委组织志愿者15人走上县城街头开展“一元捐赠 一份爱心”“广东扶贫济困日”街头募捐活动，计募捐爱心款573元。

组织开展“温心档案”“我们的节日•中秋节”等关爱老人和留守儿童志愿服务活动。2016年7月22日，团县委关爱空巢老人和留守儿童“温心档案”系列活动首站在闻韶镇敬老院启动，团县委、县青年摄影学会有关人员及社会爱心人士刘树贵带上水果、牛奶等爱心物资慰问敬老院老人。7月28日、8月3日、8月23日，团县委分别与对应镇（街）团委及卫生院人员到丹霞街道黄屋村、黄坑镇中心街道和扶溪镇蛇离村开展“温心档案”系列活动之送医药下乡活动，免费为村民们诊疗，发放医疗宣传资料及日常医药用品一批。县城各单位及各镇（街）志愿者走进镇敬老院，看望慰问孤寡老人，为老人送上月饼、水果和牛奶；走进小学，与留守儿童玩互动游戏，为留守儿童送上学习用品、营养品，让儿童感受到节日温暖。

重阳节慰问老人。2016年10月9日，团县委、县志愿者联合会与黄坑镇团委、闻韶镇团委联合组成重阳节慰问小分队，分别走访慰问黄坑镇、闻韶镇“五保”和低保老人27人，送上大米、食用油等生活物品3000多元。

“青春扶贫 健康同行”健康直通车活动。2016年11月16—18日，团县委联合县卫计局与各镇卫生院组成医疗志愿者服务队到周田镇较坑村、红山镇新山村、新白村开展“青春扶贫 健康同行”健康直通车活动，为贫困村村民提供义诊药品总价值2万多元，为村民300多人提供免费体检义诊、健康普查、常见病治疗和保健、健康知识咨询等服务。

赛事志愿服务活动。2016年7月10日，团县委组织志愿者50人参与南粤古驿道定向大赛首站石塘村赛事赛前筹备、秩序维护、赛场守点等事宜，完成大赛组委会安排的各项工作任务。11月19日，团县委组织志愿者50人参与“醉美历史古村，穿越红色石塘趣味定向大赛”志愿服务活动。

文明劝导志愿服务活动。2016年，团县委继续开展文明劝导志愿服务活动，每周四下午组织志愿者在县城主要街道和交通路口等公共区域，开展文明劝导志愿服务活动。

【关爱青少年成长成才系列行动】 2016年6月16日，团县委与县检察院、县妇联、县教育局在县体育馆举行“与法相伴，健康成长”主题预防未成年人犯罪系列活动启动仪式。6月22日，与县公安局开展“反恐有我更安全”——《反恐法》广场主题宣传活动。6月24日，与县禁毒委成员单位县公安局、县检察院等在县城文化广场开展“无毒青春 健康生活”主题拒毒签名活动。10月19日，团县委禁毒宣教图片校园巡展活动走进活动首站仁化一中，开启为期两个月禁毒宣教图片进校园活动。随后，活动陆续走进仁化中学、县职中，参与活动师生7300多人次。鼓励广大师生撰写禁毒巡展心得体会，收集到优秀禁毒学习心得33篇。12月8日，团县委与仁化一中团委在仁化一中电教室举办“十八岁成人礼”活动。团市委书记刘海旺、中共仁化县委副书记区毅明等市县领导、仁化一中高三全体师生出席大会。12月28日，团县委陪同香港保良局朱敬文中学师生一行30余人到仁化中学参加交流学习活动，促进仁港两地青少年交流互动。

【扶贫助困】 2016年7月14日，团县委与共青团虎门镇团委、虎门志愿者协会、虎门青年企业家协会等爱心人士在仁化县联合开展“爱心接力，精准助学”贫困青少年助学活动，活动收到捐赠物资计37370元。精准帮扶董塘镇、周田镇、大桥镇、黄坑镇贫困学生42人，为每位贫困学生捐赠助学资金800元及书包等学习物品。8月19日，团县委开启“圆梦大学”计划，为仁化县2016年考上大学的10名贫困学子募集到每人3000元的圆梦助学金，帮助贫困学生实现“大学梦”。9月12日，团县委联合团市委、县文明办、县教育局和县青少年宫联合举行“韶关市福彩育苗计划”——仁化福彩育苗班顺利开班仪式。“韶关市福彩育苗计划”——仁化福彩育苗班是在广东省福彩中心支持下，募集资金10万元免费为6—16周岁异地务工人员子女、留守少年儿童、生活困难少年儿童提供舞蹈、绘画、书法等200个公益学位的才艺培训，帮助学子圆才艺梦。10月21日，团县委在县青少年宫1楼举办君泰“一分爱心”助学金发放仪式。省青基会副秘书长谢长仙、东莞亚洲制药有限公司总经理王先伟，中共仁化县委常委、组织部部长李湘柱等出席助学金发放仪式。通过各乡镇团委、学校及县教育局收集到的贫困学生资料，经过进一步入户走访核查等方式，君泰“一分爱心”助学行动最终确定对仁化县165名贫困小学生进行资助，总资助金额20万元。

【培训及表彰】 2016年12月5日，团县委召开“12•5”国际志愿者日表彰座谈会，表彰仁化一中志愿者服务队等优秀志愿服务组织5个，黄坑镇伍水平等优秀志愿者20名。12月19日，团县委举办2016年仁化县团干培训班，全县各基层团干、少先队辅导员60余人参加培训班学习。12月29日，县旅游局、县文明办、团县委联合在县职中举办2016年仁化县旅游志愿者培训班，县域旅游志愿者100余人参加培训班学习。

【服务青年】 2016年10月24日，团县委和县旅游局联合组织举办2016年旅游电商培训班，“丹霞仁家”经营产业主、青年旅游创业人才40人参加培训。

共青团仁化县委员会负责人名录：

书　记：肖武荣（任至2016年6月）
　　　　徐　泳（2016年6月任职）

副书记：徐　泳（任至2016年6月）
　　　　黄芳芳（2016年5月任职）

（陈　欣）

仁化县妇女联合会

【概况】 2016年，仁化县妇女联合会（简称“县妇联”）开展以“学党章党规、学系列讲话，做合格党员”为主要内容的“两学一做”主题活动，牢记妇女儿童切身利益，为妇女儿童办实事、好事。准确把握工作着力点，以实际行动把妇联组织打造成“坚强阵地”和“温暖之家”。

【重要会议】 2016年7月22日，仁化县妇女第十二届执委第五次（扩大）会议在县锦城宾馆2楼会议室召开。会议选举产生县妇联执委和副主席1名。

【妇女参与经济建设】 2016年，县妇联培育扶持“互联网+妇女创业”基地3个，巾帼创业示范基地2个。重点培育扶持创业女能手王均慧旅游产品丹霞红豆手工饰品加工基地，周田张树平礼尚往来奈李种植基地，杨雪花、罗红珍“互联网+妇女创业”基地和电商平台，创建黄坑巾帼种植贡柑基地、红山茶叶巾帼示范基地，推动当地“一镇一品”和城乡妇女增收致富。拓展巾帼建功活动项目，激励全县妇女立足岗位、创先争优，积极开展创建“巾帼文明岗”。2016年3月，韶关市社会保险服务管理局仁化县分局成功创建省级“巾帼文明岗”，申报省级“巾帼文明岗”1个、市级“巾帼文明岗”1个、县级“巾帼文明岗”8个。

【妇女创业就业】 2016年，仁化县为创业妇女提供创业资金支持，全年全县发放妇女创业小额贷款41户，金额201 万元。全县累计发放妇女贷款金额2998.3万元，带动当地就业 800多人。主办或协办开展各类技能培训30 多场，受益群众4200多人次，选送农家女到北京农家女学校进行“SYB”创业培训创业班学习10人，协助县就业局举办妇女家政培训班，其中参加“月嫂班”妇女500多人。

【家庭助廉活动】 2016年，县妇联组织廉政文化进家庭宣传活动1场，通过网络平台每周1次向领导干部发送廉政宣传短信计25条次，受教育人数600人次。

【妇女维权行动】 *妇女维权宣传*。2016年，仁化县各级妇联组织抓住“三八”维权周、“6·26”禁毒日、“12·1”防艾日、“12·4”法制宣传日等节点，开展形式多样、丰富多彩妇女法制宣传教育活动和法律培训。“三八”妇女节期间，举办妇女维权周宣传活动，县城在文化广场、各镇（街）在墟镇同时开展，有 35个协调单位（包含镇、街道）参加宣传，发放各种宣传资料2万多份，悬挂横幅24条，设立咨询点13个，接受咨询人数3000多人，受益群众 2.3万人次。

妇女信访工作。2016年，全县办理结婚登记1591对；民政办理离婚登记458对，法院判理、调解离婚71对，合计529对，离婚率33.2%。采取社会工作方法，组织镇村维权干部开展“共同探索，共同成长”成长业务提升小组项目，提高基层妇联干部调解家庭矛盾纠纷水平。主动探索婚姻家庭纠纷调处新思路和新方法，把“以孝为先，以德为本”道德理念融入到调解中，加强与当事人沟通，用真心、细心、耐心帮助梳理矛盾，分清责任，提高调解工作效率，促进婚姻家庭纠纷化解。发挥“联”功能，将各种社会资源有效整合到妇女维权工作中，提高妇女维权实效。全年接待妇女群众来信来访56件87人次，结案率98%；举办法律知识讲座4场，为贫困妇女儿童提供法律援助5宗。

妇联干部能力建设。2016年，仁化县选派妇女干部参加各类培训班，抓好基层妇联干部能力建设。选送基层妇女干部48人到北京农家女学校学习，组织妇女干部30人到乐昌、乳源参观学习，在中共仁化县委党校开办基层妇女干部学习培训班1期，有县、镇、村妇女干部178人参加培训。

【关爱贫困妇女儿童】 2016年，县妇联深入到贫困母亲（儿童）家庭慰问，为42名贫困母亲（儿童）送上慰问金2.16万元。开展“六一”儿童节慰问和关爱留守儿童活动，中共仁化县委副书记区毅明，县政府副县长、县妇儿工委主任包伟红等县领导率团到机关幼儿园、丹霞水南小学5所学校慰问，为儿童送上节日问候及慰问金、慰问品折算6万元；在县政府礼堂举办关爱留守儿童暨庆“六一”的“共享蓝天 快乐成长”主题活动。慰问留守儿童和优秀孩子120名。免费为1.2万多名农村妇女开展“两癌”筛查，为7名“两癌”妇女争取中央、省、市专项资金5.4万元救助资金。争取上级“贫困单亲母亲关爱工程”项目救助资金6万元，为单亲特困母亲2名援建安居房。

【家庭教育】 2016年，县妇联开展家庭教育大讲堂活动，有计划邀请知名家庭教育专家深入到镇（街）学校、村委会开展家庭教育专题讲座，内容为“如何做一名合格的家长”“与孩子一起成长”。依托“家长学校”每学期开展两期以上家庭教育课。各镇（街）妇联组织深入学校、社区、村开展各类家庭教育巡讲。全年，县妇联举办家庭教育讲座4场，全县家庭教育知识普及率80%以上，有效提高广大家长育儿水平。

【文明平安家庭创建活动】 2016年，县妇联深入基层调研，指导“平安家庭”创建工作，抓好“平安家庭”资料整理和宣传栏工作，发放“平安家庭”宣传资料2000余份，群众知晓率90%以上。结合工作特色，树立典型，在县文化广场开展“反对家庭暴力 共创和谐家庭”主题宣传活动，并把活动延伸到镇村，在丹霞街道夏富村开展“反对家庭暴力，共创平安家园”大型普法宣传和普法知识竞赛活动。利用“三八”妇女维权周、发放各种普法宣传资料2万多份，受益群众 2.3万人次。扶溪镇古夏村、周田镇上坪村、长江镇里周村、石塘水历村被推荐为市“平安家庭”创建工作示范村，聂金龙、郑庚娣、江新凤等10户家庭被推荐为“平安家庭”示范户。弘扬文明树新风，开展好媳妇、好婆婆、农村科技致富女能手评选表彰活动，仁化中学蓝均昔家庭获广东省“十大书香家庭”称号，董塘镇杨雪花获广东省“百户最美家庭”称号。肖莲等4人获市“三八红旗手”称号，韩和贡家庭获市“优秀书香家庭”称号，有80名各类先进妇女受到县级表彰。

【“关爱未成年人”行动】 2016年，县妇联与县检察院在体育馆举办“预防未成年人犯罪”宣传文艺活动，有2000多名群众参加。6月，邀请韶关学院副教授罗曼红到仁化县第二小学举办“关爱女童”安全教育讲座，有百余名女童参加学习。罗曼红通过视频、PPT多媒体教学方法，使女童了解自己身体，掌握分辨亲密行为和性侵行为、防范性侵行为发生、遭遇性侵后应对措施等知识。9月，组织400多人在县职中开展“不让毒品进我家”宣传活动，教育中学生如何保护自己，远离毒品；开展预防拐卖宣传活动，使广大家长、孩子了解如何做到预防被不法分子拐卖的知识。

【基层组织建设工作】 2016年，县妇联发挥基层妇联引领群众作用。做好村（社区）妇代会改建妇联试点工作，开展各种宣传活动，提升妇女对“妇女之家”知晓率及参与热情度。省、市“妇女之家”示范点丹霞官口村、扶溪古夏村“妇女之家”开展的活动有声有色，妇女参与热情高。2016年，全县创建省级“妇女之家”示范点4个、市级2个、县级11个。

【“儿童之家”建设】 2016年，县妇联抓好创建儿童友好社区官口村省级示范点工作。根据省、市妇联关于创建“儿童友好社区”方案要求和标准，结合当地实际，争取上级有关部门和社会各界热心人士支持帮助，多方筹措资金10万元，利用原有村文化室重新装修1间面积60多平方米活动场地，达到上级提出“有场所、有设备、有活动、有队伍、有制度、有档案”“六有”标准要求。

【妇儿工委工作】 2016年，县妇儿工委办迎接省市妇儿工委督导组对妇女儿童发展规划（2011—2020年）中期评估督导检查工作，积极协调各成员单位力量，召开专门工作会议，抓好全县妇女儿童发展规划统计监测工作。按照迎检工作指引要求，各成员单位积极准备，落实人员，做好布置，顺利完成省市妇儿工委督导组督导，得到市县领导好评。全县妇儿工委各成员单位认真履职，发挥作用，各项考核指标均达到上级标准。

【主动参与创文工作】 2016年，县妇联积极参与县创文办统一安排部署的各项工作。积极开展创文网格化管理服务工作，县妇联作为第12网格化小区协办单位，在人少事多情况下，强化网格化监管责任意识，拿出专项资金，安排专人，不定期到社区居民开展社会调查，组织和指导本区志愿者开展形式多样志愿服务活动，督促落实分工任务，按时报送信息材料，为社区居民做实事办好事解难事。县妇联干部职工轮流到中国银行仁化支行路口斑马线开展文明劝导志愿服务活动。

仁化县妇女联合会负责人名录：

主　席：蔡雪香（女）

副主席：徐石英（女，任至2016年4月）

肖　莲（女）

宁家红（女，2016年7任职）

（宁家红）

仁化县工商业联合会

【概况】　2016年，仁化县工商业联合会（简称“县工商联”或“县商会”）有工作人员3人，其中公务员编制2人，社会购买服务1人。全县有会员141人，其中兼职副主席有17人，执行委员41人，普通会员83人。

2016年，县工商联切实履行工商联职能，积极动员全县非公有制经济人士投身“四化推四区”建设，为建设“生态、活力、幸福”新仁化做出应有贡献。

【重要会议】　2016年是县工商联换届年，县工商联认真执行中共仁化县委组织部、统战部相关文件、会议精神，做好县工商联班子（非公有制经济人士）考察、推荐工作。2016年10月30日，仁化县工商业联合会第十一届第一次会员代表大会暨换届会议在县政府礼堂2楼会议室召开，到会代表85人。会上，苏健作仁化工商联第十届执委会工作报告。中共仁化县委常委、县委办主任、统战部部长邱志坚代表中共仁化县委在会上作讲话。会议选举产生新一届工商联班子。

【会员教育】　2016年，县工商联贯彻落实相关理想教育文件、会议精神，结合实际开展会员教育活动。4月，组织会员学习广东省工商联党组书记杨浩明的专题报告《不断坚定理想信念，努力促进“两个健康”》。通过会员微信群、公共邮箱、主题活动等积极宣传习近平总书记系列重要讲话精神，每天在会员群转发“新闻三分钟”。通过开展教育活动，提高全体会员政治思想素质，绝大部分会员能带头履行社会责任，建设文明和谐企业，自觉发展企业文化，践行社会主义核心价值观。

【会员活动】　2016年，县工商联围绕“两个健康”（即促进全县非公有制经济健康发展，引导非公有制经济人士健康成长）工作主题，开展一系列会员活动。1月，县工商联在仁化喜洋洋农庄召开会员年会暨慈善拍卖会，收到善款10.5万元，全部由县民政局批准的慈善团体丹霞义工会用于帮扶仁化县贫困家庭。5月，组织以会员企业为单位的县工商联第一届公益徒步赛，有40个会员企业160人参赛。徒步地点设在丹霞街道车湾村、夏富村，全程13.8公里。该次徒步赛收到良好社会反响，为促进企业文化建设起到明显作用。年内，组织部分会员（33人）到海南省三亚市参观学习，组织部分会员到广州市工商联交流学习，参观知名企业，开拓会员视野。

【会员之家建设】　2016年4月，县工商联多方筹资15.3万元，重新装修县工商联办公室，完善“会员之家”软、硬件设备，营建有品味，上档次，有温馨感、归属感“会员之家”，为广大非公有制经济人士搭建良好沟通交流平台。

【服务会员】　2016年，县工商联积极开展企业调研，高质量完成省、市工商联交给的调研任务。密切联系会员，帮助会员解决问题，协调化解各种矛盾纠纷。全年，成功为会员解决各类问题，做好事实事8宗。组织开展会员与县农信社联谊活动，为会员解决融资难问题。

【“精准扶贫”】　2016年，县工商联“精准扶贫”工作挂点联系董塘镇瑶族村贫困户9户21人，派出专人（李石莲）任联络员。全年，县商会发动会员为该村及贫困户资助6.9万元，为村小组安装太阳能路灯12盏，修缮危房，送上节日慰问金。扶贫工作得到县镇有关领导及村民好评。

仁化县工商业联合会负责人名录：

党组书记：林伟浩（任至2016年5月）
苏　健（2016年6月任职）

主　　席：林伟浩（任至2016年5月）
苏　健（2016年6月任职）

专职副主席兼秘书长：罗培槐

兼职副主席：吴飞宇（2016年11月任职）
郑鹏飞　杨文根
封建华　李细罗
谢九发（女）
杨　冲
刘　艳（女）
刘永强　张深文
熊　平（2016年11月任职）
刘锦祥（2016年11月任职）
姜志远（2016年11月任职）
邵燕华（女，2016年11月任职）
刘丽娟（女，2016年11月任职）
王有华（2016年11月任职）
钟考波（任至2016年10月）
黄伟江（任至2016年10月）
蔡汉苏（任至2016年10月）
周志文（任至2016年10月）
王铁龙（任至2016年10月）
刘津降（任至2016年10月）

（罗培槐）

仁化县归国华侨联合会

【概况】　2016年，仁化县归国华侨联合会（简称“县侨联”）以科学发展观为统领，围绕中共仁化县委、县政府中心工作，结合侨情实际，广泛团结和动员归侨侨眷和海外侨胞为建设“生态、活力、幸福”新仁化，践行社会主义核心价值观，实现中华民族伟大复兴中国梦贡献应有力量。按照侨联章程，认真履行工作职责，在服务经济、参政议政、拓展海外联谊、依法维护侨益、切实改进工作作风，加强自身组织建设方面做了大量工作，完成各项工作任务。截至2016年12月底，全县有归侨20人。

【理论学习】　2016年，县侨联通过自学和积极参加县委中心组（扩大）会学习等多种形式学习中共十八大精神和习近平总书记系列重要讲话精神及相关法律法规，维护归侨侨眷、海外侨胞合法权益，提高侨联干部政治敏锐性、鉴别力及为侨服务能力。

【“精准扶贫”工作】　2016年，县侨联按照县委要求，积极主动与挂点村闻韶镇华塘村联系，按照县委、县政府的有关通知精神，深入农户，倾听民意，做到精准识别、精准采集录入贫困户信息，制订三年扶贫攻坚规划和年度工作计划，确保“新时期精准扶贫，精准脱贫”工作有序开展。发动侨界爱心人士捐赠，为挂点帮扶贫困户4户送上慰问品价值2000元，帮助贫困户解决生活问题。

【其他工作】　计生帮扶。2016年，县侨联按县委县政府要求，联系挂点村城口镇东光村，出人、出力、出车指导、参与、督促东光村开展计生工作，确保人口计划目标实现。

其他工作。2016年，县侨联参与和配合县委政府开展加强社会治安防控体系建设、创文网格化管理、文明劝导志愿服务工作。

【发挥侨力】 2016年，县侨联班子注重围绕仁化县中心工作发挥侨力，服务经济建设。利用侨委会和“三胞”（港澳同胞、台湾同胞、海外侨胞）座谈会等宣传祖国大好形势，宣讲仁化各项事业发展情况。引导归侨侨眷爱岗敬业，做好本职工作。鼓励引导、协助归侨侨眷勇于创业，自主经营。帮助到仁化投资外商解决生产生活中遇到的困难，了解他们的心声，协助他们解决生产和经营中遇到的困难，为经济社会建设服务。

【为侨服务】 2016年，县侨联注重发挥“侨联之家”桥梁纽带作用，慰问归侨，了解归侨及在海外亲人情况，让归侨、侨眷倍感“侨联之家”温暖。在春节和重阳节上门慰问困难归侨50多人次。普遍走访联系，上门拜访归侨、侨眷120多人次。配合韶关市侨联做好组织“侨爱心、光明行”慈善助医活动，为归侨侨眷及家庭贫困白内障患者200多人免费实施复明手术。

【侨情调查】 2016年，县侨联对县域归侨、侨眷及其海外子女造册登记，做好新移民和海外联姻新侨调研工作，搭建拓展新侨平台，运用各种资源和力量，联系和服务广大侨胞。

仁化县归国华侨联合会负责人名录：

主　席：刘映芳（女，2015年2月任职）
副主席：罗楚红（兼秘书长）
　　　　王文国（兼职）
　　　　陈伟平（兼职）
　　　　吴晓蓉（女，兼职）
常　委：曾宪衎（兼职）
　　　　幸凯斌（兼职）

（罗楚红）

仁化县科学技术协会

【概况】 2016年，仁化县科学技术协会（简称“县科协”）围绕提高全民科学素质目标，贯彻落实《中华人民共和国科学技术普及法》和《全民科学素质行动计划纲要实施方案（2016—2020年）》，全面加强全县科普组织、科普队伍和科普阵地建设，坚持面向大众普及科学知识，为全县经济发展、提高全民科学素质服务，为广大科技工作者和党委政府科学决策服务，全县形成党委领导、政府推动、部门协作、社会参与科普工作格局，提高公众思想道德素质和科学文化素质，促进全县经济快速发展和社会全面进步。

【探望慰问科技工作者】 2016年春节期间，县科协组织部分科技工作者深入基层，看望、慰问科技工作者，了解科技工作者身体状况，倾听其意见和建议。

【文化、科技、卫生“三下乡”活动】 2016年3月22—24日，县科协联合县委组织部在仁化县委党校举办“仁化县2016年文化科技卫生三下乡——科学素质培训班”，提高妇女干部和农村党员、基层干部科学素养，有180人参加培训。

【“科技进步活动月”科技集市活动】 2016年5月11日，由县科协、县科技局组织实施，县水务、农业、林业、卫计、环保等30个多个部门和单位共同参与的2016年仁化县“科技进步活动月”在大桥镇集市内举行。该次科技集市活动以“节约能源资源、保护生态环境、安全生产、建设幸福新仁化”为主题，通过科普展览、科技咨询、义诊、发放科普资料等互动形式，开展加快转变经济发展方式、科学认识气象知识、节能减排、防震减灾、预防疾病、法律法规普及、科学生活、科学种养技术等内容科普宣传活动。该次科技集市出动人员80人次，展出图片120张，发放资料2.5万份，为群众咨询、义诊300人次。

【科学技术培训班】 2016年，县科协重视科学技术人才培养，通过联合农业局、林业局、卫计局等单位举办系列科学技术培训班，帮助农民掌握农村实用技术，提高农民科学技术素质，增强农民创业致富本领，助推县域农村经济健康发展，促进全县农业增效、农民增收。全年，县科协举办科普惠农技术培训班6期次，参加受训人数680人。

【“全国科普日”活动】 2016年9月21日“全国科普日”，县科协组织实施，县经信局、农业局、林业局、科技局、环保局等30多个部门和单位参与的2016年仁化县“全国科普日”启动仪式暨科普文艺汇演在扶溪镇集市附近林业站球场举行。活动内容包括现场咨询、有奖知识问答、文艺演出、派发宣传资料以及免费赠送有机化肥、新农产品菜种等农村适用物资一批。“全国科普日”活动启动仪式后，县科协分别在董塘镇、扶溪镇、闻韶镇、红山镇、丹霞街道通过现场咨询、摆放宣传展板、科普惠农技术培训、现场有奖知识问答、益智趣味课、机器人表演等形式，开展科普知识进乡村、进社区、进学校活动。累计出动人员120人次，摆放展板80张次，发放资料5000份，赠送物资7.5吨折价48748元，参与群众300人次。

【组织参与科技赛事】 2016年，县科协组织人员参加各级青少年科技创新大赛和青少年生物联赛。在广东省韶关市第32届青少年创新大赛中，获得一等奖3人，分别是仁化县董塘中心小学张倩瑜、田家炳小学李诗怡、何丽坤；获得二等奖2人，分别是仁化县丹霞中学刘云飞和叶奇荃；获得三等奖3人，分别是田家炳小学马千舜、董塘中学杨芳敏、石塘镇新华书店希望小学李青。其中，张倩瑜作品《太空幻想曲》、李诗怡作品《吸雷神器》以及何丽坤作品《生态城市》推荐参加广东省第32届青少年科技创新大赛。

【科普阵地宣传】 2016年，县科协抓好科普宣传工作，各项科普活动得到县信息中心“科普专栏”网页宣传报道。县科协及各学会、协会、研究会利用“科普专栏”或“科普长廊”平台，宣传科普知识，适时调整和更新科普内容，其中，县科协“科普长廊”每个月更新科普内容1次。全年，编辑、发布科普知识宣传12期。

【基层科普行动计划】 2016年7月，县科协、县财政局根据上级精神，结合县域实际，启动并实施“仁化县基层科普行动计划”。经过严格评审，董塘镇董塘社区被评为“仁化县科普示范社区”、红山镇烟竹村白毛茶种植技术协会被评为“仁化县农村专业技术协会”、韶关市金果农业生态园有限公司科普示范基地被评为“仁化县科普示范基地”，城口镇黄本州等11人被评为“仁化县科普带头人”。推荐仁化县红山镇烟竹村白毛茶种植技术协会申报2017年全国“基层科普行动计划”项目。

【县科协第五届委员会第三次会议】 2016年12月23日，仁化县科学技术协会第五届委员会第三次会议在县经信局2楼会议室召开。会议增选县科协第五届委员会委员，选举肖润华任仁化县科学技术协会第五届委员会主席。

【“四送一训”活动】 2016年，县科协继续开展“四送一训”（送资料、送科技、送新项目、送新成果、开展农科实用技术培训）科普惠农（惠民）活动。到县董塘镇、大桥镇、长江镇、闻韶镇、红山镇以及丹霞街道送技术、送化肥、送新品种、送科普图书给村民或社区居民，给村民免费发放农业科技新品种、报刊、光盘和技术资料，开展贡柑高产栽培技术、柑橘栽培技术、蜜蜂养殖技术等农业实用技术培训活动，解决村民生产技术难题，受到农民群众和社区居民欢迎。全年，开展“四送一训”活动6次，直接受惠民众680人次。

仁化县科学技术协会负责人名录：

主　席：肖俊青（女，任至2016年12月）
肖润华（男，2016年12月任职）

副主席：温美莲（女）
（郑菊霞）

仁化县文学艺术工作者联合会

【概况】 2016年11月15日，根据《仁化县机构编制委员会关于印发〈仁化县文学艺术界联合会机关主要职责内设机构和人员编制规定〉的通知》（仁机编〔2016〕16号）精神，仁化县文学艺术工作者联合会更名为“仁化县文学艺术界联合会”（简称“县文联”），文联主席由宣传部副部长兼任，并设副主席1名，秘书长1名（请核准）。截至2016年年底，县文联有3人，其中（职务名称）主席1名、（职务名称）副主席1名、（职务名称）科员1名。2016年，县文联学习和深入贯彻落实科学发展观，围绕中心、服务大局，面向基层、服务群众，坚持文艺“两为”方向和“双百”方针，围绕培养文艺人才，繁荣文艺创作，服务经济建设等方面开展工作，为全县建设和谐社会做出应有贡献。

【文艺队伍建设】 截至2016年年底，县文联制度管辖文艺协会4个（仁化县摄影家协会、仁化县书画家协会、仁化县音乐协会、仁化县观赏石协会），文学学会1个（仁化县文学学会，2016年1月1日成立），有会员322名（其中国家级会员26名，省级会员45名，市级会员69名）。县摄影家协会有会员74名（其中国家级会员14名，省级会员34名，市级会员36名），县书画家协会有会员97名（其中国家级会员11名，省级会员5名，市级会员11名），县音乐协会有会员56名（其中省级会员3名，市级会员5名），县观赏石协会有会员80人（其中国家级会员1名，省级会员2名，市级会员15名），县文学学会有会员15名（其中省级会员1名，市级会员2名）。2016年，县文联重视所属协会管理工作，组织、引导协会开展各项工作和活动，培育优秀文艺人才一批，国家级会员、省级会员均有所增长，仁化文化艺术事业得到推动发展。

2016年2月10日，仁化县摄影家协会在城口镇开展“送全家福”活动 （县文联供稿）

【“送欢乐、下基层”活动】 2016年，县文联贯彻中共中央总书记习近平《在文艺座谈会上的讲话》精神，组织全县文艺工作者深入基层开展文化惠民、以文化人、服务群众活动。第一，2016年2月，组织县书画家协会分别在县城文化广场和10个镇、4家企业开展“百姓好活法”主题春节送春联活动，为群众免费书写送春联10000余对（幅）。第二，2月8日、10日，组织县摄影协会在县城、城口恩村和上寨村开展

“我们的中国梦—摄影文化进万家”活动，免费为群众拍摄228幅“全家福”、赠送228幅“幸福照”，慰问低保户和残疾人家庭。第三，4月23日，县文联协同韶关市美术家协会会员及各县区50多位代表走进仁化县丹霞街道夏富村开展“结对子，种文化”活动。通过捐书送画、名家授课、文艺采风和艺术创作等形式送文化下乡，实施文艺家“结对子，种文化”发展战略，创新“文艺惠民+采风创作”模式。

【加强古村落保护工作】 2016年1月27日，仁化县黄坑镇南庄村、扶溪镇古夏村、周田镇风度村、大围村入选为第五批“广东省古村落”。10月17—18日，中共仁化县委宣传部副部长、县文联主席罗有发带领扶溪镇、黄坑镇、周田镇各村村代表参加在揭阳普宁市举行的第五批“广东省古村落”授牌仪式。仁化县成为韶关市各县（市、区）入选“广东省古村落”数量最多的一个县。12月14—16日，县文联组织县各文艺协会负责人到连州市、连南县对已成功申报为中国传统名村的古村进行考察学习，进行艺术创作交流，提高县文艺工作者古村保护意识。

【精品展示】 2016年10月17日，仁化、曲江两地联合开展“纪念中国共产党成立九十五周年暨红军长征胜利八十周年”书法作品展。仁化县在县文广新局3楼展厅展出175幅精选自仁化、曲江40名书法爱好者的书法作品。

【文艺活动】 主要活动有5项。第一，开展“丹霞彩虹”新农村“村歌”创作活动。2016年4月，仁化县开展“丹霞彩虹”新农村“村歌”创作活动。县各文艺者结合大桥镇长坝村、丹霞街道黄屋村和夏富村进行“村歌”歌曲和音乐电视片创作与制作。9月24日，在仁化县全音文化公司内举行“丹霞彩虹”村歌原创歌曲作曲评选活动。经过专业评委初评、复评、终评后，评出优秀“村歌”原创歌曲作曲作品《长坝村之歌》《我在夏富等你来》《黄屋，我美丽可爱的村庄》。第二，5月9—19日，广东省观赏石协会和仁化县联合举办仁化县首届丹霞赏石文化节活动，周边地区观赏石协会选送280块各类无打磨天然奇石参展，有80档石商参加展销。活动评选出金奖15名、银奖25名、铜奖45名、优秀奖60名。第三，“六一”儿童节期间，组织县音协会员参与创文网格第十四区在富凯华庭小区内开展“欢天喜地庆六一，核心价值观进社区”活动，现场教唱《社会主义核心价值观之歌》。第四，组织开展“继承红军传统、弘扬长征精神”主题纪念红军长征胜利80周年征文活动，并于10月24日评出参赛征文一等奖1名、二等奖2名、三等奖3名、优秀奖6名。第五，10月29日，县文联与县宣传部、县教育局、县文广新局、县书画协会在仁化县第一中学举行“继承红军传统，弘扬长征精神”主题纪念中国工农红军长征胜利80周年书法大赛。赛事分小学组、初中组、高中组、成人组，各镇（街）学生和社会人士160人参与比赛。

【文化交流】 主要交流活动有5项。第一，2016年4月23日，韶关市美术家协会会员在仁化县丹霞镇夏富村开展“结对子，种文化”活动，县书画协会会员积极参与该次活动。第二，5月27—30日，仁化县文学学会会员参加广东省作家协会组织的“走进中国围楼之乡始兴”采风活动，认识和了解始兴，积累创作素材，与始兴本土作家座谈交流。第三，6月14—16日，虎门镇文体局带领虎门镇书法家协会、摄影家协会到仁化开展书法讲座、创作采风等活动。仁化县文联组织各会员通过交流，增长见识，提高创作水平，加强两地文化交流。第四，9月20日，韶关市文联主席刘照丁、市文联办公室主任黄文华、市民协副主席朱国梁、市摄办刘松胜和仁化县摄影家协会主席谢锦树陪同中国艺术报社社长兼中国文联文艺资源中心主任向云驹、中国艺术报社国际通联部主任孟祥宁到中国摄影创作基地仁化县考察，并于当天晚上在丹霞山博物馆举办“中国艺术报社—孟祥宁先生摄影艺术讲座”活动。第五，12月14—16日，县文联组织县文艺协会（摄影、书画、音乐、文学、观赏石）负责人到连州市、连南县考察学习，并就古村与艺术创作进行交流。

【文学刊物出版】 2016年，县文联出版《丹霞》刊物3期，刊登文学作品97篇，摄影、书法、美术等会员作品60多件。《丹霞》杂志立足仁化，以文学作品形式宣传、推介仁化优美自然环境和人文特色，展示仁化文化素养和文学底蕴。

【获奖情况】 文学方面。2016年，县文学学会成员李学田作品《豹纹石》在韶关市天井山征文比赛中获得三等奖，作品《始兴三章》在2016年始兴围楼文化节征文活动中获得三等奖，诗歌《中秋月》《双塘印雪：一场诗的约会》《丹霞情结》《鸟语》在韶关五月诗笺发表。在中共仁化县县委宣传部和县文联举办的纪念红军长征胜利80周年征文大赛中，参赛作者范全作品《万时山下琴声扬——读红军长征在仁化城口一篇日记的畅想》获一等奖，肖生奎作品《永恒的丰碑——粤北长江镇日头河阻击战纪实》、温飞宇作品《阅读城口铜鼓岭》获二等奖，袁小红作品《外婆、妈妈、我和女儿的那些“长征”事》、郑玉江作品《历史的硝烟》、李学田作品《古秦城（外一首）》、谢方生作品《七律——题城口长征战场》获三等奖，邓覃贵、朱保森、陈旭虹作品《红军长征过粤北时毛泽东随军委纵队到城口》、冯丽文作品《弘扬长征精神，传承红色基因，共创美好家园》、张金凤作品《不曾忘却的记忆——献给长眠在铜鼓岭的英雄》、张立善作品《弘扬长征精神》、顾贝作品《勿忘长征艰难行——纪念长征胜利80载》、徐慧敏作品《长征的路》获优秀奖。

音乐方面。2016年，县音乐协会会员：参加仁化县“丹霞彩虹”村歌征选活动，作曲方面卢家赋作品《黄屋，我可爱美丽的村庄》、罗建矿作品《我在夏富等你来》、谭国兵作品《长坝村之歌》入选，作词方面温飞宇作品《我在夏富等你来》、杨乐华作品《长坝村之歌》、卢家赋作品《黄屋，我可爱美丽的村庄》入选。参加仁化县职工好歌曲活动，在歌词评选中，温飞宇作品《打工美丽的城市》获一等奖，黄秋琼作品《我在想》、温飞宇作品《环卫天使》获二等奖，吴修龙作品《醉美中国工人》、黄秋琼作品《中国梦伟大的民族梦》、谢联庆作品《我爱仁化我爱丹霞》获三等奖；在作曲评选中，黄秋琼作品《我在想》获一等奖，张政洲作品《养路天使》、黄秋琼作品《中国梦伟大的民族梦》获二等奖，吴修龙作品《环卫天使》、《醉美中国工人》、张政洲作品《我爱仁化我爱丹霞》获三等奖。

摄影方面。2016年，县摄影家协会副主席马联合获“2015年度广东省摄影家协会优秀会员”称号；谢锦树作品《安岗华阳寨战斗遗址》和《第八独立团旧址——董塘董劝书院》、彭樾作品《红三军团被服加工厂——广州会馆》、沈良作品《红军长征宿营地——城口镇正龙街》、王川福作品《红军桥》和《红军长征烈士纪念碑》入选广东省文联、广东省摄影家协会“红色印记——纪念建党95周年暨红军长征80周年摄影大展”。曾春莲作品《瑶塘新村》入选“岭南画卷——寻找广东美丽乡村”摄影大赛；王凡路作品《焊花四射》获“我和企业同行”广东省企业文化建设“粤海杯”摄影书画展览大赛摄影类铜奖，曾义作品《矿山人的荣誉》获优秀奖；在“美丽仁化——乡村画廊”摄影大赛中，王凡路、马联合获一等奖，温亚苟、刘贤琴、黄付养、曾春莲获二等奖，刘加青、张惠芳、曾义、罗兆祥、古励获三等奖；在仁化县总工会第二届“中国梦·劳动美”手机摄影大赛中，吴玮获一等奖，刘贤琴、彭樾获二等奖，曾春莲、张秋利、李日平获三等奖。在“‘迎新春 贺新年’——粤赣湘三省边仁化、崇义、汝城三县书、画、摄影作品展”中，马联合获一等奖，温亚苟、张沛然获二等奖，吴玮、郭红伟、谢锦树获三等奖。

书画方面。2016年，在由中国老干书法家协会举办的全国第二届老干书法大赛中，林广华、蓝均昔获创作奖，林广华作品在香港展出；在由全国老干书法家协会举办的纪念建党95周年书法大赛中，蓝均昔、李优兰（女）、张祖财、林广华获艺术创作奖；在长沙弘文书画院举办纪念毛泽东同志诞辰123周年中国书法作品大赛中，蓝均昔获金奖；在参加中国龙江书画艺术研究院、中国书协、中国美协举办的“盛世中华、传承经典”纪念毛主席诞辰123周年大型书画联展中，蓝均昔获金奖；在由中国书法家协会、中国美术协会、中国白石书画研究院举办的“建党95周年大型书画联展”中，蓝均昔获金奖，其作品在北京展出；仁化县老干大学书法班在参加“夕阳红兰亭文艺杯”全国老干大学书画摄影大赛中，获组织奖，蓝均昔、范全、张祖财、谢志明获金奖，朱祖新、林广华、邬志新、辛焕坤获银奖，罗浮生、聂郁才获优秀奖。

仁化县文学艺术工作者联合会负责人名录：

主　席：罗有发（兼职）

副主席：陈旭虹（女，任至2016年6月）

李子春（女，2016年7月任职）

（罗有发　李子春）

仁化县社会科学学会联合会

【概况】 2016年，仁化县社会科学学会联合会（简称“县社科联”）围绕中共仁化县委、县人民政府中心工作，开展仁化社会科学与本土特色文化研究，推进社科理论成果交流常态化，推动全县社科工作迈上新台阶。

【本土特色文化研究取得新成果】 2016年，县社科联加强地方文化研究和宣传，推荐龙兆康等3人为韶关市韶文化研究院兼职研究员候选人。联合县文联、县文明办对大桥长坝村、丹霞街道黄屋村和夏富村进行“村歌”歌曲、音乐电视片项目创作和制作，成功创作《长坝村之歌》《我在夏富等你来》等“村歌”歌曲。完成韶关市哲学社会科学规划课题“丹霞山碑碣、楹联古迹文化研究”，形成研究文集《丹霞山古碑碣、楹联考》等研究成果。编纂出版《仁化历史文化丛书》在全省社会科学普及工作经验交流会上首次亮相展示。

【社科研究和学术理论交流呈现新气象】 2016年，县社科联精心组织各单位、各社科学会和社科工作者积极申报2016年度韶关市哲学社会科学规划课题，撰写理论文章，其中，理论文章《提高水源涵养林补偿，确保我县饮用水安全》《关于加快推进“旅游休闲慢城”建设的思考》《红军长征在仁化》等6篇在《仁化宣传》

“社科论坛”刊登。

【社科常态工作抓出新亮点】 2016年，县社科联贯彻落实《广东省社会科学普及条例》，发放条例宣传册500份。组织冯丽文等3名选手参加韶关市“弘扬长征精神 决胜全面小康”演讲比赛，均获优秀奖。加强社科学会管理，落实《韶关市社会科学联合会资助学会活动管理试行办法》，规范社科论坛、社科活动开展，在条件成熟的学会成立中共党支部，把握正确思想导向。

仁化县社会科学学会联合会负责人名录：

主　席：（空缺）

副主席：唐　军

（唐　军）

仁化县残疾人联合会

【概况】 仁化县残疾人联合会（简称“县残联”）是仁化县政府直属参照公务员管理正科级群团性事业单位。其主要职责是弘扬人道主义，发展残疾人事业，保障残疾人平等充分参加社会生活。2016年，仁化县残疾人事业持续健康发展，残疾人康复、就业、培训、扶贫、危房改造等方面取得成绩。

【残疾人康复】 2016年，仁化县筛查出脑瘫儿童26名，县残疾人康复中心投入45万元经费对筛查出的脑瘫儿童进行免费康复。与县慢病站合作，通过县慢病站医疗网络，为精神病人200人提供药物治疗，总计用于药物费5万元。

【残疾人就业】 2016年，县残联通过开展残疾人分散按比例就业工作，新安排残疾人在企业就业3人，全年收缴残疾人就业保障金160多万元。

【残疾人扶贫】 2016年，县残联按照《仁化县残疾人康复求助办法》对残疾人进行康复救助。特别在残疾人求学、康复、医疗方面给予资金救助。在教育方面，为高等学校救助800元/年，中等学校600元/年，中小学400元/年。对残疾人自谋职业和发展生产的，县残联给予5000元资金扶助。全年扶助资金7万元。

【残疾人信访和维权】 2016年，县残联以残疾人法律援助中心为平台，主动做好残疾人信访和维权工作，为残疾人提供维权服务。全年受理信访、上访4件，接受上访17人次。

【开展“两学一做”活动】 2016年，县残联以开展“两学一做”为契机，以转变职能、增强活力、提高精气神、弘扬正能量为目的，以强化残联系统中共党组织建设为抓手，加强残联系统中共党组织建设，开展“两学一做”学习教育活动。

仁化县残疾人联合会负责人名录：

理事长：李坚平（任至2016年10月）

梁德明（2016年11月任职）

（张双明）

仁化县个体劳动者协会和私营企业协会

【概况】 2016年，仁化县个体劳动者协会和私营企业协会（简称“县个私协会”）在市个私协会、县工商局领导和指导下，深入贯彻中共十八大和十八届五中全会及习近平总书记系列重要讲话精神，围绕“服务个私经济发展、服务会员发展”宗旨，强化“自我教育、自我服务、自我管理、自我发展”，认真履行协会职能，加强协会自身建设，发挥个私协会桥梁、纽带和助手作用。

【强化会员思想道德教育】 2016年，县个私协会组织会员积极参加学习教育活动，注重提升会员政治素质，增强会员思想道德水平。通过举办业务学习培训等形式，提高会员行业知识和竞争意识。结合县开展“道德模范评选活动”，注重宣传勤奋创业、遵纪守法、诚信经营、无私奉献会员先进事迹，激发会员投资创业热情。配合县工商局深入开展“道德讲堂”活动、“学雷锋服务”活动、“三八”妇女节活动等形式多样、内容丰富的宣传教育及评选活动，促进提升会员诚信守法经营意识。引导个私业主在“广东扶贫济困日”活动中，主动参与扶贫济困捐款活动，共捐款13.5万元。

【创新工作举措】 2016年，县个私协会深化“会员服务”活动开展，搭建协会与会员交流平台，提升协会影响力，增强协会凝聚力。发挥职能作用，当好政策引导“宣传员”、沟通协调的“联络员”、优化环境“服务员”，为创业就业人员提供信息指导、政策咨询、协调联系等服务，促进创业就业。加强联系协调，共同抓好创建全国文明城市工作。立足工作职能，大力宣传创文相关要求，通过广泛动员和宣传增强广大会员参与意识，强化商户落实门前“三包”责任，为仁化县创建全国文明城市奠定基础。

仁化县个体劳动者协会负责人名录：

会　长：张祥运

副会长：彭金华　郭炎川

仁化县私营企业协会负责人名录：

会　长：张祥运

副会长：刘道明

（范　全　童凌云）

仁化县红十字会

【概况】 仁化县红十字会是中国红十字会地方组织，是仁化县从事人道主义工作社会救助团体、副科级群团机关，直属县人民政府管理。县红十字会参公事业编制3名。2016年，县红十字会有在职人员3人，其中会长1名，由县领导兼任，常务副会长1名，秘书长1名，科员1名。

2016年，县红十字会贯彻落实中共各项政策、方针，以弘扬“人道、博爱、奉献”红十字会精神为己任，履行工作职能，促进红十字会工作为群众服务。

【宣传工作】 2016年，县红十字会重视宣传工作，通过宣传栏、宣传册、横幅、举办救培训班方式传播“人道、博爱、奉献”红十字精神，提高红十字会公益活动知晓率。制定《仁化县红十会“六五”普法宣传教育规划》，借助“六五”普法活动，宣传红十字会相关政策和法律法规。围绕“5·8”世界红十字日、“6·14”世界献血日、世界急救日，组织开展大规模面对面宣传咨询活动，发放应急救护手册400册。

【“红十字博爱送万家”活动】 2016年春节前，县红十字会深入孤、老、病、残、特困家庭，开展“红十字博爱送万家”活动，为扶溪镇左龙村、水口村，红山镇新山村、丹霞街道康溪村等地困难群众送上大米、食用油、棉被、家庭包等生活用品，帮助困难群众过新年。慰问困难群众50户，送温暖活动款物计28198.2元。

【新农合大病救助】 2016年，县红十字会发挥红十字会优势，扩大红十字会社会影响力，完善参与新型农村合作医疗方案，发动社会各界人士支持，主动争取上级资金，依照实际情况，对全县参加农村合作医疗特困病人进行救助。全年救助特困群众31人次，救助金额15500元。

【救护培训工作】 2016年，县红十字会重视提高广大群众防灾避险、自救互救能力和现场救护技能，深入社区、学校开展救护知识宣传培训工作。5月30日，县红十字在丹霞学校举办全国防灾避险知识竞赛，发放知识问卷100份。在学生中广泛宣传防灾避险知识，结合年内雨水多情况，普及在山洪、地震、泥石流等自然灾害中的应急自救、互救知识。12月7日，县红十字会在仁化县实验学校举办救护培训1期，主要普及心肺复苏及各种伤害紧急处理知识，培训师生150人次。

【白血病儿童救护工作】 2016年4月，县红十字会收到小天使基金会彩票公益金项目资助告知书，为红山镇鱼皇村谢佳淇和丹霞街道莲塘村杨俊希各提供救助3万元。截至2016年年底，县红十字会上报申请小天使基金救助白血病患儿6例，全部申请得到救助，每名患儿各救助3万元。其中，扶溪镇一名患儿成功进行造血干细胞移植，救助5万元，共计救助20万元。

【项目援建】 2016年，县红十字会2015年向中国红基金幸福天使基金会申请筹建丹霞山“幸福天使红十字救护站”项目，增强旅游景区工作人员自救、互救意识，提升景区人道救援工作水平。2016年5月，该项目得到批准；2016年11月，完成该项目建设。该项目得到中国幸福天使基金会捐赠30万元（含配赠设备，房屋标准化装修改造费用，工作经费补贴等），2016年起开始服务游客。

【扶贫工作】 一是，2016年，县红十字会按照中共仁化县委、县政府安排部署，开展新时期“精准扶贫”工作。县红十字会派驻村联络员到帮扶村扶溪镇水口村做好贫困户筛查工作，做好资料归档，结合贫困户实际制订帮扶方案，帮助贫困户树立脱贫信心，做好8户18人扶贫工作。2016年，县红十字为帮扶村水口村提供办公经费3000元。11月15日，县红十字会为贫困户发放衣服、鞋子等物资一批，共计3615元。二是，2016年8月2日，县红十字会联合县扶贫办开展“以爱育爱 金童计划”活动，为全县贫困家庭婴幼儿及孕妇送上奶粉。活动范围覆盖全县11个镇（街）。活动奶粉由贝因美公司捐赠，涵盖8个品种，计165箱1350罐，总价值291330元。

仁化县红十字会负责人名录：

会　长：李志贞（女，任至2016年4月）
包伟红（女，2016年4月任职）

常务副会长：肖世强

（谭芳苗）

法治政府建设

政治文明建设

【概况】 仁化县依法治县办公室是中共仁化县委的工作部门，由县人大常委会代管。2016年，县人大常委会认真贯彻落实中共广东省委关于依法治省工作要求，坚持以依法治县统揽人大工作，发挥人大及其常委会在依法治县中的主导作用，努力加快全县创文明法治环境进程。

【民主法治水平和社会治理能力提升】 2016年，中共仁化县第十三次代表大会提出要坚持依法治县，推进法治政府建设，建立重大决策责任追究制度及责任倒查机制，提高各级领导干部法治思维和依法办事能力。充分发挥县委总揽全局、协调各方作用，切实加强和改进对人大、政协的领导，积极支持人大依法依规、人民政协依其章程独立开展工作，人大、政协职能进一步发挥。支持政府和法检“两院”依法管理、依法办事，依法行政和公正执法水平得到提升。坚持做好驻点普遍直接联系群众工作，以开展“一厅三档案”活动为抓手，创新基层治理，社会建设全面加强。加强基层民主法治建设，全县109个行政村全部创建为民主法治村，其中，黄坑镇高塘村被评为全国“民主法治示范村”。实现“一村一法律顾问”全覆盖，引导农民以合法方式和途径表达自身利益诉求。扎实推进“平安仁化”建设，严厉打击各类刑事犯罪活动，社会治安综合治理全面加强。加大矛盾纠纷排查化解力度，积极探索律师参与接访来访群众工作制度，有力促进社会和谐稳定。

【普法宣传教育深入开展】 2016年，仁化县加强普法宣传载体，完善微信公众平台。在2015年开通“仁化普法”微信公众平台基础上将其改版为“仁化司法”，涵盖最新报道、以案释法、公证业务、法律援助、社区矫正、人民调解、法治讲座、普法视频、律师查询等内容，拓展普法宣传载体。精心组织开展“4·15”首个全民国家安全教育日主题法治宣传教育活动。2016年4月15日是《国家安全法》颁布实施后首个全民国家安全教育日。县司法局组织县相关部门在县城文化广场开展以“国家安全，全民有责”为主题的“4·15”全民国家安全教育日宣传活动。通过现场展示特警突击车等警用车辆，排爆服等特种设备以及手枪、突击步枪等实战枪械，悬挂横幅、发放宣传单、播放宣传标语等方式，向群众宣传涉及国家安全的法律法规，提高“国家安全，人人有责”大局意识。以各种宣传月、周、日活动为契机开展活动。协助相关部门积极开展“3·5”志愿者、“3·8”妇女维权周、“3·15”消费者权益保护日、送法进社区暨“6·5”环境日、“6·25”全国土地日和“6·26”国际禁毒日宣传活动。组织开展“12·4”全国法制宣传日，以“建设平安家园、巾帼志愿行动”为主题的普法文艺会演、“关爱留守儿童和空巢老人、共建和谐社会”法治宣传、“科学维权、依法维权、主动维权”法律咨询、“科技下乡”等活动，进一步营造“人人学法，共促和谐”氛围。

【劳动人事争议调解仲裁工作扎实推进】 2016年，仁化县劳动人事争议仲裁院在处理劳动纠纷时，认真贯彻执行《劳动争议调解仲裁法》及其他劳动法律法规，坚持“四快”工作原则，简化办案程序，对当事人提出的仲裁申请，符合受理范围的，及时受理，并按时审结案件，维护当事人合法权益，坚持以人为本，把劳资关系和谐和社会稳定作为调解仲裁工作根本点，公平、公正处理劳资纠纷。全年，县劳动人事仲裁院立案40宗，受理38宗，不予受理2宗，其中社会保险6宗、解除或终止劳动关系21宗、劳动报酬10宗、确认劳动关系1宗，涉及劳动者65人，涉案金额197.84万元，结案40宗，所有案件均在法定审限内结案，结案率100%。立案后调解处理18宗，裁决12宗，经调解劳动者撤诉8宗，不予受理2宗。

【林业行政执法强化】 2016年，仁化县强化林业执法保障，牢固树立依法治林理念。加强执法队伍管理，组织执法人员参加岗位培训，开展法制学习和宣传，提升办案能力和执法水平。严把案件审核关，确保办案质量。开展常态化的林业行政执法专项行动。2016年1—11月，由县公安森林分局牵头，先后开展清理自然保护区资源违法行为、清理整顿格顶煤区、林区禁毒排查、林地“红线行动”、野生动物“清网行动”等一系列专项打击行动，侦破案件7宗（其中重特大案件2宗），刑事处置25人；查处林业行政案件64起，林政处罚69人次，林政罚没80.3万元，依法收缴、放生、救助野生动物一批，有效打击和震慑破坏森林资源违法犯罪活动，维护林区治安秩序稳定。切实加强“两法衔接”工作。认真做好林业行政案件、可能涉及刑事犯罪及接近追诉标准案件录入“两法衔接”信息共享平台，规范移交林业刑事案件。

【执法监督营造良好市场环境】 2016年，县工商局开展打击无照经营、打击传销、打击走私及商品质量抽查、检查等专项行动，配合相关部门开展农贸市场环境整治、安全生产、丹霞山周边环境整治等各类专项检查82次，开展流通领域汽油柴油、纸类、农资等产品质量抽检23批次，出动执法人员379人次，立案查处35宗，有效促进全县市场经济健康有序发展。截至2016年年底，没有行政复议和行政诉讼案件发生。

【治安环境优化】 2016年，县检察院认真履行批捕、起诉职责，突出打击重点，对严重暴力犯罪、多发性侵财犯罪和毒品犯罪坚决依法从严打击，保持惩治严重犯罪高压态势。积极配合“4+1”专项行动。年内，县检察院受理公安机关移送审查批准逮捕案件131件170人，经审查批准逮捕115件142人，不捕16件27人，纠正漏捕7人。受理移送审查起诉案件207件269人，移送他院审查起诉10件11人，依法提起公诉155件204人，撤回起诉1人。县法院认真开展刑事审判工作，严厉打击各类刑事犯罪。全年，县法院受理和审结刑事案件181件237人。严格执行新修定的刑法，坚持罪刑法定原则，严把案件事实关、证据关和适用法律关，确保案件质量。刑事案件上诉27件，发回21件，二审20件维持原判决，维持率为95.24%。大力推广刑事案件适用简易程序，提高审判效率，其中适用简易程序审理84件，占总结案数的46.4%。

仁化县依法治县办公室负责人名录：

主　任：刘宝明

副主任：刘晓霞（女）

聂萍秀（女）

（刘晓霞）

法制局工作

【概况】 仁化县法制局于2010年正式设立，为正科级单位，内设行政复议应诉股（县人民政府行政复议办公室）及行政执法监督股（县人民政府行政执法督察办公室），行政编制4名，主要负责全县行政复议、行政应诉、行政执法监督、政府规范性文件合法性审查等11项工作。2016年，县法制局围绕加快推进县政府依法行政，建设法治政府建设目标，狠抓各项工作落实，贯彻执行《全面推进依法行政实施纲要》《中共中央关于全面推进依法治国若干重大问题的决定》等文件精神，积极探索，勇于创新，不断推进仁化县依法行政和法治政府建设工作新发展。

【依法行政工作】 2016年，仁化县法制局深入各行政单位了解依法行政工作情况，研究、分析并解决各单位在依法行政遇到的问题和困难，大胆创新工作思路，发掘提炼工作亮点，为推进依法行政工作提供有力指导。在全县范围内开展依法行政检查工作1次，有效地规范依法行政行为。根据《韶关市2016年度依法行政考评方案》要求以及市政府依法行政工作部署，指导各行政单位及时收集及整理相关文件台账，查漏补缺，撰写2016年依法行政工作自查报告，做好依法行政迎检各项工作。

【规范性文件合法性审查】 2016年，县法制局按照《广东省行政机关规范性文件管理规定》《韶关市行政机关规范性文件管理规定》要求对政府规范性文件进行合法性审查。全年，审查各类规范性文件草案10件，其中通过审查并公开发布的政府规范文件5件，即《仁化县新型职业农民培训认定管理办法（试行）》《仁化县新型职业农民扶持奖励办法（试行）》《仁化县集体建设用地使用权流转管理实施办法》《仁化县农村民宿管理办法（试行）》《仁化县授予荣誉市民称号办法》。上述规范性文件均统一编号、统一登记、统一在仁化县人民政府门户网站公布，均向仁化县人大常委会和韶关市法制局备案。

【规范性文件清理工作】 2016年，县法制局根据韶关市关于开展规范性文件专项清理工作通知要求，组织开展规范性文件专项清理工作，对仁化县政府各部门、市垂直管理单位正在执行且以仁化县政府名义制定发布的规范性文件，以及各镇（街）、县政府各部门、市垂直管理单位正在执行且以其单位名义制定发布（含联合发文）的规范性文件进行大范围清理。清理、审核规范性文件35件，其中拟修改2件，拟宣布失效13件，拟保留20件。规范性文件清理目录在仁化县人民政府门户网站公布，相关清理情况向韶关市法制局汇报。

【行政执法监督工作】 2016年，县法制局办理行政执法证50个，其中年审换证43个，补办证7个。加强行政执法人员管理工作，2016年9—11月，县法制局在全县范围内开展行政执法人员清理工作，对全县961名持有行政执法证人员进行审查。经过审查，符合持证条件的各类行政执法人员905人，清理行政执法人员56人（其中，合同工1人、退休人员1人、调离执法岗位人员54人）。10月20日，县监察局、县法制局联合举办行政执法人员法律知识培训班，全县行政执法单位主管领导、分管领导和持有行政执法证人员400余人参加培训。

【行政复议和行政应诉情况】 2016年，县法制局受理行政复议案件24宗，其中不服山林权属行政裁决10宗，不服行政机关行政处罚决定6宗，不服村民资格认定4宗。经审理，维持13宗，撤销9宗，不予立案2宗。代表县政府参加行政诉讼案件11宗。在办理行政复议案件过程中，严格对照合法行政、合理行政、程序正当、高效便民、诚实守信、权责统一基本要求对行政机关作出的具体行政行为进行审查：调查事实，收集相关证据；按照相关法律法规等严格审查其程序。在调查清楚事实基础上，严格按照法律法规规定依法作出行政复议决定，坚决纠正违法、不当行政行为，切实保护公民、法人和其他组织合法权益。

【法律顾问室工作】 2016年，县法制局发挥政府参谋、助手作用，审核以县政府为主体签订的合同、协议540件，审核涉法事务及文件、工作实施方案等177件，积极为县政府处理各项涉法事务出谋划策。县政府法律顾问室兼职政府法律顾问完成法律咨询、复杂行政诉讼案件代理、行政决策法律意见、合同审查等法律事务30余件次。

仁化县法制局负责人名录：

局　长：黎　明（任至2016年11月）

副局长：廖国钰（女）

（罗　虹）

政法委及综治

【概况】 2016年，全县政法机关和广大干警围绕县委、县政府中心工作，深入开展“七五”普法和“平安仁化”创建工作，妥善化解各类社会矛盾和信访突出问题，扎实做好各项工作，全县社会大局保持稳定，人民群众安居乐业，经济社会发展形势向好，群众安全感和满意度得到提升。

【开展防范打击工作】 2016年，仁化县开展创建无邪教示范镇（街）、示范村（社区）活动，整合全县活动资源，采取各种行之有效、群众喜闻乐见方式方法，掀起无邪教创建宣传工作热潮，营造反邪教氛围。强化政治安全风险防控，开展“清源断腿2016”、反邪教渗透破坏活动等专项行动，严防邪教组织入犯，防范境外宗教渗透事件发生。加强邪教人员管控，成功侦破市局目标案件1宗，打击处理2人。强化网络安全管理，推进“安网2016”专项行动，全年成功发现并处置负面舆情9起。开展反暴查缉布控工作。深入开展严打暴恐“断流2016年”行动，建立城区快速处置工作机制，加快城口公安检查站查控力度，确保反恐工作常态化，全年未发生暴恐极端活动。开展反境外非政府组织渗透工作，有效掌控境外间谍组织和敌对势力渗透破坏活动，坚持情报、打击、防范、应急“四位一体”实战体制建设，推进应急处置机制建设，提高维护稳定能力和水平，确保全县社会政治稳定。

【维护社会和谐稳定】 2016年，仁化县加强社会矛盾源头预防和化解工作力度，建立完善社会风险评估机制，拓宽信息收集渠道，完善维稳情报信息收集研判机制。在临近重大活动、重要节庆日期间，集中力量组织开展重点排查，促进社会和谐稳定。全年全县排查出各类社会矛盾纠纷1189起，化解1175起，化解率为99%。深化重点领域社会矛盾治理工作，在“六大领域”（涉农纠纷领域、涉劳资纠纷领域、涉环保纠纷领域、涉交通纠纷领域、涉众型金融纠纷领域、涉房地产纠纷领域）政策性批量化解矛盾纠纷上取得实质性进展，全年全县排查出“六大领域”矛盾纠纷242宗，化解235宗，化解率达97.1%。着力解决影响社会和谐稳定突出问题，围绕征地拆迁、山林土地纠纷、劳资纠纷等突出问题，开展不稳定因素排查化解和重点人员滚动排查，做好重点人员教育稳控工作，完成G20峰会、十八届六中全会、省人大例会等重大时期维稳任务。抓好涉法涉诉信访和司法救助工作。全年政法系统登记涉法涉诉信访案件77宗，受理68宗。对群众反映涉法涉诉和来人来信信访案件，引导纳入法律渠道解决，推动律师参与化解和代理涉法涉诉信访案件。阳光宣传和开展司法救助和法律援助工作，有效防止矛盾激化。2016年，县委政法委牵头公检法部门救助符合司法救助对象29名，发放救助金额25.2万元；法律援助工作实现应援尽援，县司法行政系统接受法律咨询234人次，承办各类法律援助案件142宗。完善矛盾纠纷多元化解机制。落实领导干部接访、约访、下访和回访“四访”制度，并抓好领导包案制度，对重点信访案件实行领导包案件、包查办、包结案、保稳定“三包一保”责任制，严格按照“五个一”（一个案件、一位包案领导、一份处理意见、一个结案标准、一个办结时限）工作机制进行调解，确保及时、妥善解决人民群众反映强烈的问题。注重把社会矛盾化解工作与“干群会客厅”活动相结合，形成一套及时发现问题、妥善化解矛盾快速反应机制。2016年，全县信访总量为308宗，未发生因上访问题处置不当引发的群体性事件。

【“平安仁化”建设】 2016年，仁化县探索开展网格化服务管理工作，制定下发《仁化县落实镇街综治信访维稳中心目标管理和社会治安综合治理网格化管理任务工作方案》，围绕“公共安全隐患排查、社会矛盾排查化解、社会治安风险防控”目标和“网格化管理，信息化支撑”要求，推进镇街综治信访维稳中心建设，完善镇街综治信访维稳中心功能，打造升级版镇（街）综治信访维稳中心，推进社会治安综合治理网格化管理，开启“中心+网格化+信息化”工作模式，健全综治维稳长效机制，提升社会综合治理和公共服务水平。贯彻落实省综治委、省创建平安广东工作领导小组《关于推进“平安细胞”建设工作的指导意见》和全省创建平安广东工作推进会精神，各创平单位各司其职，加强协作，履行职责，联动机制健全。开展铁路护路联防工作，结合“创建平安铁路线”工作和6月“铁路护路宣传月活动”，开展“爱路护路知识进校园、进农户”等活动，推进铁路护路联防各项工作，确保县辖区内铁路运输安全畅通有序。加强社会治安视频监控体系建设。改造、更换部分高清视频监控点，建设覆盖全县重点部位、重点场所等区域社会面视频监控网络。全面开展“一村居一视频监控”工作，社会治安立体化防控工作推向基层推向农村、社区，人防、物防、技防有效结合。完成丹霞街道黄屋村委会立体化防控体系视频监控三类点建设试点，在大桥镇长坝村委会开展视频监控试点建设。加强肇事肇祸等严重精神障碍患者服务管理，建立健全严重精神障碍患者基础摸排、风险分级、动态管控健康体系。开展校园及周边治安环境专项整治，开展安全法制宣传教育。开展打击传销专项行动，结合开展“无传销县城”“无传销镇街”活动，落实职责，确保严打传销工作落实。

【依法治县全面推进】 2016年，县委政法委发挥牵头作用和政法各部门主力军作用，强力推进依法治县各项工作。推进法治建设，开展普法宣传教育。以各种宣传月、周、日活动为契机开展“法律六进”活动，营造“人人学法，共促和谐”氛围，扩大法治宣传知晓度。4月15日，组织县相关部门在县城文化广场开展“国家安全，全民有责”主题“‘4·15’全民国家安全教育日”宣传活动，提高“国家安全人人有责”大局意识。拓展服务领域，全面构建公共法律服务体系。仁化县聘请23名律师进驻全县125个村（社区）开展“一村（居）一法律顾问”工作，驻点法律顾问接待基层群众法律咨询752人次，出具专业法律意见书108次，调解纠纷131宗，上法制课、法律培训212场次，办理法律援助案件4件。加强和完善公共法律服务体系工作，有效整合公共法律服务资源，统一集中受理和解决群众法律服务事项，提供综合性“一站式”服务，满足人民群众法律需求。

【司法体制改革推进】 严格执法，公正司法。2016年，仁化县全面加强审判执行工作，保障和促进县域经济健康发展。全年县级法院受理各类案件1933件，审（执）结1699件，审限内结案率99.45%，解决诉讼标的金额50415.83万元。全省法院综合业务系统绩效评价在全市基层法院排名第二。县法院贯彻全国法院执行信息化和规范化建设精神，创新执行工作方式，有效防止乱执行、选择性执行及不作为，切实维护当事人合法权益，全年受理执行案件686件，执结582件，执行标的金额2196.03万元。立足检察职能，强化法律监督。县检察机关运用打击、查处、监督和预防等服务保障手段，拓宽检察工作服务县域经济发展思路和措施，参与社会综合治理，配合“4+1”专项行动，认真履行批捕、起诉职责，突出打击重点，依法从严打击严重暴力犯罪、多发性侵财犯罪和毒品犯罪，受理公安机关移送审查批准逮捕案件131件170人，受理移送审查起诉案件207件269人，依法提起公诉155件204人。立案查办职务犯罪案件11件12人，其中贪污贿赂案件9件9人；渎职侵权犯罪案件2件3人。通过办案为国家挽回经济损失80余万元。公安机关创新管理，推进执法规范化建设，落实便民利民新举措，开展“一门式一网式”服务模式改革，出入境办证业务窗口进驻县行政服务中心，建设出入境、交警等部门24小时自助服务区。全年，县公安机关开展“飓风2016”专项行动，集中打击盗抢、涉毒、涉电信诈骗、涉金融领域4类严重影响群众安全感和满意度的违法犯罪，专项行动完成率96.8%，立各类刑事案件545宗，破192宗；受理并查处行政案件931起，查结327起，全县刑事案件破案率和行政案件查结率同比上年均有上升。

立足公信，积极稳妥推进司法体制改革。2016年，县委政法委积极发挥领导统筹作用，主动向县委、政府汇报和通报公检法部门改革工作情况，积极争取理解、关心和支持。召开干警座谈会征求意见建议、会同组织人事和财政部门对人财物问题进行专题调研论证，推进全县司法体制改革试点各项工作稳妥有序开展。年内，完成首批入额法官、检察官选任工作，完成公安机关户籍制度改革，按计划有序进行法检部门合同制辅助人员招录、公安警力人员优化配置等相关改革事项。

县委政法委机关重组工作。2016年，县委政法委按照省、市政法委总体部署要求，推动县委政法委机关重组工作，加强与县委、编制、组织等部门沟通联系，通过县委常委会议和编委会会议，协助制订切合当地实际“三定”方案。

【政法队伍建设加强】 2016年，县委政法委加强政法队伍建设，坚持从严治警，配强配好干部队伍。结合换届工作，以敢担当、有作为、业务精、能力强作为用人导向，配出结构优功能强班子，建设立场坚定、素质过硬、作风优良政法队伍。开展“两学一做”“纪律教育学习月”学习教育活动，通过微信、支部会议等形式，综合运用各种教育手段和载体，开展反腐倡廉教育，提升干警综合素质，促进政法部门党员干部执法司法为民，强化维护公平正义担当。做好“精准扶贫”挂点帮扶点丹霞街道水南社区帮扶工作。制订详细帮扶计划，提出可行有效帮扶项目。截至2016年年底，县委政法委12名干部帮扶精准识别贫困户18户47人，在生活物资和生产上资助、帮助贫困户。

中共仁化县委政法委员会2016年领导班子成员：

书　记：李秀荣（任至2016年10月）

谭建华（2016年10月任职）
副书记：杨　云（任至2016年7月）
邹永祥（2016年7月任职）
何庆林
徐友生
综治办主任：凌延盛

（刘艳凤）

公　安

【概况】 2016年，县公安局新领导班子团结带领全县广大公安民警、武警、消防官兵和辅警，以建设“生态、活力、幸福”新仁化为总目标，锐意创新、阔斧改革，强力推进“飓风2016”专项打击行动、公安“四项建设”和社会治安防控体系建设，公安工作实现质的飞跃，呈现出“四升一新”（“四升”即全县刑事案件破案率和行政案件查结率同比上升，“飓风2016”专项行动任务完成率96.8%，综合成绩为优秀，治安防控体系建设综合排名全市第二；“一新”即公安队伍精神风貌焕然一新）特点

【维稳安保工作】 2016年，县公安局围绕征地拆迁、山林土地纠纷、劳资纠纷等问题，开展不稳定因素排查化解和重点人员滚动排查。年内上报各类情报信息102条、涉稳预警信息93条，配合做好重点人员教育稳控，完成G20峰会、中共十八届六中全会等维稳任务，全年全县无进京上访现象。重大节假日期间，每天收集全县社会治安、道路交通等情况，以短信形式向县“四套”领导班子及时通报。开展“清源断腿2016”、反邪教防渗透破坏活动专项行动，完善国保基础工作台账，加强“6·16”人员管控，成功侦破市公安局目标案件1宗，打击处理2人。成立网警大队，推进“安网2016”专项工作，全年发现并成功处置9起负面舆情。开展严打暴恐“断流2016”专项行动，建立城区快速处置工作机制。加大城口公安检查站查控力度，全年出动警力3950人次，警用车辆295车次，查缉过往车辆94233车次，检查人员110392人次，查获违法犯罪人员58名，查获走私香烟4批，查获猎枪5支。

【刑事侦查】 2016年，仁化县刑事侦查工作围绕全县公安工作目标，以提升公众安全感和群众满意率为出发点和落脚点，按照办案“严之又严、细之又细、实之又实”总要求，以“打击盗抢销”“雷霆扫毒”“打击电信网络新型违法犯罪”三大专项行动为龙头，主打严重暴力犯罪，紧盯侵财型案件，传统与现代侦查模式无缝对接，情报、技术手段有力助推，强化侦察破案，夯实刑侦基础业务建设。继续保持“命案必破”凌厉攻势，狠抓命案工作长效机制，实行命案“一把手”负责制，命案侦破工作有序展开。全年全县：立各类刑事案件545宗破192宗，破案率35.23%；另补立年前案件20宗，破95宗，同比上年立案少67宗，破案绝对数少23宗。其中，发生现行命案2起，破案2起，破案率100%，保持命案连续十二年全破目标；重、特大案件22宗，破10宗，破案率45.45%，立案数同比下降31.25%，破案率下降1.55个百分点；发生故意伤害致死或重伤案2起，上升100%；强奸案立3起，破2宗，破案率66.67%；抢劫案立5宗，破1宗，破案率20%。

【“飓风2016”专项行动】 2016年，县公安局开展“飓风2016”专项行动，集中打击盗抢、涉毒、涉电信诈骗、涉金融领域4类严重影响群众安全感和满意度违法犯罪。县公安局“飓风2016”专项行动完成率达96.8%，综合成绩为“优秀”，其中涉毒专项全市排名第五，涉盗抢专项排名第四，涉电信诈骗专项排名第二，涉金融领域专项排名第四，均达“优秀”等级。打击盗抢销方面，全年侦破涉盗抢犯罪案件

147起，刑事拘留36人，同比下降20%；提请逮捕32人，同比下降37%；抓获涉盗抢类犯罪网上在逃犯8人。成功公诉“杨智慧系列盗窃摩托车案”，涉外省案件16宗，本省案件1宗，案件涉及江西、湖南、广东等地区。打击涉毒违法犯罪方面，全县涉毒犯罪案件破案数44宗，查处吸毒管控人员253人、刑事拘留62人、提请逮捕55人、强戒41人，分别同比下降29.03%、13.06%、1.59%、12.7%、43.06%。成功侦破“386”省目标毒品案件，打掉吸贩毒犯罪团伙1个，抓获涉毒嫌疑人24名，缴获冰毒6公斤，麻古20.11克。打击电信诈骗方面，破获韶关市首宗非法获取计算机信息系统数据案电信诈骗案件。全年侦破电信诈骗案件4宗，刑事拘留5人，提请逮捕3人，分别同比上升300%、400%、300%，实现“两升三降”目标。打击涉金融领域犯罪方面，全年全县立经济犯罪案件5宗，刑事拘留11人，提请逮捕10人，起诉5人，侦破涉案金额450多万元非法吸收公众存款案1宗。

【经济犯罪侦查】 2016年，仁化县经济犯罪侦查工作围绕经侦工作要点，开展打击“猎狐2016”专项追逃行动工作和全市公安机关“飓风2016”打击专项行动，配合中共仁化县委、县人民政府开展协税护税工作，协助县纪委办好有关案件调查工作。落实做好与银行、工商、税务、药监、烟草、质监、农业等部门联合打击、检查工作，推进全国经侦跨区域办案协作平台工作。依法打击各类经济犯罪活动，全力维护全县社会稳定和市场经济秩序。扎实开展“飓风2016”专项打击行动和打击金融领域突出犯罪专项行动、“猎狐2016”专项行动，打击逃税骗税犯罪、土地非法转让使用权犯罪、非法吸收公众存款犯罪、职务犯罪等整治行动。全年，全县立经济犯罪案件5宗，破5宗，破获年前案件2宗，刑事拘留11人，提请逮捕10人，涉案金额800多万元。

【治安管理】 2016年，县公安局组织开展“夏季治安攻势”“缉枪治爆”专项行动。全年，受理并查处行政案件931起，查结327起，查结率35.12%。查处行政违法人员373人，其中行政拘留333人，行政拘留并罚款24人，罚款11人，其他1人，警告4人。按照“警力跟着警情走”原则，采取摩托车与电瓶车巡逻方式，最大限度将警力压上路面，全年出动警力9021人次。改进警卫模式，抓好警卫基础建设，全年完成警卫任务42次，完成“1117”警卫任务。完成仁化石塘古村南粤古驿道定向大赛和县首届荷花垂钓旅游文化节等大型活动安保工作任务31次。坚持先易后难，突出重点，稳步推进治安防控体系项目建设，任务完成率走在全市前列，量化分为92.52，名列全市第二。其中，社会治安视频二类点接入公安视频图像平台有1200多个；8个社会治安卡口已全部完成数据上传；出租屋门禁视频系统建设完成310间，完成率150%；“大情报”接收预警信息2524条，按时签收率100%、按时反馈处置率100%、目标发现率91%。红色预警16条，成功抓捕在逃人员15人，抓捕率94%。本地在控重点人员1643人，在控率100%。城口公安检查站采取定人定岗新工作模式开展查缉工作，有效维护全县社会治安秩序。

【道路交通管理】 2016年，县公安局交通管理工作围绕“降事故、保安全、保畅通”总体目标，立足“事故预防”主业，主动作为，多措并举，提升管理和服务水平，全县道路交通安全形势平稳。全年全县发生道路交通事故2068起，死亡37人，受伤622人，直接经济损失71.07万元，与上年同期相比，四项指数分别为上升26%、－19.6%、16%、－30%。结合“创文巩卫”工作，开展交通秩序整治和排堵保畅工作，加强重点车辆监管和重点驾驶人宣传教育，预防重特大交通事故。查处各类交通违法行为24518起，其中酒后驾驶44起，醉酒驾驶6起，闯红灯1150起，无证驾驶229起，违法停车1200余起，暂扣机动车950余辆，行政拘留42人，刑事拘留22人， 与上年同期相比，分别上升－44.6%、110%、200%、－67%、49%、0%、－37%、31%、57%。

【出入境户政管理及往来港澳台管理】 2016年，仁化县开展“一门式一网式”服务模式改革。10月，出入境办证业务窗口进驻县行政服务中心。开展无户口人员摸排调查，解决无户口人员户口登记1567人，办理居民身份证25219张，其中含受理辖区内17322张，市内异地934张，省内异地820张；临时身份证4959张；办理出生登记4316人、死亡注销1050人、市外迁入784人；出入境办证窗口共受理出国出境申请14010人次，其中受理护照3248人次，往来港澳通行证10162人次，大陆居民往来台湾通行证600人次。

【监所管理】 2016年，仁化县监管场所完成监所医疗专业化、三级所验收和AB门改建工作，开展以执法管理专项检查和执法管理“十到位”专项活动。看守所全年关押各类犯罪嫌疑人、被告人、罪犯260人次，在武警中队配合下完成投劳任务12次，投送94名罪犯到监狱服刑，协破4宗私藏枪支弹药案和2宗容留吸毒案，缴获各类枪支4支、子弹1300余发，抓获犯罪嫌疑人5人。拘留所收押被拘留人员457人次，其中行政拘留455人次，司法拘留 2人次。

【公安法治】 2016年，县公安局围绕执法规范化、案管中心、办案场所“四个一律”工作，升级改造全县9个执法办案场所。组织23名民警参加执法资格中级和基本级考试，组织5名民警参加执法资格高级考试。开展执法质量考评工作，建立日常考评工作机制，完成241宗刑事案件和438宗行政案件审核。市公安局受理县公安局作出处罚决定行政复议案件6宗6人，维持6宗6人，行政诉讼案件出庭应诉3宗3人，县人民法院维持县公安局作出行政处罚1宗1人，武江区人民法院维持县公安局作出行政处罚2宗2人，无国家赔偿案件，在执法质量年度考评中以92.8分名列全市第二。

【警务督察】 2016年，县公安局构建日常监督、重点检查、专项巡查监督检查网，在中秋、国庆等重要节点，采用视频监控、电话查岗、网上督察、视频点名、随警督察等方式进行检查督促，并对存在问题进行实名通报。通过狠抓班子建设，严抓队伍管理，强促队伍执行力。以“零容忍”态度查处违纪违规行为，分别对大桥派出所等6个单位和个人20人进行通报批评和诫勉谈话处理。全县公安队伍精神面貌焕然一新，执行力、战斗力明显提升。

【队伍建设】 2016年，县公安局开展“两学一做”“鞭策庸懒散、提升执行力”专项教育整治和纪律教育学习月等专项活动，打造一支信念坚定、执法为民、敢于担当、清正廉洁队伍。推进“领导干部大轮训、民警岗位大练兵、警种专业大比武”活动，全年组织340人次参加警衔晋升和各类业务培训。看守、指挥中心、刑侦、治安和政工等警种在上级组织的大比武活动中取得较好成绩。开展“解警困、暖警心”活动，对46名家庭生活困难民警和患重大疾病民警进行资助。积极向县财政争取，补发2016年1—6月民警警衔津贴。在饭堂增设早餐服务，为广大民警提供便利。组织2批40名功模人员参加市公安局组织的忠诚教育培训。开展“典型选树”活动，县县公安局在“飓风2016”行动中获市县公安局集体嘉奖，全年有3个单位荣立集体三等功，1名民警荣立个人二等功，17名民警荣立个人三等功，85名民警荣获嘉奖。开展“飓风之星”评选活动，60名民警被评选为先进个人。

仁化县公安局负责人名录：

局　　长：杨　云（任至2016年7月）
邹永祥（2016年7月任职）

政　　委：徐于平

党委委员、政工办主任：曹良松

副 局 长：曾秀琴（女）
罗金城
郑　戈
赖海文（2016年5月任职）
（邓健贵　邓立权）

检　察

【概况】　仁化县人民检察院（简称“县检察院”）设政工科、侦查监督科、公诉科、侦查一科、侦查二科、反渎职侵权局、职务犯罪预防科、控告申诉检察科、民事行政检察科、监所检察科、办公室和案件管理中心等副科级机构12个，直属行政单位司法警察大队1个和派出机构周田检察室1个。政法专项编制42名（机关编制36名，司法检察大队编制3名，周田检察室编制3名）、后勤服务人员数5名。2016年，全院实有在职干警42人。

2016年，县检察院以中共十八大和十八届三中、四中、五中、六中全会和习近平总书记系列重要讲话精神为指导，围绕振兴仁化经济社会发展大局，全面履行检察职能，强化法律监督、强化自身监督、强化队伍建设，各项工作取得新进展。

【刑事检察】　2016年，县检察院履行批捕、起诉职责，突出打击重点，坚决依法从严打击严重暴力犯罪、多发性侵财犯罪和毒品犯罪，保持惩治严重犯罪高压态势。配合“4+1”专项行动。公安机关移送案件131件170人，经审查批准逮捕115件142人，不批准逮捕16件27人，纠正漏捕7人，审查办理当事人控告立案监督案件5件，监督立案1件，建议行政执法机关移送案件2件5人，向行政执法机关发出检察建议书2份，向公安机关发出侦查活动监督通知书9份，提前介入案件30余件。受理移送审查起诉案件207件269人，审结198件251人，其中，依法提起公诉案件155件204人，移送他院审查起诉案件10件11人，移送单位撤回案件10件11人，不起诉案件23件25人。退回补充侦查案件49件59人，发出检察建议书11份，纠正违法通知书3份，量刑建议书93份，追诉漏罪漏犯31人，适用简易程序审理案件120件，撤回起诉1人，无判决无罪情况。

【反贪污贿赂】　2016年，县检察院反贪局坚持以执法办案为中心，加大查办贪污贿赂犯罪案件力度，加快转变办案模式和侦查方式，依托侦查一体化办案模式，对线索采取多手段、多方式并举的精细初查，侦破仁化教育系统腐败案件。全年受理案件线索14件，线索初查案件12件，立案查处贪污贿赂案件8件8人，其中涉嫌受贿罪案件4件4人，涉嫌行贿罪案件4件4人，侦查终结6件6人。

【反渎职侵权】　2016年，县检察院反渎职侵权局坚持以执法办案为中心不动摇，保持查办渎职侵权案件高压态势，坚持有案必查、有腐必惩，加大办案力度，发挥渎职侵权检察部门在惩治和预防腐败体系建设职能作用。结合全县实际，加强与有关涉农领域职能部门联系，拓宽案源渠道，加大查办渎职侵权犯罪工作力度。全年受理渎职侵权犯罪案件线索4件，初查4件，其中立案2件3人。特别是立案侦查的仁化县人社局培训股原股长熊某某和韶关市烹饪职业培训学校共同滥用职权一案，在全县引起较大震动，有效遏制不作为、乱作为行为，收到良好社会效果及法律效果。

【未成年人检察】　2016年4月27日，县检察院“未成年人检察工作办公室”正式成立，开启“捕诉监防”一体化办案模式。2016年，县检察院未成年人检察工作办公室结合县域未成年人犯罪现状和特点，坚持“教育为主、惩罚为辅”原则，依法保护未成年人合法权利，开展预防未成年人犯罪系列法治宣传活动，推进未成年人检察工作。全年办理未成年人案件15件24人，其中受理审查逮捕案件6件11人（其中4人为犯罪未成年人，2人为被害未成年人），批准逮捕6件10人；受理审查起诉案件9件13人，提起公诉1件2人（1人为未成年人），已作出有效判决，不起诉1件1人，公安机关撤回1件1人。

【职务犯罪预防】 2016年，县检察院按照全国检察机关“五进”活动中开展“深入反腐败，大家来预防”主题及相关专题预防活动要求，围绕县委县政府“四化推四区”中心工作，加大职务犯罪预防工作力度，构建惩防体系，深化源头治本，探索预防工作新思路、新机制和新举措。加大预防宣传和警示教育工作。开展县重点领域或部门干部职工预防警示教育宣讲；更新预防职务犯罪警示教育基地案例；在县城主要街道设置大型预防宣传公益广告牌，进行法制宣传教育，提高群众参与惩治和预防职务犯罪积极性；与院未成年人检察工作办公室做好预防未成年人犯罪宣传画册编印及展板制作设计工作。做好服务和保障县镇换届选举、扶贫开发领域预防职务犯罪专题预防工作和重点工程项目同步预防等专项预防工作。开展个案预防“五个一”（一案一剖析、一案一建议、一案一教育、一案一整改、一案一回看）工作。开展行贿犯罪档案查询工作。通过开展参加招投标公司、企业行贿犯罪档案查询工作，促进招标单位信用体系建设，限制有行贿犯罪不良记录个人或单位进入市场，促进市场竞争规范有序，彰显司法公正和社会正义，实现凡参与“三大中心”（工程交易中心、政府采购中心、产权交易中心）项目招投标的单位或个人一律要通过行贿犯罪档案查询系统进行查询。2016年开展行贿犯罪档案查询906次。

【控告申诉检察】 2016年，县检察院全面落实中共中央和高检院涉法涉诉信访改革意见，在规范执法办案、提高执法公信力、强化诉讼监督、完善工作机制、加强队伍建设上下功夫，全面推动控告刑事申诉检察工作创新与科学发展。全年受理举报线索15件，与上年同期27件相比下降29.6%，其中来信9件，来访3件，其他3件；举报线索中署名举报5件，匿名举报10件。15件举报案件检察长均作批阅，其中转本院其他部门9件，转县纪委3件，控申自行初核办理2件，转其他县院1件。受理群众来信来访12件，与上年同期26件下降53.8%，其中来信4件，来访6件，其他2件；12件来信来访中控告5件，刑事申诉3件，民事申诉2件，其他2件。

【民事行政检察】 2016年，县检察院发挥民事行政检察解决“申诉难”职能作用，加强民事行政检察工作宣传力度，强化民事行政监督，推进检察机关提起公益诉讼试点工作。全年受理各类民事行政案件11件（市院交办4件），其中民事诉讼监督类案件5件，行政诉讼监督类案件1件，行政机关不当履职类案件5件；审结案件12件（市院交办4件），其中终止审查1件（上年积案）、终结审查2件、不支持监督申请4件（上年积案1件）、督促履职3件、再审检察建议1件、建议市检察院向省检察院提请抗诉1件；对法院的审判活动发出检察建议书2份。

【监所检察】 2016年，县检察院监所检察科履行法律监督职责，开展监所检察各项业务，发挥监所检察职能作用，履行监所检察工作职责。查办职务犯罪案件。依照韶关市人民检察院交办，对原广东省健力宝集团公司董事长张某涉嫌行贿一案，立案侦查，该案犯罪嫌疑人潜逃海外，已办理“红通”网上追逃手续；对犯罪嫌疑人陈某在粤北第三人民医院作鉴定、治疗期间，发生致伤事故背后可能存在的职务犯罪情况进行调查，并向县公安局发出“检察建议书”1份，要求吸取教训并加以整改。开展羁押必要性审查工作。全年向办理案件的县公安机关及本院公诉、未检部门提出书面建议书10份，建议被采纳的8份，未采纳的2份。开展监外执行和社区矫正检察工作。通过检察，发现部分派出所管理的监外执行罪犯脱管4人、虚管11人情况，个别司法所存在日常监管教育工作不够完善和不够规范问题；针对检察发现的违法情形和存在问题，及时向县公安局发出书面“纠正违法通知书”3份、“检察建议书”1份，向县司法局发出书面“检察建议书”3份，均复函得到纠正或整改。

【案件管理】 2016年，县检察院案件管理中心围绕“管理、监督、参谋、服务”职能定位，以统一业务系统为平台，强化案件管理监督工作，切实履行各项工作职责。做好案件受理、流转工作。全年受理案件341件443人，其中提请批准逮捕案件134件174人，移送审查起诉案件207件269人；接收卷宗1180册；送案审核340件，移送案件340件；办理“变更案件承办人登记”26件，合并案件2件，拆分案件1件。做好办案流程监控工作。针对22件即将到期案件发出案件预警通知书，督促承办部门尽快办结。对职务犯罪案件办理进展情况每月一报，做到对自侦案件全程跟踪监督。做好涉案财物监管工作。做好辩护与代理和案件信息公开工作。全年接待并安排律师阅卷31次，律师申请变更强制措施5件次，案件信息查询88次，将504条案件程序性信息、20条重要案件信息和186份法律文书导入到人民检察院案件信息公开网。

【检察队伍建设】 2016年，县检察院以执法规范化标准化、队伍专业化职业化、管理科学化信息化、保障现代化实用化为目标全面加强队伍建设，保持没有发生干警违法违纪风气。采取集中学习与个人学习相结合、专题辅导与座谈讨论相结合、宣传正面典型与剖析反面典型相结合形式，组织全体检察人员进行政治理论学习。把开展“两学一做”学习教育活动与贯彻落实中共十八届三中、四中、五中、六中全会精神结合起来，与检察改革工作结合起来，统筹安排，协调推进。根据“岗位学习、岗位练兵、岗位成才”要求，开展岗位技能、综合知识等专项素能培训及岗位练兵活动，搭建全方位业务技能和政治理论学习平台，提高检察干警综合素质能力。组织干警340人次分批参加省、市、县组织的岗位培训、专项业务，提高检察干警专业水平和履职能力。将符合《中华人民共和国检察官法》规定的任职条件并具有检察官身份，具有与改革后办案要求、司法责任制实施相适应的检察工作能力、作风和司法廉洁职业操守人员选入员额内检察官队伍，建立以入额检察官为中心、配备必要数量检察辅助人员新型办案组织。

【检察改革工作】 2016年5月20日，县检察院启动入额检察官选任工作。完成员额内检察官选任工作。7月29日，11名检察官被省院党组确认为首批员额内检察官。检察人员职业保障制度改革工作。改革过渡期间工作人员工资暂由县检察院按照国家和省工资政策自行发放；地方津补贴按照当地规范津补贴、改革性补贴等标准政策文件和人社、财政部门出具的证明发放，不存在在工资政策外新设津贴、补贴、奖金项目，不存在违规发放津补贴和奖金等现象。推进财物省级统一管理改革工作。县检察院规范做好预算编制和执行工作，认真测算预算资金分配情况，做好年度预算编制。完成检察院财务软件升级工作，统一核算口径，在科目设置、凭证审核、支出核算资产清查及报表编制方面均严格以会计制度为依据、以财经纪律为准则，做好会计核算工作。严格按照《中华人民共和国采购法》《中华人民共和国政府招投标法》及相关规定办理，通过广东省网上办事大厅公共资源交易栏目的政府采购交易系统实现政府采购电子化。按照省检察院部署和要求，按时完成资产清查工作和上划移交工作。

仁化县人民检察院负责人名录：

检 察 长：肖建红（任至2016年8月）
钟全芳（女，2016年8月任职）

副检察长：徐友生（任至2016年6月）
冯卫国
李　红（女）

（邱少芸）

法　院

【概况】 2016年，仁化县人民法院（简称“县法院”）学习贯彻中共十八大和十八届三中、四中、五中、六中全会以及习近平总书记系列重要讲话精神，忠实履行宪法法律赋予职责，各项工作取得新进展。

全年受理各类案件1933件，同比增加23.6%，审（执）结1699件，同比增加12.1%，审限内结案率99.45%，解决诉讼标的金额50415.83万元。全省法院综合业务系统绩效评价12项指标中，有10项达标，在全市基层法院排名第二。法官许瑞琳当选为中共仁化县第十三次代表大会代表、韶关市第十四届人民代表大会代表，被评为2016年度“全市优秀法官”。

【刑事审判工作】 2016年，县法院受理和审结刑事案件179件237人。依法惩罚犯罪、保障人权。坚持宽严相济刑事政策，做到宽严有据、罚当其罪。积极参与社会治安综合治理，维护社会和谐稳定。

严惩严重刑事犯罪。2016年，县法院健全严重刑事犯罪专项打击与常态化打击相结合机制，依法严厉打击黑恶势力犯罪、盗抢骗拐等侵犯公民生命财产安全犯罪，参与打击治理电信网络新型违法犯罪专项行动。

创新举措推动涉罪未成年人关护工作。2016年，县法院坚持“教育、感化、挽救”相结合方针，抓好未成年人犯罪案件审理工作。县法院根据涉罪未成年人的身心特点，探索出一条“三点一线”的庭审工作方法，即深入进行庭外调查，寻找“感化点”；详细了解案情，寻找“服法点”；积极发现长处，寻找“进取点”。为减轻少年犯心理压力，帮助其重新树立生活勇气，每次庭审前后，主审法官都从家庭、社会及个人前途与少年犯“谈心”，到看守所看望少年犯。

【民、商事审判工作】 2016年，县法院受理各类民商事案件997件，审结879件，解决诉讼标的金额48219.8万元。妥善调处与人民群众生产、生活密切相关的劳动争议、婚姻家庭纠纷、山林和土地纠纷等民事案件，认真贯彻调判结合、案结事了原则，耐心做好调解和息诉工作，注重保护当事人特别是弱势群体合法权益。2016年，调解、撤诉结案396件，调撤率45.5%。扎实有效开展诉前联调工作，受理和调结诉前联调案件420件。

【行政审判工作】 2016年，县法院受理行政诉讼案件27件，审结22件。在审判中，坚持从促进依法行政和维护社会稳定大局出发，做好疏导和协调工作，及时化解矛盾，减少社会不稳定因素。执行非诉行政执行案件时，注重加强与相关部门沟通，落实风险评估机制，制定最佳执行方案，保障行政行为顺利开展，注重维护行政相对人合法权益。受理审查、裁定准予执行非诉行政执行案件37件。

【执行工作】 2016年，县法院受理执行案件686件，执结582件，执行标的金额2196.03万元。贯彻全国法院执行信息化和规范化建设精神，创新执行工作方式，防止乱执行、选择性执行及不作为。依托最高人民法院“总对总”查控系统（指最高人民法院执行指挥中心指令对应的银行总部进行查询、冻结、扣划的操作系统），不定期对被执行人的金融信息进行查询、控制，提高执行到位率。对拒不履行生效法律文书的被执行个人进行信用惩戒，将其名单上报至最高人民法院，由最高人民法院直接导入黑名单系统，在全国范围限制失信被执行人贷款、出国、出境，乘坐飞机、动车、高铁等高消费。2016年，县法院上报失信者名单150名至最高人民法院黑名单系统。在县法院淘宝网店上开展执行标的物拍卖，由竞买者在网上合理竞价，价高者得。该举措是零佣金，减轻竞买者经济负担；杜绝竞买者串标，实现公平公正；隔离人为对标的物的不正当干预，杜绝违法违纪行为发生。2016年，县法院有9件案件标的物上网拍卖，在网上成功拍卖2件案件标的物，成交金额59.7万元。规范实行终结本次执行必须穷尽执行措施“四查一告知”（指查存款、车辆登记、工商登记、房产登记，告知当事人）制度。2016年7—9月开展夏季执行大会战，提高执行到位率，保护弱势当事人合法权益。

【涉诉信访工作】 2016年，县法院实行信访工作统一领导，按照省法院涉法涉诉信访改革实施方案和要求，采取诉访分离、分级负责等措施，规范信访秩序，提高信访处置质量，确保事事有回音、件件有落实，实现保障当事人合法权益与维护司法权威有机统一。

【司法便民工作】 2016年，县法院重视司法便民工作。年内，组织法官进入村庄、山林等纠纷发生地进行现场勘验、调解，到行动不便的当事人家中现场开庭审理案件，法官亲自送执行款到申请执行人家中，开展巡回法庭审理，以案说法，利用“墟日”开展法制宣传。

【司法救助】 2016年，县法院为当事人减、免、缓诉讼费7.81万元，及时解决确有经济困难群众打官司难问题。全年，为21件案件51名困难群众发放司法救助金30.4万元。

【加强繁简分流】 2016年，县法院依法适用简易程序审理案件282件，占总结案数32.1%，减轻群众诉累。

【队伍建设】 2016年，县法院坚持把思想政治建设放在首位。加强理想信念教育，完善主题教育常态化机制，深入开展“两学一做”学习教育，加强法官职业道德教育，增强法院干警政治意识、大局意识、核心意识、看齐意识，增强党性修养、践行宗旨观念、涵养道德品格。加强中共党组织建设，健全党建工作组织体系和责任体系。加强思想政治工作方法创新，完善思想动态分析机制。围绕干部素能、修改后“三大诉讼法”（刑事诉讼法、民事诉讼法、行政诉讼法）实施，开展专项业务培训，提高审判专业水平和实战能力，加强业务尖子和办案能手培养与使用，满足新时期审判工作和职业发展需要。坚持把纪律作风建设作为保障。落实“两个责任”，党组书记扛牢第一责任人责任，纪检责任人用好监督执纪“四种形态”，各党组成员、各部门负责人强化“一岗双责”意识，持续强力正风肃纪，毫不松懈抓好党风廉政建设，层层传导压力，确保责任落实到位。

【代表委员联络工作】 2016年，县法院重视主动接受人大、政协监督，加强与人大代表、政协委员联络沟通。建立并切实落实“年度工作定期报告、主要工作专题汇报、重大情况及时通报”机制。邀请人大代表、政协委员23人次参加联络活动，增进人大代表、政协委员对法院工作理解与认同。

【人民陪审工作】 2016年，县法院发挥人民陪审员密切联系群众、监督审判活动作用，人民陪审员参加33件案件审理。组织人民陪审员参加省法院商事审判业务视频培训，提高人民陪审员业务水平。

【司法宣传】 2016年，县法院通过“仁化法院网”“中国法律文书网”公开全部生效裁判文书，自觉接受群众监督。顺应新媒体时代需求，发挥司法宣传隐性司法作用，配备司法宣传人员和新闻联络人，完善舆情引导机制，研判舆情动向，及时发布信息。2016年，县法院撰写工作简报9期，上级法院采用调研文章4篇、工作信息5条。在各级新闻媒体发表新闻稿件30篇。

【司法改革工作】 员额制改革。2016年5月，县法院根据上级统一部署，启动员额制改革，严格标准和程序遴选员额内法官。完成首批14名入额法官选任工作。

司法责任制改革。2016年，县法院根据新型办案组织需要，针对当前员额制实施后司法辅助人员缺乏现状，在中共仁化县委支持下，招录合同制辅助人员12名，争取配齐所需办案辅助力量。其他相关改革事项正在按计划有序进行中。

仁化县人民法院负责人名录：

院　长：张少雄（任至2016年8月）
蓝韶东（2016年10月任职）

副院长：李茂华（女）陈　斌（何为亲）

司法行政

【概况】 仁化县司法局位于县城丹霞大道，是政法系统的重要组成部分，担负着法律服务、法律宣传、人民调解、社区矫正等重要职能。内设职能部门政工科、办公室、基层股、宣教股、公证律师管理股、社区矫正股6个，下辖仁化县公证处、仁化县法律援助处2个下属事业单位及11个镇（街）基层司法所。

2016年，县司法局坚持以抓班子、带队伍为指导，以关注民生、维护社会稳定为出发点，贯彻落实县委县政府工作部署，开展“平安仁化”创建活动，履行司法行政职能，全面推进全县司法行政工作创新发展，为法治仁化、和谐仁化建设营造法治环境。

【法制宣传】 2016年，县司法局推进法治建设，深入开展普法宣传教育。加强普法宣传载体，完善微信公众平台。将微信公众平台“仁化普法”改版为“仁化司法”，涵盖最新报道、以案释法、公证业务、法律援助、社区矫正、人民调解、法治讲座、普法视频、律师查询内容，拓展普法宣传载体。精心组织开展“4·15”首个全民国家安全教育日主题法治宣传教育活动。4月15日，组织县相关部门在县城文化广场开展“国家安全，全民有责”主题“全民国家安全教育日”宣传活动。通过现场展示特警突击车等警用车辆、排爆服等特种设备以及手枪、突击步枪等实战枪械，悬挂横幅、

2016年6月24日，仁化县在县城文化广场举行“珍爱生命，远离毒品”主题的“6·26”国际禁毒日禁毒宣传活动 （县司法局供稿）

发放宣传单、播放宣传标语等方式，向群众宣传涉及国家安全法律法规，提高“国家安全人人有责”大局意识。以各种宣传月、周、日活动为契机开展活动。协助相关部门积极开展“3·5”志愿者、“3·8”妇女维权周、“3·15”消费者权益保护日、送法进社区暨“6·5”环境日、“6·25”全国土地日和“6·26”国际禁毒日等宣传活动。组织开展“12·4”全国法制宣传日，“建设平安家园、巾帼志愿行动”主题普法文艺汇演、“关爱留守儿童和‘空巢’老人、共建和谐社会”法治宣传、“科学维权、依法维权、主动维权”法律咨询、“科技下乡”等活动，营造“人人学法，共促和谐”氛围。

【人民调解工作】 2016年，县司法局维护社会稳定，认真开展人民调解工作。建立健全矛盾纠纷定期排查、研判分析机制。各基层司法所实行每月矛盾纠纷定期排查和每季度矛盾纠纷研判分析制度。9月，印发《仁化县司法局关于开展矛盾纠纷排查化解专项活动实施方案》，以营造和谐稳定社会治安环境为出发点，以化解矛盾纠纷为立足点，动员和组织司法行政部门和人民调解组织，在全县范围内开展矛盾纠纷排查化解专项活动，按照“事要解决”要求，使矛盾纠纷化解在基层、消除在萌芽状态。加大排查和调处力度，防止激化。全年全县各级人民调委会调处各类矛盾纠纷1189件，成功调解1175件，调解率100%、调解成功率99%。没有发生因矛盾纠纷调处不及时或调处不当而引发的群体性事件和群体性上访。做好镇、村两级人民调解员业务培训学习。司法所与当地综治信访维稳中心，利用韶大律师所和县一村（居）一顾问结对子的法律人才资源，在各镇（街）举办镇、村（居）调委会、治保会人员业务培训班24期2116人次，基层人民调解员业务水平和工作能力得到提高。

【安置帮教和社区矫正工作】 2016年，县司法局规范监管体系，扎实开展社区矫正规范化建设。认真执行社区矫正人员报到、工作例会、管理、考核奖惩、档案管理等制度，定期组织社区矫正人员参加统一教育学习和公益劳动。全年全县累计接收社区矫正对象41人，在册对象150人全部得到相应思想矫正、心理矫正和行为约束，没有出现脱管、漏管和重新犯罪现象。安置帮教工作主是加强刑满释放人员衔接管控工作，引导和扶持刑满释放人员就业安置，动员社会各方面力量共同参与安置帮教工作，预防和减少重新犯罪，维护社会稳定。年内，在册安置帮教对象248人，重点对象8人，帮教好转率98%。

【公证工作】 2016年，县司法局公证处围绕政府中心工作，在重点工程建设、国有土地使用权等事项中担当重要角色，为经济建设保驾护航，发挥独有监督保障职能作用。年内，完成考核标准规定的200件公证案件要求，各类公证达515件。

【法律援助工作】 2016年，仁化县法律服务工作稳步推进。法律援助工作实现应援尽援。全年接受法律咨询234人次，承办各类法律援助案件142宗；律师为政府提供法律服务水平得到提高。4名公职律师继续担任县政府法律顾问，每周一上午参与县领导接访活动。丹霞、维群2家律师事务所办理民事案件52宗，刑事案件18宗，担任法律顾问2家，行政诉讼案件2宗，见证案件1宗，办理法援案件8宗。

【一村（居）一法律顾问】 2016年，全县聘请律师23名（其中韶大律师事务所16名，县域7名）进驻全县125个村（居、社区）开展“一村一法律顾问”工作。全年，驻点法律顾问接待基层群众法律咨询752人次，出具专业法律意见书108件次，调解纠纷131宗，上法制课、法律培训212场次，办理法律援助案件4件。

【公共法律服务体系】 2016年，县司法局加强和完善公共法律服务体系工作。司法行政综合服务公证、法援、律师、人民调解、社区矫正、普法宣传等业务全部进驻县公共法律服务中心大厅和全县11个镇（街）公共法律服务中心，有效整合公共法律服务资源，统一集中受理和解决群众法律服务事项，提供综合性“一站式”服务，满足人民群众法律需求。

仁化县司法局负责人名录：

局　长：黎　东

副局长：陈伟平
　　范彩红（2016年6月任职）
　　马　良（2016年8月任职）

（李　健）

武　装

人民武装

【概况】 2016年，中国人民解放军广东省韶关市仁化县人民武装部（简称“县人武部”）围绕全面形成大规模作战能力要求，以实现省军区标兵人武部“十六连冠”为目标，按照“积极抓根本，着力抓班子，全力抓中心，分类抓队伍，突出抓安稳，创新求发展”工作思路，依据“五部”（应急应战的指挥部、地方党委的军事部、后备力量的建设部、同级政府的兵役部、军民融合的协调部）职能加强思想政治建设，改进工作作风，狠抓战备训练落实，完成年度各项工作任务。2016年，中共仁化县人武部党委被中共中央军委国防动员部党委评为“先进师旅团级单位党委”，县人武部被广东省军区评为“标兵人武部”和被省军区政治部评为“2016年度新闻舆论工作先进单位”。

【政治思想建设加强】 2016年，县人武部以“两项教育”（“学习践行强军目标，做新一代革命军人”主题教育和“三严三实”专题教育）为重点，加强思想政治建设。抓好理论武装。制订教育实施方案，为干部职工购买《习近平总书记系列重要讲话读本》等书籍，采取领导导读、干部领读、全员自读方法学习习近平重要讲话精神、辅导书籍和中国共产党党章。组织学习习近平关于深化国防和军队改革重要论述、中共十八届六中全会精神、《解放军报》等主流媒体宣扬改革主流言论和军改工作会议精神。参加上级组织的动员部署和理论辅导，采取每两个月干部上一次党课、谈心讲评、讨论辨析、谈体会、表决心、承诺践诺形式，增强教育实效。开好专题民主生活会。开展“廓清思想迷雾、明辨是非标准”大讨论活动，引导大家肃清“郭、徐流毒”影响，将心思和精力集中到干好工作上，以实际行动迎接改革大考。召开“坚决服从改革大局，着力强化责任担当和荣誉意识，锻造过硬党委班子”民主生活会和“肃清郭、徐影响”专题组织生活会，按照直指问题、直指表现、直指原因、直指危害要求，直奔主题自我批评，直截了当相互批评，用事实、事例、工作效果说话，达到帮助整改效果。广泛开展系列配合活动，引导干部职工进一步强化党员意识，增强对组织的信任，做改革拥护者。结合给立功战士送喜报，宣扬先进军人事迹；结合荣誉室建设组织干部职工收集整理资料，了解仁化军事史，学习老一辈革命家英勇奋战精神；组织瞻仰祭扫铜鼓岭烈士纪念碑园并在纪念碑前重温入党誓词；组织观看警示教育片《永远在路上》，到县廉政教育基地开展警示教育，参加市“两学一做”巡回展览，并围绕部队违规违纪现象组织讨论交流，强化干部职工使命意识和自律意识。

【军事训练工作】 2016年，县人武部以能打胜仗为标准，坚持军事训练，抓好军事战备训练工作，及时修订和完善各类方案预案，投入4.96万元普查维护国防坑道。狠抓现役干部、专武干部和基干民兵训练落实，做到时间训够、内容训

2016年7月29日，中共仁化县委、县人民政府相关领导到县人武部开展“八一”慰问活动
（县人武部供稿）

全、效果训实。完成县国防训练基地射击场建设事项，引进了电子报靶系统，提升训练保障水平。高标准抓好民兵整组工作，按照“健全组织领导、细化分解任务、典型示范引路、强化检查督导、严密实施点验，扎实总结讲评”方法，编实应急、支援、储备队伍，投入资金配齐民兵应急分队抗洪抢险、灭火救灾、维稳平暴等所需配套器材。扎实开展兵役登记，在董塘镇建立试点，从“人员编配落实、器材库室建设达标、软件资料齐全规范”层面入手，统一方法、程序、标准，并搞好人员培训和进度监督，完成兵役登记任务。

【部队管理】　2016年，县人武部以迎接全军安全稳定工作大检查为牵引，坚持每月召开安全形势分析会议，全面查找安全问题，区分责任整改，及时消除安全隐患。开展“学法规、严法纪、正秩序、促稳定”和“百日安全无事故”活动，确保单位高度安全稳定。在办公楼和公寓楼安装防盗门窗，提高物防技防水平。组织武器装备“八查八看”（查学习，看学习风气浓不浓；查思想，看党性观念强不强；查工作，看工作思路清不清，力度大不大；查作风，看工作作风实不实，有无说大话、空话、套话，搞形式主义、做表面文章现象；查纪律，看能否严以律己，有无违背政策法规办事、工作纪律松驰、犯自由主义现象；查廉洁，看廉洁从政意识强不强；查团结，看风气正不正，是否坚持民主集中制原则，有无不团结和影响团结因素；查服务，看服务态度好不好），搞好清理整治和结转维护。落实省军区反恐工作会议精神，规范战备值班秩序，完善营门处突方案，健全军警民协作机制，并多次组织演练。组织核心涉密岗位人员政治考核，开展网上暴露军人身份问题整治，逐个人员、逐台手机、逐部电脑进行清查，杜绝网络泄密隐患。

【征兵工作】 2016年，县人武部针对高学历兵员征集比例提高和依托“全国征兵网”实施征兵管理服务新形势，围绕大学生“招得来、留得住、数量够”目标，着眼高考生、大学在校生和毕业生三类重点对象，注重将“提高网上征兵服务管理质量与线下多途径深入宣传发动”相结合，利用高考出成绩与填志愿之间的宣传“黄金期”，狠抓征兵工作落实，完成征兵工作任务。专门制作“大学生应征青年征兵宣传单”，发放到每一位应届高中毕业生和大学生青年家庭；利用电视网络、横幅标语、征兵宣传车宣传，要求镇（街）武装部专武干部对大学生（含应届高中毕业生）实施“一对一”联系，宣传发动工作做进家庭、做到个人。发掘大学生兵源潜力，调动其应征入伍热情。高考结束后，对分数上线但难以录取理想院校考生进行针对性宣传发动，指导调整高考志愿填报合适院校，确保能被高校录取。设立大学生征兵对象“绿色通道”，做到随到随检，并将征兵体检与身体健康检查有机结合，使大学生感受到特别关怀。突出抓好廉洁征兵。学习各级关于廉洁征兵指示要求，及时通报外单位体检和政治考核中出现的问题，成立廉洁征兵督察领导小组，专门制作廉洁征兵回执卡发放给每名应征青年。严密组织摇号定兵，及时按要求公示参加摇号和摇号确定人员名单，得到群众好评。县人武部连续37年无责任退兵。

【“双拥”工作】 2016年，县人武部自觉维护军政、军民团结局面，参与地方“精准扶贫”、捐资助学、计生迎检、“巩卫创文”等活动，以实际行动赢得地方政府和人民群众拥护和支持。按照军分区和县委县政府部署，认真抓“精准扶贫”工作，针对帮扶7户贫困户家庭情况，合理制订帮扶计划，开展项目帮扶，为贫困户1户搭建鸡棚，为贫困户4户送上鸡苗、饲料和养鸡资料，解决贫困户2户家庭小孩上学问题。利用“扶贫济困”日、节假日多次到贫困户家庭慰问，资助仁化中学贫困学生3名。参与县巩卫创文和“企忧”档案工作，为企业排忧解难。同时，县委县政府主要领导和分管武装工作领导情系国防和军队建设，大力关心和支持人武部建设，办了很多实事好事。截至2016年年底，全县符合转业安置政策退伍军人安置率100%，优抚费发放率100%，随军家属安置率100%。

仁化县人民武装部负责人名录：

部　长：郭忠诚
政　委：黄飞跃（任至2016年5月）
副部长：伍荣文
政工科长　李庆云
后勤科长：姜　山
（李庆云）

人民防空

【概况】 2016年，仁化县人民防空办公室（简称“县人防办”）严格落实《中共中央、国务院、中央军委关于深入推进人民防空改革发展若干问题的决定》指示精神，深入开展人防法规宣传，加强人防结建工程监管，完善应急准备建设工作，推进全县人防事业科学发展。

【人防法规宣传】 2016年，县人防办开展《中华人民共和国人民防空法》等法规宣传教育活动，提高人民防空国防观念和应对突发自然灾害能力。9月18日，在县城范围内举行防空警报试鸣活动，发出防空警报信号“预先警报”“空中袭击”“解除警报”3种。

【人防结建工程监管】 2016年，县人防办根据《城市居住人防工程设计规范》要求，按照布局合理、功能齐全、连片成网目标，科学规划人防工程建设。截至2016年年底，丹霞新城人防工程3个单元进入建设阶段。严格执行收费许可证规定项目要求，做好收费数据核对工作。对于筹集的人防易地费，严格按非税管理要求，使用非税票据，全额缴入非税账户。

【应急准备建设工作】 2016年，县人防办健全应急指挥机构，落实战时本级人防指挥部指挥场所、指挥人员、部门和工作人员，做到指挥人员变动后及时调整补充。注重人防队伍建设，定期组织有关人员学习关于易地建设费收缴范围、缴费标准、执法程序等方面法规、规章和文件，提高人防结建收费工作效率。加强警报设施建设和维护管理，完成故障站点定向检查，及时查看、排除存在问题，并记录在册。

【部门沟通与协调】 2016年，县人防办加强与住建、发改等部门沟通和协调，落实人防审批前置条件，参与工程验收；做到无人防审批手续不落位、无人防审批手续不开工、无人防审批手续不验收，确立人防部门管理地位，确保人防收费顺利进行。与住建等部门联合把关，积极开展联合检查，严格审核每个建设项目设计图纸、立项批文、土地许可证等，通过对照图纸、施工现场对照实际面积、审批表对照收费金额“三对照”原则，实现结建管理科学化，确保应收尽收。

仁化县人民防空办公室负责人名录：

主　任：刘建新

副主任：钟贵松

（周　妃）

武警仁化县中队

【概况】 中国人民武装警察部队广东省总队韶关市支队仁化县中队（简称“武警仁化县中队”）设中队长、指导员、司务长等编制，下设若干个战斗班。主要担负仁化县看守所外围武装警戒，参加处置暴乱、骚乱、严重暴力犯罪事件、恐怖袭击事件等其他社会突发事件和抢险救灾任务。2016年，武警仁化县中队围绕“听党指挥、能打胜仗、作风优良”目标，严格训练、严格要求，出色完成上级和地方党委、政府赋予的各项任务，树立“能打胜仗的威武之师、人民群众爱戴的文明之师”形象。

【组织建设】 2016年，武警仁化县中队坚持从抓班子、强队伍入手，带动中队全面建设。坚持利用好干部理论学习，开好支委会，搞好按纲建队形式分析，提高支部“三个能力”。贯彻落实党委扩大会议和党委全会精神，组织召开“民主建队日”活动，查找影响中队建设存在的瓶颈问题，明确方向，确立目标，保证按纲建队计划科学性、可行性。抓好党员干部队伍建设。严格组织生活制度，落实“党管党员、党管干部”要求，及时指出存在问题。加强党员干部管理教育。发动全体官兵对照党员承诺加强监督和跟踪点评，结合“两项重大教育”，坚持季度在党员队伍中开展个人承诺、践诺、群众监诺为主要方式的“创先争优”活动。发挥“两个群众组织”参谋助手作用。根据人员调整变化，及时增补委员，健全两个群众组织，定期进行培训帮带。开展健康有益文化娱乐活动。武警委员会定期召开会议，发扬民主，建言献策，在大项活动中提出合理性建议，促进各项活动开展。搞好基层风气专项整治，坚持按原则、按制度办事，全年选送3名技术学兵，推荐3名预提指挥士官培训对象，发展党员3名。严格按照制度规定，公平、公正、公开开展年底士官选取，双争评比，立功受奖。2016年，武警仁化县中队被省总队评为“先进基层中队”，在参加市武警支队“勤训轮换集训”中获得第一名，参加武警广东总队“第一届反恐应急班”比武竞赛中获得团体第六名，有4人次荣立支队以上个人三等功。

【思想政治建设】 2016年，武警仁化县中队坚持把思想政治教育放在最重要位置，创新方式方法，增强针对性时效性和有效性。

突出抓好“两项重大教育”主阵地。以改革强军主题教育和“两学一做”活动为统领，采取思想调查、讨论交流、热点辨析、理论背记知识竞赛等形式，开展思想政治教育。组织好党员承诺践诺、手抄党章、重温入党誓词和改革强军大讨论等活动；收看武警十大忠诚卫士事迹报告会、时代楷模张楠烈士事迹报告会和女排奥运精彩比赛并及时撰写体会，广泛开展演讲比赛和强军故事会，激发官兵使命感和责任感。“七一”表彰中，中队党支部被总队表彰为“先进党支部”，党支部书记朱应杰被总队表彰为“优秀党支部书记”。

用东江纵队精神铸魂。以总队前身东江纵队为依托，通过课堂讲授、讨论交流、撰写体会、现地教学、氛围营造等方式，搞好总队、支队、中队队史教育。通过开展以“五个铸魂”和“五红”为主的“红色基因代代传工程”活动，用“铁心向党、赤心为民、骁勇善战、百折不挠”东江纵队精神励志铸魂，巩固官兵红色基因和思想根子。

思想管控工作富有成效。时刻关注官兵思想情况和心理变化，利用“三互”“双四一”等有效载体，及时做好心理疏导工作。结合“深知兵、真爱兵、诚为兵”活动，开展内部关系教育整顿活动，严密组织“我心目中的干部形象，我喜欢的优秀士兵”演讲比赛，在交流碰撞中营造和谐纯洁内部关系。全年全队官兵思想稳定，士气高昂。

文化生活感染力强。响应国家提出的“倡导全民阅读，建设书香社会”口号，开展“读书铸魂·投身强军”活动，采取多种阅读形式，增强官兵阅读兴趣，形成“广读书、读好书、增才干、长见识”氛围。树立官兵以队为家意识，营造拴心留人环境。多次开展大谈心活动，有计划有组织利用节假日安排丰富多彩文体活动，积极培养文体骨干，组建队史讲解员、营区广播员、网络维护员、教歌员、新闻报道组、板报组等文体骨干队伍，发挥文化工作功能作用。

【军事训练】 2016年，武警仁化县中队狠抓军事训练不放松。年初，确定“新兵打基础、老兵补短板、士官提成绩、干部跟队训”目标，突出警（士）官训练，营造训练氛围。经常开展“五小练兵”，人员参训积极性高，取得明显训练效果，完成总队军事训练考评工作。年内，武警仁化县中队在参加总队第一届特勤排、应急班比武中，取得团体第六名，朱应杰取得指挥专业第三名、王泽云取得侦察专业第一名、刘昊取得突击专业第四名。

【执勤和处置突发事件】 2016年，武警仁化县中队结合官兵执勤能力基础和新兵专勤专训，重点进行三班四哨动作、执勤设施使用、哨兵反袭击动作、情况处置、观察与报知、方案演练等训练，通过哨位实地训练、情况想定、岗位互换等形式，练协同、练处置、练应变，提高官兵执勤能力。经大队考核验收，合格率100%。新兵上勤后，注重搞好执勤编组，领班员实地指导、干部实地查勤，提高新兵执勤能力。与目标单位搞好联合演练，“三员一兵一组一班”联动训练等，提高部队协同处置能力。严格落实各项勤务制度，全年，抽查中队干部在位情况和“三人应急小组”累计100多次，支部议勤10次，查铺查哨800余人次。坚持每日讲评、每月分析，开展正规化执勤等级评定，严密组织勤务，克服以往落实制度随意性大问题，正规勤务秩序。严格挑选执勤人员，扎实开展专勤专训，重点加强勤务组织和管理，坚持勤务出发前有动员、有要求，勤务回来后有分析、有讲评。全年派出兵力27人次完成临时武装押解任务9批次，押解犯人68人。严格落实战备制度。做好“元旦”“春节”等重大节日和“两会”等战备执勤工作，有针对性开展形势任务教育，增强官兵战备意识和忧患意识。按规定进行战备物资存储更换，加强检查；结合紧急出动、三人应急小组抽查和方案演练，提高应对突发事件能力。坚持以“学规范、用规范、保安全”活动、总部“四项规定”隐患整治和安全大排查为契机，从深层次做实安全管理工作。

【正规化建设与后勤保障】 2016年，武警仁化县中队坚持大项开支由支委会集体把关，经济民主组每月检查经费及伙食账目，进行财务公示。结合纠“四风”，扎实开展“伙食精细管理年”活动，严格落实自助餐要求和早餐“1126”、午晚餐“6211”标准，科学制定节水、节电措施，教育引导官兵养成“节约一粒米、一度电”习惯。依托现有条件，拓宽设施功能，自做早餐品种10个以上，提升后勤保障能力。提升后勤人员队伍素质。狠抓司务长和炊事员更换后的培养使用，推荐2名战士参加炊事员等级厨师培训。加强炊事人员培训帮带，采取“走出去、请进来”办法，定期邀请周边饭店厨师到中队指导，提高炊事员烹饪技术，中队伙食保障水平得到提高，官兵满意度大幅提升。持续抓好后勤人员岗位大练兵活动，在接受总队后勤专业兵考核中，后勤人员操作技能均达到“优秀”水平。开展农副业生产种养工作。根据季节种植特点规律，利用晚饭后半小时、周六上午等时间段，精心选苗育苗，采取疏密结合、长短搭配办法，合理种植，使用鸡粪、塘泥、草灰等改良土质，确保农副业生产增产增效。全年，自产包菜、冬瓜、南瓜等各类蔬菜1吨多，养猪12头，满足官兵饮食需要。加强对物资管理，落实营产营具计价挂账制度，及时更换标签。严格按照“三分四定”要求放置战备物资，库室物品摆放整齐有序。维修小组每半月对营产营具进行检查、维修。

【拥政爱民】 2016年，武警仁化县中队组织官兵与县民政局、供电局、光荣院等单位，开展“警民共建”活动。4月和9月，武警仁化县中队官兵积极参加中共仁化县委、县政府组织的烈士陵园清明祭奠活动，深切缅怀革命先烈，激励官兵弘扬优良传统，立志奉献警营。7月，积极参与县公安局警营开放日活动，展示武警部队“文明之师，威武之师”形象。12月，参加由仁化县红十字会组织的为驻地无偿献血活动，奉献爱心。

中国人民武装警察部队广东省总队韶关市支队仁化县中队负责人名录：

中队长：陈书南

指导员：朱应杰

（朱应杰）

仁化县公安消防大队

【概况】 2016年，仁化县公安消防大队（简称“县消防大队”）始建于1973年，隶属韶关市消防支队和县公安局双重领导，担负仁化县城及其所辖11个镇（街道）消防安全保卫任务。全年，县消防大队有官兵43人，其中干部8人，战士17人，合同制消防员18人。装备有消防车6台，其中大功率水罐泡沫车2台，多功能消防主战车1台，抢险救援车1台，22米云梯车1台，16米高喷车1台。随车配置有破拆、排烟、照明、堵漏等特勤器材装备。

2016年，县消防大队把握改革发展时代主题，牢记强军目标，坚持“向能打胜仗聚焦、向科学防控用力”，抓思想强信念、抓班子带队伍、抓中心创平安、抓基础强保障、抓作风树形象，围绕全年各项工作任务和攻坚目标开拓进取、求真务实，得到各级党委、政府和人民群众广泛赞誉。

【打造消防铁军】 坚持班子带头，引领大队开创科学发展的崭新局面。2016年，县消防大队党委班子营造“家和万事兴”和谐氛围，始终坚持党委统一集体领导下的首长分工负责制，自觉接受党组织的集体领导，坚决服从、执行党组织的集体决定，思想上“合心”、工作上“合力”、行动上“合拍”，努力把班子打造成为顾全大局讲政治、公平公正讲党性、严于律己讲正气、谦虚谨慎讲修养、争创业绩讲奉献的表率，精诚团结、同心同德、和衷共济，形成坚强有力的核心战斗堡垒，齐心协力推进各项工作顺利开展。以班子目标责任制和干部绩效考核为抓手，健全责任传递机制，全面提升大队党委班子凝聚力和战斗力，引领部队开创科学发展新局面。

打造能打胜仗的消防铁军。2016年，县消防大队党委时刻把战斗力看成消防部队“命根子”，着眼灭大火打恶仗。苦练精兵，科学施救，确保任何时候拉得出、冲得上、打得赢。年内，县消防大队深化达标创建活动，巩固建设成果，以提升大队软件实力和硬件水平为目标，狠抓部队规范化管理。严格落实一日生活制度和等级执勤战备秩序，完善中队营房标识设置，完成营区智能监控系统安装，强化请销假、晚点名、查铺查哨等制度落实，规范官兵“八小时”外管理，打造能打胜仗的消防铁军。

【践行群众路线】 “牢记强军目标、献身强军实践，永做忠诚消防卫士”主题教育活动。2016年，县消防大队党委按照总队、支队统一部署，深入开展“牢记强军目标、献身强军实践，永做忠诚消防卫士”主题教育活动，扎实做好“消防监督领域违法违纪突出问题专项整治”“纪律教育学习月”“三项纪律”等学习教育活动。全年，结合相关教育主题，组织授课86次，新添置文化长廊1条，悬挂宣传横幅5条，新添更新宣传栏版面15块。

加强引导，稳定队伍秩序。2016年，县消防大队班子坚持以教育引导为主、奖优罚劣为辅管理措施，通过开展“纪律教育学习月”等主题实践活动，引导官兵树立廉洁从警纪律意识，培养全体官兵真抓实干、开拓创新新风正气。全年全大队无一人出现违法乱纪行为。

坚持从优待警，确保队伍活力。2016年，县消防大队始终把保障官兵切身利益作为第一考虑，以正规化建设为契机，全年为官兵购买球服60余套，对大、中队楼厕所、下水管道进行翻新，新添置冷暖空调、运动器材一批。推进警营文化建设，营造栓心留人警营环境，丰富官兵业余生活，鼓舞官兵士气。

【强化硬件软件建设】 提升硬件条件。2016年，县消防大队以正规化建设为契机，向政府申请个人防护装备专项经费54万元，购置高喷消防车200万元。

全面规范制度建设。2016年，县消防大队严格要求日常工作和生活，强化官兵条令意识，规范基层部队一日生活秩序、礼节礼貌、警容风纪检查、官兵着装、岗哨交接、车场日活动和各种会议组织实施程序；统一使用支队购买的“八本一表一册”和官兵综合笔记本，结合日常工作，规范记录，形成常态化机制。

强化执勤训练，确保队伍战无不胜。2016年，县消防大队强化执勤训练，日常开展基本技能、体能训练和中队指挥员思维训练，提高各级指挥员指挥水平。年内，积极参与“2·6”凡口矿垃圾场火灾、“3·29”宝能集团工地火灾、“4·4”周田采石场救援、“6·9”韶赣高速公路货车火灾以及“7·11”周田新庄工业园中达锌业有限公司火灾救援，树立消防部队形象。组织官兵开展全县市政消火栓全面体检清查和登记编号1次，开展各类事故演练100余次，制作更新辖区消防重点单位数字化灭火预案30份，制作“六熟悉卡”30张，重点单位建筑消防设施测试15家，录入社会联动单位信息8个，专家库信息18条，利用系统制作并完善10个类型预案。

2016年，县消防大队接警124起（其中，火灾85起、抢险救援16起、森林火灾扑救2起、其他21起），出动官兵1265人次，出动消防车辆214辆次，救助被困人员24人，抢救价值财产238.3万元。同比2015年，接警起数增长18.1%，出动车辆数增长33.75%，抢救被困人员数减少58.6%，抢救财产价值减少91.1%。

【社会面火灾形势稳定】 2016年，县消防大队坚持铁腕治患，全县社会面火灾形势持续稳定。年初，县政府召开全县消防工作会议，与各镇街签订年度消防工作目标责任书；以动员部署会、政府常务会、专题协调会、工作推进会等形式召开会议7次，研究、部署和推进全县消防工作；6月，召开全县夏季消防检查工作部署会；11月，召开全县冬春火灾防控工作会议，部署开展“119消防宣传月”活动。全年，县委县政府主要领导听取消防工作汇报5次，主要领导和分管县领导带队检查社会单位消防安全9人次。部署和督办春节、“两会”、“五一”、“国庆”等重大节假日期间火灾防控工作。县政府常务会议审议通过《仁化县消防工作“十三五”规划》，推动完成全县11个镇（街道）中7个镇（丹霞街道纳入城区规划，无需单独编制）消防专项规划或规划专篇；全县16个社区共建成社区微型消防站8个。

2016年，周田镇被列为全省第八批火灾隐患重点地区，由省政府挂牌督办整治。县消防大队将该项工作列为“头号工程”、重中之中，克服大队班子和县镇两级政府班子换届等不利条件，强化汇报，沟通协调，推动县政府在人力、物力、财力上予以大力支持，政府及社会各界累计投入1000多万元，开展火灾隐患重点地区整治工作。

全年，县消防大队检查单位场所1335家，发现并督促整改火灾隐患1143处，下发责令改正通知书525份，临时查封13家，责令“三停”13家，罚款23.05万元；全县发生火灾85起，同比上年下降22%，直接财产损失57.73万元，未发生人员伤亡火灾事故。

【抢险救灾】 2016年6月12日19时，仁化县多地突降暴雨，扶溪、长江、省道S342线等地出现泥石流、洪水以及山体滑坡等自然灾害。县消防大队接到指挥中心调度命令后，立即派出指战员15名、消防车4台、指挥车1台赶赴现场实施抢险救灾。据统计，该次强降雨致仁化县受灾人口261人，转移群众75人，水浸房屋79户，倒塌房屋12间，农作物受灾面积71.33公顷，公路塌方多处，中断、损坏公路桥4座，造成直接经济损失246万元。截至6月13日，县消防大队出警4次，派出消防车辆5辆次，出动警力30人次，官兵克服天气和连续作战身体极度疲劳等困难，争分夺秒，抢抓黄金时机，营救落水老人1名、被困老人10余名，救出因山体滑坡被困人员6人、车辆3台，清理山体滑坡2处、塌方4处。

仁化县公安消防大队负责人名录：

大　队　长： 吴云波（任至2016年6月）

杨　鑫（2016年6月任职）

政治教导员： 朱凯兵

副 大 队 长： 白洪洋

参　　　谋： 张甲庆（2016年8月任职）

黄　淇（2016年8月任职）

政治指导员： 欧阳志

中　队　长： 路士林

（王加平）

交通·邮电·信息化工作

国道省道公路建设与管理

【概况】 韶关市仁化公路局（简称“仁化公路局”）隶属于韶关市公路局，是正科级事业单位，主要负责仁化县境内国、省道公路建设、养护、路政管理、辖区内机动车辆路桥通行费年票征收工作。内设办公室、生产技术股、人事监察股、财务股、安全生产股、路政管理所、收费管理所7个职能股室及韶关市仁化公路养护中心（2016年6月，月岭、城口、董塘、扶溪养护中心合并成立，月岭、城口、董塘、扶溪养护中心相应更名为养护所，归仁化公路养护中心管理）。2016年，仁化公路局有职工108人，其中在职中共党员33人，本科学历9人，大专学历29人。仁化公路局总养护里程为200.381公里，其中国道88.267公里，省道112.114公里。

2016年韶关市仁化公路局养护里程表

表2

路线编号	路线名称	起讫桩号	养护里程（公里）	路面类型（公里）		技术等级（公里）				备注
				水泥	沥青	一级	二级	三级	四级	
G106	北京—广州	K2151+000—K2219+719	68.719	52.927	15.792	4.697	64.022	—	—	—
G323	瑞金—临沧	K318+598—K352+529	19.548	19.548	—	—	19.548	—	—	其中K332+580—K346+963与G106线重复14.383公里
S246	长江—新村	K0+000—K73+228	68.744	51.998	16.746	6.045	16.525	10.06	36.114	其中K43+207—K47+691与G106线重复4.484公里
S342	分水坳—双合水	K118+551—K145+311	26.760	26.760	—	—	—	26.760	—	—
S345	董塘—乐昌	K0+000—K16+61	16.610	16.610	—	—	—	16.610	—	—
合计	—	—	200.381	167.843	32.538	10.742	100.095	53.43	36.114	—

【公路建设】 S345线仁化县石塘镇文昌段路面修复工程。2016年，仁化公路局扎实推进仁化县石塘古村国家AAA级旅游景区创建达标活动，完成省道S345线石塘镇文昌段路面修复工程。该工程起于省道S345线K5+800，止于K6+240，全长440米，铺筑面积4402平方米，核定投资42.62万元，并拟定对旧水泥路面铣刨后铺筑5厘米厚中粒式沥青混凝土修复方案。截至2016年6月，仁化公路局完成该工程路面修复及公路基础配套设施，工程完工。

2016年国省道第一批、第二批一般灾毁修复工程。2016年，仁化县境内多次遭受持续强降雨袭击，造成仁化公路局所辖国省道公路、桥梁等基础设施损毁严重。鉴此，韶关市公路局以《关于下达2016年第一批灾毁修复任务的通知》（韶路养〔2016〕296号文）、《关于下达2016年第二批灾毁修复任务的通知》（韶路养〔2016〕722号文）批准工程修复任务。截至2016年12月，仁化公路局投资216.3万元，完成第一批、第二批灾毁工程。

S246线仁化县狮井至河塘段路面改造工程通过交工验收。该工程起于仁化县狮井（桩号：K52+554），经麻塘农场、高坝、长坝岭、董塘、朱屋、岩头村、红梅村，终于河塘（桩号：K70+300），全长17.746公里。原为沥青路面，因经过多年使用，大部分路段存在龟裂、坑槽、松散、拥包、沉陷病害，不能保证公路服务水平，影响车辆通行及仁化县旅游形象。2016年年初，仁化公路局完成该项目工程建设任务；11月1日，完成交工检测工作。

G106线、G323线仁化段灾毁路面修复工程通过竣工验收。2016年12月28日，韶关市公路局、韶关市交通质量监督站相关单位和部门负责人组成竣工验收委员会根据广东省公路管理局、韶关市公路局有关文件精神，对2015年G106线韶关K2182+070—K2192+976段灾毁路面修复工程、G106线韶关K2194+000—K2218+000段灾毁路面修复工程、G323线韶关K323+000—K346+000段灾毁路面修复工程3段灾毁路面修复工程进行竣工验收。竣工验收委员会通过听取建设、设计、监理、施工、监督单位关于工程建设情况汇报、实地查看、查阅有关资料等方式，经过评议，一致认为该工程质量等级为合格，同意上述3段灾毁路面修复工程（57.906公里）竣工验收。

【公路养护】 2016年，仁化公路局完成公路养护生产与小修保养工作，做到管养公路路况良好，路面平整、无病害，交通设施齐备、完善，路容路貌整洁，标志完善、醒目、行车方便。第一，做好路容整治及公路养护工作。公路技术状况指标（Maintenance Quality Indicatior，简称MQI）国道年值为93.2，省道年值为89.1。完成水泥路面灌缝168.838公里，路容路貌修整402.8公里，水沟排水清理201.376公里。及时修复水毁公路，确保公路安全畅通。清理各线公路塌方累计42999立方米，新建水毁涵洞7座，护坡505平方米，修复水泥路面121179平方米，修复沥青路面5250平方米，砌筑路基下塌挡土墙4120立方米，投资应急抢险、水毁修复资金216.3万元。第二，加强桥梁维修加固工作。2016年，仁化公路局出资8万元维修加固省道S342线扶溪中学桥、扶溪2号桥，并于2016年6月完工，确保桥梁安全。第三，做好绿色通道建设工作。年内，仁化公路局自筹资金14.77万元，砍伐、更新所辖国、省道公路两侧安全隐患路树432棵，消除公路安全隐患，确保行车安全。第四，继续推行内部承包养护管理模式。2016年，仁化公路局在上年扶溪养护中心（2016年6月底更名为仁化公路扶溪养护管理所）内部承包养护管理模式取得成效基础上，结合该所一线养护职工存在年龄偏大、缺员缺编实际，决定继续在扶溪养护管理所实行内部承包养护管理模式。

【路政管理】 坚持依法治路，加大公路巡查力度。2016年，仁化公路局路政人员做到着装整洁、证徽齐全、仪表端正、语言和善、文明巡路。全年巡查公路2.1万公里，巡查天数240天。依照广东省公路局《路政许可实施办法》办理行政许可案件3宗。依法维护路产路权，整治路域环境。全年全局收取路产赔（补）偿费12.7万元。

加大国省道公路脏、乱、差现象整治力度。2016年，仁化公路局按照《仁化县普通干线公路路域环境综合整治行动实施方案》要求，仁化公路局路政部门与县交通运输综合行政执法局联合执法9次，整治G106线仁化县丹霞大道至青湖塘段等县城周边脏、乱、差现象。投入人力物力整治G106线丹霞山至周田高速出口段沿途违法行为，出动人员296人次，整治乱搭乱建57处（约1066平方米）、乱堆放21处（约330平方米）、乱摆摊设点61宗，拆除公路沿线违挂广告牌137块、违挂横幅29幅。劝离在公路上打谷晒粮农户，并粘贴发放通知书。通过整治，改善路容路貌，规范设置非公路标志，打击公路控制区违法行为，维护路产路权，确保公路安全畅通。

完成新S246线河富至刜鸡坑段路产路权登记工作。2016年11月10日，仁化公路根据《中华人民共和国公路法》《广东省公路条例》有关规定，按相关规定完成新S246线仁化河塘至刜鸡坑段（桩号：K71+720—K78+000）路产路权登记工作。

【安全生产管理】 2016年，仁化公路局安全生产工作做到“早部署、早防范、早行动”，加强危桥、险路排查加固及警示牌设置。抓好制度建设，规范职工按章操作，及时维修、保养车辆、机具，不开带“病”车。养护工上路穿标志服，设立施工醒目标志牌，严格遵守安全生产操作规程。

加强安全生产管理。2016年，仁化公路局安全生产检查小组对局机关和养护中心用电、消防、管养路段、桥梁，全范围进行安全生产大检查，落实安全责任主体，及时发现和消除安全隐患。全年出动人员62人次，整改隐患7处。全年无安全生产责任事故。

抓好安全责任书签订及安全生产知识学习培训。2016年，仁化公路局完善安全生产目标责任制，明确责任和目标，抓好安全生产责任书签订并层层落实到位。组织举办安全生产培训班，开展公路养护技能演练和“安全生产月”学习教育活动，增强全体职工安全生产防范意识。全年，举办安全知识培训班4期、安全应急演练2场次。

排查及消除道路安全隐患。2016年，仁化公路局投入资金9.22万元整治道路安全隐患。组织技术人员因地制宜制订安全隐患整治方案，排查所辖路段安全隐患。全年在所辖国、省道各线设置连续转弯标志和种植高反光警示桩42个，设置村庄、慢行警示标志，施划减速带、标线1871.1平方米。

加大投入，提高安全生产硬件配置。2016年，仁化公路局投入资金2.54万元加强安全生产硬件配置，改善安全生产环境。全年配换干粉灭火器11个、安全施工标志一批，加设路锥160个，新增（换）警示标志牌37块，发放劳动防护用品158套。

【路桥通行费年票征收】 2016年，仁化公路局克服因受车辆年审改革及其他负面新闻影响而造成的年票征收困难，做到依法征费、文明服务，采取多种催缴措施征收。通过电视广播、移动通信平台、宣传栏、横幅等方式宣传路桥通行费年票征收政策，让广大车主了解年票征收相关事宜。全年征收路桥通行费年票263万元，新增年票缴交车辆2500台，报废免缴年票车辆54台，迁出年票转缴车辆18台。

韶关市仁化公路局负责人名录：

局　长：梁颂文

副局长：张述堂 梁美聪（女）

郭海珠

（刘　逸）

地方公路与交通运输管理

【概况】 仁化县交通运输局属政府序列行政单位，办公地址设在丹霞大道116号，内设机构有办公室、综合运输股（挂交通战备办牌子）、公路规划股、财务股、交通运输综合行政执法局（单独列编）；下属机构有交通管理总站、地方公路管理站、交通学校；负责监管企业有仁化汽车站（含飞马客运公司）、富利捷出租车公司、雄达驾校、天成驾校。截至2016年年底，县交通运输局机关在职11人，其中局长1人、副局长4人；综合行政执法局在编人员34人。

截至2016年年底，全县公路通车总里程数为2004.479公里，公路密度为90.16公里/百平方公里。按行政等级，国道88.267公里，省道112.114公里，县道252.077 公里，乡道公路623.082 公里，村道308.909 公里，乡村小路620.03公里；按技术等级，一级公路10.737公里，二级公路100.095公里，三级公路301.266公里，四级公路1407.823公里，等外公路184.558公里。高速22.514公里。

截至2016年年底，全县纳入交通运输行业管理客运经营企业3 户，客车89辆2943个座位；货运车辆195辆1128吨位；出租汽车经营企业1户，出租汽车30辆150个座位。全县乡镇班车线路16条，乡镇客运班车51辆，城乡客运一体化覆盖率100%。全县符合通班车条件行政村班车通达率保持100%。车辆维修业户135户；机动车驾驶培训学校2间，教学车辆147辆；乡镇渡口3个，渡船4艘。

【交通重点工程建设】 推进武深高速公路（仁化段）路基路面建设。2016年，县交通运输局按省市高速公路建设目标分解表要求，协调沿线镇（街）和县直相关部门处理因武深高速（仁化段）施工造成的纠纷矛盾。截至2016年年底，武深高速（仁化段）路基工程完成85%以上，部分隧道、桥梁等控制性工程基本完成；路面施工单位做好进场准备工作。

继续推进X335线上社至马岭段公路改线工程。截至2016年年底，该项目完成路基6公里，因项目建设用地涉及高坪自然保护核心区，经县交通运输局和县上级部门协调，聘请相关技术部门对保护区进行调规和相关管线办理迁移改工作；根据国土部门要求对工程部分用地进行复耕、复种、复绿工作。

协调岭尾至新庄大坝3.431公里二级公路和新庄主干道建设。截至2016年年底，完成岭尾至新庄大坝二级公路路基建设3.431公里，铺设路面1.9公里；新庄主干道项目因用地征收问题，完成部分路基工程，两个项目合计完成投资约3000万元。

X336线长江至城口路面改造一期工程。截至2016年年底，X336线长江至城口路面改造一期工程全线长路面大修9公里主体工程及2处重点水毁工程全部完工，投资额为978万元；做好X336线长江至城口路面改造二期工程前期准备工作。

其他重点交通工程。截至2016年年底，完成仁化县X319线大庙前至灵溪段安保工程，工程项目主要为防撞栏，长约7530米，投资额为472.86万元。完成X793线周田浈江大桥维修加固工程，采用加桩加固并对缩径露筋桩基外包钢筋混泥土增大截面加固，桥面铺装凿除重做，30米跨径梁横隔板采用湿接改造方案，并补充封锚端砼开裂病害处理措施，更换全桥支座，工程总造价投资430万元，2016年11月初完工。完成仁化县墩仔桥改建工程，新建桥长59米，投资182万元。完成仁化县龙井桥危桥重建工程，新建桥长19米，投资99.5万元。

做好仁化县X296线长江至白洞矿场段公路改建工程前期工作。该项目里程16.3公里，估算总投资约9673.36万元，其中建筑安装费约7676.89万元。截至2016年年底，完成工程可行性研究报告编制、项目立项、地质灾害危险评估报告及压矿查询、项目选址论证报告、环境影响报告表及设计招标等工作。

【农村公路建设】 2016年，县交通运输局在确保建设质量基础上，协调当地镇村优化农村公路工程设计方案，降低工程造价，减轻群众筹资压力。全年全县完成通自然村公路硬底化项目22个，建设里程26.9公里，投资941.5万元。

【县乡公路养护】 抓好县道日常养护和乡村公路全面养护工作。2016年，县交通运输局督促公路站加强农村公路日常保养工作，按养护里程责任到人，督促养护责任人提高出勤率，狠抓全面养护。及时疏通水沟、涵洞、桥梁等设排水施，清扫路面，清除路障，力求做到路面无杂物、路肩平顺、路基无缺口、公路边沟畅通。预防检查易塌方路段、危桥、涵洞、防护工程，及时排除隐患。加强养护巡查力度，做好危险路段安全警示标志设置，及时清理路障，保障公路安全畅通。全年全局管养里程1231.241公里，其中县道252.077公里，乡村道979.164公里，全年好路率84.2%，养护率100%。

做好水毁预防和抢修复工作。2016年，县内地方公路累计坍塌方9865立方米、89处，水毁挡土墙8023立方米、48处，损毁涵洞13道，路面破损3428平方米。据统计，全县地方公路水毁直接损失约782万元。洪灾发生后，县交通运输局立即组织工程技术人员赶赴受灾严重的长江、城口等地指导抗洪抢险和水毁公路抢修复工作，集中人力、物力，争取及时抢通，保障公路畅通。组织对X336线、X296线等5处省重点水毁公路进行修复，共投资625万元。

积极争取落实上级交通建设资金工作。2016年，县交通运输局向省市交通部门领导反映全县公路交通基础建设基本情况，全年争取通自然村公路补助756万元；公路灾毁修复、危桥改造和扶贫补助资金582万元，X336线长江至城口段路面大修资金340万元，其他农村公路建设补助273万元。

【交通运输管理】 春运工作。2016年春运从1月24日开始至3月3日结束共40天，其中节前15天，节后25天。其间，县交通运输局作为牵头职能部门，成立春运领导小组，制订《仁化县交通运输局2016年春运工作方案》和各项安全生产应急预案，确保春运工作有序开展。2016年春运期间，全县发出客运车辆28403班次，同比上年上升18.30%，安全运送旅客53万人次，同比上年下降1.16%。

汽车维修业监管。2016年，县交通运输局强化汽车维修业经营市场监管工作，完善交通运输行业优胜劣汰市场竞争机制及退出机制，引导和促进汽车维修业经营企业依法经营、诚实守信、公平竞争、优质服务，提高县域汽车维修业户维修质量和服务总体水平，维护汽车维修用户合法权益，建立汽车维修行业“惠民交通”窗口，健全“红黑榜”公布制度，推进汽车维修业诚信体系和市场监管体系建设。

交通运输行业质量信誉考核。2016年，县交通运输局按照《广东省交通厅道路运输企业质量信誉考核实施细则》《广东省交通厅机动车维修企业质量信誉考核实施细则》有关要求，开展县辖区内旅客运输企业、机动车维修业质量信誉考核工作，严格按照各项评分标准，认真核对资料，公平公正对各企业评分。年内，完成县域旅客运输企业3家（仁化汽车站、县飞马汽车客运有限公司和富利捷运输有限公司）、二类汽车维修企业9户2015年度质量信誉考核工作。经考核，3家旅客运输企业2015年度质量信誉考核均为AAA，9户二类汽车维修企业为AA。

交通运输行业行政许可申

请。2016年，县交通运输局办证窗口办理营运车辆年审221辆，新发放道路运输证IC卡53张；有机动车维修户135户，办理机动车维修业业务21户，其中，换证19户、新发1户、注销1户。行政许可无一宗申请行政复议或群众投诉。

交通运输行业领域安全生产工作。2016年，县交通运输局坚持“安全第一，预防为主”方针，制订和完善安全生产应急预案，落实安全生产“一岗双责”制度。结合“平安仁化、平安交通”创建活动，执行市、县有关安全生产各项工作部署，开展重大节日和汛期安全生产检查，及时掌握辖区内交通运输企业安全生产状况、监控营运车辆动态。协助大桥镇整改水江渡口车渡船更新及码头改造工作。全年全县交通运输运输行业安全生产态势良好，未发生重特大安全责任事故。

【交通综合执法】 强化学习，提高依法行政素质，杜绝公路“三乱”行为。2016年，县交通运输局综合行政执法部门严格按照年初学习计划开展集中学习与自学相结合模式，定期、不定期组织执法人员集中培训，培训内容包括政治理论、业务知识、军训，参与上级业务部门组织的执法岗位培训和业务知识培训，增强执法人员法律意识和依法行政水平。全年，县交通运输局组织执法人员学法16期，参加上级业务培训5期；出动执法人员4608人次、车辆512台次，检查车辆5032辆次，查处违章案件164宗，没有发生公路“三乱”行为和行政诉讼案件；行政复议案件1宗，行政复议后，维持县交通运输局作出的原处罚决定。

加大打击非法营运执法力度，规范道路运输市场秩序。2016年，县交通运输局联合公安、工商、住建等多个部门开展整治非法营运车辆专项行动。全年，向群众及驾驶员派发宣传资料6500多份，张贴《关于开展整治非法营运车辆专项整治的通告》30多份，出动执法车辆48辆次、执法人员263人次，检查车辆165辆次，查获涉嫌非法营运车辆8辆次、转运乘客31人次；其他违章车辆5辆次。组织开展环丹霞山周边道路打非专项行动，执法人员采取突击执法与巡查相结合方式，对涉嫌车辆立即拦截检查并对停在停车场涉嫌非法营运车辆进行摄像登记备案，整治行动出动车辆31辆次、执法人员136人次，发放宣传资料583份，规范和制止乱停乱放、乱摆乱买行为41宗，对涉嫌非法营运当事人9人进行宣传教育后放行。

开展G323线、G106线治超治限工作。2016年，县交通运输局开展源头治超，治理源头超限超载行为。印制法律法规宣传小册子8500多本发给相关单位、货运企业、驾驶员，集中企业管理人员和驾驶员召开座谈会，以省内外超限超载典型事故为反面教材，分析超限超载在运输过程中对国家及人民生命财产造成的危害。与货运源头单位签订货运源头治超工作目标责任书35份，公示货运源头治超单位名单。6月，县交通运输局根据《仁化县人民政府办公室关于印发仁化县治理道路货运车辆超限超载及源头治超工作实施方案的通知》要求，牵头组织公安、公路、安监、国土等12个相关部门在全县联合开展超限超载整治专项行动，出动执法车辆265辆次、执法人员980多人次，检查车辆120多辆次，查获超限超载车辆13辆次，卸载转运货物150多吨。

开展路域整治工作，依法清理查处公路违法侵占、违法建筑、违法开设路口等侵犯路产、路权行为。2016年，县交通运输局整治周田至丹霞山路段公路两侧违法摆摊设点行为，净化丹霞山周边环境，打造良好交通旅游环境。年内，县交通运输局按照县政府的统一部署，联合公路、交警、住建、周田镇政府等单位（部门）对丹霞山火车站至丹霞山路段乱堆乱放、乱搭乱建、占道经营、乱倒垃圾和不按规定设置广告牌等行为进行综合整治，拆除广告牌26块，清理乱堆乱放、乱搭乱建57处（堆），清理、劝退占道经营、不按要求摆卖行为29户，查处污染公路案件3宗，通过整治。

开展危险品安全专项整治。2016年，县交通运输局加强巡查与监管出入县辖区危险品运输车辆，在重点路段加强过往危险化学品运输车辆监督检查。检查运输车辆是否取得运输资质、车辆是否符合相关危险化学品运输要求、是否按规定进行检测、是否存在超限超载或擅自改装行为，车上是否配备必要和有效安全设施与设备，驾驶员、押运员是否取得从业资格证等内容。查处危险化学品运输车辆2辆次。

【仁化汽车站】 仁化汽车站是韶关市粤运汽车运输有限公司下属分公司，主要运营仁化—韶关—丹霞山旅游专线车和仁化城区与各镇（街）、周边各县市以及广州、深圳、兴宁等长短途公路客运线路和旅游包车线路。韶关粤运公司收购由仁化汽车站代管的仁化县飞马汽车客运有限公司，主要运行丹霞山、董塘、黄坑、胡坑、月岭、夏富城区公交线路。2016年，仁化汽车站（含飞马公司）开往省际线路1台，市际包车6台，县际线路31台，县内线路51台；入站运营车辆89台。全年发车班次26.14万班次（其中，韶关班线6.7万班次，乡村班线17.03万班次，承包车2.3万班次，外站车0.11万班次），完成客运量410.44万人次（其中仁化汽车站198.01万人次、飞马公司212.43万人次），与上年同期对比上升14.4%；完成客运周转量12669.57万人公里（其中仁化汽车站9458.95万人公里、飞马公司3210.62万人公里），与上年同期对比上升16.3%。全年安全行驶里程722.03万公里，与上年同期对比上升7.8%。

【仁化县雄达机动车驾驶员培训学校】 仁化县雄达机动车驾驶员培训学校成立于2010年，是经主管部门批准具有国家资质的一级驾校，雄达驾校秉承“一切为了学员满意”服务宗旨，致力于合法、合格驾驶员培训教学工作；在县城、董塘、周田、长江设有标准训练场地，训练场地占地53300平方米。截至2016年年底，雄达驾校有标准合格教练车110台，教练员120人，累计招收学员人数13000余人，培训合格率99.9%。

【仁化县天成机动车驾驶员培训学校】 仁化县天成机动车驾驶员培训学校是韶关市第一所按新国标（专项三类）验收达标并许可的驾驶培训学校，始建于2010年6月，其前身为“韶关市宝利通机动车驾驶员培训有限公司”仁化分校。位于仁化县大岭农场工业园内，离县城3公里，占地面积23000平方米，其中绿化面积5000平方米。校内设多媒体电教室、电脑室、模拟驾驶训练室、道具教室、档案室、业务厅、教练员休息区、学员休息区，训练场地标准规范，设有标准行车道、标准科目二循环封闭式五项训练场地，设有9个倒车入库训练项目、10个侧位停车训练项目、2条坡道停车及半坡起步训练项目、1条曲线行驶训练项目、1条直角转弯训练项目、1条1000米长单车道、休息亭3个、学员摩托车停车亭1个。截至2016年年底，天成驾校有教学车辆37台，教练员35人，招收学员1480人，培养合格驾驶员758人。

仁化县交通运输局负责人名录：

局　长： 钟文辉

副局长： 杨　智　谭群辉
邵应康　（周国明）

邮　政

【概况】 中国邮政集团公司广东省仁化县分公司（简称“仁化邮政分公司”）内设综合办公室、市场部、金融业务部3个管理机构；设县储汇营业部、县城丹霞大道、董塘、周田、扶溪、长江、城口及红山8个综合服务

（金融、邮政服务）网点；凡口、格顶、石塘、黄坑、大桥、闻韶6个邮政服务网点；县城投递部1个。截至2016年年底，中国邮政集团公司广东省仁化县分公司有在职员工101人。

2016年，仁化邮政分公司围绕市邮政分公司“一个平台，三驾马车”战略目标，团结一致，践行新发展理念，取得稳中有进、稳中有好成绩。实现收入2536.02万元，同比增量259.18万元，增幅11.38%；实现收支差718.22万元，同比增长1.78%。其中：金融板块业务收入完成2073.66万元，比上年增长11.73%；函件业务收入67.09万元，比上年下降15.3%；包裹快递业务收入108.48万元，同比增长154.9%；集邮业务收入60.84万元，比上年下降24.9%；报刊业务收入80.73万元，比上年下降5.8%；电子商务业务收入133.39万元，同比增长34.6%；机要业务收入0.78万元，同比增长131%；商品销售及其他业务收入11.05万元，同比下降53.8%。2016年中国邮政集团公司仁化县分公司代理金融余额规模达12.74亿元。全员劳动生产率25.11万元/人，资金案件率控制为零。

【代理金融业务平稳发展】 2016年，仁化邮政分公司强化邮政品牌宣传力度，开展客户体验邮政业务，邮政品牌深入民心。年内投放户外广告36块，发放宣传单张7万多张，宣传覆盖全县各镇（街），覆盖率40%。开展季度营销、专项业务、节假日主题营销，有序推进重点业务发展。以重点代发项目、助农取款服务点转介、POS商户资产提升、邮储客户资金回归、他行客户资金策反等五大活动深挖存量、拓展新客户。通过进社区、进村委、助农取款宣传形式开展“走千访万”活动，促进余额、保险业务发展。年内实现收入2073.65万元，超额完成市局下达全年任务目标，完成预算目标的103.12%。

【邮务业务创新突破】 2016年，仁化邮政分公司寄递业务以鲜果寄递项目为抓手，周密部署，有效整合和调配力量，取得突破性进展。全年实现收入108万元，完成市公司下达任务目标的187%；函件借力文化创意平台，加强产品创新，开发旅游画册、明信片、地图、企业形象册等产品，实现收入67.1万元；电商落实市分公司电商“十百千”工程，农村电商服务站建设加快推进，累计建点32个，覆盖9个镇（街）23个村委会。

【党建工作】 2016年，仁化邮政分公司注重组织建设，规范管理，促进企业健康发展。及时准确地按组织要求做好组织关系转移工作；加强中共支部党员活动室建设，悬挂党旗，做好党内制度上墙，添置党报党刊、教育读本专柜，设施齐全，功能完善。开展“两学一做”学习教育。扎实学习党章党规、习近平总书记系列讲话精神，创新开展党员活动，强化党员领导干部宗旨意识和党性锤炼。抓好党风廉政建设。落实党风廉政建设主体责任，班子成员自觉履行“一岗双责”，强化纪律执行情况和制度落实情况监督检查。

【财务管控优化】 2016年，仁化邮政分公司强化过程管控，实行月度滚动预算，做好过程监控，确保完成进度。加强日常收支真实性检查、做好日常往来账户清理，及时发现潜在风险问题，推进企业合规经营。结合新情况、新问题，完善财务报账和核算制度。强化资金管控，狠抓资金回笼和欠费控制，确保经营现金安全回笼。

【人力资源管控】 2016年，仁化邮政分公司规范用工管理。除合同工外，强化劳务用工、外包用工协议管理，严格按照市公司规定的人员招聘、录用流程，规范企业用工。强化教育培训工作。2016年，除省市集中培训及远程培训外，仁化邮政分公司举办营销类、考试类及技能练功类培训13场。在全市技能比赛中，仁化邮政分公司获得团体第二名、组织奖三等奖及个人全能第六名。加强人员排查。严格按照银监及市分公司相关规定，做好人员轮岗计划及近亲属回避制度，定期排查金融从业人员，排查形式除排查表、家访外，增加征信查询、民事信息查询以及公安机关协助查询方式，对金融从业人员信贷记录、违法犯罪情况进行摸排，准确掌握金融从业人员情况。定期开展员工思想动态调查。从2016年5月起，每月定期收集员工思想动态、举办员工生日座谈会，总体把握员工思想动态，及时解决员工在生产生活中存在的困难，拓宽沟通渠道，拉近企业与员工之间的距离，获得员工关于企业经营思路、建议、职工小家管理等方面的意见及建议，有效促进企业发展。

【“案防”责任落实】 2016年，仁化邮政分公司重视落实案防责任。组织各单位签订2016年各级安全生产责任书，签订率100%。加大“安防”设施投入。2016年投入“安防”设施资金8万多元，推进“安防”专项设施改造，全县邮政安全物防和技防能力和水平得到提升。落实安全检查整治工作，建立安全隐患整改电子档案库，促进安全隐患整改工作有效落实。每月按规定频次开展安全检查，全年常规检查96次，夜间检查12次，专项检查4次，检查发现隐患整改148个。持续推进案防教育培训。组织开展“安全生产月”专项教育活动，组织金融网点人员、安全管理人员、押钞警等人员深入学习资金安全和操作相关管理规定，提高各相关部门和人员安全责任意识和强化履职行为。

【员工获得感增强】 2016年，仁化邮政分公司加大业务奖励力度，提升员工薪酬福利水平。2016年5月、9月，先后调整员工午餐补贴，标准从原100元/月调至300元/月，增幅200元。新增绩效在原有标准上增加200元。提升员工生活条件。2016年，仁化邮政分公司投入72万元整治长江、扶溪、周田“职工小家”，安装纱窗、浴霸，添置蚊帐、简易鞋柜，更换损坏的衣柜、书桌和床，为一线员工提供舒适的工作生活环境。

中国邮政集团公司广东省仁化县分公司负责人名录：

总经理：张朝阳

副总经理：宋洪涛（任至2016年1月）

黄　勇（2016年1月任职）

（陈诗华）

中国电信股份有限公司仁化分公司

【概况】 2016年，中国电信股份有限公司仁化分公司（简称“仁化电信”）以信息化助力仁化加快振兴发展，在加强网络信息基础设施建设、提供电信普遍服务、做好应急通信保障和履行企业社会责任等方面，发挥服务地方经济社会信息化发展骨干作用。

【光网络建设】 2016年，仁化电信贯彻落实国家“宽带中国”战略，推进“光网城市·智慧仁化”建设，建成“全光网城市”，形成覆盖城市、乡镇和农村区域光宽网络。加大力度推进全县光纤网络建设，光纤入户总端口超过4万，主干光缆网覆盖县城，规划新扩路、新建楼盘全光纤网络。截至2016年年底，全县行政村光网络覆盖率100%，自然村光网络覆盖率80%，保持光网络建设领先优势。

【“互联网+”应用】 2016年，仁化电信推进网络智能化、业务生态化、运营智慧化，“智能化”“智慧化”信息应用走在行业前列。大力推进“互联网+”业务。电子商务进农村，通过电商扩大当地特产贡柑、沙田柚、红山茶等销路。加快推广“农技宝”等惠农应用产品。推进“互联网+旅游”，建立智慧旅游公共管理和服务信息平台，助推仁化打造旅游休闲“慢城”。完善“互联网+”流通服务体系，加快互联网与现代物流融合。通过多种举措，促进互联网与经济社会各领域深度融合，让信息惠及到仁化千家万户。

【移动网络建设】 2016年，仁化电信继续加快移动网络建设，为仁化市民提供便捷网络服务。截至2016年年底，仁化电信实现乡镇以上地区4G信号全覆盖，具备高速无线上网能力。电信移动信号实现行政村100%覆盖，自然村覆盖率86%。

【支持地方建设】 2016年，仁化电信坚持企业与社会、环境及利益相关者和谐共生，履行企业社会责任，参与社会公益事业，自觉承担扶贫帮困任务，2016年挂点帮扶红山前洞村。积极倡导网络文明，配合政府开展防范打击通信信息诈骗工作，落实实名制要求。配合县政府做好县道改建、城市建设所涉及的电缆线路迁移、管道铺设等工作。开展节能减排活动。保护行业“生态环境”。响应政府“提速降费”号召，推出“十大举措”（宽带免费大提速；百兆宽带费用大幅下调，单位带宽价格降幅近四成；每1GB流量价格低至25元；推出流量大赠送、加装包“买一送一”、定向流量优惠、闲时流量优惠等多种措施；降低创业者的流量成本；国际漫游流量资费大幅降低；流量不清零、流量可转赠；发挥混合组网优势，加快天翼4G网络建设；加快光网络建设；宽带服务水平升级，明白放心消费），信息化建设成果惠及民生。

【企业管理水平提升】 2016年，仁化电信加强和完善企业内部管理，建立人文关怀管理、考核机制，抓好员工队伍建设，最大化激发员工工作积极性，提升诚信经营服务质量，确保企业持续发展。

中国电信股份有限公司仁化分公司负责人名录：

总经理：邓刚琪

副总经理：黄伟雄　丘福海

（刘娟宁）

中国移动通信集团广东有限公司仁化分公司

【概况】 中国移动通信集团广东有限公司仁化分公司（简称“仁化移动”）是中国移动通信集团广东有限公司在仁化的分支机构，负责仁化移动通信网络的规划、建设、运行管理和经营服务。公司下设综合部、市场部、网络部3个部门，县城区域服务营销中心和长江区域服务营销中心2个服务营销中心，渠道运营组、政企客户组、家宽运营组3个专业组，全球通沟通100服务厅、新城沟通100服务厅2个对外服务窗口。2016年，有在职员工46人，退休员工3人。

2016年，仁化移动以巩固行业主导地位为目标，扎实开展公司经营工作，按照党风廉政建设要求，将反腐倡廉和企业经营管理紧密结合，促进企业实现稳健、持续发展。全年公司整体经营情况保持良性稳健发展，完成年度各项经营目标。截至2016年年底，仁化移动在网客户13万户，4G客户7万户，移动家庭宽带用户突破1万户。

【业务发展】 2016年，仁化移动致力于营销模式多样化，确保业务量稳步增长。年内，与县经信局、农业局组织“精准扶贫 4G下乡”惠民活动，常态化开展农村市场深度营销等工作，业务量同步增长。推进自主宽带运营，确保宽带业务提质提量。加快覆盖建设，做到县城及主镇街深度覆盖并深入做好农村市场覆盖。加强装维人员素质与技能培训，提升客户服务水平，保证客户服务满意度。提升客户感知，确保服务质量。响应“提速降费”号召，提升客户服务及满意度。完善公司有限宽带及4G网络覆盖提升客户网络体验感知；降低公司通信资费，尤其在宽带及流量方面，提升客户资费优惠感知；提升一线服务水平，运用短信测评工具，客观评价代办服务质量，加大奖惩力度，提升客户满意度。

【网络维护建设巩固】 2016年，仁化移动完成全年LTE网络大规模建设任务。强化网络安全能力，完成全部基站机房安全隐患整治，线路隐患清查76处。提升全网业务，加大光纤网络覆盖，完成覆盖用户数1.5万个，完成县城、乡镇光纤网络全覆盖。

【管理能力提升】 2016年，仁化移动围绕“两学一做”专题学习，发挥主观能动性，创新采取多个自选动作，深入开展党廉教育工作。提升企业安全管理水平，完善应急管理体系，强化安全责任教育，带动提升整体安全管理水平，全年实现安全零事故目标。

【回馈社会】 2016年，仁化移动以提升客户感知为重点，继续践行4G服务承诺——“优服务和你心互联”，打造诚信优质本土服务文化。参与社会各项公益活动，开展志愿者服务工作，承担社会责任。重视和加强扶贫济困工作，组织员工捐款，创新扶贫手段。

中国移动通信集团广东有限公司仁化移动公司负责人名录：

总经理：宋　挺

副总经理：孙敏乾

（叶　青）

中国联合网络通信有限公司仁化县分公司

【概况】 中国联合网络通信有限公司仁化县分公司（简称“联通仁化分公司”）是中国联合网络通信有限公司的分支机构，联通仁化分公司设仁化营业中心、仁化政要营服公司、仁化公众营服公司、综合支撑室。截至2016年年底，联通仁化分公司有在编员工17人，其中总经理1人（兼政要营服公司总经理）、公众营服公司总经理1人、仁化营业中心4人、仁化政要营服3人、仁化公众营服6人、综合支撑2人。

2016年，联通仁化分公司坚持以客户为中心，以市场为导向，不断完善基础设施，增强通信能力，提高服务质量，助推当地经济社会发展。

【移动网络建设】 2016年，联通仁化分公司重点规划4G和固网网络建设，其中包括仁化县城、董塘、扶溪、黄坑、周田、凡口矿、城口、长江镇区域4G和固网网络建设。保障仁化县大型综合小区、工业园区和重点乡镇使用先进4G网络，并有效借助优势网络帮助各行各业实现智能化信息化发展。年内，联通仁化分公司先后与仁化县水务局签订智慧水利项目，创建监查天气雨水情况工作平台；与仁化县旅游局签订智慧旅游协议，开发丹霞仁家APP、网站及云服务，宣传低碳环保生态旅游，助推仁化及韶关旅游业发展。1月24日，联通仁化分公司黄坑镇手机城专营店开业；3月23日，与县政府签订“互联网+”协议；7月15日，与仁化县旅游局在省公司参加“大数据大未来”研讨会。

【固网建设】 2016年，联通仁化分公司全面扩容建设县城内网络，新建县城周边黄屋村、张屋村、东湖村、新东新村、叶屋村光纤网络线路及先进设备，在扶溪、长江、周田、黄坑、董塘、凡口等区域，推动光纤网络进农村惠民工程建设。先后拓展周田三化代理点、董塘三化代理点、扶溪三化代理点、黄坑三化代理点、凡口三化代理点、仁化县骏马三化代理点。做好网络通信服务，确保网络通讯畅通。强化网络信号、安全能力，提升全网业务，加大光纤网络覆盖，完成县城、乡镇光纤网络的覆盖，提升客户满意度。

【其他工作】 2016年，联通仁化县分公司响应政府号召，积极参与“创建文明县城”“创建文明窗口”等各项工作，要求公司员工从自身做起，从小事做起，注重细节，坚持讲文明、重礼仪、爱卫生。

中国联合网络通信有限公司仁化县分公司负责人名录：

总经理（兼政要营服公司经理）：陈发宝

一级高级业务销售主管：

罗国栋（任至2016年4月）

公众营服公司经理：

罗永宁（2016年5月任职）

（陈润娟）

信息化工作

【概况】 2016年，仁化县将发展电子商务作为信息化的工作重点，成立电子商务领导小组，并指定仁化县经济和信息化局（简称“县经信局”）牵头负责开展电子商务工作。2016年年初，县经信局成立电子商务办公室（简称“县电商办”），配备专业人员。年内，在县委县政府指导下，县电商办与国内电商龙头企业阿里巴巴对接洽谈，推动农村淘宝落户仁化，推动发展仁化电商业。县经信局做了大量前期调研工作，邀请阿里巴巴、苏宁、京东等区域负责人到仁化商谈合作事宜，拟成立县级运营中心，在各村设立电商平台，引导种植大户和有潜力的农民通过电商平台走上致富发家之路。截至2016年年底，阿里巴巴、苏宁易购各项合作事宜处于推进之中。

【“双创”基地建设】 2016年5月，县经信局根据国家、省、市关于“大众创业、万众创新”工作（简称“双创”工作）指示精神和电子商务飞速发展工作需要，启动“双创”工作，为创业青年、创新创业项目提供开放式工作空间、创业辅导、孵化机构、融资投资等一站式服务。截至2016年年底，“双创”各项工作有序进行，完成县宝能项目丹霞天街“双创中心”设计并于11月底进入招投标程序。

【电子商务发展】 2016年，县经信局指导、推动和鼓励县域优秀电商企业成立行业协会，营造电子商务应用、发展环境和氛围，发挥协会纽带和桥梁作用，推进全县信息化及电子商务广泛应用与发展。4月26日，“仁化县电子商务行业协会”成立。积极引进国内知名电商企业和平台，年内，有仁化县新农人生态农业发展有限公司、仁化县乐村淘电子商务有限公司、仁化县淘实惠电子商务有限公司、仁化县雅苑电子商务有限公司、乐贝儿电商平台等入驻仁化。

仁化县经济和信息化局负责人名录：

局　长：肖俊青（女，任至2016年8月）

肖润华（2016年11月任职）

副局长：肖润华（任至2016年11月）

张明福

张水甜

科协副主席：温美莲（女）

（张水甜　邓新辉）

供电·供水·供气

供　电

【概况】 2016年，广东电网韶关仁化供电局（简称“仁化供电局”）适应经济新常态，主动把握改革发展新机遇，严格落实“三严三实”和全面从严治党、依法治企要求，探索符合仁化局实际发展道路，突出工作重点，抓好抓牢基础建设，全面提升各项工作业务指标，取得成效。2016年，仁化供电局资产总额25603.74万元。供电量10.78亿千瓦时；售电量10.37亿千瓦时，其中大工业8.2742亿千瓦时，农业0.0888亿千瓦时，商业0.3029亿千瓦时，住宅0.9124亿千瓦时，非工业和普通工业0.7833亿千瓦时，农村排灌0.0043亿千瓦时；缴纳税款0.41亿元，其中上缴仁化县国税局0.23亿元，仁化县地税局0.18亿元。

【安全生产】 2016年，仁化供电局坚持安全生产工作主线，提升驾驭复杂大电网能力，提升供电可靠性。以“8·15”仁化县电网建设及线行清理专题会议为契机，强化与县、镇、村沟通，完成线行清理470余处，砍伐树竹约67万棵，清理完成率90%，减少树竹影响导致故障停电次数。组织召开仁化县电网小水电站管理工作会议，深化与发电方沟通交流，减少用户故障出门，提高供电可靠性。全面开展10千伏线路普查，完成辖区内1352.01公里共54条10千伏配电线路全面普查，摸清家底，打好线路设备运行维护基础。配合县有关部门完成重要节假日、高考、荷花节、贡柑节等重要保供电，“十一”国庆黄金周旅游保供电工作获得中共仁化县委、县人民政府通报表彰。

【营销服务】 2016年，仁化供电局树立以客户为中心理念，推行全方位客户服务，提升客户满意度。在供给侧改革和电力体制改革逐渐进入深水区双重背景下，仁化供电局总体经营情况稳中有升，2016年完成售电量10.37亿千瓦时，同比增长9.07%。全年完成31427个智能电表校验和轮换工作，加快智能电网建设。持续做好增供扩销，落实“加快解决受限，全面放开报装”要求，主动跟进仁化县有色金属循环经济产业园区、县城和乡镇建成区、环丹霞生态旅游景点及配套服务区、国家现代农业示范区建设，优化业扩报装流程，落实供电配套服务。全面推行全方位客户服务考核机制，强化服务监督和对客户服务事件的问责，优化供电服务水平。

【电网建设】 2016年，仁化供电局以“优化主网、做强配网、升级农网”为主线，坚持以目标和问题为导向，优化县域电网结构。加快电网建设进度，周田、黄坑、大桥镇农村电网改造项目列入县政府十件惠民实事，完成效果得到社会肯定。2016年，全县电网建设总投资计划为6246.95万元，其中全面完成计划内65个项目。推进小型基建，完成6个供电所业务用房项目建议书编写与上报。梳理中压网架网络，完成35千伏走马坪、扶溪变电站设计可研工作，编制扶溪、长江、城口镇新建开关站初步方案，完成10千伏配电网网架完善规划方案17项，为全面建成“智能、高效、可靠、绿色”农村配电网，助力仁化县率先全面建成小康社会提供坚强电力支撑。

【从严治党】 2016年，仁化供电局坚持中国共产党领导、加强党组织建设，抓好管党治党责任落地，强化党廉工作标准。年内，仁化供电局深入开展“三严三实”“两学一做”专题教育，未发生严重违法违纪案件。推进党建“融入中心做工作、渗入管理促提升”，将党建优势转化为发展优势。落实党风廉政建设“两个责任”，抓好思想作风、工作作风和生活作风建设，改进工作质量和服务水平，打通联系服务群众“最后一公里”。

【企业文化】 2016年，仁化供电局探索建立“乐于奉献、敢于担当、善于拼搏、勇于创先”企业精神，提升企业文化水平。巩固加强基层班组、供电所“文化阵地”建设，积极创建“职工小家”，组织参加仁化县演讲比赛、乒乓球比赛、韶关供电局“七一”唱红歌比赛、气排球比赛等文体活动，发挥工、青、团、妇群体组织桥梁纽带作用。年内，先后涌现出勇救落水儿童的李志苓、罗瑞华等先进个人，获得“广东省工人先锋号”“广东电网农电工作先进单位”“广东电网模范职工之家”“广东电网五四红旗团委”“韶关市青年文明号”“韶关供电局先进集体”“韶关供电局工会工作先进集体”等荣誉称号。

广东电网韶关仁化供电局负责人名录：

局　长、党委副书记： 杨中柱

党委书记： 陈广平（任至2016年8月）
曾建华（2016年8月任职）

工会主席： 魏家韶（任至2016年12月）
曾建华（2016年12月任职）

纪委书记： 魏家韶（任至2016年9月）
叶向红（2016年9月任职）

副 局 长： 陈广平（任至2016年12月）
魏家韶（2016年9月任职）
潘凯宁
李红萍（女，2016年8月任职）

（姚以凯）

供　水

【概况】 2016年，仁化县城、丹霞山、广东铝厂、格顶矿和董塘镇、丹霞街道办圩镇、部分村庄由香港中国水务集团银龙供水公司采用赤石迳水库水源供水，各乡镇自建饮水工程。截至2016年年底，全县由香港中国水务集团银龙供水公司供水人口7万多人，由各乡镇自建饮水工程供水人口约17万多人。

【城市供水】 基本情况。县城饮用水水源引入赤水迳水库水，主要来源于小梱水、红山茂密森林，活水期水库补充水量每天都保持在30万立方米以上。上游没有矿山、工厂、污染源小。化验员每天对水厂出厂水进行检测监控，定期对水厂制水原水进行检验，且每月委托仁化县疾病防疫中心作全分析检验，以保证供水管网水质的合格率。水厂内设备有常用机组5台，备用机组2台，使用自动加压电频设备，国家标准水压2.8公斤，因仁化县城地势特殊，住房高差较大，现水泵房加压5公斤出厂。制水工艺选用网格絮凝反应，蜂窝斜管沉淀，石英砂过滤，气、水一体反冲组成。工艺流程先进，符合国家标准；反应池、沉淀池定期清洗，采用水力排泥阀排污；清水池封闭通气。消毒设备选用二氧化氯消毒剂发生器，保障水厂供水水质安全。截至2016年年底，仁化银龙供水公司水厂：日供水能力4万立方米，供水面积约为20平方公里，管网总长约140公里；供水范围是仁化县主城区、丹霞片区、董塘片区及县城周边农村用水，用水人口约7.6万人，供水普及率100%；供水量665万立方米，日最高峰为2万立方米；水价实行阶梯水价，即居民生活用水第一阶梯用水价格1.62元/立方米、第二阶梯用水价格2.37元/立方米、第三阶梯用水价格4.62元/立方米，非居民用水价格3.29元/立方米，特种用水价格4.12元/立方米（以上价格含水资源费0.12元/立方米），县政府对县城居民用户加征0.65元/立方米、其他用户加征0.75元/立方米污水处理费。2016年仁化银龙供水公司平均水价为2.05元/立方米（不包括县政府对县城居民用户加征0.65元/立方米、其他用户加征0.75元/立方米污水处理费）。

县城自来水厂管理工作。2016年，仁化银龙供水公司狠抓安全基础工作，以“安全第一，预防为主”方针指导公司安全生产。开展每月例行安全生产检查，组织人员在春节、五一、高考、中秋、国庆前进行安全大检查，落实各项反事故措施，加大设备检查力度，严防各类事故发生，保障公司安全生产工作。加强水厂运行设备检修排查，确保水厂机组稳定运行；加强县城管网隐患排查，提高县城供水安全。如遇总水管爆裂等情况，公司尽量将维修时间安排在零点后进行，避免因停水造成居民正常生活、生产用水影响。按照卫生部饮用水规范标准，建立制水工作室、水质化验室。严格要求水质化验工作人员按照国家标准定时、定期对水源水、出厂水、管网水进行检测，全年各项指标均符合国家标准，出厂水合格率100%。2016年9月，开通“支付宝”便民缴费服务，通过纸质、广告牌、多媒体、收费人员口头相告等多形式宣传，让用户做到足不出户缴费，得到广大用水户理解与支持。

【农村饮水】 2016年，仁化县因地制宜做好“村村通”自来水工程规划和初步设计等工作。根据仁化县实际情况，制订2016—2018年“村村通”自来水工程建设方案。“村村通”自来水工程建设分三期，总投资8290万元。第一期总投资1919万元（2016年），第二期总投资5492.6万元（2017年），第三期总投资878.4万元（2018年）。力争用3年时间，完成全县“村村通”自来水工程建设，实行规模化供水，通过建设规模化自来水厂集中式供水工程方式，覆盖全县所有行政村，实现全县行政村“村村通”自来水覆盖率达90%以上、自然村自来水覆盖率达90%以上、水质达标率不低于90%目标。2016年落实“村村通”自来水一期工程建设。仁化县“村村通”自来水一期工程建设为红山水厂、石塘水厂、城口水厂、闻韶水厂、扶溪水厂、大桥水厂、黄坑水厂、长江水厂、周田台滩水厂9宗水厂规划扩建或改造；建设任务总投资1919万元。截至2016年年底，全县“村村通”自来水工程（一期）完成总工程量100%。

（刘　志）

供　气

【概况】 2016年，仁化县有管道天然气企业1家、液化气企业6家，7家燃气企业均获得燃气经营许可证。具体分布情况为：县城范围内有1家管道天然气企业（仁化县安顺达管道天然气有限公司），2家液化气企业（仁化县石油液化气有限公司、仁化县赤佬坝液化气有限公司）；周田镇有1家液化气企业（仁化县铁燃燃气有限公司）；长江镇有1家液化气企业（仁化县瑞山液化气有限公司）；董塘镇有2家液化气企业（仁化县凡口亮亮液化气有限公司、仁化县建辉液化气有限公司）。2016年，全县总销售液化气1863吨，天然气464.3万立方米；总销售额液化气913万元，天然气2368万元。

2016年年初，县住建局出台《仁化县住房和城乡规划建设局燃气事故应急救援预案》，积极应对可能发生的燃气安全事故，坚持“安全第一、预防为主”方针，高效、有序、及时开展事故抢险救援演练工作，最大限度保障人民群众生命财产安全，维护社会稳定。全年全县燃气安全生产事故为零。

（刘俊文　岑浩祺）

水利·气象·水文监测

水 利

【概况】 2016年，仁化县水务局贯彻落实中共十八大和十八届四中、五中全会精神以及习近平总书记系列重要讲话精神，把握水利工程建设工作新形势、新任务和新要求。加大水利信息自动化建设投入力度，建立山洪灾害监测预警系统、水利工程动态监测系统，提高防汛工作效率和指挥决策能力。做好抢险救灾工作，落实“3·19”洪水防御救援工作。年内，县水务局被推荐为2016年度省“三防”先进单位。做好广东省山区五市中小河流治理项目（为中共仁化县委、县政府确定的年度重点工作任务），全国新增千亿斤粮食生产能力规划仁化县2014年田间工程（2016年县委、县政府确定的年度重点工作任务），2013、2014、2015年度重点县（1万亩—5万亩灌区配套改造试点县）建设项目，2014年3宗小型病除水库除险加固工程，仁化县中小河流治理重点县综合整治及水系连通试点项目。做好小水电站竣工验收、水电站增效扩容和农村水电安全生产标准化试点建设工作。全年，水政执法人员对全县河道执法巡查180次，与公安和其他单位联合执法26次，在全县范围内对违法采砂行为实施行政处罚和罚款7次。经过努力，全县河段滥采河砂行为得到有效遏制，但盗采河砂利益巨大，水政执法工作依然严峻。全年全县发放大中型水库移民直补资金648.07万元，投入移民资金1065.51万元完善移民村公共基础设施，改善移民群众生产、生活条件。

2016年11月1日，丹霞电站1#机组定子增容改造现场 （锦电公司供稿）

【“三防”工作】 基本情况。2016年，全县遭遇洪涝灾害5次，其中，“3·19”洪灾影响最大。3月19日20时到23日8时，仁化县受高空槽和西南暖湿气流影响，全县有3个测站录得降雨量超250毫米，分别为红山274毫米、周田256毫米、扶溪252.4毫米；有9个测站录得降水超200毫米。其中最大降雨过程在19日20时至21日20时，降雨量为209.7毫米。全县各镇遭受不同程度灾害，全县受灾人口6083人，倒塌房屋22间，

83户209间房屋受浸，转移人口2083人，农作物受灾面积321.47公顷，过水鱼塘48公顷，1处养猪场受浸，损坏公路桥3座，3个村组供电中断，公路多处塌方，山体滑坡1处，损坏堤防1处，5宗山塘受损，损坏灌溉设施43处。洪灾造成直接经济损失约5770万元，其中水利设施直接经济损失约492万元。武深高速仁化段在建项目部分施工便道、路基、边坡、桥墩、设备均遭受不同程度损毁，直接经济损失约3580万元。

“3·19”抢险救灾。2016年3月19日，县“三防”办提前开始实行汛期24小时值班制度。20日，县领导带领有关部门到县城各受灾点开展抢险救灾工作，县“三防”指挥部派出轻舟中队、市政、街道街工作人员对受浸群众进行转移和排除险情，各有关镇（街）组织抢险人员进行抢险。3月20日19时45分，根据《仁化县防汛防风防旱防冻应急预案》启动防洪Ⅳ级应急响应。要求全县所有大中小型水库、山塘（含蓄水单位）腾出库容、科学调度，确保水库安全度汛。21日上午，接到周田镇有群众被困河道中央情况报告，县委书记刘锋第一时间赶到现场指挥救援工作，经过近1小时努力，成功解救被困群众10人。22日下午3点，受连续强降雨影响，仁化中学工作人员在巡查时发现该校学生宿舍楼后山发生山体滑坡，山体出现严重裂缝，危及到3栋宿舍楼及1800名学生安全。县委书记刘锋、县长王晓梅等县领导第一时间赶到现场指挥，县“三防”办紧急调拨一批抢险物资到事发现场，县国土局及时上报市国土部门，邀请地质部门立即赶到现场指导山体滑坡应急措施工作，排除可能发生的地质灾害。

【水利工程建设】 年内，水利工程建设主要有5项：第一，广东省山区五市中小河流治理项目。2016年，广东省山区五市中小河流治理主要是仁化县2015年、2016年治理项目建管工作。截至2016年年底，仁化县2015年度治理项目进入工程尾工建设及单位工程验收阶段，完成形象进度95%；2016年度治理项目完成形象进度50%。第二，2013、2014、2015年度重点县（1万亩—5万亩灌区配套改造试点县）建设项目。截至2016年年底，完成2013年度小型农田水利重点县项目工程投资2200万元，形象进度约90%；完成广东省仁化县小型农田水利重点县（1万亩—5万亩灌区配套改造试点县项目）（2014年）项目建设任务工程投资1600万元，形象进度90%；完成广东省仁化县小型农田水利重点县（1万亩—5万亩灌区配套改造试点县项目）（2015年）项目建设任务工程投资1550万元，形象进度90%。第三，2014年3宗小型病除水库除险加固工程。截至2016年年底，完成坪岗、上迳水库主体工程建设任务；大水坝水库项目开工，完成形象进度75%。第四，全国新增千亿斤粮食生产能力规划仁化县2014年田间工程。截至2016年年底，完成形象进度70%，累计完成投资约1300万元。第五，仁化县中小河流治理重点县综合整治及水系连通试点项目。截至2016年年底，完成丹霞街道项目区、周田镇项目区和石塘镇项目区3宗水系连通项目招投标工作，施工单位进场，进行征地工作及施工前期准备工作。

【水政水资源管理】 《水法》宣传。2016年，县水务局利用广播电视、宣传车落实《水法》宣传工作。全年在县广播电视台播放水法宣传标语30次、电视新闻报道宣传活动5次，举办现场宣传咨询服务活动3场，利用信息平台发送《水法》宣传短信1.6万多条，制作河道管理固定宣传牌110块，在非法采砂多发河段树立宣传警示牌8块。

水规费征收。全年征收水规费1154.45万元，其中，水资源费460万元，河道采砂出让费及管理费690.45万元，水土保持补偿费费4万元。

水政执法。2016年，县水务局针对非法采砂人员无视法律规定，铤而走险，非法采砂情况屡禁不止情况，加大打击非法采砂行为力度，严厉打击无证采砂、乱挖滥采河砂行为，做好河道采砂管理工作。10月13日，成立整治河道违法采砂工作领导小组，下设办公室，具体负责协调整治工作有关事项。2016年，收到河道采砂网络问政8件，水政执法人员对全县河道执法巡查180次，与公安和其他单位联合执法26次，在全县范围内对违法采砂行为实施行政处罚和罚款7次（其中，收缴罚款5次，正在执行或申请法院强制执行2次），全县河段滥采河砂行为得到遏制。

【水土资源保护】 仁化县的水土保持工作起步晚，基础差。2016年，仁化县受理水保方案审批4宗，分别为康溪长发建材有限公司节能砂页岩环保砖项目、丹霞街道办康溪矿区砖用砂岩矿（砖厂）项目、红山镇王家矿区陶瓷土矿和红山镇烟竹矿区陶瓷土矿矿产资源项目，其中前3宗审批完结，红山镇烟竹矿区陶瓷土矿矿产资源项目待批。（因2015年年底中央环保督查，根据县政府要求，红山镇王家矿区陶瓷土矿和红山镇烟竹矿区陶瓷土矿矿产资源项目均被要求暂缓实施）。开展县级审批水土保持方案生产建设项目水土保持监督检查2次，分别为：2月23—25日，开展县级审批水土保持方案及省、市审批、县级协管生产建设项目水土保持监督检查；11月2—4日，县水土保持监督站联合县水政执法大队例行检查近年县水务局审批县级建设项目11宗。

【渔政管理】 2016年7月，仁化县渔政管理工作由县农业局析出归口水利工作。2016年，县水务局主要工作有：第一，开展增殖放流活动，维护江河渔业生态平衡。1月28日，开展锦江鱼类生物多样性自然保护区生态修复增殖放流活动，投放鱼苗80万尾，使用资金15万元。第二，开展禁渔期执法、打击电毒炸鱼专项行动及联合开展清理水浮莲、清理网箱养殖等系列活动，减少水生生物产卵群体和幼体损害，仁化县渔业资源衰退形势得到初步遏制，渔业生态环境持续好转。禁渔期间，县渔政大队出动执法人员260人次、执法车110辆次、执法快艇60艘次，检查渔船366艘次。实行24小时值班制，加大巡查力度，打击电毒炸鱼行为。第三，落实休（禁）渔补助和渔船油价补贴，落实休（禁）渔补助申报核查发放，改善渔民生产生活。全年全县核定纳入禁渔渔船125艘，渔民船员238人，涉及渔业家庭人口1000人。禁渔前期，县渔政大队向仁化县人民政府呈报《关于协助解决禁渔期渔民就业的请示》，认真学习宣传贯彻落实渔船油价补贴工作精神，争取资金，及时向渔民发放渔船油价补贴，解决禁渔期间渔民转行就业困难。全年向渔业船员每人每月发放禁渔期补助550元。第四，扩建执勤码头，强力优化装备，促进队伍工作有特色开展。扩建了水上浮筒平台和锦江渔政码头。8月16日，仁化渔政大队在仁化县锦江水库大坝南侧库湾举行锦江勤务码头启动仪式。与广州渔政支队做好中国海监9002执法快艇交接工作，9002执法快艇成功入驻仁化。添置“皮卡”执法工具车1辆。

【水库移民工作】 年度项目计划编制。2016年，县水务局完成《2016年仁化县省属水库移民项目计划》《2016年度仁化县大中型水库移民后期扶持项目计划》《2014年度仁化县大中型水库移民后期扶持结余资金（2014年第5批）和省级预留（2014年第5批）资金项目计划》《2015年度仁化县大中型水库移民后期扶持结余资金项目计划》《2016年度仁化县大中型水库移民后期扶持结余资金项目计划》《2012年度仁化县大中型水库移民后期扶持结余资金（省级预留部分）项目计划》、《2015年度仁化县小型水库移民项目计划（第1、2批）》《2016年度仁化县小型水库移民项目计划》《2015年度仁化县大中型水库库区基金项目计划（第1、2批）》《2016年度仁化县大中型水库库区基金项目计划》编制和上报。

“直补到人”扶持。2016年，县水务局根据省市移民政策，结合仁化县实际情况，开展全县水库移民“直补到人”扶持资金发放工作。克服工作量大、工作难度大问题，做好全县水库移民户数、人数等有关资料收集、核对和公示工作。全年全县发放大中型水库移民直补资金648.07万元。

移民村公共设施建设。全年全县投入移民资金1065.51万元，完善移民村公共基础设施。其中：投入40万元，完成村文化广场960平方米；投入22万元，完成村公路0.435公里；投入30万元，完成村公路桥1座；投入5.31万元，完成自来水管网520米；投入69.8万元，完成环境整治工程8处；投入1.6万元，完成机耕道0.04公里；投入18万元，完成全倒户建房18户1710平方米；投入7万元，完成就业培训85人次；投入83.51万元，完成路面硬底化7354.1平方米；投入10.5万元，完成文娱设备16套；投入123.68万元，完成农田引水渠道3.375千米；投入39.24万元，完成维修山塘3座；投入60.3万元，完成文化室5间346.5平方米；投入3万元，完成种养培训4期（250人次）；投入551.57万元，完成篮球场、护栏、村公厅维修、渠道盖板等其他工程32处（宗）。

仁化县水务局负责人名录：

局　长：梁伟军

副局长：胡耀明（任至2016年5月）

李为军

杨永新

李志平（2016年5月任职）

（李月煌　刘　志）

气象事业

【概况】　仁化县气象局（台）隶属上级气象部门和地方双重管理，内设正股级机构气象灾害防御管理办公室（重大气象灾害应急指挥部办公室，简称防灾办）、办公室（人力资源股）、站网管理股、预报股、发展改革与财务股5个，局（台）直属事业单位仁化县气象公共服务中心、仁化县气象局机关服务中心、仁化县防雷设施检测所3个。管理（下属）副科级地方气象事业单位仁化县突发事件预警信息发布中心、仁化县南岭生态气象中心2个。其中，仁化县突发事件预警信心发布中心内设正股级机构办公室、业务管理股、运行保障股3个；仁化县南岭生态气象中心内设正股级机构综合办公室、防雷减灾管理中心、人工影响天气管理中心3个。

2016年，仁化县气象局坚持把气象服务工作放到首位，加强气象设施建设，提升气象公共服务能力和预测预报水平，依法开展防雷安全管理和气象应急管理工作，提高气象灾害风险管理能力。

【气象设施建设加强】　2016年，仁化县气象局高度重视南岭生态气象中心项目建设。1月，完成南岭生态气象中心园区主干道路灯设计变更与改造，业务楼至观测场大理石路、园区鹅卵石道铺设，生态观测核心区“六要素”（沥青、水泥、人行道地砖、沙砾石、泥土、草地）垫面建设，生态观测核心区、业务楼前草皮铺设。3月，完成篮球场建设，径流场水土流失自动监测仪、稻田水温泥温监测仪、果树物候观测、果树冠层温度监测系统、紫外线检测仪、大气电场仪、GPS/MET水汽通量仪、水体温度梯度观测系统等仪器设备安装调试，园区主干道沥青铺设。4—5月，完成森林生态观测区和特色果林生态观测区杜樱、盆架子、广汕枫、樱花、桃花、石榴、山楂、青枣、九仙桃栽植。6月，南岭生态气象中心被县科协与技术学会命名为县级科普教育基地，截至2016年年底，完善南岭生态气象中心科普教育基地制度及相关设施建设，进行生态观测核心区线缆沟铺设及部分项目整改工作。按照人影现代化建设“一个系统一个示范点”要求，对南岭生态气象中心人影示范点“两室两库一平台”（值班室、休息室、火箭炮库房、弹药库房、作业发射平台）及弹药箱、防爆空调、视频监控系统、防雷、防静电等附属配套设施、上墙制度等进行整改完善，并通过省应急与减灾处组织开展的2016年度全省人工影响天气业务安全专项检查。

【业务质量】 2016年，仁化县气象局地面测报台站平均错情率为0，台站个人平均错情率为0，报表错情率每月0条。农气测报表错情率为0。24小时天气预报质量：暴雨TS评分为0，晴雨综合准确率为85.1 综合评分51.1。预报质量达到上级业务部门考核标准，在全市8个县局中排名第五。

【气象服务】 2016年，仁化县气象局向当地政府和有关部门发出书面《天气报告》51期，《重大气象信息快报》30期，《重大气象信息专报》54期。全年发布预警信号182次，发送决策气象服务短信479130条。针对县特色、优势农业产业，开展市（县）农气情报预报、春耕春播、夏收夏种专题气象服务、田园气象等特色农业气象服务。全年编写市、县农气情报预报及省农情调查材料26篇，直通式为农服务短信25份，春耕春播、沙田柚、贡柑、茶叶等专题服务11份，农用天气预报9份。

【公共服务和决策服务】 2016年汛期，仁化县气象局在组织、规章制度、人员配备及仪器设备方面做好充分准备。全体业务人员严密关注天气变化，实行24小时值班及领导带班制度，遇有重大天气过程，有条不紊开展气象服务工作。每天通过微信、微博公众平台发布24小时和未来3天预报；每周五通过短信平台发布未来一周天气预报，每月制作《气象月报》《气候影响评价》报送到各相关服务单位；针对春运、春播夏收夏种、高考天气、端午假期等重大活动及重要天气过程，做好决策气象服务，组织调查气象服务工作总结22份。

【防雷减灾工作】 2016年，仁化县气象局规范防雷社会化管理，推进防雷安全管理政府化，按省安委会要求，将“极端天气（雷电）安全生产防御措施”纳入县党政班子年度安全生产责任制，通过政府主导、部门联动强化防雷安全工作。全年办理新建建筑物防雷装置设计审核22宗，竣工验收17宗，雷电风险评估6宗。年度检测相关单位78个，其中对全县50个重点易燃易爆场所防雷装置进行一年2次防雷定期检测，保证各易燃易爆场所防雷装置处于良好状态，确保生产安全。据不完全统计，全年全县发生雷击事故5宗，未出现人员伤亡，经济损失10余万元。

【人工影响天气工作】 2016年，仁化县气象局做好人影作业岗前培训工作，对所有作业人员进行岗位培训，派员参加省人影中心组织的人影作业指挥长、人影作业人员培训；建立人工影响天气作业设备常规保养制，定期保养人影设备，按要求做好登记工作；严格执行人工影响天气作业制度，按照作业规范安全作业。全年未发生人影作业安全生产事故。

仁化县气象局负责人名录：

局　长：苏祥芳

副局长：李胜利

刘美莲（女）

（蓝传宝）

水文监测

【概况】 仁化水文站为广东省水文局韶关水文分局下属水文站，位于仁化县丹霞街道水南村。该站始建于1951年6月，为雨量站；1953年2月改为水位站；1956年1月改为水文站，测验项目包括水位、流量及降水量。施行巡测方案后，仁化水文站实现有人看管、无人驻守测验方式，由韶关水文分局属下韶关水文测报中心承担测验任务。

【水量监测】 2016年，仁化水文站负责监测仁化境内各河流水量监测工作。仁化县域内有水文站1个，巡测断面1个，雨量观测站15个，大中型水库观测站4个、冰冻灾害监测站点1个。各观测站点实现水位、雨量自动测报。流量测验采用走航式ADCP、雷达测速枪等先进仪器，配备水文测船、冲锋舟、华测RTK型GPS、天宝全站仪、水深测量仪等辅助测量设备，生产效率得到提高。

2016年仁化县境内巡测断面一览表

表3

水系	河名	站名	断面地点
北江	百顺水	大坝	广东省仁化县黄坑镇大坝村下游桥下

2016年仁化站属下降水量站一览表

表4

水系	河名	站名	观测场地点
北江	浈江	周田	广东省仁化县周田镇
北江	百顺水	黄坑	广东省仁化县黄坑镇
北江	闻韶水	闻韶	广东省仁化县闻韶镇
北江	灵溪水	大围	广东省仁化县周田镇大围村新屋场
北江	锦江	长江	广东省仁化县长江镇
北江	扶溪水	扶溪	广东省仁化县扶溪镇蒙屋街
北江	城口水	兰洞	湖南省汝城县三江口镇东岭兰洞
北江	城口水	城口	广东省仁化县城口镇盐街
北江	黎屋水	五渡村	广东省仁化县红山镇五渡村
北江	黎屋水	厚坑	广东省仁化县城口镇厚坑
北江	锦江	仁化	广东省仁化县仁化镇水南村
北江	董塘水	石塘	广东省仁化县石塘镇礼园村
北江	董塘水	大水坝水库	广东省仁化县石塘镇上中垒村大水坝水库
北江	西水	前洞（仁化）	广东省仁化县红山镇前洞村前洞小学
北江	百顺水	大坝	广东省仁化县黄坑镇高塘村大坝组

2016年仁化县境内大中型水库监测站点一览表

表5

水系	河名	站名	观测场地点
北江	锦江	锦江水库	广东省仁化县锦江水库
北江	黎屋水	高坪水库	广东省仁化县高坪水库
北江	董塘水	赤石迳水库	广东省仁化县董塘镇赤石迳水库
北江	董塘水	澌溪河水库	广东省仁化县董塘镇澌溪河

【水质监测】 仁化境内水质监测断面有仁化、赤石迳水库、锦江水库、周田、金牛农庄人行桥、长江镇6个断面，实现各河流水功能区和水库水功能区水质评价。水质断面由韶关水文测报中心安排采样，广东省水环境监测中心韶关分中心进行水质化验。

2016年仁化县境内水质监测站点一览表

表6

监测站点	分布地址	监测频次	观测项目
周田	仁化县周田镇司土坝村	1年4次	pH、电导率、六价铬、总氮、铜、铅、镉、硫化物、砷、硒、汞、氨氮、高锰酸盐指数、阴离子表面活性剂、挥发酚、总磷、氰化物、五日生化需氧量、溶解氧、叶绿素、硫酸盐、氟化物、硝酸盐氮、氯化物、锌、铁、锰、透明度、水温
仁化	仁化县丹霞镇水南村	1年4次	
赤石迳水库	仁化县董塘镇赤石迳水库	1年4次	
金牛农庄人行桥	仁化县丹霞街道夏富村委会牛鼻村	1年12次	
长江镇	仁化县长江镇	1年2次	
锦江水库	仁化县锦江水库	1年4次	

【水文服务】 2016年，韶关水文分局每两个月向丹霞山管委会提供《丹霞山风景区水文综合情况报告》1份，全面介绍流域内水量、水质资料状况。

韶关水文分局负责人名录：

局　长：谢建强

副 局 长：周　艄

总工程师：韩学军

（文小平）

城乡建设·环境保护

城乡建设

【概况】 2016年，仁化县住房和城乡规划建设局（简称“县住建局”）内设办公室、建筑业监管股、用地规划股、工程规划股、村镇规划股、城市建设管理股、住房发展与房地产业监管股，下辖仁化县城建监察大队、仁化县建筑工程质量安全监督站、仁化县散装水泥办公室、仁化县建设工程造价管理站、仁化县环境卫生管理所、仁化县城市园林管理所、仁化县房产管理所、仁化县房屋拆迁办公室、仁化县测量队、仁化县建筑设计室。截至2016年年底，县住建局有在职员工402人。

2016年，县住建局围绕主动融入“珠三角”总战略，以推进供给侧结构性改革为主线，以“项目攻坚、城市提升、县域发展”为三大主题，深入实施“四化推四区、统筹促发展”战略，努力建设“生态、活力、幸福”新仁化，把仁化打造成为国家全域旅游示范县、广东休闲旅游“慢城”。致力“优布局、促提升”，以完善基础设施、改善人居环境为重点，统筹推进城乡协调发展，履行职能部门职责，实施城市经营战略，抓好工程质量和安全生产，规范建筑市场秩序，抓好房地产业管理，促进房地产业健康、有序发展；以巩固“国家卫生县城”和“创建全国县级文明城市”成果为抓手，做好市容市貌和违法建设整治工作，打造宜居城乡，坚持依法行政，抓好城乡规划建设管理工作。2016年，仁化县创文、巩卫工作顺利通过省检查组年度检查。

城乡规划

【规划编制】 2016年，仁化县住建局以推进新型城镇化为主线，以保障和改善民生为出发点，科学编制城乡建设各类规划，严格城乡规划实施和管理。按照《仁化县城市总体规划（2010—2030）》，推进全县规划编制各项工作，以将丹霞山和县城建设成集观光旅游、休闲度假、购物娱乐等于一体的全国生态旅游休闲目的地、广东休闲旅游“慢城”、“珠三角”和韶关“后花园城市”。

村镇规划编制工作。2016年，县住建局完成周田镇张屋村、丹霞街道夏富村、红山镇高坪村美丽宜居村庄规划编制工作。通过普查调研，草拟《仁化县——乡村规划实施方案》并报县政府审核。严格按照“丹霞彩虹”新农村示范片规划建设要求，配合编制单位推进新农村示范片建设。

县域控制性详细规划工作。2016年，完成丹霞街道中心村E、F地块等控规22宗，规划面积149839平方米。完成深湘高速黄屋出口控制性详细规划及城市设计方案初审，完成仁化县周田镇镇区控制性详细规划、仁化县基本生态控制线规划、韶关市仁化县总体城市设计及南部新城控制性详细规划项目招标工作，启动仁化县“十三五”规划（近期）、仁化县城市环卫设施布点规划工作。

修建性详细规划及专项规划工作。2016年，完成县城北门片市政道路及管网工程详细规划、周田镇高速出口及周田镇（G323线）修建性详细规划、县政府前广场修建性详细规划、县城主要国道两边T型广告牌布点规划等相关规划。

【规划管理】 2016年，县住建局严格执行仁化县城市规划委员会审批制度，依照有关法律法规，在审议工作中坚持公平、公正和公开决策原则，鼓励公众参与，监督规划实施，提高城市规划决策科学性，促进经济、社会和环境协调发展；做好“建设项目选项意见书”“建设用地规划许可证”“建设工程规划许可证”审批和核发关工作，全年核发：建设用地规划许可证101张，用地面积262229.9平方米；建设工程规划许可证49张，总建筑面积296487.76平方米乡村建设规划许可证5张。

【规划“双到”】 2016年，县住建局按照《仁化县人民政府办公室印发仁化县城乡规划“双到”工作实施方案的通知》（仁府办〔2013〕95号）精神，大力推进全县美丽乡村建设各项工作，结合各镇（街）村庄环境条件等实际，做好村庄规划分类工作。配合县委农办推进以“丹霞彩虹”为主题省级新农村示范片规划建设管理工作。

【建筑设计】 2016年，仁化县建筑设计室严格执行国家强制性条文、标准规范，做好工程勘察、设计工作。通过抓好工程设计管理，提高设计水平，缩短设计周期，实行会审制度，提高设计质量。全年完成工程项目70项，设计建筑面积8万平方米；完成勘探工程项目14项，钻探进尺1140.5米。完成建筑工程设计项目仁化县锦华房地产开发有限公司新锦轩住宅小区修建性详细规划以及住宅小区ABCDEF栋，周田有色金属循环经济产业基地XIC－2地块修建性详细规划，凡口尾矿资源综合回收及环境治理开发项目修建性详细规划，丹霞旅游经济开发试验区管理委员会工业大道路边沟排水及路边坡坍塌修复工程，仁化县城及各乡镇垃圾中转站污水收集工程，广东富仁实业投资开发有限公司仁化县有色金属循环经济基地商场、超市工程7000平方米，仁化县国家现代农业示范区管理委员会长坝沙田柚园区公路工程，仁化县红山学校中山小学教学综合楼重建项目，仁化县第一中学学生食堂改造工程项目、饭堂周边排水沟修复工程、运动场训练棚，仁化县鸿发生猪屠宰场研发楼，仁化县丹霞街道办事处幸福大道（黄屋新村进村道路）等设计项目。

【测绘工作】 2016年，仁化县测量队抓好工程测绘工作，做到测绘数据及时、准确、规范。全年完成测绘项目28个，其中：市政工程有老青湖塘改造项目地形图测量、绿道二期地形图测量、周田镇至韶赣高速丹霞出口市政道路中心线放线工程测量、仁化县城北大桥（康溪）地形图测量、农机推广站放线测量、三板桥至大岭红绿灯地形图修补测、原工艺厂建筑物BCD栋放线测量；教育强镇项目有黄坑小学地形图测量、灵溪小学综合楼放线测量；民生工程项目有北门片建设路及沿江路一横巷道路中心线放线工程测量、大桥老街村地形图测量、仁化新文化广场测量、群乐樟林公园地形图测量；房地产项目有怡雅轩、仁化县天禾房地产开发有限公司天和轩（一期）、周田镇丹月花园商住楼（二期）、丹霞新城沁渭园竣工测量、丹霞新城沁湉园放线测量、晖景·一品城（二期）放线；“美丽乡村”项目有红山镇田螺塘村广场地形图测量、仁化县城口镇温泉建设项目；“美丽乡村”排污整治工程项目有董塘木莲坑、火冲坑、坑尾村地形图测量；“丹霞彩虹”项目有断石村、瑶塘村、青湖塘村、夏富村等地形图测量。

城镇建设与管理

【重点工程建设管理】 晟泰花园项目。截至2016年12月底，该工程A1－2和A3－4栋完工；A5－6栋外墙脚手架拆至16层，室内装修到18层；B1－2栋楼板浇筑到16层。

绿道二期建设（卜古岭至丹霞山山门段）。该项目完成项目施工招标工作和修改确定初步设计方案，截至2016年12月底，工程进入方案深化设计以及工程勘查钻探工作。

锦霞华府项目。该项目一栋22层、两栋19层商住楼，总建筑面积46200平方米。截至2016年12月底，完成A、B、C栋外墙装饰，着手完善小区配套建设。

盛世铭庭项目。该项目商业楼和A3、B3、B4、B5住宅楼竣工可交付使用。截至2016年12月底，A1、A2、B1、B2栋建至17层。

北门片区市政工程。2016年3月25日，该工程完成施工招标，由太平洋建设集团有限公司中标；3月30日，施工单位进场施工，完成建设路及沿江一横巷段等路段清淤、拆迁、土地平整、桩基础施工、树木砍伐及土方清理，截至2016年12月底，工程进入建设路雨污管铺设、沿江一横巷箱涵浇捣及路基施工。

【城市监察】 县城市容市貌管理。2016年，仁化县城建监察大队大力整治“六乱”现象，加大整治乱摆卖、乱堆放、乱搭建、乱粘贴力度，实行门店入室经营，流动摊档入市经营管理。全年，对县城和丹霞山范围商户、摊贩发放环境整改通知书2000余份，发放宣传资料8000多份，清理固定门店外经营440户，清理流动摊点2200处，办理违法市容环境行政案件56宗。

打击两违建设行为。2016年，县城建监察大队严格执行《仁化县查处违法建设实施办法》《仁化县关于严控道路规划建设实施方案》《仁化县关于严控区规划建设实施方案》，健全整治和规范相结合长效机制，探索建立联动规划执法工作机制，配合、协调和加强规划执法，依法依规行使规划执法权，从严打击“两违”建设行为。全年，查处违法建筑42宗，建筑面积约10528.71平方米，其中依法拆除违法建筑28宗，建筑面积约6482.01平方米。

【环境卫生管理】 2016年3月，仁化县完成环境卫生、垃圾填埋、污水处理3个社会化服务项目招投标程序。5月1日，县环境卫生服务工作正式移交给北控公司进行专业化运营。县环境卫生管理所实现“管干分离”，协助和配合北控公司完成移交过渡期工作。

【城区园林绿化】 2016年春节期间，县园林所按照中共仁化县委、县政府工作部署，利用多种鲜花约1.2万余盘、花架、吉祥灯饰在县城文化广场、县政府、丹霞楼、锦城公园西入口以及明珠广场等地进行鲜花造型摆设，营造祥和喜庆节日气氛。年内，县园林所对丹霞大道两边绿化带进行补种，补种乔木160株、色块700平方米、种植草皮400平方米；在县城明珠广场、滨江游园等地点种植玉堂春、美丽异木棉等乔木73株、花坛480平方米；对补建绿化隔离带依照原绿化带形式补种乔灌木288株、花坛280平方米，工程造价2.3万元。

【路灯管理】 2016年，县园林所不间断检查县城路灯，及时更换修复不亮灯盏和破损灯罩，更新老化线路，保证主要街道亮灯率达98%以上。全年检修、翻新路灯1150盏次。在路灯管理工作中，强化安全意识，发现问题及时整改，全年未发生重大安全事故。

【房屋征收管理】 2016年，仁化县房屋征收管理中心做好各征收地段调查摸底和征求意见工作，做好各征收地段征收补偿方案拟订并提交县政府审批、公示。第一，根据县政府城市规划建设要求及各征收地块实际情况，起草仁化县丹霞新城综合建设项目房屋征收与补偿方案的补充规定，体育馆至丹霞新城道路改造、县新城路政府院内部分房屋改造、董塘镇基础设施建设等项目房屋征收与补偿方案征求意见稿提交政府审核、公示，对各征收地块进行调查摸底，收集相关意见和建议并反馈给县政府。拟定房屋征收与补偿合同，对相关单位工作人员进行业务培训，做好征收工作准备。第二，规范房屋征收行为，严格征收程序，严格履行工作职责，克服人员少、任务重等困难，开展房屋征收与补偿协商工作。年内，开展县北门片区市政工程（人民医院至中职学校市政道路、沿江路一横巷市政道路原家具厂、原种子公司）、体育馆至丹霞新城道路改造、宝马花园旁市政道路改造、财政局宿舍楼地块“三旧”改造、丹霞新城、县新城路政府院内部分房屋改造、县医院住院部东侧地块、县水运公司改造等项目房屋征收政策宣传解释，委托评估公司评估被征收房屋（附属物），根据方案进行补偿安置协商工作。第三，协助丹霞街道办、董塘镇、周田镇、大桥镇、黄坑镇、城口镇做好武深高速、环丹霞山自然保护区、梦幻丹霞、周田镇至韶赣高速丹霞出口及景观大道工程、周田工业园区建设项目、董塘镇基础设施建设等项目房屋征收与补偿工作。其中根据《武深高速（仁化段）建设项目房屋征收与补偿方案》对各镇（街）进行工作指导，和各镇（街）一起与房屋被征收人进行协商、签订补偿合同，并对所签订合同进行审核，提出审核意见。全年牵头及协助各镇（街）完成签订征收补偿合同140份，完成县原林业局宿舍地块，丹霞街道中心村E、F地块，县人民医院住院部东侧地块房屋征收补偿工作。

建筑业

【安全生产管理】 2016年，县住建局根据《建筑法》《安全生产法》《建设工程质量管理条例》《建设工程安全生产管理条例》《建筑施工现场环境与卫生标准》等有关法律和规范要求，组织检查人员对在建工程质量、安全、文明施工以及施工企业、监理企业安全生产管理机构和制度、人员配备、应急预案及演练等开展全面大检查，抓好安全生产各项专项治理检查和管理工作，做好上半年和年底“仁化县2016年建筑施工、安全生产、文明施工大检查”各项准备工作。全年组织安全生产、文明施工检查7次，发出整改通知书48份、停工整改通知书5份，未出现大的安全生产等级事故。

【施工工地管理】 2016年，县住建局围绕“国家卫生县城”标准和创建“全国县级文明城市”要求，根据《建筑施工现场环境与卫生标准》要求，做好县城建筑工地施工道路硬底化、施工围档设置、洗车槽设置、建筑材料按要求堆放等工作，要求各施工单位保持施工现场内办公室、宿舍、厨房、卫生间及周围环境清洁、卫生。

【建筑工程质量管理】 2016年，县住建局按照《建设工程质量管理条例》《建设工程安全生产管理条例》，做好在建工程日常质量检测和各阶段工程质量验收工作，重点开展建筑工程质量“渗、漏、裂”质量通病防治。按相关规范加强建筑原材料（如钢筋、水泥、砂、石等）监测，加强工地混凝土试块、砂浆试块半成品检测，强化新增加的门窗项目检测工作；推行住宅工程质量分户验收制，严格按竣工验收程序组织有关部门进行房屋竣工验收，保障各建筑工程质量。

【专项整治】 2016年，县住建局根据有关法律、规范要求，按上级部门安全生产工作部署，组织检查人员对在建工程质量、安全生产以及施工企业、监理企业安全生产管理机构和制度、人员配备、应急预案及演练等开展全面大检查，重点加强重大危险源和危险性较大分部分项工程安全防护措施责任主体落实，堵塞安全监管和安全教育漏洞，抓好整改落实和“回头看”工作，检查安全生产主体责任落实情况、安全管理从业人员持证上岗情况、安全专项施工方案管理情况、深基坑工程安全管理情况、模板支撑系统安全管理情况、起重机械安全管理情况和城市地下综合管廊工程安全管理情况；按照市、县“三防”会议有关通知精神，印发《关于开展2016年国庆节期间房屋和市政工程质量安全生产检查的通知》，加强在建工地汛期安全生产检查，按上级要求抓好安全生产各项专项治理检查工作。

【安全生产教育培训】 2016年，县住建局实行不定期召开安全生产例会制度，重点讲评当前安全生产情况，提出整改措施和布置安全生产工作。加大安全生产教育培训，6月16日、17日，县住建局协助韶关市建筑培训中心在县住建局会议室举办专业技术人员继续教育培训班1期，县住建系统有83人参加培训。督促施工单位做好“三级”安全教育培训工作，并在日常检查中检查“三级”安全教育培训落实情况。

【房地产业和建筑业总产值】 2016年，根据资质房地产开发公司联网直报数据：全县1—12月房地产开发企业完成投资4.8198亿元，同比增加34.8%；商品房销售26.30万平方米，同比增长52%；12月，全县商品住房平均成交价格为3034元/平方米，同比上涨2.3%，非住宅平均成交价格为15203元/平方米；1—12月二手房交易面积5.51万平方米，同比增长60%；二手房交易金额13061万元，同比增长52%；1—12月新增商品房预售面积19.53万平方米；2016年12月底商品房库存总量37.5万平方米，其中住宅25.39万平方米；12月末商品住房库存套数1607套。

根据仁化县建筑企业联网直报数据，县域四家施工企业建筑业总产值2016年19730万元，比2015年同期24059万元减少17.99%。

房屋新开工情况：2016年报建项目14项，面积26.7761万平方米，工程造价3.5221亿元。

【建筑节能】 2016年，仁化县散装水泥办公室严格按照《民用建筑节能条例》和县政府《关于禁止使用实心黏土砖推进墙体材料革新的实施方案》要求，加强新型墙体材料生产、推广和应用管理，扩大多孔砖和加气砖等新型墙材应用比例，县城新墙材应用比例达到80%以上。抓好散装水泥管理工作，县城报建工地凡一次性大量使用混凝土的，要求100%使用预拌混凝土，不定期对商品混凝土进行突击检查，确保预拌混凝土质量。加大新墙体基金征收力度，全年征收新型墙体材料专项基金5个项目共119370元，工程竣工后返退专项基金7项共905969元

【工程预结算管理】 2016年，县建设工程造价管理站做好工程造价信息采集整理和发布，提高信息质量，全年发布人工或材料信息4期。4月15日起，全县实行工程造价登记备案制度，全年登记备案施工合同价款6项。

房地产管理

【住房保障】 2016年，仁化县贯彻落实国家和省、市住房保障工作有关政策，推进保障性安居工程建设工作，完成市政府下达年度建设任务，切实解决全县城镇低收入家庭住房困难问题。按照《仁化县城镇廉租住房保障实施办法》《仁化县公共租赁住房管理办法》精神，抓好廉租住房和公共租赁住房建设管理工作。全年，全县建成棚户区改造任务450套。

【直管公房与房屋租赁】 2016年，县房产管理所加强直管公房管理，以搞好公房管理服务群众为目的，增强工作人员忧患意识和责任意识，加大公房维修费用

投入力度，确保直管公房租赁管理工作顺利进行。改善公房居住条件，确保公房住户生产生活安全，全年投入2.2万多元维修公房42套、面积318平方米。

【房地产权登记发证】 2016年，根据《广东省机构编制委员会关于整合不动产登记职责的通知》（粤机编发〔2014〕36号）及《仁化县机构编制委员会办公室关于印发〈仁化县不动产登记中心机构编制方案〉的通知》（仁机编〔2016〕5号）精神，仁化县成立县不动产登记中心，县房产管理所房地产登记职能划至县不动产登记中心。

【房地产交易与房地产抵押登记】 2016年，县房产管理所加强房地产交易、房地产抵押登记管理，把房地产交易市场管理及房地产抵押登记管理工作作为中心工作，重点抓管，严格执行房地产交易和商品房预售监管机制，利用房地产交易登记网络信息平台，严格控制一房多卖现象，保护消费者合法权益，促进全县房地产市场健康发展。全年办理各类房地产交易2533宗，其中，二手房632宗、1901宗。

【房产测绘】 2016年，县房产管理所抓好房产测绘工作，规范全县房屋产权产籍登记发证管理工作。按照省、市房屋产权产籍登记发证工作要求，选派房屋测绘业务骨干参加《中华人民共和国城市房地产管理法》《房产测量规范》业务培训及省、市、县举办的《房产测量规范》研讨会，提高测绘人员业务知识水平，保质保量完成房屋产权产籍登记发证、房产验证、换证工作。全年，办理产权确认登记、换证、交易等测绘1513宗，涉及面积16万平方米，测绘准确率98%。

【白蚁防治】 2016年，仁化县房产管理所加大白蚁防治宣传力度，提高百姓对白蚁危害新认知，提高白蚁防治水平，降低全县白蚁危害程度。全年，完成新建房屋现场施药32宗，施药面积134613.34平方米，上门灭治白蚁9宗，完成“白蚁预防合同”登记备案32份。

仁化县住房和城乡规划建设局负责人名录：

局　　长：刘华兴

党委书记：刘华兴（任至2016年11月）

党总支书记：刘华兴（2016年11月任职）

副局长：何述华

章　俊

关东升（2016年5月任职）

陈祝强（任至2016年5月）

（刘俊文　岑浩祺）

环境保护

【概况】 仁化县环境保护局（简称“县环保局”）位于仁化县丹霞大道228号，正科级单位，为县人民政府工作部门，承担全县环境保护职能。核定编制42名（其中局行政编制16名，后勤服务人员2名；事业编制10名；监测站事业编制14名）。截至2016年年底，县环保局实有人员44人（其中，政府购买服务后勤人员5人），缺编3名（其中行政编制1名，事业编制2名）。内设办公室、监督管理股、环境规划与污染控制股、环境应急与监察股（仁化县环境监察分局）。下设环境监测站、环境信息中心。2016年9月8日，县水质净化中心划转县住房和城乡规划建设局管理。

2016年，县环保局贯彻国家、省、市环境保护工作会议精神，依法履行职责，坚持“以排污总量控制为基础，以污染物减排为主线，以环保专项行动为重点”工作方针，强化环境监督管理，加大环境监察和执法力度，严厉打击环境违法行为，较好完成污染物减排、环境执法、生态功能区考核、环境综合整治、环境质量监测、环保信访调处等各项环保工作，有效促进全县经济社会平稳较快发展。

【环境影响评价】 2016年，县环保局按照《环境影响评价法》等法律法规，做好环境影响评价工作，从源头上严控项目落户。加强规划引导。落实政策，制定措施，推行污染集中控制，落实县城区重污染企业关闭搬迁工作，引导、督促企业开展清洁生产。严格环保准入。对不符合产业政策和环保法律法规、未取得主要污染物总量指标项目一律不予环评审批和环保验收，对产能过剩项目从严把关。加强现有企业排污总量控制。严把环保审批关。对符合中央政策和环保准入要求，有利于保民生、保增长重点建设项目，提前介入，做好跟踪服务；实行总量动态调节，推动项目尽快审批、开工。全年，县环保局：审批建设项目55宗，其中建设项目环境影响登记表30宗，建设项目环境影响报告表25 宗；出具建设项目环境影响报告书初审意见3宗；建设项目备案27宗；出具招商引资初审意见 15次；办理并发放企业排污许可证11家。

【环境执法监管】 2016年，县环保局严格按照新《中华人民共和国环境保护法》和《广东省环境保护条例》，依法行政，多措并举，切实维护县域环境安全。扎实推进锦江河流域和丹霞山保护区环境综合整治工作。根据仁化县实际，制订出台一系列工作方案，为仁化县实施锦江河整治提供科学方案。在丹霞山整治过程中，切实做好旅游建设项目环境影响评价工作，严格监测，加强监管。加强县城周围、工业园区、饮用水水源地保护区等重点领域对环境影响较大企业的环境监管，防止企业偷排、超排污染物，最大限度消除企业对环境的风险隐患，确保周边环境安全。强化对企业履行环保法律、法规等情况检查，建立并完善“一厂一档”制度。加大重点企业执法检查力度，建立完善监控网络系统。严格按照新《中华人民共和国环境保护法》关于信息公开要求，加强重点污染源在线监控系统监管。全县各国控企业（凡口矿、华粤电厂、生活污水处理厂、丹霞冶炼厂）建成污染源在线监控系统，实现与市环保局联网，形成以市环保局为中心，以县环保部门为监控终端，涵盖全县主要排污企业的监控网络系统，全县环境执法能力得到提升。加强排污申报和排污费征收工作。及时对排污企业和新建排污企业做好排污申报工作，按时向排污单位征收排污费，排污费及时上缴国库。全年，县环保局：出动检查人员1505人次，检查企业555家次，下达“仁化县环境保护局责令改正违法行为决定书”17份、“仁化县环境保护局限期整改通知书”5份，并明确要求企业改正环境违法行为；对丹霞山自然保护区内10家违规项目进行清理拆除，其中农业开发项目1家，非法养殖场9家；对列入韶关市清理环境违法违规建设项目名单的18家环境违法违规建设项目进行清理整顿，完成备案2家，整顿规范11家，淘汰关闭5家，完成清理整顿项目的100%；立案查处违法案件5宗，处罚金额53.504万元，缴纳入库处罚金额18.504万元；依法向开户企业53家征收排污费248.5589万元，全部解缴入库。

【环境信访】 2016年，县环保局针对日益突显的环境问题，通过完善信访制度，做好信访接待，将环境信访矛盾纠纷化解在基层；切实把环境信访作为群众参与环境保护监督管理有效途径，并全面做好“12369”环保投诉热线及群众信访投诉登记、督办、处理和存档工作，全程跟踪，及时有效处理环境污染纠纷，维护群众合法权益。全年，县环保局处理信访投诉118宗（其中，来信26封、网络问政56宗、来电30个、来访6批15人次），其中水污染投诉22宗，噪声污染投诉14宗，大气污染投诉64宗，畜养类投诉16宗，其他类2宗，所有案件有效处理率100%。

【环境减排】 2016年，县环保局根据《韶关市2016年主要污染物总量减排计划》，围绕二氧化硫、化学需氧量、氨氮和氮氧化物“四项指标”，分解落实减排工作责任，制订减排工作计划，突出抓好工业减排工程建设、畜禽养殖减排工程建设、机动车减排工程建设，开展减排项目跟踪督导工作，加强环境管理。年内，完成2015年工业源环境统计工作；纳入2016年度减排项目养殖场6家（含2015年结转4家）均按减排要求完成相关设施建设，建立减排台账并上报；董塘、长江镇污水处理厂一直保持正常运转，并做好设备检修工作，实时掌握出水指标，保证出水合格，各项设施运行良好；定期对涉源单位进行核与辐射安全检查工作，确保县域辐射环境安全。

【环境监测】 2016年，县环保局按照新《中华人民共和国环境保护法》关于环境质量监测要求，做好县城区域大气环境质量监测、地表水环境质量监测、集中式饮用水水源地水环境质量监测、湖泊水库蓝藻水华预警监测、重点区域地表水重金属专项监测以及降雨、降尘、噪声常规监测等工作。全年，采集水质样品530个，气态样品1440个，降雨样品97个；获取噪声监测数据292个，有效环境空气自动监测数据52416个。根据监测数据显示，地表水水质监测达标率100%，饮用水水质达标率100%，空气质量优良率92.96%。区域声环境质量保持较好水平。通过做好环境监测工作，为环境监管和领导决策提供科学依据和技术支持。

【环境宣教】 2016年，县环保局通过开展环保知识进乡镇（社区）、进企业，利用广东省环境文化宣传橱窗、电视台“环保专栏”、“科技之窗”、广场LED屏幕等载体多形式、多渠道扩大环保知识宣传面。全年发放环保法律法规宣传小册子4500份、环保储物袋260个、观众互动奖品20份。

【环保信息公开】 2016年，县环保局利用“市党风廉政信息公开平台”“重点领域信息公开平台”等信息发布平台，做好环境信息公开工作。全年发布：环保信息181条，其中空气环境信息10条、水质环境信息14条、环境污染费征收信息3条、挂牌督办和行政执法信息9条、国家重点监控企业污染源监督性监测信息8条、国控企业污染物自动监控信息59条、建设项目环境影响评价信息16条、建设项目竣工环保验收信息9条、行政处罚信息15条、其他信息38条。通过环保信息公开，督促国控重点污染源企业每月将排污数据进行网上公开，对网上操作不规范企业下达责令整改通知。各企业均能及时、真实进行环保信息公开，未发现虚报、瞒报、迟报信息现象。

【生态环境保护】 2016年，县环保局按照新《中华人民共和国环境保护法》关于做好保护和改善环境的要求，切实履行农村环境保护职责。推进生态示范村和新农村建设，协助指导乡镇建设美丽乡村一批；协助做好农村环境综合整治工作。指导获得省级环保专项资金乡镇开展农村环境综合整治工作，重点解决饮水安全、农村生活污水和垃圾处理等环境保护基础设施建设。启动长江镇、石塘镇镇级饮用水保护区建设工作，扶溪镇及黄坑镇农村环境综合整治工作动工，董塘镇五一村农村环境综合整治项目进入招标阶段；通过畜禽养殖污染治理工程建设，解决畜禽养殖业污染问题，推进农业源污染减排。

【生态功能区考核】 国家重点生态功能区县域环境质量考核工作是仁化县一项重点工作。2016年10月31日，经过县各有关部门协同合作，县环保局完成2017年国家重点生态功能区考核县域环境质量考核资料汇编及数据上报工作。争取中央财政拨付国家重点生态功能区转移支付经费7097万元，其中运用转移支付经费建设项目有：山区五市中小河流治理（包括董塘河、下徐河、锦江河和沙溪河治理工程），投入3768万元；县城食水源头保护、水资源保护，投入170万元；县城环境综合治理、县城污水处理厂委托项目运营，投入1000万元；县城、长江镇、董塘镇、红山镇污水处理厂建设、运营，投入202万元；基地污水处理厂运营，投入176万元；美丽乡村建设，投入931万元。资金的争取，有效带动仁化县转型发展，扩大社会保障覆盖面，提高基本公共服务能力，形成经济发展、民生改善和生态保护共赢局面。

【中央环保督察工作】 2016年11月28日，中央环保督察工作组到广东省开展为期一个月的环保督察。县环保局在中共仁化县委、县政府以及上级环保部门统一领导下，切实履行环保职责，建立日常工作机制，加强日常巡查和监管，与县各有关部门共同依法依规、实事求是做好反馈环境问题落实整改工作。举一反三，加大辖区内环境违法行为查处力度，做到发现一起、整改一起、查处一起。该次中央环境保护督察，接到中央环境保护督察组交办案件10批次11件（其中来信5件，来电6件），占韶关市交办件的19.6%；带*号重点案件交办件7件，占韶关市的35%。所有案件全部交办相关执法部门调查处理。其间，开展专项行动71次，出动人员401人次，发出整改通知书37份，查处涉嫌存在环境违法行为企业8家，关停取缔违法企业3家，行政处罚4宗，刑事拘留4人，相关案件依程序办理，所有举报案件均得到有效解决，反映普遍良好。

仁化县环境保护局负责人名录：

局　长： 苏　健（任至2016年6月）

谭建华（2016年6月任职，任至2016年10月）

李伟强（2016年10月任职）

副局长： 温宇军　郭永古

（温观华）

仁化县环境卫生市场化运营 （县住建局供稿）

经济综合管理

发展和改革管理

【概况】 2016年，仁化县发展和改革局（简称“县发改局”）根据《仁化县发展和改革局主要职责内设机构和人员编制规定》（仁府办〔2015〕8号）内设办公室、综合规划股、投资管理股、产业发展和能源股、经济体制改革股、价格与收费管理股、价格检查所7个机构，辖县政府重点项目办公室（副科级）、公共资源交易管理办公室（副科级）、价格认证中心（正股级）3个事业单位。定编人数31人，其中行政编制18名，事业编制10名，后勤服务编制3名。截至2016年年底，县发改局实际人数29人，其中，局长1名，副局长3名；在职中共党员18人；本科及以上学历16人，大专学历10人，中专及以下学历3人。

2016年，县发改局全体干部职工，全面贯彻落实中共十八大和十八届五中、六中全会精神，围绕“主动融入珠三角”总战略，攻坚克难、抢抓机遇，开创新常态下经济社会发展新局面。

【协助县委、县政府编制相关文件】 2016年，县发改局完成《仁化县2016年国民经济和社会发展计划》编制工作，并获得县人大会议审议批准实施；编制完成《2016年仁化县经济社会科学发展考核实施方案》《仁化县2016年重点建设项目计划草案》《仁化县2016年重点建设预备项目计划草案》，并获得县委、县政府批准实施。完成编制《仁化县“十三五”规划纲要》，经县人大会议审议批准通过。

【物价管理】 2016年，县发改局依法治价管费，发挥价格服务功能，关注热点，促进民生改善和社会和谐。有序开展市场价格巡查和专项检查、价格监测、价格认证、成本调查等项工作。1—12月完成各种涉案物品价格鉴定78宗，鉴定标的总额164.11万元；涉税财物价格认定8宗，鉴定标的总额614.09万元。发挥“12358”价格举报电话和网络问政作用，及时办理相关价格举报14宗，有效化解各类价费矛盾纠纷，保持全县市场价格秩序稳定。

【年度计划编制及执行情况】 2016年，仁化县经济运行回升。全县地区生产总值1032909万元，比上年增长8.6%，增速比上年同期回升1.7个百分点，增速居全市第二。从产业结构看：第一产业增加值209993万元，比上年增长4.6%；第二产业增加值377033万元，比上年增长5.5%；第三产业增加值445883万元，比上年增长13.4%。经济运行主要特点：2016年，全县固定资产投资完成63.7亿元，比上年增长5.3%，固定资产投资项目58.6亿元，同比上年增长2.9%，房地产开发5.1亿元，同比增长42.7%，其中，第一产业4亿元，同比下降48.9%，第二产业40.2亿元，同比增长72.6%，第三产业19.6亿元，同比下降33.5%。

【固定资产投资管理及其服务工作】 2016年，仁化县固定资产投资计划为69.7亿元，比上年增长15%。全年全县安排重点建设项目34个，年度计划投资41.59亿元，占全县固定资产投资任务69.7亿元的59.7%。安排开展前期工作重点预备项目

28项，估算总投资45.89亿元。全县重点建设项目整体实施进度良好，其中广东杜氏玻璃项目、丹霞山北门水上入口综合服务区、仁化灵溪河森林旅游度假景区、凡口铅锌矿选矿厂技术升级改造工程项目，被列入2016年省市重点建设项目计划，4个省、市重点建设项目年度计划总投资7.09亿元。截至2016年年底，建成完工韶关元泰资源科技有限公司、宝能国际旅游度假项目（一期）、丹霞新城（一期）、田家炳小学迁建工程项目；基本建成北门水上入口综合服务区、广东丹霞山博士生态园、鸿伟翠山华庭安居工程；实施县有色金属循环经济产业基地基础设施建设、县（市、区）棚户区改造、银海集团有价多金属综合回收项目环保改造迁建、仁化灵溪河森林旅游度假景区、凡口铅锌选矿厂技术升级改造工程、广东杜氏玻璃项目等重点项目。34个重点项目累计完成投资39.34亿元，占年度计划的94.57%，4个省、市重点建设项目累计完成投资6.66亿元，占年度计划的93.99%。2016年，全县固定资产投资完成63.7亿元，比上年增长5.3%，固定资产投资项目58.6亿元，同比增长2.9%，房地产开发5.1亿元，同比增长42.7%，其中：第一产业4亿元，同比下降48.9%，第二产业40.2亿元，同比增长72.6%，第三产业19.6亿元，同比下降33.5%。

【省市重点项目】 省市重点项目获得突破。2016年4月，仁化县省市重点预备项目阳光电源仁化县董塘镇土壤修复与150兆瓦光伏发电综合利用示范项目获得省发改委备案批复。

项目资金申报大幅提升。2016年，全县上报中央及省级项目8宗，上报资金18045万元，同比增长178%。

能源改革初显成效。2016年，仁化县完成“十二五”省市下达仁化县万元GDP能耗下降18%的节能目标任务。提前完成国家省市化解过剩产能目标，9月10日完成2016—2020年压减粗钢产能不低于30万吨任务并通过省市校核专家组验收通过。

【“立项”审批和招标核准工作】 2016年，县发改局做好“立项”审批和招标核准工作。执行《广东省企业投资管理体制改革方案配套文件》精神，取消省管权限内企业投资项目核准，改革企业投资项目备案制，实行高效便捷“并联”办理流程，构建新型企业投资管理体制。截至2016年11月底，县发改局完成：审批项目98项，总投资185134万元；备案项目41项，总投资223598万元；合计项目总投资408732万元；核准项目招投标103项；出具节能评审意见139条、项目评审意见22条。

【全面建成小康社会考核工作】 2016年，县发改局根据《2016年仁化县经济社会科学发展考核实施方案》精神，开展2016年全面建成小康社会考核工作，及时通报全县全面建成小康社会经济运行情况和各项经济社会指标完成情况，坚持以考核促发展，以考核促提升，促进全面建成小康社会取得成效。

仁化县发展和改革局负责人名录：

局　长：邓诗常

副局长：胡庆才（任至2016年3月）

陈应权

张伟强

周海军（2016年3月任职）

（侯文斌）

国土资源管理

【概况】 仁化县国土资源局（简称“县国土资源局”）是主管土地资源、矿产资源和测绘事业的县人民政府工作部门。局机关内设办公室（纪检监察室）、地籍管理股（不动产登记局）、规划和耕地保护股、土地利用管理股、执法监察大队（副科级）、矿产资源管理股6个职能机构；下设仁化县国土储备交易中心（2014年5月更名为仁化县土地储备中心）、仁化县土地开发整理中心、仁化县国土资源信息中心、仁化县不动产登记中心4个事业单位，丹霞国土资源管理所、董塘国土资源管理所、长江国土资源管理所、扶溪国土资源管理所、石塘国土资源管理所、红山国土资源管理所、闻韶国土资源管理所、城口国土资源管理所、黄坑国土资源管理所、大桥国土资源管理所、周田国土资源所11个基层国土资源管理所。截至2016年年底，县国土资源局有公务员编制54人，实际在岗36人，空编18人，事业编制24人，实际在岗22人，空编2人。有在册干部职工80人（其中：公务员36人，工勤人员20人、事业人员22人，企业工人2人）；离退休干部、职工23人，土地协管员（机关工勤）28人；临时工8人；借用1人。全年全局实有人员141人（从长江镇政府借调1人）。

2016年，县国土资源局以《中华人民共和国土地管理法》为准则，落实最严格资源保护制度和最严格资源节约集约利用制度，以服务经济建设为中心，切实转变工作作风，增强服务意识，做好基本农田保护、高标准基本农田建设、建设用地征收报批、“三旧”改造、土地利用总体规划、地籍管理、矿产资源管理、地灾防治、不动产登记管理、测绘行政管理、国土资源执法监察等工作。

【耕地保护】 2016年，仁化县耕地保护工作通过市政府组织的2015年度耕地保护目标责任履行情况考核，实现全县耕地及基本农田保护目标，实现耕地保有量21445.88公顷，完成市下达任务20271公顷的105%，基本农田面积18872.6公顷，完成市下达任务17940公顷的105%，均超额完成任务。根据《韶关市人民政府关于全市耕地保护目标责任考核及高标准农田建设情况的通报》，仁化县获得“韶关市2015年度耕地保护先进单位”称号。

【土地利用管理】 一是做好用地报批工作。2016年，韶关市国土资源局下达仁化县用地指标33.33公顷（含奖励指标10公顷），全年启动用地报批工作5个批次，其中4个批次完成上报上级国土部门审批，涉及面积29.67公顷，1个批次完成材料组卷，涉及面积13.13公顷。截至2016年年底，仁化县取得4个批次用地批复，涉及面积约49.13公顷。二是做好解决拖欠被征地农民征地补偿款和征地留用地两项基层治理工作。据统计，仁化县拖欠被征地农民征地补偿款3889.3664元，在各镇（街）大力支持配合下，最后5个项目补偿款以公证提留方式解决，仁化县完成2016年两项基层治理任务。三是做好征地留用地工作。2016年，仁化县解决历史留用地任务是9.51618公顷，截至2016年年底，通过留地、折算货币补偿等方式落实历史留用地7.75573公顷。

【高标准基本农田建设】 截至2016年年底，县国土资源局完成2015年高标准基本农田建设项目（规模915.33公顷，总投资约2920万元）仁化县丹霞街道办康溪村等5个村高标准基本农田建设项目（一、二、三标）、周田镇较坑村等3个村高标准基本农田建设项目（一、二标）、石塘镇石塘村等4个村高标准基本农田建设项目（一、二、三、四标）3个项目9个标段投资约1660万元，其中，完成丹霞街道片区一、二标，周田片区一标，石塘片区一、三标等5个标段工程施工。2016年，县国土资源局高标准基本农田建设项目规模913.33公顷，总投资约2080万元。截至2016年年底，规划设计预算通过市级专家组评审，进入准备招投标阶段。

【灾毁基本农田垦复】 2016年，县国土资源局灾毁基本农田垦复工作主要是对2015年7月被洪灾冲毁的陂头、水渠等进行重建。长江镇和城口镇项目各投资约100万元，建设内容主要是灌溉与排水工程。截至2016年年底，长江镇项目竣工；城口镇项目进度约70%，完成投资约60.8万元。

【土地利用总体规划中期调整完善】 2016年，县国土资源局根据全县拟建设开发项目用地布局及项目建设时序情况，调整项目用地范围红线，并在全县范围内选择建设用地规模调出地块。经过调整梳理，确定全县需新增城乡建设用地规模532.9353公顷，交通水利及其他建设用地规模576.9673公顷，并形成仁化县城乡建设用地规模分配方案。2016年12月23日，县国土资源局将城乡建设用地规模分配方案上报县政府审批。

【永久基本农田划定】 2016年7月12日，县国土资源局根据省、市对永久基本农田划定要求，将仁化县城镇周边永久基本农田划定核实举证电子数据成果报市国土局和市农业局，完成全县城规区永久基本农田划定工作。12月26日，将仁化县全域永久基本农田划定方案报市国土局和市农业局，完成全县全域永久基本农田划定工作。

【重点项目土地调规】 2016年，仁化县完成周田镇灵树禅寺重建项目、十六冶棚户区项目、丹霞山庄规模置换项目、丹霞山博士生态园项目、旭日农业科技种植酿酒生态旅游度假观光园项目调规工作，为项目顺利落地提供先决条件。9月23日，将丹霞山南门古洋水乡度假区项目多划基本农田方案上报省国土资源厅审批。

【耕地提质改造】 2016年，县国土资源局清理仁化县2014年起所承诺改造耕地数量、类别和等级等情况，明确全县改造任务。经核查，仁化县对4个批次城镇建设项目用地和1个线性工程项目（武深高速）用地作出“占优补优、占水田补水田、占水浇地补水浇地”耕地占补平衡承诺，共需补充水田68.8001公顷，水浇地3.8810公顷。结合2015年土地利用现状数据和仁化县最新影像数据，对全县旱地基本情况进行摸底调查，初步摸清全县旱地改造水田主要潜力分布情况，较易改造旱地主要分布在丹霞街道、董塘镇和周田镇。对旱改水改造地块进行现场踏勘，通过查看现场实际情况，初步确定基础条件完善的优先改造为水田地块总面积为43.3813公顷；基础条件较好可改造为水田地块总面积为100.482公顷；基础条件一般可改造为水田地块总面积为86.07公顷。

【城乡建设用地增减挂钩】 2016年，县国土资源局开展仁化县城乡建设用地增减挂钩试点黄坑镇项目区拆旧区复垦项目，项目区实施总规模面积35.6593公顷，通过拆旧复垦后能增加农用地33.33公顷，项目区初步估算投资额为806万元。11月，完成项目招投标工作；12月，开始实施建设。

【土地收储和使用权招拍挂】 2016年，县国土资源局结合仁化县社会经济发展计划、土地利用总体规划、城市总体规划和土地利用年度计划，制订2016年度土地收储计划与出让计划，根据计划，收储扶溪原蚕茧站地块、基地新庄大桥西南侧地块、基地污水处理厂、南岭生态气象中心、县原林业局宿舍地块、城口温泉A地块、大桥镇长坝村地块、丹霞街道中心村E及F地块、周田基地地块、县原供销社土产公司地块、县原澄源小学地块11宗，面积23.97公顷；组织国有建设用地使用权网上交易13宗，面积19.9392公顷，交易金额1.0696亿元，县财政收缴土地出让金1.315亿元，完成契税缴交387.687万元。

【“三旧”改造】 2016年，县国土资源局完成仁化县“三旧”改造地块标图建库及“三旧”改造规划修编等工作，根据市政府要求和县“三旧”改造规划，通过调整土地功能，优化用地空间布局，改善城乡人居环境，推进“三旧”改造项目，最大限度发挥城乡用地潜在价值。全年实施“三旧”改造项目7个，改造面积10.2893公顷。

【批而未供和闲置土地盘活利用】 2016年，县国土资源局有效推进批而未供土地盘活工作，全年完成出让新增建设用地面积即盘活批而未供土地面积449.32公顷。有序开展供而未用闲置土地处置工作，调查疑似闲置地块13宗，其中7宗开工建设，6宗土地未开工建设。认定仁化县城口镇原锯板厂项目地块，仁化县黄坑镇高塘村委冯屋村黄坑路口北侧B4、B9、B11地块，仁化县周田水电站地块，仁化县城丹霞大道黄屋村大荒坪地块为闲置地块，并进行相应处置。

【地籍管理】 2016年，县国土资源局开展日常地籍登记工作，全年办理土地登记206宗，其中国有发证36宗，集体发证163宗，抵押登记7宗。根据市国土资局《关于按时完成农村集体土地所有权确权数据库更新备案工作的通知》精神，开展外业核查和内业核对，完成全县农村集体土地所有权确权数据库更新备案工作。根据韶关市国土资源局《关于印发〈关于加快推进韶关市农村地籍调查工作实施方案〉的通知》精神，完成丹霞、黄坑、大桥3个镇（街）农村宅基地调查筹备工作。

【不动产统一登记】 2016年，县国土资源局根据省市有关加快不动产统一登记工作文件精神，按照不动产登记“四统一”（登记机构、登记簿册、登记依据和信息平台统一）要求，做好信息平台建设，加快建立和实施不动产统一登记制度，积极稳妥推进仁化县不动产统一登记工作，年内完成不动产登记流程再造、登记系统对接、统一窗口设置等必要技术要求。6月30日起，开展不动产登记工作，全年核发不动产权证书700本，登记证明书702份。

【地质灾害防治】 2016年，县国土资源局协助县政府做好2016年《仁化县地质灾害防治方案》颁布及“2016年地质灾害防治管理目标责任书”签订工作，开展汛期前县域地质灾害隐患点再排查、核查，对全县范围内地质灾害隐患情况进行全面排查，更新全县地质灾害信息员联系电话。组织、协调处置仁化中学宿舍后山山体滑坡和仁化县环保局监测站后墙北端崩塌地质灾害隐患2处，争取上级资金342万元对仁化中学宿舍后山山体滑坡、县环保局监测站后墙北端崩塌和红山镇上围坑地质灾害隐患点进行治理，完成扶溪镇政府后山地质灾害治理。

【矿山资源管理】 2016年，县国土资源局做好全县非煤矿山安全生产管理工作，与县各非煤矿山签订“安全生产管理目标责任书”，加强矿山企业开采活动监测监控，防止开采引发地质灾害隐患。全年组织60余人次，深入非煤矿山企业30余次，排查矿山企业安全生产隐患，并对发现的安全隐患进行整改。做好2016年度持证矿山年检工作。做好矿产资源补偿费征收工作，上半年征收矿产资源补偿费319万元，超额完成县政府下达任务。组织采矿权出让，完成红山中山、烟竹2个陶瓷土采矿权出让工作。

【土地矿产卫片执法检查】 2016年，县国土资源局对全县各卫片图斑性质进行逐一判定，对发现的违法行为及时查处、整改和收集数据。根据省国土资源厅对地方初报数据审核意见和整改台账要求，做好整改落实工作，逐宗明确违法用地整改责任人。组织力量对辖区范围内遥感监测图斑逐个开展整改，该处罚的处罚，该拆除的拆除，该没收的没收，该复耕复绿的复耕复绿，并及时完善设施农用地、临时用地手续办理工作。及时将核查后图斑情况录入“卫片执法监督检查信息系统”。加大卫片执法检查工作中出现的违法行为处罚力度，对涉及的19宗违法用地，全部立案查处并作出行政处罚；按照土地卫片执法监督检查工作要求，对违法用地面积较大的丹霞街道、董塘镇整改责任人进行警示约谈，并提出整改落实措施。

【“两违”整治】 2016年，县国土资源局按照《仁化县建立土地执法共同责任制意见的通知》规定，联合住建、公安和各镇（街）等部门开展“两违”专项整治行动，全年立案查处“两违”案件86宗，拆除“两违”建筑94处。继续深入开展“打非治违”专项行动，全年矿山“打非治违”立案16宗，结案14宗，落实罚款12.2万元，暂扣铲车5辆次，运输车11辆次。

【国土资源信息化建设】 2016年，全县完成宗地测量任务542宗，完成仁化县田家炳小学、丹霞街道车湾村（牛鼻村小组）项目、仁化县富凯华城项目、S246线河富到浈江段项目、韶赣铁路项目1∶500数字化地形测量，绘制韶赣铁路竣工用地项目平面图。完成仁化县中小河流治理项目地籍调查、权属划定、面积量算、地类统计分析、图纸打印等工作。维护覆盖仁化县大部分的CORS站（连续运行参考站），为工程建设项目提供测绘服务。

【土地调处】 2016年，县国土资源局接待来访群众89批302人次，主要涉及项目征地、农村集体土地承包经营权确权登记发证及村民建房用地引发土地所有权和使用权争议。全年完成调解答复处理9宗，立案受理调处案件6宗，为县政府草拟处理决定4宗，向市政府复议答辩5宗，代表县政府应诉出庭5宗，有效化解县域涉土纠纷矛盾。

【环保督察】 中央开展环保督察工作后，县国土资源局成立工作领导小组，制订工作方案，对上级交办的每宗案件都安排领导和工作人员全程跟进，按督察要求完成交办案件查处工作。2016年，县国土资源局收到环保督察案件7批次，召开班子会议11次，发出整改通知书1份，开展专项行动9次，出动执法人员60人次，立案查处1宗。

仁化县国土资源局负责人名录：

局　长：温天才（任至2016年12月）

刘炳鸿（2016年12月任职）

副局长：邓晓薇（女）　刘锦云

纪检组长：林敬文

执法监察大队长：沈胜庭（温杨明）

统　计

【概况】 2016年，仁仁化县统计局在中共仁化县委、县政府领导和市统计局指导下，贯彻落实中共十八大、十八大历次全会精神和习近平总书记系列重要讲话精神，适应经济发展新常态，围绕县委、县政府中心工作，强化职能，提升服务，加压奋进，开拓创新，完成全年各项工作任务。年内，在全市各县（市、区）统计业务工作综合评价结果中，仁化县统计业务工作综合评价位列全市第三名，统计专业评价获全市第二名。

2016年，全县生产总值102.2亿元，增长7.8%，增速比上年同期回升0.9个百分点，居全市第二。第一产业比上年增长4.4%；第二产业比上年下降0.2%，其中规上工业比上年增长2.9%；第三产业比上年增长16.8%。全县固定资产投资完成额63.7亿元，同比增长5.3%，超出全市5.2个百分点；全县一般公共预算收入6.27亿元，同比增长6.35%，增速全市排名第一。

【常规统计客观准确】 2016年，县统计局以提高统计数据质量为中心，加强统计监测与分析，密切关注时局变化，严格执行国民经济核算制度和数据发布制度，完成统计年报、定期报表、专项统计调查、统计监测、统计考核与评估等工作。及时发布年度统计公报，确保各项数据客观准确、真实可信反映全县经济运行情况，提高专业报表质量。

【调查分析】 2016年，县统计局及时在仁化县政府信息网发布仁化县国民经济和社会发展统计公报，编印年度统计资料汇编和统计月报，为社会公众提供数据查询服务820人次。深入调查分析研究，全年撰写统计信息50多篇、统计分析20篇，有7篇统计分析得到市、县领导肯定，其中《南粤古驿道定向大赛对仁化经济拉动情况调查报告》得到市、县主要领导批示，与《满足多元需求促全域旅游发展》统计分析一同在《仁化通讯》刊载，并分别获得全市统计分析一等奖和二等奖。

【部门联动增强工作合力】 2016年，县统计局定期召开GDP联席会议、不定期召开统计工作会议，逐步完善部门联动机制，加强部门间沟通协调，强化信息共享，及时研究处理统计工作遇到的困难和问题。积极推动新增“四上”（规模以上工业、资质等级建筑业、限额以上批零住餐、规模以上服务业企业）企业申报工作。深入企业调研，了解企业生产情况，挖掘经济增长潜力，做好新增“四上”企业申报工作。全年新增“四上”企业21家，其中“规上”企业5家、“限上”贸易业12家、“规上”服务业3家、房地产企业1家。

【依法统计】 2016年，县统计局坚持问题导向，把执法检查、宣传教育贯穿于统计工作各环节，做到常态化、制度化。形式多样开展普法宣传活动，《统计法》更加深入基层、深入人心。以法制宣传日、农业普查及执法检查等活动为契机，全年发放法制宣传资料3000多份。采取日常检查和集中大检查相结合方式，严厉查处拒报、虚报、瞒报、迟报等统计违法行为，以检查促整改，提高依法统计意识。组织县相关部门对82个“三上”（规模以上工业企业、限额以上批发零售住宿餐饮企业、资质以内的建筑业和房地产开发企业）企业和11个镇（街）进行执法检查，提高统计数据质量。

【队伍建设加强】 2016年，县统计局根据经济社会发展新常态要求，组织统计人员学习统计法律法规，熟悉掌握执法程序、相关法律文书填写和执法技巧，提高统计执法水平。加强统计队伍和相关人员业务培训，全年培训统计人员200多人次，提升统计工作人员能力和水平。组织企业统计员及各镇（街）统计员报考统计专业技术资格考试，提高基层统计员统计专业知识水平。

仁化县统计局负责人名录：

局　长：邓又进（任至2016年5月）
马甲娣（女，2016年6月任职）

副局长：刘卫国
马甲娣（女，任至2016年6月）
袁　虹（女，2016年11月任职）

（邓慧华）

审　计

【概况】 2016年，仁化县审计局有干部职工29人，其中，在职干部职工20人（聘任制1人、临聘人员3人），退休人员9人。内设办公室、经济责任审计股、财税金融审计股、行政事业审计股、固定资产投资审计股、农业与资源环保审计股。

2016年，县审计局在县委、县政府领导和上级审计机关指导下，以邓小平理论、“三个代表”重要思想和科学发展观为指导，贯彻中共十八大、十八届历次全会精神，以及全国、省、市审计工作会议精神，围绕县委、县政府中心工作，发挥审计职能，为县域经济健康持续发展服务。

【审计成果】 2016年，县审计局完成审计（审计调查）项目36个，占年初审计项目计划（27项）的133.3%，查出管理不规范金额1.21亿元，非金额计量问题77项，违规资金2.79万元，上缴财政资金20.97万元，补征纳税资金80万元，提出审计意见和建议126条。依法发出审计决定书2份、建议书1份，移送纪委处理书1份。发挥审计保障国家经济社会健康运行“免疫系统”功能，得到县委、县政府及上级审计机关肯定。2016年，县审计局局先后获“2014—2015年度仁化县文明单位”“2015年度县直社会管理部门绩效考评二等奖”“仁化县2015年度人口与计划生育综合治理工作先进单位”。

【本级预算执行审计】 2016年，县审计局对2015年度本级预算执行和其他财政资金收支情况进行审计。重点审计部门预算编制真实性、财政部门追加支出资金性质及流向、“三公经费”、会议费等费用支出，揭示支出管理薄弱环节，规范预算收支管理，维护财经纪律严肃性，促进提高财政管理水平。审计县林业局2015年部门预算执行及其他财政收支审计情况。针对审计发现的问题，县审计局依法提出审计意见和建议并督促整改落实。

【经济责任审计】 2016年，县审计局推进经济责任审计工作，开展经济责任审计项目22个，查出管理不规范金额6，681.26万元，非金额计量问题46项，违规资金2.79万元，上缴财政资金7.62万元，补征纳税资金80万元，提出审计意见、建议94条，依法发出审计决定书2份、建议书1份，移送纪委处理书1份。

【政策执行情况审计】 2016年，县审计局开展政策执行情况审计2项。跟踪审计仁化县2016年稳增长促改革调结构惠民生防风险政策措施落实情况，主要审计检查仁化县2015年稳增长跟踪审计整改情况。开展仁化县“精准扶贫、精准脱贫”、降成本方面跟踪审计。

【上级审计机关及县委县政府审计事项】 ①2016年，县审计局完成上级审计机关审计事项3项。完成仁化县公务用车制度改革情况专项审计调查，提出对封停公车制定具体操作要求或指引，尽快处置封停车辆，以减少不必要资产损失等建议。梳理汇总仁化县2015年度审计项目中发现的公务支出和公款消费问题，并将审计情况汇总上报上一级审计机关。对仁化县执行国家和省相关政策情况、小额贷款公司的日常监管情况及县凯恒小额贷款有限公司实际发展情况等进行审计并出具汇报材料。②完成县主要领导临时交办的审计事项，为县领导工作决策提供参考依据。③配合上级审计机关完成各项审计任务。选派5名业务骨干参加全市乡镇（街道）党政主要领导经济责任异地同步审计，得到市审计局表扬和肯定。

【审计发现问题整改工作】 2016年，县审计局在建立审计整改台账基础上，将督促整改检查作为审计业务重点工作，推动审计问题整改落实到位，促进被审计单位规范管理和屡查屡犯问题有效解决。

【完成县委、县政府中心工作】 2016年，县审计局开展新时期“精准扶贫”工作。成立工作领导小组和制订帮扶计划，进村入户核实贫困户情况，筹措资金9100元开展帮扶前期工作。做好“企忧档案”和新型工业化挂点“规上”企业工作。与挂点单位乐屋电器和岭田萤石矿有限公司沟通联系，及时解决企业生产经营过程中遇到的困难和问题，得到企业好评。做好招商引资工作。深入企业调查研究，为挂点招商引资企业——仁化县众康环保精细粉料有限公司解决问题。抓好计划生育工作。抓好计划生育兼职单位工作，履行兼职单位工作职责；配合挂点扶溪镇长坑村做好计划生育工作，筹措资金12000元帮助挂点村开展计生工作。开展“两学一做”学习教育。成立领导机构，制订活动方案，召开动员大会；通过主要领导授课、观看电教片、学习讨论方式，深入学习《中国共产党章程》、习近平总书记系列重要讲话精神、《中国共产党廉洁自律准则》、《中国共产党纪律处分条例》，组织“两学一做”网上学习测试，提高党员干部理论知识、政治素养，增强工作责任感、使命感。落实保密工作责任制。与全体在职人员签订保密承诺书，明确涉密保密义务与责任，推动各项保密制度落实、完善，全年未发生失密、泄密事件。抓好档案、社会治安综合治理和依法治理等工作。

【机关队伍建设】 2016年，县审计局抓好领导班子建设，构建团结领导集体。加强思想交流和沟通，维护班子团结；坚持科学民主决策，不搞“一言堂”，杜绝长官意识，没有发生“五个直接分管”情况，严格执行“三重一大”事项集体决策制度。抓好全体职工学习培训，全面提升整体素质。利用外出审计、到省市学习培训等形式，学习政治理论、审计业务、法律法规，提高依法行政、依法审计水平，打造“对党绝对忠诚、纪律严明、勇于担当”的审计铁军。抓好党风廉政建设，确保廉洁审计。层层落实党风廉政建设责任制，实行审计纪律公示制和回访制，从严管理审计队伍，确保廉洁从审。统一思想行动，主动做好审计机关人财物管理改革。严格按照省厅、市局关于审计机关人财物管理改革试点工作部署，做好各项资料数据上报和政策宣传工作，积极向县委、县政府主要领导请示报告，主动与组织、人事等部门沟通协调，促进全县审计机关人财物管理改革试点工作有序推进。

仁化县审计局负责人名录：

局　长：何旺财

副局长：梁海钧　林国华

（刘美军）

工商行政管理

【概况】 2016年，仁化县工商行政管理局（简称“县工商局”）在中共仁化县委、县政府领导和市工商局指导下，贯彻落实上级决策部署，主动适应新常态，落实发展新理念，持续深化商事登记制度改革，转变监管方式，提升监管执法水平，维护消费者权益，有效促进各项工作开展。

【商事登记制度改革推进】 2016年，县工商局在“三证合一”基础上，加强业务培训，协调各相关部门，在10月、11月实施企业“五证合一、一照一码”改革和个体工商户“两证整合”工作，降低市场准入门槛，取消公司最低注册资本限制，实行注册资本认缴制，不再要求提交验资证明文件，大幅降低开办公司成本。截至2016年12月底，全县登记在册市场主体9798户，同比增长8.3%，其中：各类企业（包含农民专业合作社）1716户，同比增长10.7%；个体工商户8072户，同比增长7.7%。新增企业（包含农民专业合作社）192户，同比下降6.7%，新增个体工商户940户，同比下降8.1%。全年全县工商系统窗口部门办理各类登记业务2636件，其中：各类企业（含农民专业合作社）登记业务851件，个体工商户登记业务1785件，全部登记业务均在承诺时限内办结。办理动产抵押业务22件，股权质押业务20件，助企业融资2.71亿元。

【事中事后监管规范】 2016年3月1日，《广东省商事登记条例》（简称“条例”）和《广东省商事登记后置审批事项目录》（383项后置审批事项）（简称“目录”）施行。县工商局组织学习和宣传，4月，县政府常务会议上解读“条例”“目录”。在市场后续监管部门间建立联络员制度，加强沟通衔接，共享信息。严格履行“双告知”制度，定期向市场后续监管部门提供开业、变更市场主体名单，并在县工商局门户网站公示。登记窗口承办人按规定通知市场主体应及时办理后续行政审批手续，未经批准不得从事经营活动。全年，开展企业公示信息抽查2次，通过实地核查、书面检查、网络监测、委托第三方专业机构方式抽查市场主体220户，列入异常名录19户。

【做好年报工作】 2016年，县工商局制定《2015年度年报公示工作实施方案和培训宣传方案》，明确工作要求，全年开展相关业务培训6次，落实责任到位，确保企业通知率100%、知晓率100%。企业年报率88.72%、个体户年报率74.71%、农民专业合作社年报率89.41%。依法将企业157户、农民专业合作社27户移入经营异常名录，依法将个体户1832户标注异常状态。

【执法监督加强】 2016年，县工商局开展打击无照经营、传销、走私及商品质量检查等专项行动，配合相关部门开展农贸市场环境整治、安全生产、丹霞山周边环境整治等各类专项检查82次，开展流通领域汽油柴油、纸类、农资等产品抽检23批次，出动执法人员379人次，立案查处28宗，其中：查处无照经营案件13宗、商标侵权案件1宗、违反合同案件2宗、售假3宗、不按规定索票索证6宗、未按规定公示年度报告2宗、侵害消费者权益1宗。

【维护消费者权益】 2016年，县工商局、县消委会联合相关部门开展“3·15”消费者权益日现场宣传咨询活动，以展板形式展示消费维权十大典型案例及各行政部门打假维权概况；采取发放资料、现场答疑、识假打假形式，宣传新修订的《中华人民共和国消费者权益保护法》及消费知识。组织市场主体开展争创“韶关市诚信单位”活动，全县有45户市场主体被韶关市消委会评为“诚信单位”。全年受理消费者投诉40宗、网络问政及举报29宗，答复率100%。2016年3月，县工商局被韶关市消费者委员会评为2015年度韶关市“消费维权先进单位”。

【深化队伍建设】 2016年，县工商局抓好“两学一做”学习教育工作，完成“两学一做”宣传栏建设，以各党支部为单位扎实开展《中国共产党章程》和习近平总书记系列讲话等学习教育，做到学有记录、学有成效。利用微信和县工商局网站等网络平台开展学习交流，营造浓厚学习宣传氛围。县工商局党总支按照县直机关工委工作部署，推进固本强基工程，加强基层党组织和队伍建设。2016年，县工商局总支发展新党员3名。

【“两建”工作】 根据省、市“两建”工作总体部署和《仁化县市场监管体系建设五年规划（2012—2016）》安排，2016年是“两建”工作体系完善年。2016年5月，县工商局按照《关于印发2016年韶关市市场监管体系建设重点工作的通知》（韶市建统办字〔2016〕1号）要求，结合仁化实际，制定《2016年仁化县市场监管体系建设重点工作》，并下发各成员单位要求贯彻落实。开展“重合同守信用”企业公示活动，全年有17家企业成功申报“守合同重信用”企业，比2015年新增5家，其中1家为全国“守合同重信用”企业。

【其他工作】 2016年，仁化县开展创建“无传销县城”工作。县工商局利用宣传栏、电子显示器、张贴宣传画、发放宣传资料等形式大力宣传，制作发放宣传资料1万份、宣传栏版画14个、横幅14张，宣传资料分发到11个镇（街道）、4个社区、2个学校。全县形成政府牵头、部门齐动、群防群治格局，从源头上堵住传销行为发生。8月，仁化县被韶关市文明办、综治办等部门认定为“无传销县城”。5月，县工商局组织开展社会主义核心价值观建构与践行主题“道德讲堂”（总堂）宣讲活动、文明星级市场创建评比活动、户外广告整治等。开展创文网格第十六小区环境整治、亮照经营、诚信教育、LED屏宣传活动。落实维稳工作责任制，建立完善突发事件应急处置制度、矛盾纠纷定期排查制度、领导干部定期接访制度等，确保信访工作、打传打私工作、综治维稳工作、创建平安工作责任到人，工作到位。做好协税护税、招商引资、社保扩面征缴、新型工业化等工作，服务仁化县各项重点建设项目。

仁化县工商行政管理局负责人名录：

局　长：陈治平

副局长：陈　彬　钟立强　罗伟雄（任至2016年3月）

（范　全　童凌云）

质量技术监督

【概况】 2016年，仁化县质量技术监督局（简称“县质监局”）围绕质监定位，以“服务经济质量发展，规范市场经济秩序，维护企业合法权益，保障民生质量安全”为使命，以改革创新精神抓质量、保安全、促发展，全方位为仁化经济社会发展服务。

【队伍建设】 2016年，县质监局加强质监队伍建设。结合“两学一做”学习要求，加强领导班子建设，坚持党组中心组理论学习制度，提高领导干部运用科学发展观指导实践能力。开展行政执法和法制工作人员教育培训，提高干部职工知识水平和履职能力。抓好财务管理，保障质监事业健康发展。加强党风廉政建设，落实“一岗双责”，结合党风廉政建设与质监业务工作，明确各部门领导反腐倡廉主体责任和工作目标，签订“党风廉政建设和反腐败工作责任书”，推动责任落实。

【质量监督工作】 2016年，县质监局发挥质量强县办公室牵头作用，开展产品质量定期监督检验企业18家23批次产品，合格23批次，产品合格率100%。全县有获得工业产品生产许可证企业13家共15张证书。县质监局加强获证企业证后监管，根据分类监管要求制订监督检查计划，完善全县生产许可证获证企业信用档案，督促企业认真落实质量安全主体责任。加强认证获证组织监管，全年对28家获得认证组织认证现场审查活动进行监督检查，建立辖区内获得管理体系认证和“3C”强制性产品认证单位档案，全县未发现获证组织存在违法违规行为。

【特种设备安全监察】 2016年，县质监局加强系统性风险防范，制定《2016年仁化县特种设备日常监督检查计划》。组织开展岁末年初特种设备安全检查工作和节后复产检查工作，开展露天工作门式起重机、电梯超期、气体充装单位年度监督检查等专项排查整治和特种设备领域“打非治违”工作及中秋、国庆节前检查等工作，重点开展“安全生产月”“安全生产万里行”活动，及时排查和消除特种设备安全隐患。全年，县质监局出动特种设备安全监察人员430人次，检查特种设备使用单位156家，检查设备487台（套），发现安全隐患特种设备52家170台套，发出特种设备安全监察指令书52份，完成闭环处理126台套。敦促和引导企业开展事故应急救援演练，提高企业应对突发事件、处置事故能力。实施电梯维保公司驻点基本资源条件备案，规范维保市场。截至2016年年底，全县有7家维保公司驻点配备维保所需基本资源条件，并在市质监局门户网站进行公告。引导和鼓励电梯使用单位购买电梯事故责任保险，截至2016年9月，全县在用电梯购买保险率达

100%。开展和参与“安全生产月”、科技下乡等特种设备安全知识宣传活动，提高群众安全防范意识。

【计量监督工作】 2016年，县质监局开展计量惠民活动，为12家集贸市场1812台计量器具实施免费检定，节省检定费用10万元。开展计量专项监督检查。计量专项监督检查瓶装液化石油气净含量、大米和商场超市定量包装商品等，全年抽查13批次。加强全县5家实验室资质认定获证单位监管及机动车安全技术检验机构日常监督检查，规范机动车安全技术检验工作，强化安检机构对检验结果负责的责任意识。落实计量保证体系确认工作。全年有2家企业获得三级计量保证体系确认证书。通过“5・20”世界计量日活动派发宣传资料和发送短信形式进行计量法律法规宣传、讲解、现场咨询，提高群众计量维权意识。

【标准化工作】 2016年，县质监局落实标准化工作，推动企业开展技术标准化战略。深入企业提供服务，了解企业情况并根据实际免费为企业提供标准咨询、商品条码注册和续展审查服务，推广商品条码应用，开展企业商品条码监督管理工作，全年为企业提供产品标准咨询29家次，办理商品条码新注册3家，续展9家。依托地理标志产品保护工作，重点开展2家企业2个产品“采标”申报工作。申报韶关市2016年广东省农业标准化项目，仁化县质量计量标准化协会申报的《地理标志产品 仁化白毛茶》标准修订获批，成立标准制定小组，做好仁化地理标志产品相关企业申请贴标、送检和宣传工作。配合省、市局及县相关部门按要求做好“五证合一”工作，做好咨询办证业务人员解释工作。

【政策法规宣传工作】 2016年，县质监局围绕法治质监建设中心工作，落实“六五”普法工作，开展法律法规宣传活动，组织干部职工学法用法，正式启动无纸化学法用法及考试系统。加强法制监督，完善重大案件审理机制。协助中共仁化县委、县政府做好立法调研、草案起草、征求意见反馈等工作。开展政策法规宣传，结合“3・15”消费者维权日、“5・20”世界计量日、科技下乡、质量月、安全生产月、“12・4”全国法制宣传日、纪律教育月，宣传特种设备安全、产品质量、计量和标准化法律法规，全年免费发放宣传资料4500余份。

【稽查打假】 2016年，县质监局发挥打假办牵头作用和生产加工环节打假主力军作用，深入摸排，重点打击，加强联动。建立打假长效机制，明确各成员单位打假责任，签订打假责任书。扎实履行打假办协调组织作用，联合公安、工商、食药监、农业、经信、盐务等打假成员单位开展春节、农资、卷烟、“五一”国际劳动节、国庆节等节假日联合执法专项行动，专项检查县辖区食品生产加工单位、农资销售点、集贸市场、超市、药店和烟酒销售点，有效整顿和规范市场经济秩序，维护人民群众切身利益。立足质监实际，围绕农资、移动电源转换器、计量器具、儿童玩具、化学胶粘剂、汽车配件、建材、环保等产品开展打假专项行动，严肃查处各类违法行为。全年出动执法人员332人次，检查各类生产经销单位166家次，立案查处违法单位2家。

【“两建”工作】 2016年，县质监局在全县开展工业产品生产许可证制度宣贯工作，深入企业宣传全面落实产品质量安全主体责任和质量监管体系建设工作要求，督促企业完善和提高质量管理水平，强化企业产品质量安全主体责任意识，自觉做到诚信经营。加大全县重点产品生产企业、获得管理体系认证和“3C”产品认证企业检查力度，建全企业信用档案，严厉打击各种产品质量违法行为。推进诚信计量建设活动，开展诚信计量示范单位评选和达标验收，全年有2家单位实现诚信计量自我承诺并向社会公示。

【“精准扶贫”工作】 2016年，县质监局挂点扶贫村为长江镇沙坪村，工作期间，县质监局落实中共仁化县委、县政府关于扶贫工作要求，全面完成“精准扶贫”信息化管理工作，并通过县扶贫办考核。开展大走访、大调研，倾听贫困群众诉求，耐心询问每户家庭情况，逐户走访建档，与贫困户交心谈心、算账对比，制订帮扶计划，谋划布局产业项目，推进“精准扶贫”。

仁化县质量技术监督局负责人名录：

局　长：钟良万

副局长：罗伟雄（2016年5月任职）

（谭紫鹏）

食品药品监督管理

【概况】 2016年，仁化县食品药品监督管理局（简称“县食药监局”）贯彻落实省、市、县政府及上级业务部门工作部署和要求，扎实推进食品药品安全监管各项工作，全年全县未发生重大食品药品安全事故。

【学校及周边餐饮业食品安全专项整治工作】 2016年，县食药监局依据上级业务部门工作要求，联合县教育局开展春季、秋季学校食堂及周边餐饮食品安全专项整治，出动执法人员121人次，检查学校（含托幼机构）食堂44所，周边餐饮单位32家，重点就持证情况、食品加工及从业人员卫生、食品原料采购索证索票及登记、餐具清洗、消毒及保洁、食品贮存、食品留样等进行全面检查，重点检查学校使用的食用油、大米、肉制品及食品添加剂使用情况。对检查过程中发现的问题当场下发意见书，要求限时整改；抽样检测校园周边各类小食品，抽检儿童食品5批次，发放督促办证通知书5份。通过检查督促，规范全县学校食堂餐饮经营秩序，提升学校食堂食品安全保障水平，消除餐饮安全隐患。

【食品药品安全责任落实】 2016年，县食药监局树立科学监管理念，充分发挥市场监管作用，推进食品药品安全专项整治，结合打击食品非法添加违法犯罪专项行动（代号“清源行动”）、打击野生动物走私、元旦春节期间打击应节商品走私、打击保健食品非法添加违法行为“蓝剑行动”、联合开展打击药品违法犯罪“雷霆行动”专项行动，扎实开展校园及其周边食品、肉及肉制品、医疗器械、保健食品等专项检查。将影响面广农贸市场、超市（商场）、餐饮单位、村卫生站、乡镇药品零售企业作为重点检查对象，将粮食、蔬菜、水果、水产品、肉及肉制品、卤菜熟食、酒类、保健食品、易制毒类药品等作为重点检查品种，进行全面监督检查。全年，县食药监局出动执法人员2052人次，检查监管对象936间次，下发责令整改通知书52份、监督意见书155份，受理投诉举报12宗，受理答复12宗，查处一般程序案件17起，结案15起，涉案货值金额0.84万元，罚没款5.22万元。

【食品安全综合协调作用发挥】 2016年，县食安办发挥食品安全协调职能，通过开展H7N9疫情防控、农村食品安全治理、食品安全隐患排查等工作，推进全县食品监管工作。全年，出动执法人员275人次，检查各类企业经营户166户次，抽检食品批次5批次，全部合格；屠宰动物检疫3.2万头、鱼苗检疫215万尾（其中，不合格动物12头、鱼苗160尾）；发放宣传资料1346份，发送短信40条

【疫苗监管工作】 2016年，县食药监局根据韶关市食品药品监督管理局《转发关于做好非

2016年4月8日，县食品药品监督局开展流通环节食用农产品监督抽检工作 （县食药监局供稿）

法经营疫苗处置工作的通知》要求，迅速组织药品医疗器械安全监管股和各镇监督所人员对全县疫苗使用单位进行全面检查。该次专项检查出动执法人员43人次，检查疫苗使用单位15家，检查覆盖率100%。检查情况表明，全县医疗机构疫苗均从县疾控中心购进，县疾控中心疫苗主要从市疾控中心购进，少数品种从具备疫苗经营资质供货公司购进，疫苗的票、账、货、款及运输凭证相符，每一品种、每一批均附有生物制品批签合格证明文件，严格按照冷链要求做好疫苗运输、储存工作，未发现过期疫苗或从其他非法渠道购进疫苗行为。

【食品药品抽检工作】 2016年，县食药监局结合全县实际，围绕年内监管任务，开展“四品一械”安全抽样工作。全年完成：抽检生产环节食品25个批次（其中大米6批次，糕点7批次，月饼2批次，茶叶4批次，食用菌1批次，食用植物油2批次，桶装水1批次，酱腌菜2批次），其中不符合要求2批次，并移交稽查处理；流通环节186批食品，合格率100%；餐饮环节94批次，合格92批次，合格率96.8%，不合格2批次；药品监督抽验64批，药品评价性抽验10批，保健食品抽样3批，化妆品抽样1批；药品监督抽样不合格1批，并立案查处。

【医疗机构药房药库规范化建设创建工作】 2016年，县食药监局根据省、市食品药品监督管理局统一部署，联合县卫计局制定《仁化县医疗机构药房药库规范化建设实施方案》，明确创建标准和要求，确立创建时间表和2016年创建单位。11月21—23日，联合卫计局对仁化县人民医院等6家创建规范药房药库医疗机构进行验收检查。验收情况表明，各单位药品管理在硬件设施投入、制度完善及各个环节工作都有较大提高，药品质量安全得到进一步保障。

【化妆品安全治理示范区创建工作】 2016年5月26日，县食药监局根据《关于印发〈2016年韶关市化妆品安全综合整治实施方案〉的通知》（韶食药监办妆〔2016〕61号）工作要求，组织召开化妆品市场安全治理示范区建设动员会，部署示范区创建相关工作，并详细解读《仁化县化妆品市场安全治理示范区建设方案》。以县城新城路—文化广场—新南康百货为示范区创建地段，督促化妆品经营企业落实主体责任，提高化妆品行业自律水平，动员社会力量参与化妆品安全监督，形成市场承担主体责任、政府实施风险监管、社会各界齐抓共管的化妆品安全治理模式，提升化妆品安全保障水平。11月4日，市食药监局考评组对仁化县化妆品市场安全治理示范区建设工作进行考评检查，经过检查化妆品经营企业索证索票、产品注册和备案率等工作，肯定仁化县化妆品市场安全治理工作达到化妆品市场安全治理示范区标准。

【中小学校（幼儿园）示范性平安食堂建设】 2016年，县食药监局根据仁化县第十四届人民代表大会第六次会议《政府工作报告》安排和2016年2月29日县长办公会议精神，将建设中小学校（幼儿园）示范性平安食堂作为2016年10项惠民实事之一实施。年内，县食药监局制订《仁化县中小学校（幼儿园）示范性平安食堂建设工作方案》，成立建设工作领导小组，确定目标任务，明确分工职责。落实职责，扎实推进，要求创建单位对照创建标准，从内部管理、硬件设施提升、资料台账建立健全等方面逐项逐条予以落实。联合县教育局现场督查指导创建单位，对在检查中发现的问题，督促指导创建单位认真整改。11月24、25日，市教育局组织人员对仁化县创建中小学校（幼儿园）示范性平安食堂工作进行全面验收，14家创建单位通过验收。

【农贸市场快速检测工作】 2016年，省政府把开展1000家农贸市场快速检测工作列入2016年10件民生实事之一。县食药监局根据根据省、市局文件要求，结合全县实际，将2家农贸市场纳入该项工作，并做好快速检测工作前期宣传，组织快速检测人员开展培训。截至2016年12月底，县食药监局快速检测全县农贸市场3359批次，不合格5批次，合格率99.85%。对检测不合格农产品，告知经营者采取无害化处理、销毁，不得继续销售，共处理不合格产品6.4千克。

仁化县食品药品监督管理局负责人名录：

局　长：刘世标

副局长：陈　健　赖东北

（吴孙强）

安全生产监督管理

【概况】 2016年，仁化县安全生产监督管理局（简称“县安监局”）按照“党政同责、一岗双责、齐抓共管”工作要求，贯彻落实国务院、省、市安全生产工作决策部署，强化安全责任落实，扎实开展安全隐患排查治理工作，深化安全生产各项工作措施，确保全县安全生产形势持续稳定。2016年，全县发生生产安全事故17起，死亡10人，直接经济损失350.77万元。全年全县：农机生产保持实现零事故、零死亡目标；发生道路交通事故5起，死亡5人；发生消防火灾事故10起，无人员伤亡；发生工矿商贸事故2起，死亡5人，其中，发生较大生产安全事故1起，死亡4人。

【强化安全生产目标责任管理机制】 2016年年初，县政府与各镇、县直各部门签订《安全生产责任书》，明确监管责任，层层落实安全生产责任制。通过强化领导责任，全面推行安全生产“一岗双责”制度，实行党政“一把手”负总责，分管安全生产工作直接负责，其他领导共同抓的安全生产工作行政责任制，形成安全生产工作“职责清晰，齐抓共管”氛围。

【党委、政府领导安全生产工作力度强化】 2016年，仁化县及时出台《中共仁化县委办公室、仁化县人民政府办公室〈关于完善安全生产责任体系的通知〉》，强化党委总揽全局核心作用，明确政府领导和属地监管责任及政府部门行业监管责任。加大全县安全生产监督力度，落实责任追究、“一票否决”等制度，督促全县各级党委、政府以及相关单位部门依法履行安全生产工作职责。

【非煤矿山监督检查】 2016年，县安监局监管矿山企业16家、尾矿库1座、地质勘探作业单位20家。年内，仁化县严格执行矿山建设项目安全核准制度，严格按照行政许可法要求做好矿山安全许可和建设项目“三同时”行政审批资料核查等相关工作。全年延期换证5家（县安监局发证），县安监局批复安全设施设计企业1家。

开展非煤矿山专项整治工作，采取政府购买服务方式，委托广东劳安职业安全事务有限公司3名技术专家组成检查组对全县4家正在生产的露天矿场开展专家“会诊”专项检查。县安监局组织技术骨干和聘请专家对辖区持证非煤矿山企业16家开展安全生产风险分级初评工作，并对全县非煤矿山企业进行包括地下矿山采空区普查和治理、非煤矿山排土场调查工作、地下矿山机械通风专项整治等各类安全生产专项整治工作。全年深入矿山企业现场检查108条次，派出人员参加日常检查执法300余人次，使用各类执法文书111份，其中询问笔录1份，现场检查记录76份，责令整改指令14份，整改复查意见书17份，强制措施决定书3份。通过现场检查、查阅资料、召开座谈会方式，全面检查和了解矿山企业安全情况，发现问题及时整改，排查出一般隐患65处（已按期完成整改），无重大隐患。

【危险化学品、烟花爆竹行业整治力度加大】 2016年，仁化县有危险化学品生产经营企业24家，其中生产企业3家，经营企业21家；烟花爆竹批发企业1家，烟花爆竹零售户43家。年内，县安监局依法履行职责，严把安全生产许可证初审和办证关。督促许可证到期企业按许可证申报要求按时申报办证材料，在规定时间内初审申报材料，严把企业办理许可证申报材料关。加强危险化学品和烟花爆竹两大行业领域监管，组织人员对县域取得安全监管部门安全许可危险化学品生产企业和烟花爆竹批发企业进行检查，重点督促危险化学品生产企业制定辨识本企业风险点危险，建档及落实各项风险管控措施。全年检查发出现场检查记录38份，责令整改指令书17份，及时消除隐患50多处，发出现场处理措施决定书16份，没收非法烟花爆竹约2.5吨。联系市安监局，帮助2家生产企业和3家加油站审查材料及现场核查，按时取得“危险化学品生产许可证”和“危险化学品经营许可证”。最大限度地杜绝重大生产安全事故发生，达到年初制定安全生产目标，取得预期效果。

【职业卫生监管】 2016年，县安监局按照国家、省市安监局工作部署，开展用人单位职业卫生摸底工作。联合各镇（街）安监站对全县289家用人单位进行摸底调查；会同专家对县辖区内职业病危害风险分类为严重用人单位进行职业卫生专项检查；推动使用有机溶剂重点行业领域职业病危害专项治理工作；指导企业建立并完善职业卫生“六大档案”，要求企业立即开展职业病危害因素检测和职业健康现状评价工作；推动建设项目职业卫生“三同时”工作。全年出动执法人员193人次，检查企业60家次，发现隐患78项，发出责令限期整改指令书22份，现场检查记录26份，复查意见书12份。

【工商贸行业安全生产监管】 2016年，县安监局开展使用危险化学品工贸企业安全隐患回头查、冶金等工贸行业企业有限空间作业安全生产专项治理工作。加大冶金等工贸行业粉尘防爆危害专项治理工作力度，印发《仁化县粉尘涉爆企业专项整治行动方案》并对全县3家涉及粉尘企业进行全面检查。组织并配合县有关部门开展多次联合执法检查。全年，出动执法人员351人次，检查企业114家次，发现隐患103项，发出责令限期整改指令书21份，现场检查记录74份，复查意见书19份。

【安全监管队伍建设】 2016年，仁化县加强安全监管队伍建设。县域11个镇（街道）均设立安监站，每个安监站工作人员不少于2人，各镇（街道）每个村委设立安全联络员，全县安全生产监管工作“关口前移，重心下移”，县、镇（街道）、村（居）三级安全监管网络完善。年内，县安监局组织招聘基层专职安全员35名，确保每个镇、街（园区）有专职监管人员2—3名，按照要求做到“五个规范”（规范工作职责、规范配备标准、规范招聘条件、规范管理体制、规范工资待遇）。根据安监人员流动情况，动态性从社会补充招聘专职安全员，解决基层安监人员流动过快问题，保证基层安全监管人员力量充足。

【城市风险点、危险源排查】 2016年，县安监局根据《韶关市人民政府办公室关于印发〈韶关市集中开展城市风险点、危险源排查整治专项行动工作方案〉的通知》（韶府办〔2016〕61号）要求，在县政府指导下，制订方案、明确目标、落实责任，在全县集中开展城市风险点、危险源排查整治专项行动，成立由县委常委、常务副县长任组长，各有关单位负责人任成员的仁化县城市风险点、危险源排查整治专项行动领导小组，制定《仁化县集中开展城市风险点、危险源排查整治专项行动工作方案》，明确排查整治对象，对县有关单位部门详细分工，落实部门责任，制定工作规范和标准。全县各有关行业部门单位陆续制定出方案和工作标准。全县城市风险点、危险源排查整治专项行动有计划、有步骤、有目的进行，各项工作得到全面开展和落实。全年，全县排查出风险点、危险源总数量85处，其中红色风险点1处，橙色风险点1处，黄色风险点24处，蓝色风险点59处。通过排查，各风险点、危险源均采取相应管控措施。

【安全生产宣传培训】 2016年，县安监局组织开展安全生产执法警示活动、宣传进社区、送法进企业，开展应急救援演练、安全生产咨询日、培训宣讲等多项活动，普及安全知识，提高全民安全意识。全年，全县组织开展“安全生产月”宣传活动10多场次，出动宣传人员1500多人次，悬挂各类安全宣传横幅130余条，设立咨询点50多个，悬挂安全标语、图片80余幅，发放宣传资料20000余份、安全书籍1000多本，开展各类培训班6期，培训人员500多人次。

【安全生产应急救援工作】 2016年，县安监局按照省市安监局工作部署，开展突发事件风险隐患排查和整改工作。做好企业应急预案备案工作，督促应急预案过期企业重新备案。全年有14家企业完成应急预案备案工作。通过安全生产月活动，组织企业陆续开展应急救援演练。全年开展应急演练58家次，参演人员437人次。2016年，县安监局出动执法人员69人次，检查企业23家次，发现隐患15项，发出限期整改指令书4份，现场检查记录16份，复查意见书3份。

仁化县安全生产监督管理局负责人名录：

局　长：李伟强（任至2016年10月）
林伟浩（2016年10月任职）

副局长：钟福光（任至2016年5月）
吴春球
黄志军（2016年7月任职）

（罗　姗）

国有资产管理

【公共资产管理】 概况。2016年，仁化县公共资产管理中心围绕仁化县“四化推四区”总目标，履行资产管理和优化资源配置职能，通过融资贷款、招标租赁方式，盘活国有资产，拓宽城市建设资金筹措渠道，推进城镇化建设进程。

资产资源管理。2016年，县公共资产管理中心按照上级统一部署和有关要求，加强事业单位及事业单位所办企业产权管理。2016年5月，组织全县105个事业单位及所办企业对所属资产进行资产清查，要求全县210个行政事业单位通过资产管理信息系统统一上报资产清查信息表，并由县公共资产管理中心统一汇总上报市财政局。

依法依规盘活资产。2016年，县公共资产管理中心深挖资产资源增值潜力，通过委托评估，招标租赁等公开方式，优化资源配置，实现国有资产增值最大化，增加财政收入，确保资产资源保值增值。全年，全县国有资产处置收入58721077.47元。6月，对县物业站59张猪肉台进行公开招租，承租期为两年半，成交额为751万元。8月11日，县公共资产管理中心委托赣州市拍卖行公开拍卖全南金坪发展有限责任公司整体资产（水电站），以261.5万元成交。9月27日，将县煤炭大厦地块以1166万元挂牌出让，由仁化县丹霞实业发展有限公司竞得。11月，有偿置换供电局、原检察院（部分地块属县畜牧局）地块与仁桥南路地块（电信大楼北侧）。12月，拍卖仁化县城建设路92号首层1－9号商铺、办公室、值班室和仁化县城建设路79号首层西面及仁化县城建设路56号第1间商铺等37套房产，以30688217元成交，由仁化县丹霞实业发展有限公司竞得。仁化县长江塘洞电站以8059419元成交，由仁化县锦江电力开发总公司竞得。12月，办理原田家炳小学、原教育局及老党校地块与丹霞新城新田家炳小学、新教育局及仁化中学宿舍楼地块置换事宜。

公务用车改革处置。2016年，县公共资产管理中心统计全县公务用车数量，拟处置公务用车91辆，拟拍卖公务用车66辆，有25辆因已达到黄标车年限及车况残旧等原因不能公开处置公务用车已发文报废处置。4月16日，在县公共资源交易中心公开举行公务用车拍卖会，首批拟拍卖公务用车63辆，成交61辆，拍卖成交额为178.86万元，比起拍价高76.77万元，溢价率75.19%。

政府融资基础夯实。2016年，县公共资产管理中心发挥资产集中管理优势，多渠道筹措建设资金，盘活国有资产，加快推进全县城镇化建设进程。在县政府支持下，以下属公司或政府可调配企业做主体，采取资产抵押融资或项目融资方式，加强银企合作，积极争取国家政策性银行支持，县政府同意以16个项目向韶关市农业发展银行融资，拟融资金额为167720万元；仁化县城北门片市政工程项目向市农发行融资9500万元，取得省农发行批复；以仁化县绿道二期建设项目、仁化县县域生活污水处理厂及污水管网升级改造工程项目向市农发行融资35800万元项目，获得批复授信；丹霞大道二期项目向县农信社融资2000万元，获得批复授信。

（彭艳芳）

【公有企业资产管理】 企业改革。2016年，县经信局根据县域国有企业现状，开展国企改革工作。一是做好家具厂相关转制和拆迁问题。由于县家具厂停产近20年，很多原始资料被盗或损坏，家具厂职工名册认定及职工工龄相关问题是难点。县经信局和县二轻总公司多方核实相关档案材料，聘请有资质中介公司做家具厂转制方案。配合仁化县市政工程道路建设，需征收家具厂厂房及土地，由县政府和家具厂签订协议并支付家具厂转制费用。家俱厂配合做好本片区内拆迁工作，截至2016年年底，完成拆迁补偿工作6户，达成口头协议1户。二是做好国有企业负责人薪酬改革工作。年内，根据《韶关市人民政府关于印发深化市属企业负责人薪酬制度改革实施方案的通知》精神，成立仁化县深化国有企业负责人薪酬制度改革工作领导小组，制订《关于深化县属企业负责人薪酬制度改革的实施方案》，并书面通知到相关企业落实。

转制企业管理。2016年，县经信局完善国有资产管理程序，参照县公共资产管理中心对行政单位资产管理办法，加强国有企业资产管理。一是做好年终转制企业及困难企业职工大额医保和补充医疗缴费工作。截至2016年年底，有300多人在县社保局统一代收代缴。二是做好县白水泥厂厂房设备出租工作。由于2015年年底县白水泥厂原租户因经营不善，拖欠职工工资及租金约63万元。2016年，经请示县政府，将县白水泥厂厂房设备转租给韶关市华兴水泥实业有限公司，年租金48万元。华兴水泥厂投产运营。三是麻塘煤矿安置房办证及过户工作。2016年6月，完成该矿96户办证工作（91户安置户，5户办证到丹实公司）。截至2016年年底，在91户安置户中，有7户房地产权证未发放到位，完成5户需办证到丹实公司的安置房过户工作。四是化工厂拆迁安置工作。截至2016年年底，县化工厂有34户职工住房需解决。县经信局就相关问题及摸排结果多次向县政府汇报，待县政府给予明确批复后与相关部门配合执行。

国资管理。一是成立国有资产运营有限公司。2016年，仁化县根据《中共广东省委、广东省人民政府〈关于深化国有企业改革的实施意见〉》（粤发〔2016〕19号）精神，启用仁化县国有资产运营有限公司，隶属县政府直接管理，并将县域其他正常运营企业作为其子公司。该公司履行全县国有企业出资人职责，管理其子公司，整合全县国有资产。截至2016年年底，仁化县成立仁化县国有资产整合领导小组，根据县政府批复《仁化县国有资产经营集团有限公司组建方案（草案）》，做好全县国有企业结构调整，整合全县国有资产。二是加强企业国有资产监督管理。规范企业行政公章使用程序，统一管理所有纳入国有资产办公室监管资产。县国资办对需要处理的国有企业资产严格把关，规范国有资产核销程序，委托县公共资源交易中心公开处置资产，保证国有资产不流失；要求各国有企业对自身资产进行登记造册，对需要处置资产报县国资办审批。

（刘庆华　郑菊霞）

住房公积金管理

【概况】　韶关市住房公积金管理中心公积金仁化办事处（简称“公积金仁化办事处”）是韶关市住房公积金管理中心的派出机构，副科级事业单位，主要负责仁化县辖区住房公积金归集、公积金贷款以及公积金存款管理工作，人员编制4名，2016年实有在职工作人员10人，其中聘用制工作人员5人。

2016年，公积金仁化办事处按照国务院《住房公积金管理条例》和韶关市《缴存管理实施规定》《提取管理实施细则》开展各项工作，执行韶关市住房公积金管理委员会的各项决策，加强管理监督，发挥部门职能作用，促进住房公积金管理工作规范化，确保住房公积金资金安全；加强公积金政策宣传，扩大住房公积金制度覆盖面；积极稳妥发放个人住房贷款，提高社会效益；提高工作效率和服务质量，做到让政府放心、群众满意。

【住房公积金归集情况】　2016年，公积金仁化办事处化解房地产库存，支持职工（含聘用制后勤人员）使用住房公积金贷款，减轻职工购房压力。深入调查，加强政策宣传，与财政、人社部门进行沟通，并积极主动向仁化县政府汇报相关情况。2016年4月1日，《仁化县机关事业单位聘用制后勤人员缴存住房公积金实施方案》在中共仁化县委常委（扩大）会议上通过，聘用制后勤人员住房公积金缴存统一列入财政预算。从2016年1月起，按照机关事业单位现行缴存比例（按月应发工资总额个人缴交12%，财政配套12%）为聘用制后勤人员缴交住房公积金，让更多职工在面对住房消费时都能享受住房公积金贷款政策优惠。截至2016年年底，全县申报缴交公积金单位324个，公积金缴存人数约1.5万人，年内新增缴存单位31个，其中非公企业29个，新增人员995人，新增月缴存额55万元。

2016年，仁化县：月平均缴存额1792.23万元，比2015

年1467.87万元增加324.36万元，增幅22.10%；归集公积金21506.77万元，比2015年17614.43万元增加3892.34万元，增幅22.10%；年末公积金缴存余额38959.24万元（该数据已剔除两厂矿从市中心转移过来的余额24134.91万元），比2015年33835.59万元增加5123.65万元，增幅为15.14%；累计上划资金33467.13万元；历年累计归集住房公积金1118080.66万元。历年归集的住房公积金，公积金仁化办事处通过上划到韶关市住房公积金管理中心进行大额存款统一保管方式，确保资金安全。

【住房公积金使用情况】 贷款管理。2016年，公积金仁化办事处根据韶公积金委〔2015〕1号文件通知，行政、企事业单位职工正常缴存住房公积金为6个月（含）以上职工，购、建、大修理自住住房时，可以申请住房公积金贷款。在韶关市所辖各县（市、区）范围内，可跨地域申请住房公积金按揭贷款。2016年度，全县发放住房公积金贷款408户，贷款发放金额10088万元，比上年度住房公积金贷款9162万元增加926万元，增长10%，累计贷款38938万元。未发生新增逾期贷款个案，继续保持零逾期贷款。

支取管理。2016年，公积金仁化办事处加强住房公积金管理，维护住房公积金缴存者合法权益。根据有关规定，职工在购买、建造、翻建或大修具有所有权自住住房、偿还购房贷款本息、租房自住、离休、退休、与所在单位终止劳动关系、职工死亡以及对既有住宅增设电梯等情形之一者，可申请提取住房公积金账户内存储余额。2016年，全县职工支取住房公积金16383万元，比上年度住房公积金支取12822万元增加3561万元，增长28%，其中购建房支取10745万元，比2015年8422万元增长2323万元，增长27.58%；累计支取54986.51万元，其中购建房累计支取36137.48万元，截至2016年12月31日，住房公积金余额为63094万元；支付住房公积金利息840.76万元。

【住房公积金政策宣传】 2016年，公积金仁化办事处做好住房公积金宣传和服务工作，积极与中共仁化县委宣传部沟通并得到县宣传部大力支持，结合创建全国县级文明城市，在丹霞大道（丹霞山大门口到县城电信总公司）主干道灯柱做好公积金政策广告宣传，在仁化县电视台新闻频道、《百姓生活》栏目及广播电台宣传报道公积金政策、惠民措施，凸显公积金制度惠民作用，调动单位和职工缴存住房公积金积极性。全年在公积金仁化办事处申报缴交公积金单位324个，公积金缴存人数约1.5万人，新增月缴存额55万元。

【服务效率提高】 2016年，公积金仁化办事处重视提高工作人员服务效率。规范用语、微笑服务，全心全意为缴存人提供优质服务，赢得缴存群众赞许。做好广东省“巾帼文明岗”创建活动工作。

韶关市住房公积金管理中心仁化办事处负责人名录：

主　任：周丽娟（女）

副主任：刘春玲（女）

（谭玮玲）

农　业

农业、农村工作

【概况】 2016年，仁化县农业农村工作贯彻落实上级“三农”决策部署，牢固树立发展新理念，围绕县委县政府“四化推四区”战略部署，按照“稳定粮食生产、壮大畜牧产业、提升果业水平、实施品牌战略”产业思路，加快转变农业发展方式，推进农业供给侧结构性改革，全县农业农村经济保持稳中有进发展势头，实现“十三五”良好开局。2016年，全县农林牧渔业总产值33.5亿元，比上年增长4.8%，农村居民人均可支配收入13919.6元，比上年增长10%。

【农业生产】 粮油生产保持稳定。2016年，全县粮食播种面积1.62万公顷，总产102853吨；花生播种面积8640公顷，总产3.37万吨。

水果产业持续健康发展。2016年，全县水果种植面积5723.07公顷。仁化县成为广东省柑橘主产区之一。从源头做好柑橘黄龙病综合防控工作。实施标准化贡柑无病毒繁育苗基地建设，2016年，培育出无病毒苗20万株。

积极做好新技术示范。2016年，在董塘镇高莲、红星村建立2个千亩镇级测土配方施肥示范片，10个百亩以上村级测土配方施肥示范片。全县推广测土配方施肥面积2.8万公顷（配方肥施用面积2万公顷），其中水稻1.87万公顷、花生0.53万公顷、果树0.4万公顷。实施合理密植、科学管水、配方施肥、统一病虫防治等高产创建关键技术，做到品种统一、播栽期统一、管水统一、病虫害防治统一、技术管理统一，实现核心示范区优质稻标准化、规模化、集约化生产。加强与广东省农科院水稻研究所合作，在董塘镇高莲村建立了连片20公顷水稻“三控”技术示范片；在扶溪镇紫岭村进行水稻“三控”技术低碳节水试验，取得良好试验示范效果。

【强农惠农工作】 “三项补贴”。2016年，全县有32452户农业户享受种粮直补、良种补贴、综合补贴，共补贴资金2527.24万元。其中：种粮直补207.36万元，良种补贴401.8万元，综合直补1918.08万元。从2016年起，广东省全面推行农业“三项补贴”改革工作，将原有的种粮直补、综合补贴和良种补贴调整合并为农业支持保护补贴，政策目标调整为支持耕地地力保护补贴和粮食适度规模经营。全县申报补贴面积1.1013万公顷，补贴农户33208户。

政策性水稻种植保险。2016年，全县完成政策性水稻种植承保面积1.728万公顷，其中，早造6773.8公顷，中晚造10506.2公顷，占应承保面积100%，承保农户数32452户，按时完成省市下达的目标任务。做好理赔工作，对因暴雨、泥石流、大风、病虫害等原因造成水稻损失并达到赔偿标准的农户进行理赔，全年全县核定理赔面积508.53公顷，受灾农户3941户，赔付资金138.27万元，赔付率100%。

“一事一议”财政奖补。2016年，全县申报村级公益事业建设“一事一议”财政奖补项目73个，涉及10个镇（街），49个村委会135个村民小组，受益人口25395人，项目总投资2313.14万元，其中：

申请省级以上财政奖补资金553.94万元，市级项目配套资金74.375万元。已开工项目45个，其中竣工项目24个。项目建设主要是村内绿化、亮化、村道路硬底化、小型水利修建、公厕建设、垃圾收集点建设、文化室建设等。其中：村内道路建设项目22个、小型水利设施项目18个、环卫设施项目5个、村美化亮化项目8个，小型桥涵6个、村级公共场所11个、其他公共设施3个。

【国家现代农业示范区建设】 2016年，仁化县发挥省级现代农业扶持资金"撬动"作用，发展粮食、油料、蔬菜、特色种植以及休闲观光农业等五大主导产业，沙田柚示范基地、山茶油综合开发、石斛种植基地、旭日葡萄园、蓝森生态园建设、智翔生态休闲农业等34个现代农业项目扎实推进，同步推进各功能区建设。

【农业品牌化建设】 2016年，仁化县实施农业品牌化战略，强化品牌意识，提高农产品附加值。6月16日，举办无公害认证培训班1期，仁化县周田镇李尚往来家庭农场等16家农业企业、合作社及家庭农场参加无公害农产品内检员培训。组织农业企业、经济组织申报有机食品认证、绿色食品认证及无公害认证，全年，有11家企业12名工作人员通过培训获得内检员证书，获得无公害农产品产地认定证书企业3家，绿色食品认证复查换证产品1个、有机食品认证2个；组织企业申报广东省名牌产品、广东省"十大名牌"，有1家企业获广东省名牌，2家企业获得广东省"十大名牌"。组织推选农业企业等经营主体参加展示第十四届中国国际农产品交易会、第七届广东现代农业博览会、第二届韶关农博会等展销推荐会，参与企业12家，成功举办仁化县首届农业博览会，参展农业企业有105家。通报、奖励县域2016年新认定的广东省"十大名牌"仁化县红丹舒茶叶有限公司、仁化县红山镇富农茶叶专业合作社，"广东省名牌"广东丹霞天雄茶叶有限公司，广东省"名特优新"农产品广东富然农科有限公司、仁化县黄坑镇小溪柑桔农民专业合作社等7家企业、合作社，奖励资金21万元。开展"丹霞贡柑"农产品地理标志登记申报工作，成立工作领导小组，制订工作方案，有序进行登记申报各项工作。

【新型经营主体】 2016年，仁化县以新型农业经营主体培育为突破口，激发农村农业发展新活力，大力培育专业大户、家庭农场和农民专业合作社等新型经营主体，积极开展省市级龙头企业、示范社等创建活动。2016年，鸿伟木业（仁化）有限公司通过申报，审核等程序，被认定为省级农业龙头企业；全县新成立农民专业合作社18家，其中：仁化县红山镇富农茶叶专业合作社认定为国家级示范社，仁化县长坝惠香农民专业合作社认定为省级示范社，仁化县丹山红茶叶专业合作社认定为市级示范社；辉强家庭农场、顺天家庭农场认定为市级家庭农场。全年，全县有4家省级农业龙头企业、13家市级农业龙头企业，县级以上农业龙头企业22家，农民专业合作社269家，其中，国家级示范社1家、省级示范合作社9家，市级示范合作社11家；家庭农场66家，其中，市级示范家庭农场6家。

【科技培训推广】 2016年，仁化县壮大农业科技推广队伍。2016年，聘请省、市、县级专家、技术指导员59人，遴选科技示范户460户。聘请的省市专家及本土专家、技术指导员下乡积极深入农户（科技示范户）、田间开展现场培训和指导，入户指导5000余人次。在大桥、扶溪、黄坑等镇开展"送科技下乡活动"活动，到现场指导专家48人次，为农民群众答疑解惑400多人次，发放农业科技知识资料5000多份，发放化肥、农作物种子等农用物资一批。加强全县农技人员培训，继续以基层农技推广体系改革与建设补助项目为依托，在省、市、县举办农技人员培训班4期，培训农技人员250多人次；加快推进新型职业农民培育工作，制定《仁化县新型职业农民培育认定管理办法》《仁化县新型职业农民扶持奖励办法》，全年举办新型职业农民培训班16期，培训农民1200多人次。

【农产品质量安全监管】 农业行政执法。2016年，制定《2016年仁化县农产品和农资产品打假专项行动方案》《春季农资打假专项行动方案》，开展各类种子、农药、肥料、农产品质量安全专项整治行动，加大全县农资经营网点执法巡查，采取检打联动、部门联合等形式，打防结合，严厉打击制售假冒伪劣农资、禁用农兽药等违法经营、使用、添加行为，依法保障农业生产和农产品质量安全，维护农民群众合法权益。全年，县农业局出动执法人员1037人次，检查农资经营网点363家次，联合工商、质监、公安等部门开展农资市场综合执法检查2次。查处违法案件7起。

农产品检测。2016年，仁化县制定《2016年仁化县农产品质量安全监测方案》，并将生产基地农产品的例行监测范围从生产基地向批发市场、农贸市场和超市延伸，突出重点季节、重点环节和重点产品定期、定点监测，做到定期检测与不定期抽查相结合、农产品基地检测与农贸市场抽查相结合、监督监测与风险监测相结合。2016年，仁化县农检站抽检蔬菜样品2480批次，合格率99.68%。12月，仁化县农检站新购置高效液相色谱柱后衍生仪、原子吸收光谱仪、高效微波消解萃取系统等大型检测设备，完善县农检站实验室检测设施。

农产品产地重金属污染防治监测。2016年9月，仁化县根据《韶关市农产品产地土壤重金属监控点布设方案》要求，做好仁化县省级农产品重金属监控点标志牌树立、监控点土壤及农产品样品抽取及建立档案，完成第一批12个“省控点”布设工作。完成韶关市下达给仁化县的78个农产品监测点农产品采样工作。完成第二批12个“省控点”定点、农产品样品采集工作。

【农村综合改革】 2016年，仁化县开展农村“三资”清理和“三资”管理服务平台建设，全县109个行政村实行“村财镇管”，完成县、镇（街）、三级“三资”管理交易服务平台建设，实现与全市农村“三资”管理服务平台有效对接；全面稳妥推进农村土地承包经营权确权登记颁证工作，完成1.7923万公顷396000块地块外业指界工作。有序开展农业互联网试点小镇、农村普惠金融、农业“政银保”项目等试点工作。

【“丹霞彩虹”省级新农村示范片建设】 2016年，全县完成项目立项、规划设计招投标、规划编制（总体规划和建设规划）、施工图设计和审查、预算编制和审核、规划许可办理、项目监理和施工招投标工作。截至2016年12底，片区内投入资金1.2亿元，其中省级专项资金规划投入6305万元，用于村庄道路、绿化、给排水、外力面改造、文娱场广场等33个公共设施建设项目，均进入施工阶段。整合其他资金5798万元，启动项目23个。完成长坝河口村、夏富村太阳能路灯、村道硬底化和瑶塘新村路基平整、长坝村视频联网监控、青湖塘新村供水、供电、村道硬底，瑶塘新村供电工程等16个项目。

【“精准扶贫、精准脱贫”工作】 2016年，仁化县围绕协调推进“四个全面”战略布局，贯彻落实创新、协调、绿色、开放、共享的发展理念，坚持“精准扶贫、精准脱贫”基本方略，协调动员各方面力量，扎实推进脱贫攻坚各项工作。全年，全县新时期“精准扶贫、精准脱贫”对象有相对贫困村33个，建档立卡相对贫困户3665户10378人，一般贫困户1683户5767人，低保贫困户1684户4294人，“五保”户298户317人。

加强领导，制定方案。2016年，仁化县成立以县委书记为组长，县长为第一副组长的仁化县新时期“精准扶贫、精准脱贫”工作领导小组，11个镇（街）和机关行政事业单位相应成立新时期“精准扶贫、精准脱贫”工作领导小组。结合实际，制定《仁化县新时期“精准扶贫、精准脱贫”三年攻坚实施方案》《仁化县新时期相对贫困村定点扶贫工作方案》《仁化县新时期分散贫困人口精准脱贫攻坚工作方案》。制定产业扶贫、金融扶贫、教育扶贫、医疗扶贫、社会保障扶贫等配套文件18个，打好“精准扶贫、精准脱贫”工作“组合拳”。

选优配强，保障队伍。2016年，全县选派年轻副科级干部23人担任驻村工作副队长兼第一书记，配合东莞对口帮扶单位开展帮扶工作；派驻县直和市垂直管理单位88个对口帮扶全县81个分散相对贫困人口所在村（居）委会，每村还配备至少1名联络员驻村开展帮扶工作。

加强培训，提高能力。加强驻村干部业务培训，提高驻村干部“精准扶贫、精准脱贫”工作业务素质和能力。全年，全县举办“精准扶贫、精准脱贫”工作业务培训班7期，培训人数1585人次。

加大宣传，营造氛围。利用会议、张贴标语、悬挂横幅、制作宣传栏等形式，全面宣传新时期扶贫开发重要战略思想、决策部署和政策举措，营造全社会共同关注、支持、参与扶贫氛围。全年全县：张贴标语1840份，制作宣传专栏125块，悬挂横幅176条，印制户宣传资料5200份。

加大投入，提质增效。2016年，全县投入1009.04万元修复和完善农田灌溉陂头、水渠、机耕路，兴建2个文体广场和增添休闲活动器材，完成13公里道路硬化和路桥建设、安全饮水改造工程3宗，开展村庄亮化、美化、排水排污、生活垃圾处理、改水改厕等农村环境综合整治工作，村民生产生活条件和环境有明显改观。截至2016年年底，全县有2578人实现如期脱贫。

【高标准农田基本建设】 2016年，仁化县做好“十二五”期间高标准基本农田建设项目工程收尾和验收工作，共11个项目，涉及长江镇、董塘镇、城口镇33个行政村，项目总投资7529.74万元，整治农田面积3053.33公顷。其中，2012年、2013年项目通过市级验收确认，2014年项目完成县级验收，2015年项目完成单项工程验收。抓好2016年高标准基本农田建设项目选址、可研、立项、设计、专家设计评审等前期工作，项目建设地点为董塘、城口镇2个镇，建设面积586.803公顷，总投资1320.30万元，截至2016年11月，完成招投标工作。

【招商引资】 2016年，县农业局引进仁化县润哲农业发展有限公司贡柑种植项目、西贝园沙田柚种植项目、回归田园有限公司贡柑种植项目3个项目，投资总额达5000万元，落实投资2400万元。

仁化县农业局负责人名录：

局　长：梁钰清（任至2016年10月）
　　　　梁　炜（2016年11月任职）

副局长：成晋荣　冯金财
　　　　王金焕（女）

（刘志强　谭细远）

种植业

【概况】 2016年，仁化县农业技术推广中心（简称“县农技推广中心”）以开展“两学一做”学习教育活动为契机，深入贯彻中共仁化县委、县政府一系列决策部署，立足本职，勇于创新，扎实开展工作。

2016年，全县农作物播种面积4.16万公顷，其中粮食播种面积1.62万公顷，占农作物播种面积38.9%，平均亩产423公斤，总产102853吨，比上年总产减少701吨。水稻播种面积1.23万公顷，亩产452公斤，总产83513吨，比上年总产减少1295吨，下降1.5%。花生种植面积8639.2公顷，比上年增加182.67公顷，增长2.2%；总产33650吨，比上年增加840吨，增长2.6%。果树种植面积5723.07公顷，比上年增加667.73公顷，增长13.2%；总产63260吨，比上年增加5562吨，增长9.6%。

【农田土壤重金属污染修复试验示范】 2016年，县农技推广中心加强与科研单位、涉农企业合作，继续在董塘镇高宅村，选择典型重度土壤重金属复合污染区，开展多种不同类型修复技术试验示范。应用生物修复技术缓解重金属毒性，恢复农作物正常生长。利用土壤调理剂技术钝化土壤重金属活性，减少重金属向农作物根部迁移能力。采取阻隔剂技术阻断农作物根部重金属向可食部位迁移。筛选水稻重金属低累积品种，利用水稻自身生理特点减少重金属吸收。全年，晚造引进90多个国家的水稻品种资源400多个。在各单项试验的基础上开展综合技术试验。协助省农科院资环所（中科院河南棉花所）开展棉花品种筛选试验示范，参试品种40多个，面积0.73公顷；开展土壤重金属污染农田种植玉米应用生物炭基改良剂技术推广示范，试验面积0.37公顷；协助广东省生态环境与土壤研究所开展铁基材料对稻田土壤砷镉复合污染钝化效果试验，铁基材料长效试验，不同材料钝化效果试验，本泥炭对稻田土壤砷镉复合污染钝化效果试验，水稻叶面阻隔试验，生物碳大田应用示范，叶面硅肥大田示范等试验示范，实施面积14公顷。通过印发大量农田土壤重金属污染防控技术资料，结合科技下乡、悬挂横幅、树立示范牌、召开现场观摩会等形式，提高广大农民群众对土壤重金属污染的认识，采取多种修复技术措施，根据污染程度，分类综合修复治理，对重金属污染形成层层阻控，最大程度实现污染土壤农产品安全生产目的。仁化县土壤重金属污染修复工作得到上级各有关部门肯定。2016年11月，广东省农产品产地第二批“省控点”建设培训班在仁化举办，县农技推广中心作土壤修复经验成果介绍。

【水稻品种试验示范】 2016年，县农技推广中心继续开展品种试验工作，承担韶关市植保植检与种子管理站安排的水稻早、晚造新品种大田示范任务。示范目的是在统一栽培管理条件下，从中选出合适丰产、抗病优良品种，提供大田生产科学依据。全年筛选出一批适合全县推广种植丰产、抗病优良品种。其中，早造参试水稻组合有五丰155 、早优736、吉田优622、卓优4号、五优1121、华优665（CK）等6个，表现较好品种有吉田优622、卓优4号；晚造参试水稻组合有星优766 、双优260、吉优华占、五优116、五优T86、裕优9822、深优9708（CK）等7个，表现较好品种有五优T86、五优116、裕优9822等。

【水稻“三控”技术新技术推广】 2016年，县农技中心加强与广东省农科院水稻研究所合作，在董塘镇高莲村建立连片20公顷水稻“三控”技术示范片；在扶溪镇紫岭村进行水稻“三控”技术低碳节水试验，取得良好试验示范效果，为全县农业发展，实现节支增效，找到新突破口和增长点。

【土壤有机质提升】 2016年，仁化县在省市部门支持下，建立绿肥、油菜示范片6个，面积100公顷。其中：绿肥66.67公顷，集中分布在董塘镇高莲村13.33公顷，石塘镇石塘村13.33

公顷，红山镇烟竹村10公顷，长江镇石印村6.67公顷，其他镇村23.33公顷；油菜33.33公顷，集中分布在丹霞街道办夏富村20公顷、车湾村6.67公顷，长江镇石印村6.67公顷。项目实施后，示范片土壤理化性状得到明显改善，土壤有机质含量稳定提高，年粮食增产3%以上，减少化肥施用量10%以上。示范带动全县推广种植绿肥（油菜）666.67公顷以上。通过以点带面，示范带动农民种植绿肥、油菜，促进全县耕地质量稳步提升。

【测土配方施肥技术普及应用稳步推进】 2016年，县农技推广中心检测土壤样品105个，完成项目检测500多项次；制备样品500多个，其中植物样品82个。全县推广测土配方施肥面积2.8万公顷（配方肥施用面积2万公顷），其中水稻1.23万公顷、花生0.53万公顷、果树0.4万公顷。举办测土配方施肥技术培训班20期，培训镇、村技术骨干100人次，培训农民3000余人次，发放技术资料20000余份；发放施肥建议卡50000张，应用农户37800户，覆盖109个行政村和1000多个自然村。在董塘镇高莲村、红星村建立2个千亩镇级测土配方施肥示范片；建立10个百亩以上村级测土配方施肥示范片。以整村、整镇、整县“整建制”方式开展测土配方施肥普及行动，在石塘镇全镇开展测土配方施肥，石塘镇“整镇制”推进等区域配方肥施用比例达到化肥使用总量30%以上，扶溪镇紫岭村全村推广应用测土配方施肥。农民施肥结构得到改善，施肥习惯得到改变，科学施肥水平得到提高。在大桥镇安排水稻、花生测土配方施肥肥效试验示范2个。严格按照《广东省水稻（花生）测土配方施肥试验方案》进行田间肥效小区试验，通过试验示范，确保试验数据准确性和科学性，奠定全县完善测土配方施肥指标体系基础。

【农村能源工程建设】 2016年，县农业技术推广中心根据上级工作部署，及时下发文件通知，联合相关镇，对全县养殖场已建沼气工程运行和沼气使用进行安全排查，并对检查中发现的问题，提出整改措施，将情况及时上报，防范和遏制农村沼气安全事故发生。

【农科教育培训和农技推广】 2016年，县农技推广中心围绕中央、省、市有关农业农村工作精神，结合县域实际，以农业增效、农民增收为目的，结合国家农业综合开发科技推广项目、中央新型职业农民培训项目，特邀请省、市有关专家授课，促进全县农业新技术、新成果推广应用，提高全县农业科技覆盖率，推进全县产业化经营和农业市场化、现代化进程。全年举办各项实用技术培训班42期，直接受训人数3800人次，发放技术资料26000份。

【病虫预测预报及防控】 2016年，县农技推广中心按照科学发展观要求，坚持“预防为主、综合防治”植保方针，抓好水稻及经济作物病虫害预测、预报和疫情调查工作。工作人员做到深入田间、地头调查，克服酷暑高温、烈日曝晒困难，及时掌握各农时季节病虫发生动态，及时提供安全可靠、有效防治措施指导农户防治。全年，县农技推广中心下乡500多人次，行程2万多公里，向上级及各相关部门提出书面汇报110多次，电话汇报120多次，传真及电子邮件50多次，印发病虫发生情况简报9期（水稻5期，经济作物4期）1000多份。全年发出病虫预测与田间病虫发生情况完全吻合，准确性达98%以上，为上级农业部门制定生产指导性措施提供准确、可靠依据。加强花生、柑橘、蔬菜、茶树等经济作物病虫调查，不定期为农户解决柑橘、玉米、芋头、莲藕、西瓜、花生、茶树、蔬菜等生产中遇到的各种病虫发生及防治问题330次。按照省农业有害生物预警中心安排，2016

年，仁化县设立水稻、柑桔病虫监测点，从3月1日至10月31日共调查并填报病虫适时信息表540份，调查数据12000条，完成全年监测任务。

仁化县农业技术推广中心负责人名录：
主　任：邹华旭
副主任：涂新红　曾志平

（华少滨）

林　业

【概况】　仁化县林业局内设办公室、财务股、人事股、林政股、营林科教股（县绿化委员会办公室）、政策法规股、森林防火办公室（县森林防火指挥中心）、林权争议调处办公室，下辖公安森林分局和12个林业工作站、6个林场、3个木材检查站，以及林业资源管护大队、林场管理总站、竹类资源管理站、生态公益林管理中心、森林病虫害防治检疫站、林业资源及产权登记管理中心、林业调查规划与资源资产评估中心和林业科学研究所（茶叶研究所、苗圃场）等直属事业机构。

境内自然保护区和森林公园主要有丹霞山国家级自然保护区、高坪省级自然保护区、粤北华南虎省级自然保护区、仁化林场省级森林公园、澌溪湖省级湿地公园、斯鸡山自然保护区、锦城省级森林公园、锦江湖县级湿地公园、闻韶镇县级森林公园等，以及各镇级森林公园。县内驻有丹霞山管理委员会，高坪省级自然保护区办事处，市属国营仁化林场，非公有制林茂林场、云格林场等。全县有木竹加工企业90余家，其中上规模林产品加工企业有鸿伟木业、奥达胶合板公司、富然农科等10余家。

2016年，仁化县林业用地面积17.35万公顷，森林覆盖率87.92%。

2016年仁化县各镇（街道）林业用地情况表

表7　　　　单位：公顷

单　位	林业用地总面积	生态公益林面积	商品林面积	森林覆盖率（%）
仁化县	173491.8	66986.8	106505	78.92
城口镇	20888.8	6881.7	14007.1	89.07
红山镇	15214.6	5308.2	9906.4	89.4
长江镇	23616.1	8164.9	15451.2	83.61
扶溪镇	14920.5	4865.8	10054.7	82.48
闻韶镇	7260.6	2760.8	4499.8	85.29
丹霞街道办	10001.5	4720.2	5278.1	134.01
董塘镇	12385.8	6455.5	5930.3	49.2
石塘镇	5493.5	1829.4	3664.1	66.6
黄坑镇	13717.3	4419.4	9297.9	78.55
周田镇	22193.9	6743.1	15450.8	77.9
大桥镇	14287.4	8348.3	5939.1	80.97

续表7

单 位	林业用地 总面积	生态公益林 面积	商品林 面积	森林覆盖率（%）
红城林场	3661.8	918.9	2742.9	88.26
长江林场	1778.1	444	1334.1	88.15
小楣水林场	4559.6	2318.5	2241.1	95.74
长坑林场	1406.6	1068.8	337.8	92.6
霞山林场	1281.4	971	310.4	61.07
丹霞山	773.5	768.3	5.2	85.87
苗圃场	54		54	82.35

【林业生态文明建设】 2016年，仁化县林业生态文明以建设“生态、活力、幸福”新仁化为目标，以造林绿化、森林抚育、乡镇森林公园及县湿地公园建设、封山育林为重点进行组织实施。全年全县完成：造林1000公顷，新规划建设镇级森林公园3个、县级锦江湖湿地公园1个，11个镇（街道）16个乡村绿化美化自然村规划建设工作。

【造林及义务植树】 2016年，全县完成造林1000公顷，其中，人工造林346.67公顷、基地更新300公顷、低产林改造353.33公顷；林业大田育苗1.87公顷130万株、容器育苗0.2公顷9.5万株；中幼林抚育6206.67公顷，封山育林133.33公顷。春季抓好造林工作，动员全民行动植树造林，全县完成义务植树56.8万株，参与义务植树13.76万人次。

【乡镇森林公园建设】 2016年，仁化县按照《广东省森林公园和湿地公园建设规划》要求，开展森林公园和湿地公园建设工作，为全县人民及各方游客提供新的游览景观及休闲活动场所。年内，新建大桥镇、黄坑镇、石塘镇镇级森林公园各1个，新建锦江水库锦江湖湿地公园1个。

【乡村绿化美化】 2016年，仁化县在11个镇（街道）规划实施并完成16个自然村乡村绿化美化工程，其中，有董塘镇大元村、老村，红山镇高坪村、五渡村、排子村，石塘镇乌猪嘴村，长江镇石角背村、寨角下村，城口镇上寨大村等。种植乔木、灌木绿化树20177株，有樟树、铁树、红花油茶、紫微、红千层、桃花、乐昌含笑、八月桂、杜英、罗汉松、四季桂、红叶石楠、红继木球、樱花、阴香等26个树种。16个自然村中，有省级示范点3个。

【生态茶园建设】 2016年，仁化县利用中央及省现代农业建设发展资金150万元，建成生态茶园20公顷，其中：丹霞天雄茶叶有限公司生态茶园建设13.33公顷，红山镇富农茶叶专业合作社生态茶园建设6.67公顷。发展散户种植茶叶40多公顷，其中：县财政按规定给予2000元/亩补助的有27.67公顷，其他零星种植13.33公顷。

【森林防火工作】 2016年，仁化县落实森林防火工作“预防为主，积极消灭”方针，以抓责任、强队伍、夯基础，治隐患、严管理、重扑救、保安全为抓手，全面提升森林防火综合防控能力。一是重落实。按考核制度，层层签订责任书、层层抓落实。二是重宣传。投资3万元购买户外播放器250台，用于宣传森林防火等林业法律法规。三是重队伍建设。在大岭工业园实战演练森林防火，对主管领导、护林员、森林专职消防队等120多人进行防火实战演练，提高森林防火指挥能力及火灾处置能力。全年全县没有发生森林火灾。

【林政管理】 严控森林采伐限额。2016年，仁化县严格按照“十三五”期间年森林采伐限额数量，根据《广东省人民政府关于全省“十三五”期间年森林采伐限额的批复》（粤府〔2016〕252号）控制林木采伐数量不突破上级下达全县的年森林采伐指标，全年全县核发林木采伐许可证201份，限额采伐林木蓄积量63119.27立方米，林木出材36950.62立方米，采伐林地面积821.8公顷，均控制在采伐限额范围内。

做好林地保护工作。做好征占用林地审核上报工作，全年全县受理征占用林地手续18宗，主要包括仁新高速公路、仁化县城镇基础设施建设等，涉及使用林地面积约73公顷。完善林地征占用审核审批制度，坚决遏止林地资源非法流失，有效保护全县林地资源。

严格保护野生动植物。年内，县公安森林分局结合每“鸟节”“爱鸟周”活动，会同森林公安、县工商、县渔政大队及县电视台等单位，对县城内、丹霞山风景区及董塘镇的主要市场、酒家、饭馆开展野生动物清查行动。结合省对H7N9禽流感监测防控工作部署，县公安森林分局多次会同各职能部门加大集贸市场、酒楼饭店等场所检查力度，严厉打击非法收购、出售、加工经营野禽等违法犯罪行为，确保人民生命财产安全。全年组织野生动物专项执法检查行动20余次，出动人员共450余人次，收缴各类保护野生动物550余只（条），并及时放生。

仁化县林业局负责人名录：

局长、党委书记：邓志立
（任至2016年10月）

局长、党组书记：廖永香
（女，2016年10月任职）

副局长：谢文桥　黄文胜
邓志华

党总支书记：谢文桥

（李兴歌　郭六生）

畜牧兽医水产业

【概况】 畜牧生产。2016年，全县生猪出栏量17.08万头，存栏量11.97万头，分别比2015年增长－1.2%、－1.3%，能繁母猪12627头（其中温氏丹霞分公司8000头），比上年增长1.1%；家禽出栏量119万羽，存栏量75万羽，分别比2015年增长1.6%、1.3%；山羊出栏量6936只，存栏量3934只，分别比上年增长－5.5%、－4.5%；牛存栏量6590头，与上年持平；人工种植牧草面积324公顷，与上年持平。

渔业生产。2016年，全县：养殖总水面1783公顷，其中池塘1088公顷，山塘水库695公顷，养殖总面积与2015年持平；水产品产量9656吨，其中池塘7162吨、山塘水库1564吨、淡水捕捞930吨，总产量比2015年增加224吨，增长2.4%；鱼苗产量2.6亿尾，鱼种产量473吨，投放鱼种626吨。

【畜牧业惠农政策落实】 一是开展政策性家禽生猪保险工作。2016年10月，韶关市召开政策性家禽生猪保险推动工作会议。会后，县畜牧兽医水产局转发相关文件并召开县镇两级专项工作会议，截至2016年12月底，完成政策性生猪保险业务2单，投保生猪1000头，完成市下达任务。政策性生猪保险保费每头20元，其中政策性补贴15元（中央8元、省4元、市县各1.5元），农户5元。二是继续开展政策性能繁母猪保险工作。能繁母猪保险费每头60元，其中政策性补贴保险费每头53元，农户负担保险费为每头7元。全年全县能繁母猪投保11235头次，母猪死亡370头，理赔金额37万元。三是继续开展“全国基层农技推广补助项目”活动。活动内容主推品种三元杂交猪、草鱼、三角鲂、罗非鱼，主推技术三元杂交猪养殖技术、草鱼健康养殖技术、鱼类防病技术。全年全县有生猪养殖科技示范户50户、水产养殖科技示范户10户，设技术专家组2名，技术指导员6名，畜牧水产小组获全县该活动项目年度二等奖。

【开展特色养殖业】 白鸽养殖是仁化县特色养殖业之一。其中，仁化县董塘镇联创白鸽养殖农民专业合作社（2014年6月成立，2015年1月成立仁化新农人生态农业发展有限公司）是典型。该合作社肉鸽养殖技术上与广东家禽研究所建立技术指导与技术合作关系，生产设施上引进全自动喂料机3套，建设冰库，经营上采用“公司+基地+农户”生产经营模式，销售上建立“互联网+电商平台”走向市场。2016年，该合作社有社员29户，从业人员60人，种鸽存栏量2.4万羽，年产乳鸽、肉鸽43.2万羽，产值518万元。

【动物防疫】 *动物疫情*。2016年，仁化县未发生高致病性禽流感疫情，高致病性猪蓝耳病、猪瘟、鸡新城疫呈零星散发。

动物免疫接种工作。2016年，仁化县采取政府保密度、畜牧部门保质量开展免疫接种工作，动物免疫接种对牲畜口蹄疫、高致病性猪蓝耳病、高致病性禽流感、猪瘟、鸡新城疫重大动物疫病要求免疫率100%。全年全县免疫接种猪瘟31.8万头、猪口蹄疫31.8万头、牛羊口蹄疫1.96万头、高致病性猪蓝耳病29.6万头、高致病性禽流感195.6万羽、鸡新城疫132.0万羽、小反刍兽疫0.85万头，免疫率均在97.5%以上。

基层技术人员培训。2016年，仁化县选派镇（街道）兽医站及村级防治员分3批10人次参加省市防疫技能比武培训。

行政审批。2016年，全县审核办理“兽药经营许可证”3个，“动物防疫条件合格证”6个。

【动物检疫】 *动物产地检疫*。2016年3月，仁化县在原来丹霞产地检疫点基础上新增长江动物产地检疫点，开展动物检疫证明电子出证。全年生猪产地检疫17.5万头，羊产地检疫0.21万只，家禽产地检疫37.2万羽。

动物屠宰检疫。2016年，仁化县设立丹霞、董塘、周田3个镇（街道）生猪屠宰场专人检疫组，全年生猪屠宰检疫5.1万头。

【病死畜禽无害化处理】 2016年，全县全面开展养殖和屠宰环节病死生猪无害化处理工作，无害化处理方法有深埋、化制、焚烧等。全年养殖环节无害化处理生猪9138头，无害化处理补贴73.104万元，屠宰环节无害化处理病猪及其产品5840千克。

【动物疫病监测】 一是动物疫病监测。2016年，仁化县动物疫病监测病种主要有猪瘟、牲畜口蹄疫、猪繁殖与呼吸综合征、高致病性禽流感H5N1、H7N9、鸡新城疫、小反刍兽疫、耕牛血吸虫、猪布病、牛结核病、羊痒病、狂犬病等12种。监测工作分日常监测与集中监测两部分开展，采集动物血清、咽喉、鼻腔、泄殖腔拭子、可疑病料送省（市）监测。全年血清学监测禽血清2140份、牲畜血清937份，病原学监测畜禽咽喉、鼻腔、泄殖腔拭子1235份，可疑病料106份，监测结果均为阴性；完成1例人感染猪链球菌病流行病学调查。二是原种畜禽场常规检测。2016年，全县新增原种畜禽场常规检测任务1项，对温氏种猪场抽取种猪血清60份，主要检测猪蓝耳病、猪伪狂犬、圆环病毒等。三是畜禽质量安全监督检测。采用定性检测与定量分析相结合方式开展监测。在养殖、屠宰环节、供莞生猪环节全年开展沙丁胺醇、莱克多巴胺、盐酸克伦特罗等瘦肉精的检测3200份，检测结果全部阴性；开展省市级畜禽产品质量监测禽肉10份、禽蛋10份、猪肝10份、猪肉10份、猪尿31份，检测结果全部合格。四是配备牛、犬专用防疫、监测抽血固定架3个。

【兽药饲料监管】 2016年，全县达到兽药GSP要求经营门店9家，饲料经营门店16家。全年出动执法人员340人次，检查整治兽药饲料经营场所118店次、养殖场250场次；配合县农业局完成兽药店行政执法1例，处罚金额2054元。

【养殖污染整治】 2016年，县畜牧兽医水产局配合县环保部门及各镇（街道）指导和督促养殖场整治养殖污染工作。年内，通过国家环保部验收认定养猪场6家，完成市下达减排任务。

【龟鳖养殖】 2016年，全县有龟鳖养殖户50户，主要龟鳖养殖有黑颈龟、三线闭壳龟、平胸龟、斑眼龟、黄喉拟水龟等；办理“驯养繁殖许可证”41户，比上年增加31户；办理“经营利用许可证”8户，比上年增加2户。

【水产养殖病害监测预报】 2016年，仁化县开展水产养殖病害监测预报工作，科学指导水产养殖户做好生产管理与疫病防控等工作，在县内设立4个监测网点，监测鱼塘面积30.07公顷，监测品种有草鱼、鳙鱼、鲢鱼、鲫鱼、罗非三角鲂等品种，监测病种有草鱼三大病（赤皮病、烂鳃病、肠炎病）、小瓜虫病。全年鱼病监测样本100个（草鱼三大病、小瓜虫病各50个），监测结果为合格，完成市下达100个样本监测任务。全年全县未发生重大水生动物疫情。

【韶关市水产行业协会仁化分会成立】 2016年8月，韶关市水产行业协会仁化分会成立。该分会有会员10人。年内，该分会发挥水产行业指导、交流信息、产品销售、与政府主管部门交流沟通作用，提升全县水产行业整体竞争力，促进行业持续健康发展。

仁化县畜牧兽医水产局负责人名录：

局　长：何　旭

副局长：谢增纲　蓝长旺

邹华旭　涂新红

曾志平

总畜牧兽医师：申广秋

（董朝元）

农业机械

【概况】 2016年，仁化县农业机械管理局（简称“县农机局”）围绕中共仁化县委、县政府“四化推四区”战略部署，以广东省农业机械化示范县项目为驱动，结合农机购置补贴工作，提高全县农业机械化水平，促进农业增效、农民增收。截至2016年年底，全县：农业机械总动力119521千瓦，其中拥有12K（匹马力）以上拖拉机2784台、联合收割机870台、水稻插秧机196台、其他农机具一大批。农业机械化方面，全县水稻综合水平达72.34%，其中机耕率97.6%，机插率20%，机收率91%；农作物综合水平45.95%。

【农机安全】 2016年，县农机局围绕县委、县政府关于安全生产工作部署，结合单位职能实际，强化组织领导，落实责任制度，狠抓农机安全监理，确保安全生产无事故。坚持“安全第一、预防为主、综合治理”方针，开展农机安全生产各项工作，层层签订农机安全生产管理责任书，落实各级工作任务和责任，形成齐抓共管局面。

贯彻落实安全生产目标责任制。年初，提请县政府组织召开全县农机安全生产工作会议，全面总结年度农机安全生产工作开展情况，研究部署农机安全生产工作和农机安全生产管理工作计划。由县人民政府与各镇（街）签订《仁化县农业机械安全生产责任书》、县农机局与各镇（街）农机员签订《仁化县农业机械购置补贴管理责任书》，贯彻落实安全生产目标责任制和农机购置补贴有关要求。指定各农机专业合作社负责人为该社农机安全生产第一责任人，并要求合作社负责人与本社社员签订《安全生产知责、履责承诺书》，强化和明确各自农机安全生产责任。优化农机安全监理服务，组织全县农机监理人员、各镇（街）农机员开展岗位学习活动，提高农机监理人员业务能力素质。

建立责任包干、分组落实制度，贯彻落实安全生产“横到边、纵到底”工作要求。县农机局通过建立责任包干制，以班子带头、全员参与形式，区域管理全县各农机专业合作社、农机经销点、农机维修点以及农机户，针对不同区域不同情况分别进行农机安全生产指导和开展检查工作，确保农机安全生产工作实现常态化，有效提升全县农机安全生产工作水平和工作效率。通过成立由局长任组长安全生产工作领导小组，定期督查各责任包干区开展安全生产工作情况，对检查发现的问题及时进行研究，提出行之有效整改措施，确保农机安全生产零事故。

开展农机安全宣传与教育活动。开展各类安全生产现场咨询活动，通过印发《农机安全生产倡议书》《农机安全生产工作手册》《农机安全生产隐患排查要点》等宣传资料并派发至各农机专业合作社、农机经销点、农机手手中，借助电视新闻滚动标语、“企信通”短信平台等渠道，开展农机安全生产宣传工作。适时组织开办农机操作员培训班，并与农机操作员签订《拖拉机安全生产责任书》，提高农机手农机安全生产业务水平。

做好农机安全生产隐患排查工作。在认真做好日常农机安全监理工作之余，在元旦、春节等重大节假日前以及春耕备耕期间，组织各农机专业合作社、农机经销点、农机大户开展农机安全生产隐患排查工作，通过随时查、随机查方式，提高各农机行业、农机户严格遵循安全生产有关规定自觉性和主动性。将再次修订完善的《仁化县农机维修行业安全生产工作制度》发放到各维修点，明确农机维修网点安全生产职责、工作环节安全管理程序，确保安全生产有关制度贯彻落实和有效执行，提高全县农机安全生产和农机监理水平，确保全县农机安全生产零事故。

开展联合执法专项整治行动。配合公安交警等职能部门，集中力量对重点区域、重点路段存在的无牌（无证）驾驶拖拉机、拖拉机超载、超速、违规载人及酒驾等影响交通秩序、存在安全生产隐患情况进行重点治理，降低道路交通事故拖拉机涉案率，提升全县农机“三率”水平。适时联合县工商、质监等职能部门开展农机具打假专项整治行动，通过开展“地毯式”排查全县农机经销点、农机专业合作社，杜绝因假冒伪劣产品引发的各类安全生产事故。主动联系县安监、消防等部门，对各农机专业合作社、农机经销点、农机维修点等农机行业生产车间、库棚、机具进行检查，重点加强防火、防盗、防雷工作。加强与各农机行业沟通联系，经常到各农机行业走访，开展安全生产工作业务指导，实现农机安全生产工作常态化。

全年全局签订各类安全生产责任书22份、承诺书189份，累计印发“农机安全生产倡议书”等宣传资料6万余份，发送农机安全生产有关宣传短信5000余条，播报、刊登横幅、宣传标语25条，修订、完善农机安全监理、农机安全生产工作制度2项。组织开展农机安全生产隐患排查活动45次，累计出动农机监理人员182人次，检查农机合作社、农机经销商、农机大户68家。联合县安监、交警、工商、质监等职能部门开展专项联合整治行动8次，累计出动车辆21台次，出动监理人员55人次，稽查拖拉机（农用车）85辆，其中查处拖拉机违规案例29起，扣押无牌行驶农用车1辆、教育违规驾驶拖拉机驾驶员28人次。全年，全县无农机安全生产事故发生。县农机局在全县安全生产工作考核中，被评为2015年度县级安全生产工作考核“优秀单位”。

【农机推广】　2016年，县农机局根据省农业厅、财政厅《关于印发广东省2015—2017年中央财政农业机械购置补贴实施方案的通知》（粤农业〔2015〕35号）要求，按照《仁化县2015—2017年中央财政农业机械购置补贴实施方案》有关工作部署，确保全县农机补贴工作规范、有序开展，通过发送宣传短信、播报宣传标语、编印《广东省农机购置补贴机具补贴额一览表（仁化适用机具节选）》《中央财政购机补贴额度范围》等形式，做好农机购机补贴、深松整地作业补贴等有关惠农强农扶持政策宣传工作，扩大农机补贴政策知晓率、覆盖率、政策执行透明度。全年，全局印发农机购置补贴宣传资料60000余份，发送政策宣传手机信息12000余条，刊登、发布购置补贴消息8条，印发购机补贴政策问答18000份。受理农机补贴申请书209份，受益农户185户；累计补贴机具209台，补贴金额98.081万元。

【农机培训】　2016年，县农机局按照“立足农村、面向农民”培训宗旨，以“实际、实用、实效”为原则，紧贴农民实际需求，结合实施农机购置补贴、机械化生产示范等工作，做好农机技术培训和农机社会化服务工作。通过召开专题工作会议、行业经验交流座谈等形式，多次组织全体干部职工、各镇（街）农机员、各农机专业合作社负责人着重对国家惠农政策、农机化法律法规、农机购置补贴政策、农机安全生产等内容进行系统学习，加强农机管理人员业务水平。延续实施拖拉机驾驶证考证培训费用减免方案，通过减免部分拖拉机驾驶证培训费用，促进农机手参与拖拉机驾驶培训及考取拖拉机驾驶牌证积极性，提升拖拉机驾驶员操作水平和农民安全生产意识。结合农机技术推广工作开展，多次举办农机操作培训班、农机操作现场演示会以及农机运行原理知识讲解等农机技术培训活动，拓展技能培训渠道和活动覆盖面。结合农机安全生产事故应急演练活动，围绕农机事故应急救援等重点环节，学习人工呼吸、心肺复苏等应急救援科目，提高农机事故应急救援能力。全年，举办拖拉机维修技能竞赛1期、拖拉机驾驶员培训班3期、农机安全生产专题教育6期，开设各类农机具操作培训班4期，受益农户、农机手累计1600余人。

【农机专业合作社建设】　2016年，全县有农机专业合作社16家，其中国家级农机专业合作社示范社1家。年内，县农机局注重从政策、技术和资金方面，给予农机专业合作建设支持和帮助，引导其按照国家、省、市示范合作社标准来建设，指导其按照农机化服务市场化、产业化、社会化方向发展。省、市领导多次到仁化县调研考察农机合作社建设与发展情况，并给予高度评价。

仁化县农业机械管理局负责人名录：

局　长：李英云

副局长：冯碧云　李集发

（刘　勇）

工　业

综　述

【概况】 2016年，全县规模以上（简称“规上”）工业增长较快。全年全县规上工业增加值完成29.21亿元，比上年增长10.3%；完成规模以上工业总产值80.01亿元，比上年同期增长3.4%；中央、省属工业增加值18.49亿元，同比增长14.1%，县属工业增加值10.73亿元，同比增长4.1%。工业经济支柱行业中：有色金属行业增加值17.8亿元，比上年增长12.9%；电力行业增加值57811万元，比上年增长12.4%。主要工业产品产量增减情况：发电量同比上年增长17.8%，铅锌矿比上年下降1.3%，锌锭比上年下降0.7%，人造板比上年增长14.8%。

【存在问题】 缺乏新工业经济增长点，工业增加值增幅不大。2016年，仁化县没有建成大工业项目（工业增加值超亿元项目），新增工业增长点匮乏，导致无法拉动仁化工业经济发展。可新增规模以上企业数量不多，可新增规上企业产值不大，对新增经济增长点贡献力度不大。

产业结构不合理，制约仁化工业经济发展。2016年，仁化县支柱产业是有色金属行业、电力行业，“两高一资”（高耗能、高污染、资源性）是全县工业基本特征。县支柱产业中，代表性企业有深圳市中金岭南有色金属股份有限公司丹霞冶炼厂、深圳市中金岭南有色金属股份有限公司凡口铅锌矿、广东电网韶关仁化供电局3家企业。2016年，其工业增加值占全县规上工业增长值比重为64.4%，其中凡口铅锌矿工业增加值占全县规上工业增加值比重52.1%。由于凡口铅锌矿减产，全县工业经济呈现出下降趋势。2016年，丹霞冶炼厂用电量为5.4亿千瓦小时，比上年同期增长5.5%，占全县规模以上企业用电量54.3%，工业增加值2.04亿元，仅占规模以上企业增加值6.86%，消耗24.97万吨标准煤（等价值），占规模以上企业能耗56.39%。

产业集聚程度不高，缺乏工业园区资源调配。2016年，仁化县小企业创业基地对仁化工业经济发展贡献力量有限，没有新增规模以上工业企业，基地内各企业占地面积大，亩均产出率低。小企业创业基地内获土地使用证约52公顷，进驻企业20家，规模以上工业企业仅有5家，基地内工业增加值仅占规模以上工业增加值2.3%。仁化县有色金属循环经济产业基地建设速度过慢，园区内配套设施没有及时跟上。2016年，仁化有色金属循环经济产业基地规上工业增加值1.14亿元，同比下降0.2%。

【主要工作措施】 积极走访企业，为企业排忧解难，做好企业服务工作。2016年，仁化县以推进新型工业化发展为契机，动员全县力量促进经济发展，通过各挂点联系单位积极走访企业，了解企业在生产生活中存在的困难，及时为企业排忧解难，确保企业正常生产，实现县域工业经济增长。

强化经济运行监测预警。2016年，仁化县密切关注影响全县工业经济主要指标变化情况，正确研判形势，增强工作前瞻性、指导性。加强重点行业、重点企业、重点产品运行情况监测分析，强化生产调度和协调，增强工作针对性、有效性。实行每月召集相关经济部门召开经济分析会，及时发现和预警工业经济运行中出现的问题，科学应对调节，引导工业持续健康发展。

加大力度培育新增规上企业，为全县经济增添新鲜血液。2016年，仁化县积极走访县域规下企业，解决企业生产困难，形成“成熟一家，培育一家”工作理念，贯彻《仁化县关于促进民营经济加快发展的实施意见》精神，给予完成新增规上企业资金支持。做好准规模企业资料跟踪服务工作，配合统计局引导企业做好上规模资料准备、收集、整理、上报工作。2016年，完成广东漫联新能源科技有限公司、韶关凯鸿纳米材料有限公司、仁化县特普尔电子科技有限公司、广东讯天新能源有限公司、广东广纤竹业有限公司5家新增规上企业工作。

（肖润华　刘大旺）

电力工业

【概况】　2016年，全县水电站256宗（其中：锦电总公司4宗、县水务局属电站5宗、石塘镇4宗、董塘镇8宗、丹霞街道办3宗、红山镇40宗、长江镇74宗、扶溪镇27宗、城口镇39宗、闻韶镇10宗、大桥镇3宗、周田镇11宗、黄坑镇28宗）；装机容量18.3065万千瓦（其中：1万千瓦以上电站2座，装机容量3.67万千瓦；0.1万千瓦～1万千瓦电站24座，装机容量5.361万千瓦；0.1万千瓦以下电站230座，装机容量9.2755万千瓦）。全县水电站数与上年度持平，水电站装机增加0.26万千瓦；全县小水电年发电量8.34亿千瓦小时，比上年度增加2.85亿千瓦小时，增幅51.9%；发售电收入4.43亿元，比上年度增加1.45亿元，增幅48.66%。小水电年发电量和发售电收入创历史最好水平。但县水务局下属电站，由于高坪电站7月安全事故和火冲坑水电站机组改造，合计年发电量和发售电收入则有所减小。

【水电站管理】　一是水电站增效扩容。“十二五”期间，仁化县申报批复农村水电增效扩容改造项目7宗（三里亭电站、厚塘水电站、黄竹坪水电站、茅坪电站、水电站、小浒松水电站、火冲坑水电站）。截至2016年12月底，完成7宗电站增效扩容改造工程机组启动验收和验收工作。②农村水电安全生产标准化试点建设。根据《水利部办公厅关于开展农村水电站安全生产标准化试点工作的通知》（办水电〔2014〕50号）以及《关于开展农村水电安全生产标准化试点建设督导工作的通知》（粤水电农电函〔2016〕56号）文件要求和全国农村水电站安全生产标准化建设现场会会议精神，仁化县确定火冲坑、三里亭2座电站为开展农村水电站安全生产标准化试点电站，做好安全生产标准化试点各项验收准备工作。城口镇三里亭电站原装机2130千瓦（3×500千瓦＋1×630千瓦），增效扩容后装机为2520千瓦（4×630千瓦），更换基础设施，改进安全滞后项目，制定年度安全生产目标和相关安全生产制度，有关评审资料上报省水利厅相关部门申请验收。火冲坑电站原装机3200千瓦（2×1600千瓦），增效扩容后装机为4000千瓦（2×2000千瓦），电站增效扩容与农村水电安全生产标准化试点部分工作同步进行，制定年度安全生产目标和相关安全生产制度，有关评审资料上报省水利厅相关部门申请验收。

（刘　志）

【锦江电力开发总公司】　2016年，锦江电力开发总公司发电量26882.28万千瓦时，上网电量26334.86万千瓦时，总收入1.5268亿元，上缴财税5625万元（详见第214页分目“仁化县锦江电力开发总公司”）。

【火力发电】 仁化县火力发电项目由仁化县华粤煤矸石电力有限公司采用先进、适用技术装备和科学管理方法经营承担。该项目是2008年经国家发改委审核认定为第一批资源综合利用发电机组电厂。2016年，仁化县华粤煤矸石电厂通过提高能源利用效率和充分利用低能级资源，改善工艺，向社会提供高质量电力。全年，仁化县华粤煤矸石完成工业总产值35516.5万元，工业销售产值32437.8万元，累计工业产品销售率为91.3%，全年发电量74977万千瓦时，同比增长5.2%。

（肖润华　刘大旺）

仁化县锦江电力开发总公司

【概况】 仁化县锦江电力开发总公司（以下简称“锦电公司”）设行政办、党办、财务科、生技科4个科室，辖锦江电厂、黄屋电站、丹霞电站、瑶山电站、九龙岩电站、塘洞电站6个厂站。2016年，锦电公司职工总人数363人，其中在职290人，高级工程师2人，工程师49人。2016年，全公司发电量26882.28万千瓦时，上网电量26334.86万千瓦时，总收入1.5268亿元，上缴财税5625万元（其中，上缴税费4025万元，上缴财政1600万元）。年内，锦电公司严抓安全生产工作，实现全年安全生产无重大责任事故；获得“2014—2015年度‘国家守合同重信用’企业”、“韶关市2015年度模范纳税户”、“韶关市关心下一代工作先进集体”、市“粤北女职工文明岗”（锦江电厂后勤班）、县“2015年度人口与计划生育工作先进集体”等荣誉。

【技改和检修工作】 2016年，锦电公司节约各项开支进行锦江电厂计算机监控系统上位机升级改造，2台机组中修，1号机组下导油槽检修，110千伏仁锦线局部架空导线、避雷线更换，防洪墙基灌浆加固；黄屋电站2号机组转轮增效改造，1号厂变、1号机励磁变、2号机励磁变检修，2台集水井渗漏排水泵更换，尾水清理，大坝1、3、5号闸门支墩重新浇铸；丹霞电站1号机组定子线圈击穿抢修，1号机组增容改造，2台机组轴承油冷却系统技术改造，前池清污机检修；瑶山电站计算机监测监控系统改造（至此，完成公司所有梯级电站计算机改造），中控室继保屏微机保护改造，励磁装置改造，尾水清理，大坝下游左岸防洪堤修缮。通过技改和检修等工作，提高各厂站安全运行水平和经济效益，提升公司自主创新能力。

【职工教育培训】 2016年，锦电公司抓好选派技术人员到厂家、院校专业学习，技术比武培训，机组检修现场培训，师徒培训。选派党员干部到党校、进修学校参加政治思想学习，提高职工业务水平和工作能力。

【党建和党带工青妇工作】 2016年，锦电公司继续实施“将业务骨干培养成党员，将党员培养成业务骨干”的“双培”战略，将党务工作结合到企务工作中。组织完成党总支、支部换届工作，开展“两学一做”学习教育，社会主义核心价值观进企业、车间活动，“廉政文化进企业”活动，纪律教育学习月活动和反商业贿赂活动。定期召开党员干部廉洁从业情况分析会，公司中层以上领导干部每季度谈话提醒工作，开好领导班子民主生活会，组织中心组学习廉政教育案例，抓好廉政风险防控，推进党务公开和厂务公开等工作，以种种措施保证了党员干部廉洁从业。建立“劳模创新工作室”，开展“十佳员工”“十佳岗位女能手”评选活动等，建设幸福企业。

【库区农作物淹没补偿工作】 2016年，锦电公司通过采取汛前深入库区调查摸底、汛期调查走访受淹情况、汛后认真核实的主动办法，妥善做好库区农作物淹没补偿工作。全年，锦电公司发放受淹农作物补偿款56.555万元，无发生库区群众因农作物被淹而出现的上访事件，工农关系和谐。

【承担企业社会责任】　2016年，锦电公司积极承担企业社会责任，树立良好社会形象。年内，扎实抓好新挂扶点董塘镇五一村“精准扶贫”工作，组织中层以上干部对52户农户进行“1对1”帮扶，提供帮扶资金2.8万元，帮扶贫困户在学子女6人、发放助学金0.7万元，帮扶五一村委基础设施建设工程与贫困户危房改造投入资金4万元。开展好帮扶济困工作。帮扶仁化县教育局30万元、仁化县总工会10万元、石塘镇水利工程5万元、董塘镇5万元、董塘镇瑶族村1万元等共86.5万元，捐助患甲状腺癌职工周玉荣1.7685万元、中风职工黄冬松0.275万元，奖励高考取得优异成绩职工子女7名2.1万元，发放困难党员慰问金0.15万元。探望生病职工及其家属、慰问家有“红白事”职工、扶持库区困难移民，开展党员互助金捐款、广东扶贫济困日捐款、慰问退伍军人等活动，增强公司凝聚力，承担企业社会责任，树立良好社会形象。

仁化县锦江电力开发总公司负责人名录：

总经理：曾军干

副总经理：吴联成

李　颖

邓松胜（任至2016年5月）

郑荣权（2016年11月任职）

总工程师：雷自力（2016年11月任职）

（刘春香）

有色金属工业

【概况】　2016年，全县有色金属工业累计增加值为17.8亿元，占全县规上企业增加值60.9%。生产锌精矿11.47万吨，比上年下降1.3%；生产铅精矿5.53万吨，比上年增加0.6%；生产锌锭12.27万吨，比上年下降0.7%；生产铝型材8328吨，比上年下降48.7%；上缴利税总额50523万元。2016年，全县规模以上有色金属行业企业主要有凡口铅锌矿、丹霞冶炼厂、广东志成冠军电气器材科技有限公司、银海有色金属渣业集团公司、仁化县泰和元有限公司、韶关市鑫海仁丹钨业有限公司。

【有色金属冶炼工业重点企业】　*凡口铅锌矿*。隶属于深圳市中金岭南有色金属股份有限公司，是中国最大铅锌生产矿山。2016年，凡口铅锌矿完成铅锌金属量生产16.55万吨，比上年下降1.5%；年产值为17.6亿元，同比增长11.7%，年国地税收总额为31229万元，同比上年增长5.5%（详见第341页分目“深圳市中金岭南有色金属股份有限公司凡口铅锌矿”）。

中金岭南有色金属股份有限公司丹霞冶炼厂。2016年，丹霞冶炼厂利用凡口铅锌矿所产锌精矿中镓锗银稀贵金属含量高资源优势，建设资源节约型、环境友好型企业。全年，该厂生产锌锭11.98万吨，同比增长1.27%；实现生产产值18.47亿元，同比增长12.8%；上缴税金1422万元（详见第343页分目“深圳市中金岭南有色金属股份有限公司丹霞冶炼厂”）。

广东志成冠军电气器材科技有限公司。位于仁化县有色金属循环经济产业基地。2016年，该公司产值2.04亿元，铅酸蓄电池产量40.84万千伏安时，上缴税金938.3万元。

广东银海有色金属渣业集团有限公司。位于仁化县丹霞街道群乐村，主要生产粗铜、电解银、电解铅、二氧化锗、硫酸锌等产品。2016年，该公司年产值3.25亿元，上缴税金110.3万元。

仁化县泰和元有限公司。位于仁化县东湖工业区，主要生产仲钨酸铵及钨制品。2016年，该公司年产值1.14亿元，上缴税金83.6万元。

韶关市鑫海仁丹钨业有

限公司。位于仁化县桂花村，主要生产钨粉、碳化钨粉等产品。2016年，该公司年产值1.78亿元，上缴税金52.2万元。

（肖润华　刘大旺）

建材工业

【概况】 截至2016年年底，全县规模以上建材行业企业7家，占全县规上企业数量11.86%。全年全县建材行业企业累计产值3.45亿元，同比下降10%，累计增加值7399万元，同比下降11%，占全县规上企业增加值2.5%。

【铝型材重点企业】 仁化县博世铝业有限公司。该公司是韶关市铝型材重点生产企业，位于仁化县有色金属循环经济产业基地内。2016年，仁化县博世铝业有限公司投产，年内实现生产总值1.27亿元，上缴国家税收165.5万元。

【竹木加工业重点企业】 鸿伟木业（仁化）有限公司。系香港商人投资企业，是漳州鸿伟木业集团有限公司下属分公司，主要生产中高档刨花板、人造板及进行各种木材加工。2016年，该公司产值3.94亿元，同比增长17.4%，上缴税金2370.9万元。

仁化县奥达胶合板有限公司。仁化县奥达胶合板有限公司（原名韶关市竹胶板有限公司）是广东省唯一一家集科研、制造、检测为一体竹胶合板生产企业。2016年，该公司产值1亿元，同比增长8.3%，上缴税金190万元。

仁化县智能木业有限公司。是香港建溢集团在粤北投资兴建木制品玩具品生产企业，主要开发儿童智力木制玩具，辅以家私制造，兼生产各种竹木制品，产品出口销往欧美市场。2016年，该公司年产值5990万元，同比下降14.8%，上缴税金142.3万元。

（刘大旺）

农产品深加工工业

【概况】 2016年，仁化县农产品深加工规上企业主要有广东富然农科有限公司。

广东富然农科有限公司位于仁化县周田镇。2016年，该公司有油茶深加工基地8公顷，标准生产厂房1.2万平方米，产能1万吨茶籽生产线、2000吨精炼山茶油生产线和1.5万吨茶粕生产线各一条。2016年，该公司年产值5183万元，比上年下降4.4%，年产茶油1054吨，上缴税金36.7万元。

（肖润华　刘大旺）

工业园区建设与管理

【概况】 2016年7月19日，广东仁化丹霞旅游经济开发试验区管理委员会更名为仁化县丹霞旅游经济开发试验区管理委员会（简称“丹霞开发区”）。丹霞开发区属仁化县人民政府派出机构，设办公室、园区科和招商科3个副科级职能科（室）。主要负责县内工业园区开发建设和管理服务工作，管理小企业创业基地、坪岗工业园区、东湖民营企业工业园区3个工业园区。

2016年，丹霞开发区围绕中共仁化县委、县政府中心工作，实施“四化推四区”发展战略，完善园区基础设施建设，加强园区企业管理、服务，全力推进工业园区发展建设。截至2016年年底，开发区有入园企业22家，其中投产企业17家、在建企业2家。全年园区完成工业总产值8.98亿元，实现税收3225万元。引进项目1宗，签约资金1600万元人民币，完成投资1000万元，解决就业人数200人。

【小企业创业基地建设】 2016年，丹霞开发区按照县委县政府要求，以“四个全面”战略布局和“五大发展理念”为统领，积极适应新常态，主动融入“珠三角”，继续深入实施“四化推四区，转型促升级”发展战略，加强工作力度，加快工作进度，突出重点，抓好小企业创业基地建设，继续做强以工业园区为主战场的“生态、节约、科技、创税、规模”五型工业。

【工业园区扩能增效】 2016年，丹霞开发区根据仁化县新型工业工作会议精神及全县新型工业化目标管理实施方案有关规定，科学合理谋划园区功能定位和产业布局，对照产业发展指导目录，认真组织实施、加强沟通协调，加强挂点联系企业工作，切实帮助企业解决问题和困难。

【园区闲置土地清查】 2016年，丹霞开发区根据县委县政府工作部署，加强园区土地管理，实现集约用地，优化工业发展环境。继续对小企业创业基地用地情况进行全面清查，初步认定为闲置土地完全未动工建设的有8宗，面积为51.17公顷；对完成建设但未生产的企业3家，通过约谈企业对其宣传国家土地政策，最终达成协议，同意由政府通过招商引资盘活土地，提高开发区土地利用总体水平，推动园区经济更好更快发展。

【园区环境卫生综合整治】 2016年，丹霞开发区按照县政府加强工业园区环境卫生综合整治会议精神，研究制定《丹霞开发区园区企业环境卫生综合整治工作方案》。加强园区日常巡查工作，改善园区环境。年内，整治大岭工业园公路两旁卫生，铲除园区工业大道两旁杂草，清除园区大门“牛皮癣”；聘请2名卫生保洁员，对园区主干道实行全天候卫生清扫。与县环卫所联系，在园区大道两旁新添置垃圾桶，并与其签订垃圾清运协议。

【招商引资】 2016年，丹霞开发区以东莞虎门对口产业帮扶为契机，加大招商引资力度，采取以商招商、行业协会招商、网上招商、“一把手”招商、针对性招商、乡贤招商等多种招商方式，利用小企业创业基地闲置土地开展招商引资工作。截至2016年年底，引进项目1个：仁化县奥达现代农业发展有限公司，注册资金1600万元。

【安全生产检查】 2016年，丹霞开发区把安全工作放在首位，安排1名部门领导专门负责园区企业安全生产，定期和不定期巡视园区企业，并与相关企业签订安全生产目标责任书，落实安全生产责任制，确保园区安全生产。通过经常深入企业，采取自查式和督查方式，对照企业安全生产主体责任“五个必须落实”（必须落实“党政同责”要求，董事长、党组织书记、总经理对本企业安全生产工作共同承担领导责任；必须落实安全生产“一岗双责”，所有领导班子成员对分管范围内安全生产工作承担相应职责；必须落实安全生产组织领导机构，成立安全生产委员会，由董事长或总经理担任主任；必须落实安全管理力量，依法设置安全生产管理机构，配齐配强注册安全工程师等专业安全管理人员；必须落实安全生产报告制度，定期向董事会、业绩考核部门报告安全生产情况，并向社会公示）情况要求，对发现的安全隐患采取措施及时消除。2016年，丹霞开发区管辖企业未发生安全生产事故。

【“两学一做”学习教育活动】 2016年，丹霞开发区根据中央和省、市、县部署要求，开展“两学一做”学习教育活动，及时成立领导小组，研究制订学习教育活动计划，组织落实好学习教育活动各项工作。坚持以党支部为基本单位，采取“三会一课”、个人自学、中心组集中学习、专题研讨、座谈交流等务实管用方式抓好日常教育，并在工作、学习和社会生活中起先锋模范作用，为“加快产业集聚、深化产城融合、推进转型升级、打造上亿园区”提供坚强组织保证。

【工农协调工作加强】 2016年，丹霞开发区加强与园区周边村民联系，设立群众和企业接访日，群众接访安排在周五，企业接访日安排在周三。领导积极接访、下访、探访，及时掌握民情，妥善处理工农矛盾。全年受理和解决“企忧档案”5宗、企业纠纷12宗、信访件2宗。协助园区企业招工，动员企业招聘县域农村富余劳动力，解决用工难和务工难问题。

【党建工作加强】 2016年，丹霞开发区按照“党要管党、从严治党”方针，加强对非公有制企业党建工作，根据非公企业实际，提高非公有制党组织组建力度。准确掌握非公企业党员人数、来源和基本情况，因地制宜，科学设置基层党组织。截至2016年年底，丹霞开发区党总支有非公有制企业党支部5个，党员23人。班子成员带领单位干部，积极深入“精准扶贫”挂点村、计生帮扶村做好相关工作。把“精准扶贫”工作纳入重要议事日程，做到统筹兼顾，周密部署。深入基层，了解情况，积极为贫困户出谋划策，全年下乡280人次，送去计生帮扶款3000元、扶贫济困款5700元。

仁化县丹霞旅游经济开发试验区管理委员会负责人名录：

主　任：邱志坚

副主任：曾　文（任至2016年6月）

李建平（2016年6月任职，主持开发区日常工作）

邹明华

（农兰君）

仁化县有色金属循环经济产业基地建设与管理

【概况】 广东省仁化县有色金属循环经济产业基地（简称“县有色金属产业基地”）位于仁化县周田镇浈江之畔，属县政府办派出机构正科级单位，内设办公室、招商信息股、规划建设股、企业管理股，编制10人，主要负责基地内基础设施建设、招商引资和企业管理工作。截至2016年年底，仁化县有色金属循环经济产业基地管理委员会有在职人数8人，其中，主任1人，副主任2人。

截至2016年年底，县有色金属产业基地引进企业23家，计划总投资17.1亿元。行业涉及铝型材、氧化锌、蓄电池、机械加工等。全年县有色金属产业基地企业实现生产总值10.11亿元，税收2429万元。

2016年仁化县有色金属循环经济产业基地企业情况一览表

表8

序号	企业名称	注册资本	主要产品	入园时间	试产时间	经济效益（万元）	法人代表
1	广东省志成冠军集团有限公司仁化分公司	1000万元	不间断电源（UPS）、应急电源（EPS）、免维护铅酸蓄电池	2011.9	2013.6	80000	韩妹平
2	仁化县博世铝业有限公司	1500万元	铝合金	2010.8	2015.12	30000	李健强
3	韶关中达锌业有限公司	500万元	氧化锌	2009.12	2013.12	40000	廖远尧
4	仁化县安顺达管道天然气有限公司	3000万元	天然气销售	2011.9	2013.3	1000	曾庆桥

续表8

序号	企业名称	注册资本	主要产品	入园时间	试产时间	经济效益（万元）	法人代表
5	广东升隆电源有限公司	1000万元	全密封免维护铅酸蓄电池	2012.6	—	30000	黄培辉
6	韶关凯鸿纳米材料有限公司	500万元	纳米氧化锌、粗铅、铟锭、精铁粉	2010.9	—	30000	梁鹤贤
7	韶关元泰资源科技有限公司	120万元	碳化钨、钨粉、钼制品、钴制品	2012.11	2015.12	100000	钟　建
8	韶关富鑫有色金属有限公司	200万元	阴阳极板、铅合金	2012.11	2015.9	40000	曾韶生
9	仁化县古粤新能源科技有限公司	100万元	应急电源、灯具及其配套产品	2014	2014.8	1000	陈晓颖
10	广东英业达电子有限公司	1000万元	不间断电源、应急电源、铅酸蓄电池	2014	2014.6	1000	汪国兵
11	广东漫联新能源科技有限公司	5000万元	太阳能电池、不间断电源、应急电源、铅酸蓄电池	2014	2014.8	1000	赵常凯
12	广东西力电源有限公司	1000万元	太阳能电池、不间断电源、应急电源、铅酸蓄电池等	2015	2015.3	3000	梁龙合
13	仁化县特普尔电子科技有限公司	100万元	电源、电子、电池、照明产品	2015	2015.12	1000	张红兵
14	仁化县百成粮油机械制造有限公司	100万元	成套碾米机系列（国家专利）	2009.12	—	9000	陈伯诚
15	仁化县龙飞金属有限公司	1000万元	铅、锌、铜、锑、银的合金	2010.8	—	7000	陈建锋
16	韶关中弘金属实业有限公司	150万元	镍粉、铜材	2013.12	2014.12	30000	廖远坤
17	韶关中腾铜业有限公司	500万元	高纯铜	2014.6	2014.12	60000	刘晓平
18	广东力圣蓄电池有限公司	2000万元	铅酸蓄电池	2014.8	—	60000	唐瑞平
19	广东凯汇贵金属有限责任公司	1000万元	资源综合再生	2014.6	—	48000	王育林
20	韶关市天伦实业有限公司	50万元	锌系列产品铟、锗综合回收	2010.9	—	40000	曾文彬
21	仁化县王氏水务有限公司	200万元港币	自来水供应	2011.12	2013.8	100	王思立
22	广东讯天新能源有限公司	1000万元	蓄电池、太阳能电源、UPS电源、逆变电源及控制器	2016.6	2016.9	8000	石桂明
23	仁化县合泰铝制品有限公司	100万元	铝合金汽车配件	2015.10	—	1000	宁铁军

【基础设施情况】 2016年，县有色金属产业基地基础设施完成投资2037万元，结合5000万元专项资金使用计划，制订每个基础设施项目施工计划。年内，完成岭尾变电站丙线（10千伏）延伸工程施工；5月10日，基地污水处理厂通过环评验收；完成新庄新村安置房道路与排水工程70%；完成工业六路道路工程、新庄五路道路工程一标段钻探和初步设计；完成基地排污专用管道工程招标。

【企业建设概况】 2016年8月1日，仁化县博世铝业有限公司年产8万吨工业铝型材建设项目一期工程完成项目环保验收。5月26日，广东力圣蓄电池有限公司年产160万千伏安时动力储能蓄电池迁扩建项目取得环评批复。广东升隆电源有限公司项目完成厂房、办公楼建设及生产设备安装，12月开始调试设备。韶关凯鸿纳米材料有限公司项目建设进展顺利，完成固定资产投资1.5亿元。

【基地举行2016年企业迎春座谈会】 2016年1月14日，县有色金属循环经济产业基地举行2016年企业迎春座谈会，副县长张元展、周田镇、县各职能部门及入驻基地的企业负责人参加座谈会。座谈会上，县有色金色循环经济产业基地有关负责人通报基地管委会2015年工作开展情况，基地环境保护、安全生产及卫生管理等情况，表彰一批先进集体和个人。张元展为获得先进集体荣誉的企业颁奖，并要求各部门要高度重视、支持企业发展，解决企业困难，协助解决好企业在土地、报建及相关证照手续等方面问题；企业负责人要努力提升自身素质，做遵纪守法、有社会责任企业人，要将安全生产落实到行动上，配齐配全环保设备，做到环保生产，同时还要依法纳税，协调好企业与周围群众关系。

【县长王晓梅到基地调研】 2016年2月18日，县长王晓梅到县有色金属产业基地现场办公，调研园区发展情况，县委常委、县委办主任邱志坚、副县长张元展陪同参加现场办公和调研活动。王晓梅一行先后查看县有色金属基地污水处理厂、园区道路建设、周田新庄安置新村工地以及正在施工建设的韶关凯鸿纳米材料有限公司和广东升隆电源有限公司2家入园企业施工现场。王晓梅强调，要加快园区发展步伐，全力推进重点项目建设，在发展中优化园区投资环境，实现园区可持续发展。

仁化县有色金属循环经济产业基地管理委员会负责人名录：

主　任：曾韶基（任至2016年12月）
　　　　刘小飞（2016年12月任职）

副主任：侯政春（任至2016年9月）
　　　　温石头
　　　　何世平（2016年11月任职）

（侯燕梅）

中小企业管理

【概况】 2016年，仁化县民营企业主要分布在采矿、冶炼、有色金属加工、电力、竹木加工等行业，逐步培育成为特色突出、集约能力较强产业集群。2016年，全县完成规模以上工业总产值800165万元，同比增长4.4%；完成规上工业增加值292149万元，同比增长10.3%。全年完成民营经济增加值57.61亿元，同比增长7.2%；完成民营工业累计增加值8.33亿元，同比下降1.1%；完成社会消费品零售总额30.5亿元，同比增长10.3%；完成民营经济累计固定资产投资额25.07亿元，同比下降32.3%。

【营造中小企业健康发展政策环境】 2016年，仁化县强化服务意识，着力提供民营经济健康发展政策环境，开展推进新型工业化工作。细化原实施方案，推进县领导、县直单位挂点规上企业扶持力度，每月跟踪指导挂点企业生产运行情况，定期召开调度会议，解决企业存在问题和困难。做好小微企业人才引进及培养工作。贯彻落实《仁化县引进培养紧缺人才的实施意见》各项要求，加大人才引进力度，通过“走出去，请进来”办法，为企业及优秀人才搭建有效沟通平台。全年，在县文化广场举办“春暖行动”企业用工招聘会1场，在周边乡镇及新南康百货举办企业用工招聘会4场。为中小微企业进一步发展提供融资担保。推进县有色金属循环经济产业园区建设，帮助园区企业扩宽融资渠道。6月7日，仁化县召开“服务企业 服务项目”政银企座谈会，加强政府、银行、企业三方互动交流。按《仁化县中小企业贷款风险补偿资金管理办法》要求，发动民营企业纳入中小企业库，为全县民营企业在技术、工艺升级与改造急需资金时提供融资担保，解决中小民营企业因实施增资扩产、技术改造、工艺升级燃眉之急。截至2016年年底，推荐规上民营企业18家纳入到仁化县中小企业库、1家纳入市中小企业库，推荐鸿伟木业等4家企业纳入市“政银保”合作贷款企业库。

【打造中小企业交流合作平台】 2016年，仁化县加强服务民营经济硬件软件建设，打造民营企业发展交流合作平台。依托东莞（韶关）产业转移工业园带动仁化县产业集聚发展，加强与“珠三角”地区经贸合作。2016年，仁化县获东莞（韶关）产业转移工业园产业集聚地续拨扶持资金2000万元。结合省经信委大力支持各地中小微企业公共服务平台建设契机，加强中小微企业信息服务平台建设。2016年，通过添置和更换中小微企业信息网络服务平台配套设施、设备件及系统软，开通专用光纤，升级信息服务器，改造机房和服务大厅，建立中小微企业信息数据库，提高服务人员素质和技能，优化整合政府职能，向中小微企业提供“一站式”综合信息服务。通过开展“企忧档案”“帮扶挂钩”形式及时为企业排忧解难。引导企业与学院开展产学研合作与交流。引导奥达、鸿伟木业及富然农科等民营企业与中南林业大学、华南农业大学、省林科院、韶关学院长期合作与交流。

【优质民营企业扶持力度加大】 2016年，仁化县建立激励机制，加大优质民营企业和项目扶持力度。树立“激励创新”和“母亲式”服务意识，为民营企业提供“一站式”服务。指导鸿伟木业、奥达胶合板、中弘金属3家企业申报省战略性新兴产业政银企合作专项资金2016年贴息项目。做好指导现有高新技术企业及市级企业工程研发研究中心的建设及相关配套设施完善工作，协助企业按要求享受国家、省、市相关惠企政策，加大企业潜力调查摸底工作力度，发动各企业加大科研经费支出及专利申请等工作。2016年，鸿伟木业公司成功申报高新技术企业。

（肖润华　连柳娇）

商　贸

国内贸易综述

【概况】 2016年，仁化县围绕统筹城乡发展战略，狠抓商贸基础设施建设，引进发展商贸企业，开拓农村市场，调整商业业态，全县商贸流通市场体系建设步伐加快，商贸流通经济稳步增长，消费品市场快速发展，社会消费品零售总额呈现增长态势。全年全县完成社会消费品零售总额304816万元，比上年增长10.3%，其中：批发和零售业零售额269606万元，比上年增长11.3%；住宿和餐饮业零售额35209万元，比上年增长3.2%。全县接待旅游人数852万人次，比上年增长16.2%；旅游总收入490852万元，比上年增长16.8%。

【流通规模壮大】 2016年，仁化县做好限上企业申报工作，提升商贸流通业发展水平。引导新增和限下批发、零售企业向限额以上企业发展，壮大商贸流通业，提升经济增长基础。全年全县限额以上批发（年主营业务收入2000万元及以上）和零售贸易业（年主营业务收入500万元及以上）、住宿和餐饮业法人企业（年主营业务收入200万元及以上）72个，比上年增加9个。

【商业经济多元化】 2016年，仁化县商业经济保持平稳增长，大型商场超市、休闲酒店饭店、汗蒸休闲会所、专业艺术摄影、黄金专卖店、美发足浴、连锁餐厅[百胜餐饮（广东）有限公司仁化分店和华莱士炸鸡汉堡]等传统商业经济持续发展。金逸电影院、畅想国度KTV和多多量贩KTV等有效促进消费市场。“专业市场+电商+物流”商业发展模式，推动现代物流和商贸服务等产业融合发展。有小规模经营建材专业市场1家，入驻商户不多。

【饮食服务业发展】 2016年，仁化县继续实施美丽乡村休闲旅游建设计划，出台政策和资金支持以红色旅游和农家乐、农庄为主的“丹霞仁家”建设。全年全县住宿和餐饮业零售额35209万元，比上年增长3.2%。

【房地产交易市场平稳】 2016年，仁化县以丹霞新城、盛世铭庭等房地产项目为龙头，继续推进房地产建设和销售。全年全县房地产开发投资51008万元，比上年增长42.7%；实现商品房销售面积18.07万平方米，同比增长6.8%；商品房销售额57745万元，同比增长13.5%。

（张相群）

供销合作

【概况】 2016年，仁化县供销合作社联合社（简称“县供销联社”）坚持为“三农”服务办社宗旨，贯彻落实中共十八大、中共中央国务院《关于深化供销合作社综合改革的决定》（中发〔2015〕11号）精神，围绕中心工作和年度目标任务，重点抓好供销社综合改革、强化烟花爆竹安全经营管理和参与农业产业化经营等工作，推动全县供销社系统综合改革步伐。全年全系统商品总购进额8490.87万元，比上年增长8%；实现销售总额78401.87

万元，同比增长9%。其中：农资销售1966.2万元，同比增长6%；日用消费品销售2931万元，同比增长10%；农产品加工与销售1862.4万元，同比增长9%。

【**供销系统综合改革**】2016年，县供销联社多次组织县联社机关全体干部职工及下属公司经理、基层社主任集中学习中共中央《关于深化供销合作社综合改革的决定》（简称《决定》）和总社贯彻落实《决定》指导意见，深刻领会《决定》精神实质，准确把握科学内涵，切实统一思想和行动。深入企业对照综合改革主要任务进行改革调研摸底工作，按照市委、市政府《关于深化供销合作社综合改革的实施意见》和市供销社综合改革时间节点要求，结合综合改革试点县做法和经验，起草改革实施方案，争取市社和县委、县政府对县供销联社综合改革支持。推行“一县一社”管理模式，及时成立仁化县供销联社财务结算中心，加强全县供销系统各公司（厂）、基层社资产、财务进行统一管理，全面执行仁化县供销系统“一县一社”管理制度。

【**茶叶产业助农增收**】2016年，县供销联社做大做优红山供销社种植、加工、销售一体化茶叶产业经营，推动红山茶叶产业化经营发展，帮助农民增收致富。开展富农茶叶合作社标准生态茶园建设工作，投资132万元，新建成6.67公顷标准生态茶园。投入资金47万多元，扩建富农合作社茶叶加工厂，提高合作社为农服务能力。拓宽经营渠道，3月11—14日，县、镇供销社主任到云南考察茶叶营销市场，通过积极宣传和洽谈沟通，成功与云南茶叶经销商达成销售协议，并于3月22日完成3吨多（2015年库存）茶叶销售，价值约26万元。推进品牌提升，组织红山富农合作社参加广东省第二届“十大名牌”系列农产品评选推介活动，送选的白茶获广东省“十大名牌”系列农产品称号。壮大红山富农茶叶专业合作社。由广东省韶关市供销社企业集团公司、仁化县红山镇富农茶叶专业合作社、仁化县红山供销社三方本着公平、诚信、互利原则，通过友好协商议定，一致同意将仁化县红山富农茶叶专业合作社注册资本金增加为200万元。其中由韶关供销企业集团公司以现金方式出资102万元，占仁化县红山富农茶叶专业合作社股份的51%，富农合作社、红山供销社两方出资98万元（仁化县红山富农茶叶专业合作社总资产评估值“韶公信评报字〔2016〕第1046号”961192.92元及现金18807.08元），合占仁化县红山富农茶叶专业合作社股份的49%。市、县、镇供销社齐联手，由市供销社支持解决茶青收购资金问题，富农合作社提供技术支撑，将因受市场经济影响滞销的红山镇夏茶茶青制作成普洱茶，解决红山镇60多吨夏茶茶青销售难题。全年收购茶青75吨，助农增收120万元，生产加工制作茶叶产品20吨，实现茶叶销售489万元。

【**基层社建设规范**】2016年，县供销联社增强全县基层供销社组织功能和为农服务实力，推进全县供销社基层组织建设。按“整合、规范、提高”方针，以建设区域性中心社为方向，加快基层社资源整合步伐，通过将黄坑、周田、大桥合并组建为周田中心社，董塘、石塘合并组建为董塘中心社，长江、扶溪、闻韶合并组建为长江中心社，统一管理合并基层社人、财、事，实现资源最优化。大力发展农民专业合作社。加强管理“仁化县黄坑金鑫柑桔专业合作社”等合作社，密切供销社与农户经济联结。加强指导绿巨人柑桔种植农民专业合作社联合社工作，壮大联合社规模，提升素质，打好建立和完善农产品电子商务销售平台基础。

【**社有社资产管理**】2016年，县供销联社贯彻落实国家财经法规，确保供销社社有资产保值增值，加强社有资产获取、投资、运营、收回与处置、资本收益、监管与考核等管理工作，重新制定《仁化县供销社社有资产管理制度》，健全和完善全县社有资产管理制度，提高全县社有资产经营效益和经济收入。盘活闲置社有资产，结合仁化县招商引资政策，与仁化县乐屋贸易有限公司签订3000万元投资协议，对仁化县供销社土产公司仓库地块（老煤厂，闲置的原烟花爆竹仓库）进行改造，建造乐屋电器商贸城。截至2016年12月底，该项目土地以419万元成功招拍挂，办好规划许可证，出好图纸，开工完成土地平整；项目到位资金1010万元。

【农业社会化服务】 2016年，县供销联社切实提高农民种植技术和技能，全年在各镇（街）开展有针对性农业专业培训10场。通过开展推广科学种植技术，技术咨询与交流，普及农业科技知识等农业社会化服务活动，提高农民科学种植、合理施肥、用药知识水平，提升农民科学种植技能，为下一步供销社发展合作社农村电子商务惠农工程项目做好准备。

【“新网工程”建设】 2016年，县供销联社推进“新网工程”建设，提高供销社为农服务水平。结合自身实际，主要将工作重点放在推进农资连锁终端网络建设方面，初步建成以仁化县兴农农资配送中心为龙头，以32个网络终端销售点为主体，网点基本覆盖全县各镇（街）行政村的农资配送经营网络。全年新增连锁网点2个，实现农资销售1966.2万元，供应农资8100.1吨（其中，化肥销售8010吨，农药64.6吨，农膜25.5吨）。

【烟花爆竹专营管理】 2016年，县供销联社坚持“安全第一”经营方针，加大烟花爆竹安全管理工作力度，进一步规范全县烟花爆竹经营市场。通过坚持开展自查自纠安全检查，积极配合协助安监、公安、工商、质监等部门，取缔非法经营，打击假冒伪劣产品，规范烟花爆竹行业管理，加强经营网点人员安全培训教育，确保全县烟花爆竹经营安全。全年，与仁化县公安局、安监局等职能部门多次联合执法查处非法烟花爆竹，查处收缴销毁假冒伪劣烟花爆竹3716箱、市值约20万元。全年实现烟花爆竹销售额80.70万元，同比下降13%。

【“两学一做”学习教育活动】 2016年，县供销联社按照中共仁化县委组织部关于开展“两学一做”学习教育活动有关要求，在全社扎实开展“两学一做”学习教育活动。通过成立学习教育协调小组，组织党员干部自学和集中学习方式，全面把握和深刻领会党章内容和习近平总书记系列重要讲话精神，对照检查，边学边改，解决突出问题，坚定党员理想信念，提高党员党性修养，做“四讲四有”合格党员。

【新时期“精准扶贫、精准脱贫”工作】 2016年，县供销联社按照省市县关于新时期“精准扶贫、精准脱贫”文件有关要求，及时组织人员到帮扶点新龙村对接“精准扶贫”工作，在入户核查过程中严格按照“四看”“五优先”“六进”“七不进”政策把关，根据上级要求进行精准识别“回头看”工作，了解全村贫困户生活、生产和家庭收入等情况。通过审查，全村有贫困户12户、贫困人口25人被纳入为新时期“精准扶贫”户，并为12户贫困户制订符合自身脱贫情况帮扶3年总规划和2016年帮扶计划，实现“一户一法”，做到有计划，有规划逐步帮助贫困户实现脱贫。选派一名副主任任扶溪镇紫岭村第一书记，配合东莞市凤岗镇驻村干部扎实做好该相对贫困村“精准扶贫”、党建等工作。

【做好“创文”工作】 2016年，县供销联社在县“创文”（即创建全国文明城市）牵头单位县总工会带领下，推进仁化县创文网格化深入开展，通过主办开展庆“六一”道德讲堂活动，联合仁化县创文网格化管理第九区其他责任单位开展扶贫、义诊等活动，提高社区居民道德文化素质。

仁化县供销合作社联合社负责人名录：

主　任：黄银泰（任至2016年11月）
江　云（2016年11月任职）

副主任：朱建辉　罗展华　郭宝华

（李伟忠）

粮食储备管理与流通

【概况】 仁化县粮食局是仁化县发展和改革局管理的公益一类事业单位，副科级，内设办公室、粮食调控股、粮食统计股正股级机构3个，主要负责全县粮食行政管理工作，包括负责全县粮食流通管理审核、发证、监督和检查，县级储备粮、军粮供应、救灾救险、水库移民口粮供应管理，全县粮食流通统计工作，承办县发展和改革局以及市粮食局交办其他事项。

仁化县粮食企业总公司是县属国有粮食企业，2016年有员工65人，公司内设储运部、劳资部、财务部3个部门，下辖附城、董塘、扶溪、周田4个直属库9个库点。主要责权：承担全县各级储备粮油的储存、轮换任务，负责全县军供粮油、移民粮供应工作，协助粮食行政机构实施粮油市场监控和协助各级粮油应急预案。

【粮食安全政府责任工作】 2016年，仁化县全面落实粮食工作政府负责制，成立以常务副县长为组长的县粮食安全考核领导小组，并将粮食安全责任考核任务分解到县各责任单位。严格保护耕地，提高全县粮食可持续生产能力。重视基本农田保护区工作，做到县、镇、村层层落实责任，完善基本农田保护措施。稳定粮食种植面积，大兴农田水利基础设施建设及高标准农田建设。落实扶持政策，做好粮食收购工作。全面落实种粮补贴、良种补贴、农资综合补贴等补贴政策；落实好粮食收购资金，严格执行粮食收购政策。坚持未雨绸缪，增强地方粮食储备能力。开展粮食仓储设施“危仓老库”维修改造工程；完善和落实县级储备粮管理体制，按规定开展储备粮轮换工作。应对市场需求，保护粮食正常供应。完善粮油应急供应网点建设，实现供应网点全县覆盖。定期开展粮食应急演练，提高粮食安全保障能力。增强战略意识，确保粮食质量安全。加强监督检查粮食收购市场准入、粮食库存数量、质量和价格等工作。

【粮食流通监督检查】 2016年，县粮食局发挥粮食管理部门粮食市场监督检查主体作用，在粮食收购期间规范涉粮企业粮食收购秩序。贯彻新修订的《粮食流通管理条例》，加强粮食收购市场监督检查力度，规范市场秩序，坚决打击“无证收购”、压级压价等扰乱粮食收购市场秩序、坑农害农违法违规行为。做好国家粮食收购政策宣传，督促涉粮企业做到随到随收，现场及时结算售粮款，让农民卖“明白粮、舒心粮”。做好夏、秋季消防安全专项检查，加大监督力度，做好现场检查记录，确保安全储粮和安全生产。全年全县开展粮食流通监督检查5次，出动人员18人次，检查中未发现违规经营粮食行为。

【粮油市场调控监管】 2016年，县粮食局按照《广东省粮油市场监测报告制度》《关于建立韶关市级监测网络的通知》要求，做好粮油市场监测预警工作，指派专人每周一前往监测点进行粮油价格及库存量跟踪监测，实时上报粮油市场监测网络数据。通过合理布局监测网点，规范监测报告工作程序，科学采集加工市场信息，掌握全县粮油流通整体情况，发挥市场监测网络为粮食宏观调控服务作用，确保全县全年粮油市场稳定。全年累计收集监测网点数据52个，上报市粮食局监测数据52个。

【社会粮油供需平衡调查】 2016年，县粮食局做好市场经济条件下粮食宏观调控工作，开展为期2个月的社会粮油供需平衡调查工作。调查显示，2016年仁化县人均口粮“双增双减”，消费总量有小幅增长。农村农作物种植种类呈多样化发展，主要受城镇化推进和工业化进程影响，以及种粮收益逐年降低，粮食种植面积和产量在农业综合生产中比重亦逐年下降。

【全面完成年度购销任务】 2016年，县粮食企业总公司粮油收购总量19533吨，完成储备粮9601吨和储备油80吨的收储和轮换入库任务，粮油销售6062吨，完成县级储备粮2059吨和储备油80吨的轮换销售任务，全年实现营业收入3600万元。

【粮食储备与流通】 2016年，县粮食企业总公司发挥国有粮食部门职能，利用当地粮食收购库点多优势，以高于国家稻谷最低收购价价格收购当地产粮食19533吨，解决农民售粮问题，促进当地粮食流通和市场稳定，解决市级县级储备粮2059吨、县级储备油80吨的轮换任务和新增市级储备粮5000吨、县级储备粮2542吨的收储入库任务粮源问题。

【粮油仓储管理】 2016年，县粮食企业总公司严格按照省、市、县三级储备粮油管理细则和《广东省粮油仓储企业规范化管理评价办法》及相关储备粮油管理细则要求进行管理，坚持“六项储粮制度”（岗位责任制度、粮情检查制度、清洁卫生制度、器材及药物管理制度、出入库及收粮制度、安全制度），严格实行“一符、三专、四落实”管理措施，执行安全生产检查管理工作，储存的各级储备粮油和商品粮油实现粮宜存率100%，“四无粮食”（无害虫、无变质、无鼠雀、无事故）率100%，确保各级储备粮油安全储存。

【粮食基础设施建设】 2016年，县粮食企业总公司筹集更新改造资金34.9万元，完善粮油仓储设施建设。投入7.9万元维修改造“危仓老库”瓦面、墙体，地面、电线线路及提升仓储设施功能等，投入省级储备粮专项资金27万元更新省级储备粮仓库彩钢瓦面及购买2台粮食移动式运输带等设施，为安全储粮、科学保粮提供有力保障。

【军粮供应】 2016年，县粮食企业总公司坚持“以兵为本”服务宗旨和“为兵、敬业、务实、创新”军粮供应精神，贯彻落实军粮供应各项政策，以规范化管理为主线，加强军粮供应制度建设，提升军粮供应质量水平，稳步推进军粮供应军民融合深度发展，加大力度推进军粮供应网点建设，为部队正规化建设提供有力保障，高水平完成军粮供应任务，做到军粮供应及时、部队满意。

仁化县粮食局负责人名录：

局　长：胡庆才（任至2016年4月）

刘韶山（2016年5月任职）

仁化县粮食企业总公司负责人名录：

总经理：邓济庭（任至2016年5月）

张熙云（2016年5月任职）

副总经理：张侃宁　陈卫权

（张燕梅　邓刘军）

烟草专卖

【概况】 2016年6月30日，仁化县烟草专卖局（广东烟草韶关市有限公司仁化县分公司）［简称“县烟草专卖局（分公司）”］搬迁至新办公场所办公，办公场所集机关日常办公、卷烟经营、专卖管理、卷烟配送、客户服务等一体化。截至

2016年年底，县烟草专卖局（分公司）有在岗员工50人。

2016年，县烟草专卖局（分公司）在中共仁化县委、县政府和韶关市烟草专卖局（公司）党组领导下，贯彻落实中共十八大和十八届三中、四中、五中全会精神和全国、全省、全市烟草工作会议精神，坚持稳中求进总基调，围绕市局（公司）咬紧“一个目标”（全年各项经济指标），保持“一个导向”（“严抓考核”的总导向），狠抓“六项工作”（狠抓销量结构双提升，卷烟经营保增长；狠抓专卖打击假私非，守好广东“北大门”；狠抓烟叶“双控”提质量，落实生产稳发展；狠抓规范管理严监督，执行制度保安全；狠抓精益管理做除法，降本增效谋增长；狠抓精神文明强基础，凝心聚力促发展）总体部署，把握发展着力点，全力推动各项工作。全年，全县辖区经营卷烟零售户733户，销售卷烟8090.51箱，同比增长3.73%，卷烟销售收入24843.9245万元，同比增长9.13%。

【卷烟经营】 2016年，县分公司围绕保销量、增税利目标，严格规范卷烟经营要求，改变营销策略，开展全员营销，提升卷烟品牌结构，优化客户服务质量，推进卷烟经营管理工作上水平。全年，卷烟销售实行“100%入网销售、100%落地销售、100%落户销售”，卷烟销量、卷烟销售收入稳步增长；零售客户网上订货率达97.97%，客户满意度96.05%，建成现代卷烟零售终端功能店158家，占客户总数21.56%，稳步推进全县现代卷烟零售终端建设。

【专卖管理】 2016年，县烟草专卖局以维护国家利益、维护消费者利益为指导，贯彻省、市局卷烟打假工作部署，始终保持卷烟打假打私高压态势，深化相互协同、密切配合的打假打私协作机制，强化内部专卖管理监督工作，有效维护全县卷烟市场经营秩序健康稳定。全年，出动执法人员2155人次、车辆627车次，检查零售户19621户次；查处涉烟违法案件185宗（其中一般程序案件80宗，简易程序案件105宗），查获涉案卷烟428.503万支（其中假烟17.232万支，私烟4.76万支），查获烟叶14905千克，案值2214061.446元，上缴罚没款126738.837元，市场净化率98.362%。

【涉烟违法案件查处】 2016年，县烟草专卖局多次联合公安、工商、质监部门开展联合行动执法检查，发现问题按照执法权限和职责分工及时查处。利用各种渠道各种方式深入社会，拓宽情报渠道，加强真烟非法流通治理工作力度。①3月13日22时25分，根据群众举报，县烟草专卖局执法人员会同仁化县城口交警中队，在仁化县城口公安检查站查获无证运输卷烟案1起，现场查获白沙（精品）等6个品牌共1299条卷烟，卷烟价值约10.2万元。②5月29日，根据群众举报，县烟草专卖局执法人员会同仁化县周田交警中队，在仁化县周田镇G106线月岭三叉路口查获无证运输卷烟案1起，现场查获黄山（新一品）、双喜（软如意好日子）等两个品牌共62万支（3100条）卷烟，总案值16.17864万元。③8月27日，根据群众举报，市烟草专卖局、乐昌市烟草专卖局、仁化县烟草专卖局会同仁化县公安经侦大队民警，联合启动区域联防联动机制，连续作战，通过蹲点守候伏击，依法在韶赣高速公路丹霞服务区北区一车牌号为陕EB3653重型仓栅式货车车厢内查获无证运输烟叶案1宗，涉及烟叶14905千克，案值约为72万余元，抓获涉案人员4名。④12月23日3时20分，根据群众举报，县烟草专卖局执法人员会同仁化县公安局执法人员在仁化县城口公安检查站查获无证运输卷烟案1起，经现场清点，计有双喜（硬经典）1个品牌共6000条卷烟，案值约为72万余元。

仁化县烟草专卖局（分公司）负责人名录：

局长（经理）：刘仲轩

副局长：邓满春

副经理：邓建良

（陈丽娟）

酒类专卖

【概况】 2016年，仁化县辖区内有酒类生产加工小作坊29家，以米酒生产为主；酒类经营者513家，涵盖超市、食杂店、批发部等范围（餐饮店除外）。

【酒类监督管理】 2016年，县食药监局督促白酒小作坊落实主体责任。加强排查。根据县域实际，组织执法人员对白酒作坊进行拉网式检查，并登记造册。全年，摸底登记在册白酒小作坊29家。开展白酒小作坊登记。督促辖区内白酒小作坊落实《食品安全法》《广东省食品生产加工小作坊和食品摊贩管理条例》等法律法规，开展白酒小作坊登记管理工作。全年，全县取得白酒小作坊登记证21家。加强监督检查力度。检查生产经营者资质，有无营业执照、小作坊登记证等。检查生产经营者生产加工场所环境卫生是否达标。检查生产经营者是否严格落实索证索票制度，是否做好进销货台账等。督促酒类经营单位（包括餐饮单位）严格按照规定，查验供货者证件和食品全格检验证明文件，不得销售无证或来源不明白酒和配制酒。对销售无证或来源不明白酒、配制酒者，倒追、倒查食品生产加工小作坊办证责任。

【酒类监督抽检力度加强】 2016年，县食药监局加强监督抽检力度，按照《2016年韶关市食品加工小作坊监督抽检计划》，开展白酒生产小作坊抽样检验，全年抽取白酒6批次，主要检验酒精度、甲醇、总酸、总酯、环已基氨基磺酸等指标，其中，不合格散装米酒5个批次，主要问题为总酸、总酯不合格。县食药监局根据《广东省食品生产加工小作坊和食品摊贩管理条例》第三十九条第一款规定，责令抽检不合格白酒生产小作坊立即停止生产经营，并召回已销售的该批次产品。但由于上述批次产品均销售完且有一段时间，已无法召回。

（吴孙强）

食盐专卖

【概况】 2016年，全县有销售碘盐网络11个，零售碘盐网点569个，与上年持平。碘盐覆盖率100%，碘盐合格率100%，合格碘盐食用率100%。全年全县完成食盐、生产用盐销售1416吨，比上年减少161.15吨。其中，小包装食盐550.04吨（低纳盐244吨、自然食用盐176吨、自然晶盐51吨、绿标盐10吨、500克加碘精制盐29吨、500克加碘日晒盐39吨、澳洲湖盐0.37吨、250克加碘精选海盐0.67吨）比上年减少210.96吨，低纳盐占小包装销售44%；食品加工用盐61.96吨，比上年增加29.81吨；小工业盐804吨，比上年增加20吨。

【食盐宣传与监督管理】 2016年，全县开展防治碘缺乏病和打击制售假冒盐宣传活动，及食盐市场综合整治活动。全年全县出动盐政执法人员447人次、车辆143台次，检查市场168个次、商店2742间次、饭店425家次、学校和幼儿园8所、食品加工厂5家，走访农户402家。利用“3•15”消费者权益日、“5•15”防治碘缺乏病宣传日，多形式推广“食用低纳盐、预防控制高血压、保护心脑血管”健康食盐理念，派发低纳盐、宣传资料3000份，《关于加强全省食盐市场经营管理的通告》宣传资料2000份，低纳盐赠品500份，电视台宣传报道2次。借助落实“一证两书”（食盐零售许可证、食盐安全责任书、食盐供应协议书），上门办理“食盐零售许可证”换证工作，在县城和各乡镇进行地毯式检查。

（张相群）

生猪屠宰供应

【概况】　2016年，全县生猪定点屠宰场有县城、董塘、周田3家。全年，全县生猪屠宰量51420头，比上年增长0.19%，生猪屠宰供应充足。

【生猪定点屠宰场管理】　2016年，仁化县畜牧兽医水产局根据《广东省生猪定点屠宰资格审核清理工作方案》，确定县城生猪定点屠宰场在原址进行改造升级，要求改造升级时间为2015年8月至2017年7月。截至2016年12月，该屠宰场完成车间土建工程建设和屠宰设备安装调试。

【生猪屠宰行政执法】　2016年，仁化县畜牧兽医水产局加强屠宰环节监督管理检查工作，打击私屠滥宰行为，入场查物验证率和屠宰检疫率均达100%，全年屠宰场无害化处理不合格肉品5840千克；检查生猪定点屠宰经营场所46场次，出动执法人员138人次。

（董朝元）

对外与粤港经贸合作

【概况】　2016年，全县引进外资项目3个，合同吸收外商投资318.6万美元，同比下降49.3%；实际吸收外商投资82万美元，同比下降88.6%；外贸出口749.9万美元，同比下降34.6%。

【外商投资企业平稳发展】　截至2016年年底，全县有外商投资企业31家。其中新注册外商投资企业3家，注销外商投资企业1家。全年全县外商企业完成投资1.05亿元，销售收入总额5.8亿元，上缴各类税收4115万元，有从业人员1500人。

【加工贸易】　2016年，仁化县智能木业有限公司实现加工贸易销售总额5990万元，同比降低14.8%，其中加工贸易出口额861万美元，同比降低3.26%，缴纳各类税费142.3万元。

【仁港交流】　2016年，仁化县根据广东省商务厅《广东省商务厅关于做好2016粤港经济技术贸易合作交流会项目组织工作的通知》（粤商务合函〔2016〕177号）要求，深入推进粤港合作。7月13—15日，仁化县组建代表团赴香港参加“2016粤港经济技术贸易合作交流会”。参会期间，代表团向客商介绍仁化县投资环境，重点推介县域有色金属、旅游、竹木资源，仁化县与香港经贸合作和交流加强。

【商贸活动】　2016年4月21—24日，仁化县组织仁化县智能木业有限公司到东莞市厚街镇广东现代国际展览中心参加“2016年中国加工贸易博览会”。

【专项督导确保签约项目履约】　2016年，仁化县落实县政府经贸任务目标。实施局领导挂点联系企业项目制度，项目落实到具体责任人。加强工作任务督促检查，多次开展工作目标任务专项检查，并每个月汇报任务完成情况。做好“企忧档案”管理，组织人员定期下点调查研究，了解项目进展情况，解决项目跟踪落实过程中存在问题，敦促签约项目落实报批。指导鸿伟木业公司准备新增刨花板贴面生产线项目立项填写申请材料、编制项目可研报告，告知企业项目评审申报程序，协助公司办理相关手续。全年全县签约项目履约率100%。

（张水甜　曾晓榕）

旅游业

综述

【概况】 2016年，仁化县旅游工作按照中共仁化县委、县人民政府“四化推四区”战略要求和“四旅”（人心向旅、规划引旅、项目强旅、服务优旅）工作思路，充分发挥仁化县旅游资源优势，扎实推进旅游工作上新台阶，旅游经济持续平稳发展。2016年，全县各项旅游经济指标均有所增长。2016年1—12月，全县接待游客总人数852.30万人次，同比增长16.23%，其中入住人数264.22万人次，同比增长16.20%，实现旅游收入49.09亿元，同比增长16.78%。根据1—12月经济运行监测显示，住宿业营业收入总量0.80亿元，同比增速4.3%（其中限上营业收入总量0.43亿元）。全年完成连连好酒店新增入库和原色客栈个转企工作。

【机构编制】 2016年，县旅游局设办公室、规划发展股、行业管理股3个正股级内设机构。事业编制10名，内设机构领导职数3名，其中局长1名，副局长2名，公务员退休1人，经费按财政补助一类拨付。截至2016年年底，县旅游局有人员13人。

【全域旅游】 2016年，仁化县贯彻执行“规划引领”方针，修编完善《仁化县旅游发展总体规划》。启动《“仁爱仁化”文化旅游策划》项目，完成《人话仁化——仁化文化旅游项目策划书》编制工作。开展国家和省级全域旅游示范县申报工作。出台《仁化县农村民宿管理办法（试行）》。

【旅游管理服务水平提高】 2016年，县旅游局开展酒店、景区（点）、旅行社及“丹霞仁家”服务人员培训工作，全年开展旅游培训6期，其中包括景区（点）讲解员技能培训及旅游电商培训各2期、“丹霞仁家”消防安全、茶艺培训各1期。举办全县景区（点）讲解员考证及技能竞赛，提升全县导游讲解员讲解水平和服务意识，培养电子商务人才队伍，提升全县旅游企业管理者和服务工作者消防安全意识，提高防火灭火技能和基本逃生自救常识，为全县旅游发展营造安全、有序经营和消费环境。

【旅游工作会议】 1月26日，县旅游局举办“悠游仁化，携手美团途家”互联网+旅游推介会。推介会上，美团网、途家网韶关地区负责人就自身企业特点、渠道优势、运营模式等方面进行宣讲。仁化县部分住宿、餐饮企业代表就互联网下旅游营销创新和营销传播进行对话及咨询。仁化县各镇（街道）分管旅游领导、县旅游局全体人员、旅游企业负责人和管理人员、以及“丹霞仁家”负责人80人参加会议。该次推介会为仁化县旅游相关企业和互联网企业搭建一个交流合作平台，通过开展互联互通，汇聚双方力量，实现共赢发展。

旅游经济

【概况】 2016年，仁化县有“限上”住宿企业和景酒店有限公司、丹霞印象旅游产品有限公司、阳元村旅业发展有限公司、鑫农农特产品有限公司、中衍温泉大酒店有限公司、丹霞假日山庄有限公司、万物生旅游文化有限公司、瑞霞酒店有限公司8家。全年，全县住宿业实现营业额8033万元，同比增长4.3%，接待游客总人数852.30万人次，同比增长16.23%，其中入住人数264.22万人次，同比增长16.20%，实现旅游收入49.09亿元，同比增长16.78%。

【“黄金周”假日游】 2016年春节黄金周7天假期，丹霞山风景区接待游客303775人次，同比增长30.56%；别传寺接待游客1417人次；双峰寨（石塘古村落）接待游客3587人次。“五一”黄金周3天假期纳入统计主要景区（点）接待旅游者99616人次，其中，丹霞山风景区接待旅游者96492人次，别传寺接待旅游者177人次；双峰寨（石塘古村）接待旅游者2679人次，同比增长606.86%；丹霞山中华性文化博物馆接待人次268人次。“十一”国庆旅游黄金周，丹霞山景区接待257064人次，其中接待团队212个，车流16024辆次，别传寺接待人次790人次；双峰寨景区接待人次4348人次，同比增长50.35%；丹霞山中华性文化博物馆接待人次483人次。

景区（点）基础设施建设

【旅游厕所建设】 2016年，县旅游局为全县旅游项目单位、项目企业争取2016年广东省旅游厕所专项扶持资金和2016年韶关市旅游厕所专项扶持资金共64万元，截至2016年年底，仁化石塘古村生态旅游开发项目、仁化县福宝农家乐园扩建丹霞三极草高仿野生种植示范园区、韶关市五马寨菌业有限公司3家企业获得2016年广东省旅游厕所专项扶持资金（厕所改扩建）10万元。丹霞山北门水上入口综合服务区、韶关金喆园生态农业有限公司、韶关灵溪河旅游度假公园项目3个企业获得2016年韶关市旅游厕所专项扶持资金（厕所改扩建）8万元，仁化县大桥镇登龙山庄项目获得（厕所新建）10万元。

【“丹霞仁家”建设】 2016年，仁化县开展“丹霞仁家”星级农家乐和特色民宿评审，评选出丹霞印象等丹霞仁家特色民宿4家和火龙果农庄等星级“丹霞仁家”5家。开展韶关市星级乡村旅游民宿和旅游驿站申报工作，丹霞印象（总店）、丹霞印象（艺术家店）、原色客栈和阳元村酒店申报为乡村旅游民宿，五马寨生态园和丹霞灵溪度假景区申报为旅游驿站。制订仁化县农民创办农家乐、民宿指引手册和百店千家办旅游工作方案。做好路牌标识更新工作。提升旅游景区和乡村旅游品质，加快推进一体化创建国家A级旅游景区进程。2016年2月，石塘古村成功创建国家AAA级旅游景区。指导并协助灵溪河森林旅游度假公园、周田灵树禅院、大桥金喆园完善提升基础设施建设，做好创国家A级旅游景区前期筹备工作。

【旅游标识标牌建设】 2016年，仁化县完善县域高速出口、各主要交通干道、镇（街）乡道等旅游标识标牌建设，实地摸查全县路牌，完成县域路牌更改设计方案。推动旅游公路拓展，完成丹霞山停车场景区道路、、G106线丹霞山至沙溪路口段、长江至万时山3条道路改建申报工作。做好仁化县游客集散中心建设，完成合同签订和设计图纸工作。

2016年仁化县“丹霞仁家”星级农家乐一览表

表9

序号	农家乐名称	姓名	地址
1	福宝农家乐园	吴昊龙	丹霞车湾岭背云客山
2	杨园农庄	许英娜	车湾村岭背岭
3	大田庄园	张荣发	丹霞街道办岭田村大田村
4	走马坪农庄	郑卫萍	丹霞街道康溪寨子
5	倚云山庄	吴新辉	丹霞街道车湾村岭头组村口
6	景阳农家菜馆	李德霞	丹霞镇黄屋村瑶塘组24号
7	山水湾农庄	刘浪平	丹霞山加油站旁
8	中山门农庄	刘军华	丹霞阳元山瑶塘村
9	喜洋洋休闲农庄	肖伯强	董塘镇红星村委会青石桥
10	南庄生态名园	张粤明	黄坑镇南庄村
11	金果山庄	梁上河	大桥镇金果生态园
12	韶石山庄	刘明章	大桥镇水江村
13	有园山庄	何小梅	长江镇山矿窝（锦江村）
14	石庄山庄	凌福斌	周田镇平甫村委会石庄村小组
15	金福农庄	罗金福	周田镇平甫村委会石庄村小组猪腰盘山
16	周田山庄	罗叶东	周田镇周田村委会原周田小学
17	龙坑山庄	曾海燕	周田镇龙坑村委会
18	石塘镇思源农庄	李玉广	仁化县石塘镇石塘村
19	火龙果农庄	王贤东	周田镇
20	登龙山庄	申丽萍	大桥镇
21	红山永昌农庄	张为仁	红山镇
22	龙皇坪山庄	肖韶忠	黄坑镇
23	坝头山庄	朱占云	丹霞街道

2016年“丹霞仁家”特色民宿一览表

表10

序号	民宿名称	业主	地址
1	原色客栈	刘建宇	丹霞街道青湖塘村
2	丹霞印象（艺术家店）	付小蜜	丹霞山景区瑶塘新村
3	丹霞印象总店	付小蜜	丹霞山景区外山门
4	红豆兰庭	王均慧	丹霞山断石村
5	云宿咖啡精品客栈	陈瑞雄	丹霞山景区瑶塘新村
6	怀森小舍	朱文华	丹霞山风景区断石村内
7	白大叔酒店	徐嘉杰	丹霞山景区外山门福祥北路
8	阳元村酒店	钟先兆	丹霞山风景区断石村内
9	萤火虫驿站	刘美招	丹霞山风景区断石村内
10	丹霞山国际青年旅舍	邓伟庆	丹霞山景区外山门福祥北路

旅游宣传促销

【旅游宣传】 2016年，县旅游局根据市旅游局统一布署，组织县域相关旅游企业先后参加广州旅游展、美丽中国2016内地旅游“嘉年华”、第三届四川国际旅游交易博览会、江西旅游商品博览会、上海旅博会和第三届深圳旅博会等。通过活动现场发放宣传资料、赠送特色明信片与特色民宿画册、“关注即得好礼活动”以及现场为旅客解答出行问题等形式，推介仁化县旅游资源。制作旅游宣传用品“醉美仁化”明信片2000套、环保袋2000个、企鹅玻璃杯500个、晴雨伞500把。

【“仁化旅游”官方微信】 2016年，“仁化旅游”官方微信公众号平台发布仁化旅游资讯宣传图文236篇。内容涵盖仁化县全年（各季节、月份）吃、住、行、游、购、娱主题攻略、旅游路线推荐，仁化当季热门旅游资讯、节庆活动宣传、旅游活动宣传等。全年阅读总数666233次372917人，分享转发量40761次29814人；增加关注人数12293人；其中，微信图文《对不起，我要去仁化了，别再找我！》阅读总数169927次。

【旅游节庆活动】 2016年，县旅游局举办形式多样，内容丰富节庆活动。7月30日，“相约荷花，走进仁化”主题2016年仁化县首届荷花垂钓旅游文化节活动在董塘镇喜洋洋休闲农庄举办。10月4日，第三届龙皇宫生态旅游文化节在董塘镇新莲村龙皇宫举办。12月2日，2016仁化县黄坑贡柑电商旅游文化节在宝能丹霞国际旅游度假村举行。

旅游行业管理

【旅游市场监管】 2016年，县旅游局开展旅游市场专项整治行动及旅游市场全检查工作。全年进行常规性与专项安全生产检查工作10次，出动检查人员40余人、车辆10辆次，发现隐患18处。

【旅行社管理】 2016年春节前，县旅游局会同工商、公安、质监、交通、消防、物价等部门开展联合执法检查，对存在的问题提出要求并限期整改，保障黄金周旅游市场运作安全、有序。7月，在县政府组织领导下，县旅游局会同公安、工商、交通等相关职能部门在丹霞山景区开展打击非法拉客专项治理行动。5月和9月，县旅游局开展全县旅游景区（点）、旅行社专项涉旅检查，重点检查门市部不合理低价、虚假广告、合同签订、"黑社""黑导"及违法"一日游"、导游人员使用情况，加强门市部管理，督促门市部依法从事旅游经营活动。通过对全县旅游市场综合检查和整治，保证旅游市场服务质量，营造安全健康旅游环境。

【导游员培训】 2016年3月17日，韶关市旅游局、韶关市中等职业学校、仁化县旅游局联合举办韶关市2016年景区讲解员（仁化）培训班，为期2天，有县各镇（街）、县旅游局及各涉旅企业127人参加培训。

【星级饭店管理】 2016年8月，县旅游局对辖区内星级宾馆（饭店）4家开展安全生产隐患排查整治专项整治工作，重点检查宾馆安全生产规章制度建立和落实情况、特种设备、应急预案制定、培训教育等方面。

2016年仁化县部分宾馆（酒店）招待所一览表

表11　　　　单位：个

序号	单 位	房数	床位数	餐位数	地址	电话	备注
1	锦城宾馆	116	250	300	县城新城路1号	6356666	三星级酒店
2	和景酒店	120	250	600	丹霞山金霞小区	6292168	三星级酒店
3	丹霞假日山庄	135	270	160	丹霞山金霞小区	6800666	三星级酒店
4	联城酒店	36	72	310	董塘镇	6366001	二星级酒店
5	彤景酒店	50	100	200	丹霞山金霞小区	6298889	—
6	碧丽华酒店	36	76	360	丹霞山金霞小区	6292068	—
7	（东莞）假日山庄	47	93	100	丹霞山金霞小区	6291888	—
8	凌波酒店	35	78	500	县城新东大街1号	6320888	—
9	雅泰宾馆	25	50	—	丹霞山金霞小区	6293928	—
10	金凤凰山庄	31	50	200	县城建设路6号	6358088	—
11	柏豪商务酒店	30	60	—	县城新城路 50号	6922168	—
12	锦园酒店	10	20	—	丹霞山金霞小区	6296618	—
13	日出山庄	30	60	—	丹霞山金霞小区	—	—

续表11

序号	单 位	房数	床位数	餐位数	地址	电话	备注
14	亭景山庄	26	50	100	丹霞大道	—	—
15	金辉宾馆	22	44	—	县城建设路34号	6341888	—
16	白领宾馆	50	100	—	丹霞山金霞小区	6292988	—
17	金达旅店	10	23	—	丹霞大道	6343309	—
18	霞光酒楼	6	12	150	丹霞山金霞小区	6351988	—
19	客家宾馆	22	50	—	丹霞山金霞小区	6291079	—
20	华山宾馆	25	50	—	丹霞山金霞小区	6291328	—
21	怡乐居	64	128	—	丹霞山金霞小区	—	—
22	馨怡酒店	30	60	—	丹霞山金霞小区	—	—
23	肥姨酒店	25	50	100	丹霞山金霞小区	—	—
24	海事酒店	36	87	—	丹霞山金霞小区	—	对内
25	一缕阳光客栈	14	30	—	丹霞山金霞小区	—	—
26	月福楼	15	30	—	丹霞山金霞小区	6291622	—
27	逸风招待所	22	44	—	县城建设路36号	6353456	—
28	鸿福宾馆	21	42	—	县城建设路27号	6323938	—
29	仁化金城宾馆	8	20	—	丹霞山外山门兴丰路3号	6291629	—
30	仁化阅山会所	12	20	—	丹霞山金霞小区	—	—
31	仁化梦轩酒店	12	22	—	丹霞山金霞小区2号台区	6296898	—
32	仁化君怡酒店	23	46	—	丹霞大道变电站旁	6292858	—
33	仁化意林宾馆	20	40	—	丹霞山金霞小区B面	6298923	—
34	品霞小筑	10	22	—	丹霞山金霞小区	—	—
35	水务宾馆	22	46	50	县城建设路高坪新村	—	—
36	车站招待所	22	48	—	县城汽车站	6357503	—
37	金狮山庄	61	138	360	凡口矿内	—	—
38	阳元山度假区	296	592	600	阳元山景区内	—	—
39	富华招待所	8	16	—	县城建设路	—	—

续表11

序号	单 位	房数	床位数	餐位数	地址	电话	备注
40	金叶酒店	25	60	—	县城建设路	—	—
41	仁武宾馆	14	87	—	县城新城路	—	—
42	福生宾馆	15	31	—	丹霞山金霞小区	—	—
43	金霞招待所	17	34	—	丹霞山金霞小区	—	—
44	云霞居	17	30	60	丹霞山金霞小区	—	—
45	客家宾馆	30	60	—	丹霞山金霞小区	—	—
46	厚德福酒店	30	60	—	丹霞山金霞小区	—	—
47	华泰宾馆	30	60	—	丹霞山金霞小区	—	—
48	仁化湘源酒店	20	40	—	丹霞山金霞小区	6291888	—
49	仁化雅洁宾馆	20	40	—	丹霞山外山门金霞小区	6354214	—
50	高级商务宾馆	20	40	—	丹霞山金霞小区	6298986	—
51	怡景居	20	40	—	丹霞山金霞小区	—	—
52	雯锋宾馆	20	40	—	丹霞山金霞小区	—	—
53	吉祥云舍快捷酒店	21	45	—	丹霞山金霞小区	—	—
55	金领宾馆	20	40	—	丹霞山金霞小区	6298222	—
55	红锦湾酒店	127	250	—	丹霞山外山门	6296009	—
56	客家农庄	7	14	—	丹霞山瑶塘村	—	—
57	丹霞山1号酒店	85	180	—	丹霞大道	6399666	—
58	仁化县仁美大酒店	15	30	200	县城金山大道	6340888	—
59	卓悦休闲酒店	90	160	—	县城建设路29号	6283111	—
60	万事胜意宾馆	10	20	—	县城建设路11—2号	6392718	—
61	聚缘大酒店	—	—	500	县城建设路老车站	6358999	—
62	群悦旅馆	10	20	—	县城石壠背斜村3—1号	6355516	—
63	樟林旅店	10	20	—	县城建设路15号	—	—
64	仁化县荣华酒楼	5	10	—	县城新市场	6382821	—
65	仁化县秀丽招待所	5	10	—	县城建设路27号	6328599	—

续表11

序号	单 位	房数	床位数	餐位数	地址	电话	备注
66	韶石山庄	20	40	—	大桥镇水江村	6411483	—
67	桥宏酒店	6	12	—	城口镇地方坪	6263888	—
68	兴晖楼	20	40	—	丹霞山金霞小区	6296008	—
69	平安居	20	40	—	丹霞山金霞小区	—	—
70	和顺楼	20	40	—	丹霞山金霞小区	—	—
71	丹霞景逸苑	17	34	—	丹霞山金霞小区	—	—
72	华林旅馆	20	40	—	丹霞山金霞小区	6293983	—
73	月福楼	12	24	—	丹霞山金霞小区	6291889	—
74	和兴楼	20	40	—	丹霞山金霞小区	—	—
75	断石农民渡假村	165	330	—	丹霞山断石村	6291762	—
76	景山宾馆	20	40	—	丹霞山金霞小区	6298998	—
77	三嫂酒楼	4	8	—	丹霞瑶塘村	—	—
78	锦城楼	14	28	—	丹霞大道	6391688	—
79	润兴酒店	20	60	—	丹霞山金霞小区	6296189	—
80	醉月山庄	6	12	—	周田镇	6421010	—
81	香格里拉酒店	5	10	—	周田镇	6421098	—
82	林溪河漂流公司	12	24	—	周田镇	6423028	—
83	鑫三洲酒店	90	180	500	周田镇月岭	6423888	—
84	东莞外商假日俱乐部	81	162	120	丹霞山金霞小区	—	—
85	五嫂酒楼	4	8	—	丹霞山瑶塘新村	—	—
86	长江锦江旅店	19	38	—	长江镇人民街43号	—	—
87	君怡酒店	23	46	60	丹霞山外山门	—	—
88	红叶宾馆	22	44	—	县城新城路	6353899	—
89	鸣曦宾馆	10	22	—	县城新城路	6353398	—
90	瑞霞商务酒店	50	72	—	县城九龄路	6236999	—
91	7天酒店丹霞山店				丹霞山外山门		

旅游资源

2016年仁化县主要旅游资源类型、级别、特征简表

表12

序号	名称	类型	级别	特征	位置
1	丹霞山	自然遗产 地质公园 风景名胜区 AAAAA级旅游景区 自然保护区 度假区	世界级 世界级 国家级 国家级 国家级 省级	1.丹霞地貌命名地，是丹霞地貌面积最大、发育最典型、类型最齐全、造型最丰富、风景最优美集中分布区 2.丹霞山风景雄、险、奇、秀、幽特点突出 3.丹山碧水、田园村舍组合风光别具特色 4.具有深厚历史文化和宗教文化底蕴	丹霞街道、周田镇、董塘镇、黄坑镇、大桥镇
2	丹霞源	水利风景区	国家级	1.集绮丽丹霞、蜿蜒锦江、古老寺塔、婆娑绿影于一体 2.空间结构沿锦江自北向南延伸，北与长江镇万时山接壤，西临石塘镇双峰寨，南靠周田镇月岭 3.水域内有锦江水库和锦江、西岸、黄屋、丹霞、瑶山电站5个梯级电站 4.沿岸植被茂盛，森林覆盖率高	长江镇、扶溪镇、城口镇、丹霞街道、董塘镇、石塘镇、周田镇
3	丹霞山摩崖石刻	保护文物	国家级	1.内容涵盖僧尼、香客、政要人士、文人墨客登临丹霞山后题字、题名、题记、题诗、碑文、游记 2.书法有楷、行、草 3.数量逾数百款，镌刻时间跨越北宋至民国期间	丹霞山景区、丹霞街道、周田镇、董塘镇、大桥镇
4	古秦城恩村古村	保护文物	省级	1.历史悠久建筑，广东仅存的赵佗城 2.白墙黑瓦式民居、鹅卵石街道、古城门、老商铺构成独具地方特色古村落 3.蒙氏家族遗风	城口镇
5	双峰寨	保护文物 中共党史教育基地 爱国主义教育基地 廉政教育基地	国家级 省级 市级 县级	1.气势雄伟、设计巧妙的清末大型军事堡垒 2.被中共广东省委誉为“农民暴动中最伟大的战斗”的仁化暴动主要战斗场所 3.古寨、古村落、田园风光组合景观良好	石塘镇
6	云龙寺塔	保护文物	国家级	1.广东境内唯一一座列为国家级重点文物保护单位唐塔 2.佛禅“一花五叶”最早形成宗派沩仰宗开山鼻祖之一仰山慧寂禅师塔 3. 保存完好，具有较高研究价值的唐代方形楼阁式砖构五层实心塔 4.古刹、古塔、山林营造出深山藏古刹意境	董塘镇
7	石塘古村	中国历史文化名村 AAA级旅游景区 最具红色景观村落 最美古村落 旅游名村	国家级 国家级 省级 省级 省级	1.集古屋、古巷、古井、古寨、古风、古韵于一体的村落 2.悠久而光辉的历史，丰厚的文化底蕴 3.广东省旅游名村	石塘镇

续表12

序号	名称	类型	级别	特征	位置
8	澌溪寺塔	保护文物	省级	1.唐末宋初斗拱平座楼阁式砖构半实心七层塔 2.古塔、古村落、瑶乡、水库、山林组合景观良好	董塘镇
9	凡口矿山公园	矿场	国家级	1.国内产量最大、矿井深达900米的铅锌矿 2.多层保存完好，可供利用的废弃采掘坑道 3.升降机、地下车道、供电、通风、 安全等配套完善的基础设施	凡口矿
10	华林寺塔	保护文物	省级	1.北宋斗拱檐平座楼阁式砖构六角半实心七层塔 2.古寺、古塔、古村落、田园组织景观良好	闻韶镇
11	文峰塔	保护文物	省级	1.明代八角九层楼阁式砖石空心塔，气势 雄伟、建筑完好，塔高属县域之最 2.与城区周围文峰体育广场、文峰路景观连为一体	仁化县城
12	高 坪	自然保护区	省级	1.湖光山色、林深叶茂、风景迷人 2.温泉资源品质良好，周边环境优美 3.茶园密布，粤北白毛茶传统产地	红山镇
13	万时山	风景区	县级	1.山势巍峨，森林茂盛，罕见的南方高山草原 2.丰富的动植物资源和温泉 3.山下有湘粤赣边境著名的土 法造纸地和古商贸城镇	长江镇
14	锦江库区	风景区	县级	锦江两岸风光绮丽、山色、田园、村落、 桥梁、古塔等构成一道亮丽的风景线	丹霞街道
15	扶 溪	旅游区	县级	唐代古庙、古村落、古塔、古亭、古桥、 温泉、梯田等旅游资源组合良好	扶溪镇
16	暖水温泉	风景区	县级	以温泉资源为主的山林、村落、 田园、水库等组合景观良好	闻韶镇
17	灵溪河	风景区	县级	架空索道与漂流结合，观赏景区红叶枫树	周田镇
18	鸡笼寨	风景区	县级	小丹霞地貌与淳朴古村寨遗址、清浅溪流、神 秘洞穴山庄、古寺等景观组合，舒适、恬静	董塘镇
19	周田古村	风景区	县级	名人故里、古村古名居	周田镇
20	东庄门楼	保护文物	县级	县域古建筑中风格较为独特的一座建筑物	黄坑镇
21	南庄村	—	—	1.集古屋、古巷、古风、古韵于一体的古村落 2.集田园、果园生态休闲旅游于一体	黄坑镇
22	夏富古村	古村落 最美古村落 旅游名村	省级 省级 省级	1.位于丹霞山核心地带，传统建 筑风格独特，古风犹存 2.村巷中心地带的“三角街”是古民居建筑之谜 3.古村、田园、生态有机组合 4.广东省旅游名村	丹霞街道

2016年仁化县旅游景点一览表

表13

名称	简介	位置	电话
丹霞山风景名胜区	世界自然遗产、世界地质公园、国家级重点风景名胜区、国家AAAAA级旅游景区、国家级地质地貌自然保护区，广东四大名山之首，世界地质学上“丹霞地貌”的命名地，中国最美的红石公园，面积292平方公里，以“雄、奇、险、秀、幽”著称，因“色如渥丹、灿若明霞”而得名，千姿百态的赤壁丹崖令人叹为观止。丹霞山集自然景观、韶文化、红色革命文化、禅道儒文化于一体，除有别传寺、锦石岩、海天门、一线天等众多的名胜古迹外，还有历代文人墨客留下的诗文题刻。那些奇峰妙景，神形仙态，令人目不暇接。远看景区内的宝珠峰、海螺峰、长老峰3座高峰，高耸对峙，如出天表，蜿蜒变化，奇险雄峻。被誉为“天下第一奇石的阳元石”和“天下第一绝景”的阴元石，则惟妙惟肖。主要游览区有：长老峰游览区、阳元山游览区、翔龙湖游览区、锦江游览区、巴寨景区、韶石山景区	丹霞街道 周田镇 董塘镇 黄坑镇 大桥镇	6291683
丹霞源水利风景区	国家级水利风景区。位于县境内锦江流域，景区范围东至扶溪镇双合水，南至瑶山电站锦江河段及两岸视线范围内山脊线的内陆地，北至城口镇恩村至锦江入河河段及两岸视线范围内山脊线内陆地，西至董塘镇塘村锦江水库，仁化林场森林公园、丹霞山国家级风景名胜区，总面积约68.9平方公里其中水域面积10.49平方公里，陆地面积58.41平方公里。景区依山傍水，绮丽的丹霞，蜿蜒的锦江，婆娑的竹影，构成她独特的风景线。畅游在锦江中，两岸青山绿水，船在水中走，人在画中游。主要景点有鲤鱼跳龙门、锦岩大赤壁、群象过江、金龟朝圣、五指擒魔、长老仙翁、仙山琼阁等秀美风光	长江镇 扶溪镇 城口镇 丹霞街道 董塘镇 石塘镇 周田镇	6352328
丹霞山灵溪河森林旅游度假公园	中国飞索第一漂，实现架空索道与漂流的完善结合。灵溪河漂流全长3.5公里，漂流时间约1.5小时；灵溪河大峡谷观光索道全长1520.3米，单线乘坐时间约28分钟，沿途可观赏老鹰石、象鼻石，秋冬可赏红叶。旅游配套设施齐全	周田镇	6423028
石塘双峰寨	全国重点文物保护单位，省市县爱国主义教育基地，广东省中共党史教育基地。始建于清光绪二十五年（1899年），已有110多年历史。为“河护城”结构，外形长方形，墙体结构呈梯形，城墙全部由石块、石灰和青砖砌成，寨子面积3660.38平方米，寨外有宽13.7米、水深1.5米的护城河环绕。是广东省保存比较完整的古代建筑之一。1928年，双峰寨保卫战震撼整个北江地区，是仁化暴动重要组成部分，在粤北农运史上写下光辉篇章。双峰寨所在地是古老的石塘村，古称“千家村”，建于明代的古村落原貌保存完好，那高梁瓦屋，厅大房小，天井照壁，一应俱全。村里的民俗文化“月姐歌”是一项全省乃至全国唯一独特的传统民间艺术，可与广西的女书相媲美，与该地的“堆花酒酿造技艺”均属省级非物质文化遗产。此外，这里生产的大米、甜竹笋、马蹄、瓜果蔬菜堪称绿色食品	石塘镇	6394008
红山高坪省级自然保护区	保护区内有青山环抱的大型水库，有3333.33公顷次生林、温泉、峡谷溪流和茶园。四周环境幽雅，宁静秀美，片片茶园分布于山林之中，景色颇为壮观，令人心旷神怡。是粤北白毛茶传统产地	红山镇	6343702
长江万时山天山大草原	万时山（又称范子山、白云山、氾水山、万子山）位于长江镇与湖南汝城、江西崇义交界处，海拔1559米，是仁化县境内锦江河发源地之一，也是全县最高峰。登临“脚踏三省第一峰”，极目远眺，山势巍峨，林木葱郁。山顶有百亩高山草原，放眼望去，苍山如浪，重重叠叠。夏季清澈溪流，冬季神奇冰挂雾凇，蔚为壮观。长江镇是湘粤赣边境著名的土法造纸地和古商贸城镇	长江镇	6298666 6225051

续表13

名 称	简 介	位 置	电 话
锦江库区	范围125平方公里，水面916万平方米，库容1.89亿立方米，水位135米。库区悠长，中间有数座孤岛山头，两岸青山，山上满是松林杉林。风光旖旎，空气清新，山岭倒映水面，如真如幻。丰水期，可看见泄洪的美丽壮景；那越过泄洪闸坡的水，咆哮飞流，起落100多米的坝底，下溅出一片白茫茫浪花，蔚为壮观	丹霞街道	—
城口锦城温泉、古秦城	位于县城37公里的城口镇。温泉水含有硫黄、碳酸及碱等矿物质，四季达60℃之恒温，流量72立方米/小时，水质优良，含有多种对人体有益的微量元素，经常淋浴有强身健体、消除疲劳之功效。古秦城与城口温泉一街之隔。秦末，南越王赵佗在城口境内筑城。古秦城现为县文物保护单位	城口镇	6263001
长江清朝广州会馆	长江广州会馆建于清光绪十一年（1885年），占地面积为1571平方米，建筑面积为657平方米。整个会馆分为上、下座，中间一大院。由广属商贾联手30家商店“仰桃园之义重，恩梓里之情深”集巨资兴建。会馆左右两侧有厢房，中间有天井，馆内顶墙下，有108幅大小彩色壁画清晰易见，木染刻有大小各异龙凤图案。整个会馆用磨制过的青砖砌成，瓦面盖底、面瓦两层，阴瓦为筒瓦，沙灰结构，十分牢固。2007年县委、县政府投入20多万元对会馆进行全面修葺，在不改变文物原样基础上，更换木柱、木檩椽、硫漓瓦滴水、补跨墙和地面方砖等。广州会馆是古代长江繁荣发展的象征，具有很好的历史研究价值。2011年4月，广州会馆列为县第三批文物保护单位	长江镇东风街	6225051
城口古恩村	恩村地处城口镇政府西南7公里，距丹霞山景区30公里，国道106线贯穿恩村。该村下辖8个村小组和1个村办林场。全村人口1400多人，是个历史悠久、建筑风格独特、具有深厚文化底蕴的古村落。在历代科举中走出26位进士，考上武举、岁贡、拔贡、监生、庠生、太学生等300多人，可谓冠盖连云，人才济济。在长期的官宦外迁、异地繁衍中，恩村的留守人丁仍然坚守着先人“耕读兴家”祖训，延续着气贯数百年的文化传统和伦理氛围，尽力守护着恩村文化古迹和历史荣耀。这个只有300多户人家的以蒙姓居多的小山村，有7个祠堂、4个牌坊、2座门楼、1座城堡，现在仍然可见古城墙横亘，堞垛巍峨，城门依旧。城楼虽坍塌，雄伟气势犹存；护城河已废，而当年遗泽、洼塘还在。村民家中还珍藏着古画、寿幛、官袍官帽、祖宗画相、神龛祭器、文房四宝、家具古玩等。2009年11月，恩村被评为广东省第二批古村落	城口镇	6263001
夏富古村	夏富古村位于仁化县城西南面，距县城15公里，交通便利，全程为硬底化路面，历史上曾是锦江下游的第一商埠；位于世界自然遗产丹霞山风景区阳元山景区、巴寨风景区中心，是新景区服务基地的首选；合丹山、锦水特色美景为一区，是登山探险、水上漂游的好去处；集自然生态、田园景观为一体，是生态旅游、观光农业的理想地；融乡土民俗、历史文化为一身，是吃住游乐、休闲度假的好地方。夏富古村依山面水，广有田园，竹树村边合，青山廓外斜；岚光绕橘柚，云霞映稻花，开轩面场圃，江湾话渔樵，是人与自然生态和谐的最佳融合。村中有树龄在300年以上的古榕树7棵，见证了数百年的朝代更替。李氏宗祠的门楼风光、丹霞石柱、西北碉楼的凛然兀立，5座祖厅及画檐、藻井、天井、照壁等建筑艺术庄严肃穆，精湛的砖雕、灰塑，精美的供桌、神龛、门窗的雕花、边饰，古老的楹联、匾额，无不渗透出一种古朴文化的传承。夏富村是2011年广东省第三批命名的古村落，2012 年入选“广东最美古村落”，2015年广东省首批“广东省旅游名村”	丹霞街道	6352698

续表13

名称	简介	位置	电话
石塘古村落	石塘村地处广东粤北山区北部的丘陵地带，位于仁化县西南方的一个盆地之中，山清水秀，拥有悠久而又光荣的历史，蕴含着丰厚的文化底蕴。从明洪武年间李可求从福建移居此地、开荒建房算起，石塘古村已经走过640多年的风雨。石塘古村是集古屋、古巷、古井、古寨、古风、古韵于一体的村落，是仁化县乃至韶关市范围内历史较悠久、古建筑群最大、保存最完好的一个古村落。2009年被评为广东省第二批“历史文化名村”和“广东省古村落”，2010年12月，获第五批“中国历史文化名村”称号，填补了粤北韶关在这一领域的空白；2012年入选广东最美古村落，被评为“广东十大最美古村落”评选活动“最具红色景观村落”，并列入第一批中国传统村落名录，2015年广东省首批“广东省旅游名村”	石塘镇	6394008
锦城广场	位于县城锦江河畔，占地面积12000平方米，广场中央有一座音乐喷泉，喷泉中矗立着体现仁化人精神的雕塑——丹霞之光。晚上锦江两岸的椰树灯、棕榈灯、芝麻灯、霓虹灯、地埋灯、草坪灯等艺术灯饰，华灯四射，喷泉五彩缤纷，令广场流光溢彩。在这里即可观赏到锦江两岸的山水美景和五光十色的灯饰，也可领略到丰富的广场文化	县城新城路	—
古塔	县境内有古塔14座，有唐代的董塘云龙寺塔，唐末宋初的澌溪寺塔，宋代的华林寺塔、明代的文峰塔、白塔（又称水口塔）、文明峰塔、华表峰塔、腾凤塔、水口塔，清代丹霞山舍利塔，分布在董塘镇、闻韶镇、丹霞街道、扶溪镇、长江镇、石塘镇、丹霞山风景区内。仁化，是名副其实的“古塔之乡”	县各镇区	—
仁化县博物馆	位于县城仁化剧院旁，建筑面积987平方米，为半封闭式琉璃瓦盖顶3层展览馆，中央有天井采光。现有馆藏文物800多件	县城新城路	6354795
丹霞山中华性文化博物馆	建成于2004年3月，是华南地区最大的性健康教育基地，馆内珍藏2500余件历朝历代与性有关的文物展品，形象地展示中华性文化的博大精深，充分展示中国人的性和性生活的演变史	丹霞街道丹霞大道	6293801

仁化县旅游局负责人名录：

局　长：叶志琴（女）

副局长：沈家富

何丽红（女）

（易　佳）

建设中的丹霞山旅游景区服务设施　（谢嘉文　摄）

财政·税务

财 政

【概况】 仁化县财政局（简称“县财政局”）是仁化县人民政府工作部门，成立于1961年。主要职能是综合管理全县财政收支、资源配置及县属行政事业单位国有资产，贯彻执行财税政策法规，实施财政监督，稳定和发展县域经济。局机关内设正股级职能机构办公室（信息中心）、法规税政股、预算股（地方债务管理股）、国库股、综合股、行政政法股（县统发工资办公室）、教科文股、工贸发展股、农业股、农业综合开发办公室、经济建设股、社会保障股、外经金融股、政府采购管理办公室、会计股、绩效评价股、监督检查股、人事股和监察室19个，下设事业单位公共资产管理中心（副科级）、国库支付中心（副科级）和财政投资评审中心（正股级）3个及镇（街道）财政所（正股级）11个。截至2016年年底，县财政局有干部职工97人，其中公务员37人，参公人员53人，事业单位人员7人。

2016年，县财政局围绕稳增长、促改革、调结构、惠民生、防风险各项工作，发挥财政职能作用，组织财政收入，优化支出结构，强化财政预算管理，深化财政改革，加大财政监管力度，较好完成全年财政收支目标任务，为县域经济社会平稳发展、实现“十三五”规划良好开局提供财力保障。

【财政收入】 2016年，仁化县受经济下行压力增大和政策性减收多重因素影响，经济增长放缓，企业增长乏力，财源结构没有得到根本改善，税收增长不稳定，产业创税能力不强，税费减免政策效应凸显。面对挑战，县委、县政府科学决策，及时出台一系列促进财税增收政策，制订和落实各项有效协税护税措施，加强协税护税工作，定期召开财税收入联席会议，强化税收征管，抓好非税收入征管，拓宽税源财源，确保各项工作任务完成。全年全县：一般公共预算收入（指以税收为主体的财政收入，安排用于保障和改善民生、推动经济社会发展、维护国家安全、维持国家机构正常运转等方面的收支预算）完成62767万元，按可比口径比上年增长6.35%，按自然口径比上年增长2.92%，完成年度调整预算任务101.29%。加上上级补助收入、上年结余收入、债务转贷收入和调入资金等174430万元，全县财政总收入（是指县行政区域范围内产生的财政总收入，包含中央库、省级库、市级库和县级库的地方一般公共预算收入和政府性基金预算收入）完成237197万元，同比下降9.69%。

【财政支出】 2016年，全县一般公共预算支出完成226410万元，按可比口径比上年增长2.92%，按自然口径比上年增长3.13%。加上上解上级支出、预算稳定调节基金和债务还本支出等8143万元，全县财政总支出完成234553万元，同比增长1.37%。全县财政总收支相抵，滚存结余2644万元。全县财政预算实现收支平衡，略有结余。

财政支出结构更趋合理。2016年，仁化县民生项目、基本公共服务、重点项目等重点支出得到较好保障。全县会议费和“三公”经费比上年下降6.47%；用于保障和改善民生事业资金184273万元，占一般公共预算支出比重81.39%；用于基本公共服务支出资金112437万元，占一般公共预算支出比重49.66%；纳入GDP核算财政八项支出115526万元，比上年增长20.19%，拉动全县GDP增幅1.6个百分点；投入省十件民生实事资金6148万元，同比增长6.66%。

完善城乡居民最低生活保障制度，提高社会保障水平。2016年，仁化县继续提高社会保障标准，城乡居民最低生活保障标准分别提高到每人每月490元和每人每月340元，农村“五保”供养对象补助标准提高到每人每月680元，企业退休人员基本养老金连续12年增长。做好城乡居民最低生活保障、救助、救灾、救济和优抚工作。2016年春节向全县低收入群众5078人一次性发放临时价格补贴50.78万元，每人发放100元。争取城乡低保上级配套资金1702.66万元，上级补助临时救助62万元，县级配套城乡低保资金750万元。为863名患病困难家庭发放城乡医疗救助资金433.26万元，为5478名城市低保对象和51893名农村低保对象按时发放城乡低保户资金1209.39万元，为3335名残疾人发放生活津贴和重残护理补贴506.37万元。全年发放“五保”供养金279.19万元，优抚补助金356.85万元，366名“五保”集中分散供养对象和945名优抚人员按时领到补助金。发放医疗救助资金433.26万元，使863名患病困难家庭得到救助。免收殡葬减免费用120.22万元。

积极落实支农惠农政策，扎实推进社会主义新农村建设。2016年，仁化县确保财政支农重点，将县级财政支农资金重点放在新农村建设、精准扶贫、现代农业建设上。2016年安排涉农县级项目资金2059.98万元，其中：农业项目资金480.76万元，水利项目资金393.18万元，林业项目资金636.43万元，扶贫项目资金506.15万元，气象项目资金15.5万元，其他项目资金27.96万元。积极争取上级财政资金，截至2016年12月底，合计拨付：农业资金6118万元，林业资金6597万元，水利资金19202万元，扶贫资金11982万元，农业综合开发资金1427万元，农村综合改革资金2729万元，气象事务资金128万元，农村危房改造资金980万元。

加大文教卫生等事业投入。2016年，仁化县发放免费农村、城镇义务教育补助资金（含省、市级资金）3066万元，受益学生22259人；发放高中教师418人补贴资金101万元；发放中职学生国家助学金10万元，有学生50人享受；发放中职免学费264万元，有754人次享受免学费；支持推进医药卫生体制改革，基本药物制度深入实施，人均基本公共卫生服务经费从40元提高到45元。

【财政服务经济】 2016年，县财政局开展投融资平台建设工作，通过进一步盘活整合全县国有优质资产，打造国有资产经营集团有限公司，增强融资实力。做好“仁化县2016年中小河流治理项目”“仁化县城北门片市政工程项目”“周田镇至韶赣高速丹霞出口市政道路改建工程项目”等16个项目融资工作，融资金额167720万元。争取置换债券和新增债券资金20235万元。

【财政改革】 2016年，县财政局理顺财政投资评审工作机制，优化、简化评审程序，财审工作效率提高。贯彻和落实国库集中支付改革，完善乡镇集中支付改革，扩大财政国库集中支付广度和深度，大量财政专户撤销，资金并入集中支付，增加国库集中支付资金量。2016年度纳入财政集中支付资金为254715.58万元，占同期财政支出255661万元的99.63%，积极响应省市关于财政资金统一纳入国库集中支付要求。其中：财政直接支付金额214563.62万元，占财政集中支付资金额84.24%；财政授权支付金额40151.96万元，占财政集中支付资金额15.76%。

【财政监管】 开展各种专项检查和资金审计工作。2016年，县财政局与县审计局联合开展“2013年农产品质量安全检验检测体系建设项目资金”专项资金检查。独立完成“发展草地畜牧业肉牛标准化规模养殖示范基地项目”“2015年农村低收入危房改造资金”“2015年度社区工作经费”3项专项资金检查；完成县经信局、县环保局和广东富然农科有限公司3个单位会计信息质量检查任务；开展2015年度省级财政一般性转移支付资金和专项资金检查工作，要求全县各单位对本单位省级专项资金进行自查；完成政府债券自查工作；开展预决算公开检查工作；根据省财政厅要求，建立县财政局内部控制制度。

加大政府采购和投资评审监管力度。2016年，全县完成：政府采购规模18635万元，节约资金74万元，平均节约率0.39%；预算审核项目107项，涉及财政投资资金32221.8万元，核减金额5072.7万元，核减率15%；结算审核项目110项，涉及财政投资资金9502.3万元，核减金额652.6万元，核减率7%。

做好会计从业人员培训和管理。2016年，县财政局宣传贯彻落实行政事业新会计制度。开展会计从业人员继续教育培训（网络培训），全年完成培训1500人；做好会计从业人员管理，全年会计专业职称考试报名83人次，其中中级专业技术资格43人、初级专业技术资格40人；调入38人，注册登记40人，各项信息修改570人次。

【财政队伍建设】 2016年，县财政局加强财政队伍建设。加强干部职工政治理论学习，组织学习中共十八届六中全会精神，开展中共十八届六中全会精神宣讲活动；抓好财政业务知识学习，组织干部职工参加各级部门开展的业务培训活动；更新财政干部业务知识，组织干部参加网络教育培训和县人社局举办的公务员继续教育培训；壮大干部队伍，年内通过公开招聘方式，向社会招录公务员（含参公人员）6名；抓好财政队伍廉政建设和法制教育，贯彻落实党风廉政建设“五个一”制度，开展明察暗访、开展民主评议政风行风工作，开展纪律教育学习月活动，整治庸懒散奢等不良风气，落实风险防控和绩效考评工作任务；组织干部职工廉洁从政教育和法制教育学习，利用分散和集中学习廉政文件、播放廉政警示教育电教片及参观廉政教育基地等多种形式进行宣传教育。

【其他各项工作】 2016年，县财政局做好上级部门交办的其他各项工作。认真贯彻落实省委、省政府“精准扶贫、精准脱贫”重大战略决策和市县部署要求，深入推进“精准扶贫、精准脱贫”工作。对周田镇上道、鸡龙村委共42户119名“精准扶贫”对象逐一制订结对帮扶方案，落实结对帮扶责任人和帮扶措施。新建宣传栏2块，悬挂横幅11条，举办柑橘培训1次，走访慰问扶贫对象238人次，发放鸡苗880 羽，发放饲料20包，发放化肥2.72吨，合计投入自筹资金64640元。加大保密宣传教育力度，通过签订保密承诺书、讲授保密专题党课、开展自查自纠、进行保密知识测试和发放宣传册形式，提高干部职工保密意识，全年无泄密事件发生。推进政府信息公开工作有序、高效开展，完成各项公开任务。落实解决议案提案，2016年答复县人大议案《关于建立美丽乡镇建设启动资金的建议的提案》（第19号）1宗，并收到反馈意见“满意”。完成综治维稳、招商引资、信息调研、社会管理、计生、精神文明建设和人事档案等各项工作。

县财政局负责人名录：

局　长：周锦才（任至2016年5月）
邓又进（2016年5月任职）

副局长：邱岳铭　朱少媚（女）　李庆明

（余健勇）

国家税务

【概况】 仁化县国家税务局（简称“县国税局”）是仁化县主管国家税收工作职能部门，为正科级全职能局。内设办公室、政策法规股、收入核算股、纳税服务股、征收管理股、人事教育股、监察室、税源管理一股、税源管理二股等9个正股级机构，辖1个直属机构（稽查局），1个事业单位（信息中心）和3个派驻机构（董塘税务分局、长江税务分局、周田税务分局）。主要负责征收国内增值税；中央与地方所属企、事业单位组成的联营企业、股份制企业缴纳的企业所得税；农村信用社缴纳的企业所得税；2002年1月1日以后注册的企业、事业单位缴纳的企业所得税；外商投资企业和外国企业所得税；储蓄存款利息所得个人所得税；出口产品退税；国家税务总局明确由国家税务局负责征收的其他税收及负责征收各税种的滞纳金、补税和罚款。2016年，县国税局有干部职工67名，含公务员61人，事业管理人员4人，工人2人；离退休人员37人。

2016年，县国税局以科学发展观为统领，贯彻落实上级部门税收工作要求，坚持为国聚财、为民收税工作宗旨，准确把握形势，找准着力点，增强责任和服务意识，提高税收质量，规范税收管理，强化队伍教育培训，确保国家税务事业发展。

【税收收入】 2016年，县国税局面对经济下行压力等不利因素影响，坚持组织收入原则，加强经济税源调查和税收预测分析，全面落实税收优惠政策，为企业发展添动力，强化税源监管，及时掌握了解企业生产经营情况，帮助企业排忧解难，力促实现税收与经济协调发展。全年组织税收入库53700万元，同比增收10586万元，增长24.55%，完成市国税局下达预期目标的102.78%。其中：中央级收入31386万元；省级收入9292万元，比上年增长921.10%；县级收入13022万元，比上年增长22.73%。

2016年仁化县国税局分级次税收收入统计表

表14　　　　单位：万元

级次	税收收入	比上年增（减）收	比上年同期（+-%）
中央级收入	31386	-208	-0.66
省级收入	9292	8382	921.09
县级收入	13022	2412	22.73
合　计	53700	10586	24.55

2016年仁化县国税局分税种税收收入统计表

表15　　　　单位：万元

税 种	收入数	比上年增（减）收	比上年同期（+-%）
增值税	49594	10186	25.85
消费税	593	590	19666.67
营业税	-	-	-
企业所得税	2651	-376	-12.42
个人所得税	-	-	-
燃油税	-	-	-
车辆购置税	862	186	27.51
合 计	53700	10586	24.55

2016年仁化县国税局非税收入统计表

表16　　　　单位：万元

项　目	非税收入	比上年增（减）收	比上年同期（+-%）
税务文化建设事业收费收入	15	1	7.14
税务部门罚没收入	0	-4	-100
合 计	15	-3	-16.67

【征管改革】 2016年，县国税局积极落实税收新政，推进深化征管体制改革进程。全面推开“营改增”试点扩围。全县新纳入营改增纳税人1180户，占全县增值税纳税人的27.9%。全年“四大行业”营改增税收实现入库8492万元，拉动全县国内税收增长18.7个百分点。营改增期间，全体干部职工团结协作、日夜奋战，增设服务窗口5个，培训税务人员12次，培训纳税人16期9300多户次。加强国地税合作，积极推进深改进程。及时成立深化征管体制改革工作领导小组，完善国地税联席会议制度和信息共享机制，将征管体制改革7项专项改革试点工作和《国地税合作工作规范2.0》44项合作内容分解到位，全县国地税互设窗口3个，互设4台自助办税机，共同进驻县行政服务中心并设立4个办税窗口和1台自助办税机。积极推广应用电子税务局。2016年10月，开展税务人员电子税务局业务培训2场，纳税人培训2场，发放操作指引资料3000多份，截至2016年年底，纳入电子税务局纳税人户数为4210户，绑定纳税人2285户，绑定比例54.28%，取得阶段性成效。四是扎实做好数字人事系统上线工作。通过开展全员培训、上线测试、操作指引、加强辅导、动态监控，确保在岗职工保质保量、按时高效地完成系统上线准备动作，2016年12月21日起县国税局数字人事信息系统实现顺利上线。

【税收执法】 2016年，县国税局积极推进法治国税，优化税收环境。严抓廉政监督管理。调整县国税局党风廉政建设工作领导小组，层层签订“2016年党风廉政建设工作责任书”，全年开展节日廉政谈话65人次，开展“一案双查”纳税人2户，税收执法廉政回访纳税人45户，从社会各界聘请特邀监察员9名，落实廉政监督管理。税收风险管理得到提升。税收风险反馈说明质量、风险命中率、风险应对反馈数据合理性均得到提升。全年完成风险应对任务126户次，查补入库税款、滞纳金、罚款共2205万元，比市国税局分配任务增收304万元，增收率16%。通过狠抓行业秩序，确保税收应收尽收，税务稽查成效显著。全年组织检查纳税人11户，其中立案检查4户，组织企业自查7户，入库税收收入1631万元，其中企业自查查补收入1498万元，稽查立案检查查补收入133万元。

【纳税服务】 2016年，县国税局以第25个税收宣传月为契机，举办环城骑行送税法、“营改增及税收优惠政策专题讲座”，召开税企座谈会，走访重点税源户，开展“环保促文明、税宣进万家”活动，通过电视、网络、微信扩大税宣覆盖面，取得良好宣传效果。对满足小微企业认定标准企业按照政策落实税收优惠，受益面100%，全面贯彻落实国家结构性减税和普惠性税收政策，全年调查减免税纳税户3103户，其中享受减免税优惠的共有1461户，减免税12054万元。广泛推行增值税电子发票。全年纳入增值税发票系统升级版759户，累计推行增值税电子普通发票288户，推行比例38%，超越市国税局下达5%的考核标准。推进“双委托”工作，降低征纳成本。2016年县国税局以委托邮政代开代征方式征收税款209万元，营改增扩围后县地税局为国税局代征税款181万元，结合实际将董塘分局搬迁到县国税局办公，并将其职能转变为专门负责原管辖小规模纳税人并承接税源二股所辖小规模纳税人。

【队伍建设】 2016年，县国税局加强基层党建，成立领导机构、制订工作方案，开展“两学一做”学习教育活动。全年组织党组中心组理论学习12次、党组书记上党课集中学习4次；组织开展基层党建工作述职和民主评议，召开“三严三实”专题民主生活会，全面查摆党组班子在“三严三实”方面存在突出问题，深入剖析问题产生原因，明确整改和努力方向。创先争优活动成果丰硕。2016年，县国税局获仁化县政风行风建设优胜单位，县国税局纳税服务股被认定为“2014—2015年度国税系统广东省青年文明号集体”，长江税务分局被认定为“2014—2015年度国税系统韶关市青年文明号集体”。按照精神文明创建工作“届初申报、届期创建、届终评选”申报评选机制要求，做好2016—2018年度精神文明创建申报工作。提升干部队伍素质，开展“岗位大练兵 业务大比武”技能培训，选派税务干部参加市国税局、省局选拔考试；加强税务干部政策培训，及时组织各类知识更新培训班，提高税务人员岗位适应能力和业务处理能力。发挥群团组织职能，国税队伍凝聚力得到增强。加强党建带团建妇建，开展好工会、青年团、妇联和志愿者活动，组建营改增党员先锋队和营改增志愿者服务队致力于服务税收工作，在年节前积极开展走访慰问离退休老干部、老党员和困难党员活动。

【文化建设】 2016年，县国税局国税文化建设成效明显。通过制订文化建设工作方案，完善国税文化展厅，成功开展“蓝色梦想”助教助学志愿服务行动，广泛征集“好家风好家训”，精心组织参与市国税局举办“感动就在身边”——韶关国税精神先进事迹报告会，县国税局自编自演的廉政微电影被“南粤清风网”采录展播，县纪委在韶关日报和韶关廉政网发表文章表扬县国税局创新形式开展纪律教育学习活动，县国税局制作的廉政公益海报和撰写的廉政调研文章同时被省局“粤税清风”廉政网络采用。

【政务事务】 2016年，县国税局发挥绩效管理效应，加强了绩效管理组织领导，完善绩效管理制度，确保绩效管理有章可循。完善绩效指标体系，按时开展绩效考评，将考评结果运用到干部任用、评优评先、年度考核等方面，规范税务人员行为，提高干部职工工作积极性。年内，县国税局组织绩效成绩全市排名第六位。规范财务管理，做好财务风险防范，加强预算编制和决算管理，规范财务审批和经费管理。做好资产管理信息系统试点工作，严格执行政府采购。提升行政效率，继续加强重点工作督查督办力度，保密管理、网络与信息安全管理更加规范，完善涉税舆情、信访维稳、档案管理、安全保障工作。提高后勤服务水平，加强机关安全保卫、食品卫生、庭院绿化管理，新建车棚1个，启动县国税局食堂维修工程，为干部职工创造良好工作生活环境。

仁化县国家税务局负责人名录：

局　长：黄盛明

副局长：肖　雄　罗　群

刘晓良（女）

纪检组长：曾昭林

（谭彩林）

地方税务

【概况】 仁化县地方税务局（简称“县地税局”）内设办公室、人事教育股、监察室、思想政治工作办公室、征收管理股、税政股、纳税服务股、税收研究会8个职能股（室），1个直属行政单位稽查局，1个事业单位规费服务中心，下辖城区税务分局、董塘税务分局、周田税务分局、长江税务分局和城口税务分局。主要负责营业税、企业所得税、个人所得税、资源税、土地使用税、城市维护建设税、印花税、土地增值税、房产税、车船税、契税、耕地占用税等税种和社保费、教育费附加、地方教育附加、文化事业建设费、残疾人就业保障金、堤围防护费、工会经费、价格调节基金“八项”规费的征收管理。截至2016年12月，县地税局有在岗干部职工92名，劳务派遣人员17名（其中协税员9人，司机4人，后勤4人）。在岗干部职工中硕士学位6人，本科学历57人，大专学历25人，大专以上学历人员占95.65%；中共党员（在职）62名，占67.39%；30岁以下21人，31—40岁18人，41—50岁35人，51岁以上18人；平均年龄41岁。

【地方税费收入】 2016年，县地税局围绕组织收入工作中心，以收入持续稳定增长为目标，把握经济发展与地方收入

2016年4月6日仁化县首个国税、地税联合共建办税服务厅在周田正式挂牌启用 （县地税局供图）

持续增长内在规律，注重收入质量，拓展组织收入视野和渠道，坚持依法征收，做到应征尽收。全年累计组织税费收入66019万元，其中：税收收入34360万元，完成市地税局预期目标的101.96%，比上年同期减收6146万元，下降15.17%，剔除营改增影响可比增长6.16%。税收入库级次分别为中央级6606万元，同比增收2064万元，增长45.44%；省级固定收入628万元，同比减收489万元，下降43.78%；省级共享收入4927万元，同比减收3108万元，下降38.68%；县级收入22199万元，同比减收4613万元，同比下降17.20%，剔除营改增影响可比下降3.50%，完成县政府预期目标的100.90%；组织“八项”费金收入合计31659万元，同比增收1902万元，增长6.39%，其中：社保费收入26820万元，同比增收2312万元，增长9.43%；其他规费收入4839万元，同比减收410万元，同比下降7.81%。

2016年仁化县地方税各税种收入统计表

表17　　单位：万元

税　种	收入数	比上年增收	比上年增长百分比（%）
增值税	182		
营业税	4215	-7515	-64.07
企业所得税	6382	3059	92.06
个人所得税	4532	286	6.74
资源税	3236	-120	-3.58
城市维护建设税	2810	205	7.87
房产税	1957	-150	-7.12
印花税	439	-66	-13.07
城镇土地使用税	5342	2045	62.03
土地增值税	1754	-661	-27.37
车船税	406	128	46.04
契税	1718	-273	-13.71
耕地占用税	1387	-3266	-70.19
合　计	34360	-6146	-15.17

说明：以上数据包含省级固定收入

2016年仁化县地方税务局各规费收入统计表

表18　　单位：万元

各项规费	收入数	比上年增收	比上年增长百分比（%）
社会保险费	26820	2312	9.43
工会经费	681	-12	-1.73

续表18

各项规费	收入数	比上年增收	比上年增长百分比（%）
残疾人就业保障金	168	–7	–4.0
教育费附加	1638	84	5.41
文化事业建设费	1	–1	–50
堤围防护费	1018	22	2.21
价格调节基金	252	–546	–68.42
地方教育附加	1081	50	4.85
合 计	31659	1902	6.39

【税源监控】 2016年，县地税局在科学研判全县经济发展形势基础上，比对各项经济指标合理预测区域税源情况，做好各时期和全年各预算级次税收收入预测。重点监控房地产、凡口矿等重点企业，深入园区、矿区等企业调查情况送政策。加强新增税源摸底调查，摸清企业规模和税源规模。积极发挥财政、工商和国地税连动机制，强化与经济部门信息沟通，共同做好税源监控管理。运用纳税评估和税务稽查手段，以查促管、堵漏增收。全年纳税评估入库税款1716.94万元，滞纳金20.5万元；立案检查纳税户3户，查补税款、罚款、滞纳金8.18万元，组织纳税人自查11户，查补税入库税款、滞纳金453.73万元。

【税种管理】 2016年，县地税局规范所得税基础管理，强化税前的扣除和优惠政策审核，加强核定征收和预缴管理，提高汇算清缴质量和水平，保证税款稳定均衡入库。2015年度企业所得税汇算清缴248户，汇缴面100%，汇缴入库企业所得税1500万元，同比增加268万元，增长22%。做好高收入自然人税收管理，提升个人所得税管理与服务水平。超额完成2015年度年所得12万元以上个人所得税申报工作，全年受理自行纳税申报458人次，申报年所得额首次突破1亿元，达到1.21亿元。严格按照《仁化县地方税务局关于推进财产行为税第三方信息采集与应用工作实施办法》组织部署财产行为税工作，2016年年初，实现房产税、城镇土地使用税、印花税、契税新申报表上线并平稳运行。加强财产行为税外部信息促内部征管，全年组织仁新高速建设项目入库临时耕地占用税310万元；组织城镇土地使用税收收入5342万元，同比增长62.03%，增收2045万元。

【税收征管】 2016年是全面实施“十三五”规划开局之年，也是深化国、地税征管体制改革关键之年。年内，县地税局重点监控和管理税收征管薄弱环节。严格内部管理，主管业务科室强化对征管指标的绩效考核，把组织收入、征管主观努力程度、税收收入核算质量等指标纳入绩效考核。规范执法，对5个基层分局和稽查局进行执法督察，及时发现执法督察中存在的问题并加以有效整改；注重内外交流。与县国税局建立仁化县国地税联席会议制度，交换涉税信息，创造改善征管质效条件；“营改增”税制改革平稳实施。细化“营改增”工作任务分解和时间进度安排，采取有力措施，周密部署，“四大行业”“营改增”工作精准到位、如期实施，完成“四大行业”“营改增”纳税人1181户交接工作。2016年5月1日，县地税局成功开出首张增值税普通发票，“营改增”税制改革实现无缝对接，标志着该局代征增值税、代开增值税发票业务顺利启动。

【信息管税】 2016年，县地税局树立“信息管税”理念，建立信息管税工作机制，提升信息管税工作质效。全面做好全省通办及电子文档系统上线设备、系统、POS机升级改造和配置，完善采集范围、标准、流程、错误更正等，规范数据采集，把好税源信息采集数据关，推广电子办税；加强协税护税信息利用。与各部门建立信息交换，强化数据利用，全年从各成员单位获取涉税信息累计62008条，运用涉税信息补缴税费（含罚款、滞纳金）6841.1万元；加强存量房交易计税价格评估系统跟踪指导，堵漏增收，全年，应用存量房交易计税价格评估系统受理存量房交易办理涉税事项381宗，申报交易金额11732.67万元，调整后计税金额达13826.07万元，有效堵漏增收营业税、土地增值税等税费937.6万元；借助国地税合作契机，与县国税局联合推进电子税务局上线及培训工作，提高数据采集口径和采集，形成协调一致信息管税日常工作机制。

【规费管理】 2016年，县地税局坚持“税费一体”，加强规费征收管理工作。社保费征管方面，加大力度对未达到“五险齐参”的重点和难点单位进行整改，重点根据乡镇水电管理所等单位未参保“五险”人员身份情况，要求其及时全员参保“五险”，全年全县乡镇水电管理所385人次完成“五险齐参”整改工作；抓好全县2016年度企业职工基本养老保险扩面征缴工作，履行社会保险费征缴职能，全面核对工资薪金个人所得税申报人数与缴费人数对比差异，多次会同县人社局和社保分局召开会议研究部署社会保险扩面工作，全年扩面征缴2433人次；贯彻落实灵活就业人员参加企业职工基本养老保险和一次性缴费工作。做好缴费政策宣传和解释工作，主动和县社保分局沟通联系对接，全面掌握灵活就业人员一次性缴费和趸缴政策办理条件和要求，全年征收灵活就业人员一次性缴费和趸缴630万元。其他规费方面，加强和县总工会、残疾人联合会等业务单位沟通联系，做好工会经费和残疾人保障金征收工作。联合县总工会多次下户催缴和政策宣传，对尚未成立工会组织企业做好宣传解释工作；配合县残疾人联合会年审工作，年审期发放年审资料600多份，确保残疾人就业保障金代征工作顺利开展。

【税收优惠】 2016年，县地税局贯彻落实有关税收优惠政策和规费停征政策。从2016年2月1日起，停征价格调节基金；从2016年10月1日（所属期）起，全面停征堤围防护费，让纳税人及时享受国家政策性减负带来的红利；全面执行税收优惠政策，贯彻落实小微企业、营改增、残疾人就业、资源税等税收优惠政策。全年，优惠政策惠及残疾人、持“就业失业登记证”人员、军转干税收纳税户43户，减免所得税37.55万元。2016年预缴及2015年度汇算清缴小型微利企业所得税优惠政策受惠面100%，减免所得税额286万元；对月营业额不超过3万元（含3万元）营业税纳税人（包括小微企业）免征营业税，全年享受营业税起征点优惠小微企业1363户，免征营业税额278万元。年内，辖区内重点矿山企业凡口铅锌矿享受“三下”（建筑物下、铁路下、水体下）充填式开采资源税优惠2259万元。

【纳税服务】 2016年，县地税局以纳税人需求为导向，以信息化为依托，以提高纳税人满意度为目标，整合资源，拓宽渠道，营造和谐平稳征纳局面。开展“便民办税春风”行动，贯彻落实《纳税服务规范》，将《规范》涉及到95个服务事项按照受理频率进行梳理分类，让业务标准和流程看得见、摸得着。严格落实首问责任制、限时服务、延时服务、二维码一次性告知等服务举措，不断提升纳税服务质效。及时解决纳税人合理诉求，全年接受（办理）纳税人来电、来访及咨询118人次，受理办结率、准确率、满意率100%。紧扣热点开展常态化税收宣传，结合税收宣传月和全国法制宣传日活动，组织开展“税鹰”环城骑行送税法、走访重点税源户、税企座谈会、税务知识进党政机关、共建税费宣传示范区等形式多样税宣活动，扩大税收宣传影响力，促进征纳关系和谐稳定。扎实推进纳税信用管理，为银行和小微企业牵线搭桥，帮助4户企业争取贷款3720万元，实现“税、企、银”三方互利共赢。持续深入推进国地税服务厅合作，实现国地税“一站式”服务。采取周田共建办税服务厅、国地税“互驻办税”、共同进驻县行政服务中心新模式联合办税，实现“进一家门、办两家事、三家都省心”纳税服务新格局。深入“企忧档案”挂点企业和重点税源户开展纳税服务工作调研，听取纳税人涉税（费）诉求，帮助解决企业在执行税、费政策中遇到的难点和问题。

【队伍建设】 2016年，县地税局坚持以人为本，把队伍建设作为地税事业基石来抓，持续激发干部职工干事创业积极性。严格选人用人，9月，通过民主推荐，在系统内将13名优秀干部充实到中层队伍中。创新选人用人机制，在全系统组织开展干部职工双向选择工作，交流轮岗干部职工54名，轮岗率55%。注重教育培训，全年组织系统干部职工参加省、市、县培训57期，举办县局培训班6期，培训人数224人次，提升全系统人员宗旨意识、综合素质和服务技能。开展岗位大练兵、业务大比武活动，列入市局“岗位能手”人才库5人，其中列入省局“岗位能手”人才库2人。精心打造“科学·和谐·人本”地税文化，精神文明建设取得成果。2016年，县地税局先后获创建基层“五好”优秀单位、政风行风建设优胜单位、优秀团支部等荣誉和表彰，组织人员参加全市地税系统乒乓球比赛、篮球比赛、岭南风·2016年广东地税摄影作品征集比赛、“强党性 铸党魂”党章党规知识竞赛等文体活动均获优异成绩。开展绩效管理，将绩效管理与工作落实有机结合，得到县委、县政府和社会各界肯定，连续五年获仁化县绩效考核垂直管理类单位考核第一名。2016年，县地税局绩效成绩名列全市地税第二，连续三年获评全市地税系统绩效考评“优秀”等次。开展“连心桥”行动，建立健全“连心桥日记”制度，通过基层走访、意见征集、领导接访日、谈心方式，注重从生活上关心干部职工疾苦，解决干部职工关注热点和难点问题，促进党群干群关系改善和地税队伍和谐稳定。

【基层党建】 2016年，县地税局坚持围绕中心工作重点抓党建，抓好党建促发展工作思路，以“两学一做”学习教育活动为契机，扎实有效推进党员队伍思想建设、组织建设、作风建设和制度建设。开展党员干部思想作风建设，召开党组中心组和支部集中学习，进行多种形式廉政文化建设，落实“三会一课”学习制度，班子成员带头讲党课，强化学习效果。加强行风建设，严格按照税收管理与服务规范做事，预防失职渎职行为。召开2016年度全县地税系统党支部书记述职评议会党建工作会，加强改进党组织建设；开展党员培训教育，深入开展“两学一做”学习教育活动，多形式、多维度面向全体党员全面推进学习教育，巩固支部堡垒作用。加强对税务干部行为监督，强化党内政治生活制度约束力和执行力。探索创新开展党团工会组织活动和税务文化建设，组织开展义务植树、无偿献血、志愿者服务、文明劝导、树好家风、节日慰问，扶贫爱心捐款、三分钟微学堂等活动，营造地税文化氛围。年内，该局聂伟平被评为广东省扶贫开发“双到”工作优秀个人，欧咏梅家庭被授予韶关市2014—2015年度“五好文明家庭”荣誉称号。

【廉政建设】 2016年，县地税局落实“两个责任”，抓党风廉政建设，连续七年被评为“仁化县政风行风建设优胜单位”荣誉称号。制定《仁化县地方税务局党组班子党风廉政建设主体责任清单》，明确党组班子八类39项、党组书记四类21项、班子成员三类13项、部门负责人三类12项具体责任清单，逐级传导压力。加强监督执纪问责，推动主体责任落实。对政风行风明察暗访发现上班玩手机、趴桌子睡觉等问题人员，给予批评教育，纳入部门和个人绩效扣分处理，会风、作风纪律明显好转。强化教育引导，坚持抓早抓小。加强党员领导干部日常监管和“八小时以外”活动情况监督，及时实施提醒教育、廉政谈话、诫勉谈话、组织函询等监督措施，防止小错酿成大错，全年开展党员廉政谈话22人次。加强党风廉政教育工作，组织干部参加条例、准则自学考试，参观“韶关市纪念建党95周年图片巡回展”、到县预防职务犯罪教育基地实地接受警示教育，开展运动周活动、读书月活动、廉政漫画、南粤地税“好家风”，党员干部养成健康向上生活方式，在中层干部中建立“税廉家园”微信群，及时转发传递最新党纪法规内容，提升党员干部党风廉政意识。深化内控机制建设，加强风险防控。内控机制融入业务工作流程，融入绩效管理，针对岗位风险防控排查新风险点，制订防范措施。围绕征管查、人财物等重点岗位和重点人员，查找在税收执法权和行政管理权在制度方面存在的问题，建立健全制度监督检查和责任落实机制。加大财务监督和审计监督力度，开展内控倒查问责。实行预算执行情况动态分析监控预警，加强“三公”经费、会议费、培训费、专项资金开支、津补贴发放，以及重点基建和信息工程建设项目监督检查，形成全过程、全方位监管机制。做好民主评议政风行风工作，广泛征求社会各界和全体干部职工意见和建议，提高征求意见活动实效。全年，制作发出征求意见表140多份，收回135份。

【扶贫帮困】 2016年，县地税局重视扶贫帮困工作，选派2名干部成立驻村工作队，负责实施3年“精准扶贫”规划。深入帮扶村开展调研走访，掌握村况户情，完成54户贫困户2016—2018年“精准扶贫”工作规划和2016年扶贫计划，按照“三审两公示一公告”要求，全部录入扶贫对象建档立卡信息采集系统。结合帮扶村实际，从资金、技术、项目、信息等方面落实帮扶措施，解决贫困户在生产和生活上的实际困难。全年，投入资金4万多元对扶贫挂点村办公设施进行改造，安装4台空调，改善办公条件；扶持贫困户发展养殖，为贫困户送鱼苗1批；依托产业优势，扶持贫困户发展柑橘、香菇种植，帮助贫困户增收脱贫。通过社会保障兜底，河田村有17户无劳动能力贫困户实现脱贫，完成2016年脱贫攻坚任务。健全帮扶救助机制。设立救急济难互助金，全年组织救急济难互助金捐款12180元，救助患危重疾病职工家属1人，救助金额1万元，慰问生病住院干部职工17人，慰问金额0.96万元。

仁化县地方税务局负责人名录：

党组书记、局长：朱伟东

副 局 长：曾庆华　潘德才

纪检组长：何建生

总经济师：张春庭

（雷　清　叶惠娟）

银行·保险

中国人民银行仁化县支行

【概况】 2016年，中国人民银行仁化县支行（简称“人行仁化县支行”）有在职干部21人，其中，行长1人，副行长1人；离退休干部19人；内设办公室、综合业务股、会计国库股3个股室。2016年，人民银行仁化县支行贯彻执行稳健货币政策，引导金融机构合理配置金融资源，优化信贷结构，维护地方金融稳定，加大扶贫开发、民生改善等社会薄弱环节金融支持力度，提升金融服务实体经济效能，为县域经济平稳增长和转型升级提供有力支撑。截至2016年12月末，全县各项存款余额90.64亿元，比上年增加7.35亿元，增长8.82%；各项贷款余额36.74亿元，比上年增加3.46元，增长10.4%。县辖银行业机构存贷比为40.93%，比上年提高0.58个百分点；银行业机构不良贷款余额1.13亿元，比上年减少0.64亿元，不良贷款比率为5.76%，比上年下降3.08个百分点。

【金融支持力度加大】 2016年，人行仁化县支行开展“增量扩面”活动，督促银行机构推广中征应收账款融资业务，缓解企业融资担保难问题。2016年，为县辖8家企业成功办理应收账款融资业务54笔，累计融资金额9727万元。深入“四区”调研企业融资需求情况，督导与政府签订“助保贷”业务协议的银行机构加大对园区企业、重点项目对接工作，发挥信贷风险担保基金作用。截至2016年年末，累计向10家企业发放助保贷款10549万元，余额7325万元。继续开展“双服务”活动，联合政府部门、金融机构、企业、其他经营主体召开工业、农业、旅游等专题政银“服务企业、服务项目”座谈会，拓宽企业融资渠道，扶持企业加快发展。引导金融机构紧盯政府类投资重点建设项目，把社会效益良好的基础设施及公共服务类项目作为重点，积极推动政府购买服务融资项目，加强信贷支持实体经济发展力度。主动进企业宣讲跨境人民币结算政策，为当地企业“走出去”打开广阔空间。全年办理跨境贸易人民币结算业务12笔3736.25万元。截至2016年年末，仁化县中小微企业贷款余额19.5亿元，占全县各项贷款余额57%。

【普惠金融】 强力推进、撬动“三农”加快发展。2016年，人行仁化县支行推广创业贷款、农村产权抵押贷款等信贷产品。全年，全县金融机构累计发放创业再就业贷款133笔1520万元、林权抵押贷款13户2635万元、“丹霞仁家”农家乐贷款33户1603万元。以普惠金融“村村通”工程为重点，强化支付基础建设，改善农村支付服务环境。指导涉农金融机构建成农村金融（保险）综合服务站109个、助农取款点141个，行政村覆盖率100%。全年，各服务站点共办理助农取款查询业务16554笔，小额提现37611笔，交易金额2102万元，转账金额664万元。开展农户信用采集、评定工作，促进社会信用建设良性循环。截至2016年年底，建立农户信用档案33578户，评定信用户33156户，建成信用村109个；金融机构累计发放信用贷款1819户13180万元，存量贷款515户3359万元。

突出精准，助推金融扶贫攻坚。2016年，人行仁化县支行协助县政府修订《贫困村信贷风险补偿基金管理办法》和《“民信档案”金融扶贫贷款贴息办法》，增加风险补偿基金至312万元，提高扶贫贷款贴息比例。在政府配套政策引领下，金融支持“精准扶贫”工作机制完善，扶贫效果明显。截至2016年年末，金融机构累计向贫困村202户农户发放贷款1414万元，余额716.5万元。推进智力扶贫，与县扶贫办联合举办“金融知识扶贫”专题讲座，帮助贫困村干部和扶贫工作人员增强金融意识，推动了各项金融扶贫政策进村入户，精准惠及贫困群众。

创新方式，提升公众金融素质。2016年，人行仁化县支行拍摄专题宣传片《国债宣传进矿区》《普惠金融、在您身边》，并通过电视、纸媒、网络、微信等媒体，开展全覆盖宣传，提升公众金融素质。创新开展“金融教育进党校”活动，与中共仁化县委党校签订“仁化县金融知识宣传教育合作框架协议”，设立金融知识宣传展厅暨公众教育区，营造良好金融文化环境。借助“徒步穿越丹霞”活动平台，利用人流量大、流动性强特点，把握时机，组织央行志愿者到暖坑站开展金融消费者权益保护、征信、支付结算、人民币等宣传，展现基层央行履职形象。

【风险防范有新思路】 注重监督检查，守住风险底线。2016年，人行仁化县支行督导地方法人机构做好存款保险制度实施后的保金测算及合格性、稳健性等各项评估工作。加强金融风险监测与排查，重点关注信贷资产质量、流动性状况、过剩产能行业、民间借贷等领域，防范和化解各类潜在金融风险。全年开展各类金融风险调研及排查工作7次。提升国库账务核算质量，重点加强敏感会计科目账务数据日常监控和核查，确保准确、及时、安全办理各项收纳、划分、留解、退付和支拨等国库收支业务，实现国库业务处理“零差错”和资金“零在途”目标。开展县辖银行业金融机构收付业务和同业银行结算账户执法检查，规范银行经营活动。

注重多方联动，防范各类风险。2016年，人行仁化县支行加强警银合作，成立仁化县联合整治支付结算重大违法犯罪工作领导小组，建立联动办案、案件协作，风险防控、宣传教育等机制。人行仁化县支行与县公安局联合举办“反洗钱案例分析与反洗钱操作系统注意事项”理论培训和“洗钱和恐怖融资评估与分类管理系统”实操培训，多次开展防范电信网络诈骗、打击非法集资、反洗钱、反假币等宣传活动。全年，全县金融机构收缴假币1023张涉案面值8.75万元。深化区域金融合作，促成人行韶关中支行与郴州中支行、赣州中支行建立湘粤赣“红三角”金融稳定协作机制，搭建防范和化解毗邻地区金融风险传导沟通交流平台。

中国人民银行仁化县支行负责人名录：

行　长：龚国雄（2016年3月任职）

副行长：龚国雄（任至2016年3月）

杨　杰

（龚国雄　王建玲　龙　飞）

中国工商银行仁化支行

【概况】 2016年，中国工商银行股份有限公司仁化支行（简称“工行仁化支行”）内设机构有支行县城营业部、凡口支行2个营业网点，1个离行式自助网点，全行配置存取款柜员机5台、取款柜员机2台。截至2016年年末，有在职员工25人，其中，行长1人，副行长2人，网点负责人2人，女员工12人；本科学历7人，大专学历16人；退休（含内退）员工32人。

2016年，工行仁化支行应对社会经济下行期工作任务重、挑战多、压力大等不利因素，贯彻落实总、省、市分行各项工作部署，围绕“闯三关”（资产质量关、经营转型关、改革创新关）工作主线，积极推进加快转型升级，确保利润正增长，全年总体发展态势稳中向好。截至2016年年末，各项存款余额81165万元，比上年增长2162万元，增长2.74%，其中，储蓄存款余额62360万元，比上年增长3308万元，增长5.60%；各项贷款余额34542万元，比上年增长7564万元，28.04%；实现利润1777万元，比上年增长62万元，增长3.61%。

【业务发展】 拓展信贷业务，增强全行资产盈利能力。2016年，工行仁化支行抢抓房地产市场火爆时机，加强与重点优质楼盘合作，重点拓展丹霞新城等优质房地产龙头企业住房按揭业务；加强个人贷款受理、审批、发放全流程跟踪监测，提高放款效率。结合当地民营经济较为活跃市场环境，重点发展有现金流、有抵押优质小企业信贷业务。做好电力、矿业、木材加工业、旅游等项目贷款营销跟进工作。2016年年末，贷款余额34542万元，比上年增加7564万元，增幅28.04%。

发展存款业务，夯实业务发展基础。2016年，工行仁化支行坚持贯彻落实存款立行理念，履行部门、机构网点存款责任，拓展新客户，强化存款日均管理，促进存款稳定增长。组织开展个人金融业务劳动竞赛活动，以个人存款、个人按揭贷款、理财业务、银行卡业务为抓手，开展个人存款客户拓户工作，扩大个人有效客户规模。2016年年末，储蓄存款余额62360万元，比上年增加3308万元，增幅5.60%。对公存款方面，以分层次营销为途径，落实管户员工岗位责任，加强重点客户走访，争取当地投资项目、单位源头性结算账户落户工行，夯实对公存款增长基础。

创新发展中间业务，推动全行转型发展。2016年，工行仁化支行学习借鉴兄弟行发展经验，对照自身优势和不足，扬长补短，配以绩效考核、定期调整产品计价、劳动竞赛等措施，调动全行员工创收积极主动性，推动中间业务发展。

【信贷资产质量稳定】 2016年，工行仁化支行重视信贷资产质量管控工作，严控新增贷款风险，严防出现不良贷款，开展存量贷款风险排查，全面落实风险贷款转化，全年实现不良贷款“零”目标。强化贷款风险排查。组织开展贷款风险专项排查、存量贷款专项排查、裸贷客户专项排查、大户贷款风险排查等各类排查活动，摸清贷款风险底数，对发现问题及时采取收紧贷款、转化、补充抵押担保等各种措施，确保信贷资产安全。落实大户风险会诊制度。将规模以上贷款大户作为全行信贷管理重点，建立融资大户风险会诊制度，定期召开大户风险分析会议，全面分析客户贷款风险状况，明确风险防控及管理措施和重点，强化信贷大户动态管理，保障全行信贷资产质量稳定优良。

【内控案防】 2016年，工行仁化支行树立“三种意识”（提高员工的程序意识，强化管理人员的责任意识，增强内控合规、监察部门的宪兵意识）、筑牢“三道防线”（第一道防线：树立员工的程序意识，以程序意识构筑员工防线。第二道防线：强化管理人员的责任意识，以责任意识构筑管理人员防线。第三道防线：增强内控合规、监察部门的宪兵意识，以宪兵意识构筑内控监察防线），强化内控案防管理工作，夯实管理基础，提高案件防控水平。组织开展内控合规“基础强化年”和“重塑合规年”主题活动，积极参加省、市分行合规文化征文、合规文化主题演讲比赛等活动，提升全行员工合法合规意识。7月5日，工行仁化支行员工梁伟超演讲《走合规之路，向违规亮剑》获韶关分行“践行合规，从我做起”专题教育员工演讲比赛第一名，代表韶关分行参加广东省分行“践行合规，从我做起”专题教育员工演讲比赛并获优秀奖。扎实开展常规专项检查工作。重点开展内控评价存在问题整改情况的跟踪检查和现场核查，认真落实整改要求。组织开展案件风险和员工异常行为专项排查。重点排查员工违规经商办企业、赌博、信用卡恶意透支和员工收支异常等现象。加强重点风险领域排查和整改工作。排查分析重点领域和关键环节重要风险点，对存在问题落实整改，化解风险隐患。加强反洗钱工作。组织开展反洗钱绩效评估，做好大额和重点可疑交易分析报送以及客户信息补录。充分发挥案防分析会作用。规范会议程序，认真查找问题、分析原因、制定整改措施、建立整改台账，跟踪落实，确保及时整改不留后患。2016年，工行仁化支行实现零案件、零重大责任事故。

【党风廉政建设】 2016年，中共工行仁化支行党支部面对艰难经营管理形势，发挥党建工作凝魂聚力作用，通过搭建多种接地气活动载体，将员工思想行为统一到该行党支部确定的经营发展战略上来，激发全员斗志和信心，明确党建主体责任。成立党建工作领导小组，完善党建工作机制和考核办法，形成党支部书记带头抓、支委分工抓、全体党员干部共同抓的党建工作格局。做到将党建工作和业务发展一起谋划、部署和考核，党建工作与业务工作相互促进、协调发展。加强党员教育管理。11月28日，支行党支部组织全体党员前往仁化县人民检察院开展预防职务犯罪教育，通过开展参观学习，剖析韶关地区近年来发生的职务犯罪案例，深刻认识职务犯罪危害性，增强党员政治意识、法律意识、责任意识，提高防腐拒变能力。持续开展“四风”教育活动，坚持常抓不懈，党员领导干部工作作风明显好转，公款消费、公车私用等不正之风得以根治。加强理论学习。深入开展“学党章党规、学系列讲话，做合格党员”学习教育活动，引导党员尊崇党章、遵守党章、维护党章，坚定理想信念，对党绝对忠诚；引导党员和入党积极分子牢记党规党纪、优良传统和作风，树立崇高道德追求，养成自觉遵守纪律习惯，守住为人、做事基准和底线；引导全体党员紧跟党走，在思想上、行动上同党中央保持高度一致；引导党员要处处发挥共产党员先锋模范带头作用，做讲政治、有信念，讲规矩、有纪律，讲道德、有品行，讲奉献、有作为的合格党员。开展“党员先锋岗”活动，激励党员干部爱岗敬业，有效发挥党员先锋模范作用，为创先争优增添活力。建设发展型干部队伍。在培养选拔干部中，严格执行公开、公平、公正原则，严格按照“德、能、勤、绩、廉”标准，选好配强各部门负责人和客户经理，着力培养选拔一批“想干事、会干事、干成事、不出事”优秀干部，大胆使用敢于担当、廉洁公正、业绩突出、群众公认干部，激励员工队伍不断增强干事创业热情和能力。健全党员组织生活制度。强化党组织“三会一课”制度，定期召开支部党员大会、支部委员会、党小组会，按时上好党课。在组织生活中，党员干部集中讨论员工提出的意见建议和经营发展中遇到的问题难事，群策群力、出谋划策，切实发挥基层党组织战斗堡垒作用。

【构建和谐家园文化】 2016年，工行仁化支行通过各种方式对员工工作、生活、精神等给予细致关爱和呵护，营造和谐氛围，培育和谐精神，帮助员工全面发展和健康成长，共创和谐家园，共享发展成果。丰富员工文化生活，组队参加韶关分行开展的青年创意活动、演讲比赛、乒乓球比赛、漂流等文体活动，参加县银行业协会组织的趣味运动比赛活动，展现员工艺术才华和奋发向上精神风貌。注重完善员工职业发展机制，抓好职工之家建设，建立健全全行员工体检、员工重大疾病医疗保障、送温暖及救济特困员工等保障制度，改善员工福利，年内慰问员工26人次，其中慰问特困员工5人。完善“职工之家”建设，订阅报纸、杂志等报刊供员工学习，添置运动器材一批，发挥“职工之家”桥梁纽带作用。

【“精准扶贫、精准脱贫”工作】 2016年，工行仁化支行响应中共中央、省委、市委及县委、县政府号召，认真开展新时期“精准扶贫”精准识别工作。按照县委、县政府、县扶贫办安排，工行仁化支行和中行仁化支行挂点帮扶周田镇龙坑村，与镇、村两委共同开展龙坑村扶贫工作。

做好“精准扶贫”宣传工作。驻龙坑村干部按照各级党委政府要求，采取多种形式宣传“精准扶贫”政策，提高思想认识，积极参与“精准扶贫”工作。通过村组会议和党员会议，传达各级党委政府有关扶贫工作会议和文件精神，向全村党员干部和群众宣传国家“精准扶贫”政策，让全村党员干部和群众对“精准扶贫”重要意义、工作措施有充分认识，熟悉“精准扶贫”政策。协助村干部利用村委会办公楼宣传栏、宣传标语进行广泛宣传，调动广大干部工作积极性，激发贫困群众脱贫致富愿望。在入户调查摸底时向群众宣传“精准扶贫”政策，引导贫困户理解国家扶贫政策，寻找发展机遇，增强脱贫致富勇气。

进村入户调查摸底，了解村基本情况。龙坑村有大罗、细罗、冷水坑、新村、猪头皮、移民新村等6个自然村，199家农户，总人口906人，劳动力450人；相对贫困户16户，其中，9户低保户，1户“五保”户，6户扶贫户，贫困人口50人；耕地面积63.4公顷，其中水田60.2公顷，旱田3.2公顷。林地395.33公顷，林木资源丰富，其中以杉树、松树种植为主。水源充足，利用情况较规范合理。该村适龄儿童上学率100%，无失学辍学情况。全村10户低保户、1户“五保”户全部办理最低生活保障。60岁以上老人新农保参保率100%，新农合参保率95%。2015年龙坑村集体经济收入2.86万元，收入来源主要是房屋、鱼塘出租，村民人均可支配收入7500元，村民收入来源主要靠外出务工，种植贡柑、水稻、花生、杉树、松树，养鱼等。村党支部共有党员31人，村级组织活动阵地实现“五有”。

积极稳妥开展精准识别工作。工行仁化支行新时期“精准扶贫”工作组入驻龙坑村后，经过第一轮调查，确定18户52人为帮扶对象。在县、镇、村三级的帮助下，经过多次的调查摸底，发现有1户（2人）不符合贫困户条件，经村民代表讨论表决通过及公示后，已作剔除处理；冷水坑村1户“五保”户，2016年10月4日因病去世，属于自然减少；新村有1户贫困户小女儿，因当时未入户口，未纳入贫困人口，按照相关规定于2016年12月纳入贫困人口。截至2016年年底，龙坑村有贫困户16户，贫困人口50人，其中，低保户9户24人，“五保”户1户1人，一般扶贫户6户25人。

做好结对帮扶工作。根据结对帮扶总体要求，工行仁化支行认真调研，对龙坑村贫困户分类帮扶，落实干部结对帮扶贫困户制度。其中副行长级以上干部每人帮扶2户，部分客户经理每人帮扶1户。

做好贫困户帮扶工作。做好购买合作医疗工作，确保贫困人口得到应有医疗保障，贫困人口参加2017年医疗保险率100%。跟踪落实低保户、“五保”户的养老待遇，贫困人口最低生活保障水平得到落实。进行教育帮扶，落实帮扶政策，贫困户适龄儿童上学率100%，无失学辍学情况。协助贫困户做好危房改造，2017年有意愿改造贫困户1户、修缮房屋2户。做好就业转移工作，推荐外出务工，截至2016年年底，有1人在“珠三角”地区务工，2人在本地务工。

扶贫项目落实情况。2016年，工行仁化支行投资村基础设施类落实项目宣传栏、横幅、制度牌、文件柜、文件盒等，计2920元。投资贫困户落实项目民生类包括慰问贫困户8户，发放慰问金及慰问品，折价2600元。

扶贫成效。截至2016年年底，龙坑村有5户贫困户8人实现脱贫。

中国工商银行股份有限公司仁化支行负责人名录：

行　长：李钢生

副行长：夏海帆　李功智

（叶仲林）

中国建设银行股份有限公司仁化支行

【概况】 2016年中国建设银行股份有限公司仁化支行（简称“建行仁化支行”）贯彻落实上级行“三大工程，六大机制”建设，以“四个一工程”、个人住房贷款、自助银行建设、队伍建设为重点，提升基础管理水平和综合服务能力。实现业务韶关建行“保二争一”经营战略思想。全行员工统一思想，将分行工作目标落到实际工作中，打造“三大工程”（发展工程、平安工程、幸福工程），塑造“六大机制”（产品创新管理机制、产品营销管理机制、绩效考核管理机制、合规安全机制、员工幸福机制、目标客户营销机制），积极推动各项业务发展。截至2016年年底，建行仁化支行一般性存款60163万元，各项贷款余额41991万元，中间业务收入413万元，实现利润1390万元。

【市场份额提升】 2016年，建行仁化支行利用首季资金充裕吸存黄金时段，开展首季吸存竞赛活动。开展“争代发”活动，通过公私联动，提升信贷客户基本户代发。组建营销团队，积极收集信。抓实常态化营销，做大做强全量资金，充分利用CTS、基金、保险、贵金属、国债、理财产品工具承接到期资金在行内留存。提供综合金融服务，提升中低端客户标准化服务水平，树立最强同业标杆和最具亲和力社区银行品牌形象。

【网点综合经营】 2016年，建行仁化支行树立“网点兴则银行兴，网点强则银行强”思想观点，对外以客户服务为中心，对内以网点经营为中心。开展网点环境专项整治工作，统一网点物品标识等摆放要求。通过开展“满意在建行”系列活动，提升网点社区金融服务能力，提高客户满意度。开展“造梦建行”系列创新活动和“客户最强音”反馈活动，推进社区金融服务，打造社区最具竞争力银行网点。

【智慧银行网点建设】 2016年，建行仁化支行建立以综合网点为干，自助网点为枝，助农取款点卫星分布，电子银行广泛辐射渠道格局，对接地方政府、龙头企业、中高端客户和社区，拓展县域农村金融业务，申请发卡机及ATM试点工作，积极尝试业务创新。结合电子银行服务手段，POS商户拓展，推进县域普惠金融村村通工作。全年全行新增智慧柜员机2台，覆盖柜面极大部分业务，提高业务办理速度。

【队伍建设】 2016年，建行仁化支行建设良性员工职业生涯培养机制，提升员工综合素质。通过完善培训机制，细化培训需求，拓宽培训渠道，创新培训方式等措施，更新知识，提升员工业务素质，实现员工履岗能力建设，关注员工职业发展需求。

【合规平安年建设】 2016年，建行仁化支行贯彻总行党委“零容忍”“不放过”守底线工作要求，落实“一岗双责”，抓好党风廉政建设和案件防控工作，确保2016年“合规平安年”各项工作得到落实。继续开展“一加强，两遏制”和专项自查工作，及时与监管部门沟。加大各项贷款监测和处理力度，加快不良催收处置，坚决遏制不良贷款和逾期贷款反弹。开展合规现金和合规标兵学习及案件警示教育活动，开展合规化宣传培训，促进合规文化建设。强化操作风险处理，加强柜面风险防范，规范销售行为，提升会计档案管理，及时消除风险隐。做好员工行为排查工作，利用员工动态管理平台，发挥科技手段，实现人防、技防协调统一，提高监督制约效果和案防水平。

中国建设银行股份有限公司仁化支行负责人名录：

行　长：曾凡松

副行长：陈文胜

（建行仁化支行）

中国农业银行仁化县支行

【概况】 2016年，中国农业银行股份有限公司仁化县支行（简称“农行仁化县支行”）有员工62人，其中：大专以上学历45人，占72.58%；助师级以上职称21人，占33.87%。2016年，农行仁化县支行贯彻落实分行年初会议精神，围绕“稳健行远、区域强行”战略目标，以党建为引领，全面加强和改进党建工作，开展“比学赶超”业务竞赛活动，加强经营风险管理，实现全年各项业务经营持续稳健发展。截至2016年年底，农行仁化县支行各项存款余额116735万元，比年初净增-4119万元，比2015年年底增长－3.4%；各项贷款余额为47098万元，比年初增长8777万元，比2015年年底增长22.9%。

【党建工作】 2016年，农行仁化县支行以党建为引领，激发员工队伍活力。根据市分行年初工作会议暨党建工作会议精神，抓好各项工作措施落实，发挥党建工作统领作用。做好全行动员，制订全年实施计划，组织党建主题活动，围绕经营管理组织开展业务大比拼、争夺业务标兵等劳动竞赛活动。开展“每月一学”“两学一做”学习教育活动，提高党员领导干部理论水平、讲纪律讲规矩自觉性。发展新党员，充实党员队伍，提升党员队伍战斗力。全年发展入党积极分子6人，其中，二级支行行长1人、支行部门负责人1人、新入行大学生2人。以党建带工建，发挥支行工会组织作用，关心员工生活，了解员工家庭状况，积极为员工排忧解难。通过党建工作统领，激发支行员工队伍活力，打下全行各项业务经营发展基础。

【负债业务】 2016年，农行仁化县支行抓好扩户提质，做好稳存增存工作。抓好机构存款扩户提质工作，做到管户到人、评价到人、考核到人，加强存量客户沟通，及时了解客户资金动向，严密监控对公账户资金变动，了解客户金融需求，为客户提供完善金融服务，挖潜客户价值贡献度，加强增量客户拓展，经常与政府有关单位沟通，及时了解新进项目信息，跟进地区招商引资工作，做好增量客户营销工作。做好个人储蓄存款扩户提质工作，加强个人有效管户工作，提高管户人责任意识，提升管户效果。做好农村金融市场拓展工作，以董塘、周田、丹霞山金融服务站为中心，做好惠农金融服务，深挖农户专业大户和个体工商户，拓展农村乡镇个人存款市场。

【中间业务】 2016年，农行仁化县支行群策群力，拓宽中间业务收入来源。加大汽车分期、家装分期、车位分期等信用卡分期业务宣传力度，加强与合作企业沟通，提高服务质量，提升分期业务办理效率，积极参与企业促销活动，做大分期产品业务，增加分期产品中间业务收入。做好电子产品营销，加强客户经理业务知识及营销技能培训，利用超级柜台优势，做好电子银行产品营销，提高电子银行产品中间业务收入。加强业务宣传营销。开展电话服务、上门访客、沙龙聚会等多形式宣传活动，有针对性宣传行内保险、贵金属、基金、信用卡、基金定投、现金分期等理财产品，开展理财产品营销，提升理财产品中间业务收入。

【资产业务】 2016年，农行仁化县支行加强资产业务拓展。抓住时机，加大住房贷款营销力度。全年实现“两项提升”，实现同业增量和存量市场份额排名第一目标。提升贷款办理效率，推进个人住房贷款，加大重点及优质楼盘营销拓展力度，抢早做好当地楼盘准入，整合个贷中心集中运作程序，加强个贷业务经理专业知识培训和岗位交流，提升个贷业务经理专业性和效率性，提升全行个贷业务市场竞争力和市场份额。着力服务新型农业经营主体，促进农户贷款发展。以农村个人生产经营贷款和家庭农场贷款为重点产品，以新型农业经营主体为重点支持对象，实施农户贷款业务经营转型，找准切入点择优支持，结合本地特色资源，重点支持家庭农场、专业大户、农民专业合作社等新型农业经营主体贷款，做实做强农户贷款业务。

【合规建设】 2016年，农行仁化县支行加强员工合规文化建设。加强员工合规教育。定期组织召开案防分析会，组织员工学习各项规章制度和有关系统内案情通报，深入分析违规案件成因，使广大员工熟悉各项规章制度，充分认识违规违纪行为危害性和上级行对违规问题处理严肃性，提高全体员工合规经营自觉性、案防合规意识，做好自查自纠，有效防止各项违规问题发生。加强员工行为管理，做实案防工作。严格按照员工行为“网格式”管理要求，明确网格内人员管理责任，加强制度管理和督导检查，把好重点领域、重点人员、重点业务关，确保监督到位，确保业务真实合规，实现全行全年各项业务安全运营。

中国农业银行仁化县支行负责人名录：

行　长：辛文全

副行长：陈宏章　欧阳剑

（谭建华）

中国银行韶关仁化支行

【概况】 2016年，中国银行韶关仁化支行（简称“仁化中行”）按照中共韶关分行党委工作部署，围绕实现全年经营目标，以提质增效为工作重心，积极稳步拓展业务发展，实现各项业务全面、快速增长。积极参与仁化县域经济发展建设，为地方经济发展给力，取得社会效应与经济效益双赢成绩。

【经营业绩】 负债业务。截至2016年12月末，仁化中行本外币各项存款折人民币余额为110268万元，比2015年新增36909万元。其中，人民币储蓄存款余额为61613万元，比2015年新增4880万元；人民币企业存款余额为48655万元，比2015年新增32029万元；外币存款余额为183万美元，比2015年新增56万美元。

资产业务。截至2016年12月末，仁化中行各项贷款余额为25440万元，比2015年新增2065万元，其中，零售贷款余额为21147万元，中小企业贷款余额1366万元。贸易融资投放1655万元。

中间业务及营业净收入。截至2016年12月末，仁化中行实现账面中间业务收入520万元；营业净收入23230万元，完成全年任务。

【“存款立行”经营】 2016年，仁化中行抓核心存款业务，负债业务总量有效提升。明确目标，抓住重点。根据分行有关工作布署要求，制定公私联动机制方案，通过积极争揽企业代发薪。在稳定原有对公客户基础上，大力拓展行政事业单位存款，跟进和争抢当地重点项目落户仁化中行。通过上述拓展有效改善该行客户基础单一问题，有效带动该行企业存款增长。

【队伍建设】 2016年，仁化中行强化考核激励机制落实，提高服务水平。加强完善绩效考核等一系列措施，通过将KPI指标分解落实到人，每月及时跟进通报员工完成情况，对后进员工做好辅导和帮扶工作，每季未对全行员工做好绩效考核反馈与沟通工作，各员工完成其个人KPI指标任务。抓好加强标准化服务推广，实施预约服务、唤醒服务，实行全方位、全覆盖、常态化的检查落实，促进服务效能提升，该行各项业务快速持续发展。

【廉洁从业】 2016年，仁化中行落实基层党建工作，坚持党支部理论学习制度。通过学习《中国共产党廉洁自律准则》《中国共产党经律处分条例》《习近平总书记系列重要讲话读本》等内容，警醒员工廉洁从业。加强党建工作。通过开展“两学一做”发挥党支部战斗堡垒作用，强化党建工作，确保党支部在各项业务拓展活动中发挥率先垂范作用，实现以“党建促经营”，提高队伍战斗力、向心力和凝聚力。

【服务地方经济社会建设】 2016年，仁化中行参与仁化县政府组织各项社会、经济活动，融入其中，助推仁化县域经济发展。利用营业大堂、服务窗口，进行标准化服务流程，为广大客户提供优质服务体验；利用金融产品、金融专业，开展“关注征信”送金融下乡活动，实现社会效益与经济效益共赢局面。

【集体与员工共成长】 2016年，仁化中行获中国银行韶关分行“优秀绩效奖”、广东省分行“四强”党支部等荣誉。行内涌现先进代表一批。

中国银行韶关仁化支行负责人名录：

行　长： 曾　权

副行长： 朱庆荣（2016年6月任职）

李国政（任至2016年6月）

刘　芳（女）

（林龙田）

仁化县农村信用合作联社

【概况】 仁化县农村信用合作联社（简称“仁化联社”）是一家服务“三农”和县域经济地方性农村金融机构，内设办公室、运营部、内审监察部、合规与风险管理部、授信管理部、安全保卫部、业务发展与创新部；下辖1个营业部、4个信用社和9个信用分社。截至2016年年末，有从业人员184人，其中大专以上学历人员占90%，是全县资金实力最雄厚、营业网点最多、员工队伍最庞大、服务覆盖面最广的金融机构，被当地群众誉为“仁化人民自己的银行”。2016年2月，在广东金融团工委、广东银行业同业公会关于2014—2015年度全国“送金融知识下乡”先进典型通报上，仁化联社推出的妇女创业小额贷款项目被评为“省级优秀项目”，仁化联社丹霞信用社被命名为省级“送金融知识下乡”宣传服务站。

【存款稳步上升】 2016年，仁化联社把握“存款立社”理念，采取多项措施发展存款业务。建立科学有效激励考核方式，将考核结果与绩效奖励、职务晋升、年度评优挂钩，提高员工组织存款积极性。定期研究分析县域存款形势、同业竞争态势和市场资金走势，及时解决存款组织工作中出现的问题，适时给各信用社主任，各营业网点负责人定目标、压担子，确保存款稳步增长。确立“对公存款抓源头，储蓄存款抓服务”存款组织工作思路，联社领导班子主抓财政性存款组织与维护工作，加强与政府相关部门沟通联系，紧盯征地款、拆迁款、工资代发等项目存款。加强网点改造，提升网点形象，强化员工柜台服务监督，提高服务质量和水平，促进存款增长。建立大客户走访制度，营销部门、各信用社及各网点开展大客户关系维护工作，通过联络感情，提供全方位金融服务，与大客户保持长期、稳定合作关系，提高大客户忠诚度，确保存款业务持续快速增长，推动经营理念从“经营业务”向“经营客户”转变。截至2016年年末，仁化联社各项存款余额达34.61亿元，比上年增加4.6亿元，增幅15.35%；市场占有率为38.19%，较上年增加2.16个百分点。

【贷款略有下降】 2016年，仁化联社坚持服务“三农”、中小微企业和县域经济市场定位，持续加大支农支小信贷投入力度，积极践行普惠金融。合理制订信贷投放计划，加大涉农领域信贷投放力度，重点支持特色农业及龙头企业、农户创业及城乡居民消费、农民住房建设、现代农业示范区建设等。严格执行国家产业政策和信贷政策，对房地产贷款实行“有保有压”，严格控制政府融资平台贷款，对国家限制和淘汰的产业及高耗能、高污染、低效能项目不予支持。开展贷款营销活动。全年开展“开门红”“卡贷宝”等贷款营销活动。加强政银企沟通，积极与人民银行、监管部门及地方政府部门沟通，寻求建立信息沟通、资源共享平台捷径及解决信息交流不对称、融资渠道不畅通等问题的办法。完善制度，做到有章可循，对照监管部门和上级联社指导要求，结合全辖信贷工作实际，先后出台《股权质押贷款管理办法》等多项规章制度。严把贷款审查关，按从严治贷要求优化信贷流程，提高审批效率，严明信贷纪律。认真审查上报贷款资料合法性、合规性、真实性、完整性、有效性、一致性、合理性，识别客户和业务风险，对发现的重大风险隐患，及时进行风险提示。开展征信宣传。为响应中国人民银行总行统一开展的“2016年征信宣传月”活动，坚持“有声势、有特色、有实效”宣传原则，紧扣“珍爱信用记录、享受美好人生”宣传主题，组织全辖开展多种形式征信宣传活动，收到良好社会效果。加大信贷检查力度。制定信贷检查计划，全年按季开展信贷业务常规检查及钢铁煤炭行业、重塑合规年、贷后管理专项检查，通过检查，防范和化解信贷风险，有效推动信贷管理规范化、制度化、科学化。强化培训，提高队伍素质，通过外聘培训机构、选派人员外出培训、开展内部培训等多种形式加强培训工作。截至2016年年末，各项贷款余额19.69亿元，比年初减少0.34亿元，减幅1.70%，市场占有率53.58%。

【案防和安全保卫工作】 2016年，仁化联社坚持“合规就是效益”经营理念，以内控促效益，以规范促发展，加大内控管理工作力度，为各项业务稳健发展保驾护航。完善案件防控机制建设。成立以联社“一把手”负总责的案件防控工作领导小组，确定案件防控工作指导思想、工作目标及任务，确保案件防控治理活动扎实深入开展。制定《仁化县农村信用合作联社2016年案件防控工作实施方案》，明确方案和工作要求、职责，确保案件防控权责清晰、责任落实。制定《仁化县农村信用合作联社“法治农信”建设实施方案》，明确分工，责任到人，确保省联社“法治农信”建设工作要求的落实。制定《仁化县农村信用合作联社重塑合规年信贷业务专项自查工作方案》，明确“重塑合规年”活动内容、要求和责任分工。层层签订各类责任书和承诺书，明确各岗位案件防控工作职责，案防工作落实到人，有效防范和遏制案件发生，全年辖内员工签订“案件防控责任书”182份、“廉洁从业建设责任书”25份、“遵纪守法、廉洁从业承诺书”182份、“反赌博承诺书”182份、“不参与社会融资活动承诺书”182份、“消防安全责任书”182份、“综合治理及四防一保责任书”182份、“社会管理综合治理暨平安金融创建工作责任书”21份、“农村中小金融机构基层从业人员个人承诺书”113份。扎实开展检查工作，年内，根据省、市联社和监管部门工作部署，结合自身实际，各职能部门组织开展56项风险排查、外部机构对联社开展了7项检查。实行派驻审计小组制度，印发《仁化县农村信用合作联社派驻审计小组工作管理办法（暂行）》，向各营业网点派驻审计小组，将案件防线前移至业务一线。通过资料复审、收集所驻网点反馈意见综合分析派驻审计小组检查质量、成效，对派驻审计效果进行评估分析，提高派驻审计履职效能。做好安全保卫工作，全年无发生安全事故。强化安防设施建设，严格按安防标准做好网点改造工作，做好监控设备、防卫设施全面维护和更换工作。加强员工安全教育及应急演练，加强值班守库押运工作。全年组织员工各类安全教育28次，参与消防安全教育226人次。开展各项应急预案演练142次，参加演练人员713人次。

【党团工会和文化建设】 2016年，仁化联社响应中共十八大及十八大三中、四中、五中全会精神，扎实推进党建工作和企业文化建设。深入开展“两学一做”学习教育。成立联社党委“两学一做”学习教育领导小组。制定“两学一做”学习教育推进表，扎实开展“两学一做”学习教育活动。通过形式多样、生动活泼系列活动提高党员宗旨意识、树立守法合规风气。精心筹备基层党组织换届选举工作，强化基层党组织建设，发挥党支部先锋堡垒作用。开展“我是党员我带头”亮牌承诺活动，要求全体党员统一佩戴党徽，亮明党员身份，发挥先锋模范作用。在党员中开展反腐倡廉学习教育活动，组织干部员工到仁化看守所开展预防职务犯罪警示教育活动，组织中层干部到省联社文化展示厅参观，了解老一辈农信人奋斗史，增强使命感和荣誉感。通过一系列教育活动，提高干部员工廉洁从业意识，强化从严从实工作作风。开展“纪律教育月”征文活动，通过心想、手写、眼看，强化合规意识，推动廉洁从业。发挥工会及团组织作用，开展服务礼仪展示、女职工包饺子比赛等企业文化活动。营造和谐互助氛围，开展慰问及募捐活动。全年，慰问内部离、退休职工或病患穷困职工20人次；开展“七一”慰问老党员和困难党员活动，开展“精准扶贫”工作，进行“一对一”结对帮扶捐送财物3万元；组织开展慈善募捐活动1次，金额2万元。赞助仁化县“农信杯”乒乓球赛、南粤古驿道定向大赛、黄坑贡柑旅游文化节活动，丰富当地群众文化生活，提升农信品牌价值。

仁化县农村信用合作联社负责人名录：

党委书记、理事长：卢祖建
主　　任：罗韶斌
党委委员：林大庭
监 事 长：卢志尚
副 主 任：赖海斌

（周庆国）

中国邮政储蓄银行股份有限公司仁化县支行

【概况】 2016年，中国邮政储蓄银行股份有限公司仁化县支行（简称“中国邮政储蓄银行仁化县支行”）有从业人员21人，其中：行长1人，副行长1人，部门经理2人，员工17人；大专以上学历19人，占90%；助理师级以上职称4人，占14.81%；正式合同工20人，派遣合同工1人。截至2016年年底，各项存款余额157578万元，同比上年净增余额11737万元，增长8.05%；各项贷款余额13976万元，余额同比下降4638万元，负增长24.92%。中国邮政储蓄银行股份有限公司于2016年9月14日在香港公开发售股份，2016年9月28日在港交所主板挂牌交易上市，股份代号为1658.HK。

【各项存款基础夯实】 2016年，中国邮政储蓄银行仁化县支行按照省、市分行贯彻落实“五大发展”理念及各项战略部署，结合实际，以“基础建设年”为主题，全体员工团结一心，攻坚克难，通过精细管理，正本清源，锤炼队伍，布局发展，全行各项工作向好，业务发展稳中有进，风控能力明显增强，经营管理持续优化，行风行貌焕然一新，各项存款保持增长。全年，全县邮政储蓄存款157578万元，新增存款11737万元；其中，对公存款17257万元，较年初增长1289万元。各项贷款余额13975万元，其中，小额贷款余额1707万元、个人商务贷款余额2075万元、消费类贷款余额9033万元、中小企业贷款1160万元。

【精细化管理全面启动】 2016年，中国邮政储蓄银行仁化县支行启动开展精细化管理工作，深入推进9S管理、流程优化、合规建设精细化、令您满意、对标竞标等五项活动，营业网点开展全面精细化管理整治工作，推动网点转型升级，营业网点面貌焕然一新。创新实现个人信贷业务放还款审核资料电子化报送，提高放还款工作效率，独立设置签约室，规范授信业务面谈面签操作规程，有效规避风险。推进支行内设机构深化改革，内设机构综合管理部、营业部，有效落实“目标责任制”“发展责任制”“风险责任制”，通过时限服务、工作质量、“一次性反馈”考核，实现流程精细化管理，提升作业效能。强化营运管理，实现营业网点押钞寄库业务外包，强化风险控制，完成集中授权系统上线工作和电子印章系统上线工作。

【内控案防全面推进】 2016年，中国邮政储蓄银行仁化县支行稳步推进案防体系建设，完善案件防控管理制度体系，强化案防检查，开展“重塑合规年”“合规精细化”“内控达标年”等多个专项活动。开展“合规精细化”管理。开展“内控达标年”活动，与上市银行对标、根据商业银行上市监管法律、规则和准则等规范性全面开展对标；与监管要求对标、根据银行业监管部门对邮政金融监管评价和监管意见全面开展对标；与内控评价对标，根据总行、省分行内控评价要求全面开展对标。通过对标，找差距，促整改，促内控建设推向新高度。稳步提高安全保卫管理水平，抓隐患排查，增强安全防范能力，抓安全教育，提升安全防范意识，提升员工安防意识。全年，实现“零案件、零重大违规违纪事件”“双零”目标。

中国邮政储蓄银行仁化县支行负责人名录：

行　长：李概彬

副行长：肖国新（任至2016年9月）

李燕芬（女，2016年9月任职）

（叶建平）

中国人民财产保险股份有限公司仁化支公司

【概况】 中国人民财产保险股份有限公司仁化支公司（简称“人保财险仁化支公司”）是中国人民财产保险股份有限公司（PICC P&C，简称“中国人民财险”）县级分支机构，位于丹霞大道17号，下设综合部、直销业务一部、营销业务一部、营销业务二部、理赔仁化分部和农村保险事业部/农村普惠金融事业部6个内设机构，其中农村保险事业部/农村普惠金融事业部成立于2016年10月，拥有1个营业部和2个营销网点。2016年年末，人保财险仁化支公司有在职干部职工17人，其中，班子成员3人。

2016年，人保财险仁化

支公司秉承“人民保险、造福于民”宗旨，履行保障经济、稳定社会、服务民生职责，发挥国有企业促进经济发展、社会和谐稳定作用。截至2016年12月31日，公司年保费收入3506.71万元，支付受灾保户赔款1551万元。

【业务发展】 政策性业务。2016年，人保财险仁化支公司承办全县政策性农房、水稻、能繁母猪、自然灾害公众责任险等惠及民生系列政策性保险。承保：政策性水稻种植保险面积17280公顷、政策性农村住房保险40239户、政策性能繁母猪保险12484头；承保自然灾害公众责任保险，为县域244703位人民提供自然灾害意外保障。2016年，赔付：自然灾害公众保险20万元、政策性农村房住房保险64.24万元、政策性水稻种植保险238.33万元、政策性能繁母猪保险26.2万元。

车险业务。2016年，人保财险仁化支公司调整业务结构，提高自身服务水平，推出买车险送i保养（全年免费机油保养），车险业务保持平稳较快发展。全年车险保费收入2162.74万元，同比增长13.51%。

商业非车险业务。2016年，人保财险仁化支公司推广意外健康险手机APP等移动销售工具使用，做到全员随时随地便捷出单。做好县域各大企业、小水电站财产险承保工作，重点推广环境污染、安全生产、校方责任、医疗责任、火灾公众责任险等与公众利益相关责任信用保险，学生、幼儿意外伤害保险、“惠农保”农村小额意外伤害保险家庭保单、惠民保、安心保和“任我行”等分散性产品。全年，仁化支公司商业非车险实现保费

2016年11月2日，仁化县政策性生猪家禽保险工作推动会在县城召开 （县畜牧兽医水产局供稿）

收入727.57万元，其中财产险337.73万元、责任险176.63万元、意外险208.53万元、货物运输保险4.68万元。

理赔。2016年，人保财险仁化支公司采取强有力措施着力提升理赔及客服能力。加强理赔管控，优化理赔流程，简化客户索赔单证，提升客户体验。对小额赔案实行简易、快速理赔。在农险政策性业务领域实现绝对红线管理机制，保证执纪问责严肃性。加强农险赔案以及自动核保业务检查，落实农险“定损到户、承保到户、理赔到户”，确保承保理赔真实性，坚守合规底线。全年理赔农险案件297宗，支付农险赔款328.77万元。扎实推进人伤调解、诉讼案件管理，改善外部理赔环境。联合交警、法院、司法等部门，打击黑中介，净化人伤理赔环境。全年，人保财险仁化支公司处理赔案2752宗，支出赔款1551万元。

客服。2016年，人保财险仁化支公司以客户为中心，完善客服体系，以服务吸引客户，以品牌发展客户，以品质留存客户。加强客户管理，配合分公司建设客户资源管理系统，整合客户资源，挖掘客户价值。制定客户信息管理方法，建立常态化客户信息收集制度，加强客户信息真实性回访和考核。充分使用营销管理平台，根据客户分类提供不同流程服务，实现客户关怀、承保回访、理赔回访、续保提醒；协助业务员跟进业务，提升营销和服务能力。完善客服体系。完善俱乐部建设，优化增值服务，通过服务平台整合客户资源，推出客户需求增值服务，提升客户忠诚度。

【内控管理】 2016年，人保财险仁化支公司组织开展“两学一做”专题教育，全面从严治党，加强干部队伍建设，重塑干部队伍良好形象，具有重要的现实意义。坚持“两手抓”，解决党员队伍思想、组织、作风、纪律等方面存在的问题，把全面从严治党要求落实到每个支部、每个党员，增强党员政治意识、大局意识、核心意识、看齐意识，坚定理想信念、保持对党忠诚、树立清风正气、勇于担当作为，充分发挥先锋模范作用。严格执行“三重一大”党委决策制度，全面开展办公用房、公务用车自查整改。推进党支部建设，人保协同能力强化。加强全体员工对职务犯罪的认识，邀请检察院预防科授课培训。强化合规管理责任，支公司、各营销网点负责人均签署“依法合规经营承诺书”。开展合规宣导和培训，组织员工学习合规政策和分公司下发的每周普法知识，组织单位干部职工参加普法考试。深入开展反洗钱工作，做好客户身份识别，客户资料保存，客户风险等级划分和可疑交易分析工作，加强风险排查，防范洗钱风险。2016年5月，开展并顺利推进营业税改增值税工作。

【内部建设】 2016年，人保财险仁化支公司落实销售队伍人力资源改革，加强销售团队建设，8月，人保财险仁化支公司营销业务一部获省分公司“2015年度标杆销售团队”称号。推广营销管理系统使用，做好渠道清分，加强销售团队建设与产能提升。加强业务队伍建设，提高销售人员占比。推进车商渠道建设，提升渠道掌控力。坚持“以客户为中心”，整合服务资源，创新服务举措，提升客户满意度。加强员工健康关心服务，办好员工重大疾病意外险保障，加强员工身体体检安排。加强支公司员工饭堂建设，方便员工就餐。推进文体协会建设，为员工开展文体活动提供充分保障。加强职工小家建设，11月，人保财险仁化支公司2016年获广东省分公司“先进职工小家”荣誉。

中国人民财产保险股份有限公司仁化支公司负责人名录：

经　　理：邓军贵

经理助理：曾　凯

张全忠（2016年11月任职）

（黎奎芳）

中国人寿保险股份有限公司仁化县支公司

【概况】 中国人寿保险股份有限公司仁化县支公司（简称“中国人寿仁化支公司”）内设总经理室、办公室、客户服务部、个险销售部、中介代理部、团险销售部，辖董塘营业部、长江镇营销服务部、周田镇营销服务部、城口镇营销服务部4个营业及服务网点。截至2016年年底，中国人寿仁化支公司有192人，其中：一线业务骨干及精英182人，在职干部、职工10人（包括正、副总经理各1人、客户服务部经理1人）。

2016年，中国人寿仁化支公司贯彻落实相关工作部署、艰苦奋斗、拼搏向前，区域竞争力和影响力得到进一步提升。

【业务发展】 截至2016年12月31日，中国人寿仁化支公司总保费收入4890万元，比上年增加465万元，同比增长10.51%。其中，新单保费收入：①个险渠道。三到九年期交保费345.12万元，完成全年进度112.05%，比上年增长68.83%；十年期交保费533.43万元，完成全年进度85.49%，比上年增长27.98%；短期健康险保费35.95万元，完成全年进度69.13%，比上年增长16.50%；短期意外险保费85.84万元，完成全年进度132.07%，比上年增长42.35%。②银保渠道。趸交保费772.45万元，完成全年进度99.54%，比上年减少25.23%；三到九年期交保费206.68万元，完成全年进度100.82%，比上年增长6.48%；十年期交保费54.94万元，完成全年进度109.89%，比上年增长7.96%；短期险保费11.09万元，比上年增长106.42%。③团险渠道。短期险保费220.19万元，完成全年进度110.10%，比上年增长43.75%；意外险保费139.52万元，比上年增长40.08%。续期保费收入2484.79万元。全年给付支出3268万元，比上年增加1176万元，同比增长56.21%（其中：满期给付支出2759万元、年金给付支出193万元、赔款给付支出316万元）。

【客户服务水平提升】 2016年，中国人寿仁化支公司强化保险行业公众宣传意识，推动保险行业形象持续改善和全社会保险意识提高，开展“国寿1+N”客户服务工作，继续开展“牵手”系列客户服务活动和“国寿客户节”组织策划极速客养、少儿绘画大赛、H5游戏、知心姐姐、T20旅游基地挂牌合作等大型活动。继续推出“爱无疆　责任在行”系列保险公众宣传日推广活动。举办大型健康讲座，邀请韶关市粤北人民医院专家到场为客户召开防癌养生健康讲座，提供医务答疑、现场咨询等服务，提高全民保险意识，倡导群众学保险、懂保险、用保险，了解保险涵义及功能。提高运用保险机制促进和谐社会建设能力和水平；凝聚社会共识，通力协作，营造良好环境，促进保险业稳中求进、持续发展，发挥社会保险业“稳定器”和经济“助推器”作用，实现“保险让生活更美好”。

【品牌宣传】 2016年，中国人寿仁化支公司坚持“创新驱动发展”战略，坚持“成己为人、成人达己”“双成”文化，深化体制机制改革，在加强集团管控、完善公司治理、推进资源整合、强化风险管理、提升综合服务能力等方面迈出坚实步伐，综合实力快速发展、经营管理显著增强、品牌形象大幅提升。提升综合服务能力，满足客户多元化金融保险需求，创新服务内容。推进客户服务专业化进程，完善“95519”服务专线、“中国人寿广东省分公司”官方微信公众号、“e宝账”全自助式寿险保单电子化服务系统，推广“e

路通”微商城和“e路通”汇缴系统，微商城出单率100%，“e路通”汇缴系统全辖测试成功，为学生险拓展提供创新技术平台，提升服务效率。2016年，中国人寿仁化支公司“e宝账”绑定客户1800人。为客户拨打“95519”，或是进入手机微信用扫一扫扫描“中国人寿”二维码，提供实现业务咨询、信息查询、保险投诉、挂失登记、理赔报案等“一站式”保险服务。全年，中国人寿仁化支公司开展各类保险宣传活动416场次，参与民众29120人次；发放宣传资料6万张（册），张挂横幅72条。

【履行社会责任】 2016年，中国人寿仁化支公司举办“国寿金矿企业家招募”增员活动，给有梦想愿意付出的人提供展示才华机会，搭建创业平台，在一定程度上缓解社会就业压力，承担保险行业社会责任。加强与社会公众、政府部门沟通联系，塑造公司形象。履行承诺，保障客户权益，提高服务品质和效率，开展各种各样特色客户服务活动。开展保险服务“温暖下乡”活动，拓展农村网点业务。推进政企合作，勇担社会责任。联合民政部门推进“银龄安康”工程，参与农村金融普惠试点建设。遵守“仁化县金融机构保护金融消费者权益自律公约书”，发挥保险社会管理功能和“稳定器”作用。举办“道德讲堂”，调动干部职工热情；开展爱国卫生大扫除活动，配合创卫创文工作，打造幸福美好新仁化。

【党建工作】 2016年，中国人寿仁化支公司组织中共党员学习《中国共产党章程》《中国共产党廉洁自律准则》《中国共产党纪律处分条例》及党中央“四个全面”战略布局、“五大发展理念”和习近平总书记系列重要讲话精神等内容，结合中国人寿年度工作会议精神与公司“十三五规划”开展研讨，专题研究基层党组织建设思路、重点和落实措施，制订党建工作方案明确职责，切实把主体责任落实与经营管理职责统一起来。强化班子学习，提升领导水平和责任意识。建立健全党建领导工作小组，建立党员领导干部基层挂点联系制度，“接地气”“解难点”，多形式加强基层党组织建设。全面落实党建工作考核机制，严格落实“三会一课”。严肃党组织生活，严格党员管理，强化党员教育。加强入党积极分子培养教育。开展评选表彰活动，营造学习先进、鼓舞斗志、见贤思齐氛围。开展党日实践、“我是党员、亮身份、树形象”活动，组织党员公开承诺，接受群众监督。全年，组织党员学习12次，培养入党积极分子1人。

中国人寿保险股份有限公司仁化县支公司负责人名录：

总　经　理：李志英

副总经理：曾秀山

（邹健伟）

教科文体卫

教育概况

2016年，仁化县教育局内设股室秘书股、人事股、计财股、教研室、教仪站、教育股、督导室、德体卫艺股、招生考试办公室、结算中心10个。行政（事业）编制34名，后勤服务编3人，实有人数24人。其中局长1名，副局长3名。

2016年，全县拥有各类学校115所，其中高级中学、完全中学、中职学校、电大进修学校、特殊学校各1所、初级中学6所、九年一贯制学校8所（含凡口学校）、完全小学14所，初级小学43所，幼儿园39所。全县中小学教职工2401人，其中在职教师2367人，在职职工34人。全县幼儿教师学历达标率为100%，小学教师学历达标率100%以上，初中教师学历达标率为98.7%，普通高中教师学历达标率为98.2%，中职学校教师学历达标率为71.4%，“双师型”教师占专业课教师73.6%。

2016年，全县学龄前三年幼儿9848人，入园幼儿9652人，学前三年教育普及率为98%。义务教育阶段在校学生22259人，其中小学423个班，15924人，初中148个班，6335人。小学阶段6—11周岁学龄儿童15144人，在校学生15924人，毛入学率105.15%，学年内辍学率为0。初中阶段12—14周岁人口5441人，在校学生6335人，毛入学率116.43%。九年义务教育巩固率为87.6%。普通高中学生3898人，高中阶段毛入学率为99.1%。适龄“三残”儿童少年85人，在校学生81人，入学率95.2%。中职学校开设21个教学班，学生762人，毕业班学生99.37%推荐就业。有成人文化技术学校11所。全县教育形成以基础教育为主，拥有幼教、普教、职教、成教、特教等布局合理、规模适当多方位教育体系。

教育管理

【教育投入】 2016年，全县教育经费总投入44660万元，其中，全年中小学基本建设改造项目投资约3140万元，完成全县15个中小学校（幼儿园）示范性平安食堂项目改造建设。全县免费义务教育学生20840人，免费资金2916.7万元；发放义务教育困难家庭学生生活费161.3万元，补助5864人；发放学前教育生活费88.8万元，补助888人；高中助学资金135万元，受助学生675人。开展生源地信用助学贷款工作，全县有考入省外高校就读，办理生源地信用助学贷款家庭经济困难学生32人。

【教师队伍建设】 人才引进。2016年，县教育局根据《事业单位公开招聘人员暂行规定》有关要求和经仁化县人民政府批准，公开招聘大专院校毕业生到中学及农村基层小学和幼儿园任教，加快实现建设教育强县目标及改善全县中小学教师学科不平衡结构，促进教育事业健康发展。年内，按照“公开、平等、竞争、择优”原则，通过笔试、试教、面试和实践操作方式面向全国和县域户籍生源公开招聘大学本科、专科和幼儿师范学历专业对口应（历）届普通高校（全日制）毕业生高中（中职）教师22名、乡镇小学教师46名、幼儿园教师28名。

职称评定。2016年，仁化县根据《关于我省教师专业技术资格评审工作的通知》（粤人发〔2016〕86号）精神，全县通过高级职称评定50人，通过中级职称评定51人，通过初级职称评定46人，认定教师31人。

【教师继续教育培训】 2016年，仁化县落实《中小学教师继续教育规定》及省、市有关继续教育文件精神，提高中小学教师教育教学水平，促进教师教育改革和发展，提高校长和教师队伍整体素质。第一，突出校长培训工作，开展分层次、分类别、多形式、重实效中小学校长培训，提高校长管理水平。3月，安排校长30名及中层干部到湖北省黄岗中学、小学及武汉第25中学、武昌区傅家坡小学交流学习；4月，安排学校中层干部36人参加韶关博雅文化教育大讲坛培训；5月、11月，各安排副校长2人参加革命老区、边远山区校长培训；7月，安排幼儿园教师（园长）4人跟岗培训，安排校长14人参加2016年信息技术应用能力提升工程初中校长研修班；8月，安排特校教师2人参加全市特殊教育学校校长、中层干部培训高研班；11月，安排中小学校长15人到北京参加“第十五届全国基础教育学习论坛”，组织校长12名到深圳南山区前海港湾小学、南方科技大学第二实验小学及深圳市坪山新区文体教育局参加交流学习，组织参加各类培训学习5638人次。第二，有步骤地开展学科教师网络培训工作，落实做好广东省中小学教师网络全员培训精神。3月，安排幼儿园教师180人参加韶关市信息技术应用能力提升工程全员培训；11月，安排教师928人参加中小学教师信息技术应用能力提升工程培训；12月，组织中小学教师1516名参加专业科培训。第三，加强培训，提高教师队伍素质。制订教师培训计划，完善继续教育培训措施。3月，安排2015年招聘新教师56人参加新教师培训，安排31位校长参加韶关市教育国际化专题培训；4月，选派47位幼儿园教师到广州第二幼儿园等地参加教育实践培训活动；5月，安排2位教师参加广东省乡村优秀教师培训，组织2413位教师参加《大众创业与转型机遇》公需科培训，选派12位教师参加初中地理生物政治等学科骨干教师培训；6月，组织5位教师参加“蒲公英计划（2016）——韶关市2016年首批中小学音乐、美术学科骨干教师”第一阶段培训，组织老师参加2016年特殊教育学校骨干教师省级培训，安排1位校长参加广东省中小学校长省级培训项目培训、7位教师参加2016年广东省农村幼儿园骨干教师培训（韶关韶师班）；7月，选派7位教师参加“国培计划”——示范性项目培训，安排1位教师参加英语语言村培训，选派9位教师参加2014年广东省中小学英语教师英语语言村培训班学习；8月，组织14位教师参加2016年广东省中小学教师省级培训项目培训；9月，组织62位新招聘教师参加岗前培训；10月，安排480名初中教师信息技术应用能力提升工程学科教师培训，组织10位史地生教师参加第六、七、八、九期中小学自然力导师资格培训；11月，选派4位教师参加省“翰墨薪传工程”中小学书法骨干教师培训、72位教师参加“南粤名师大讲堂·走进韶关”同课异构活动培训；11月份选派1位教师参加市级骨干教师（小学数学）参加跟岗学习，安排6位教师到虎门仁化实施教育融合发展对接行动跟岗学习培训，安排325位高中教师参加普通高中教师职务培训；12月，选派53名中小学正、副校长到东北师范大学参加信息化技术高级研修班学习。第四，抓好新教师岗前培训，规范新教师教育教学行为。促进新教师尽快适应教育、教学工作，熟悉业务，树立正确教育思想观念，形成良好职业道德和敬业精神，熟悉教育教学基本知识和技能，掌握教育教学常规、课堂管理基本方法和理解新课程理念，提高应变和应对各种压力能力。根据《仁化县九年义务教育阶段教师跟岗培训方案》，有计划有选择组织新教师参加跟岗培训学习，拓宽视野，提高教育教学水平。年内，选派12位新教师到县城三所学校进行1年跟岗学习，安排部分学校与“珠三角”地区学校结对进行新教师跟岗培训学习。根据《仁化县幼儿园新教师跟岗培训计划》，进行新教师岗前培训。年内，组织新招聘幼儿园教师22人进行为期1个月岗前跟岗学习培训。8月，根据《仁化县中小学新教师岗前培训计划》，组织九年义务教育学校新招聘教师42人开展为期3天岗前集中培训。

【先进教师情况】 先进教师基本情况。2016年，全县被评为韶关市优秀乡村校长1人，被评为韶关市优秀乡村教师8人。

【山区、农村边远地区义务教育学校教师岗位津贴落实】 2016年，县教育局根据省市文件精神，联合县财政局、县人力和社会资源保障局制定《仁化县山区、农村边远地区义务教育学校教师岗位津贴实施细则》，落实山区、农村边远地区义务教育学校教师岗位津贴，激励优秀教师在农村、边远山区安教、乐教。2016年1月起，严格按省文件精神发放农村、边远山区在编在岗教师津贴，具体为山区一类、山区二类、平原学校三类，最高月津贴1400元，全县山区、农村边远地区义务教育学校有在岗教师人数1697人，人均山区岗位津贴从原来875元提高到910元，扩面到乡镇幼儿园及丹霞街道办农村学校。

【德育工作】 *加强学生思想道德建设*。2016年，仁化县把弘扬和践行社会主义核心价值观贯穿于未成年人思想道德建设各环节。深化“中国梦”学习宣传教育，围绕全县“创文”工作，组织开展“邻里友善 社区和谐”志愿服务活动、学雷锋志愿服务月活动、“传承民族魂 共筑中国梦”中小学主题教育活动；组织开展韶关市第四届优秀童谣征集评选活动，有13人获奖；组织开展“公民道德宣传日”宣传教育系列活动；组织开展“向国旗敬礼”活动；组织部分学生参观档案馆爱国主义教育基地活动。通过各种活动，提升全县中小学生思想道德水平。3月，韶关市关工委、市文明办授予仁化县教育局关工委“关心下一代工作先进集体”称号，仁化中学王启中获“韶关市关心下一代先进工作者”称号；田家炳小学被市委宣传部、市文明办命名为“韶关学雷锋活动示范点”。5月，在全县中小学校组织开展仁化县评优评先活动，表彰奖励“美德少年”23名及“三好学生”、优秀学生干部一批；与县普法办在全县中学生中开展首个全民国家安全教育日法律知识有奖测试活动，分别抽出一等奖10名、二等奖20名、三等奖50名、优秀奖300名。仁化县第一中学、田家炳小学被韶关市教育局、市文明办确定为“韶关市中小学中华优秀传统文化教育试点学校”。11月，组织部分校长到韶关至和汤邓淑芳纪念学校参加“韶关市学校少年宫建设成果展示交流活动”。田家炳小学、长江中心小学、黄坑中学被市教育局、市文明办评为“韶关市优秀学校少年宫”。蓓蕾幼儿园刘丽娟、城口学校刘石养被评为“第二届仁化县道德模范”，田家炳小学巢耀明获“第二届仁化县道德模范提名奖”。

加强德育创新和校园文化建设。2016年，县教育局依据《仁化县中小学校德育特色创新与发展实施方案》总体要求，围绕“遵德守礼，以仁化人”德育理念，推进学校德育创新活动，加强校园文化建设，确立学校文化主题、德育理念，走文化内涵发展之路。“5•18”国际博物馆日期

间，县博物馆在全县中小学校开展“2016年革命斗争史及‘三普’成果图片巡回展出活动”，让中小学生学习了解《中华人民共和国文物保护法》和仁化县革命斗争史，阮啸仙、蔡卓文、黄梅林等历史人物和双峰寨、铜鼓岭等革命遗址深入学生心中，并开展征文比赛。5月20日，在丹霞学校召开“2016年仁化县中小学德育、安全工作会议”，总结2014、2015年全县中小学校德育工作，部署新时期德育工作，组织与会人员参观丹霞学校、实验学校、黄坑中学校园文化和宿舍、食堂管理，邀请北京大学学校文化研究所、静太文化研究中心副主任顾超男讲授学校文化打造专题课。

加强班主任培训和课题科研。2016年4月1日，举办“2016年仁化县中小学班主任培训”，参加培训班主任200人，由仁化一中黄子文作《家校沟通》专题授课。6月24日，创文网格化管理第六区“道德讲堂”活动在仁化县青少年宫举办。7月12日，举办2016年仁化县中小学班主任专业能力比赛，各中小学校共有25名优秀班主任参赛，通过成长故事叙述、主题班会（班集体活动）设计、情景答辩环节，展示新时期班主任专业能力及综合素质。12月，组织全县中小学校教师参加“2016年韶关市中小学社会主义核心价值观教育优秀案例评选活动”，仁化县实验学校阙检兰《践行核心价值观 培养诚信好少年》、仁化县中等职业学校梁素英《学习、践行〈弟子规〉，培养具有文明素养的学前教育专业学生》、仁化县实验学校朱永红《成长档案袋评价方式促进学生自主发展》、仁化县第二小学附属幼儿园顾艺老师《引导幼儿友善待人》4篇被评为优秀课例。

加强法制教育。2016年，县教育局加强学生法制教育、禁毒宣传教育。组织开展第8个“法治广东宣传教育周”系列活动（组织一场师生参与的宪法宣誓仪式，举办一场以“弘扬宪法精神，建设法治广东”为主题的宪法知识讲座或宪法学习宣传活动，组织一次模拟法庭活动，中小学生普法考试等）。在“全民禁毒宣传月”活动中，按照省、市、县统一部署，各校围绕“珍爱生命、远离毒品”主题，以课堂教学为主体，以活动为载体，通过多种途径和方式，开展行之有效禁毒宣传教育活动。5月，韶关市禁毒委授予周田中心小学、周田中学、董塘中学、县第一中学4所中小学校“毒品预防教育示范学校”称号。6月16日，在县体育馆与县检察院、团县委、县妇联联合举办“与法相伴，健康成长”预防未成年人犯罪系列活动启动仪式。8月，参加韶关市中小学“遵纪守法，从我做起”法治教育征文比赛中，丹霞中心小学陈娜、仁化县第二小学蒙文玉、仁化县第一中学刘琦、黄晓桐4人获一等奖；田家炳小学蓝愿婷，仁化县第一中学孔丽君、罗秋慧、曾艳君、朱晓莉，仁化中职陈淑兰，双峰寨中学叶彩萍7人获二等奖；董塘中心小学赵芷荟、丹霞中心小学张嘉琪、田家炳小学刘洁雨、赖子纯，仁化县第一中学李冬兰、城中学校刘岷杰6人获三等奖。

【体育工作】 *贯彻落实《关于加强青少年体育增强青少年体质的意见》（中发7号文）精神*。2016年，仁化县各中小学校坚持“把健康还给学生，把快乐留给童真”和“健康第一”指导思想，有计划开展各项文体活动，将每天30分钟全校性大课间体育活动列入课表并形成制度，切实保证中小学生每天1小时校园体育活动时间。全面推进校园足球活动开展。

组织学生参加各项体育竞赛活动。2016年，县教育局落实《广东省学校体育工作三年行动计划》，牢固树立“立德树人、健康第一”指导思想，全面推进素质教育，提高学生体质健康发展，促进全县中小学篮球运动普及和篮球竞技水平提高。5月23—28日，在县体育馆承办韶关市第21届中小学生“英东杯”毽球、乒乓球比

赛。县代表队乒乓球项目初中组获团体第一名，小学组获团体第二名，高中组获团体第三名；武术项目田家炳小学获小学组团体第一名，仁化中学获高中组团体第一名，仁化一中获初中组团体第五名，实验学校获初中组团体第七名。7月8—12日，县教育局、县体育局在县体育馆联合主办2016仁化县中小学生篮球赛，有25个单位、36支代表队、300多名运动员参赛，分高中男子、高中女子、初中男子、初中女子、小学男子5个组别，田家炳小学夺得小学男子组第一名，长江中学夺得初中女子组第一名，仁化一中夺得初中男子组第一名，仁化中学夺得高中组男、女子第一名。11月9—13日，组织开展仁化县首届中小学足球比赛，分小学男子、小学女子、初中男子、初中女子、高中男子5个组别，有26个单位、41支代表队、500多名运动员参赛。

认真组织中招体育考试。2016年，仁化县各学校以中招体育考试为契机建立体育锻炼达标制度，强化学生健康意识，增强学生体育锻炼积极性，提高学生体育运动水平和技能。中招体育考试工作完成并严格做到“四无”（无安全事故、无工作差错、无违纪行为、无举报投诉）。

全面实施《国家学生体质健康标准》。2016年，全县中小学校数据上报率100%。从上报学校数据反映，及格率95%，良好率60%，优秀率20%，达标率、优秀率提高，营养不良率、肥胖率下降，近视率得到有效控制，学生体质健康水平得到提高。

【卫生工作】 落实中小学健康教育课。2016年，全县中小学每2周1节的健康教育课开课率100%，做到有计划、有课时、有课本、有教案、有教师、有考核、有总结。

开展常见传染病防治工作。及时转发常见传染病防治相关文件，适时指导学校健康教育工作。5月18日，县教育局与县卫监所、疾控中心联合开展全县中小学校卫生管理人员专业培训。

抓好学校食堂卫生工作。9月28日，县教育局、县食品药品监督管理局联合在丹霞学校召开中小学校（幼儿园）平安食堂管理工作现场会。全县各校校长（园长）、分管副校长、主任参加会议。

【艺术工作】 2016年，仁化县艺术教育工作按照教育部印发《中小学生艺术素质测评办法》《广东省教育厅贯彻〈教育部关于推进学校艺术教育发展的若干意见〉的实施意见》要求，开展丰富多彩校园艺术教育活动，学生参与艺术实践活动100%。在参加团县委组织“用青春托起中国梦 以激情践行核心价值观”暨纪念“五四”运动97周年演讲比赛活动中，县教育局代表队获第一名。

【教育教学】 2016年，县教育局教研室树立质量意识，围绕提高教学质量目标，加强教学管理，注重教育信息化使用，扎实开展教科研活动，积极主动备考，激发广大教师积极性，推动全县教学水平和教学质量迈上新台阶。

加强教学常规管理。2016年，县教育局教研室采取“2+1”模式（教研室每周两天到基层学校开展集体视导，教研员每周一天到学校进行课题指导或开展学科的片区教研活动）、集体视导（上午听课；中午查阅教师教案、作业批改、学科计划、教研组活动记录及课题开展情况等；下午与听课教师进行交流，与学校行政领导进行反馈并提出对学校教学及管理的意见和建议），深入基层学校，加强教学视导。

扎实开展片区教研活动。片区活动采用“同课异构+交流研讨+学科讲座”形式开展。以同课异构为抓手，提高教师课堂操控能力和驾驭教材能力，重点解决用教材教学生；过程中关注信息技术如何辅助课堂教学。全年，各学科教研员开展片区教研活动52次，参与活动教师1000多人次。

主动做好“两考”备考工作。一是中考复习备考。到各中学听课视导，有重点地指导复习备考工作。召开全县初三思品、语文、数学、英语、物理、化学复习备考研讨会。组织全县性初三模拟测试2次并及时向各校反馈数据，解决复习过程中存在的问题。二是高考复习备考。组织高三学生参加省、市各项模拟测试。及时通报各地高考资料和信息。做好“市一模”“广一模”“广二模”大型测试成绩分析工作。及时把握高考动态，主动应对。组织全县高三教师到湖南长沙、株洲等地实地考察，了解外省使用全国试题情况，做好高考备战。

教育教学成绩显著。2016年，仁化县教育教学成绩取得良好效果。一是高考成绩。全县：参加普通高考1318人，重点本科上线人数123人，上线率9.33%；本科以上上线人数707人，上线率53.64%；专科以上上线人数1285人，总上线率达97.50%。重点本科上线率、本科以上上线率和总上线率均列全市八县（市、区）第一。仁化中职参加职业类高考考生73人，上线68人，上线率93.15%，排名全市八县（市）同类学校前列。二是中考成绩。全县总分平均分为427.7分，在八县（市）区中排名第三；各学科平均分有2科第二、4科第三、1科第四。仁化中学录取资格线为424分，全县仁化中学以上上线率为48.30%；仁化一中录取资格线为309分，全县普高上线率为76.25%。三是师生竞赛成绩。学生参加全国、省、市各项竞赛，获全国一等奖3人、二等奖13人、三等奖7人，获全省一等奖47人、二等奖111人、三等奖158人，获全市一等奖32人、二等奖83人、三等奖196人。教师参加全国、省、市各项教学技能比赛，获全国奖3人、省级奖19人、市级奖143人。四是教育科研成绩。教师在全国、省、市以上刊物发表教育教学论文41篇；参加全国、省、市各级论文评比，获全国奖14篇、省级奖28篇、市级奖102篇；课题获韶关市科研课题成果奖12个，教育教学研究课题结题53个（市级课题27个、县级课题26个）。

【教育信息化建设】 2016年，县教仪站以教育信息化、义务教育基本均衡化、推进现代化先进县等工作为主线，提高教育装备水平，推进教育信息化深入发展。完成仁化县基础教育专网重新组网，84间公办学校全部接入县基教网，网络带宽全面提速，实现中心校以上学校接入带宽500M，公办幼儿园接入带宽300M，教学点接入带宽100M，全县共享专用1G出口。提升装备水平。高标准做好新田家炳小学装备建设工作，总投资540多万元，规划建设信息化综合校园网、交互式电教平台、实验功能室、电脑室“四个项目”，并于12月全部完工。投入38万元升级改造仁化中学高考巡考系统和电教平台，投入148万元为仁化一中配备50套一体机教学平台，投入20多万元补充常规实验仪器。完成广东省教育装备管理平台期初建账工作。将全县中小学（包括教学点）各功能场室设施设备、管理人员等数据信息录入管理平台，实现教育装备信息化管理。建设“全县教学点课堂巡视平台”“教学点资源平台”，为教学点信息化教学和管理提供支撑。加强信息化培训，邀请东北师范大学理想信息技术研究院院长钟绍春在仁化一中举办教育信息化专题讲座，全县教师550人参加。开展“一师一优课、一课一名师”和信息化竞赛活动。在优课活动中，全县教师注册数892人，晒课529堂，获省级奖励9人，获部级奖励3人。在市“校讯通”杯中小学电脑制作活动中，获最佳组织奖4个、优秀指导教师2人、学生个人奖91人。参加省第十七届中小学生电脑制作活动获得二等奖2个、三等奖6个、优秀奖5个。在市第八届中小学虚拟机器人比赛活动中，获得二等奖5个、三等奖4个、优秀奖5个。

【教育督导】 省教育强镇复评。2016年，仁化县根据《广东省教育创强督导验收办法》

要求，做好教育强镇复评工作。12月，扶溪镇、闻韶镇、石塘镇接受并通过省教育强镇复评督导验收。12月，县督导室调查摸底长江、黄坑、周田、红山、大桥镇各学校、幼儿园，及时掌握有关数据，深入各校（园）实地察看，了解真实情况，形成督导通报，推动长江、黄坑、周田、红山、大桥5镇省教育强镇复评工作。

全国义务教育阶段学生语文、艺术学习质量监测。根据《广东省教育厅关于做好2016年全国义务教育阶段学生语文、艺术学习质量监测的通知》（粤教办函〔2016〕36号）要求，仁化县首次参加全国义务教育阶段学生学习质量监测。县教育督导室全面做好国家义务教育质量监测工作组织协调工作。3月，成立义务教育质量监测工作领导小组，上传各种工作资料；4月8日，召开2016年义务教育阶段学生语文、艺术学习质量监测工作培训会，有教育质量监测工作领导小组成员、局督导室和教研室人员、21个样本校校长、业务副校长和信息员，其他义务教育阶段学校校长和业务副校长参加培训。5月11日，国家义务教育质量监测省级视导员市督导室副主任刘炬到仁化县督查“全国义务教育质量监测”样本校实验学校、凡口子弟学校等10所学校准备工作情况。5月13日，举办2016年国家义务教育质量监测工作第二次培训会，有县质量监测责任督学、语文主监、艺术主监、各样本校业务副校长，以及县质量监测领导小组成员参加培训。5月26日，全县19所样本校21个监测点进行2016年国家义务教育质量监测。5月27日，通过县机要邮局回邮监测材料，完成质量监测工作。年内，仁化县教育局被国家教育部基础质量检测中心授予“县级优秀组织单位”称号。

创建广东省推进教育现代化先进县。2016年11月，仁化县推进创建广东省推进教育现代化先进县工作，在2016年中小学校长、幼儿园园长会议上，解读《广东省教育现代化督导验收办法》《广东省教育现代化督导验收方案》，明确创建教育现代化先进县工作思路、工作方法和工作要求。要求未取得大专学历幼儿园教师、未取得本科学历小学和初中教师，通过在职学历提升，取得相应学历，鼓励高中教师在职攻读研究生。贯彻落实2016年11月2日韶关市推进教育现代化工作会议精神。11月4日，中共仁化县委十三届委员会第五次常委（扩大）会专门研究“创先”工作。11月26日，邀请广东省人民政府督学、肇庆市人民政府教育督导室主任王巨华在县政府礼堂作《广东省推进教育现代化先进县（市、区）督导验收指标体系》解读和《中小学校特色内涵建设的思路与策略》专题辅导报告。组织有关人员对照《广东省推进教育现代化先进县（市、区）督导验收指标体系》进行全面“短板”排查，并向县政府作专题汇报，县政府根据排查结果印发《仁化县加快推进教育现代化建设的工作意见》。

督学责任区。2016年，仁化县完善督学责任区制度，完成县督学换届和挂牌工作。调整督学责任区，将原来2个督学责任区调整为4个督学责任区，每个片区由5个专（兼）职督学负责。年内，督导室组织督学学习《教育督导条例》《中小学校责任督学挂牌督导办法》《中小学校责任督学工作守则》等有关责任督学挂牌督导工作文件和国家、省、市有关规范办学行为文件精神。专项督导全县中小学、幼儿园春季、秋季开学工作。7月，根据省市《关于开展规范义务教育学校办学行为专项督导的通知》《广东省教育厅关于开展规范义务教育阶段学校办学行为专项督导的通知》要求，开展规范义务教育阶段学校办学行为专项督导工作。8月，根据《广东省教育厅关于开展中小学有偿补课治理情况专项督导的通知》（粤教督函〔2016〕31号）要求，开展中小学有偿补课治理情况专项督导工作。9月，根据《广东省人民政府教育督导室关于开展初中学生编班工作情况调查的通知》（粤府教督函

〔2016〕122号）要求，调查初中学校学生编班工作情况。市一级幼儿园复评和规范化幼儿园督导验收。督导室多次深入长江镇、黄坑镇、石塘镇、闻韶镇、董塘镇5所中心幼儿园和10所民办幼儿园进行督导，形成督导通报，督促整改。完成董塘镇中心幼儿园、凡口培正幼儿园、麻塘村幼儿园和董塘坪岗凯利幼儿园等4所幼儿园县规范化幼儿园评估验收；11月，长江镇、黄坑镇、闻韶镇3所中心幼儿园接受市一级幼儿园复评督前检查。

【教育财务结算中心】 2016年，县教育局协助学校做好“2015年部门决算报表”“2015年教育经费统计报表”填报工作，做好2016年年初预算及2016年1—6月份学期收支计划审核工作。统筹2016年义务教育学校公用经费用于信息化建设工作，并分批支付相关款项。协助学校按照年初预算安排做好新学期教学设备政府采购工作，配合学校和银行，做好开学收费检查工作，保证资金安全、及时、准确缴入国库。实施《仁化县学校（幼儿园）经费支出的管理暂行办法》（仁教字〔2016〕40号）及《仁化县中小学校（幼儿园）发展建设报批管理暂行规定》（仁教字〔2016〕41号），完善财务规章制度，规范学校公用经费管理。完成财政一体化平台延伸到各校测试工作。协助学校做好2016年各季度“三公”经费填报及审核工作。协助审计部门做好学校法人离任审计，完成义务教育保障经费内审工作。将县域3所高中（中职）学校财务纳入县局结算中心集中核算管理。

【仁化县青少年宫】 2016年，仁化县青少年宫有在编人员6人，主任1人（法人代表），财务2人（其中1人兼数学老师，1人兼舞蹈教师）。专职教职工8人，特聘兼职指导教师15名。

2016年，县青少年宫开设电脑、书法、绘画、拉丁舞、跆拳道、舞蹈、钢琴、电子钢琴、电子琴、小提琴、奥数、阅读与写作、开心数学等科目，满足全县青少年学生校外培训和教育活动需求。全年，开设课外辅导班46个。

基础教育

【幼儿教育】 截至2016年年底，全县有幼儿园42所，其中公办幼儿园14所，民办幼儿园28所，边远乡村设有混合幼儿班。全县学龄前三年幼儿9848人，入园幼儿9652人，学前三年入园率为98%，入园率超出省市平均指标。全县有幼儿园教职工890人，其中专业教师453人，在编教师211人，取得教师资格证383人。

2016年，全县新审批民办幼儿园8所，新增学位1500个。通过省人力资源社会保障厅公开招聘在编幼儿教师19名，充实到各镇中心幼儿园，解决公办幼儿园师资不足问题。按照省市文件精神，对全县民办幼儿园开展年度检查，规范民办幼儿园办学行为；开展普惠性民办幼儿园认定，认定仁化县普惠性民办幼儿园21所；制定仁化县学前教育片区管理工作意见，采取“以公带民”形式开展教研活动，促进全县学前教育健康发展。

2016年仁化县幼儿园、混龄幼儿班统计表

表19

独立幼儿园（所）						小学附设混龄班（个）	在园在班幼儿（人）	教职工（人）				
								合计	园长	教师	保育员	其他
42	13	1	0	0	28	19	9652	890	50	453	232	155

2016年仁化县幼儿园情况一览表

表20

幼儿园名称	地址	开办时间（年月）	幼儿数（人）	教学班数（个）	教职工数（人）	占地面积（平方米）	建筑面积（平方米）	级别
仁化县政府机关幼儿园	仁化县新城横路27号	1961.8	547	14	69	4189	4958	省级
第二小学附属幼儿园	仁化县解放东路68号	2006.9	216	5	19	4280	962	县级
长江镇中心幼儿园	长江镇田心村	2012.9	321	8	35	1752	1752	市级
石塘中心幼儿园	石塘镇文昌街	2012.7	136	3	15	2192	1148	市级
黄坑镇中心幼儿园	黄坑镇沿堤路5号	1996.8	268	7	28	1200	1120	市级
城口镇中心幼儿园	城口镇莲塘口	1979.8	237	6	24	800	1142	县级
红山镇中心幼儿园	红山学校内	2013.8	182	6	19	901	678	县级
周田镇中心幼儿园	周田镇居民街	1999.9	531	13	54	3120	2259	市级
大桥镇中心幼儿园	大桥镇鸿桥路	1999.9	233	6	24	1331	1331	市级
扶溪镇中心幼儿园	扶溪镇平方馆	2009.9	360	10	32	2840	2851	市级
闻韶镇中心幼儿园	闻韶镇白竹村	2010.3	158	5	20	3290	1020	市级
董塘镇中心幼儿园	董塘镇繁塘路12号	2015.9	270	6	24	2200	1696	县级
格顶幼儿园	仁化县格顶学校校园内	2009. 9	42	2	3	1254	574	无
仁化小太阳中英文幼儿园	仁化县建设路174号	1997.7	158	5	15	250	800	无
仁化水南中英文幼儿园	仁化县水南花苑一至二楼	2010.3	190	7	21	1800	1470	县级
仁化蓝天幼儿园	仁化县聚福花园A栋二层	2013.8	160	5	13	850	720	无
仁化华英幼儿园	仁化丹霞大道27号银海花园E1E2栋一层	2014.9	335	9	31	1880	1480	县级
仁化县蓓蕾幼儿园	仁化县建设路23号富临雅苑A栋3-4楼	1997.2	411	10	43	730	1460	县级
仁化海丽达幼儿园	仁化县建设路29号盈锦花园A3栋负一、二层	2016.5	356	12	43	2200	2800	无
仁化红苹果幼儿园	仁化县建设路128号	2016.5	200	6	15	1200	1000	无

续表20

幼儿园名 称	地 址	开办时间（年月）	幼儿数（人）	教学班数（个）	教职工数（人）	占地面积（平方米）	建筑面积（平方米）	级别
凡口新世纪幼儿园	凡口矿人民路	2003.9	122	4	11	611	440	县级
凡口培正幼儿园	凡口新村路新村粮站	2000.2	119	4	13	500	657	县级
凡口蓓蕾文化艺术幼儿园	凡口建设路	2000.7	160	5	14	2863	1350	无
董塘博雅幼儿园	董塘凡塘路13号	2001.2	371	10	41	820	1980	县级
董塘天诚幼儿园	董塘镇仁塘路7号	2000.7	300	9	24	1500	1600	县级
董塘开心宝宝幼儿园	董塘凡塘路（法庭旁边）	2005.8	268	9	22	500	1500	县级
坪岗凯利幼儿园	坪岗晶滢小学内	2000.8	120	4	11	1200	448	县级
董塘金太阳幼儿园	坪岗工业园社区	2002.8	110	4	10	1000	600	无
岭田青草地幼儿园	岭田小学内	2011.9	105	4	7	1200	480	无
长江小天使幼儿园	长江镇供销大厦二楼	2014.7	116	4	11	1100	780	无
黄坑阳光幼儿园	黄坑镇丽水街153号	2009.9	146	4	13	797.5	923	无
长江镇锦江幼儿园	长江镇粮所	2011.9	243	7	21	1800	705	县级
月岭中英文实验幼儿园	周田镇平甫村委石口村小组	2003.5	162	6	18	1680	980	县级
丹霞麻塘村幼儿园	丹霞街道办原麻塘小学内	2013.2	114	4	9	1200	600	县级
丹霞金果果幼儿园	丹霞大道黄屋村39号	2014.9	189	6	18	1100	915	县级
扶溪童乐幼儿园	仁化县扶溪镇站前路	2016.5	125	5	14	500	1080	无
仁化县长江镇明星幼儿园	仁化县长江镇黄金坝村	2016.10	160	6	13	1600	2100	无
仁化县博思特幼儿园	仁化县建设路135-2号新车站	2016.12	90	4	13	3200	1660	无
仁化县新起点幼儿园	仁化新东五谷村142号	2016.3	160	4	14	2600	1300	无
仁化周田智慧岛幼儿园	仁化县周田镇韶南大道117号	2016.10	190	6	30	4500	1950	无
仁化县快乐之星幼儿园	仁化新东大街富兴楼33号	2016.3	146	4	14	600	1800	无

【义务教育】 2016年，仁化县有义务教育阶段学校73所，其中完全中学1所，初级中学6所，九年一贯制学校8所（含凡口矿学校），中心小学7所，完小7所，教学点43所，特教学校1所。义务教育阶段在校学生22259人，其中，小学423个班15924人，初中148个班6335人。小学阶段6至11周岁学龄儿童15144人，在校学生15924人，毛入学率105.15%，学年内辍学率为“0”。初中阶段12—14周岁人口5441人，在校学生6335人，毛入学率116.43%，学年内辍学学生0人。九年义务教育巩固率87.6%。适龄“三残”儿童85人，在校81人，入学率95.2%。义务教育阶段各项指标达到省市要求。

2016年仁化县九年义务教育情况统计简表

表21

小学						初中				
完全小学、一贯制（所）	分教点（个）	特教学校	班（个）	学生（人）	毛入学率（%）	完全中学（所）	普通初中（所）	班（个）	学生（人）	毛入学率（%）
22	43	1	423	15924	105	1	6	148	6335	116

2016年仁化县小学基本情况一览表

表22

学校名称	地址	开办时间	学生数（人）	教学班数（个）	教职工数（人）	占地面积（平方米）	建筑面积（平方米）	级别
仁化县第二小学	仁化解放东路68号	1906年	285	6	22	7128	3757	正股
仁化县田家炳小学	仁化新城路32号	1962年	2338	44	111	13156	7054	正股
董塘镇中心小学	董塘繁塘路12号	1919年	1548	32	92	24285	11765	股级
董塘镇坪岗完小	董塘坪岗工业园内	1950年	284	6	15	23345	3346	—
董塘镇五一2完小	凡口706	1986年	188	6	15	25597	1667	—
石塘新华书店希望小学	石塘镇	1938年	577	12	29	10105	5300	股级
长江中心小学	长江镇锦江村	1919年	1239	26	71	22102	8013	股级
长江里周丘超荣小学	长江镇里周村	1950年	201	6	14	10000	4536	—
长江秦丽璋纪念小学	长江镇木溪村	1950年	215	6	15	8500	1826	—
丹霞中心小学	丹霞大道39号	1975年	561	14	46	6564	4965	股级
粤港警察希望小学	丹霞黄屋村	1960年	223	6	15	5888	2525	—
周田中心小学	周田月岭大街61号	1918年	1456	29	87	23951	8500	股级

续表22

学校名称	地 址	开办时间	学生数（人）	教学班数（个）	教职工数（人）	占地面积（平方米）	建筑面积（平方米）	级别
大桥省善希望小学	大桥镇鸿桥路	1950年	463	12	34	9669	4993	股级
黄坑铭源希望小学	黄坑镇府前路44号	1936年	736	17	48	36550	16280	股级
董塘白莲教学点	董塘白莲村委会旁	1958年	17	3	5	4000	728	村级
董塘河富教学点	董塘河塘村	1951年	36	3	5	10600	1346	村级
董塘新莲教学点	董塘新莲村委会	1950年	23	3	4	8000	976	村级
董塘高莲教学点	董塘高莲村	1956年	24	3	4	11868	1379	村级
董塘高宅教学点	董塘高宅村委会	1940年	14	3	5	10392	990	村级
董塘五一教学点	董塘五一贵地村	1948年	36	3	5	9600	930	村级
董塘安岗教学点	董塘安岗村	1970年	14	2	4	4950	1508	村级
丹霞街道胡坑小学	丹霞胡坑村	1953年	45	2	2	3768	1408.56	村级
丹霞街道官口小学	丹霞官口村	1954年	31	2	2	4800	778.32	村级
丹霞街道康溪小学	丹霞康溪村	1951年	33	2	2	3200	855	村级
周田镇灵溪小学	周田镇灵溪村委	1950年	77	5	8	3282	1496	村级
周田镇平甫小学	周田镇平甫村委	1984年	26	2	3	8000	1080	村级
周田镇较坑小学	周田镇较坑村委	清末民初	3	1	1	5000	540	村级
周田镇周田小学	周田村委	1918年	14	2	3	3000	400	村级
大桥镇古洋小学	大桥镇古洋村委	1950年	40	2	4	9876	2069	村级
大桥镇长坝小学	大桥镇长坝村委	1952年	12	2	3	3600	1537	村级
黄坑镇古竹小学	黄坑古竹村委会旁	1950年	3	1	1	4500	915	村级
长江镇省善希望小学	长江镇陈欧村	1957年	82	3	5	3500	1921	村级
长江镇河田小学	长江镇河田村	1956年	131	5	13	4800	1154	村级
长江镇白石湾教学点	长江河田村白石湾	1970年	19	2	2	1300	256	村级

续表22

学校名称	地　址	开办时间	学生数（人）	教学班数（个）	教职工数（人）	占地面积（平方米）	建筑面积（平方米）	级别
长江镇莲河教学点	长江镇莲河村	1953年	14	2	2	1600	129	村级
长江镇凌溪小学	长江镇凌溪村	1953年	17	2	2	2454	293	村级
长江镇塘洞小学	长江镇塘洞村	1952年	20	2	2	1400	192	村级
石塘镇同心小学	石塘镇下中坌村	1960年	20	2	3	3500	1156	村级
石塘镇光明小学	石塘镇光明村	1950年	10	1	3	5652	952	村级
石塘镇京群小学	石塘镇京群村	1955年	23	2	3	9560	2004	村级
石塘镇上中坌小学	石塘镇上中坌村	1959年	16	2	3	8000	1004	村级
红山镇烟竹教学点	红山镇烟竹村	1953年	72	4	6	5430	1090	村级
红山镇前洞教学点	红山镇前洞村	1954年	15	2	1	1680	1252	村级
红山镇中山教学点	红山镇中山村	1930年	26	2	3	1067	650	村级
红山镇福和希望小学	红山镇青迳村	清末民初	5	2	2	1814	997	村级
丹霞岭田小学	丹霞岭田村委	1950年	79	2	7	16000	3018	村级
丹霞狮井小学	丹霞狮井村委	1956年	44	2	6	18000	2790	村级
丹霞夏富小学	丹霞夏富村委	1951年	25	2	4	2250	1160	村级
丹霞车湾小学	丹霞车湾村委	1954年	19	2	5	3730	1260	村级
城口恩村小学	城口恩村	1951年	103	5	8	4500	1440	村级
城口上寨小学	城口上寨	1951年	7	2	1	2700	1100	村级
城口东罗小学	城口东罗	1951年	15	2	2	2100	976	村级
城口东坑小学	城口东坑	1951年	0	0	0	1864	858	村级
城口六联小学	城口厚坑	1951年	0	0	0	9100	1177	村级
扶溪镇斜周小学	扶溪镇斜周村	1967年	11	2	2	1300	600	村级
扶溪镇厚塘小学	扶溪镇厚塘村	1966年	7	2	4	1420	1400	村级
扶溪镇左龙小学	扶溪镇左龙村	1966年	5	2	3	1480	350	村级

2016年仁化县中学基本情况一览表

表23

学校名称	地 址	开办时间	学生数（人）	教学班数（个）	教职工数（人）	占地面积（平方米）	建筑面积（平方米）	级别	体制
仁化中学	仁化县龙井村3号	1925年	2770	55	255	166618	58688	正科	公办
仁化县第一中学	仁化县新东大街16号	1979年	2480	48	206	60000	10000	副科	公办
仁化长江中学	长江镇长江中学	1956年	739	18	70	40000	15664	股级	公办
仁化董塘中学	仁化董塘镇五一村	1958年	704	18	91	100050	6080	副科	公办
仁化双峰寨中学	仁化石塘镇	1968年	252	6	34	33966	10744	股级	公办
仁化周田中学	周田韶南路北188号	1956年	623	14	79	59000	18210	股级	公办
仁化大桥中学	大桥鸿桥路42号	1964年	175	6	36	13259	7449	股级	公办
仁化黄坑中学	黄坑府前路04号	1968年	269	6	41	25673	7319	股级	公办

2016年仁化县九年一贯制学校基本情况一览表

表24

学校名称	地 址	开办时间	小学学生数（人）	中学学生数（人）	小学教学班数（个）	中学教学班数（个）	小学教职工数（人）	中学教职工数（人）
仁化县实验学校	建设路高坪村38号	1994年	1585	774	29	15	75	60
仁化县丹霞学校	仁化建设路198号	1964年	292	342	8	9	23	65
仁化县格顶学校	仁化格顶矿	1959年	103	49	6	3	17	19
仁化闻韶镇泰学校	仁化闻韶镇白竹村	1972年	256	122	6	3	21	12
仁化县扶溪学校	仁化扶溪镇	2009年	604	278	14	7	48	36
仁化县城口学校	城口小河背水12号	1925年	449	191	12	6	35	22
仁化县红山学校	仁化县红山镇	1972年	400	147	12	5	34	26
凡口铅锌矿职工子弟学校	仁化县董塘镇	1958年	689	318	17	8	54	37

【普通高中教育】 2016年，仁化县高中阶段学龄人口有6515人，在校学生6459人，其中普通高中在校学生4121人（含县域外就读223人），中职在校学生1289人（含县域外就读527人），技校在校学生1049人，高中阶段毛入学率99.1%。2016年，全县有普通高中学校2所，其中仁化中学为广东省国家级示范性高级中学，仁化县第一中学（简称“仁化一中”）是市一级完全中学。

仁化中学。2016年，仁化中学有教学班55个，学生2770人，教职工258人，其中专任教师227人。专任教师研究生学历10人，本科学历216人，大专学历1人；高级职称40人，中级职称116人。学校坚持“仁爱统领，全面发展，创办特色”办学理念，“以德立教，教研求精，开发潜能，面向全体”教学理念，秉承“建设好一个服务型的领导班子，一支研究型的教师队伍，一个学习型的班级集体”管理宗旨，确定“教师有专长，学生有特长，办学有特色”省级优质高中办学目标，形成并发展积极向上、健康和谐校园文化与办学特色。2016年，全校有979人参加高考，其中重本上线人数102人，重本上线率10.42%；本科上线人数574人，本科上线率58.63%；专科上线人数966人，专科以上上线率98.67%。

2016年仁化中学普通高中教育情况表

表25

普通高中（所）	高中班（个）	学生（人）	毕业生（人）	高考报考人数（人）	高考实考人数（人）	总上线人数（人）	总上线率（%）	重点本科上线（人）	重点本科上线率（%）	本科上线人数（人）	本科上线率（%）
1	55	2770	1013	983	979	966	98.67	102	10.42	574	58.63

仁化一中。2016年，仁化一中有教学班48个，其中初中部、高中部各有24个班，学生2480人；教职工215人，本科以上学历193人，大专学历22人；高级职称35人，中级职称127人。2016年，仁化一中高考上线率为93.59%，其中，本科上线人数84人，大专上线人数263人；被韶关市教育局评为“普通高中教学质量优胜单位（C类）”。

2016年仁化县普通高中教育情况表（仁化一中）

表26

普通高中（所）	高中班（个）	学生（人）	毕业生（人）	高考报考人数（人）	高考实考人数（人）	总上线人数（人）	总上线率（%）	重点本科上线（人）	重点本科上线率（%）	本科上线人数（人）	本科上线率（%）
1	24	1128	352	283	281	263	93.59	5	1.78	79	28.11

【特殊教育】 2016年，全县适龄残疾儿童少年122人，在校学生113人，其中特殊学校21人，随班就读学生47人，送教上门45人，入学率92.6%。

2016年仁化县特殊教育基本情况表

表27　　　　单位：人

学校名称	地 址	开办时间	学生数（人）	教学班数（个）	教职工数（人）	占地面积（平方米）	建筑面积（平方米）
仁化县特殊教育学校	仁化县东风横街30-2号	1994年	21	6	4	480	408

适龄残疾儿童少年	在校学生数（人）					毕业生（人）数	特殊学校职工数（人）
	总计	特殊学校	随班就读	送教上门	入学率		
122	113	21	47	45	92.6%	2	4

【**职业教育**】　2016年，仁化县中等职业学校（简称“仁化中职学校”）有教学班21个，学生762人，开设新职高、旅游服务与管理、会计电算化、机械加工（含数控、模具、钳工、焊工、汽车维修）、制冷与家电、幼师、电工、计算机（含平面、动漫设计）等专业9个。教学设备基本完善，按专业性质、学生人数配有各种专业实验实训室27间，实验实训设备总价值1050.82万元，满足教学及实操需要。有专任教师68人，专业教师42人，占专任教师61.8%；本科学历61人，占专任教师89.7%；硕士研究生学历2人，占专任教师2.9%；高级职称4人，占专任教师5.9%；中级职称36人，占专任教师53%；“双师型”教师占专业教师73.6%。2016年8月，获仁化县2015—2016学年度高考优胜学校。

2016年仁化县中等职业技术教育学校基本情况表

表28

学校名称	地址	开办时间	学生数（人）	教学班数（个）	教职工数（人）	毕业人数（人）	毕业专业分布情况（人）				占地面积（平方米）	建筑面积（平方米）	级别	体制
							工科	财经	文科	其他				
仁化中等职业学校	仁化建设路1号	1993年9月	762	21	68	371	285	42	44	0	87700	31800	省重点	公办

【**成人教育**】　2016年，全县有镇（街道）成人文化技术学校11所，全年举办优生优育、种养技术和劳动技能等各类培训班，培训学员5642人次，其中发证190人。

2016年仁化县成人学校基本情况表

表29

学校名称	地 址	开办时间	学生数（人）	教职工数（人）	占地面积（平方米）	建筑面积（平方米）	级别	体制
大桥成人文化技术学校	大桥镇鸿桥路	1980年	685	10	650	1000	—	公办
石塘成人文化技术学校	石塘镇京群村	1987年	274	17（含兼职14）	2148	752	市级	公办
董塘成人文化技术学校	董塘繁塘一路	1995年	1464	21	400	400	—	公办
长江成人文化技术学校	长江沙坪村田心组	1988年	165	5（兼职）	2105	707.2	市级	公办
闻韶成人文化技术学校	闻韶镇政府	1992年	450	15	630	517	—	公办
丹霞成人文化技术学校	丹霞计生办3楼	1993年	203	兼职10	160	142.3	—	公办
周田成人文化技术学校	周田镇政府	1987年	260	14	6500	2000	—	公办
黄坑成人文化技术学校	黄坑镇政府大院	1987年	521	7	600	470	市级	公办
扶溪成人文化技术学校	扶溪镇文化馆内	1994年	384	9	1200	800	—	公办
城口成人文化技术学校	城口小河背水12号	1996年	386	6	180	180	—	公办
红山成人文化技术学校	红山镇文化站	1980年	850	7	1401.45	1238.35	—	公办

仁化县教育局负责人名录：

局　长：刘秀琼（女）

副局长：肖振东

肖移珍（女）

唐　华（2016年5月任职）

（何光理）

科学技术

【概况】 仁化县科学技术局（简称“县科技局”，加挂“仁化县知识产权局”“仁化县地震局”牌子），设立科技管理与知识产权股和地震管理股2个股室。科技管理与知识产权股负责全县科学技术管理工作，国家、省、市、县科技项目申报、组织实施工作，科技成果鉴定、科技进步奖申报工作，国家、省市科技考核工作和知识产权保护、专利申请工作等。地震管理股负责防震减灾管理工作。

【科技投入】 2016年，全县地方财政投入科技事业经费总额1995.9万元，比上年增加339.9万元，达到当年财政总支出0.88%。全县获得国家、省、市级科技项目产业技术研发资金45万元。

【科技立项】 2016年，全县市级以上科技部门立项2项，县科技部门立项35项。

2016年仁化县省市科技立项情况表

表30

序号	年度	项目	承担单位	文件号	金额（万元）	备注
1	2016	科技宣传模式研究与创新实践	仁化县科学技术局	粤财教〔2016〕105号	30	省级
2	2016	采用异氰酸酯胶粘剂批量生产刨花板的研发	鸿伟木业（仁化）有限公司	韶财教〔2016〕46号	15	市级

2016年仁化县科技计划项目经费表

表31　　单位：万元

项目编号	项目名称	承担单位	项目负责人	科目名称	立项经费
2016年01	县气象预警信息网络平台建设	广东省仁化县气象局	苏祥芳	（2060503）科技条件专项	12.68
2016年02	县财政一体化平台建设	仁化县财政局	邓又进	（2060503）科技条件专项	122.55
2016年03	水力发电新技术应用示范	仁化县小水电行业协会	罗志敏	（2060499）其他技术研究与开发支出	5.00
2016年04	LED产品示范推广	仁化县长江镇人民政府	邹汉明	（2060499）其他技术研究与开发支出	7.80
2016年05	LED产品示范推广	仁化县城口镇人民政府	李汉辉	（2060499）其他技术研究与开发支出	7.80
2016年06	节能路灯示范应用	仁化县住建局	刘华兴	（2060499）其他技术研究与开发支出	144.73
2016年07	LED产品示范推广	仁化县董塘镇人民政府	万志明	（2060499）其他技术研究与开发支出	28.44
2016年08	科技农业蔬菜示范基地建设	仁化县董塘镇人民政府	万志明	（2060499）其他技术研究与开发支出	4.41
2016年09	社会治安视频监控网络平台建设	仁化县公安局	邹永祥	（2060503）科技条件专项	23.76
2016年10	县电子政务网络平台建设	仁化县公共资源交易中心	华玉英	（2060503）科技条件专项	4.32
2016年11	生态休闲旅游示范推广	仁化县广播电视台	许关平	（2060499）其他技术研究与开发支出	50.00
2016年12	LED产品示范推广应用	仁化县广播电视台	许关平	（2060499）其他技术研究与开发支出	14.48
2016年13	社会治安视频监控网络平台建设	仁化县广播电视台	许关平	（2060503）科技条件专项	3.17
2016年14	科技之窗—科教平台建设	仁化县广播电视台	许关平	（2060702）科普活动	7.00
2016年15	县环境监测平台建设	仁化县环保局	李伟强	（2060503）科技条件专项	28.95
2016年16	贡柑丰产栽培技术推广	仁化县黄坑镇人民政府	谭家琪	（2060499）其他技术研究与开发支出	8.00

续表31

项目编号	项目名称	承担单位	项目负责人	科目名称	立项经费
2016年17	县政务办公系统升级	仁化县机关事务管理局	赵丹宁	（2060503）科技条件专项	9.19
2016年18	农村饮用水安全工程水质检测中心运行经费	仁化县疾病预防控制中心	朱 勇	（2060503）科技条件专项	20.00
2016年19	县优秀科技成果产业化应用	仁化县经济和信息化局	肖润华	（2060499）其他技术研究与开发支出	2.60
2016年20	优秀专利技术产业化	仁化县经济和信息化局	肖润华	（2060499）其他技术研究与开发支出	11.07
2016年21	科普活动经费	仁化县经济和信息化局	肖润华	（2060702）科普活动	23.69
2016年22	县科技馆建设	仁化县经济和信息化局	肖润华	（2060705）科技馆站	1260.00
2016年23	新能源应用示范推广	仁化县林业局	廖永香	（2060499）其他技术研究与开发支出	24.50
2016年24	县森林防火信息平台建设	仁化县林业局	廖永香	（2060503）科技条件专项	13.75
2016年25	冬种绿肥科技示范	仁化县农业技术推广中心	邹华旭	（2060499）其他技术研究与开发支出	17.60
2016年26	2016冬种绿肥示范片建设经费	仁化县农业技术推广中心	邹华旭	（2060503）科技条件专项	15.00
2016年27	政府电子政务网升级改造	仁化县人民代表大会常务委员会	廖常志	（2060503）科技条件专项	5.02
2016年28	县督察督办绩效考核网络平台建设	仁化县人民政府办公室	邓志立	（2060503）科技条件专项	2.50
2016年29	县人民防空信息平台建设	仁化县人民政府办公室	邓志立	（2060503）科技条件专项	34.55
2016年30	县政务办公系统升级	仁化县人民政府办公室	邓志立	（2060503）科技条件专项	12.91
2016年31	科普宣传平台建设	仁化县史志办公室	徐诚林	（2060602）社会科学研究	4.00
2016年32	农村党员干部现代远程教育网络升级改造	中共仁化县委党校	曾韶基	（2060503）科技条件专项	8.00
2016年33	仁化党政客户端网络平台建设	中共仁化县委宣传部	邓红红	（2060503）科技条件专项	25.00
2016年34	县政务办公系统升级	中共仁化县委组织部	李湘柱	（2060503）科技条件专项	24.09
2016年35	县政法系统信息平台建设	中共仁化县政法委员会	谭建华	（2060503）科技条件专项	10.00
合 计					1996.56

仁化县科学技术局负责人名录：

局　长：肖俊青（女，任至2016年12月）

肖润华（2016年12月任职）

副局长：肖润华（任至2016年11月）

（吴静涛）

文化行业管理

【概况】 截至2016年年底，仁化县文化广电新闻出版局（简称“县文广新局”）有在职干部职工45人。年内，县文广新局围绕宣扬社会主义核心价值观、科学发展观，不断完善公共文化服务体系，大力推进文化惠民工程，丰富群众文化生活，加强文化市场执法，规范文化市场秩序，有效促进全县文化事业繁荣发展。

【公共文化基础设施】 2016年，中共仁化县委、县政府坚持文化建设与经济建设并重，加大投入，以完善公共文化服务体系为重点，完善覆盖城乡公共文化服务网络。落实省、市关于构建社会公共文化服务体系建设要求，县、镇、村三级公共文化服务体系建设水平不断提高，县文化馆在第四次全国文化馆评估定级中达到国家二级馆标准。扎实抓好基层综合文化站提升工作，完成董塘镇综合文化站提升为省二级站，有序推进基层综合性文化服务中心建设工作。完成县图书馆维修改造工程，增设少儿图书室和报刊阅览室。完成全县29家“农家书屋”书籍采购、配备以及全县“农家书屋”补充更新轮换工作。

【安全播出】 2016年，县文广新局加强节假日期间安全播出值班工作，制定《开展广播电视岁末年初安全生产和安全播出检查的工作方案》，联合县广播电视台做好岁末年初、“五一”、端午、高考期间、国庆及重大时期广播电视安全播出值班工作。加强与县广播电视台沟通协调，及时将上级文件精神传达给县广电台，适时督促检查广播电视安全播出情况，加强节假日期间、重要会议和重大时期广播电视安全播出情况，全年全县广播电视安全无事故发生。

【文化市场管理】 2016年，县文广新局加强文化市场管理，净化全县文化市场经营环境。切实做好文化市场日常监管，加强重大节假日和专项检查工作，全年，县文广新局出动执法人员2299人次，检查网吧200家次、歌舞娱乐场所139家次、书报刊经营单位125家次、音像出版物经营单位53家次、印刷经营单位34家次、电影院10家次。与工商、公安、消防等部门联合开展“扫黄打非”等专项检查4次，处罚违规接纳未成年人网吧1家，取缔擅自从事娱乐场所经营活动场所1家。

群众文化活动

【概况】 2016年，县文广新局围绕社会主义核心价值观、美丽乡村建设开展一系列群众文化活动，丰富全县广大人民群众精神文化生活。

【文化活动】 2016年，县文广新局围绕社会主义核心价值观，利用传统节日和重要节庆等节点，结合县委、县政府各项中心工作，开展春节、元宵民俗巡游活动，承办全县第二届道德模范现场交流活动文艺演出，举办“全民阅读、书香仁化”世界读书日暨庆“五一”文艺晚会、“保护传统文化、践行非遗传承”暨第十一个世界文化遗产日和国际博物馆日文艺演出、“庆祝中华人民共和国成立67周年暨培育和践行社会主义核心价值观——做文明仁化人”文艺晚会等，丰富全县广大人民群众精神文化生活。

【文化惠民】 2016年，县文广新局扎实推进文化惠民工程，并于4月、12月先后开展“文化消费补贴文艺下乡巡回演出”35场次，由县文化馆精心编排文艺节目，组织专业表演人员及各业余文艺团队骨干，为基层群众送上精彩演出。开展送电影下乡工作，完成全年电影放映任务，放映农村公益电影1320场。按照省、市文件精神，推进综合文化站二级站提升工作。完成29家“农家书屋”书籍采购、配备，完成全县“农家书屋”补充更新轮换工作，加强“农家书屋”管理和利用，发挥农村公共文化服务作用。

文艺创作·文化交流

【文艺创作】 2016年，县文广新局抓文艺精品创作，继续鼓励文艺作品创作，组织工作人员、广大文艺创作爱好者深入基层、广接地气。年内，创作舞蹈《玉扣风》《古村新韵》《中国梦我们的梦》《书香仁化》《中国字》《敬业之德》《好人就在我们身边》，小品《郝主席的故事》《家有宝物》，情景表演《丹霞红豆情》，香道表演《香魂》，表演唱《月姐歌》等符合时代主流价值观念文艺作品，其中，舞蹈《玉扣风》、表演唱《月姐歌》代表全县参加韶关市首届音乐舞蹈花会，并分别获舞蹈、音乐类金奖，《月姐歌》于11月上旬代表仁化县到东莞市参加省文化厅主办的客家山歌邀请赛决赛获得银奖。

【文化品牌】 2016年，县文广新局加强原有文化品牌推广力度，坚持开展“锦江欢歌”系列广场活动，全年开展广场演出活动10场。创新品牌，结合丹霞绿道建成使用，固定在每周一、三、五开展“绿道小夜曲”活动，组织业余团队和群众参加演出，充实群众休闲娱乐生活。利用资源，加大古夏少年舞狮队扶持力度，提高舞狮队专业技术和表演水平，打造县域特色民俗文化品牌。

【文化交流】 继续开展文化交流工作。2016年11月21—23日，仁化县与湖南汝城县、江西崇义县在汝城、崇义、仁化举办第28届“三省三县”文化交流巡演，传承三省三县文化交流内涵，展现三地文化风采。

文物·博物

【物质文化遗产保护】 2016年，仁化县有序开展文物保护工作。年内，完成双峰寨三期保护性修缮工程、文峰塔地面翻修工作及黄溪水桥和船背圳桥清洁维修工作；制定城口恩村蒙氏宗祠、蒙氏家庙、昆寿公祠、德志祠等4个文物保护单位维修设计方案；做好文物安全巡查管理工作，巡查黄溪水桥、华表峰塔、华林寺塔、云龙寺塔、双峰寨等文物保护单位67处；及时掌握全县文物保护单位情况，完成双峰寨保护规划中央资金项目、国家重点文物专项资金项目包括双峰寨安防工程和云龙寺塔安防工程、双峰寨文物展示工程、双水塔和华林寺塔保护规划编制等项目资金申报工作；以免费开放开展工作创新，提升服务效能为主题，积极开展宣传活动，全年举办文化遗产专场演出1场，各类文物巡展35场次，发放文物宣传小册子4000多份。

仁化县文物保护单位一览表

表32

序号	名　称	公布或批准机关	公布或批准时间、批次	批准文号或备注
1	云龙寺塔	国务院	1988年1月13日、第三批国家级文物保护单位	国发〔1988〕5号
2	双峰寨	国务院	2006年5月25日公布为第六批国家级文物保护单位	国发〔2006〕19号
3	丹霞山摩崖石刻	国务院	2014年3月5日公布为第七批国家级文物保护单位	国发〔2014〕13号
4	鲶鱼转遗址	广东省人民政府	1960年10月30日第一批省级文物保护单位，1978年7月18日重新公布	粤府办〔2002〕56号

续表32

序号	名　称	公布或批准机关	公布或批准时间、批次	批准文号或备注
5	澌溪寺塔	广东省人民政府	1979年12年19日第二批公布广东省文物保护单位	粤府办〔2002〕56号
6	华林寺塔	广东省人民政府	1989年6月29日第三批公布广东省文物保护单位	粤府办〔2002〕56号
7	水南文峰塔	广东省人民政府	2008年11月18日第五批公布广东省文物保护单位	粤府办〔2008〕68号
8	双水塔	广东省人民政府	2008年11月18日第五批公布广东省文物保护单位	粤府办〔2008〕68号
9	董勤书院（原名：董塘区农会旧址）	仁化县人民政府	1982年3月27日第二批公布为仁化县文物保护单位	仁府〔1982〕第009号
10	安岗思诒堂（原名：苏维埃政府旧址）	仁化县人民政府	1982年3月27日第一批公布为仁化县文物保护单位	仁府〔1982〕第009号
11	古秦城	仁化县人民政府	1982年3月27日第一批公布为仁化县文物保护单位	仁府〔1982〕第009号
12	仁化县暴动纪念碑	仁化县人民政府	1989年6月3日第二批公布为仁化县文物保护单位	仁府布字〔1989〕4号
13	石塘大革命烈士纪念碑	仁化县人民政府	1989年6月3日第二批公布为仁化县文物保护单位	仁府布字〔1989〕4号
14	红山红军长征革命烈士纪念碑	仁化县人民政府	1989年6月3日第二批公布为仁化县文物保护单位	仁府布字〔1989〕4号
15	长江革命烈士纪念碑	仁化县人民政府	1989年6月3日第二批公布为仁化县文物保护单位	仁府布字〔1989〕4号
16	董塘大革命烈士纪念碑	仁化县人民政府	1989年6月3日第二批公布为仁化县文物保护单位	仁府布字〔1989〕4号
17	覆船岭遗址	仁化县人民政府	1989年6月3日第二批公布为仁化县文物保护单位	仁府布字〔1989〕4号
18	康溪走马坪遗址	仁化县人民政府	1989年6月3日第二批公布为仁化县文物保护单位	仁府布字〔1989〕4号
19	腾凤塔	仁化县人民政府	1989年6月3日第二批公布为仁化县文物保护单位	仁府布字〔1989〕4号
20	历林水口塔	仁化县人民政府	1989年6月3日第二批公布为仁化县文物保护单位	仁府布字〔1989〕4号
21	文明峰塔	仁化县人民政府	1989年6月3日第二批公布为仁化县文物保护单位	仁府布字〔1989〕4号
22	华表峰塔	仁化县人民政府	1989年6月3日第二批公布为仁化县文物保护单位	仁府布字〔1989〕4号
23	张子胄墓	仁化县人民政府	1984年4月4日公布为曲江县文物保护单位。2015年1月6日重新公布为仁化县第四批文物保护单位	曲府布〔1984〕1号 仁府通〔2015〕1号
24	东庄门楼	仁化县人民政府	1993年6月21日公布为曲江县文物保护单位。2015年重新公布为仁化县第四批文物保护单位	曲府〔1993〕126号 仁府通〔2015〕1号
25	老街万年桥	仁化县人民政府	1993年6月21日公布为曲江县文物保护单位。2015年重新公布为仁化县第四批文物保护单位	曲府〔1993〕126号 仁府通〔2015〕1号

续表32

序号	名　称	公布或批准机关	公布或批准时间、批次	批准文号或备注
26	水南村梁氏宗祠	仁化县人民政府	2011年4月21日仁化县第三批文物保护单位	仁府〔2011〕10号
27	夏富村李氏宗祠	仁化县人民政府	2011年4月21日公布为仁化县第三批文物保护单位	仁府〔2011〕10号
28	恩村蒙氏家庙	仁化县人民政府	2011年4月21日公布为仁化县第三批文物保护单	仁府〔2011〕10号
29	恩村昆寿公祠	仁化县人民政府	2011年4月21日公布为仁化县第三批文物保护单位	仁府〔2011〕10号
30	恩村蒙氏宗祠	仁化县人民政府	2011年4月21日公布为仁化县第三批文物保护单位	仁府〔2011〕10号
31	恩村德志祠	仁化县人民政府	2011年4月21日公布为仁化县第三批文物保护单位	仁府〔2011〕10号
32	古竹村石拱桥	仁化县人民政府	2011年4月21日公布为仁化县第三批文物保护单位	仁府〔2011〕10号
33	春坑古竹石拱桥	仁化县人民政府	2011年4月21日公布为仁化县第三批文物保护单位	仁府〔2011〕10号
34	下徐村黎氏宗祠	仁化县人民政府	2011年4月21日公布为仁化县第三批文物保护单位	仁府〔2011〕10号
35	左龙村石拱桥	仁化县人民政府	2011年4月21日公布为仁化县第三批文物保护单位	仁府〔2011〕10号
36	灵溪大石围	仁化县人民政府	2011年4月21日公布为仁化县第三批文物保护单位	仁府〔2011〕10号
37	石塘镇贻德堂	仁化县人民政府	2011年4月21日公布为仁化县第三批文物保护单位	仁府〔2011〕10号
38	李仲生故居	仁化县人民政府	2011年4月21日公布为仁化县第三批文物保护单位	仁府〔2011〕10号
39	早禾田民居	仁化县人民政府	2011年4月21日公布为仁化县第三批文物保护单位	仁府〔2011〕10号
40	石塘镇门楼	仁化县人民政府	2011年4月21日公布为仁化县第三批文物保护单位	仁府〔2011〕10号
41	石塘镇杂货铺	仁化县人民政府	2011年4月21日公布为仁化县第三批文物保护单位	仁府〔2011〕10号
42	长江镇广州会馆	仁化县人民政府	2011年4月21日公布为仁化县第三批文物保护单位	仁府〔2011〕10号
43	长江镇刘氏宗祠	仁化县人民政府	2011年4月21日公布为仁化县第三批文物保护单位	仁府〔2011〕10号
44	船背　石拱桥	仁化县人民政府	2011年4月21日公布为仁化县第三批文物保护单位	仁府〔2011〕10号
45	长江镇陈氏宗祠	仁化县人民政府	2011年4月21日公布为仁化县第三批文物保护单位	仁府〔2011〕10号
46	城口镇红军烈士纪念碑	仁化县人民政府	2011年4月21日公布为仁化县第三批文物保护单位	仁府〔2011〕10号
47	谭甫仁将军故居	仁化县人民政府	2011年4月21日公布为仁化县第三批文物保护单位	仁府〔2011〕10号

续表32

<table>
<tr><th>序号</th><th colspan="2">名 称</th><th>公布或批准机关</th><th>公布或批准时间、批次</th><th>批准文号或备注</th></tr>
<tr><td>48</td><td colspan="2">红军石拱桥</td><td>仁化县人民政府</td><td>2011年4月21日公布为仁化县第三批文物保护单位</td><td>仁府〔2011〕10号</td></tr>
<tr><td>49</td><td colspan="2">黄溪水拱桥</td><td>仁化县人民政府</td><td>2011年4月21日公布为仁化县第三批文物保护单位</td><td>仁府〔2011〕10号</td></tr>
<tr><td>50</td><td colspan="2">宝珠峰塔墓</td><td>仁化县人民政府</td><td>2011年4月21日仁化县第三批文物保护单位</td><td>仁府〔2011〕10号</td></tr>
<tr><td>51</td><td colspan="2">雪岩寺</td><td>仁化县人民政府</td><td>2011年4月21日仁化县第三批文物保护单位</td><td>仁府〔2011〕10号</td></tr>
<tr><td>52</td><td colspan="2">海螺峰石乳泉</td><td>仁化县人民政府</td><td>2011年4月21日仁化县第三批文物保护单位</td><td>仁府〔2011〕10号</td></tr>
<tr><td>53</td><td colspan="2">佛日峰塔墓</td><td>仁化县人民政府</td><td>2011年4月21日仁化县第三批文物保护单位</td><td>仁府〔2011〕10号</td></tr>
<tr><td>54</td><td colspan="2">断石村吴氏祠堂</td><td>仁化县人民政府</td><td>2011年4月21日仁化县第三批文物保护单位</td><td>仁府〔2011〕10号</td></tr>
<tr><td>55</td><td colspan="2">细美寨</td><td>仁化县人民政府</td><td>2011年4月21日仁化县第三批文物保护单位</td><td>仁府〔2011〕10号</td></tr>
<tr><td>56</td><td colspan="2">狮子岩庙遗址</td><td>仁化县人民政府</td><td>2011年4月21日仁化县第三批文物保护单位</td><td>仁府〔2011〕10号</td></tr>
<tr><td>57</td><td colspan="2">燕岩禅寺</td><td>仁化县人民政府</td><td>2011年4月21日公布仁化县第三批文物保护单位</td><td>仁府〔2011〕10号</td></tr>
<tr><td>58</td><td colspan="2">锦江岩画</td><td>仁化县人民政府</td><td>2011年4月21日仁化县第三批文物保护单位</td><td>仁府〔2011〕10号</td></tr>
<tr><td>59</td><td colspan="2">澹归塔墓遗址</td><td>仁化县人民政府</td><td>1989年6月3日仁化县第二批文物保护单位</td><td>仁府布字〔1989〕4号</td></tr>
<tr><td>60</td><td colspan="2">锦石岩普同塔</td><td>仁化县人民政府</td><td>1989年6月3日仁化县第二批文物保护单位</td><td>仁府布字〔1989〕4号</td></tr>
<tr><td>61</td><td colspan="2">螺顶浮屠遗址</td><td>仁化县人民政府</td><td>1989年6月3日仁化县第二批文物保护单位</td><td>仁府布字〔1989〕4号</td></tr>
<tr><td>62</td><td colspan="2">金龟岩庙遗址</td><td>仁化县人民政府</td><td>1993年6月21日曲江县文物保护单位。2015年重新公布为仁化县第四批文物保护单位</td><td>曲府〔1993〕126号
仁府通〔2015〕1号</td></tr>
<tr><td>63</td><td colspan="2">涌泉岩庙遗址</td><td>仁化县人民政府</td><td>1993年6月21日曲江县文物保护单位。2015年重新公布为仁化县第四批文物保护单位</td><td>曲府〔1993〕126号
仁府通〔2015〕1号</td></tr>
<tr><td rowspan="2">64</td><td rowspan="2">打锣岩庙、古道</td><td>打锣寨上京古道遗址</td><td>仁化县人民政府</td><td>11993年6月21日曲江县文物保护单位。2015年重新公布为仁化县第四批文物保护单位</td><td>曲府〔1993〕126号
仁府通〔2015〕1号</td></tr>
<tr><td>打锣岩庙遗址</td><td>仁化县人民政府</td><td>1993年6月21日曲江县文物保护单位</td><td>曲府〔1993〕126号
仁府通〔2015〕1号</td></tr>
<tr><td>65</td><td colspan="2">穿窿岩庙遗址</td><td>仁化县人民政府</td><td>1993年6月21日曲江县文物保护单位。2015年重新公布为仁化县第四批文物保护单位</td><td>曲府〔1993〕126号
仁府通〔2015〕1号</td></tr>
<tr><td>66</td><td colspan="2">古夏司马第祠堂</td><td>仁化县人民政府</td><td>2015年1月6日仁化县第四批文物保护单位</td><td>仁府通〔2015〕1号</td></tr>
</table>

续表32

序号	名　称	公布或批准机关	公布或批准时间、批次	批准文号或备注
67	下徐仇氏宗祠	仁化县人民政府	2015年1月6日仁化县第四批文物保护单位	仁府通〔2015〕1号
68	白竹何屋村何氏宗祠	仁化县人民政府	2015年1月6日仁化县第四批文物保护单位	仁府通〔2015〕1号
69	白竹刘屋村刘氏宗祠	仁化县人民政府	2015年1月6日仁化县第四批文物保护单位	仁府通〔2015〕1号
70	抗日阵亡将士纪念碑	仁化县人民政府	2015年1月6日仁化县第四批文物保护单位	仁府通〔2015〕1号
71	高岗庙遗址	仁化县人民政府	2015年1月6日仁化县第四批文物保护单位	仁府通〔2015〕1号

说明：该表由仁化县文化广电新闻出版局、县博物馆提供

【非物质文化遗产保护】 2016年，全县非物质文化遗产保护工作取得实效。年内，组织省级非遗项目“石塘堆花米酒酿造技艺”到清远市连南县参加广东省文化厅主办的世界非遗日非遗项目展示活动，组织《堆花米酒酿造技艺》《丹霞红豆饰品制作》参加第七届中国（云浮）石文化节——“两广九市”非遗项目和特色文化产业项目展。组织县文化产业项目“广东慈航天然香业——唐宋香道”参加广东省第十二届中国（深圳）国际文化产业博览交易会，向社会各界宣传和推介仁化县文化产业打造品牌和精品化发展成果，并得到客商关注和好评。结合“锦江欢歌”广场活动开展“保护传统文化、践行非遗传承”暨第十一个世界文化遗产日和国际博物馆日文艺演出，以文艺专场演出方式宣传仁化县文化遗产。推进宝能民俗文化街项目建设，打造非遗民俗项目展示平台，邀请专业摄制团队拍摄仁化县非遗民俗风情专题片，记录全县非遗、民俗、特色小吃等项目23个。

仁化县省级非物质文化遗产项目名录一览表

表33

序号	保护项目名称	项目属性	保护级别	公布或批准时间	批准文号
1	石塘月姐歌	民间音乐	广东省第三批省级非物质文化遗产保护项目名录	2009年	粤府（2009）112号
2	仁化土法造纸技艺	民间手工技艺	广东省第三批省级非物质文化遗产保护项目名录	2009年	粤府（2009）112号
3	《石塘月姐歌》传承人	民间音乐	广东省第二批省级非物质文化遗产项目代表性传承人	2011年	粤文非遗〔2011〕2号
4	《仁化土法造纸技艺》传承人	民间手工技艺	广东省第二批省级非物质文化遗产项目代表性传承人	2011年	粤文非遗〔2011〕2号
5	石塘堆花米酒酿造技艺	民间手工技艺	广东省第四批省级非物质文化遗产保护项目名录	2012年	粤府〔2012〕20号
6	《石塘堆花米酒酿造技艺》传承人	民间手工技艺	广东省第三批省级非物质文化遗产保护项目代表性传承人	2012年	粤文非遗〔2012〕65号

图书·电影

【图书】 概况。2016年，仁化县图书馆利用馆藏资源，提高服务水平。截至2016年年底，县图书馆有藏书量13.3万册，办理借书证总量4680个。订阅报刊252种，接待读者5万人次，图书外借4.3万册次。

各项工作有实效。全年免费开放、开架借阅、免费上网、取消办证工本费便民服务。开展全民阅读下基层活动，以“图书馆服务宣传周”为契机，结合“两学一做”教育活动，利用“流动书香”车深入镇（街道）、社区开展、宣传推广全民阅读活动，营造全民读书社会氛围。在县图书馆3楼电子阅览室举办“2016年仁化县图书馆业务知识培训班”1期，有各镇（街）、中小学图书管理员38人参加培训。投入45万元在图书馆一楼综合厅打造少儿数字阅读休闲区，提供丰富、便捷数字资源，满足少儿读者精神文化需求，提升数字阅读服务功能。打造数字资源联盟，开通仁化县图书馆、丹霞山格物图书馆两个点，每个联盟点流动图书2万册。完成“农家书屋”书籍采购、配备，补充更新轮换工作，发挥农村公共文化服务作用。完成农村数字电影放映采购工作，督促“送电影下乡”，做好农村公益电影放映工作。为庆祝中国共产党成立95周年，县文广新局联合县丹影文化传播公司在各镇（街道）开展“纪念建党95周年”优秀国产影片展映活动，全年在农村、社区、学校、军队放映优秀影片660场。

仁化县文化广电新闻出版局负责人名录：

局　长：刘　强

副局长：范彩虹（女，任至2016年4月）

江美成

叶长盛（2016年7月任职）

（邱璟宜）

广播电视

【概况】 2016年，仁化县广播电视台围绕中共仁化县委、县人民政府中心工作，坚持正确舆论导向，抓好宣传报道和安全播出工作，推进有线电视网络建设，发展有线数字电视业务，提高中央、省、市、县广播电视节目覆盖率，拓展数据多功能增值业务，强化台内部管理，全县广播电视事业得到进一步发展。2016年，县广播电视台被评为县2015年度绩效考评三等奖、县2015年度人口与计划生育目标管理责任制考评先进单位。

【宣传报道方面】 2016年，县广播电视台围绕县委县政府中心工作，把握正确舆论导向，发挥中国共产党和政府喉舌作用，抓好新闻宣传报道和对外宣传，提高新闻节目制作播出质量，新闻数量稳步增加，宣传工作成效明显。全年：在《仁化新闻》栏目播出新闻2230条，《百姓生活》栏目播出节目99期；上送中央电视台播出新闻2条，上送省电视台、省电台播出新闻分别为5条、7条，上送市电视台、市电台播出新闻分别为263条、321条。获省县（市）区广播电视新闻评析一等奖3个，获省广播影视奖评选三等奖2个，获广东新闻奖三等奖2个，获省人大新闻奖1个；获市广播电视作品评比一等奖2 个、二等奖2 个、三等奖4个，获市“好记者讲好故事”演讲比赛三等奖1个。

2016年度仁化县广播电视台获省级奖励作品情况表

表34

作品标题	授奖机关和获奖等级	作者
《土地流转“非粮化”令人忧》	广东省广播电影电视协会一等奖	欧健明　古燕霞　闫敬宇
《拯救生命的“特别通道”》	广东省广播电影电视协会一等奖	邓金梅　曾文韬　闫敬宇
《觅得新良方“毒”地泛新绿》	广东省广播电影电视协会一等奖	何燕兵　廖志英　闫敬宇 郭友慧
《拯救生命的“特别通道”》	广东省新闻出版广电局 广东省广播电影电视协会三等奖	邓金梅　曾文韬　闫敬宇
《觅得新良方“毒”地泛新绿》	广东省新闻出版广电局 广东省广播电影电视协会三等奖	何燕兵　廖志英　闫敬宇　郭友慧
《拯救生命的“特别通道”》	广东省新闻工作者协会 广东省新闻协会三等奖	邓金梅　曾文韬　闫敬宇
《觅得新良方“毒”地泛新绿》	广东省新闻工作者协会 广东省新闻协会三等奖	何燕兵　廖志英　闫敬宇　郭友慧
《人大代表再三建议 十余年“代耕户”落户仁化》	广东省人大常委会办公厅广东省新闻工作者协会广东省人大新闻协会三等奖	曾神福　邓金梅

2016年仁化县广播电视台送中央人民广播电台、中央电视台采用作品情况表

表35

播出栏目	播出时间	新闻节目标题	作者
中央一台《新闻联播》	2016年5月10日	《广东仁化受暴雨袭击》	县广播电视台记者
中央一台《新闻联播》	2016年10月13日	《长征路·新故事》	谭作明

重点工作宣传报道。2016年，县广播电视台按照县委、县政府各个时期中心工作，通过新闻报道、开辟专栏、制作专题片等形式，利用广播电视、大型LED电子显示屏幕等，重点宣传报道县人大、政协“两会”和“主攻项目、四化推四区”、生态发展、“创文”、“巩卫”、计生、招商引资、“扶贫双到”、新农村建设、县镇换届、“两学一做”等工作。开辟《两学一做》《丹霞彩虹》《创文在行动》《道德模范》等专题栏目，策划制作《争创省双拥模范县》《六五普法》《仁化教育这十年》等电视专题片20多部，宣传全县在五个文明建设中的新举措、新成就和各行业先进典型及社会新风尚，全面系统地介绍仁化旅游资源等。与县科教局、农业局联合拍摄播出《科技之窗》栏目6期；制作播出《政法之窗》栏目，每周播出1期，全年播出52期。

加强市县合作宣传。分别与韶关广播电视台新闻综合频道和广播新闻综合频道开辟《韶关新闻联播县、市（区）连线》专版和《美丽韶关》专栏，每周分别播出节目1期，全年各播出52期，系统而全面宣

传仁化县委县政府的中心工作和五个文明建设成果，介绍神奇而美丽的仁化风光和厚重的人文底蕴，提升仁化知名度。

开办《仁化故事》新栏目。2016年5月，县广播电视台开办《仁化故事》栏目，加强对外宣传，介绍仁化的人和事。该栏目主要以平民化、生活化视角和纪实性拍摄手法，拍摄播出仁化本土具有代表性的风土人情和特定代表性人物的创业故事，每周播出1期，全年播出32期。

探索新媒体与传统媒体的融合。2016年5月，县广播电视台创办“仁化广电”微信公众号，适应新形势发展需要，探索新媒体与传统媒体融合，拓宽新闻传播渠道。该公众号发布内容主要是县广播电视台原创电视栏目视频，每周播出1期，对扩大仁化本土信息宣传覆盖面，为社会各界了解宣传仁化提供资讯平台。

【有线电视网络建设】 推进有线电视网络建设。2016年，全县投入资金240万元，建设红山前洞村、长江陈欧村有线电视光纤网13.2公里，建设省广电网络公司韶关分公司仁化范围覆盖全县85个学校全长35公里教育网工程项目，建设凡口至红山30公里光纤环网。

发展有线电视业务。全年完成县城丹霞新城二期步梯楼540户、天和轩80户、棚户区改造安居住宅楼4栋电梯楼850户有线数字电视网建设和集中分配安装。截至2016年12月底，全县新发展有线数字电视919户，其中，农村用户427户，在使用有线数字电视用户26244户，实现全县77.8%行政村和66%自然村通有线电视，有线电视入户率60.07%。

发展数据多功能增值业务。2016年，投入资金17万元，建设丹霞绿道社会治安视频监控网二类点摄像点12个，建设“一村居，一视频监控网”治安视频监控工程项目4个村27个摄像点。全年新增专线128条，新增互联网个人宽带226户，发展高清业务70户。

【安全播出】 2016年，县广播电视台加强安全播出管理，加强对前端机房值班人员教育、培训，加强预警演练，实行严格交接班审核制度、播出机房24小时值班制度和重大节日、重要时段双岗值班制度。全面开展安全播出大检查，排查和整改存在的播出隐患，确保“G20杭州峰会”等重大节日保障期安全播出，确保2016年高考、中考工作顺利进行。

【内部管理】 2016年，县广播电视台修改出台《仁化县广播电视台2016年管理细则》，制定《仁化县广播电视台2016年工作岗位责任制》《仁化县广播电视台车辆管理规定》等管理办法和规章制度。开展对县广播电视台干部职工上班纪律明察暗访。开展新闻工作者及有线电视、互联网技术人员、中层干部多形式业务知识培训。年内公开招聘网络技术人员4名，充实广电队伍。

仁化县广播电视台负责人名录：

台　长：许关平

副台长：徐迪敏　欧阳剑蔚
郭继周
（欧阳剑蔚　黄敦雄）

体　育

【概况】 仁化县体育局位于锦江路3号，局机关内设人秘股、竞技体育股、群众体育股、体育场馆管理股等4个职能股，行政定编为事业编制7名，其中，局长1名，副局长2名，股长4名。2016年，全县体育工作围绕转变体育发展方式，发展群众体育，全面提高全县体育竞技水平，促进群众体育和竞技体育协调发展。

【群众体育工作】 加快体育场地设施建设，推进城乡公共体育场地设施一体化。2016年，仁化县抓好体育场馆和室外体育设施维修与保养，兑现“为民办好事办实事”承诺，更换锦江河堤健身路径和锦山公园健身器材。县体育局向上级争取健身路径12条，篮球架19副和室外乒乓球台19张，并于年底分配到各镇（街道）和村委会。

2016年仁化县体育场地统计表

表36

项目			单位	数量
标准体育场			个	3
足球场	其中	105×70米标准草地场	个	3
		105×70米合格土场	个	17
		70×50米中型场	个	0
		小型场	个	3
	合计		个	23
篮球场	其中	灯光球场	个	46
		水泥场	个	254
		土场	个	0
	合计		个	300
排球场			个	18
羽毛球场	其中	室内	个	16
	合计		个	80
台球场			个	8
乒乓球室			间	60
网球场	其中	室内	个	0
	合计		个	3
门球场			个	2
手球场			个	0
游泳场	其中	标准场	个	1
	合计		个	1

续表36

项目			单位	数量
田径场	其中：	400米跑道	条	8
		200米跑道	条	17
	合计		条	25
全民健身路径			条	18
综合训练房			间	2
健身室			间	0
保龄球室			间	0
棋牌室			间	56
摔跤柔道房			间	1

建立健全体育组织网络，推进城乡公共体育组织服务一体化。2016年，县体育局加强体育协会组织管理，完成7个协会年检工作。完成县、镇、村三级60名社会体育指导员培训工作，其中组织3人参加省一级培训班；实施社会体育指导员持证上岗和完善工作机构，为群众体育发展提供优质服务。

广泛开展体育活动，推进城乡公共体育活动一体化。2016年，县体育局举办春节期间文体活动，举办“丹霞新城杯”仁化县第四届广场舞大赛，联合瑞祥健身有限公司举办8月8日“全民健身日”展示活动（体彩杯羽毛球比赛），联合县教育局举办中小学生篮球赛、足球赛和田径赛。在全县范围内开展国民体质监测活动，测试系统根据受测者测试数据进行评分、评级，并根据各自体质特征，为受测者开出运动处方提供科学健身方法。参加2016年韶关市“体彩杯”龙舟赛，获得第八名。

开展首届南粤古驿道定向大赛。2016年，县体育局积极和省社会体育中心对接，在首届南粤古驿道大赛组委会部署下，加强协调合作，狠抓工作落实。2016年7月9日、10日，2016年南粤古驿道定向大赛（韶关·仁化站）在仁化县石塘古村举行，比赛得到省、市领导以及社会各界人士、人民群众好评。

【体育竞赛】 2016年，仁化县体育运动员参加各级运动赛事，取得较好成绩。

2016年仁化籍运动员参加省级比赛获奖情况表

表37

时间	运动会名称	项目	名次
7月	广东省中学生武术套路锦标赛	武术团体	第一名

2016年仁化籍运动员参加省级比赛获个人奖项情况表

表38

姓名	性别	竞 赛 项 目	名次	时间	地点
刘研钰	女	省田径锦标赛女子200米	第三名	7月31日	肇庆
刘研钰	女	省田径锦标赛女子400米	第八名	7月31日	肇庆
刘研钰	女	省田径锦标赛女子4×100米接力	第五名	7月31日	肇庆
刘研钰	女	省田径冠军赛女子200米	第一名	7月31日	肇庆
戴　莹	女	省田径锦标赛女子标枪	第七名	7月31日	肇庆
叶晓慧	女	省田径锦标赛女子4×100米接力	第五名	7月31日	肇庆
刘家英	女	省田径锦标赛女子4×100米接力	第五名	7月31日	肇庆
陈慧琳	女	省田径锦标赛女子4×100米接力	第五名	7月31日	肇庆
雷世慧	女	女子甲组自选棍术	第三名	7月31日	肇庆
雷世慧	女	女子甲组自选太极剑	第五名	7月31日	肇庆
雷世慧	女	女子甲组自选太极拳	第六名	7月31日	肇庆
廖明俊	男	男子甲组自选枪术	第二名	7月31日	肇庆
廖明俊	男	男子甲组自选南刀	第五名	7月31日	肇庆
廖明俊	男	男子甲组自选南拳	第六名	7月31日	肇庆
彭秋霞	女	女子甲组自选刀术	第四名	7月31日	肇庆
彭秋霞	女	女子甲组自选枪术	第六名	7月31日	肇庆
彭秋霞	女	女子甲组自选长拳	第六名	7月31日	肇庆
陈元胜	男	男子甲组自选太极剑	第二名	7月31日	肇庆
陈元胜	男	男子甲组自选太极拳	第四名	7月31日	肇庆
冯静怡	女	女子甲组自选南棍	第三名	7月31日	肇庆
冯静怡	女	女子甲组自选南拳	第四名	7月31日	肇庆
冯静怡	女	女子甲组自选南刀	第五名	7月31日	肇庆

续表38

姓名	性别	竞 赛 项 目	名次	时间	地点
蔡志强	男	男子甲组自选刀术	第六名	7月31日	肇庆
		男子甲组自选棍术	第七名		
		男子甲组自选长拳	第八名		
夏茂胜	男	男子甲组自选太极剑	第一名	7月31日	肇庆
		男子甲组自选太极拳	第二名		
		男子甲组自选枪术	第三名		
李　玲	女	女子甲组自选棍术	第四名	7月31日	肇庆
		女子甲组自选太极	第五名		
梁鑫玲	女	女子甲组自选刀术	第三名	7月31日	肇庆
		女子甲组自选长拳	第五名		
		女子甲组自选枪术	第八名		
肖博隆	男	男子甲组自选南刀	第六名	7月31日	肇庆
		男子甲组自选南棍	第七名		
华明康	男	男子太极剑	第一名	8月1日	肇庆
雷世慧	女	女子太极拳	第二名	8月1日	肇庆
夏茂胜	男	男子太极剑	第二名	8月1日	肇庆
		男子太极拳	第四名		
罗满花	女	女子枪术	第三名	8月1日	肇庆
梁鑫玲	女	女子刀术	第四名	8月1日	肇庆
蔡丽霞	女	女子刀术	第五名	8月1日	肇庆
温彩虹	女	女子南拳	第五名	8月1日	肇庆
陈元胜	男	男子太极拳	第五名	8月1日	肇庆
李　玲	女	女子南拳	第五名	8月1日	肇庆
林明仪	女	女子刀术	第六名	8月1日	肇庆
彭秋霞	女	女子刀术	第六名	8月1日	肇庆

2016年仁化籍运动员参加市级比赛获奖情况表

表39

时间	运动会名称	项目	名次
5月	韶关市青少年锦标赛	武术团体	第一名
5月	韶关市青少年锦标赛	乒乓球团体	第二名
5月	韶关市青少年锦标赛	田径团体	第三名
5月	韶关市青少年锦标赛	赛艇团体	第三名
5月	韶关市青少年锦标赛	足球男子团体	第三名
5月	韶关市青少年锦标赛	皮划艇团体	第四名
5月	韶关市青少年锦标赛	跆拳道团体	第四名
5月	韶关市青少年锦标赛	羽毛球团体	第六名

【业余训练】 2016年，仁化县抓好学校体育工作，落实仁化中学田径训练重点班和武术重点班管理，加快后备人才培养。全年，向市体校输送优秀运动员13人。参加2016年韶关市青少年锦标赛，暂列全市各县区团体总分第二名。

2016年仁化县考入体育院校及大专院校体育系学生统计表

表40　　单位：人

年份	本科	专科	合计
2016	28	34	62

【做好“精准扶贫”、计生帮扶和“企忧档案”工作】 2016年，县体育局按县委、县政府统一安排部署，“精准扶贫”挂点周田镇新庄村，计划生育挂点黄坑镇黄坑村（3000多人口，黄坑镇最大的村，全县第二大的村），“企忧档案”对口仁化县日生贸易。年内，县体育局根据县要求和工作需要，确保挂扶人员到位。派出1名副局长任周田镇雷坑村党支部第一书记，选派1人为周田镇新庄村委会扶贫联络员，抽调4名成员分成3组，参加“精准扶贫”、挂点计生、“企忧档案”工作。确保工作和经费到位。投入“精准扶贫”资金4000元购买帮扶宣传办公用品，为每户帮扶贫困户送上节日慰问金和物品。资助黄坑村计生专款3000元。按时按质完成“企忧档案”工作，与企业主沟通，及时帮助解决企业难题。

【体育产业管理】 2016年，县体育局专题调研体育场馆经营情况和健身市场，探索适合仁化体育产业经营发展思路，繁荣健身休闲、体育用品、体育彩票等体育市场，促进体育产业健康发展。有效监管游泳场等高危体育项目，推进全民健身有序开展。加强组织游泳救生员培训，组织3名救生员参加市救生技能培训，实行救生员凭证上岗，规范游泳救生员资格管理。贯彻落实省体彩工作会议精神，强化基础工作，通过政策引导、技术培训、营销宣传、新增站点等措施，狠抓质量提升，科学有效开展体彩销售工作。全年全县体育彩票销量2000万元。

仁化县体育局负责人名录：

局　长：何为君

副局长：谭菊兰（女）　赖　力

（徐志勇）

医疗卫生行业管理

【概况】　2016年，全县有县级综合医院仁化县人民医院（二级甲等）1家、县妇幼保健计划生育服务中心1家，民营专科医院2家，县疾控中心、县卫生监督所、县慢性病防治站各1家，中心卫生院1所，建制乡镇卫生院9所，社区卫生服务中心（2008年设立，由丹霞卫生院改制）1个，村卫生室115个。全县有卫生技术人员1087人，其中，县级医疗卫生机构卫生技术人员420人，专业公共卫生机构卫生技术人员139人，基层医疗机构卫生技术人员528人。住院床位750张，其中县级455张，乡镇295张。

【医疗卫生体制改革】　2016年，仁化县深化医药卫生体制改革，加大公立医院改革力度。印发《仁化县人民政府办公室关于印发仁化县公立医院综合改革试点实施方案的通知》《仁化县公立医院医药价格改革方案》，各项改革稳步推进。完善补偿机制，将县级公立医院取消药品加成造成的政策性亏损，政府补偿部分纳入2016年财政预算（2016年预算金额22.78万元）。落实公立医院内部人事管理、绩效工资分配、运营管理等自主权。仁化县县级公立医院有经营管理权和招聘自主权，医院法人全面负责医院业务工作、管理医院的日常事务、负责医院的人事、财务、资产等管理、按照医院班子会决议主持开展工作。提升县级公立医院服务能力。县人民医院每年设置特设岗位5个，逐步提高医院ICU、内科、外科、妇产科、儿科科室专科服务能力。通过远程医疗平台以及与东莞市人民医院对口支援，有效提高医务人员医疗技术和管理水平，强化县人民医院急诊科、重症医学科等学科建设。

2016年11月22日，2016年仁化县深化医药卫生体制改革暨人口与计划生育目标管理责任制考核汇报会在县城锦城宾馆召开

（县卫计局供稿）

【医疗服务质量管理】　2016年，仁化县建立卫生系统医疗质量管理体系，制定医疗质量管理方案，健全医疗质量管理队伍，全年开展医疗质量管理活动2次，医疗质量管理活动常态化，系统化。加强医疗质量安全管理、积极开展“平安医院”创建工作，提高医疗服务质量，不断完善医疗纠纷人民调解机制，加强医疗机构治安综合管理，提高医院治安防控能力。落实医院安全保卫责任，完善警医联动机制，制定《仁化县维护医疗秩序打击涉医违法犯罪专项行动实施方案》，加强与县公安局沟通，及时调处化解矛盾，建立警医联动制度，严厉打击“医闹”

等涉医违法犯罪行为。开展医务人员培训，提高医务人员医疗技术和公共卫生服务水平。制订并组织实施《仁化县卫生局2016年度医护人员培训计划》。年内，县卫计局举办培训班13期，累计培训医务人员950余人次。切实加强村卫生站管理，鼓励在职乡村医生通过自考、函授等方式参加继续教育，提升学历层次，提高乡村医生队伍整体素质。委托卫生监督所每年至少开展乡村医生全员培训2期。严格按照《乡村医生从业管理条例》等法律法规，加强乡村医生准入管理和村卫生站乡村医生考核，考核结果与财政补贴挂钩。落实已离岗赤脚医生、接生员专项生活困难补助发放政策。

【分级诊疗试点工作】 2016年3月，仁化县启动分级诊疗试点工作，出台《仁化县建立分级诊疗制度实施方案（试行）》《关于进一步完善分级诊疗制度的若干意见》等文件，建立“基层首诊、双向转诊”工作机制，完善双向转诊工作机构和办理流程，明确各部门职责和分工，开展分级诊疗宣传，努力推进试点工作。截至2016年12月底，上转889人，其中县内转诊181人，县外转诊708人。

【基本公共卫生服务】 2016年，仁化县健全、完善基本公共卫生服务各项工作制度，实现城乡基本公共卫生服务均等化，实现为城乡居民疾病诊治到健康管理模式转变，基层卫生服务机构得到发展。全县医务人员满意度、服务群众满意度达85%以上。全年，全县累计建立居民电子健康档案173730份，建档率84.42%。开展健康教育宣传活动，全年全县发放健康教育印刷品资料144种33326份，播放音像资料105种885次，观看人数12712人次，出版宣传栏108次，举办知识讲座和现场咨询活动103次，参加人数5259人次。

【妇幼卫生体系建设】 提高农村住院分娩率。2016年，全县活产儿数2020人，孕产妇系统管理1796人，住院分娩2020人，系统管理率88.91%，住院分娩率100%，高危孕产妇住院分娩率100%，3岁以下儿童系统管理率88.65%，婴儿死亡率4.46‰，5岁以下儿童死亡率7.43‰，孕产妇死亡率和新生儿破伤风率均为0。

加强高危孕产妇、新生儿监护管理、应急抢救和疾病诊治，完善覆盖城乡妇幼保健体系。2016年，仁化县完善覆盖城乡妇幼保健体系，加强高危孕产妇、新生儿监护管理、应急抢救和疾病诊治工作，完善高危孕产妇、新生儿监护管理、应急抢救和疾病诊治管理制度。

协助民政、妇联等部门做好免费婚检工作。2016年，仁化县落实部门职责，协助民政、妇联等部门做好免费婚检工作，按照婚检项目要求抓好全县免费婚检工作落实，截至2016年9月底，参加婚前医学检查699人，婚检率21.11%。

【县中医院和妇幼保健计划生育服务中心搬迁工程启动】 2016年，仁化县启动县中医院、妇幼保健计划生育服务中心搬迁工程。根据2016年6月2日县政府常务会议和2016年12月29日县领导在《〈关于建议另行选址建设县中医院及妇幼保健计划生育服务中心的请示〉的批复》，项目建设选址定于S246线与啸仙路交叉路口东侧地块，项目采取本级政府投融资平台开展建设。截至2016年年底，完成该项目可行性研究报告、发改立项，并建议县政府以EPC（工程总承包）模式进行招标建设。

社区卫生

【概况】 仁化县丹霞街道社区卫生服务中心位于仁化县建设路133号，是集基本医疗和公共卫生服务项目等“六位一体”（健全和完善预防、保健、医疗、康复、健康教育、计划生育技术）的非营利性公立医疗机构，服务人口约6万人。开设科室有内科、外科、儿科、妇产科、肛肠科、中医科、康复科、检验科、预防保健科、公共卫生科等临床、公卫、医技科室。服务中心下属有卫生服务站2个，并负责对辖区内20个村（场）卫生站（所）进行管理、培训和指导。2016年，该中心有各类卫技人员68人，其中中级职称10人。开放病床26张。设备有B超、心电图、X光机、全自动生化分析仪、全自动血球计数仪、全自动尿液分析仪、血糖仪、多普勒超声诊断仪、中医定向透药治疗仪等。

2016年，社区卫生服务中心强化内部管理，完善各项规章制度，建立各类记录，各项管理有据可查、有章可循，公示检查及收费标准，药品实行零差率销售，执行一般诊疗费制度，推行院务公开。年内，各项医疗业务明显提升，基本公共卫生服务项目十三项内容均达标。

【医疗服务】 2016年，社区卫生服务中心加强医疗服务质量管理，提升服务水平。实行24小时值班制度，完善并严格落实各项医疗质量管理核心制度，加强医务人员医德医风建设，实行行风民主评议，坚持群众监督，提高服务水平。增强服务意识，转变服务观念，改善服务态度，以群众满意为最高目标，自觉抵制不正之风，加强自身职业道德修养，构建和谐医患关系。

【业务工作】 2016年，社区卫生服务中心门诊人次23841人次，平均日门诊人65人次，就诊率同比上升2%，住院449人次，同比上升24.9%。

【公共卫生工作】 2016年，社区卫生服务中心提高农村卫生工作水平，正常开展计划免疫工作，严格执行国家有关政策，积极开展扩大规划免疫工作，实行一类疫苗免费接种。年内，适龄儿童接种乙肝疫苗1477人次、卡介苗20人次、脊灰疫苗2015人次、百白破疫苗1799人次、白破疫苗548人次、麻风疫苗323人次、麻腮风疫苗462人次、甲肝疫苗436人次、A流脑疫苗849人次、乙脑疫苗903人次、A+C流脑疫苗924人次。随着城镇化建设，流动人口逐渐增加，预防接种量随之增加，根据需要增加二类疫苗接种。

【妇幼工作】 2016年，社区卫生服务中心保障妇女儿童健康。全年，全中心管理产妇数620人，产妇管理率95%。街道620名孕产妇均建立保健手册，开展全程孕期保健服务，进行孕期营养、心理等健康指导工作。全年对620名产妇开展产后访视累计1860次，了解产后恢复情况并对产后常见问题进行指导。

【高血压、糖尿病管理】 2016年，社区卫生服务中心开展重点人群筛查工作，对确诊高血压、糖尿病等重点慢性病人实施规范管理和随访，建立高血压、糖尿病管理专门档案。年内，全中心建立高血压病人档案1023份、糖尿病人档案500份，均录入电子档案管理，并按时随访。

【重性精神疾病管理】 2016年，社区卫生服务中心配合县慢病站进行辖区内精神病人管理，通过与有关单位和部门沟通，及时掌握辖区重性精神疾病患者信息并建立管理档案。全年，全中心管制精神病人222人，建立专档管理，录入国家精神病管理网络系统，并按时随访，发放药品及指导用药。

【家庭医生签约服务工作】 2016年，社区卫生服务中心发挥家庭医生是居民健康“守门人”作用，制定《仁化县丹霞街道社区卫生服务中心2016年家庭医生式服务工作方案》。截至2016年12月31日，全中心召开专题会议8次，组建家庭医生签约服务团队7个，团队成员65人，举办培训会议6次，订立签约服务协议1462份。

【分级诊疗工作】 2016年，社区卫生服务中心发挥基层医疗卫生机构在基本医疗服务和基本公共卫生服务中骨干作用，坚持“保基本、强基层、建机制”原则，建立“基层首诊、双向转诊、急慢分治、上下联动”分级诊疗制度，形成“常见病在基层，急危大病到医院，康复回社区”就医格局。推进家庭医生前置服务，完善预约诊疗服务机制，建立各级医疗机构之间安全、便捷转诊绿色通道，全年全中心向上级医院转诊5人。

疾病预防与控制

【概况】 仁化县疾病预防控制中心（简称“县疾控中心”）是仁化县卫生和计划生育局下属副科级公益一类事业单位，事业编制34名，经费由县财政补助一类拨付。2016年，县疾控中心实有在职人员40人。2016年1月，建成农村饮用水安全工程水质检测中心并投入使用。该中心具备40项水质常规指标检测能力，工程总投资196万元。

【免疫规划】 儿童免疫接种。2016年，全县周岁内儿童建卡率100%。卡介苗应种2945人，实种2943人，接种率99.93%；脊灰疫苗第一次应服食3012人，已服食3006人，服食率99.8%，脊灰疫苗第二次应服食2803人，已服食2798人，服食率99.82%，脊灰疫苗第三次应服食2697人，已服食2693人，服食率99.85%；百白破疫苗第一针应种2851人，已种2847人，接种率99.86%，第二针应种2793人，已种2791人，接种率99.93%，第三针应种2739人，实种2738人，接种率99.96%；麻风疫苗应种2810人，实种2806人，接种率99.86%；乙脑疫苗应种2873人，实种2872人，接种率99.97%；乙肝疫苗第一针应种3026人，实种3025人，接种率99.97%，第二针应种3091人，实种3083人，接种率99.74%，第三针应种2800人，实种2796人，接种率99.86%，其中第一针及时接种率为99.7%；A群流脑第一针应种2781人，实种2778人，接种率99.89%，第二针应种2613人，实种2611人，接种率99.92%。做好疑似预防接种异常反应监测和报告工作，全年：报告疑似预防接种异常反应35例，均及时正确处理；无接种事故发生；报告麻疹疑似病例2例，经市实验室检测已排除；报告急性迟缓性麻痹（AFP）8例，其中7例经省实验室确认，均排除脊髓灰质炎，1例临床排除脊髓灰质炎；未报告新生儿破伤风、百日咳病例。

生物制品及冷链运转管理。严格按上级规定渠道采购疫苗，按要求正确存放管理，认真填写出入库登记，每月对疫苗及注射器进行自查，发现过期、破损疫苗按要求处理。严格执行安全注射管理制度，冰箱和冷库温度保证在规定范围内，认真登记温度记录，定期除霜，保证疫苗贮存质量，各乡镇防保医生必须携带冷藏背包和冰排领取疫苗。从2016年10月份起，由县疾控中心统一用冷链专用车将疫苗配送到各镇（街道）接种点。

加强流动人口儿童、超生儿童登记管理、上报和接种工作。2016年，县疾控中心半年开展流动儿童调查及查漏补种活动1次，做好外来流动人口、超生儿童登记管理、上报和接种工作。

儿童预防接种信息化管理。2016年，根据省、市有关开展儿童预防接种信息报告管理系统建设精神，全县12个接种门诊都由省统一配置电脑、打印机和扫描仪各1台，并投入正常使用。

【预防接种工作】 2016年，县疾控中心接种门诊新生儿建卡人数646人。各类疫苗接种情况：卡介苗 40人，脊灰糖丸1176人次，脊髓灰质炎灭活疫苗355人次，无细胞百白破2350人次，白破514人次，麻疹123人次，麻风428人次，麻腮风565人，甲肝525人，新生儿乙肝1222人次，A群流脑935人次，A+C群流脑927人，乙脑1060人次，自费乙肝376人次，儿童甲乙肝468人，成人甲乙肝165人，轮状病毒苗180人，自费IPV190人次，HIB苗344人，23价肺炎228人，EV71（手足口病）273人次，儿童流感苗261人次，成人流感苗153人次。通过预防接种，减少和控制全县传染病发生。重视人用狂犬疫苗接种工作。全年全县接种狂犬疫苗575人，人用球蛋白389支。

【传染病防治】 传染病概况。2016年1—11月，仁化县传染病发病数833例，发病率399.25/10万，较上年同期增加29.55%。各病种发病情况：艾滋病2例，肝炎212例（乙肝172例、丙肝40例），登革热1例，痢疾7例，肺结核116例，伤寒3例，淋病10例，梅毒85例，流行性感冒45例，流行性腮腺炎48例，急性出血性结膜炎64例，麻风1例，斑疹伤寒3例，其他感染性腹泻病55例，手足口病181例。HIV发病3例。2016年传染病死亡数2例，死亡率0.96/10万，较上年同期减少60.00%。各病种死亡情况：艾滋病1例，乙肝1例。另HIV死亡2例。

重点传染病监测。2016年，仁化县加强重点传染病监测工作，在全县医疗单位开展发热、不明原因肺炎病例监测。尤其是人感染H7N9禽流感、季节性流感、登革热、寨卡病毒病、手足口病疫情的防控，抓好重点区域和重点人群防控工作。①2016年，凡口矿发生输入性登革热病例1例，输入地为柬埔寨。患者于7月20日至29日在柬埔寨旅游，7月29日在广州白云机场入境时测体温升高，采集患者血液标本进行检测，8月1日检测结果为登革病毒核酸阳性。仁化县疾控中心接报后及时开展现场流行病学调查处置，同时开展健康教育和爱国卫生运动，消除病媒孳生场所。由于各部门密切配合，疫情得到有效控制，未发生二代病例。②2016年11月17日，粤北人民医院网报长江镇人感染猪链球菌1例，为韶关市首例人感染猪链球菌。11月18日上午，韶关市疾控中心专家组到患者家及相关场所开展现场流行病学调查处理，仁化县疾控中心和长江镇卫生院全力协助，疫情经及时处置得到有效控制，未发现新病例。

2016年，全县未发现不明原因肺炎病例、人感染H7N9禽流感病例、寨卡病毒病例，未发生季节性流感疫情、手足口病疫情；未发生传染病类突发公共卫生事件。

传染病网络直报监测与分析报告。2016年，县疾控中心对传染病直报网络进行每日4次实时监测，加强全县16个网络直报单位沟通与管理。每月按时完成传染病监测数据分析工作，提供有价值传染病疫情分析报告，并及时反馈到相关单位。加强网络直报培训。2016年1月22日，举办传染病和突发公共卫生事件防控培训班。培训县级医疗单位4个、社区卫生服务中心1个和镇（街道）卫生院10个传染病和突发公共卫生事件管理专（兼）职人员15名。

传染病督导检查。2016年，仁化县完善疾病预防控制体系，加强重大疾病防控，全年开展传染病督导检查4次。对全县15个医疗单位采取询问、现场查看、座谈等检查方法，查看各单位门诊、住院部、检验科、影像科、公共卫生科相关资料，并对督导检查中发现的问题及时提出指导意见。

传染病漏报调查。2016年，仁化县加强医疗单位疫情报告管理，提高传染病报告质量，年内对全县15个医疗单位开展法定传染病漏报调查2次。经核查，未发现传染病漏报。

艾滋病防治。2016年，仁化县有艾滋病病人及感染者23人（按现住址统计），新发病例5例，其中，县疾控中心报告2例，县人民医院报告2例，粤北二院报告1例。全县有21例艾滋病病人及感染者已做CD4检测，占总病例数84%。抗病毒人数19人，抗病毒治疗率占全县总病例数抗病毒治疗人数82.61%。配偶检测应检10人，已检9人，检测率90%。自愿咨询者（含男同1例）39人做HIV抗体检测，无阳性病例。县妇幼保健院、人民医院接受自愿咨询58人。HIV抗体检测7081人，发现阳性病例2例。监管场所HIV抗体检测（初筛）311人，发现阳性病例2例，经市CDC确认阳性。发放宣传手册300份。娱乐场所及高危人群干预154人，发放避孕套2420个，宣传手册381份，HIV检测33人，无阳性病例。12月初，县疾控中心根据公安部门吸毒人群名单，对吸毒人群进行干预13人。5个镇（街道）HIV初筛点的申报资料已上报，未见批复。

【卫生监测】 食品生产经营和公共场所从业人员健康检查。2016年，仁化县开展全县食品生产经营和公共场所单位从业人员年度身体健康检查，体检2341人。其中：食品从业人员1696人，合格1693人，检出患有肺结核从业人员3名，并要求其到相关医疗机构进行治疗；公共场所从业人员645人，合格645人。核发健康证明2338人。

食品安全风险监测。2016年，县疾控中心抽取食品样品39份，其中，面条3份、馒头8份、鸡蛋2份、薯片3份、大米7份、油条4份、面包1份、油2份、饮料5份、鸡肉4份。食品安全风险监测按要求已完成采样工作任务并送市疾控中心检测。

食源性疾病监测。该项工作在2015年8月开始启动，仁化县人民医院为监测单位。截至2016年年底，县人民医院在食源性疾病监测报告系统报告食源性疾病病例3例。

公共场所监测。2016年，县疾控中心监测公共场所16间/次，检测单位包括仁化县汽车站、仁化县人民医院、仁化中学游泳场、浴足中心、酒店等。所检项目温度、湿度、风速、照度、噪声、CO、CO2、甲醛、空气细菌总数及公共用品用具的细菌总数、大肠菌群、金黄色葡萄球菌等指标中，每个指标年内检测达到30项次以上；泳池水温度、浊度、pH值、游离余氯、细菌总数、大肠菌群等指标中，每个指标年内检测达到2项次以上。

碘盐监测。2016年，全县监测居民户盐样300份。现场半定量检测中，盐样均为碘盐。检验室对碘盐样品定量检测中，合格290份，合格率为96.67%；无发现非碘盐。

生活饮用水卫生监测。2016年，全县抽送检水样445份，合格151份，合格率33.93%。其中，抽检县城自来水厂水样84份，除未经水厂消毒处理水源水外，出厂水和管网末梢水合格率97.5%；农村饮用水工程检测水质样品68份，合格32份，合格率47.05%；城市饮用水检测水质样品20份，合格20份，合格率100%；按水质监测中心任务要求检测水质样品226份，合格9份，合格率3.98%；其他水源水样送检47份，合格8份，合格率17.02%。

消毒效果检测。2016年，对全县医疗单位消毒效果质量监测11间，监测份数287份，合格份数256份，合格率89.2%。对县属机关幼儿园消毒效果质量监测1间，监测份数37份，合格份数16份，合格率43.24%。

病媒生物监测。2016年，全县11个监测点全年从3月份至11月份进行布雷图指数（BI）监测44次，调查户数4110户，其中阳性户数74户，平均BI值为1.80；伊蚊成虫监测从5月份至11月份进行监测22次，网络报告记录22条；成蚊诱蚊灯法从4月份至11月份进行监测13次，每次监测5个点，网络报告记录65条。

学校卫生监测。2016年，仁化县做好因病缺勤、传染病等学校卫生相关监测。截至2016年年底，县城有3间学校开展学生因病缺勤网络直报工作，占6间县城监测学校数50%。做好一年一度学生体检工作。2016年9月、10月，县疾控中心对县城3间义务教育阶段学校学生进行学生健康检查和生长发育、营养状况调查，体检人数5240人。从该次调查结果看，全县中小学学生患病仍以视力不良、龋齿为主。学生近视仍保持在较高水平，近视检出人数 2145人，占受检人数40.94%；龋齿检出人数1154人，占受检人数22.02%；扁桃体炎检出93人，占受检人数1.78%；沙眼检出人数40人，占受检人数0.76%；红绿色弱检出人数169人，占受检人数3.22%；听诊异常检出人数11人，占受检人数0.21%；肝功能、血常规检查人数734人，轻度贫血检出人数102人，占受检人数13.90%，肝功能异常人数2人，占受检人数0.2%。

【慢性非传染性疾病报告管理】 2016年，全县管理高血压患者9932名，管理率25.89%，规范管理6999人，规范管理率70.47%；管理糖尿病患者2671名，管理率18.09%，规范管理2187人，规范管理率81.88%。年内，对17874名65岁以上老年人进行健康管理，管理率94.59%，并为11709名老年人免费体检和为6499名老年人免费测量血糖。截至2016年12月21日，全县死亡病例网络直报数942例，死亡率尚未达到指标要求6‰，网络报告质量良好。

【血吸虫病及寄生虫防治工作】 ①常规查螺。2016年4月6日至14日，省组织各市单位28人在仁化县开展全省交叉查螺工作。对原疫区石塘镇的光明、京群及乌猪嘴，董塘镇的江头、安岗、高宅、新莲村，丹霞街道社区车湾等地河滩、沟渠、荒地进行系统结合环境抽样调查，共查38093.07平方米。查螺框数4329框，系统框907框，环境框3422框，质控框查获率78.08%，标记螺查获率63.3%，没有查到活钉螺。②水下诱螺调查。2016年4月5日，在董塘镇新莲旧水产荒地150米、江头村沟渠1500米范围内投放稻草框（1平方市尺寸）200个；放置7天后于4月12日回收稻草框164个，回收率81.9%，捕获杂螺832个，未发现活钉螺。③国家监测点查螺。2016年，是仁化县定为国家血吸虫病监测点第二年。根据工作要求，全县开展钉螺监测点查螺工作。7月7日至7月16日，在国家监测点新莲开展查螺10天，投入9人，采取系统结合环境调查法，查螺面积31237平方米，调查框数3871框，系统框966框，环境框2905框。没有查到活钉螺。④血吸虫病健康教育宣传。在县城健康教育宣传栏出版血吸虫病知识宣传栏2期，给原疫区乡镇卫生院发放海报60张，宣传小册600份，疾控中心发放200份。⑤开展全国钉螺调查，完成原疫区有螺地点登记、编码、照相、资料汇总、谷歌地图绘图、KML图片保存，总面积3133333平方米。⑥流动人口调查。主动监测方面，调查县城附近厂矿、仁化县宏伟木业等企业10家，调查人数437人，其中外省人员103人。外省人员中，来自四川中江县疫区2人，血检2人，未检出阳性病人。被动监测方面，董塘镇卫生院调查外省人员18人，没有来自血吸虫疫区人员；丹霞街道社区服务中心调查外省人员40人，没有来自血吸虫病疫区的人员。⑦农、林、水、国土联防联控。林业方面，血吸虫病防治2016年没开展防病林、防护林、退耕还林工作；农业方面，家畜存栏数1652头，耕牛牛血清检测20头，未检出家畜日本血吸虫抗体；水利方面，河流治理工程项目完成3处，河流治理21.04千米，流行村饮水供给人口数1.26万人，普及率100%；国土方面，土地整治913.33公顷，修建田间道路工程量13.4千米，修建灌、排（渠）、管道95.94千米。

【检验检测工作】 2016年3月，县疾控中心参加全国碘缺乏病实验室质量控制考核（盐碘）；7月，参加省职防院组织的职业卫生质控考核（滤膜中铅）；8月，参加省质监局组织的食品中沙门氏菌和志贺氏菌检测能力验证；9月，参加市疾控中心组织的饮用水卫生监测质控考核（氟化物、镉、耐热大肠菌群和大肠埃希氏菌）。所有样品考核数据资料均按时上报，结果待回馈。11月，参加市疾控组织的艾滋病筛查实验室血清学考核（HIV抗体），考核结果和数据资料均按时上报并取得满意结果。做好食品安全、疾病控制、突发公共卫生事件等应急采样及各项检测工作，全年进行应急采样及检测4次。艾滋病检测初筛实验室检测401人份，送市CDC确认实验室初筛阳性标本3份，确认实验室返回结果确认阳性标本3份；碘盐检测居民食盐200份、孕妇盐100份；饮食服务行业从业人员体检2330人，职业健康体检87人。公共场所及消毒效果监测。全县餐饮店及公共场所用具消毒监测检测14户，样品119件；各级医疗机构、托幼机构消毒监测检测142所，样品568件。做好学生体检工作。通过体检及时了解中小学生健康状况，完成学生血常规、肝功化验3200人次。完成2016年韶关市食品安全风险因素评价专项监测工作，检测辖区食源性致病菌样品25份110项次，食品类别包括熟肉制品、桶装水、水产品、速冻米面制品、裱花蛋糕、寿司和三明治等。2016年是仁化县水质检测中心建成并投入使用第一年。该中心对全县水厂及农村饮水安全工程进行水质检测工作，全年完成样品检测548份。

卫生监督

【概况】 仁化县卫生监督所位于仁化县建设路133A号，是参照公务员法管理副科级事业单位。内设机构有办公室、办证科、卫生监督一科、卫生监督二科、稽查科、科教信息管理科6个股室。经县机构编制委员会核定事业编制18名，其中所长1名、副所长2名；内设机构领导职数6名。后勤服务人员数2名。经费按县财政补助一类拨付。2016年，全所有在职在编工作人员15名。主要承担全县卫生法律、法规和规章赋予的卫生行政部门综合卫生监督执法任务，涵盖公共场所卫生、生活饮用水卫生、学校卫生、职业和放射诊疗、医疗机构（监管、血液安全、传染病防控）、各项卫生行政许可事项、预防性卫生监督工作、重大活动卫生保障等涉及人民群众公共健康安全的各项卫生监督工作，担负全县各镇卫生监督协管业务指导工作。配备执法及快速检测设备，包括取证录像机、录音笔、照相机和执法仪以及甲醛分析仪、一氧化碳分析仪、二氧化碳分析仪、可吸入尘粉检测仪、空气微生物检测仪和测距仪等仪器设备。

【卫生监督加强】 2016年，县卫生监督所开展医疗机构和公共卫生领域监督执法检查工作。对辖区内医疗机构重点部门进行安全检查，特别排查涉及医疗机构放射卫生安全，及时排除安全隐患，确保设备正常运行。加强以饮用水安全为重点公共卫生专项监督检查，做好H7N9疫情防控工作。卫生监督执法人员对现场检查发现的问题当场责令从业单位予以整改，并制作“卫生监督意见书”，确保全县人民卫生安全。

【卫生监督人员教育培训】 2016年，县卫生监督所重视卫生监督人员教育培训，提高卫生监督人员业务水平。年内，选派业务骨干29人次参加省、市卫生监督所举办的各类卫生监督培训班16期。所内举办全县卫生监督协管员培训班，培训卫生监督协管员40名；乡村医生培训班，培训乡村医生138名；医疗废物管理培训班，培训各医疗机构医疗废物管理人员43名；乡村医生预防和处理输液反应应急能力培训班，培训乡村医生75名；学校卫生综合评价培训班，培训学校卫生管理人员50名；移动执法培训班6期，卫生监督员12名参加培训，参训人员358人次。要求全体卫生监督员参加国家卫生信息综合管理平台自学培训30小时，力求做到“学习、工作两不误”。

【群众卫生意识宣传】 2016年，仁化县开展“3·15”国际消费者权益日、《职业病防治法》宣传周和“12·4”法制宣传日宣传活动。通过悬挂横幅、发放宣传资料形式向群众宣传公共场所卫生、生活饮用水卫生、职业病防治、传染病防治等卫生法律法规知识。卫生监督员现场接受群众关于公共场所、饮用水卫生和职业病防治等知识咨询20人次，发放公共场所卫生、生活饮用水卫生、职业卫生、传染病防治和非法行医等卫生法律法规宣传资料300余份。利用电视台播放《职业病防治法》宣传标语，并上报市卫生监督所工作信息22篇。

【卫生监督协管督导工作】 2016年，县卫生监督所开展全县卫生监督协管工作督导检查4次，指导各镇（街道）卫生监督协管室工作2次，各镇（街道）卫生监督协管室均建立卫生监督协管管理相对单位（人）情况一览表（本底资料），开展日常卫生监督巡查和报送卫生监督信息，建立卫生监督协管信息上报卫生监督所等工作。经督导，发现部分卫生监督协管室存在薄弱环节，督导组要求各协管室认真落实完善各项协管资料，确保各项卫生监督协管服务工作落到实处。

【卫生执法力度加大】 2016年，县卫生监督所规范行政执法程序和执法行为，建立健全行政执法责任制等相关制度。受理办证科严格执行《行政许可法》《卫生部卫生行政许可管理办法》和相关卫生法律法规规定。2016年10月，县卫生监督所行政许可受理事项搬迁到县行政服务中心6号窗口。全年办理各种卫生行政许可审批事项310件，提前办结310件，提前办结率100%。严格要求卫生监督员执法时着制服执法，证件使用规范，遵守监督员各项行为规范，全年无吃、拿、卡、要和收受“红包”等违规行为。2016年，卫生行政处罚案卷10宗，其中，“非法”行医案件7宗，对当事人作出责令停止执业活动，没收药品、器械7批次，计罚款2.15万元。严格按照《韶关市卫生行政处罚自由裁量权阶次划分标准（试行）》要求裁量，制作执法文书书写规范、法律法规运用正确、实施行政处罚程序合法、量罚适度，字迹工整。全年，受理投诉举报案件1宗，及时到现场核实处理，并将处理情况反馈给投诉人。

【扶贫工作】 2016年，县卫生监督所扶贫挂点长江镇浒松村。按照县委、县政府统一部署，成立“精准扶贫”工作领导小组，确定联络员1名，负责具体数据电脑录入、收集和联络等工作。浒松村全村有“精准扶贫”户16户，人口37人。其中，扶贫低保户8户27人，低保户7户9人，“五保”户1户1人。县卫生监督所扶贫工作领导小组通过多次到浒松村委会座谈，帮扶责任人对每一户贫困户发放帮扶责任人信息卡，细心了解贫困户生活条件情况、导致贫困原因、发展意愿等，开展扶贫结对子工作，对贫困户学生发放助学慰问金。截至是年底：完成8户10人脱贫（社会兜底脱贫）；贫困户危房改造3户，项目完工；经入户核实召开村代表大会新增3户10人纳入“精准扶贫”；完成贫困户精准识别和对贫困户家庭基本生活条件情况、收入支出情况、生产情况等录入扶贫信息系统，制订3年脱贫计划等工作。

【医疗卫生监督】 2016年，县卫生监督所监督检查全县医疗卫生机构154户、母婴保健技术服务机构8户，监督户次数303次，出动卫生监督执法人员616人次。开展医疗机构医院感染管理、第二类疫苗预防接种、医疗机构医疗废物管理、传染病防治分类监督综合评价、预防接种专项监督、传染病防治专项监督及血液透析安全管理等专项监督检查。针对上述专项监督检查中发现的问题，下达“卫生监督意见书”，并跟踪落实整改情况。

【生活饮用水、涉及饮用水卫生安全产品监督】 2016年，全县有集中式供水单位11家，其中持有有效“卫生许可证”水厂4间

（即银龙供水有限公司、周田王氏水厂2间、城口水电管理所），取得有效健康合格证明上岗16人；其余7间镇供水单位均未办理“卫生许可证”。雨天时，泥沙流入水源地造成污染，出厂水质量无法保障。未配备消毒装置，饮用水无消毒处理，未设立水质检验室，没有配备检验设备和检验人员，未开展水质常规检测。对涉及饮用水产品开展检查，各水厂都索取有产品卫生许可批件、产品标签、说明书等，符合卫生要求。针对在监督检查中发现问题，下达“卫生监督意见书”并要求整改。

【公共场所卫生监督】 2016年，县卫生监督所根据市卫计局公共卫生重点监督检查计划要求，结合2016年仁化县“巩卫”复审年和创文工作，重点检查游泳场所、住宿、淋浴、美容美发等公共场所以及集中空调通风系统的卫生管理制度落实情况。检查中发现，大部分公共场所建有卫生管理档案，门店张贴禁止吸烟警语和标志，设立专用布草柜和专用杯具洗消间，配备头癣、皮肤病专用理发工具盒、理发、美容工具保洁盒、理发、美容工具消毒盒、毛巾消毒桶。全年监督户数242户，其中住宿业 75 户、美容美发 143 户，监督覆盖率100%。全年，公共场所卫生许可新发证60户，提前办结60户，提前办结率100%。实施量化分级管理住宿业75户、美容美发143户，量化率100%。全县未发生公共场所卫生安全责任事故。

【学校卫生监督】 2016年，全县辖区内有中小学校25所，其中小学9所、中学14所（包括九年制）、高中2所。监督检查中，抽查小学4所、初中4所、高中2所共10间学校，进行教学环境抽检并进行综合评价，综合评价结果均为合格。开展学校传染病防控监督。部分学校学生厕所缺乏定期清洗消毒制度和记录。针对存在问题，要求学校定期做好供水用具清洗消毒并做好原始记录；监督未落实晨午检制度学校要尽快制定制度并做好晨午检登记，未开展学生体检学校要做好与体检单位沟通，尽快开展学生体检工作并做好体检结果反馈。县卫生监督所对存在问题学校进行跟踪落实整改情况。

【放射诊疗卫生、职业卫生技术服务监督】 2016年，全县有放射诊疗机构15间，放射诊疗工作人员31名，个人剂量监测31人，监测率100%；放射工作人员职业健康检查31人，健康检查率100%。重点监督检查放射诊疗机构“放射诊疗许可证”持证和校验情况、工作人员持证“放射工作人员证”情况、放射诊疗设备及工作场所防护设施检测等情况。针对个别放射诊疗机构存在对受检者防护措施不到位、个别工作人员没能严格按照放射工作程序操作等问题，下达卫生监督意见书并要求落实整改。全县有职业卫生技术服务机构1间，职业健康检查机构取得有效职业健康检查机构批准证书开展职业健康检查工作，建立专门职业健康检查科室，岗位设置合理，职责明确，运行有效。

健康教育

【概况】 仁化县健康教育所设立健康教育科，人员由县疾病预防控制中心调配，有专职人员1名，主要负责全县健康教育与健康促进、控烟等工作。

【主题实践宣传】 2016年，县健康教育所按照年初计划，做好县城主要街道12个健康教育宣传栏出版和每两个月更换1期宣传内容工作。全年出版更换喷涂彩色宣传栏6期72版，向市民宣传卫生知识、疾病防控和控烟等方面知识。做好巩固“国家卫生县城”健康教育工作。做好健康教育讲座和开展健康教育咨询活动，全年举办健康教育讲座12期、开展健康教育咨询活动9期。开展健康教育知识知晓率、健康行为形成率调查。协助做好2016年8月举办的全市农民健康知识竞赛指导工作，由丹霞街道办组成的农民健康知识竞赛参赛队经过激烈角逐，取得全市第一名。

妇幼保健

【概况】 仁化县妇幼保健计划生育服务中心坐落于美丽的锦江河畔，是全县妇幼保健及计划生育工作指导中心。担负全县10镇1街道106个行政村及13个助产单位妇幼卫生保健、计划生育技术指导和急危重孕产妇接诊及抢救工作。内设办公室信息总务科、医护科、妇幼保健科、妇产科、儿科、药技科、门诊部。2016年，全院有在职干部职工86人，其中卫生专业技术人员74人，管理人员4人，工勤人员8人；退休人员15人。

【妇女保健】 2016年，全县有基层妇幼医生48人。年内，县妇幼保健院抓好孕产妇系统管理。2015年10月1日至2016年9月30日，全县有活产儿数2020人，孕产妇系统管理数1796人，住院分娩数2008人，系统管理率89.44%，住院分娩率100%，高危孕产妇住院分娩100%。全年全县无孕产妇死亡、无新生儿破伤风发生，孕产妇死亡率及新生儿破伤风率均为0。坚持开展每年一次县直机关及全县妇女病普查普治工作。全年全县妇科病普查12606人，普查率56.06%；检查出患病人数3143人，患病率24.93 %，并对所有病患给予治疗和干预。

【儿童保健】 ①儿童系统管理从产后42天访视开始，对0—6岁儿童建立健康手册并进行管理，监测及掌握全县儿童生长发育情况，采取合理干预措施，指导全县儿童保健工作。2016年，全县活产儿2020人，新生儿访视率90.35%。其中，有2019位新生儿接受听力筛查，筛查率99.95%，出生监测点共计围产儿2020例，出生缺陷19例，出生缺陷发生率94/万。②2016年，全县7岁以下儿童有17305人，参加保健服务15935人，7岁以下儿童保健覆盖率92.08%；3岁以下儿童6246人，其中系统管理人数5537人，系统管理率88.65%；5岁以下儿童死亡率1.25‰，其中婴儿死亡率0.75‰，新生儿死亡率0.5‰。③2016年，全县各妇幼保健机构均对适龄儿童进行入园体检及在园儿童体检工作。对11068名5岁以下儿童进行营养评价，其中低体重率1.26%、生长发育迟缓率0.54%、肥胖率为0.29%。

【基本和重大公共卫生服务项目】 2016年，仁化县继续实施广东省基本和重大公共卫生服务项目，开展全县新生儿及产妇产后入户访视工作，积极配合建立居民健康档案，提高孕产妇及儿童健康档案质量，完善0—6岁儿童和孕产妇健康管理，加强基层妇幼卫生服务项目培训和督导，推进农村孕产妇住院分娩补助和适龄妇女叶酸增补工作。2015年10月至2016年9月，全县农村孕妇产数1822人，发放叶酸11352瓶，发放率95.41%；住院分娩补助898人，补助率49.29%；孕产妇艾滋病病毒检测及梅毒检测率99.95%，乙肝表面抗原检测率99.95%。2016年8月，仁化县实施孕产妇“三病”免费检测工作，产前筛查率84.75%。开展地中海贫血干预项目，通过婚前检查、孕前检查，及产前筛查和诊断等防控措施，减少重症地中海贫血病例出生。加强预防艾滋病母婴传播宣传咨询，采取有效干预措施预防艾滋病母婴传播，并按月收集监测资料汇总上报，做好婚姻登记青年艾滋病免费自愿检测、孕产妇艾滋病筛查。

【婚姻保健】 2015年10月至2016年9月，全县登婚人数1656对，参加免费婚检活动699人，婚检率21.11%，检出疾病309人（其中男性138人、女性171人），检出患病率9.33%，其中对婚育有影响者121人，县妇幼保健院对全部新人给予婚前卫生指导和咨询。

爱国卫生

【概况】 仁化县爱国卫生运动委员会成立于1985年10月，由副县长任爱卫会主任，县政府办副主任和县卫计局局长任副主任，成员包括县政府办、宣传部、发改局、经信局、教育局、公安局、民政局、财政局、人力资源和社会保障局、国土资源局、住房和城乡建设局、交通局、水务局、农业局、文广新局、卫计局、旅游局、环保局、体育局、安监局、食品和药品监督管理局、公路局、粮食局、总工会、团委、妇联、工商局、广播电视台、汽车站、消防大队、丹霞街道办、爱卫办31个部门负责人。爱卫会下设办公室，为全额拨款副科级参照公务员管理事业单位，编制4人，建立"除四害"消杀队和献血站。负责农村改水改厕及卫生镇、村建设、防制病媒微生物、无偿献血等工作。县城街道从丹霞山假日山庄至丹霞中学路段实行全天候保洁，负责组织协调全县创建和巩固国家卫生县城（2005年12月仁化县被全国爱卫会评为国家卫生县城）工作。2016年，仁化县通过全国爱卫办复审再次确认为国家卫生县城。

【除"四害"工作】 2016年，县爱卫办贯彻落实仁化县人民政府办公室《关于在县城区内全面落实除"四害"有偿服务工作意见的通知》精神，与县城区机关、企事业单位、学校、各大型宾馆、酒楼签订除"四害"有偿服务合同，确保县城区内公共场所和特殊行业定期进行药物消杀，有效控制"四害"密度。年内，县城区鼠、蝇、蚊和蟑螂密度均控制在国家标准范围内。

【改水改厕及卫生镇、村建设工作】 截至2016年12月底，全县1002个村小组有农村总人口41391户152296人，改水受益人口148475人，改水普及率97.49%。农村使用卫生厕户39777户，其中使用三格化粪池34113户，使用沼气池5066户，卫生厕户普及率96.1%。2016年，长江镇、石塘镇成功创建为市卫生镇，浒松村等21个行政村创建为市卫生村。

【巩固国家卫生县城工作】 2016年是仁化县国家卫生县城继2009年、2013年后又一个复审年。年内，通过自查，各项指标符合国家卫生县城标准要求。2016年3月28日，仁化县向省爱卫会提出国家卫生县城复审申请；8月23日，仁化县通过广东省国家卫生县城考核鉴定委员会考核鉴定；10月，通过全国爱卫办暗访复查。

【无偿献血工作】 2016年，全县参加无偿献血有947人，献血量274380毫升。全年全县用血301200毫升。全县临床供血100%来自无偿献血。

仁化县卫生和计划生育局

负责人名录：

党组书记、局长：陈喜年（任至2016年11月）
邬立雄（2016年11月任职）

副局长：包伟红（女，任至2016年2月）
黄正亿
卜卫群（女，2016年7月任职）

（杨舒明）

社会生活

人事·人才

【概况】 2016年，仁化县人力资源和社会保障局（简称“县人社局”）着力规范人事人才管理工作。按照法律法规要求，做好机关事业单位工作人员录（聘）用、年度考核、工资福利等日常管理工作；深化中小学教师职称制度改革，完善事业单位岗位设置和人员聘任工作。

【公务员招考录用转正登记工作】 2016年，县人社局在公务员招录过程中，抓实招考计划编报、笔试后资格复审、体检合格后考察以及录用报批工作。按照省市批复，2016年仁化县直机关公务员、“参公”单位以及乡镇机关计划招录公务员106名，招录到岗89名。新招录公务员一年试用期满后需考核转正定级，报市批准后进行公务员登记。全年全县办理公务员转正定级67人，报市人社局审批公务员登记71人。

【公务员转任和干部任免工作】 2016年，全县办理公务员（科员及以下，不含选调生调出县外）转任130人次（其中县内转任18人、外县调入11人、调出县外12人，新录用89人），开具公务员商调函34份、转任通知31份、转任审核意见36份、转任介绍信80份。按照干部管理条例规定，全年全县办理干部任免手续71人次，办理公务员（科员）提前退休4人，办理公务员辞去公职1人。

【公务员统计工作】 按照韶关市《关于开展2016年全市公务员、事业单位领导人员统计工作的通知》要求，根据分工原则，实名统计县政府机关及参照公务员法管理事业单位工作人员情况。2016年，仁化县政府机关（含乡镇机关）有公务员1059人，参公215人，本科及以上学历632人，占总人数49.60%。

【企业军转干部解困维稳工作】 2016年，县人社局做好企业困难军转干部解困及维稳工作，2016年“八一”建军节前，给企业困难军转干部10名和自主择业军转干部2名发放两节（建军节和春节）慰问金各500元/人，比2015年提高200元/人。

【事业单位人事管理工作】 2016年，县人社局根据《关于印发〈韶关市事业单位岗位设置管理实施意见〉的通知》（韶人社〔2010〕69号）关于岗位类别设置和岗位总量控制、岗位等级和结构比例设置要求，经上报韶关市人社局核准，对县不动产登记中心等7个单位进行岗位设置批复，指导完善事业单位岗位设置工作，全年办理381人次。对有退休、死亡、辞职或调出的，根据事业单位工作人员核减报告单，在韶关市事业单位人事管理信息系统给予核减或划转，全年核减、划转217人次。

【事业单位人力资源和社会保障统计】 2016年，全县事业单位人员总人数4661人，其中，年龄35岁及以下1271人，占27.27%；36—40岁879人，占18.86%；41—45岁775人，占16.63%；46—50岁796人，占17.07%；51—54岁526人，占11.28%；55—59岁407人，占8.73%；60岁及以上7人，占0.16%。文化程度研究生以上35人，占0.75%；本科1746人，占37.46%；大专1922人，占41.24%；中专647人，占13.88%；高中及以下311人，占6.67%；专业技术人员总人数是3165人，其中高级以上职称162人。

【专业技术职务资格申报评审和认定工作】 2016年，全县通过认定获得初级专业技术资格大中专毕业生37名。其他专业全年申报评审各等级专业技术资格83人，其中，申报高级职务资格14人、中级职务资格48人、初级职务资格21人。

【专业技术职务聘任工作】 2016年，县人社局在配合好全县事业单位岗位设置和聘用基础上，认真做好专业技术职务聘任工作，按照“评聘分开”原则，在主管单位同意聘任和符合岗位设置条件前提下，办理专业技术人员专业技术职务聘任工作。全年，全县为专业技术人员办理专业技术职务聘任手续353人。

【机关事业单位技术工人技术等级晋升和聘用】 2016年，县人社局继续贯彻执行《关于做好机关事业单位技术工人聘用及工资管理有关问题的通知》（粤人发〔2003〕261号）和《关于贯彻粤人发〔2003〕261号文件有关问题处理意见的通知》（粤人发〔2004〕228号）要求，为技术工人新晋技术等级办理聘用手续12人。

【教师职称制度改革工作】 2016年，县人社局根据《广东省深化中小学教师职称制度改革实施方案》和《广东省中小学教师职称过渡办法》要求，按以人为本、统一制度、分类管理原则，对在编在岗教师的职称统一过渡到新设置的中小学教师职称（职务）系列。通过学校统一填表、个人确认、集中公示等程序，以及教育行政部门汇总，县人社局审核2152名教师职称过渡材料并予以核准过渡，完成教师职称过渡工作。因2016年中小学教师职称评审权下放，一级、二级、三级教师评审由县人力资源社会保障局、教育行政部门组织实施。按照相关工作要求，由学校提交空缺岗位使用申报并经核准，再由教师个人向学校提出申请，学校根据核准岗位使用数量和工作需要组织竞争推荐，学校推荐委员会进行全面考核确定推荐人选，并将推荐人选申报材料进行校内公示，经公示无异议后申报材料按管理权限逐级送审。申报材料受理完后，有247名申报人员符合申报条件并提交申报材料，其中申报正高1人，副高104人；一级教师62人，二级、三级教师80人。经过材料评审和答辩，权限由县级负责的一、二、三级教师职称评审有123人通过评审，其中通过一级教师51名，通过二、三级教师72名。根据广东省人力资源和社会保障厅、广东省教育厅《关于我省中小学教师职称制度改革有关评聘工作的通知》（粤人社规〔2016〕7号）要求，分类完善全省中小学教师高级、中级、初级之间的岗位结构比例。小学副高级和中级岗位比例上调不超过5%；中学副高级和中级比例可分别上浮3%。根据该规定，仁化县完成教育部门所属各中小学校岗位重新设置，按该规定比例极限增加各校高中级岗位。

【培训工作】 2016年，仁化县面向全县公务员（含参公人员）举办“‘创新、协调、绿色、开发、共享’五大发展理念专题”全员培训班12期，参加培训人数1574人。举办新任公务员初任培训班，培训人数94人。组织选派镇街公务员20名到东莞参加对口培训。继续教育公需科目以面授培训或远程网络学习两种方式进行，培训人员自主选择学习方式完成公需科目学习，其中参加主题为《大众创业与转型机遇》面授培训班约1900人，选择远程网络学习人数约1600人。

【组织各类公开招聘工作】2016年，县人社局按照《广东省事业单位公开招聘人员办法》和《事业单位人事管理条例》规定，组织机关事业单位各类公开招聘考试9场，招聘事业单位工作人员165人。参照事业单位公开招聘人员办法，监督、指导有关单位做好后勤服务人员、国企员工招聘工作，全年组织公开招聘7场，招聘后勤服务人员95人、国企员工30人。

【“三支一扶”管理】按照省、市派遣名单，2016年仁化县“三支一扶”大学生到岗8人，分别安排在有关镇（街道）从事服务工作。截至是年6月底，服务期满且考核合格“三支一扶”高校毕业生15人，均获得“高校毕业生‘三支一扶’服务证书”。

【人才档案管理和高校毕业生报到、登记工作】2016年，县人社局提高档案管理工作效率，人才档案管理实行电子化管理，高校毕业生实行实名制智能化管理，并以此为依托为其提供就业失业登记、政策咨询、就业指导、推荐就业、职业技能培训及鉴定、创业培训和就业见习等服务，促进高校毕业生尽快实现就业创业。全年全县接收普通高等中等毕业生档案1314份，入库累计11037份，办理档案调出手续595人次，回县人社局报到登记高校毕业生718人。根据普通高校毕业生报到信息，及时更新完善韶关市人才实名信息库及高校毕业生就业实名数据库，实行动态管理。

【乡镇机关事业单位工作人员乡镇工作补贴】2016年，县人社局根据《关于印发〈韶关市建立健全乡镇机关事业单位工作人员乡镇工作补贴制度的实施办法〉的通知》（韶人社〔2016〕82号）要求，制定全县乡镇机关事业单位乡镇工作补贴实施办法，审核全县1035人乡镇工作补贴标准，月人均730元，每月共755550元；审核1242人（补发2015年1月至2016年9月期间）乡镇工作补贴15922150元。

【公务员职务与职级并行】2016年，县人社局按照《关于县以下机关建立公务员职务与职级并行制度的实施意见》（粤办发〔2015〕10号）规定，按要求完成符合职务与职级并行条件人员审批工作，为符合条件晋升上一职级人员办理享受上一职级工资待遇增资42人。

【工资福利改革】2016年，仁化县根据《关于印发〈广东省公务员工资制度改革实施意见〉的通知》（粤人发〔2007〕55号）和《关于印发〈广东省事业单位工作人员收入分配制度改革实施意见〉的通知》（粤人发〔2007〕56号）文件规定，全县机关事业单位符合条件工作人员5582人从2016年1月1日起晋升（薪级）工资，其中，公务员（含参照公务员管理人员）1544人，人均月增资86元；事业单位4038人，人均月增资65元。根据《转发人力资源社会保障部、财政部〈关于调整人民警察警衔津贴标准的通知〉》（粤人社发〔2016〕55号）要求，为县公安局和县公安森林分局共285人审核调整人民警察警衔津贴标准增资，其中县公安局255人，人均月增资783元；县公安森林分局28人，人均月增资714元。审核县公安局2016年1月至6月调整人民警察警衔津贴标准增资1217072元。

【工资福利日常管理工作】2016年，县人社局根据省人社厅、省财政厅《关于2016年调整退休人员基本养老金的通知》（粤人社发〔2016〕172号）和《关于做好2016年调整机关事业单位退休人员基本养老金发放落实工作的意见》（韶人社函〔2016〕261号）文件要求，配合有关部门做好调整退休人员基本养老金工作，为1737人调整机关事业单位退休人员基本养老金，月人均增加217元。依据2015年度考核结果，审核发放全县机关事业单位工作人员（含市管干部和正乡科级单位“一把手”）年度考核优秀等次人员840人优秀奖金2002325元，人均奖金2424元，其中：机关单位238人，优秀奖金535935元，人均奖金2252元；事业单位588人，优秀奖金1466390元，人均奖金2494元 。全年，县人社局按照国家有关工资政策，为调入调出工作人员、新录用国家公务员、新招聘工作人员共258人办理相关工资确定和变动手续。办理机关单位工作人员工资变动手续551人。为全县计划生育专职人员75人审核享受浮动一档级别（薪级）工资。审核抚恤金65人，为符合条件享受遗属生活困难补助的35名遗属审批生活困难补贴。增发全县机关事业单位工作人员第13个月工资，在职工作人员人平年终奖金（绩效工资）4778元，退休人员按1000元发给，离休人员参照在职同等人员待遇发给。

【机关、事业单位工作人员上年度考核工作】 2016年，县人社局完成2015年度全县机关事业单位工作人员年度考核工作。2015年年度考核工作分3块进行：市管干部报市考核；正乡科级单位“一把手”，按照县落实科学发展观考核实施细则进行考核；其余机关、事业单位工作人员由各单位（或有人事权的主管部门）考核。县考核委员会指导全县考核工作，掌控全县考核情况，最后进行综合汇总，审核、审批。2015年全县有155个单位5906人（总人数5916人）参加年度考核。其中：公务员单位51个1443人，参照公务员法管理单位48个267人，事业单位56个4196人。确定为优秀等次821人（公务员单位189人、参公单位38人、事业单位594人），占参加考核人数13.88%；称职（合格）等次4951人；基本合格1人；不称职（不合格）等次13人；不定等次120人（其中，试用期人员不定等次109人、因违纪不定等次11人）。

劳动·就业

【概况】 2016年，县人社局贯彻落实劳动监察保障法律法规，加大处理欠薪案件工作力度，加强专项检查和日常巡查工作，做好劳动人事争议仲裁案件处理，深入开展就业援助活动，创新开展就业创业政策宣传，继续打造“月嫂”技能培训金字招牌，加大职业技能鉴定质量监管力度，完成上级下达就业目标任务。

【劳动保障】 2016年，县人社局积极推进和谐劳动关系建设，加大欠薪案件处理力度，做好农民工维权工作。全年受理投诉及信访案件87宗，其中受理举报投诉案件60宗（其中欠薪及要求经济补偿金案件55宗，缴纳社保及其他案件5宗），投诉案件涉及劳动者815人，涉及劳动者工资1605余万元，结案率88%（剩余12%处于调处阶段）；信访件27宗（其中县信访局转办信件16宗、网络问政7宗、干群会客厅4宗），回复率100%。

【劳动监察执法专项检查】 2016年7月、11月，县人社局劳动监察部门联合有关部门开展“清理整顿人力资源市场秩序专项行动”和“禁止使用童工违法行为专项检查”，重点检查劳务派遣单位，农民工招用较多的建筑、制造、冶炼、小矿厂、砖厂、服务、餐饮业和其他中小型劳动密集型企业以及个体经济组织共23家，涉及劳动者1453人，各用工企业和劳动者签订劳动合同1421份，未签订劳动合同人数32人，督促用人单位签订劳动合同32份。参加社会保险人数836人，未参加社保人数617人。未发现违反女职工、未成年工特殊保护规定现象。对存在有违反劳动法律法规行为企业立即责令改正，对限期不改正者下达整改指令书。

【工伤认定】 2016年，县人社局按照《广东省工伤保险条

2016年2月16日仁化县在县城文化广场举办“春暖行动”企业用工招聘会　（县人社局办公室供稿）

例》有关程序规定，做好工伤认定和政策宣传工作，对未参加工伤保险各类企业职工发生事故伤害或者被诊断、鉴定为职业病人员，由社会保险行政部门受理工伤认定申请并作出行政决定，保障用人单位和劳动者合法权益。全年全县受理工伤认定申请116宗，调解65宗。劳动能力鉴定78宗，督促建筑业工伤保险参保建设项目单位24个。

【“企忧档案”工作】　2016年，县人社局按照县域发展要求，抓好“企忧档案”落实工作，协调解决服务挂点企业仁化县格顶闽富达墙材有限公司、仁化县和而友生态农业有限公司在生产和经营中所遇到的困难和问题，落实每半月走访、每月回访制度。7月，仁化县和而友生态农业有限公司提出要求县人社局协助协调有关变压器扩容问题，经协调，已与有关单位联系处理并出具建设方案，并依照方案建设改造中。闽富达、和而友两家挂点企业对县人社局服务能力、服务效率、服务态度、服务廉洁等表示满意。

【劳动争议调解仲裁工作】　2016年，县人社局坚持以人为本，把劳资关系和谐和社会稳定作为调解仲裁工作根本点，公平、公正处理劳资纠纷。全年，县仲裁院立案40宗，受理38宗，不予受理2宗，其中社会保险6宗、解除或终止劳动关系21宗、劳动报酬10宗、确认劳动关系1宗，涉及劳动者65人，涉案金额197.84万元，结案40宗，所有案件均在法定审限内结案，结案率100%。立案后调解处理18宗，裁决12宗，经调解劳动者撤诉8宗。

【就业目标完成情况】　2016年，全县实现：城镇新增就业人数1990人，完成市下达任务110.6%；城镇失业再就业人数

1641人，完成任务102.6%；就业困难人员实现再就业119人，完成任务42.5%；促进创业人数152人，完成任务101.3%；城镇登记失业率2.4%，控制在3.2%以内；劳动力技能培训793人，完成任务198.3%。

【举办企业用工专场招聘会】 2016年，仁化县在县锦城文化广场、新南康、广客隆及镇村举办招聘会31场，进场企业465家次，提供就业岗位9161个，进场求职人数累计14976人次，达成就业意向人数4041人。结合企业用工招聘会，深入镇（街）、村（社区）开展政策宣传咨询和职业指导，发放春风卡1.4万份，在县人社局1楼大厅专门设立服务窗口登记求职人员信息。

【就业服务管理】 2016年，县人社局继续做好广东省人力资源和社会保障业务管理软件信息录入、更新工作。全年登记招聘单位61家，招聘信息数175条，登记招聘岗位2576个，登记求职人数3514人。审核县邮政储蓄银行发放小额担保创业贷款60笔共764万元，直接扶持自主创业60人，带动就业184人。在“两项”补贴工作中，经公共就业部门初审通过的灵活就业社保补贴1人、“三支一扶”人员岗位补贴6人。全年就业困难人员认定人数37人。

【就业信息宣传】 2016年，县人社局建立“五位一体”（门户网站、电视台、微信公众号、大型户外LED显示屏、固定宣传栏）宣传模式，开展就业政策宣传，发布企业用工招聘信息，促进企业用工和群众就业。全年在县政府门户网站“政务公开”模块设立“招工信息”发布栏，发布企业用工招聘发布企业招工信息5期；在仁化生活百事网、“掌上仁化”等微信公众号发布招聘信息14期。投入22.7万元用于就业创业政策宣传；投入12.9万元订制围裙、毛巾、雨伞、环保袋、“就业服务业务指南”等政策宣传品2.34万份，通过招聘会现场、技能培训班等各种方式派发给群众；投入3.8万元在县电视台开办政策宣传节目及在微信公众号开展宣传；投入6万元制作政策宣传栏11个，覆盖全县11个镇（街道）。在丹霞大道设置“回家创业”灯箱40幅，在县城公交候车亭张贴宣传画一批，在40辆丹霞山专线车及乡村班车张贴高清流动宣传标语，营造创业宣传氛围。

【劳动力技能培训和就业技能精准扶贫】 2016年，县人社局以家政服务培训为突破口，开展劳动力技能晋升培训及技能鉴定工作。全年开办家政培训班16期，参训人数1021人，系统开班考试人数825人，获证人数793人，获证率96.1%。通过组建“月嫂”微信群，培训机构优先推荐学员从事月嫂、保姆工作“双向推荐”就业方式，拓宽群众就业渠道，有效促进就业困难人员再就业。举办“精准扶贫”送岗到家、进镇入村专场招聘会4场（包括“精准扶贫·送岗到家”周田镇谭屋专场、长江镇专场、董塘镇专场、县锦城文化广场“精准扶贫”专场大型招聘会），在长江镇、扶溪镇举办“精准扶贫”培训班2期，开班人数169人，其中贫困户参训人数6人。

【职业技能鉴定及管理工作】 2016年，县人社局按照广东省职业技能鉴定业务指引，全面细化职业技能鉴定工作流程，加大职业技能鉴定质量监管力度。2016年4月，组织开展首届“育婴员”劳动技能大赛，有经验丰富的“月嫂”100余人参加。组织县优秀职业技能人才参加2016年韶关市茶艺师职业技能竞赛，并获得全市第五名。

【全县村居人社服务平台建设】 2016年，县人社局根据《仁化县村居人社服务平台建设实施方案》要求，按照时间节点做好任务分解，做到责任到人，层层落实。年内，完成全县125个村居人社服务平台设备设施统一采购和安装验收工作。投入资金约250万元，各村居配备：计算机1台，“四位一体”（打印、复印、传真、扫描功能）机1台，电脑音箱、话筒、摄像头各1个，打印机硒鼓粉、A4打印纸一批，上墙制度、办公桌椅1套，档案柜2个，宣传资料架1个，半户外2.24平方米LED显示屏1个等。

社会保障

【概况】 2016年，仁化县按照“广覆盖、保基本、多层次、可持续”方针，坚持“人人有保障”工作目标，建立健全统筹城乡社会保障体系，完成城乡居民社会养老保险、企业职工基本养老保险扩面征缴工作，实现基本养老保险、基本医疗保险制度全覆盖。

【城乡居民社会养老保险参保扩面工作】 2016年，仁化县全面实施城乡居民养老保险制度，基本养老实现全覆盖。全年，市下达城乡居民基本养老保险参保任务数73730人，全县实际完成参保人数75446人，完成参保任务102%；缴费人数35594人，收入5381.49万元。

【企业职工基本养老保险扩面征缴工作】 2016年，仁化县企业职工养老保险参保任务31650人，征收任务10050万元。实际完成参保人数31742人，占任务数100%；缴费人数14392人，基金征收11656.5万元，占任务数116%。鉴于全县养老基金支撑能力出现缺口，迫切需要举全县之力共同推进社保扩面工作，采取将社保扩面任务指标3610人分配到各镇（街道）、相关单位方式，与各镇（街道）、相关单位签订责任书，扩面指标任务完成情况与年终绩效考评挂钩。

【城乡居民医疗保险】 2016年，仁化县城乡居民医疗保险参保任务170900人，实际完成参保人数178711人，完成参保任务数103%。

【职工医疗保险】 2016年，仁化县职工医疗保险参保任务24900人，基金征收任务6300万元。全年全县实际完成参保人数25271人，基金征收收入7449.49万元，分别完成参保、征收任务101%、118%。

【失业保险】 2016年，仁化县失业保险任务14150人，基金征收任务280万元。全年全县实际完成参保人数14326人，基金征收收入380.69万元，分别完成参保、征收任务101%、136%。

【工伤保险】 2016年，仁化县工伤保险任务17600人，基金征收收入385万元。全年全县实际完成参保人数17668人，基金征收收入478.17万元，分别完成参保、征收任务100%、124%。

【生育保险】 2016年，仁化县生育保险任务15900人，基金征收收入260万元。全年全县实际完成参保人数16586人，基金征收收入240.13万元，分别完成参保、征收任务104%、92%。

【被征地农民养老保障】 2016年，县人社局按照《仁化县被征地农民养老保障预存资金分配工作方案》精神，100%完成2015年度资金分配任务，2016年落实上年征地项目社保资金308.88万元，其中92.88万元经县政府同意一次性划入各涉及镇（街道）账户。被征地农民养老保障信息登记工作有序开展，已落实到账627人，缴费金额1354.32万元。

仁化县人力资源和社会保障局负责人名录：

局　长： 梁　炜（任至2016年11月）
林伟清（2016年11月任职）

副局长： 蒙丽萍（女，任至2016年4月）
黄家磊　谢东生
何　艾（女，2016年7月任职）

（周鹏举　李　荣）

民 政

【概况】 仁化县民政局（简称“县民政局”）是县政府主管社会行政事务的职能部门，承担全县救灾救济、城乡最低生活保障、城乡困难群众重大疾病救助、基层政权建设、区划地名管理、“双拥”、优抚、退役士兵安置、婚姻登记、儿童收养登记、社团登记、民办非企业单位登记、社会救助、殡葬管理、老龄工作职能。下设职能股室人秘股、优抚安置股、基层政权股、救灾救济股、社会事务股5个。2016年，全局有干部职工23人。

【城乡低保】 2016年1月，县民政局按照省、市有关文件精神，落实最低生活保障政策，做好兜底民生保障工作，组织核查小组13个开展全县低保入户核查，清查关系保、人情保、维稳保，推进低保规范化管理，促进低保公平、公正、公开。通过核查，清退不符合低保人员1519户2935人，有效防止错保、漏保现象，杜绝关系保、人情保。全年全县低保户2097户4288人（其中，城镇294户430人，农村1803户3858人），发放低保金1104.58万元。截至2016年年底，仁化县低保标准为城镇480元/月，农村340元/月。救助政策范围内住院自付医疗费用救助比例达70%，年人均救助提高到26636元，支出医疗救助金186.65万元，救助724人次，支出低保户参保医疗救助金51.96万元。

【五保供养】 2016年，县民政局加强五保供养管理。加强敬老院内部管理，利用多种方式提高工作人员管理水平，完善敬老院制度和院务公开，切实解决五保对象食住、医葬问题。开展全县敬老院消防安全整治工作，整治全县11个敬老院消防隐患，重点整治周田、董塘镇敬老院，投入资金185万元。按要求调整全县五保供养标准。年内，仁化县五保供养标准调整2次，即1月从每人每月564元调整为628元，9月开始由每人每月628元调整为680元，全县五保供养标准达到上级规定标准。开展农村养老服务“幸福院”建设，全县完成幸福院建设3个。

【救灾救济】 2016年上半年，受强降雨影响，仁化县部分乡镇受灾严重，县民政局及时派出相关人员到受灾严重镇村了解灾情，指导救灾。据统计，灾情导致全县农作物受灾面积1652.4公顷，倒塌房屋139间，一般损坏房屋74间，受灾人口12877人，紧急转移安置人口270人，经济损失7545.54万元，及时下拨本地区自然灾害生活补助资金164.66万元。截至2016年年底，全倒户除3户因各种原因未动工外，其他均动工重建。

【城乡医疗救助】 2016年，县民政局按照县政府修订的《城乡特困人员医疗和临时救助管理办法》有关规定，及时做好困难群众生活和医疗救助，有效解决城乡困难群众因病致贫返贫问题。全年全县发放医疗救助金173.2万元，救助564人。

【临时困难救济】 2016年，县民政局按《救助管理条例》要求，做好流浪乞讨人员甄别工作。全年救助流浪精神病患者、危重病人3名，遣送长期滞留在县城精神病人1名；救助流浪乞讨人员63人次，救助金额6.56万元。

【慈善救助】 2016年，县民政局发挥慈善会作用，积极响应省、市号召，围绕“扶贫济困，奉献爱心”主题，制定《仁化县扶贫济困日实施方案》。6月30日，召开募捐大会，筹集资金144.32万元，并将募集资金全部用于县扶贫“双到”工作。县慈善会拿出7.5万元，解决困难学生上学，救助困难学生上学24人。参加“韶关市首届公益慈善项目交流展会”。

【“双拥”工作】 2016年，仁化县认真开展第十届全国双拥模范县创建工作，并实现省双拥模范县“五连冠”。对照《双拥模范城（县）创建命名管理办法》，制定《仁化县双拥模范实施方案》，查找“双拥”工作薄弱环节，加大“双拥”工作力度，开展争创省“双拥”模范城宣传教育，积极为驻仁化部队办好事实事，增进军民团结。春节、“八一”期间，组织慰问团驻仁化部队、韶关军分区、驻韶关炮旅、二炮等部队，赠送慰问金25万元。

【优抚安置工作】 2016年春节和“八一”期间，县民政局走访慰问重点优抚对象，给全县“三属”（烈士遗属、因公牺牲军人遗属、病故军人遗属）困难优抚对象、伤残军人、参战人员发放节日慰问金16万元；在“9•30”烈士纪念日开展烈士祭拜活动，激发后人继承烈士遗志和爱国热情。落实优抚对象自然增长机制，提高抚恤补助标准，确保优抚对象生活与当地群众生活水平同步增长。截至2016年年底，全县城镇烈属月定抚恤1895元，农村烈属月定抚恤1485元，农村病故遗属月定抚恤1385元。在乡老复员军人月定补1110元，高于省标准173元；带病回乡退伍军人月定补587元，高于省标准105元，参战涉核退役人员月定补550元，高于省标准50元。定恤定补标准达到省规定补助标准，根据省民政厅、韶关市民政局提高抚恤补助标准通知要求，在2016年年底前再次提高抚恤补助标准。给予退伍军人43名医疗补助和生活困难补助，支出3万元。做好“两会”期间维稳工作，制订复退军人信访维稳方案，安排专人值班，并组织有关人员经常深入到复退军人问题较多的镇村做思想教育工作，宣传优抚最新政策，尽最大努力帮助解决实际问题，并对重点人员实行领导包案，把问题解决在萌芽状态。全年没有发生越级上访。

【村（居）务公开民主管理】 2016年，县民政局健全和完善村务公开工作，全县村务公开工作规范及时。严格执行《关于规范全省行政村公务接待工作的指导意见（试行）》（粤民发〔2016〕74号）文件精神，全县各行政村公务接待工作明确规范，全县109个村均建立村务监督委员会，全面实行村账镇管，落实村务监督委员会成员补贴发放，加大村（居）委主任和村务监督委会主任骨干培训教育力度，推进全县村务监督委员会规范化建设工作。加强农村基层组织建设，完善村党组织领导下的村民自治有效实现，开展村民理事会试点工作。

【区划地名工作】 2016年，县民政局扎实开展平安边界创建活动，按省、市要求与湖南省联检行政区域界线和行政管辖范围分界线，维护边界稳定；按照省、市要求开展全国地名普查工作；完成《地名故事》拍摄工作。

【民间组织管理】 2016年，县民政局按照省、市关于大力培育发展和规范管理社会组织的实施意见，坚持培育和管理监督并重要求，推进社会组织健康有序发展，加强日常登记管理，检查，监督和业务指导，提升全县社会组织自律能力和公信力，促进社会组织合法经营。截至2016年年底，全县有社会组织98个（其中社会团体67个、民办非企业31个），其中新增12个。

2016年仁化县社会团体统计表

表41

序号	单位名称	序号	单位名称	序号	单位名称
1	仁化县体育总会	3	仁化县乒乓球协会	5	仁化县慈善会
2	仁化县足球协会	4	仁化县老区建设促进会	6	仁化县殡葬管理协会

续表41

序号	单位名称	序号	单位名称	序号	单位名称
7	仁化县老年人体育协会	28	仁化县集邮协会	49	仁化县水利水电行业协会
8	仁化县棋类协会	29	仁化县历界政协委员联谊会	50	仁化县仁化中学教育学会
9	仁化县羽毛球协会	30	仁化县私营企业协会	51	紫岭病虫专业化防治协会
10	仁化县篮球协会	31	仁化县性学会	52	仁化县有机产品种植专业技术协会
11	仁化县建筑工程学会	32	仁化县质量计量标准化协会	53	仁化县摄影协会
12	仁化县个体劳动者协会	33	仁化县婚姻家庭建设协会	54	仁化县民间企业家协会
13	仁化县林业学会	34	仁化县董塘镇高莲村沼气协会	55	仁化县扶溪左龙村毛竹生产加工流通合作社
14	仁化县水利学会	35	仁化县价格协会	56	仁化丹霞旭日青少年体育俱乐部
15	高莲病虫专业化防治协会	36	天湖病虫专业化防治协会	57	周田病虫专业化防治协会
16	仁化县丹霞山断石乡村旅游协会	37	仁化县茶业协会	58	仁化县书画家协会
17	仁化县扶溪镇左龙村扶贫互助社	38	仁化县青年摄影学会	59	仁化县旅游协会
18	仁化县红山镇小楣水村扶贫互助社	39	仁化县罗汉果协会	60	仁化县妇女健身协会
19	仁化县董塘镇塘联村扶贫互助社	40	仁化县梅州客家文化促进会	61	仁化县石塘镇农民用水协会
20	仁化县金融协会	41	仁化县扶溪镇农民用水协会	62	仁化县小水电行业协会
21	仁化县闻韶镇农民用水协会	42	仁化县董塘镇农民用水协会	63	仁化县丹霞街道办事处农民用水协会
22	仁化县兴宁客家文化促进会	43	仁化县护理学会	64	仁化县河源移民传统文化促进会
23	仁化县音乐协会	44	仁化县志愿者联合会	65	仁化县丹霞义工会
24	仁化县观赏石协会	45	仁化县南水移民传统文化促进会	66	仁化县非公林业产业协会
25	仁化县丹霞仁家协会	46	仁化县石塘堆花米酒生产技术协会	67	仁化县文化艺术交流协会
26	仁化县电子商务行业协会	47	仁化县董塘镇岩头村扶贫互助社	—	—
27	仁化县户外运动协会	48	仁化县爱国拥军促进会	—	—

2016年仁化县民办非企业单位统计表

表42

序号	单位名称	序号	单位名称	序号	单位名称
1	仁化县董塘开心宝幼儿园	12	仁化县蓓蕾幼儿园	22	仁化县丹霞山性文化博物馆
2	仁化县董塘镇天诚幼儿园	13	仁化县培正幼儿园	23	韶关岭南职业培训学校
3	仁化县海丽达幼儿园	14	仁化县小太阳幼儿园	24	仁化县锦江中心幼儿园
4	仁化县希望之星培训中心	15	仁化县黄坑镇阳光幼儿园	25	仁化县明珠幼儿园
5	仁化县月岭中英文实验幼儿园	16	岭田青草地幼儿园	26	仁化县董塘坪岗凯利幼儿园
6	仁化县水南中英文幼儿园	17	仁化县凡口新世纪幼儿园	27	仁化县长江镇小天使幼儿园
7	仁化县华英幼儿园	18	仁化县董塘镇博雅幼儿园	28	麻塘村幼儿园
8	仁化县金太阳幼儿园	19	仁化县丹霞金果果幼儿园	29	仁化县蓝天幼儿园
9	仁化县快乐之星幼儿园	20	仁化县新起点幼儿园	30	仁化县扶溪镇童乐幼儿园
10	仁化县龙星青少年足球俱乐部	21	仁化县精武道青少年体育俱乐部	31	仁化县长江镇明星幼儿园
11	仁化县周田镇智慧岛幼儿园	—	—	—	—

【殡葬改革工作】 2016年，仁化县落实城乡居民殡葬基本服务负责政策，负责金额1350/具，全年有城乡居民殡葬基本服务720宗，总费用97.2万元。按照省、市民政部门要求，落实殡改各项政策，完善殡改各项设施，在年初与各镇签订殡改责任书。加强仁仙陵园监管，加大基础设施建设，公墓达到省、市经营性公墓标准。自筹资金60多万元改善殡仪环境，为群众营造良好办丧环境。开展以“推行文明殡葬，构建和谐社会”为主题，保持火化率100%为重点宣传活动，营造殡改氛围。积极引导群众革除封建丧葬陋俗，开展“文明殡葬”“绿色殡葬”活动，引导群众美化、绿化环境，推进村级生态公务和骨灰楼建设。

【婚姻与儿童福利工作】 2016年，县民政局加强婚姻登记行风政风建设，提高服务质量，改造更新婚姻登记场所设施设备。纠正利用婚姻服务项目诱导、强制收费及其他违反婚姻登记条例规定行为。全年，办理结婚登记1302对，离婚登记393对，登记合格率达100%。配合计生、妇儿工委做好计生和婚检工作，婚检率达80%以上。完善儿童福利和孤儿救助。做好全县无能抚养儿童核查和农村留守儿童信息数据采集工作，建立全县无能抚养儿童和留守儿童信息库。做好孤儿生活保障工作，按要求提高孤儿生活养育费标准，每月生活保障金由760元/人提高到820元/人，保障孤儿基本生活，全年为34名孤儿发放生活保障金33.45万元。

【老龄工作】 2016年，县民政局稳步推进老龄工作。贯彻上级老龄工作文件精神，为全县80岁以上老年人发放老龄津贴。全年，累计为全县5351名80岁以上老人发放老龄津贴147.65万元，其中为29名百岁以上老人每人每月发放长寿保健金200元；开展“银龄安康行动”，全县投保4632人；组织老年人参加全市文艺汇演，并获得一等奖。

仁化县民政局负责人名录：

局　长：梁德明（任至2016年10月）
　　　　谭卫东（2016年10月任职）
副局长：刘韶山（任至2016年5月）
　　　　钟　健　刘新娣（女）
　　　　詹碧清（2016年5月任职）

（罗润桃　叶莉华）

民族宗教事务

【概况】　2016年，县民宗局贯彻落实国家民族宗教方针政策和法律法规，围绕“共同团结奋斗、共同繁荣发展”民族工作主题和“全面贯彻党的宗教信仰自由政策，依法管理宗教事务，坚持独立自主自办原则，积极引导宗教与社会主义社会相适应”宗教工作基本方针，夯实民族宗教工作基础，全县民族团结进步事业得到长足发展，宗教和谐稳定局面稳固。

【民族宗教工作加强】　2016年，县民宗局加强社会管理创新，建立健全“三项机制”（重大事项社会稳定风险评估化解机制、矛盾纠纷调处化解机制、群体性事件应急机制），维护民族宗教领域和谐稳定。年内，仁化县结合妙善禅寺“成立仁化县妙善禅寺书画院”“诸佛菩萨开光仪式”大型佛事活动，专门成立领导小组及时召开有关部门协调会，分解任务层层抓落实，做到事前有报批、有应急预案、有风险评估，提前对民族宗教领域的不稳定因素进行稳定风险评估，使活动开展正常有序。县民族宗教领导小组结合董塘镇瑶族村西坑村组新村土地权属和搬迁问题，协助市民宗局落实瑶族新村基础设施建设专项资金11万元。做好民族地区领域不稳定因素排查工作，采取有力措施加强民族宗教领域信访维稳工作，建立信息维稳机制，及时处置，确保把群体性事件解决在萌芽状态。全年全县无造成重大社会影响的涉民族因素突发事件发生。

【民族团结宣传教育加强】　2016年，县民宗局开展宣传学习系列活动。组织学习传达“两会”和习近平总书记系列重要讲话精神，宣传少数民族政策和民族团结政策，扩大民族工作影响，全县形成少数民族群众进一步发扬优良传统，维护民族团结氛围。按照《广东省民族宗教委关于进一步深入开展民族团结进步创建活动的通知》（粤民宗发〔2016〕9号）统一部署和要求，制定《2016年仁化县民宗局关于进一步开展民族团结进步创建活动的实施方案》，增强民族团结意识和自觉性。

【帮扶促少数民族经济发展】

加快民族村奔康步伐。2016年，县民宗局采取有效措施，着力改善民生，推动民族地区与全省同步全面建成小康社会。抓好2015年省、市项目资金落实。2016年，省级下达仁化县民族村实施项目1个，资金11万元，用于完善董塘镇瑶族村西坑村组新村基础设施建设。

落实民族政策。2016年，县民宗局认真落实少数民族考生中、高考加分政策，对县域散居少数民族学生升中考照顾10分优惠政策。积极解决流动少数民族人口子女入学问题，为3名少数民族高考生和10名中考生办理民族成分审核。按省民宗委落实散居少数民族地区少数民族大学生助学金申请审核发放工作，全年全县有少数民族大学生3名享受助学金资助每年每人1万元。做好涉及民族因素矛盾纠纷排查工作，积极化解矛盾纠纷，积极协调董塘镇瑶族村梅花垅村组与塘莲村组山林地纠纷，维护民族团结社会稳定局面。

加强外来少数民族流动人员服务和管理。2016年，县民宗局及时掌握流动少数民族人员工作、生活、需求情况，加强少数民族群众帮扶和支持，及时解决、处理流动少数民族管理中出现的问题，避免恶性事件发生，维护少数民族合法权益。

【依法管理宗教事务】 落实国家宗教工作会议精神。2016年，县民宗局以“四个结合”（把“学习”活动与宗教教职人员认定备案和宗教活动场所财务监督管理两个专项工作结合起来；把提高宗教工作干部和宗教教职人员的法治意识和国家安全意识与“和谐寺观教堂”创建活动结合起来；把“学习”活动与为宗教界人士和信教群众办实事、办好事结合起来；把“学习”活动与提高民宗干部队伍整体素质结合起来）为抓手，推进依法行政和做好“七五”普法工作，组织宗教工作干部和宗教场所负责人参加市局举办的《中华人民共和国国家安全法》培训班学习。

开展和谐寺观教堂创建活动。2016年，县民宗局以平安宗教活动场所创建为载体，全面推进和谐寺观教堂创建措施落实。加强组织领导。成立创建工作领导小组，制订创建工作方案，狠抓宣传发动，开展督促指导。突出宣传教育。把宗教法律法规作为宣传重点，营造创建氛围。制定出台宗教政策法规学习宣传相关文件，总结和推广好的做法和经验，推动全县宗教政策法规学习宣传活动扎实有效开展。重视创建考评。制定创建考评办法，制定考核细则，对全县宗教活动场所开展“和谐寺观教堂”创建工作进行评比，营造比、学、赶、超，争当先进氛围。

开展全县宗教活动场所安全大检查。2016年，县民宗局组织宗教活动场所开展自查自纠，解决相关场所周边环境、用水用电、消防设施老旧残等基础设施存在问题。

引导宗教与社会社会主义社会相适应。2016年，县民宗局组织引导宗教界人士关爱人群，回报社会，引导宗教界以宗教特有道德感召力，广泛联系信教群众和社会各阶层人士，发扬乐善好施、扶危济困、关怀社会、服务大众传统美德，力所能及参与助学赈灾、养老恤孤等慈善救助活动。年内，组织宗教活动场所妙善禅寺参与慈善周、重阳节慰孤寡老人活动，捐款1万多元善款及慰问品一批，受益人数46人。

【强化机关自身建设】 2016年，县民宗局推进学习型机关建设。组织全体人员学习中共十八大历次会议精神及国家民族宗教政策、民族宗教工作业务知识，加强新形势下民族宗教工作热点、难点问题研判。建立和完善机关管理制度，加强内部管理，强化队伍建设，加大监督和考核力度。切实抓好信息工作。围绕县委、县政府中心工作，抓住自身特点，打造特色信息和精品信息。

仁化县民族宗教事务局负责人名录：

局　长：谢树富（2015年6月任职）

（朱福娣）

社会工作

【概况】 2016年，仁化县社会工作委员会（简称“县社工委”）贯彻中共十八大和中共十八届四中、五中、六中全会精神，以邓小平理论、“三个代表”重要思想和科学发展观为指导，深入学习贯彻习近平总书记系列重要讲话精神，在省、市社工委精心指导下，在县委、县政府正确领导下，以及委员单位和各级各部门密切配合下，扎实开展社会治理创新，加强社会建设，取得良好实效。

【民生建设成效凸显】 2016年，仁化县加大民生保障投入，提高公共服务均等化水平。全年，全县用于保障和改善民生事业支出18.43亿元，占一般公共财政预算支出比重81.39%，确保教育、医疗卫生、社会保障等民生政策有效落实。就业创业环境优化，城乡居民收入水平增强。全年城镇新增就业1990人，城镇失业再就业164人，就业困难人员再就业119人，城镇登记失业率为2.4%，低于控制限度3.2%。农村居民人均纯收入13919元，城镇居民人均可支配收入23374元。社会民生建设加强，社会保障水平稳步提高。“五险”惠及群体扩大，超额完成任务，其中城乡居民社会养老保险惠及75446人、城乡居民医疗保险惠及178711人、工伤保险惠及17668人、失业保险惠及14326人、生育保险惠及16586人。全县低保标准、月人均补差双双增调， 享受低保2097户42880人，符合条件人群享受教育、医疗、住房、就业、创业、司法、灾害方面专项救助一大批。坚持统筹协调发展，各项社会事业全面进步。巩固公办基层医疗卫生机构实施基本药物制度，食品药品安全态势平稳，低生育水平持续稳定，全民健身广泛开展，妇女儿童、社会慈善、残疾人及老龄事业有新发展，民主法制建设深化。

【社会治理体系强化】 2016年，仁化县加快转变政府职能，提高政府社会管理效能。优化行政审批服务平台，完善网上办事大厅，深入推进村级便民服务站建设，11个镇（街道）完成镇级公共服务中心建设，109个村（居委会）完成村级便民服务站建设，县镇村三级网上办事大厅实现联网办事，达到“一门式、一网式”政府服务模式目标。稳妥推进政府机构改革，优化卫计、食药、工商、质监等机构社会治理服务职能。基层基础条件夯实，社会治理服务能力增强。县镇村三级药品监管网初步建成。加强社会治安视频监控体系建设，加快推进村“一村一视频”视频监控工程建设，县镇村三级立体化社会治安综合防控网基本形成，实现人防、物防、技防有效结合，全年全县新建二类视频图像采集点1200个，高清道路治安卡口8个。

【社会组织健康发展】 2016年，仁化县积极培育发展社会组织，社会组织队伍壮大。全年，全县依法登记社会组织总数98个，全年新增依法登记社会组织12个，平均每万人拥有社会组织3.9个。强化社会组织监管，扎实开展社会组织专项治理。出台工作方案，建立健全社会组织排查整治工作研判联席会议制度、挂钩联系制度、台账管理制度以及风险评估和分类管理制度。合力全面普查在全县活动的社会群体，做到底数清、情况明，排查管理重点明确，坚持分类处理，根据“规范引导一批、教育劝散一批、取缔打击一批”要求，有针对性开展重点社会组织专项治理行动，净化社会组织发展环境，确保国家安全和社会稳定。全年全县完成社会组织调查摸底206个，其中已登记类134个、未登记已备案类12个、未登记（未备案）类60个；开展重点对象重点排查摸底68个，规划引导社会组织行为23个，教育劝散重点社会组织1个。

【社会大局和谐稳定】 2016年，仁化县深入开展“信访法治建设年”，建立健全信访工作制度，创新开展律师参与接待来访群众工作制度，网上信访信息系统全覆盖，社会大局稳定。全国和全省“两会”、国庆、中共十八届六中全会等重大时期，辖区群众“零”赴省进京上访。全年，群众到县上访209批1153人次，比上年分别上升3.4%、2.9%；到市集体上访批次、人次，比上年分别下降25%、87.5%；化解疑难信访积案3宗，化解率100%。深入开展“平安创建”活动，坚持打防控结合，深入开展“严打”和“3+2”专项整治行动，依法严厉打击各类违法犯罪行为，破获大案要案一批。加强“平安细胞”工程建设，全力推进平安单位、平安市场、平安校园。全县社会治安秩序良好，无恶性群体性事件、暴力恐怖事件、重大政治事件、重大治安事件和重大舆情事件发生。

【干群会客厅卓有成效】 2016年，仁化县建立健全会商制度、县领导走进基层“干群会客厅”制度、职能部门领导走进“干群会客厅”制度。提前部署会客日程，提前制定次年度“干群会客厅”领导座谈日程安排表，确保定时定人到场有序开展会客活动。切实解决群众事项。会客做到当场能解决的，当即协调解决；当场无法解决的，当即作出指示，要求次日转相关单位调处，并坚持首办责任制、分类处理制度、会商解决制度、督查督办制度，加强群众问题事项跟踪督办，确保群众事项件件有着落、事事有回音。通过会商会议研判解决疑难复杂事项34宗，专题研判解决涉法涉诉事项18宗。运用宣传册、宣传专栏、报刑、杂志、微信和电视台等媒体，全方位多角度宣传报道“干群会客厅”工作，营造良好社会氛围，提高群众知晓度和参与度。积极开展主题活动。开展公检法“三长”走进县“干群会客厅”专场活动4场，零距离倾听和解答群众涉法涉讼诉求和用法维权困惑47批139人次，解决群众涉法涉讼诉求38宗。全年，全县开展“干群会客”活动2689场，参与群众3123批3848人次，受理各类问题和事项3159宗，协调累计解决2995宗，办结率达94.8%。其中，县会客厅开展“干群会客”活动45场，参与群众463批1104人次，受理各类问题和事项489宗，协调累计解决454宗。《小康》杂志、广东电视台《广东视窗》栏目、南方日报、韶关日报等媒体先后报道仁化县“干群会客厅”工作。

【扶贫工程扎实推进】 2016年，县社工委加强扶贫工作组织领导。成立由县社工委专职副主任为组长，董塘镇驻白莲村工作组组长为副组长，村委支部书记、县社工委联络员、董塘镇联络员为成员“精准扶贫”工作领导小组。坚持“精准扶贫，精准脱贫，规划到户，责任到人，因地制宜，分类指导，一户一法，对症下药，多措并举，综合施策”原则，制定董塘镇白莲村新时期精准扶贫脱贫三年工作规划及2016年度工作计划。根据“四看”“五优先”“六进”“七不进”贫困户申报要求，开展贫困户精准识别“回头看”再审查，再核实确认原定贫困户3户，并落实动态管理制度，新增符合政策要求条件贫困户12户。做好建档立卡。在全面调查摸底基础上，完成贫困户建档立卡15户，按照“一户一档”“一村一档”要求，做好资料分类归档工作。完成帮扶结对。对白莲村15户贫困户实行干部帮扶结对子制度，做到责任到人，帮扶到户，确保每个相对贫困户都有干部联系帮扶，不脱贫不脱钩。全年，县社工委通过单位自筹资金，投入帮扶资金1.17万元，贫困户实现脱贫4户，完成泥砖危房拆除重建贫困户4户，“精准扶贫”户切实享受到低保（“五保”）、教育、住房、就业、社保等政策帮扶15户。

【各项工作统筹完成】 2016年，县社工委做好计生综治帮扶工作，在人力、物力、财力上大力支持挂点村闻韶镇下徐村计生综治工作，抽调精干人员充实驻村工作队伍协助村委开展计生综治帮扶。全年，县社工委投入帮扶资金0.5万元，解决挂点村计生综治经费缺乏难题。抓好“两学一做”学习教育活动、创文巩卫、档案管理、保密工作、地方志编纂、政务公开、普法教育、招商引资、绩效考核等各项工作，开展创文网格化管理、文明劝导志愿服务等工作，成功与广东省万物生生态农业开发有限公司达成投资意向，完成县委县政府交办的各项工作任务。

仁化县社会工作委员会负责人名录：

主　任：区毅明（兼，2016年4月任职）

副主任：李秀荣（兼，任至2016年10月）

谢庆伟（兼，任至2016年10月）

杨　云（兼，任至2016年7月）

邹永祥（兼，2016年7月任职）

专职副主任：罗金宝

副　主　任：邓堂忠

（邓堂忠）

人　口

【概况】　2016年，全县总人口244703人，比2015年增长0.9%；出生人口2709人，出生率13.38‰，比2015年提高1.87个百分点；自然增长率为6.73‰，比2015年提高0.9个百分点。

【人口变动与迁移】　人口自然变动。2016年，全面放开二孩政策，仁化县人口出生率和自然增长率有所提高。2016年，全县：总人口244703人，比2015年增长0.9%；出生人口2709人，出生率13.38‰，比2015年提高1.87个百分点；死亡人口1347人，死亡率6.65%；自然增长率为6.73‰，比2015年提高0.9个百分点。

2016年仁化县人口出生、死亡、自然增长统计表

表43

年度	年末总人口（人）	出生		死亡		自然增长	
		人数（人）	出生率（‰）	人数（人）	死亡率（‰）	人数（人）	自然增长率（‰）
2016	244703	2709	13.38	1347	6.6	1363	6.73

说明：该表统计数据来自县公安局、县卫生计生局统计年报

人口迁移。2016年，全县年末总人口244703人。迁入人口1362人，其中省内迁入897人，占65.9%；省外迁入465人，占34.1%；迁出人口2129人，其中迁往省内1649人，占77.5%；迁往省外480人，占22.5%。

【人口密度】　2016年年末，全县总人口244703人，全县人口密度为110.06人/平方公里，比2015年109.1人/平方公里增加0.96人/平方公里。全县人口密度较大镇（街道）有丹霞街道（含县城）、董塘镇、石塘镇，人口密度均在100人/平方公里以上，其余8个镇人口密度均在100人/平方公里以下。人口密度最高的镇（街道）是丹霞街道，为219.2人/平方公里，人口密度最低的镇（街道）是城口镇，为40.32人/平方公里。

2016年仁化县各镇（街道）人口密度情况表

表44

镇（街道）	土地面积（平方公里）	总人口（人）	人口密度（人/平方公里）
总　计	2223.21	244703	110.06
丹霞街道	288.13	63155	219.2

续表44

镇（街道）	土地面积（平方公里）	总人口（人）	人口密度（人/平方公里）
董塘镇	243.34	43407	178.38
石塘镇	77.92	13581	174.29
红山镇	169.64	10900	64.25
城口镇	266.89	10763	40.32
长江镇	300.64	27434	91.25
扶溪镇	187.90	13719	73.01
闻韶镇	85.78	6486	75.61
黄坑镇	164.94	15370	93.18
周田镇	296.12	28660	96.78
大桥镇	132.80	11228	84.55

说明：董塘镇人口数包含凡口矿人口数

【人口性别构成】 全县性别比（女性＝100）103.3，比2015年上升0.4%；男性人口12.4万人，占总人口比重为50.8%；女性人口12.0万人，占总人口比重49.2%。

2016年仁化县人口性别构成统计表

表45

年度	总人口（人）			占总人口（%）		性别比（女＝100）
	合计	男	女	男	女	
2016	244703	124334	120369	50.8	49.2	103.3

说明：该表资料来自县公安局统计年报

2016年仁化县出生人口性别比例情况统计表

表46

年度	出生人口（人）			性比例（女＝100）
	合计	男	女	
2016	2709	1359	1350	100.7

说明：该表资料来自县卫生计生局统计年报

2016年仁化县各镇（街道）人口性别比例情况统计表

表47

镇（街道）	总人口（人）			性别比（女＝100）
	合计	男	女	
全县合计	244703	124334	120369	103.3
丹霞街道	63155	31696	31459	100.8
董塘镇	43407	22177	21230	104.5
石塘镇	13581	6955	6626	105.0
红山镇	10900	5797	5103	113.6
城口镇	10763	5535	5228	105.9
长江镇	27434	13734	13700	100.2
扶溪镇	13719	7002	6717	104.2
闻韶镇	6486	3341	3145	106.2
黄坑镇	15370	7899	7471	105.7
周田镇	28660	14546	14114	103.1
大桥镇	11228	5652	5576	101.4

说明：该表资料来自县公安局统计年报

【人口地域分布】 2016年，全县常住人口209012人，从各镇人口分布构成情况看：人口分布较多地域是丹霞街道62446人，占总人口29.9%；董塘镇46934人，占总人口22.5%；周田镇19720人，占9.4%；长江镇22800人，占10.9%。闻韶镇人口分布最少，人口4548人，占总人口2.2%。

2016年仁化县各镇（街道）常住人口分布构成比例统计表

表48

镇（街道）	人口数（人）	占总人口（%）
全县合计	209012	100
丹霞街道	62446	29.9
董塘镇	46934	22.5
石塘镇	9354	4.5
红山镇	8122	3.9

续表48

镇（街道）	人口数（人）	占总人口（%）
城口镇	8745	4.2
长江镇	22800	10.9
扶溪镇	9814	4.7
闻韶镇	4548	2.2
黄坑镇	8965	4.3
周田镇	19720	9.4
大桥镇	7564	3.6

说明：该表资料来自县统计局统计年报

【农业、非农业人口构成】 2016年，全县总人口24.47万人，其中：农业人口14.86万人，比2015年少116人；非农业人口9.61万人，比2015年多2364人，户籍人口城镇化率为39.3%，比2015年提高0.7个百分点。

2016年仁化县农业及非农业人口构成情况统计表

表49

年度	总人口（万人）	农业人口		非农业人口	
		人数（万人）	占总人口（%）	人数（万人）	占总人口（%）
2016	24.47	14.86	60.7	9.61	39.3

说明：该表资料来自县统计局、县公安局统计年报

【劳动力构成】 2016年，全县各行业在业总人口10.89万人，占常住人口比重为52.1%，其中：第一产业5.31万人，占各行业在业总人口48.8%；第二产业1.72万人，占各行业在业总人口15.8%；第三产业3.86万人，占各行业在业总人口35.4%。

2016年仁化县社会劳动力在业人口构成统计表

表50

职业名称 \ 人数、比重 \ 年度	2016年	
	人数（万人）	所占比重（%）
社会从业人口	10.89	100
其中：第一产业	5.31	48.7

续表50

职业名称＼人数、比重＼年度	2016年	
	人数（万人）	所占比重（%）
第二产业	1.72	15.8
第三产业	3.86	35.5
一、城镇职工	1.90	17.5
1.国有单位职工	1.04	9.5
2.集体单位职工	0.18	1.7
3.其他类型职工	0.68	6.3
二、城镇私营和个体劳动者	3.68	33.8
三、农村劳动者	5.31	48.7

说明：该表资料来自县统计局统计年报

（袁 虹）

计划生育

【概况】 2016年，仁化县户籍出生3510人，自然增长率8.81‰，政策生育率96.55%，性别比102.19；常住人口报表中，出生人口2709人，自然增长率6.73‰，政策生育率96.57%，性别比100.67。

【“二孩政策”全面落实】 2016年，仁化县全面落实“二孩政策”。坚持党政“一把手”亲自抓、负总责，明确职责，研究提出计划生育工作重大政策措施，坚持把计划生育工作纳入全县重大事项督查范围，协调解决政策落实难点问题，保障人口和计划生育工作开展。巩固和加强全面放开二孩政策宣传教育。通过运用宣传材料、专题活动、新闻媒体、互联网等方式方法，开展面向社会、面向基层、面向群众的人口基本国情和计划生育基本国策教育，提高群众“全面二孩”政策认识。依法组织实施生育登记服务制度。贯彻执行新修订的《中华人民共和国人口与计划生育法》和《广东省人口与计划生育条例》，落实生育登记服务制度。加强人口信息统计工作。把握省统计工作要求，完成往年出生数据清理清查工作。

【宣传教育】 2016年2月22日，仁化县卫计局印发《关于开展“健康知识进万家”系列宣传活动之八——“全面二孩”政策及生育健康知识集中宣传季活动的通知》。3月4日，县卫计局协同县妇女联合会、县文广新局、丹霞街道办事处等单位在丹霞街道夏富村开展“全面二孩”政策及生育健康知识宣传活动。3—4月，各镇（街道）计生办联合当地卫生院开展“全面二孩”政策知识和生育健康知识宣传活动。利用网络、微信、电视、户外宣传栏、电子显示屏等媒介宣传“全面二孩”政策及生育健康知识和计划生育生育新条例，利用县文化广场、县电信局门口、新市场路口旁边宣传栏宣传“全面二孩”政策及生育健康知识内容，清理不合时宜宣传标语、宣传画等，在人口密集地方悬挂横幅，张贴“全面二孩”政策相关内容标语。

【依法行政】 第一，规范执法，严格依法依规征收社会抚养费，遵循公开、公平和程序正当原则执行再生育审批程序，全年没有发生因执法不规范发生的侵权案件。第二，探索便民维权措施，简化办事程序，按照“手续简便、规则公开、程序规范、操作科学”原则，实行“一站式管理，一条龙服务”，开展计生便民维权服务，公开审批标准、程序、时限，实行首问责任制、一次性告知制、限时办结制，自觉接受群众监督。第三，开通“12356”计生阳光服务热线，做到群众有问必答，暂时无法答复则限定答复时限，全年全县无发生因计生引起的群体性事件。

【流动人口管理】 2016年5—6月，仁化县按省市要求，开展流动人口计生服务管理专项活动，成立由县分管领导为组长的领导小组，制订详细活动实施方案，组织召开流动人口计划生育服务管理专项活动动员会。开展定期组织清理清查出租屋、酒店等重点地段和流入已婚育龄妇女等重点人群活动，清查商铺603间、住宅小区170个、出租屋1111间、厂区宿舍47间、工地窝棚90个。通过清理清查，完善全县流动人口数据，新建信息档案1218人份，清理无效流动人口档案199人份；省内流入人口出生4人，跨省出生11人，政策内出生14人。

【利益导向】 2016年，仁化县建立和完善人口奖励、优惠、扶持、救助、保障等利益导向政策体系。全年，全县城镇独生子女父母奖励金应落实1101人，家庭特别扶助部分奖励金应落实43人，均全部落实，落实率100%；农村计生家庭节育奖励应落实3846人，部分家庭计生奖励应落实639人，均全部落实，落实达100%。

【优质计生服务】 2016年，仁化县积极开展免费孕前优生健康检查。全年全县免费孕前优生健康检查目标人群800对，截至2016年9月30日，完成检查人数1062.5对，完成率132.81%。开展地中海贫血防控工作，截至2016年9月30日，全县各助产机构为3506位女性进行地贫血常规初筛。2015年10月至2016年9月，全县卫计部门做计划生育手术2941例，其中，上环255例、取环1447例。所有计划生育手术均无技术事故发生。

【综合治理工作】 2016年2月1日，仁化县印发《关于明确2016年度县计划生育兼职单位职责的通知》，明确计生兼职单位对履行计划生育工作职责效果好坏的奖惩办法，开展督促检查及现场调查工作。2016年6月4日，仁化县印发《仁化县整治“两非”专项行动实施方案的通知》（仁人口计育〔2016〕2号）；6月28日，开展仁化县2016年查处“两非”专项行动。截至2016年9月底，全县出生人口性别比为102.19，出生人口性别比控制在113以下。

（杨舒明）

农村居民收入与消费

【概况】 2016年，仁化县农村居民收入稳步提高，消费能力增强。据农村住户调查资料显示，全年全县农村居民人均纯收入达到13919.6元，比上年增长10.9%；人均生活消费支出10943元，比上年略下降0.01%，基本持平。

【农村居民收入增长特征】

增速得到进一步提升。2016年，全县农村居民人均纯收入13919.6元，比上年增长10.9%，增速比上年下降0.4个百分点，总体发展呈上升态势。

工资性收入年内有上升。

2016年，全县农村居民工资性收入人均6830.06元，比2015年增加767元，增长13.44%，占农村居民人均纯收入的46.6%。

家庭经营收入上升。2016年，全县农村居民家庭经营收入人均5568.07元，比2015年增加317.06元，增长4.87%，占农村居民人均纯收入的49.07%。从三个产业看：第一产业人均纯收入4316.06元，比上年增长23.32%；第二产业人均纯收入265.71元，比上年增长28.36%；第三产业人均纯收入1186.3元，比上年增长8.83%。

非经营性收入增幅平稳。年内，仁化县农村居民转移性收入人均1305.9元，比上年增长0.26%，主要是外出从业人员寄回带回收入；财产性收入人均215.57元，比上年增长6.98%，主要以农村集体分配红利、生态林分红为主。

2016年仁化县农村居民分项收入情况表

表51　　　　单位：元/人

指标名称	2016年	2015年	增幅（%）
全年纯收入	13919.6	12551.5	10.9
（一）工资性收入	6830.06	6513	4.87
（二）家庭经营纯收入	5568.07	4797	16.07
1.第一产业纯收入	4316.06	3500	23.32
2.第二产业纯收入	265.71	207	28.36
3.第三产业纯收入	1186.3	1090	8.83
（三）财产性纯收入	215.57	201.5	6.98
（四）转移性纯收入	1305.9	1040	0.26

【生活消费支出稳中有升】2016年，全县农村居民人均生活消费支出10943元，比2015年少70元，下降0.06%。“八大类消费”呈“四升四降”态势。衣着消费支出、居住消费支出、文教娱乐用品及其他用品和服务支出有所上升，增速分别为0.24%、0.04%、0.26%、0.79%，食品消费支出、生活用品及服务支出、交通通信、医疗保健呈现出下降，增速分别为－0.02%、－0.28%、－0.23%、－0.03%。

2016年，全县农村居民用于食品消费支出方面因为生活水平与上一年基本持平，人均支出为10943元，比上年下降0.01%，恩格尔系数为33.9%，比上年下降0.6个百分点，显示农村居民整体生活质量基本与上年持平。

随着生活水平提高，农村居民自我保健意识越来越强，防病治病观念提高到新层次。农村新型合作医疗普及和参保就医报销比例提高，农村就医难现状得到改善。全县农村居民人均医疗保健消费支出575元，比上年下降15%。

随着收入增加，在食物需求基本满足情况下，全县农村居民消费重心开始向穿衣打扮等方面转移，人们开始更加注重衣着消费质量和适用性。2016年，全县农村居民人均衣着消费支出390元，比上年同期上升0.24%，呈平稳态势。

教育政策落实到位，文化教育、娱乐消费支出呈现平稳，比上年增长0.26%。全县农村文教娱乐用品及服务消费支出人均1901.26元，与国家教育政策落实有关，中小学义务教育阶段学费全免，大大减少农村居民教育支出。显示消费理念转变，开始向文化娱乐消费领域倾斜。

居住消费支出增长幅度平缓。全县农村居民家庭居住消费支出人均2349.83元，较上年增长0.04%。其中购（建）住房568元，占居住消费25.2%。居民家庭居住消费支出占全县农村居民人均生活消费支出20.4%。

2016年，全县农村居民交通通讯支出稍有下降。抽样调查数据显示，农村居民人均交通和通讯支出1358元，比上年下降0.23%，支出呈平稳。随着居民生活理念及生活方式逐步改变，摩托车、农用汽车和生活用汽车快速进入农村家庭。随着摩托车、农用汽车、家用汽车迅速普及，居民购买相关车辆用燃料支出及车辆使用税费支出增长亦随之明显增多。随着居民收入的提高，以及消费理念的转变，汽车不再是高档奢侈品，而是以普通日常出行工具逐渐走进寻常百姓家。电脑和手机的应用增长速度也在加快，促使互联网的应用普及。

2016年仁化县农村居民人均生活消费情况表

表52 单位：元/人

指标名称	2016年	2015年	增幅（%）
生活消费支出	10943.03	11013	–0.01
1.食品消费支出	3705.90	3795	–0.02
2.衣着消费支出	390.24	314.8	0.24
3.居住消费支出	2349.83	2252	0.04
4.家庭设备、用品及服务支出	520.69	721.8	–0.28
5.医疗保健消费支出	1358.36	575	–0.23
6.交通通信消费支出	1901.26	1756	0.26
7.文教娱乐用品及服务消费支出	558.94	1510	–0.03
8.其他商品和服务支出	157.81	88.4	0.79

城镇居民收入与消费

【概况】 2016年，仁化县随着政府进一步加大民生工程扶持力度，出台一系列改善民生政策（如“精准扶贫”），政策效应逐步显现，居民收支趋势良好。2016年，城乡一体化抽样调查结果显示，全县城镇居民人均可支配收入23373.9元，比上年同期增长10.5%；人均消费性支出12948.6元，比上年同期下降2.47%。

【城镇居民收入情况】 2016年，仁化县城镇人均可支配收入为23373.9元，比上年同期21152.9元增长10.5%；家庭人均消费支出12273.6元，比上年同期13276元下降2.47%。其中，居民食品消费为4866.9元，占家庭消费总支出比重（恩格尔系数）20.8%，比上年增长0.24个百分点，显示城镇居民整体生活质量与上年基本相同。

【城镇居民收入特点】 2016年，据对仁化县40户城镇居民家庭抽样调查资料显示：仁化县城镇居民收入稳定增长。一是收入“四项”构成中，工资性收入是收入主要来源，占可支配收入比重52.5%。二是由于受到国家调控政策、国际经济形势、证券市场，房地产市场波动因素影响及居民在投资理财方面处于高速增长和房租增长等原因，2016年，仁化县城镇居民财产性收入人均981.7元，比2015年增长4.26%，约占可支配收入比重4.2%。三是社会保障能力提高，外出务工收入稍有增加，转移性收入比2015年增长14.9%，2016年仁化县城镇居民转移性收入实现5149.9元，占可支配收入比重22%。四是由于商品销售市场活跃，批发和零售业收入大幅增加，人均经营净收入4968.7元，比2015年增长8.86%。经营净收入增长与否成为拉动仁化县城镇居民收入稳步增长重要组成部分。

2016年仁化县城镇居民收入情况表

表53

项 目	2016年		2015年		增幅（%）
	金额（元）	比重（%）	金额（元）	比重（%）	
家庭可支配收入	23373.9	100	21152.9	100	10.5
㈠工薪收入	12273.6	52.5	11132.8	52.6	10.25
㈡经营收入	4968.7	21.3	4564.5	21.6	8.86
㈢财产性收入	981.7	4.2	941.6	4.5	4.26
㈣转移性收入	5149.9	22	4514	21.3	14.9

【城镇居民消费特点】 2016年，仁化县城镇居民家庭人均消费性支出为12948元，同比上年下降2.47%。“八大类”消费支出呈“六升二降”态势，其中：食品烟酒、衣着、生活用品及服务、教育文化娱乐、医疗保健、其他用品和服务分别比上年增长11.77%、4.65%、7.34%、1.59%、27.55%和14.76%；居住、交通通信支出分别比上年下降4.86%和42.96%。

*居民生活消费水平有所上升。*2016年，仁化县城镇居民生活消费支出略有增升。城镇居民人均食品类支出为4866.9元，比上年增长11.77%。恩格尔系数（居民家庭消费支出中用来购买食品支出所占的比重）略有上升，城镇居民家庭恩格尔系数37.7%，比2015年同期上升4.7个百分点。城镇居民生活呈趋缓平稳态势。

*衣着消费略有上升。*2016年，仁化县城镇人均衣着消费支出521.02元，同比上升4.65%。居民生活水平提高，人们对衣着打扮开始注重仪表仪态，带动服装消费支出增长。

*生活用品及服务支出有所上升。*全年全县城镇居民人均生活用品及服务支出791.86元，比上年同期上升7.34%。随着居民生活水平提高，生活用品及服务支出有所上升，主要是家庭器具和个人用品购买影响。

*教育文化娱乐增长呈平稳。*2016年，全县教育文化娱乐人均支出1430元，比上年上升1.59%。居民在教育文化娱乐方面的投入虽然增幅较小，总体还是上升趋势，显示居民消费理念转变，向教育文化消费领域倾斜，精神追求丰富。同时生活水平提高，预示居民投入教育文化方面会有更大增长空间。

*医疗保健增长较大。*随着社会保障投入加大和医疗

改革深入，以及居民生活观念转变，居民医疗和保健成本下降，负担减轻，对养生保健方面增强。2016年，全县城镇居民人均医疗保健支出474.95元，与上年同期增长27.55%。

其他用品和服务呈增长态势。全年全县城镇居民其他用品和服务人均支出324.47元，同比增长14.76%。增长原因是大部分城镇居民加大美容美发方面支出，对金银珠宝饰品、化妆品等需求日益增加。

居住支出略有下降。2016年，仁化县城镇居民居住人均支出3325.75元，同比下降4.86%，其中租赁房房租上升58.62%。居民用的水、电、燃料、居住服务费等支出略有下降，居住支出下降主要受住房维修影响，2015年调查户有新购新房，有对新房装潢，而2016年没有住房维修支出，从而影响居住支出上升。

交通和通讯类支出有所下降。全年全县城镇居民人均交通和通信类支出1213.66元，比2015年同期下降42.96%，交通和通信类支出下降主要原因是2015年抽样调查记账户有新购置汽车，从而影响增长。

2016年仁化县城镇居民消费性支出情况表

表54

项 目	2016年		2015年		增幅（%）
	支出额（元）	比重（%）	支出额（元）	比重（%）	
消费性支出	12948	100	13276	100	–2.47
（一）食品烟酒	4866.90	37.7	4354	32.8	11.77
（二）衣着	521.02	4	498	3.75	4.65
（三）居住	3325.75	25.7	3496	26.3	–4.86
（四）生活用品及服务	791.86	6.1	738	5.6	7.34
（五）交通通信	1213.66	9.3	372	2.8	–42.96
（六）教育文化娱乐	1429.99	11	2128	16	1.59
（七）医疗保健	474.95	3.7	1408	10.6	27.55
（八）其他用品和服务	324.47	2.5	282	2.1	14.76

【存在问题及指导建议】 2016年，仁化县城镇居民家庭总收入以工资性收入为主，经营性收入为辅，人均工资性收入与经营性收入之和占可支配收入比重高达73.77%，而财产性自主创收比例较低，占可支配收入比重7.4%，比例较上年有所增长，主要是出租房屋收入和集体分配红利为主，表明城镇居民收入渠道较为狭窄，理财及投资意识不强。

工资性收入为可支配收入“四项”构成中比重较高，经营性收入为可支配收入“四项”构成中比重较低。建议引导居民树立新就业观念，鼓励劳动者自主创业；引导居民逐步从存款保值向投资生财转变，拓展投资渠道以增加财产性收入。提升居民理财水平，培养居民多渠道投资意识，使拥有财产的居民通过财产运营增值自己的财产。通过多种渠道提高城镇居民收入水平，不断优化居民收入结构。

（宋嘉荣）

中央、省、市驻仁化单位

深圳市中金岭南有色金属股份有限公司凡口铅锌矿

【概况】 2016年，深圳市中金岭南有色金属股份有限公司凡口铅锌矿（简称“凡口铅锌矿”）干部员工以“六种意识”为指引，采取一系列管理创新和技术创新措施，克服困难，力破“瓶颈”，全年生产铅锌金属量16.5518万吨，实现净利润6.6亿元，生产成本比预算节约近3000万元，超额完成公司下达各项生产经营任务。

【企业管理】 *力推机械化采矿，支撑产能稳定。*2016年，凡口铅锌矿进行一系列工艺、劳动组织改革和优化，完善机械化采矿工区和铲矿工区管理制度，发挥该工区最大改革效能。优化劳动组织提高作业效率。推广应用机械化设备在井下采场找边、压顶、出矿、松石、回填等各生产环节使用，提升安全可控度。1月26日，成立后勤服务中心小车队，撤销选矿厂机修工段，实现操检结合，降低运营成本，提高工作效率。

*用好激励机制，激发员工积极性。*2016年，凡口铅锌矿开展生产重难点环节攻关激励，加大主要生产单位绩效考核力度，及时经济嘉奖员工，开展技能人才评聘工作，激发员工积极性。12月，聘任技师32名、高级技师4名。实施员工年休假、调整检修及放假时间、外派技术和管理骨干考察学习、党群系统开展全方位人文关怀等一系列物质、精神激励措施和人性化管理，让员工共享企业改革发展成果。

【安全环保】 2016年，凡口铅锌矿牢固树立安全发展理念和安全生产“红线”意识，落实“党政同责、一岗双责”安全环保责任。2016年，凡口铅锌矿发生轻伤2人，负伤率0.6‰，驻矿施工单位发生轻伤1人，负伤率1.3‰。粉尘合格率92.6%。环保态势平稳，各污染物达标排放。

*强化系统风险整治。*整治完善井下通风系统，通过风源净化、回风利用，解决井下通风中最突出问题。11月，井下溜破系统除尘及循环风利用综合治理项目建成投入使用。该系统投入使用后，在解决整个污染风源除尘的同时，还可以向3个中段供给新鲜风源，通风问题得到根本性改善，职业卫生风险降低。对矿石提运系统进行技改，采用盲主井提矿，取消汽车运矿，打破深部提矿能力制约，解决矿石提运系统安全问题。限制乘罐人数及大爆破作业人数，从制度层面及生产组织层面降低安全风险。

*推进矿山本质安全管理。*推行以机械化设备代替人工作业，减少危险作业环节作业量，降低事故概率。截至2016年年底，井下生产除切采工作外，实现机械化作业。

*推行全员安全管理。*实施隐患举报奖励制度，利用经济杠杆引导员工，全年举报隐患166起，发放奖励金41300元，调动员工安全主动意识，推进“自上而下抓安全”与“自下而上保安全”相结合的全员安全管理。

*启动尾矿管更换工作。*针对部分尾矿管使用10多年情况，抓住农闲、天气等有利时机，突击更换跨河段和穿越公路、农田使用年限较长尾矿管。全年更换管道6.2千米。

*启动尾矿库环境综合整治工作。*稳步推进尾矿库区生态恢复工程和清污分流工程，实施尾矿库外排水深度处理和回用，加强尾矿库日常监督管理及风险防范。通过技术创新进行回水利用、废石回填和资源综合回收，减少废水和废渣排放，保护生态环境，取得成效。

【成本管控】 2016年，凡口铅锌矿落实公司“运营改进计划”和“成本削减计划”，严格履行《凡口铅锌矿运营改善及强化成本费用管控办法》，将各项行之有效措施落到实处。

*对内深入挖潜，向严管严控要效益。*建立矿山成本管理长效机制，在采矿车间、选矿厂等主体单位和重要班组及关键环节进行成本严格核算，单耗降低效果明显。建立废石回填系统，进行废石回填攻关，全年实现废石回填10万立方米，节约水泥2万多吨，节约成本500万元。积极推进物资招投标采购，降低水泥、润滑油、锚杆、铁丝网等采购成本20%以上。

*对外加强沟通，做足政策资源开发工作。*通过沟通协调，全年申报各类项目获得政策资金1800万元。

【创新增效】 2016年，凡口铅锌矿发扬“攻坚克难、创新求强”精神，搭建“管理创新、技术创新、岗位创新”平台，强化全员创新意识，围绕解决重点领域突出矛盾和问题，发挥干部员工创新潜能，增强企业发展动力。采矿车间推行采矿作业集中打孔、集中爆破、爆破后集中松石生产工艺，减少松石次数，降低安全风险，提高劳动效率，取得效果。井下水泵房实行远程监控，提高企业自动化控制水平。优化选厂一段磨矿，能力提升200吨/天，达到5700吨/天，实现规模生产，提升设备利用率，降本增效效果明显，年直接经济效益达400万元以上。4月，尾矿中回收硫资源项目投入生产，每月多回收高硫2000吨。细粒级铅、锌、硫系统运行顺畅，全年多回收细粒级铅锌金属1672吨，标硫7.79万吨。

【重点项目】 2016年，凡口铅锌矿按照“兼顾当前和长远”原则，推进重点项目建设，为矿山可持续发展增加新动能。坚持不懈推进探矿工作。在仁化县董塘中学附近施工8个钻孔，见矿效果可观。11月8日，242线FK1钻孔在-400米层高见矿品位在30%以上，锁定金属量在6万吨以上。稳步推进选矿5000吨技术升级改造工程，完成该项目总承包合同签订、场地准备等工作。12月9日，举行“中金岭南凡口铅锌矿选矿厂技术升级改造工程开工典礼”，中金岭南公司总裁余刚、监事会主席牛鸿、副总裁姚曙，仁化县副县长丘光强，凡口铅锌矿领导班子全体成员和设计、施工、监理相关人员100多人参加开工仪式。

【党群工作】 2016年，中共凡口铅锌矿党委、纪委和工会以开展各项主题活动为载体，围绕中心工作发挥职能优势，为矿山改革发展稳定提供坚强的思想、政治和组织保证。开展“降本增效、全员行动”书记项目，深化“两学一做”实践活动，强化“六种意识”形势任务教育，开展经济技术创新竞赛、安康杯竞赛、劳模创新工作室、技术比武等工作，激发矿山发展动力，助力安全生产、技术创新、降本增效工作取得实效。围绕开展“家园建设”总体思路，建立维稳工作重点防控和责任落实制度，畅通员工诉求渠道，解决员工合理诉求。开展帮贫助困，加强人文关怀，积极为员工排忧解难。群团组织围绕“快乐工作、健康生活”工作理念，相继举办厨艺大赛、“书香三八”、拔河比赛、羽毛球赛、“美术、书法、摄影作品征集”、篮球赛、歌王争霸赛等文体活动，活跃矿山文体氛围，增强员工归属感和自豪感。

【和谐建设】 2016年，凡口铅锌矿把“为企业谋长远，为员工谋福祉”作为一切工作出发点，坚持抓改革发展、和谐创建，在员工最关心、最直接、最现实问题上着力，实施一系列暖人心惠民措施，矿山发展成果惠及全体员工。完善动态帮扶机制，加强人文关怀。全年为困难员工401户发放补助金额65.85万元；发放金秋助学活动助学金10.8万元，资助困难员工子女59名；组织员工和家属149人到江西宜春疗养；帮助员工申请重大疾病救助，为员工办理互助保险和安康险。

中金岭南公司凡口铅锌矿负责人名录：

矿长、党委副书记：蔡　文
党委书记：骆建辉
党委副书记、纪委书记、工会主　　席：王铁龙
副 矿 长：蔡江松　邓拥军
张卫民　梁成石
田志刚

（张秋利）

深圳市中金岭南有色金属股份有限公司丹霞冶炼厂

【概况】 2016年，深圳市中金岭南有色金属股份有限公司丹霞冶炼厂（简称“丹霞冶炼厂”）以提质增效为中心，以“三个认同”（感情认同、理念认同、利益认同）为引领，以“三项制度”（人事制度、用工制度、收入分配制度）改革为突破口，全面落实“两个计划”（运营改善计划、成本削减计划），创新生产技术，降低生产成本，全面完成公司下达各项任务。

【生产产量】 2016年，丹霞冶炼厂生产锌及锌制品119799吨，为年预算（11.5万吨）的104%，同比提高1.2%。其中4N7锌锭36319吨；硫磺34088吨，为年预算的125%，同比提高13%；硫酸40969吨，为年预算的96%，同比提高72%。

【生产技术指标创新高】 2016年，丹霞冶炼厂实行“精益生产，指标优先，消耗总控，梯次利用”生产管理原则，以问题为导向，抓住制约产能提升和指标优化关键因素与短板，精心组织生产，攻关技术难题，破解生产瓶颈，强化设备维护保养。全年，主要技术指标：高压釜浸出率98.42%，比上年高0.59个百分点；铅银渣含铅12.94%，比上年高0.57个百分点；置换渣含锌16.7%，比上年低0.13个百分点；铁渣含锌13.09%，比上年低0.69个百分点。高银渣银品位5.85千克/吨，比上年高0.67千克/吨。

【经营实现重大转折】 2016年，丹霞冶炼厂年亏损约2900万元，比预算少亏9595万元，比上年减亏1.28亿元。通过推行运营改善与成本削减“两个计划”，工厂自4月份开始扭亏为盈，实现连续8个月盈利（10月份检修除外），是工厂历经8年磨砺后首次连续月度、季度、半年度盈利。

【安全环保】 2016年，丹霞冶炼厂树立底线思维和红线意识，深入开展安全环保培训1000余人次，严格落实安全环保主体责任，夯实安全环保管理基础。利用移动互联网平台，按照“全覆盖、零容忍、严执法、重实效”要求，开展常态化安全环保检查和隐患排查治理活动，降低安全环保风险，全年查处整改各类隐患84项。加强职业健康管理，委托韶关市职业病防治院对659名职工进行职业健康体检，对生产现场及公共场所空气、物理因素等进行职业病危害现场检测，确保职工职业健康与安全。强化安全环保应急管理，提高应对突发事件应急响应能力，全年修订各类应急预案20余项，组织开展综合回收、火灾等10余项应急预案演练，参演人数700余人次。实现“六无四少两平衡”（无工亡事故、无重

大火灾事故、无重大环境污染事故、无重大设备事故、无群伤事故、无群体新增职业病，减少一般事故、减少污染物排放总量、减少外委单位的安全事故、减少危险废物产率，平衡硫精矿、平衡除铁渣和污水渣）目标，“三废”达标排放，主要污染物减排达到国家要求，现场环境本质改善。

【**制度改革**】 2016年，丹霞冶炼厂推动“三项制度”改革，建立“职务能上能下、人员能进能出、收入能增能减”激励约束机制，营造干事创业氛围。深化用工制度改革。以“四定”（定岗、定编、定员、定责）工作为突破口，全面推进机构整合与职能优化，组织机构由17个压缩为15个。车间按军队模式管控，推行“小车间、大班组、大区域、大工种”作业，车间直管班组，实现“生产管控集成化”；职能部室推行“专业部门本职化、管理岗位实职化、工作职责清单化”管理模式，实现管理“流程化、精细化”，管理效能大幅提升。深化人事制度改革。加强人才梯队建设，打破论资排辈，以业绩论英雄，大胆提拔敢于创新、锐意进取年轻人员到中层管理岗位。强力推进领导干部轮岗交流，激发干部队伍活力，并以综合回收车间为试点，在全厂范围内推行关键岗位公开竞聘，激发职工工作热情。改进干部考核方式，与新任干部签订履职承诺，实行月度、年度动态考核，强化履职监督督查。深化分配制度改革。以业绩和贡献为导向，推进全员绩效考核，将职工收入与产量、指标、成本直接挂钩捆绑考核，彻底打破“大锅饭”，变“分钱”为“挣钱”，调动职工积极性，发挥绩效考核风向标、指挥棒作用。实施工资总额包干核算机制，薪酬分配向生产一线倾斜，调动广大职工干事创业积极性。

深圳市中金岭南有色金属股份有限公司丹霞冶炼厂负责人名录：

厂　　长：刘野平

党委书记：江晓武

常务副厂长：吴　涛

党委副书记、纪委书记、

工会主席：李良生

副 厂 长：关永华（任至2016年9月）

周　平

张登凯（2016年9月任职）

廖云军（2016年9月任职）

（陈铁雄）

中核韶关锦原铀业有限公司

【**概况**】 中核韶关锦原铀业有限公司（以下简称“锦原铀业公司”）隶属中国核工业集团公司，是中核金原铀业有限责任公司的全资子公司。公司本部位于广东省韶关市仁化县长江镇，下属分公司分别分布在广西南宁、桂林等地区。公司主要经营天然铀采冶生产，建矿多年来均能圆满完成生产任务，为军工天然铀生产和硬岩采冶技术发展做出了重要贡献。截至2016年年底，公司有员工523人，其中各类专业技术人员210人，涵盖采矿、水冶、机电等各类专业。

2016年，锦原铀业公司贯彻落实中共十八大和中共十八届三中、四中、五中、六中全会精神及国有企业党建工作会议精神，全面落实中核集团公司工作部署，围绕“十三五”战略目标和2016年JYK（计划—预算—考核一体化）考核重点任务，深化改革创新，依法从严治企，完成全年各项工作任务。年内，书楼丘项目建设、“十二五”大基地建设获得地矿总经理奖励基金。

【**生产经营**】 2016年，锦原铀业公司以JYK为管理工具，完善“十三五”和2016年任务目标分解落实体系，建立规划—JYK—经济运行分析“三合一”规划落实工作机制，全面落实目标责任，形成“以计划落实规划，以预算保证计划、以考核兑现薪酬”管控模式，激发员工责任心和积极性。年内，公司超额完成年度生产和外供任务，实现经济效益目标。

【安全环保】 2016年，锦原铀业公司贯彻落实新《安全生产法》和上级安全环保工作要求，坚持“不安全不生产，不环保不运行”理念，“党政同责，一岗双责，齐抓共管”，落实各级安全生产责任，从严从细从实开展安全环保工作。把安全标准化工作纳入日常安全管理，坚持开展作业现场隐患整治与对标整改，安全生产标准化运行平稳，自评得分92.4分，满足军工系统安全生产标准化一级运行标准。深入开展“安全规程年”活动，修订完善安全规程148项，新增规程47项，重点修订反“三违”管理办法，“三违”现象得到遏制。扎实开展隐患排查治理与反“三违”，全年累计排查出各类安全隐患735项，整改完成719项，整改率98%；查处“三违”现象34人次，处罚金额9550元。强化风险管控，完成作业现场职业病危害因素现状评价、全年个人剂量监测等工作，年内锦原铀业公司被评为“广东省辐射安全与防护示范企业”；完成尾矿库南北截洪沟、坝面等安全隐患整治；补充更新应急救援物资；开展井下涌水事故、片帮冒顶事故以及硫酸灼伤事故应急救援演练，提升应急救援能力。推进安全生产标准化班组建设，形成“班组长带头履职、班组成员自觉履职”班组安全文化。全年全公司安全环保形势稳定，未发生工亡、重大交通、设备、火灾事故，未发生环境污染事故、辐射事故和职业病危害事故，放射源、铀矿产品、火工材料及硫酸等危险化学品安全受控。项目建设“三同时”执行率100%。

【调整改革】 2016年，锦原铀业公司主动适应国家经济发展“新常态”，贯彻落实中核集团深化改革、提质增效战略部署，推进调整改革工作。年内，完成调改项目建议书（代实施方案）编制并通过中核集团评审，完成职代会前“三十条”准备工作，制定“四新”“三化”改造提升思路，奠定企业下一步创新发展、提质增效基础。关停沙子江矿井，停建双滑江项目，开展桂林分公司清产核资、维持维护和沙子江矿退役治理前期源项调查工作，开展南雄分矿维持维护工作，确保调改期间安全环保稳定。

【规范管理】 2016年，锦原铀业公司推进“法治锦原”建设，健全法律风险防范机制、依法经营决策机制和责任追究机制。全年修订完善管理制度116项，新建制度6项。推进科技创新工作，与北京化冶院合作开展《提高堆浸渗透性研究》《堆场喷淋设施自动化技术研究》两个科研项目；管理创新成果《矿冶企业基于成本链单元的精益化管控》获得中核集团成果评比三等奖。开展质量提升工作，其中《降低井下采掘机械用电单耗》获得集团公司QC成果二等奖。抓好项目建设，按进度计划完成5个项目建设任务。加强内控建设，建设一级内控流程14项。优化物资采购管理，物资采购资金节约率9.1%，电子采购率69%。推进信息化建设，通过商网平台，公司财务系统接入中核集团公司财务统一核算系统。推进安全、廉洁文化建设，开展“‘核’你在一起”、“安全生产我先行”、创建“青年安全生产示范岗”、“企检共建”等企业文化建设主题活动。

【党建工作】 2016年，锦原铀业公司以“两学一做”学习教育为契机，落实全面从严治党。公司党委与各级党组织签订党风廉政责任书，分解任务，细化考核，落实党风廉政建设主体责任。创新党建工作模式，通过建立党建微信群、参加“两学一做”网上考学、支部书记网上党校轮训等方式，提高党建工作效率。以开展“两学一做”学习教育为重点，结合“三抓一促”“三查两讲”“特色党支部”创建等专题活动，有效推动中心工作开展。强化基层党组织标准化建设，落实党建工作考核评价，健全党群工作制度体系。着力落实“两个责任”，驰而不息抓好作风建设。从严落实“八项规定”、坚持反“四风”，深化和巩固“三严三实”专题教育成果，扎实开展党风党纪经常性教育活动。将2016年作为“不能腐”防范机制的“落实年”，在“三重一大”决策、招投标、物资采购、投资决策、财务管理等重点领域实行全部、全面、全流程监督，强化考核评议和问责。开展“四风”“回头看”、“中核集团公司巡视发现共性问题清单”自查自纠等整改工作，全年无违反“八项规定”情况。

中核韶关锦原铀业有限公司负责人名录：

执行董事、总经理：王　成

党委书记：朱曙光

纪委书记：张善果

副总经理：朱曙光　谭荣泽　张善果

（董育娜）

韶关市丹霞山管理委员会

【概况】 韶关市丹霞山管理委员会为市政府直属事业单位，正处级，公益一类，与广东韶关丹霞山国家级自然保护区管理局合署办公，负责丹霞山风景名胜区保护、开发、利用和管理工作，内设办公室、建设科、管理科、科技科4个部门，机构人员编制15人。2016年，丹霞山管委会履行保护和管理职责，提升丹霞山保护和管理水平，各项工作取得成绩。2016年，丹霞山接待游客262.12万人次，旅游总收入6.57亿元。

【规划设计】 2016年，丹霞山管委会做好控制性详细规划编制。全面启动丹霞山控制性详细规划编制工作，按照丹霞山总体规划划定7个景区，分片区实施，各片区均已确定规划编制单位。开展环丹霞山游憩景观道项目规划工作。根据市政府与中信正业投资发展有限公司签订的《环丹霞山游憩景观道建设项目合作框架协议》，开展项目前期工作，先后完成选址、规划方案、可研报告、立项审批等工作。2016年7月，该项目纳入政府购买服务模式融资建设项目计划，进入项目测绘、可研、规划及环评等服务打包公开招标程序。做好景区内建设项目规划初审工作，陆续完成规划审核项目一批。

【环丹霞山旅游产业园建设】 2016年，丹霞山管委会跟踪协调、服务环丹产业园项目。跟踪落实环丹产业园项目进展情况，深入项目现场调查，与项目投资方、规划设计方、属地镇政府（街道办）等各方沟通协调，推进园内各项目建设。抓好环丹产业园村民建房审核工作。按照景区总体规划、环丹产业园发展规划以及景区村庄整治规划，严把景区村民建房审核关。启动丹霞山景观大道及自行车赛道黄竹服务区（驿站）建设项目，开展征地、拆迁工作。

【基础设施建设】 2016年，丹霞山管委会推进景区旅游公厕改造升级工程。争取上级专项资金，加快景区旅游厕所升级改造。建成长老峰票站旅游公厕并投入使用，启动建设长老峰别传寺厕所、菜籽坝旅游厕所、翔龙湖后码头厕所、翔龙湖道观厕所、阳元山厕所等厕所改造工作。推进景区旅游道路、步道改造工程建设。完成丹霞山博物馆区域道路和阳元石步道改造工程，并投入使用。完成翔龙湖

2016年9月6日中国丹霞世界自然遗产专业保护委员会第六次工作会议仁化县锦城宾馆召开

（刘加青 摄）

旅游步道改造工程各项前期工作。完成长老峰别传寺片区地形图测量、原有栈道桩基检测和预算编制工作。加强景区其他配套设施建设。加快丹霞山农村连片整治一期项目（大桥镇水江村委会）建设，该项目完工并通过竣工验收。完成丹霞山游客中心、丹霞山管委会大楼白蚁防治工作。跟进丹霞山旅游公路项目工作。巴寨暖坑服务区供水工程完工并投入使用。完成丹霞山景区标识牌更新安装、办公室楼维修、电子显示屏、博物馆隔断玻璃安装等建设工作。

【宣传促销】 2016年，丹霞山管委会主动与广州南湖国旅、广之旅、广州金马旅行社等品牌大社开展战略合作，联合深圳宝中龙头旅行社开展城市深度推广，联合佛山港中旅开展旅游直通车。主动与赣州市广电台联系，邀请赣州市广电台及下辖18个县（区）电视台台长及记者到丹霞山采风。举办2016丹霞山春季烟雨节，组织参加2016年广州国际旅游展、海峡两岸旅游博览会、香港旅游展等展销活动。协助做好《羊城晚报》、广东电视台《今日关注》、《中国新闻社》等媒体到丹霞山采访拍摄工作。

【科普科研】 2016年，丹霞山管委会在丹霞山举办国土资源科普基地科普志愿者工作体验营培训班、寒假科普训练营等活动，开展2016年丹霞山科普志愿者招募和实训活动。丹霞山成功列入省旅游协会首批“广东游学旅游示范基地”，被省环保厅授予“广东自然学院试点学校”，成为广东省首批自然学校。接待多批次学生到丹霞山自然学校开展活动。指导和协助各自然教育机构建设丹霞山自然教育基地。组织到深圳大学、大鹏半岛及南开大学、天津师范大学、天津博物馆等院校开展系列专题科普活动。举办第47个世界地球日系列科普周活动，编制《“霞山鸣翠”——丹霞山听音辨鸟》科普资料，开设鸟类课程。协助北京、武汉、韶关等地丹霞山科普志愿者开展科普主题分享会及举办2016年度丹霞山星空大会。参加贵州织金洞“2016年中国世界地质公园年会”和英国里维耶拉世界地质公园大会。做好丹霞山世界地质公园代表团回访澳大利亚帕奴鲁鲁友好姊妹公园有关工作。完成法国博日世界地质公园、克什克腾世界地质公园等多家友好姊妹公园交流工作。

【旅游安全生产】 2016年，丹霞山管委会落实各项安全防范措施。与景区内企业、单位签订安全生产责任书，落实安全生产责任。定期和不定期开展景区各主干道、旅游步道等旅游设施巡查，及时全面检查和更新景区内消防设施。做好景区森林防火工作。与景区内企业、单位签订森林防火责任书，加大巡查和宣传力度，严格火源管理。全年，丹霞山未发生安全责任事故。

【“两学一做”学习教育】 2016年，丹霞山管委会做好“两学一做”学习教育活动各项规定动作和自选动作，逐条整改学习教育中查摆出问题10条，并及时通报整改结果。

【体制改革】 2016年，市委、市政府出台一系列政策措施，理顺丹霞山管理体制。年内，丹霞山管委会按照新的工作职责，及时调整内设机构，调整相应部门人员，配齐配强人员队伍。建立健全联席工作会议制度，加强与属地政府协调合作，解决职能交叉、管理不到位难题。仁化县先后成立景区森林公安派出所、综合执法大队和林业站，加强景区执法工作。

【中期评估】 2016年7月22—24日，联合国教科文组织世界地质公园执行局专家2人到丹霞山开展实地评估考察，丹霞山各项工作得到专家考评组一致认可。在英国举行的联合国家科文组织第七届世界地质公园大会上，丹霞山世界地质公园通过四年一次的世界地质公园中期评估。

丹霞山管委会领导班子成员名录：

党委书记、管委会主任：
柳琛子（女，兼，任至2016年7月）
刘　锋（兼，2016年7月任职）

党委副书记：王晓梅（女，兼，2016年7月任职）

党委副书记、管委会副主任、自然保护区管理局局长：
谢庆伟（2016年9月任职）

管委会副主任：侯荣丰

纪委书记：黄德贵

副主任、自然保护区管理局副局长：陈　昉（女，2016年12月任职）
沈建图（兼，2016年12月任职）
梁钰清（兼，2016年12月任职）
彭荣华（兼，2016年12月任职）

党委委员：连辉标（兼，2016年11月任职）
黄银泰（兼，2016年11月任职）
万志明（兼，2016年11月任职）
冯奋德（兼，2016年11月任职）
曾大海（2016年11月任职）

（彭僖华）

韶关市国有仁化林场

【概况】 韶关市国有仁化林场（简称“仁化林场”）是韶关市市属林场正科级公益一类事业单位，经费由市财政拨付。内设办公室、营林生产股、经营管理股、管护股、计划财务股。2016年有在职人员94人，其中在编人员73人，聘用制人员21人；退休人员130人。林场有1个以场带队的高联村委会3个自然村，总人口386人。

2016年，仁化林场以中共十八届四中、五中全会精神，习近平总书记系列重要讲话精神为指导，以“三严三实”活动为主线，以保持党员先进性为核心，围绕林场中心工作，完成各项工作任务。

【营林生产】 育苗。2016年，仁化林场培育成苗木0.33公顷，其中完成育杉苗0.13公顷，阔叶树苗0.2公顷。苗木粗壮健康，长势良好，合格苗占总苗量91%以上。

造林。2016年，仁化林场完成造林63.6公顷，其中杉树面积30.73公顷，松树12公顷，阔叶树20.87公顷，总体成活率在95%以上。完成丰产林任务的100%。

幼林抚育。2016年，仁化林场完成幼林抚育955.27公顷/次，完成上级下达任务。

科技兴林。2016年，仁化林场在牛栏坑地块进行块状混交造林，长势良好，有效提高林地生产力，最大限度减少水土流失，改善生态环境，提高林分立木质量。

木材生产。2016年，仁化林场领取林木采伐许可证12164立方米。因年内林场木材招标时间晚，且遇多雨水天气，增加工人上山砍伐木困难，木材采伐工作进展缓慢，截至2016年年底，完成林木采伐约9150立方米。

森林防火。2016年，仁化林场健全森林防火制度，成立仁化林场森林防火指挥部和打火应急小组。森林防火期间，从制度上确保有场领导、中层干部及值班室和派出所干警值班；要求打火应急小组成员务必保持24小时通信畅通。全年全场出现森林火警零次。

林权确权工作。2016年，仁化林场完成林地确权7宗，领证面积2137公顷。

专项资金项目完成情况。2016年，仁化林场专项资金项目主要有2015年中央财政森林抚育补贴（第二批，已完成），韶关市节能减排财政政策综合示范城市典型项目（已完成），2015年中央财政造林补贴（第二批已完成），2016年生态公益林补助（第二批、第三批已完成），2016年碳汇林抚育，2016年植被恢复费，2016年中央财政造林补贴（已完成部分），2016年中央财政森林抚育补贴（完成作业设计，启动招标工作）。

【木材经营】 2016年，仁化林场组织经营管理股职工认真学习《森林法》《广东省木材运输管理办法》等林业法律法规，提高业务素质、法律素质，做到懂法、守纪，严格按章办事，营造木材经营管理良好氛围。为了加强对木材运输的管理，规范林场木材流通领域秩序，实行木材运输证专人保管、专人负责，严格按规定程序办理运输证。建立木材运输证台账，及时掌握木材运输流向，确保当年森林采伐限额、木材生产计划严格执行。通过学习及实地实践木材检尺，提高木材检尺员技术水平，保证木材检尺工作高水平、高质量完成。强化木材加工厂经营者法律、安全意识，提高木材加工厂内作业人员安全意识，督促木材加工厂经营者做好相关防火设施，签订《安全责任书》，确保安全生产，全年无安全事故发生。通过宣传相关法律文件，强调合法经营加工木材重要性。通过随机抽查与定期检查形式，规范木材经营加工秩序，对违规加工厂进行整治并要求其整改。要求木材加工厂建立原料来源、购销、加工登记台账；严禁从事核准范围外木材经营加工行为；严禁转办、转租和一证多点行为；严禁违法收购、经营、加工非法来源木材行为；不得无证运输木材或超量运输木材。全年，全场办理木材运输证8127.75立方米（其中杉木3323.41立方米，松木1446.59立方米，杂木737.23立方米，桉树2620.52立方米）。

【财务管理】 财务收支。2016年，仁化林场严格执行财务相关制度，采用各种开源节流方法，利用现有森林资源优势，保障全场资金正常运转。全年全场总收入851万元，其中主营业务收入483万元，财政拨款和补贴收入318万元，其他收入50万元；总支出1617万元，其中林场管理费用289万元，营林生产支出294万元，应付职工工资611万元，固定资产支出28.6万元，专项应付款支出349.8万元，福利费支出6.6万元，营业外支出38万元。

债务追收工作。2016年年初，仁化林场应收款项389万元。年内，林场成立债务追收领导小组，经全力追收，追回253万元，未追回136万元，对无法追收部分国有资产，准备通过法律程序进行追收。

专项资金使用情况。2016年，仁化林场下达专项资金18项，完成13项，金额318万元。其中，招投标3项，金额148万元；省级和中央国有林场改革资金601万待改革方案二次批复后支付。

国有资产清查工作。为了加强事业单位国有资产管理，2016年7月至8月，仁化林场开展林场国有资产全面清查工作。对林场固定资产登记核实并针对暴露出的问题进行完善。

【国有林场改革】 2015年12月，仁化林场根据中发〔2015〕6号文、粤发〔2015〕9号文要求以及省林业厅关于国有林场改革方案，联系林场实际，制订仁化林场改革方案并报上级部门批示审核。2016年2月4日，韶关市编制委员办公室下发〔2016〕41号文，同意仁化林场调整为公益一类事业单位，经费按财政补助一类拨付，重新核定林场事业编制79人。2016年，为做好林场改革工作，仁化林场开展国有资产清查、一类事业单位岗位设置、参加林场改革座谈会学习学习交流林场改革经验、编制林场2017年财政预算等工作，及时完成和落实各项林场改革措施及文件。

【基层党组织建设】 2016年，仁化林场切实加强和改进思想和作风建设。完成中共党员组织关系集中排查工作。完成“两学一做”党员教育考学工作。2016年6—9月，组织林场所有中共党员分阶段完成“两学一做”党员教育考学，参加考学中共党员72人，及格率100%，满分率20%。开展中共基层党组织按期换届工作。2016年8月，开展中共韶关市国有仁化林场党委换届工作。通过党代会选举，选出新一届党委班子。开展党费收缴工作。林场根据上级有关文件精神，摸查2008年以后的中共党员党费收缴情况，根据党员收入情况和党费缴费标准，计算出各党员需补缴党费并通知各党员补缴。

韶关市国有仁化林场负责人名录：

党委书记、场长：叶昌旺

党委副书记、副场长：吕中跃

党委组织委员、副场长：孟光辉

党委宣传委员：杨汉忠（2016年8月任职）

党委纪律检查委员：顾新华（2016年8月任职）

副场长：肖志劭（任至2016年2月）

（蔡君兰）

镇（街道）概况

丹霞街道办事处

【基本情况】 丹霞街道办事处（简称“丹霞街道”）位于仁化县中南部，四周与黄坑、闻韶、扶溪、仁化林场、董塘、大桥、周田及浈江区接壤。是中共仁化县委、县人民政府驻地，全县政治、经济、文化、金融、信息和科技中心。总面积288.13平方公里，其中耕地面积2747.53公顷，山地面积21265.64公顷。

2016年，全街道辖13个村委会，123个村民小组，4个社区居委会，2个农场，总户数21464户，总人口63155人，其中农业人口27865人。

丹霞街道自然资源和人文景观丰富。境内丹霞山是世界自然遗产，世界地质公园，国家AAAAA级旅游景区，广东省四大名山之一，省级旅游度假区，被誉为中国红石公园，是世界“丹霞地貌”命名地。境内有丹霞源国家水利风景区、“广东省古村落”夏富村、广东省仁化省级森林公园、瑶前洒谷岭古人类遗址、国家级文物保护单位丹霞山摩崖石刻和省级文物保护单位文峰塔。

【经济发展概况】 2016年，全街道实现：工业增加值612449万元，比上年增长（同比增长）10.8 %（按可比价计算）；农业总产值70210万元，比上年增长4.7%（按可比价计算）；农业增加值39449万元，比上年增长8%（按可比价计算）；街道完成全年税收入库12908万元，比上年增长49.57%，完成年度任务74.89%；投资19.8亿元，其中镇属投资完成 11.3 亿元；旅游人数660.5万人次，占全县旅游总人次78%，旅游经济总收入40.03亿元（含辖区内丹霞山收入），占全县旅游总收入82%。

【组织建设】 加强党的建设，党的执政基础得到夯实。以深入开展“创先争优”、“两学一做”学习教育、民情日记、驻点普遍直接联系群众、干群会客厅等活动为载体，加强基层组织建设，密切党群干群关系；健全党建工作责任制，强化书记抓党建是第一责任人的意识，建立书记向党员述职、党员定期评议基层党组织领导班子成员等制度，确保基层党建工作取得明显成效；狠抓“软弱涣散”党组织整顿工作，提高村基层党组织战斗力；严格规范发展党员，全年发展党员12名；加强村（社区）后备干部培养。

加强党风廉政建设，落实党风廉政建设责任制，推进惩治和预防腐败体系建设。结合“两学一做”学习教育，深入开展纪律教育月活动，提高党员干部守纪律、讲规矩意识，规范行政村公务接待。严格执行廉洁自律各项规定，健全和完善公务用车、公务接待等各项规章制度，严控“三公经费”支出。加强监督检查、强化执纪问责，全年对村干部进行诫勉谈话4人。突出抓好党员干部违纪违法线索集中排查工作，在全街道营造风清气正干事氛围，年内发现违纪线索5宗，已答复信访件4宗。

【重点项目推进有力，城乡面貌不断改善】 2016年，丹霞街道坚持主攻项目，切实抓好落户街道的省、市、县重点项目推进。年内落户街道的各类项目共7宗，其中：街道为主要责任单位的有4宗，截至2016年12月，4宗主要责任项目完成投资82500万元；协管责任单位有3宗（含武深高速公路、中小河流治理项目）。“丹霞彩虹”省级新农村示范片建设顺利推进，“乡村清洁美”工作扎实开展，“美丽乡村”示范点稳步推进，“一事一议”村级公益事业积极实施。

【城乡建设加快推进】 2016年，丹霞街道完成三角塘路口至龙井村月岭排、金盆村至三角塘、夏富至下迳、腊口至腊底、S246线龟颈至龟颈村等路段共1.46公里乡村公路改建；狮井村坦扶岭村小组美丽乡村建设初见成效

【旅游产业壮大】 2016年，丹霞街道大力实施县委、县政府提出的“人心向旅、规划引旅、项目强旅、服务优旅”旅游方针，推动域内旅游业发展。

*加强旅游宣传推广，营造良好旅游氛围。*年内，利用丹霞街道旅游微信公众号等媒介，向县旅游局报送和向社会推送辖区丰富的旅游资源和时令旅游景点线路，全年通过街道旅游微信公众号向外发布旅游信息12篇，向旅游局推荐旅游景点线路5条，制作旅游宣传牌、宣传标语10篇。

*尊重民意科学规划，大力推进旅游项目建设。*年内，街道派员参加乌镇、西塘景区游客服务中心的考察，学习当地先进的景区发展规划和管理经验，为仁化建设旅游集散中心奠定基础。推进全县重点旅游项目建设。丹霞山1号、丹霞山水上码头项目、丹霞山绿道项目、博士生态园建设项目有序建设。完成省级新农村示范片建设夏富新村、断石瑶塘村基础设施详细规划制定工作，推进车湾、牛鼻简帛精舍文化旅游项目建设。

*开展农村闲置房调查摸底，加快推进乡村旅游发展。*年内，丹霞街道加强农村闲置房招商引资，发展特色名宿，对夏富、车湾农村闲置房进行调查摸底。据统计，夏富村有闲置房屋93套，房屋面积约9500平方米；车湾村有闲置房屋69套，房屋面积约7000平方米。并对两地的土地办证情况和消防条件开展调查。新增丹霞仁家“农家乐”和“特色名宿”一批。经县旅游委评定，丹霞印象山门店、丹霞印象艺术家店、原色客栈、阳元村酒店等4家客栈被评为丹霞仁家“特色名宿”，坝头农庄被评为丹霞仁家“农家乐”。全年，街道有丹霞仁家“农家乐”12家，丹霞仁家“特色名宿”6家。推荐和被评定丹霞旅游名村、旅游名镇一批，加强旅游名村、旅游名镇创建力度，丹霞街道办和4个村申报创建活动。

*加强旅游安全监管，维护旅游市场秩序。*按照县委、县政府和旅游局的安排部署，加强春节、“五一”等节点安全监管。加强节假日安全隐患排查化解以及加强交通疏导，引导各“农家乐”业主及丹霞山商贸街商家守法经营、热情服务、文明买卖，共同创造和谐文明的旅游环境。督促各村（社区）、“农家乐”业主搞好自身环境卫生，加大旅游主体村环境卫生整治力度，全年组织街道和村干部开展大清洁集中行动12次。2016年，丹霞街道办被县人民政府评为2016年“十一”黄金周旅游服务先进集体，谭浩被评为先进个人。

【“三农”工作稳步发展】 全年，丹霞街道：完成农业总产值70210万元，比上年增长4.7%；农业增加值39449万元，比上年增长8%。播种农作物面积9625.47公顷，比上年增长4.5%。粮食作物面积3611.4公顷，其中，稻谷播种面积3200公顷，比上年增长5.4%；玉米411.4公顷，比上年增长7.4%。花生2083.27公顷，比上年增长5%。蔬菜2183.73公顷，比上年增长1.7%。水果产业发展迅速，种植面积1011.7公顷，比上年增长5.2%，其中：贡柑种植面积548.57公顷，比上年增长14%，

初步形成“一镇一业”；沙田柚150.47公顷；砂糖橘151.13公顷。生猪出栏42991头，存栏量19541万头，分别比上年增长5.9%、4.8%，母猪存栏3306头；禽类出栏量735565羽，存栏量277310羽，分别比上年增长5.7%和4.8%；黑山羊饲养量587只，比上年增长5.2%；水产品产量721吨，比上年增长3%。铁皮石斛种植、盛丰水果种植、智翔现代农业生态园、霞丰农机作社谷烘干中心等省级示范区建设工作进展顺利。完成投入640万元实施的高标准农田建设和投入1300万元实施的国家农业综合开发高标准农田建设项目，各村基本农田保护资金得到有效利用，总投入1.6亿元的董塘河（丹霞街道段）、康溪和西岸电站至夏富古寨坪的中小河流治理工作步伐加快。

【“精准扶贫”工作扎实推进】 2016年，丹霞街道贯彻落实精准扶贫工作责任制，13个村委会共有符合精准扶贫对象350户886人（当中无劳力户139户205人），其中：扶贫户88户269人、低保贫困户206户558人、“五保”户56户59人。因病、因学、因残致贫人口分别为266人、50人、396人，岭田、康溪两个村为精准扶贫相对贫困村。全面推进落实精准的产业、教育扶贫、医疗扶贫、社会保障扶贫等配套措施，全年全街道162户296人实现脱贫。

【人口计生工作】 坚持以“稳定低生育水平、统筹解决人口问题、促进人的全面发展”为中心任务，按序按时进度完成免费孕前优生健康检查工作。全年户籍总人口59327人，已婚育龄妇女13116人，户籍人口出生905人，一孩出生498人，二孩出生360人，其中政策内生育334人，三孩以上出生47人，其中政策内生育39人，户籍政策生育率为96.24%，人口出生率15.25‰；全年出生男孩469人，女孩436人，性别比为107.57（女＝100）；人口自然增长率为10.69‰。

【社会治安综合治理】 2016年，丹霞街道大力推进依法治街，民主法治和社会治理能力得到提升。坚持抓好驻点普遍直接联系群众工作，以开展“一厅三档案”活动为抓手，全面加强社会建设。严厉打击各类刑事犯罪活动、全面设置“一村（居）法律顾问”、率先开展“平安社区、平安小区、平安家庭”创建工作、网格化服务管理工作。综治工作借助“中心+网格化+信息化”的省试点创建为契机，全面加强“平安街道”建设。积极开展创建无邪教、“中心+网格化+信息化”示范点工作，抓好社区戒毒（康复）、精神障碍患者摸排走访和监管、刑满解教人员的安置帮教工作，加大矛盾纠纷排查化解力度，促进社会和谐稳定。全年：街道、村（社区）两级受理各类矛盾纠纷145宗，成功调处137宗，调解成功率94.5%；受理网络问政44宗，调处率100%。立刑事案件208起，破案74起，破案率35.6%；受理治安案件332起，查结91起，查结率27.4%；受理调处民事纠纷案件606宗，调处606宗，查处率100%。有社区矫正对象32人，刑释解教人员36人，到社区戒毒（康复）中心接受社区戒毒（康复）人员213人，其中当年数为58人；排查登记在案的精神障碍患者233名。

【生产安全管理】 2016年，丹霞街道严格落实安全生产责任制，安全生产、环保形势保持平稳。全年，开展安全大排查大整治活动，检查单位109家，发现问题325条，整改282条，整改率达86.8%；开展安全生产大检查和专项治理行动，检查企业18家，下发整改通知书6家。省级农村生态环境综合整治项目全面建成，争取10万元资金更新改造双合水渡口渡船。

【民政、医保工作】 2016年，丹霞街道推进民政事业，加强敬老院管理、“五保”户供养，落实优抚安置政策。全年低保户355户569人，发放

1930386元，人均3393元。健全医疗卫生服务体系。全街道实现基本医疗保险制度全覆盖，提高城乡医疗保障水平，开展家庭医生签约服务工作，发挥家庭医生作为居民健康“守门人”作用。

【武装工作】 2016年，丹霞街道加强基层基础工作，搞好民兵组织整顿。年内，依据县人武部通知精神，结合街道民兵工作实际，抓好民兵组织工作“政治落实、组织落实、军事落实”三落实。抓好以民兵军事训练为中心的各项经常性工作。组织“三支队伍”（专武干部、民兵营长、基干民兵）参加县人武部安排的军事训练，组织和引导民兵、预备役人员参加和谐社会建设。教育、引导民兵预备役人员争当文明带头人，争当文明公民，争当扶贫帮困、共同富裕的带头人。发动组织民兵预备役人员担负“两违”整治、打击非法开采矿产资源等急难险重任务。完成退伍军人和地方与军事专业对口统计工作、兵役登记工作。做好夏秋季征兵工作，严格把好体检、政审和新兵推荐“三关”，确保兵员质量。

【共青团、妇联组织工作】 2016年，丹霞街道团委配合团县委开展希望工程“南粤会亲”、“关爱留守儿童”志愿者服务等系列帮扶活动，为辖区内留守儿童捐赠上万元慰问物资。发挥妇联职能作用，通过开展“双学双比”“巾帼建功”“关爱弱势群体”和技能培训活动，提高妇女服务经济社会建设能力。

【农村公路建设】 2016年，丹霞街道争取县交通局公路配套资金，申报建设农村公路项目。全年完成三角塘路口至龙井村月岭排、金盆村至三角塘、夏富至下迳、腊口至腊底、省道S246线至龟颈村等路段共1.46公里乡村公路改建。6月，申请渡落至碰田背等49条新农村公路中面硬化建设项目立项，合计62.604公里，并于是年底完成立项。

【档案管理工作】 2016年，丹霞街道按照县档案局要求，保质保量完成档案收集整理、信息化管理、档案利用、库藏保护工作。街道档案管理工作经验在全县镇一级推广。

2016年丹霞街道办事处村委会（社区）基本情况一览表

表55

村（社区）名称	自然村（个）	村委会（社区）集体纯收入（万元）	现有集体经济发展项目	特产	村委会（社区）负责人
胡坑	14	16.8	电站	沙田柚、西瓜、糯米、地膜花生、红花油茶	林天养
康溪	8	4.8	砖厂、果场	东田香芋、沙田柚	邹国超
官口	10	1.8	电站	甜竹笋、沙田柚	刘卫明
城南	6	1.4	门店出租	时菜	陈宝华
新东	6	4.8	—	—	卢金传
中心	7	7.5	门店出租	—	吴建辉
岭田	7	-2.6	—	鸭蛋、鸭	李金生

续表55

村（社区）名称	自然村（个）	村委会（社区）集体纯收入（万元）	现有集体经济发展项目	特产	村委会（社区）负责人
狮井	10	-0.7	—	油黏米、辣椒	谭细祥
麻塘	1	6.5	—	油黏米	谭文良
车湾	12	18.7	—	淮山	吴海荣
夏富	8	9.5	—	沙田柚	李尧星
黄屋	11	-2.3	电站	时菜	吴宏斌
高联	3	11.3	—	贡柑、杉苗	张仕明
高坪社区	—	2.4	—	—	叶春桃
水南社区	—	3.9	—	—	梁明福
老城社区	—	1.7	—	—	李月古
新城社区	—	3.1	—	—	谢学勤

丹霞街道办事处党政负责人名录：

书　记：连辉标

副书记：王剑斌

张增清（任至2016年7月）

梁美娥（女，2016年7月任职）

连光才（2016年7月任职）

人大工委主任：连辉标（任至2016年7月）

张增清（2016年7月任职）

党工委委员：饶长田（任至2016年7月）

马兴战（2016年7月任职）

熊　婵（女，2016年7月任职）

曹培镇（2016年7月任职）

谭　浩

赖建明

张石龙

曾威荣

廖苑威（任至2016年7月）

办事处主任：王剑斌

办事处副主任：卜卫群（任至2016年7月）

曾威荣（2016年7月任职）

赖道友（2016年7月任职）

赖海文（2016年7月任职）

冯海年（任至2016年7月）

（吴莉莉）

董塘镇

【基本情况】 董塘镇位于仁化县城西南部，东邻丹霞街道办，北接红山镇，西毗石塘镇和乐昌市，南连浈江区。镇政府驻董塘社区，距县城12公里。S246线贯穿墟镇，一小时内可到武广高铁韶关站，S345线可达乐昌，京广铁路黄岗支线从镇区北面经过，董塘河流与锦江河相接，交通便利。辖区总面积243.3平方公里，其中耕地3405.77公顷，墟镇面积为3.09平方公里。辖五一、安岗、高宅、高莲、江头、红星、董联、董中、白莲、新龙、新莲、岩头、河富、坪岗、南湖、瑶族、塘联村委会17个和董塘、广东铝厂、凡口社区居委会3个，198个村民小组。2016年，全镇总人口44976人，其中，农业人口33429人，外来人口5948 人。

董塘镇地处粤北山区，属中亚热带季风气候。整个地形四面山地，中间小盆地，墟镇处于盆地中央，主要以丘陵山地为主。镇域旅游资源丰富，有旅游景点巴寨、燕岩、大石山、飞花瀑布，属丹霞山风景名胜区；古塔有国家级文物保护单位，广东省现存最早唐代砖塔云龙寺塔，省级文物保护单位唐末宋初澌溪山寺塔，明万历腾风塔。矿产资源丰富，有锌铅、铁矿、石灰石等。工业发达，有知名企业中金岭南凡口铅锌矿、丹霞冶炼厂、华粤煤矸石发电厂等。土地肥沃，农业发展以优质水稻和高产地膜花生生产为主，种植农作物主要有优质稻、花生、柑橘、火龙果、淮山、竹类等。养殖业主要以养猪、养鱼和养鸽为主。

【经济发展概况】 2016年，全镇生产总值296326万元，比上年增长8.6%，全年农业总产值49745万元，比上年增长4.6%，农村经济总收入42087.37万元，比上年增长0.9%，农村人均纯收入13361元，比上年增长17.2%，社会固定资产投资27650万元。2016年，全镇积极履行协税护税职责，超额完成税收收入。

【基层党组织建设】 *加强领导班子建设和党员干部队伍建设。*2016年，董塘镇以开展领导干部驻点普遍直接联系群众活动、“落实总书记要求，建设模范部门”教育实践活动为契机，深入学习践行科学发展观，积极推进党委班子自身建设。开展集中学习和自学，提高班子自身素质，发挥领导核心作用。建设“增进团结、提高水平、做好表率”班子，强化基层党委核心作用。落实党政班子成员抓基层组织建设责任制，完善班子成员年终考核制度，明确驻村领导是该村党建工作开展的第一责任人，班子成员评分与驻点村党建工作开展情况挂钩。抓好干部队伍建设。重点抓好党的宗旨教育、理想信念教育、党性党风党纪教育，引导全镇党员干部牢固树立宗旨意识，坚定理想信念，转变工作作风。抓好后备干部培养，在民主推荐后备干部的基础上，加强对年轻干部的锻炼培养，完善健全后备干部管理制度，健全后备干部档案。实行“两推一评”工作制度选拔任用镇中层以上干部，全年全镇提拔中层干部11名。

*推进“两学一做”学习教育工作。*2016年，董塘镇开展“两学一做”学习教育，要求全镇党员领导干部坚持个人自学为主，及时将中国共产党章程、习近平总书记系列重要讲话读本下发并要求其积极做好自学笔记，同时定期组织集中学习。并把各模块内容在20个村（社区居）委会宣传栏上进行宣传，利用微信公众号“魅力董塘”将我相关“两学一做”学习知识、内容及中共十八届六中全会精神推送给网民。

*抓好基层组织建设，有序推进党建工作。*发挥农村党员创业带富示范作用，积极为能人创造优良的创业环境，解决创业中遇到的难题，以点代面，更大范围带领群众致富。截至是年底，全镇有专业合作经济组织（包括协会、合作社）7个。培养现代型农村党支部书记。全年全镇选送村后备干部2名参加“全市村书记后备干部培训班”。实施村支部书记培训、后备干部培育“双培计划”，选拔出各村、社区书记和后备干部34人次参加县举办书记培训班和书记后备干部培训班。着力开展基层治理工作。加快镇村公共服务平台建设，全年全镇完成公共服务平台中心（站）建设19个。

开展领导干部驻点普遍直接联系活动。截至2016年12月中旬，20个驻点团队走访联系群众8646户，其中走访本地户籍人口户数8371户，收集群众意见2352条，收集群众反映问题542条，需要镇协调解决问题71条，累计发放民情联系卡8617张，完成全镇总户数的98%。

【农业农村工作】 加强农业水利基础设施建设。2016年，董塘镇完成2016年高标准农田建设申报，河富、白莲村国家农业综合开发项目建设，以及西渠灌区建设工程、塘联陂头工程、新龙亚婆墩电排灌站技改工程、新建墩仔桥工程、中小河流治理岩头河段与澌溪河段征地等工作，开展墩仔河、高宅水河、麻塘河、凡口八角庙河等小河流治理征地工作，申报高宅村水利建设项目。

推广良种良法，打造现代农业示范点。年内，推广种植优质高产水稻品种、花生良种，提高农业增收。在高莲村打造20公顷粮食创高产活动示范片、13.33公顷测图配方施肥技术示范片，在高莲村和红星村开展13.33公顷“三控”施肥技术示范片、16.67公顷绿肥示范片。以创建“平安农机”示范村为契机，与村委会签订农机安全责任书，全年实现安全生产零事故，提高农民的农机操作能力、安全意识和生产力，并通过培训发放驾驶证，打造农机安全平安镇、村。

加强农产品“三品认证”工作。2016年，董塘镇积极开展农产品“三品认证”，提高农特产品知名度。董塘联创白鸽农民专业合作社、鸿霖菜场通过省农产品无公害认证，鸿霖菜场获得“广东省农产品出口示范基地”称号。

加强推进农村经营管理工作。2016年，对全镇村委会进行经济审计，村务村账公开透明，账务明晰，促使村委干部管好财用好财。按时按量完成17个村委会每月183条党风廉政平台信息数据录入公示。进行农村集体经济组织建设，完善各项制度。农经站及时做好发生的土地、经济纠纷立案及调处工作，全年成功调解经济纠纷6宗，土地纠纷18宗。做好“三资”管理工作，完成17个村委会“三资”管理平台建设。开展土地确权工作，完成17个村委会第一轮确权公示。

积极推进普惠金融工作。2016年，全镇建信用村委会17个、金融综合服务站17个、惠农取款点17个，100%按照上级要求高质量、高标准完成普惠金融各项建设任务。完成17个村共6086户农户信用信息采集与信用评定工作，信息采集100%，信用评定率100%。

【“精准扶贫”工作】 截至2016年9月30日，全镇有贫困户594户1701人，占全镇农业总户数8.9%，占全镇农业人口5.6%。已脱贫贫困户231户560人（贫困村78户243人，分散村153户317人），其中社会保障兜底165户323人，种养加产业脱贫5户12人，就业培训脱贫56户207人，教育文化脱贫5户18人。年内，完善各村基础设施建设，改善贫困户住房条件，全面落实社会、医疗保障，教育资助落到实处，金融扶持到户初见成效。

【旅游休闲产业取得新发展】 2016年，通过微信公众号“魅力董塘”宣传董塘生态、历史、休闲旅游业，提高镇域旅游知名度和影响力。7月30日和国庆节期间，先后举办首届荷花垂钓旅游文化节和第三届龙皇宫生态旅游文化节，并通过市、县电视台等主流媒体扩大宣传，有效宣传镇域旅游资源。加快智慧旅游发展步伐，建立仁化县新农人生态农业发展有限公司农产品电子商务平台，并与中国邮政和仁化会生活服务中心合作，实现“互联网+”效应。

【城镇建设管理加强】 城镇建成区取得新成效。2016年，董塘镇推进基础设施项目建设，完成董中村糖行、高腰角4.67公顷征地协议和9户住户房屋征收安置与补偿合同的签订工作，完成项目立项、勘测、设计等前期工作；2016年年底，启动该项目繁塘路至S246线路段改造提升工程并进入建设阶段。做好城乡用地和严控区、严控道路周边区域巡查工作，依法严厉打击“两违”行为，年内查处“两违”案件17宗，完成镇村公路改扩建及村组道路硬底化4.1公里。

农村环境焕然一新。2016年，董塘镇扎实推进美丽乡村建设工作，完成安岗村山背组示范点400米主干道、房屋外墙粉刷、排污水渠、排污网格化处理池、休闲健身广场、文化墙、文化室修缮及村牌建设工作。全年累计投入镇级财政专项经费60万元，保障“乡村清洁美”工作有序运作。实施“一事一议”村级公益事业。高莲村村内环卫设施建设、高宅村公共场所建设、董中村路灯建设、新龙村公共场所建设等公益项目完工。申报红星村、新莲村亮化工程。

生态环境日益优化。2016年，完成董塘镇污水处理厂管网第一期工程，污水处理厂正式投入运营。完成新龙新塘村小组和新莲龙皇宫组生活污水处理系统及垃圾收运系统项目勘测工作。完善5家规模化畜禽养殖场治污减排设施。

【和谐社会建设】 落实各项社会保障，社会和谐持续改善。2016年，全镇参加城乡医疗保险人数31537人，覆盖面100%，实现基本养老保险。完成农村劳动力技能培训187人，转移农村富余劳动力80人。改造农村危房433户。

落实人口计划生育政策。2016年，董塘镇根据人口计划生育政策重大调整，狠抓实施全面两孩政策的宣传、制度改革及人口计生经常性工作落实，计生工作取得成效。全年全镇总出生576人，出生率为12.81‰，计生率为97.22%，性别比为107.9。

加强文化建设。2016年，全镇按照巩固教育强镇标准要求，坚持教育优先发展，继续筹集资金8万多元进行奖教奖学。全年全镇有初级中学1所、小学10所（其中，中心小学1所，完全小学2所，教学点7个）、幼儿园9所（其中，公办1所），在校学生4621人。

镇村文化持续发展。2016年，仁化县丹霞书画院采风创作交流基地、仁化县首个“爱心妈妈小屋”均在董塘镇揭牌成立。加强村居公共文化电子阅览室建设使用和管理，新建村委会（社区）公共电子阅览室11个，配合县文广新局及有关单位做好“三下乡”活动。镇政府拨款扶持舞龙队、舞狮队、女子腰鼓队、董塘镇老人娱乐队伍。董塘女子健身队参加仁化县第四届广场舞比赛获一等奖。

2016年董塘镇村（社区）基本情况一览表

表56

村（居）名称	村小组（个）	自然村（个）	村（居）委会集体纯收入（万元）	现有集体经济发展项目	特产	村（居）委会负责人
董中	18	9	6	门店出租	花生、优质水稻、蔬菜	何国强
高莲	10	4	7	鱼塘出租	花生、淮山、粉葛、鱼	刘煌义
安岗	14	6	–23	锦电入股	莲藕、茨菇、火龙果	谭世海
河富	12	6	4.5	兴办砖厂	贡柑、优质水稻	吴新水

续表56

村（居）名称	村小组（个）	自然村（个）	村（居）委会集体纯收入（万元）	现有集体经济发展项目	特产	村（居）委会负责人
董联	13	5	1	土地出租	桃、蔬菜、鸽子	叶亚全
红星	9	5	4	石灰厂租金	梅花猪、优质水稻、莲子	肖国瑞
高宅	11	5	10	土地租金	优质水稻	叶永福
五一	26	12	11	石场租金	贡柑、优质水稻	谭月福
瑶族	7	6	1	锦电入股	茶叶、砂糖橘	李学强
岩头	6	5	2	开采石场	灵芝、贡柑	张贻德
坪岗	17	9	19	管理费	贡柑、优质水稻	陈德优
新莲	8	6	4	锦电入股	花生、优质水稻	张祖瑞
新龙	7	7	2	锦电入股	柑橘、优质水稻	张新祥
江头	10	5	5	山林发包	蔬菜	叶凤林
南湖	17	9	4	锦电入股	贡柑、优质水稻	肖彩英
白莲	10	5	4	水库发包	优质水稻、栗子	彭仕建
塘联	3	2	7	入股锦电	砂糖橘	蒙传盛
董塘社区	—	–	0	门店出租	—	何志衡
广东铝厂社区	—	–	1	绿化环境	—	陈书强
凡口社区	—	–	1	无	—	饶小明

董塘镇党政负责人名录：

书　记：谭家琪（任至2016年6月）
　　万志明（2016年6月任职）

副书记：万志明（任至2016年6月）
　　刘志坚
　　刁祥军（2016年7月任职）
　　刘剑勇（2016年7月任职）

党委委员：樊　欣
　　何　艾（女，任至2016年7月）
　　黄玉文（任至2016年7月）
　　宁家红（女，任至2016年7月）
　　谢卫锋（任至2016年7月）
　　刘剑勇（任至2016年7月）
　　黄大放
　　谢金云（2016年7月任职）
　　麦海芳（女，2016年7月任职）
　　唐　源（2016年7月任职）
　　张建忠（2016年7月任职）
　　肖文荣（2016年7月任职）

人大主席：谭家琪（任至2016年6月）

林伟浩（2016年7月任职，任至2016年11月）
镇　长：万志明（任至2016年6月）
刘志坚（2016年7月任职）
副镇长：张建忠（任至2016年7月）
肖文荣
吴显桃（女，2016年月任职）
马　良（任至2016年7月）
李光聪（2016年7月任职）

（郭　粤　张静怡）

石塘镇

【基本情况】 石塘镇位于县境西部，东连董塘镇，南接浈江区花坪镇，西与乐昌市廊田镇为邻，北与红山镇交界，镇政府驻石塘村，距县城19公里。省道S345线贯穿全境，石塘河与董塘河相接，交通便利。辖区面积77.92平方公里。镇辖上中坌、下中坌、石塘、光明、水历、京群村委会6个和石塘居委会(社区)1个，总户数3612户，2016年年末户籍人口13581人，其中，农业人口9122人，外来人口87人。

石塘镇历史悠久，南北朝时期就有先民在该地卜居。镇内人文特点以“中国历史文化名村”石塘村为标志，地方语言独特，李氏祠堂和明清时期古建筑群众多，有闻名省内外国家重点保护单位、广东省中共党史教育基地、广东省爱国主义教育基地石塘双峰寨，有流传悠久民间艺术、省级非物质文化遗产“石塘月姐歌”，有以打醮为主庙会活动，还有以清、香、醇著称广东省非物质文化遗产“堆花酒酿造技艺”——石塘米酒和各个时节用大米加工而成的各式各样糍粑。

石塘镇具有得天独厚农业资源优势，形成以优质稻、花生、蔬菜、马蹄、西瓜、甜笋竹6大传统项目为主的农业产业结构，建立优质稻、花生、马蹄、甜笋竹基地，形成“一村一品”发展格局。镇内有大水坝水库、工农水库和胡椒冲水库3个，确保土地旱涝保收。石塘土地肥沃，粮油充裕，是县内吨谷镇。旅游资源有国家AAA级旅游景区石塘古村、“中国历史文化名村”石塘村、国家级文物保护单位双峰寨、古建筑群景点、土法酿酒景点、娘娘庙景点、省非物质文化遗产“月姐歌”和李仲生故居等。

2016年，石塘古村景区被评定为“国家AAA级旅游景区”，石塘村、京群村、上中坌村被命名为2016年度仁化县“文明村”，石塘镇被评为“韶关市2016年市卫生镇”，京群村被评为“韶关市2016年市卫生村”。

【经济发展概况】 2016年，全镇完成地区生产总值2.05亿元，比上年增长8.5%；完成固定资产投资0.36亿元，比上年增长9%。全镇农业生产总值达2.14亿元，比上年增长10%。农村人均可支配收入达11207元，比上年增长7%。实现农村经济总收入11955万元；农村常住居民人均可支配收入4589元，比上年增长10.73%。

【农业工作】 2016年，全镇新增专业合作社和家庭农场等新型农业经营主体2家。大力发展农村电子商务，推行“互联网+农户”生产经营模式，增加农民收入。加大农民培训、就业、创业力度，广泛开展贡柑、优质水稻等先进实用技能培训5场次，努力培养有文化、懂技术、会经营的新型农民。努力培育和打造石塘堆花米酒农副产品品牌，成立石塘堆花米酒协会。完成上中坌村、下中坌村、水历村、石塘村、光明村、京群村共46个小组1380.09公顷确权地块测绘登记工作，总完成率100%。

【基础设施建设】 夯实农业农村基础建设。2016年，石塘镇争取上级资金1446.91万元，完成石塘村等4个村高标准基本农

2016年11月19日“醉美历史古镇 穿越红色石塘”趣味定向大赛在仁化县石塘古村举行
（何为君 摄）

田建设项目；完成山区中小河流（沙湾段）治理，中小河流治理重点县综合整治和水系连通试点石塘镇项目区9.1公里工程项目、光明—石塘水系连通5.8公里工程项目动工。切实解决广大群众行路难、饮水难等民生问题，完成“村村通”自来水一期建设工程，包括改造自来水过滤池，更换主要水管道，加强用水管理。完成上中坌江叶屋组1.5公里、张屋1.1公里及红星、黄岗和曾子坪1.4公里乡村道路硬底化建设。

加快旅游项目建设。2016年，石塘镇配合县文广新局完成双峰寨第三期维修工程，抓好石塘古村保护和利用工作，争取上级资金300万元修缮古村内古房，主动对接韶关“大旅游”格局。建成古村小型健身路径1处，开通仁化至石塘旅游公交线路。借助省体育局主办和省电视媒体影响力和号召力，成功举办2016年南粤古驿道定向大赛首站活动。新培育农家乐1家、特色民宿客栈6家。利用“石塘古村双峰寨”微信平台和石塘镇政府网定期公布镇域旅游资源，提高石塘古村景区知名度。

【招商引资取得成效】 2016年，石塘镇有招商引资项目4个，完成投资4600万元。①仁化丹草林石斛种植基地是在建项目，位于上中坌村，主要种植石斛，固定资产投资总额1500万元，实收资本800万元。②古村乐农庄位于石塘村，主营范围餐饮和住宿，固定资产投资总额1500万元。③石塘镇新红生态源家庭农场是在建项目，位于水历村，养殖、加工、销售畜禽和水产品及提供相关技术培训。固定资产投资总额600万元。④石塘镇铭记家庭农场位于上中坌朱屋村，种植销售灵芝、香菇、木耳、果树。固定资产投资总额1000万元。2016年，石塘结合自身拥有的旅游开发资源与省级非物质文化遗产“石塘堆花米酒”优势，由镇招商引资领导小组到顺德、广州、深圳、东莞等地积极寻求投资商。利用上级旅游专项资金，逐步完善旅游基础配套设施建设，优化旅游开发环境，做好招好商准备工作。营造投资商满意投资、放心创业氛围。不断完善镇域现有招商项目服务工作，解决商家生产、建设中的困难和问题，推动项目健康运行。年内，镇畜牧站多次到引进的肉牛养殖基地进行养殖与防疫技术指导。通过开展服务行业人才业务培训，提升服务行业人才素质。

【生态宜居石塘建设】 2016年，石塘镇围绕“五美”乡村目标，实施并完成京群村京地组美丽乡村示范点建设。推进卫生村镇创建工作，实施农村治污工程，加强畜禽养殖污染治理。利用省环保专项资金80万元，建设水历村、光明村和京群村人工简易湿地污水处理工程项目。加强煤矿资源管理，打击违法盗采行为。

【党群干群联系】 2016年，石塘镇通过开展“干群会客厅”“党代表活动室”“便民服务站”“民情日记”“民忧档案”“企忧档案”等载体活动，密切党群干群关系，转变干部工作作风，夯实党的群众基础。全年，干部职工65人撰写《民情日记》2325篇；发放“民忧卡”1120张，收回118张，反映“民忧”事项89件，办结率91%；全镇驻点团队成员联系群众3600多户，访问群众人数13000余人，完成率100%；收集群众反映的问题202宗，解决200宗，有效为群众解决一批办事难、看病难、出行难问题。

【社会各项事业有序发展】 社会保障体系更加完善。积极推行城乡居民基本医疗保险制度，全年全镇参保人数10564人，完成上级下达任务100%。全面实施农村新型养老保险，截至2016年年底，续保人数2202人，续保率78%。

统筹社会事业发展。做好省教育创强复评工作，实施“基层文化惠民工程”，完善镇、村（居）委会公共文化设施网络，落实公共文化服务免费开放工作，完成自然村落历史人文普查工作，开展各村（居）人文资料普查工作。年内，石塘镇成人文化技术学校被广东省成人教育协会评为“广东省成人教育先进集体”，双峰寨中学被韶关市文明委授予“韶关市文明单位”称号。

做好计生服务工作。注重依法行政，强化优质服务，坚持以党政领导“一把手”亲自抓、负总责为核心的人口与计划生育目标管理责任制和计划生育“一票否决”制，掀起计生集中服务月活动高潮，完善人口计划生育管理服务体系，全面落实“二孩政策”。2016年，石塘镇出生231人，政策生育率98%，“四术”落实91例。

安全维稳工作有效保障。2016年，石塘镇围绕“保增长、保民生、保稳定”要求，突出维护社会安定稳定工作，强化落实各项措施。全年受理群众来访案件26件，调处网络问政案件7宗，办结率100%。继续开展“一厅三档案”活动，畅通群众反映诉求和争取合法权益的渠道。落实安全生产“一岗双责”，加强安全隐患排查整治，遏制重特大安全事故发生。加强突发事件风险隐患排查和整治，确保人民群众生命财产安全和社会稳定。全年全镇安全生产责任事故为零。

2016年石塘镇村（居）委会基本情况一览表

表57

村（居）名称	村小组（个）	自然村（个）	村（居）委会集体纯收入（万元）	现有集体经济发展项目	特产	村（居）委会负责人
上中坌	11	11	8.5	锦电入股、山林租金	甜竹笋、马蹄、、灵芝、贡柑	刘永松
下中坌	4	4	3.6	锦电入股	马蹄	何金婷
石 塘	8	8	10.4	锦电入股、山林租金、门店出租、鱼塘、生态公益林	石塘堆花米酒、优质米、花生油、甜竹笋、贡柑	李朝用
光 明	4	4	8.4	锦电入股、山林租金	优质米、贡柑	徐文明
水 历	7	7	7.8	锦电入股、山林租金、鱼 塘	优质米	刘贵新
京 群	8	8	9	锦电入股、石场租金	花生油、优质米	周培全
居委会	1	1	0.6	—	—	王炳养

石塘镇党政负责人名录：

党 委 书 记： 江艳芬（女）

党委副书记： 叶文华

李培林（任至2016年7月）

肖志文（2016年7月任职）

郭胜洪（2016年7月任职）

人大主席： 江艳芬（女，任至2016年7月）

李培林（2016年7月任职）

人大副主席： 肖志文（任至2016年7月）

纪委书记： 罗福胜

党委委员： 刘祖松

谢高文

罗福胜

朱帆杰（2016年7月任职）

何梅娣（2016年7月任职）

叶展飞（2016年7月任职）

冯海年（2016年7月任职）

熊 婵（女，任至2016年7月）

冯智灵（任至2016年7月）

肖志文（任至2016年7月）

郭胜洪（任至2016年7月）

李朝龙（任至2015年9月）

杨秀芬（女，任至2016年7月）

镇 长： 叶文华

副镇长： 刘祖松（2016年7月任职）

连志毅（2016年7月任职）

麦海桃（2016年7月任职）

李志平（任至2016年7月）

刘小巧（任至2016年7月）

林 敏（女，任至2016年7月）

（张雪琴）

红山镇

【基本情况】 红山镇是革命老区镇、仁化县城居民食水源头地、省自然环境保护区及林业生态镇，地处仁化县城西北部，粤湘两省交界处，东邻城口镇，南接董塘、石塘镇，西连乐昌市五山镇，北与湖南汝城县大坪镇交界。距县城52公里，距G106线30公里，县道S335线贯穿全镇，西面有公路经前洞村通往乐昌市。全镇总面积169.64平方公里，其中山林面积1.53万公顷，耕地面积1188.47公顷，辖村委会8个，居委会1个，共77个村民小组。全镇总户数2966户，总人口10900人，其中农业人口10592人。全镇以山地为主，山高陡峭，山多田少，是典型“九山半水半分田”山区镇，森林覆盖率达85%，林木、水力、矿产资源丰富，交通方便，通信发达。境内有高坪省级自然保护区，红山湖和温泉。茶叶产业是红山镇特色农业产业，竹木、茶叶收入是全镇农民主要经济来源。水电站发电收入是镇、村主要经济支柱。

【经济发展概况】 2016年，全镇生产总值40409万元，同比增长7.3%；农业增加值7114万元，同比增长4.5%；工业增加值23590万元，同比增长7%；本级地方财政收入547万元，同比增长106%；农村年人均纯收入12517元，同比增长10%，额外完成县下达固定资产投资任务4200万元。

【农业稳步推进】 2016年，县农业局安排1.5吨大田生产花生种子在红山镇试种试验，打破高寒山区较少种大田生

红山镇锦江水库边上的茶园 （谢嘉文 摄）

产花生传统，在新山和新白两个扶贫村进行大量种植，其他各村进行小量试种。红山镇种植大田花生亩数20多公顷，长势良好。根据上级扶持茶叶产业发展补助政策要求，红山镇积极鼓励茶农发展茶叶产业，经县、镇两级农业部门联合验收，验收合格总面积27.15公顷，其中新种茶园25.64公顷，茶园改造0.94公顷，茶树育苗0.57公顷，补贴扶持资金825830元。全年全镇申报“一事一议”项目3个，投入资金135.55万元，申请财政奖补45万元，完工项目1个。

【基础设施建设】 2016年，红山镇完成公路硬底化6.5公里。推进安全饮水工程项目建设。年内，投入资金70多万元，改造镇区饮水工程；启动施工镇区范围生活污水处理工程（投入640万元）和河堤治理工程（投入1500万元）。

【旅游建设】 2016年，红山镇做好文化资源调查工作，挖掘镇域生态文化和人文文化。开展乡村旅游特色项目，启动“美丽乡村”伍渡村建设；完成田螺塘旅游新村项目新房建设，进入辅助设施建设阶段；投入22.9万元在高坪水库坝头建设红山旅游服务中心，完成旅游服务中心基础建设。

【社会综合治理加强】 2016年，红山镇扎实有效开展社会矛盾化解、社会管理创新和信访积案化解工作，组织全镇机关干部深入基层一线，排查调处矛盾纠纷和治安问题，受理和解决群众诉求，把矛盾纠纷解决在当地。年内，全镇排查出各类矛盾纠纷38宗，历史积案3宗，来信交办2宗，化解28宗，其他在处于调解稳控中。年内，成功调解狮井石灰厂事故赔偿纠纷、黄竹坪电站与村民利益矛盾纠纷。全年全镇无人到省进京上访，网上信访受理、交办并调处8宗。

【计划生育】 2016年度（2015年10月至2016年9月），红山镇总人口数10900人，已婚育龄妇女人数2379人。全年出生人口数176人（其中女婴86人），其中：政策内出生172人，政策外出生4人，政策生育率97.73%；一孩82人（男婴37人，女婴45），二孩84人（男婴47人，女婴37人），三孩及以上10人（男婴6人，女婴4人）。政策外多孩率0；出生人口性别比104.65。

【“精准扶贫”工作】 2016年，红山镇确定“精准扶贫”贫困户392户1390人。其中，因病致贫155户，占全镇贫困户人口39.4%；因残致贫53户，占贫困人口13.4%；因学致贫44户，占贫困人口11%。各帮扶单位开展“以爱育爱，金童计划”活动，发放奶粉307罐，并送上慰问金。其中：新山村扶贫工作组为73户贫困户送上油、米等生活物资；为因学致贫贫困户送上助学金3万元；帮助患有重大疾病贫困户到医院检查，为村委会增添办公用品一批；新白村扶贫工作组开展“捐资募学”主题“三下乡”活动，为贫困户送温暖，利用广东省青年职业技术学院师资力量为贫困户送知识，让贫困户先在思想上“脱贫”。

【社会经济稳健发展】 2016年，红山镇完善农村基础设施建设，加快新农村建设。围绕农村发展、农业增效、农民增收工作目标，以新农村建设为重点，加强农村基础设施建设，加快特色农业发展步伐，农民增收稳步增长。推进生态旅游开发。全面贯彻落实县委、县政府《关于“主攻项目、决战‘四区’”的工作意见》精神，坚持按照县委、县政府提出“人人向旅、规划引旅、项目强旅、服务优旅”目标，有计划、有步骤、有重点利用各种宣传载体开展旅游宣传工作。完善旅游规划，整合旅游资源，做好镇域文化资源调查。以保护生态环境为前提，以开发水利资源、生态旅游、茶叶精加工、毛竹加工为主，加大招商引资力度，促进民营经济发展。开辟财源，培植税源，增加镇财税收入。坚持“量入为出，量财办事”原则，严格执行“收支两条线”管理规定，科学理财，优化支出结构，压缩一般性支出，加强税收征管，确保应收尽收。

【安全生产】 2016年，红山镇高度重视安全生产和食品药品安全。按照“党政同责，一岗双责”层层落实安全生产责任制，完善镇级各单位、各部门、各村（居）安全生产责任体系，建立健全安全生产防范网络，完善食品药品网格化建设，加强安全生产巡查力度，全面排查、消除事故隐患。

【党建加强】 2016年，红山镇以提升中共执政能力为核心，固本强基，加强党组织和干部队伍建设，转变干部队伍作风，全面促进党员干部队伍发挥模范带头作用，开展“两学一做”工作，创新开展学习教育，以深入开展“创先争优”等活动为载体，狠抓领导班子建设和党员队伍建设。抓好基层组织建设，巩固党建成果。

【文化宣传工作】 2016年，红山镇加大文化设施投入，重视文化队伍建设，挖掘整理民俗民间文化艺术，深入开展文化、科技、卫生“三下乡”、重大节庆和民俗文化活动，满足群众精神文化需求。组织开展妇女广场舞、送戏下乡演出活动、春节游园和舞龙舞狮闹春牛贺新春活动、庆“三八”节户外春游活动、清明节扫墓活动、经典美文诗朗诵比赛、教师节晚会等文体活动。

【各项社会保障工作扎实开展】 2016年，红山镇开展低保全面摸底清查工作，排查确定低保户126户，实现动态管理下“应保尽保、应退尽退”。做好农村新型养老保险服务，全年全镇参保人数8000人。推进城乡居民医疗保险工作，全年全镇参保人数8448人。做好劳动力就业转移工作。加强宣传农村劳动力转移就业有关优惠政策，积极与各用工企业沟通，组织农村劳动力积极参加“春暖行动企业用工招聘会”等各种用工招聘会，全年实现劳动力转移就业1500多人。加强敬老院管理，对全镇范围内特困、“五保三无”人员、重点优扶对象、重病对象给予补助。及时、准确发放伤残、军烈属、复退军人抚恤金，开展送温暖活动，帮助解决弱势群体生活困难等问题。

2016年红山镇村（居）委会基本情况一览表

表58

村（居）名称	村小组（个）	自然村（个）	村委会（社区）集体纯收入（万元）	现有集体经济发展项目	特产	村（居）委会负责人
青迳	15	19	5.8	锦电分红、小水电	萝卜、毛竹	（书记、主任）连树苟
新白	10	12	9.2	锦电分红、水电、林业	香菇、灵芝	（支书）连锦华（主任）李章华
新山	10	12	8.6	小水电、林业	茶叶、毛竹	（书记、主任）张正荣
中山	10	12	9	锦电分红、小水电、林业	毛竹	（支书）丘祖良（主任）杨贱均
前洞	10	10	8.3	锦电分红、小水电	辣椒、芋头	（书记、主任）叶留玉

续表58

村（居）名称	村小组（个）	自然村（个）	村委会（社区）集体纯收入（万元）	现有集体经济发展项目	特产	村（居）委会负责人
鱼皇	7	11	176	电站	茶叶、鱼	（书记、主任）谢双传
烟竹	9	14	7.5	电站	茶叶、毛竹	（书记、主任）张小华
小椆水	3	8	5.3	锦电分红、小水电	茶叶、蜂蜜	（支书）张玉文 （主任）张仁发
社区居委会	3	4	3.6	无	茶叶、木耳、冬菇	（书记、主任）谢和安

红山镇党政负责人名录：

党委书记：刘普新（任至2016年6月）
刘志宏（2016年7月任职）

副 书 记：刘志宏（任至2016年6月）
何海生（2016年7月任职）
刘伟雄（任至2016年7月）
刘家雄（2016年7月任职）
王启贵（2016年7月任职）

党委委员：赖茹辛
刘家雄（任至2016年6月）
刘四娣（女，任至2016年6月）
顾志坚（2016年7月任职）
邱冬福
张海斌
连穗霞（女，2016年7月任职）
王启贵（任至2016年6月）
张　帆（2016年7月任职）
赖贵平（2016年7月任职）

人大主席：刘普新（任至2016年6月）
刘志宏（2016年7月任职）

人大副主席：邱冬福（任至2016年6月）
李培云（2016年7月任职）

镇　长：刘志宏（任至2016年6月）
何海生（2016年7月任职）

副镇长：李培云（任至2016年6月）
张桥古
赖香松（任至2016年6月）
冯紫娟（女，2016年7月任职）
邱冬福（2016年7月任职）

（谢明清）

城口镇

【基本情况】 城口镇位于县境北部，东连长江镇和扶溪镇，南接丹霞街道，西与红山镇为邻，北与湖南省汝城县三江口镇交界，属山区镇。镇政府驻城口镇城群村委会辖区（墟镇内），距县城38公里。G106线公路贯穿全境，城口东河河流与城口西河相接，交通便利。辖区面积266.89平方公里。辖东罗、东坑、城群、上寨、东光、恩村、厚坑村委会7个和城口镇社区居民委员会1个，2016年年末总户数2647户，总人口10767人，其中，农业人口9262人，外来人口241人。常用耕地面积1431公顷，粮食播种面积1113公顷，粮食产量7061.4吨。林地面积24317公顷，森林覆盖率87.1%。主要经济来源有农业生产、水力发电、畜牧养殖、矿产资源等。全镇有初级中学1所、小学3所（其中，中心小学1所，完全小学0所，教学点

3个）、幼儿园2所(其中，公办1所)，在校学生765人；有文化站1个，广播站1个。全镇参加医疗保险人数8661人，覆盖面100%。主产优质稻谷、柑橘、辣椒和茶叶，土特产有冬笋、香菇、木耳等，其中以“古秦城板鸭”闻名。域内资源水利、林木和矿产，工业以萤石矿开采、小型水电站为主，有企业岭田萤石矿、水电管理所、仁化县城口镇城兴加油站等25家。旅游景点主要有恩村古村落、上寨美丽乡村、蓝森生态园等。

【镇域经济情况】 2016年，全镇生产总产值30227万元，比上年增长8.6%；镇财政收入896.2万元。农业总产值18697万元，人均可支配收入较上年增长10%，工业增加值5912万元，第三产业总量16224万元，比上年增长11.3%。

【农林牧渔业稳步发展】 2016年，全镇：水稻种植面积876.47公顷，粮食产量稳定；积极调整农业产业布局，大力发展经济作物的种植，全镇种植花生600公顷，贡柑433.33公顷；推广农业新技术，开办农技培训班8次，培训1138人次，免费赠送各种资料1100多份；开展科技示范推广工作，对全镇28户示范户进行“点对点”农业科技示范推广；加强农机管理，继续巩固建设4个平安农机村；完成农机补贴发放工作，全镇机械化种植水平有大幅提高；加强森林竹木资源采伐利用、更新抚育、综合保护等方面的规划和管理，完成造林任务200.12公顷，森林覆盖率87.1%，活立木蓄积量达103.5万立方米，活立竹130.2万根；建立松香基地3333.33公顷，年产松脂105吨；建立生态公益林6866.67公顷；适当控制影响生态发展的养殖业，鼓励群众根据本地实际及市场行情，调整养殖业方向，推广山地养鸡、林下经济等效益较好又生态环保的牧渔业；完成农村土地承包经营颁证确权2000多户。

【第三产业发展】 2016年，城口镇投入80多万元在上寨大村实施“美丽乡村”工程，进行村庄美化亮化及旅游配套设施建设。借助“精准扶贫”契机，在恩村古村争取到村文化广场项目，计划投入300多万元，聘请华南理工大学制定恩村古村保护规划。借助纪念红军长征胜利80周年契机，宣传镇域红色旅游资源，吸引大批游客和新闻媒体到城口开展重走红军路活动，向上级争取到红军长征纪念广场和粤北长征纪念馆项目落地城口，其中，红军长征纪念广场于是年底开工建设，对中共秘密交通线站点旧址“胜一理发店”进行购买保护。推进锦城温泉开发，招商引进广东丰泰集团对锦城温泉进行开发，于是年底完成第一期项目征地招拍挂和围敝清表。

【水电行业管理加强】 2016年，城口镇通过加强电管所内部管理，落实岗位责任制和完善财务、统计、仓储管理、考勤制度，有效改善内部运转。开展鱼跳电站重建前期工作，打开工农协调和招商融资局面。成立相关工作组整治墟镇偷漏电问题，稳定墟镇电压和消除安全隐患，电力浪费现象得到遏制。

【基础设施建设完善】 2016年，城口镇全面实施城口河治理工程，完成山区五市小河流域治理工程项目城口河（上寨至恩村段）主体工程，完成城群至东光小河治理工程量90%以上，完成厚坑彭屋村至石禾场村小组1000多米高标准水圳建设，实施城群村100万元“村村通”自来水工程，在7个村小组规划高标准农田改造水圳项目，农业农村基础设施得到完善。

【重点项目工程建设】 2016年，城口镇完成武深高速（城口镇段）征地任务。武深高速（城口镇段）征地涉及4个村委会18个村小组（含湖南2个村小组），全长17.6公里，面积（主道、便道）达129.18公顷。年内，城口镇全力支持，在规定时间节点前完成全部征地任务，受到县政府表扬。实施城口河流域治理工程。城口河流域治理工程投资5430万元，截至2016年冬，城口镇按计划完成属于当地政府配合的相关工作。

【**民生事业稳步发展**】 “精准扶贫”工作扎实开展。2016年，开展镇域贫困户精准识别工作，全镇识别贫困人口214户601人。完善“六有”（有固定办公场所、有固定工作人员、有驻村工作队长工作职责、有第一书记工作职责、有驻村工作纪律、有村党支部抓“精准扶贫”工作职责）办公室和“精准扶贫”工作宣传栏。落实干部联系贫困户制度，安排264名干部与贫困户进行帮扶挂钩联系。落实农村低保家庭“应保尽保”工作，开展精准识别建档立卡“回头看”工作。做好贫困户建档立卡、扶贫项目计划及实施工作。2016年完成脱贫82户128人。

墟镇管理抓出成效。年内，城口镇针对镇区乱摆卖、乱搭建、占道经营情况，成立专项整治行动工作领导小组和城管办，专门负责边贸市场整治工作，实行包户包人责任制。通过张贴通告、派发通知，上门宣传教育，采取自行整治拆除和集中专项整治“双管齐下”，镇区市场和道路两旁乱摆卖现象减少，整治工作取得实效。加大墟镇及国道两旁环境卫生保洁力度，增加保洁经费和人手，提高巡查密度，开展多项宣传活动，环境卫生面貌得到改善。

社会稳定齐抓共管。年内，城口镇坚持矛盾纠纷排查工作例会制度，落实领导包案制度、领导责任制、目标管理责任制、重大问题责任追究制等制度，完善村级综治信访维稳工作站，加强矛盾纠纷预防和调处工作，及时妥善化解各类矛盾和解决群众生产生活中出现的问题。全年全镇排查各类矛盾纠纷143宗，成功调处129宗，调处率为90.2%，没有发生重大群体性事件和越级赴省进京上访事件。

民生民益工程成果显著。抓好医保社保参保工作，2016年全镇城乡居民养老保险和参保人数分别为2136人和8969人。做好“二孩”宣传工作和加大孕检服务力度，全年全镇出生137人，政策生育率96.35%。医疗卫生服务得到提升，启动分级诊疗试点工作和开展家庭医生式服务。完善萝卜坝广场建设，设立社会主义核心价值观大型户外广告牌、社会主义核心价值观主题公园，开展多项节庆文艺演出及首届粤湘平安边界联谊暨“齐欢庆”活动，丰富群众精神文化生活。加大农村富余劳动力培训力度，组织农业科技和返乡农民工培训8期，培训1100余人次。落实各项惠农政策，及时发放粮食直补、农机补贴、政策性水稻保险、村级公益事业“一事一议”财政奖补、生态公益林基础性补偿等各项惠农补贴、补助，拓宽农民增收渠道。

其他各项社会事业建设有序开展。2016年，城口镇开展农村综合改革，有序进行国土资源管理、农村危房改造、农村土地承包经营颁证确权工作；生态建设和环境保护得到加强；完成镇、村基层公共服务平台硬件建设；无安全生产和食品药品安全事故；基层武装部“四个基本”建设得到落实，全面完成征兵任务；加大奖教奖学力度，营造“尊师重教”氛围；“法治政府”建设稳步推进；城乡规划、档案、统计、工青妇、信息公开等工作取得较好成绩。

【**党建工作**】 2016年，城口镇开展“两学一做”学习教育工作，印发“两学一做”、《习近平系列重要讲话读本》等学习资料汇编，达到所有党员学习教育“全覆盖”，并抓好督促检查。落实驻点直接联系群众工作。成立以镇党委书记为第一责任人的工作领导小组，配齐驻点团队成员和辅助成员，定期公示各团队开展工作情况，以定期检查、随机抽查方式督查各团队开展驻点联系工作。召开中共仁化县城口镇第十四次代表大会。会议选举产生中国共产党仁化县城口镇第十四届委员会和中共城口镇第十四届纪律检查委员会。加强党风廉政建设。严格按照县委、县纪委关于落实党风廉政建设责任制“两个责任”要求，制定出班子职责清单，并在职责清单基础上，制定好各班子成员廉政风险点防控措施。按基层纪委规范化建设要求，完善各项软硬件设施。开展纪律学习教育月活动，开展党员干部理想信念教育、党纪教育、廉政教育、作风教育、从政道德教育、保密宣传教育，组织学习中央、省委、市委、县委相关文件和领导讲话，观看党风廉政教育片、参观县警示教育基地等活动。

【政府行政效能提升】 2016年，城口镇政府严格落实中共中央“八项规定”，“三公”经费得到合理减压，主动公开政府信息，依法向人大报告工作，加强与政协联系，广泛接受社会监督。制定和健全镇村内部管理制度，坚持明察暗访制度，镇、村政风行风得到改善。深入开展“两学一做”学习教育活动，全面落实驻点直接联系群众工作，公职人员为民意识、服务意识和效能意识得到提升。镇政府自觉接受人大、政协和社会监督，全年累计办理人大代表建议议案20件，受理网络问政12宗。

2016年城口镇村（居）委会基本情况一览表

表59

村（居）名称	村小组（个）	自然村（个）	村（居）委会集体纯收入（万元）	现有集体经济发展项目	特产	村（居）委会负责人
东罗	8	12	11	毛竹合作社	竹笋	蒙万贱
东坑	8	8	8	小型水电站、毛竹	竹笋	苏东明
城群	18	7	13	萤石矿、石板材、石碑石、硅铁矿	香菇、“古秦城”腊味	朱红古
上寨	11	5	13	小型水电站	柑橘	黄仁润
东光	5	7	15	优质稻谷、绿色茄子基地、小型水电站、毛竹	优质稻谷、柑橘	刘红生
恩村	8	5	11	温氏养猪、辣椒合作社、香粘米、毛竹	辣椒、砂糖橘	蒙荣华
厚坑	9	8	5.6	水电站	辣椒	曹良平

城口镇党政负责人名录：

书　记：李建平（任至2016年6月）
　　李汉辉（2016年6月任职）

副书记：李汉辉（任至2016年6月）
　　邓文光（任至2016年6月）
　　谭卫财（2016年6月任职）
　　蒙书发（2016年7月任职）
　　陈旭虹（女，2016年7月任职）

党委委员：涂丽玲（女，任至2016年7月）
　　叶展飞（任至2016年7月）
　　连志毅（任至2016年7月）

欧江锋（任至2016年7月）
吴书友（任至2016年7月）
顾智波
谢榜贵（2016年7月任职）
蔡定忠（2016年7月任职）
刘　明（2016年7月任职）
范　灵（女，2016年7月任职）
刘工溥（2016年7月任职）
林　敏（女，2016年7月任职）

人大主席：李建平（任至2016年6月）
钟叶山（2016年9月任职）

人大副主席：连志毅（2016年3月任职，任至2016年7月）

镇　长：李汉辉（任至2016年6月）
谭卫财（2016年9月任职）

副镇长：钟叶山（任至2016年7月）
何梅娣（女，任至2016年7月）
曾志坚（任至2016年7月）
顾智波（2016年9月任职）
吴书友（2016年9月任职）
赖香松（2016年9月任职）

（张路强）

长江镇

【基本情况】 长江镇位于仁化县东北部，南距仁化县城49公里。地处粤赣湘三省五县交界处，东与江西省内良乡、河洞乡接壤，东南与南雄市百顺镇相接，西南与扶溪镇、城口镇毗邻，西北与湖南省汝城县三江口镇、热水镇相依，北与江西省崇义县聂都乡、乐洞乡相连，属省级中心镇，镇政府驻地在沙坪村委会。镇内交通便利，经S246线与县城接连，经X336线至城口镇与G106线相连。锦江河贯穿全境。辖区面积300.64平方公里，其中耕地面积3101.97公顷，山林面积23596公顷。下辖16个村委会和1个社区居委会。2016年，总户数8121户家庭，总人口27434人。全镇有初级中学1所、小学8所（其中，中心小学1所，完全小学3所，教学点4个）、幼儿园6所（其中，公办1所），在校学生2985人；有文化站1个，广播站1个。资源丰富，山林面积、木材蓄积量均居全县首位，活立木蓄积量130.88万立方米，毛竹8275.9公顷，是全县最大毛竹基地。全镇有小水电站72座，总装机容量27194万千瓦。矿藏资源丰富，有铀、钨、铜、硅石、钾长石、辉绿石、花岗石等，其中铀分布面最广，储量最多，为中国最大铀矿之一。旅游资丰富，镇内有全省第三高峰——万时山（海拔1559米），有风景秀丽、蔚为壮观的万亩竹林，有保留完好的古塔、会馆等自然景观和人文景观。土特产有玉扣纸、浒松腊鸭、冬笋、白糖饼、香菇等，其中以玉扣纸、浒松腊鸭、白糖饼闻名。

【经济发展概况】 2016年，全镇实现地区生产总值77658万元，比上年增长8.5%；农业总产值21059万元，比上年增长4.7%；农民人均纯收入达13618元，比上年增长10.9%。镇财政收入5452万元，比上年增加75%。

【电站技改项目增容提效明显】 2016年，长江镇针对电站机组设备残旧致生产效率低下问题，积极争取筹集资金，完成长江镇电管所16座电站增效改造工程。全年，镇属电站发电量4837万度，总收入2480万元，比上年增长39.1%。

【重点项目建设进度有突破】 一是杜氏玻璃项目。4月12日，杜氏公司与塘洞、河田村及村民签订塘洞矿山林地租赁协议。申请办理解决华南虎自然保护区及生态红线自然保护区土地调规问题。二是“三旧”改造项目（综治中心地块开发）。完成第五次网拍，并摘牌成功。项目进入前期开发阶段。

【“精准扶贫”工作】 2016年，长江镇有相对贫困村7个（贫困户611户，人口1802人），分散贫困户行政村9个（贫困户317户，人口818人）。年内，成立长江镇新时期精准扶贫工作领导小组，由镇党政“一把手”挂帅，亲自指挥。根据上级统一部署安排，全镇完成精准扶贫工作对接及相对贫困村贫困户核实工作，脱贫产业精准引进及招商引资工作同步进行。

【基础建设】 2016年，长江镇完成墟镇自来水供水管网一期改造工程；X336线路面大修工程（长江至浒松段4.5公里）如期建成通车；完成“广东山区五市中小河流治理工程”长江镇沙坪至石崀河堤建设工程（投资3042万元，建设长度15.6公里）和木溪石角淋水利陂头建设工程；积极争取高标准农田项目建设，石崀村、沙坪村、陈欧村、冷饭坑村高标农田总投资852.2万元，改善灌溉面积373.33公顷。

【灾后重建】 根据县长王晓梅要求尽快完成长江镇2015年洪灾水毁交通设施的现场会议指示，长江镇立即组织工程队进场施工抢修。2016年，长木桥（建设资金124万元）建成通车；完成沙坪陈屋桥及白洞桥修复；锦江支流长江段黄石角水毁工程（建设资金205万元）拟计划2017年汛期前完工。

【民生保障】 2016年，长江镇结合上级部门要求以及自身工作职责，严格执行各项社会保障制度，积极做好社保、低保、双拥、老龄、救助等工作。全年，通过举办精准扶贫家政服务培训班等形式，完成失业再就业人数260人，新增就业人数320人；有350户784名对象纳入低保对象；“五保”供养老人22人，458位80周岁以上老年人享受高龄津贴，“双拥”优抚面达100%，发放自然灾害生活救助资金36000元。

【党建工作】 党代人大换届顺利完成。根据中共仁化县委关于认真做好2016年乡镇换届工作的有关文件要求，长江镇高度重视，加强组织领导，精心筹备，严肃纪律，规范程序，确保换届工作顺利完成。2016年7月下旬和9月下旬，先后召开中共长江镇第十四次代表大会和镇人大第十五次大会，通过党代会选举产生中共长江镇第十四届委员会委员11名、纪律检查委员会委员7名和出席县第十三次党代会代表30名，通过镇人大会选举产生人大主席1名，镇长1名、副镇长3名和出席县第十四次人大会代表 30名。党风廉政建设常抓不懈。立足全镇灾后建设、扶贫开发、换届工作大局，重点围绕“两个责任”落实、整治查处侵害群众利益的不正之风及腐败问题、换届工作等情况开展督查，形成风清气正的政治生态。2016年，诫勉函询谈话党员领导干部2人次，谈话提醒29人次；受理举报11件，立案5件，结案2件，给予党纪处分2人，1人免于党纪处分。群众路线深入民心。驻点直联受到群众普遍认同。全年全镇17个驻点团队走访联系群众5404户，记录驻点日志646篇，完成全镇总户数的100%；收集群众意见条数215条，反映问题198个，其中，团队（社区）自行解决的188个、镇协调解决的8个、需县级协调解决的2个；“干群会客厅”开展活动39场，约访接访群众19批45人次，解决问题12宗，收集群众意见建议35条，解决群众疑难问题一批。通过召开“两学一做”动员大会，全面部署“两学一做”任务和要求，各党支部均按要求认真开展该项活动工作，各党员都以前所未有的热情投入到“两学一做”活动中，争做合格党员。

2016年长江镇村（居）委会基本情况一览表

表60

村（居）名称	村小组（个）	自然村（个）	村（居）委会集体纯收入（万元）	现有集体经济发展项目	特　产	村（居）委会负责人
居委会	0	0	-0.37	无	白糖饼、米粉	邹业春
塘洞	15	15	13.67	电站、石厂	冬笋、香菇、竹木	吕家华
莲河	8	8	24.93	电站、林场	砂糖橘、贡柑	马雪发
冷饭坑	8	8	11.29	电站、林场	冬笋、香菇、竹木	曾凡华
河田	12	12	15.60	电站、林场	冬笋、香菇	夏后松
浒松	12	12	7.21	电站	腊鸭、腊肠、腊肉	黄光华
油洞	9	9	9.30	电站、林场	冬笋	刘长海
凌溪	9	9	4.97	电站	冬笋、玉扣纸、黄酒	黄金发
芭蕉垅	7	7	11.25	电站、林场	冬笋	梁绘芹
沙坪	10	16	23.75	电站、物业	香菇、椪柑	黄美英
石岜	12	12	16.30	电站、林场	野菊花、冬笋、茶油	张根香
高洞	12	12	11.89	电站	冬笋、香菇	林应明
里周	10	10	52.24	电站、林场	袋装香菇、花生油	邓利庭
木溪	8	13	9.48	电站	香菇、腊鸭	李祝华
陈欧	16	16	12.08	电站	冬笋	刘九英
学堂坳	7	8	9.59	电站、林场	冬笋、香菇	刘生贵
锦 江	11	11	0.64	林场、物业、电站	白糖饼、长江米粉	郭长全

长江镇党政负责人名录：

书　记：邹汉明

党委副书记：谭卫财（任至2016年6月）

李杏兰（女，2016年6月任职）

曾凡军（任至2016年6月）

张细友（2016年7月任职）

邹家平（2016年7月任职）

党委委员：熊世伟（任至2016年7月）

邹家平（任至2016年7月）

庞国雄

周凤林

冯锐成

刘　敏（女）

温　健（2016年7月任职）

钟文君（女，2016年7月任职）

邹孟宏（2016年7月任职）

人 大 主席：邹汉明（任至2016年9月）

熊世伟（2016年9月任职）

镇　　长：谭卫财（任至2016年6月）
李杏兰（女，2016年9月任职）
副镇长：冯锐成（2016年9月任职）
谢金云（任至2016年7月）
赖东海（任至2016年7月）
刘天蔚
刘大红（2016年9月任职）

（吴舟红）

扶溪镇

【基本情况】 扶溪镇位于仁化县境东北部，东连百顺镇，南接闻韶镇，西与丹霞街道、县城为邻，北与长江镇交界，属山区镇。镇政府驻紫岭村委会，距县城37公里。S342线公路贯穿全境，锦江河与扶溪河相接，交通便利。辖区面积187.9平方公里，山地15942.73公顷；耕地面积1927公顷，其中有效灌溉面积927公顷。下辖村委会9个，居委会1个，总户数3896户，总人口13719人，农业人口8790人，外来人口17人。全镇有初级中学1所、小学1所（其中，中心小学1所，完全小学1所，教学点2个）、幼儿园2所（其中，公办1所），在校学生1260人；有文化站1个，广播站1个。扶溪镇是典型盆地山区镇，整个地势属山地丘陵地带，山岭连绵起伏、茂林修竹终年覆盖，地形特征俗有“九山、半水、半分田”之称。境内物产资源丰富，矿产资源主要有铀、铁、钨、硅石、花岗石等，土特产主要有优质稻米、板鸭、砂糖橘、贡柑、冬笋、香菇等。境内水资源丰富，年均降雨量达1690毫米，水能蕴藏量达10000千瓦。

扶溪镇有悠久的历史，境内存有石拱桥、石坎路、古亭、寺庙、宝塔、碉楼、明清古建筑群体和土法造纸的遗址，部分保存完好。其中，明代水口白塔（又名水口塔、双水塔），是省重点文物保护单位；唐代南台庙（龙母庙）具有深厚文化底蕴，是旅游和历史考察景观，具有深度开发前景。同时，扶溪镇有八音、花灯、走马灯、火狮、火龙、禾斋、板凳舞等民俗文化。其中，八音、走马灯、土法造纸列入韶关市级非物质文化遗产。2016年2月，古夏村被评为广东省古村落；2016年12月，古夏村上榜第四批中国传统村落名录。

【经济状况】 2016年，全镇社会生产总产值31288万元，比上年增长8.4%。其中农业总产值21573万元，比上年增长4.5%。农民人均收入11666元，比上年增长4.7%。镇财政收入1026万元，比上年增长8%。

【基础设施建设加强】 2016年，扶溪镇加大投入狠抓环境整治，开展村庄卫生整治、乡村“清洁美”工程。实施村道亮化美化工程，多方筹措资金完成镇村和部分村小组路灯安装，全镇路灯安装400多盏，全镇81个村小组近60%实现路灯亮化。保障群众饮水安全问题。筹集资金150多万元完成镇400立方米蓄水池建设和厚塘村6个村小组1000多人的自来水工程。做好乡村道路硬底化建设，完成长坑牛木头村小组、蛇离苦竹坪村小组道路硬底化建设。推进新农村建设，投入130万元以扶中新屋场为“美丽乡村”示范点，以点带面，开启农村建设新模式。开展中小河流治理，完成河道整治一期工程，着手二期工程施工，改善扶溪河岸生态。

【农业生产布局调整】 截至2016年年底，全镇柑橘种植面积466.67公顷，形成柑橘种植产业化。通过引进多品种种植提高农民收入，引进山楂种植项目，试种33.33公顷；引进首乌种植，试种6.67公顷。

【种粮补贴申报工作】 2016年，扶溪镇根据上级种粮补贴会议精神，及时完成种粮补贴有关工作。通过相关部门配合召开会议，传达精神，做好申报、公示、审核、汇总、上报工作，完成当年种粮补贴申报。经核实上报，2016年扶溪镇种粮面积为855.3公顷。

【“精准扶贫”工作】 2016年，扶溪镇经多轮次进村入户核实，全镇符合精准扶贫条件相对贫困户有250户746人，其中，扶贫户153户551人，有劳力的低保户36户102人，无劳力的低保户43户74人，“五保”户18户19人。在上年实施精准扶贫工作基础上，采取有效措施，狠抓工作落实。开展农村贫困户劳动力转移和实用技能培训，提升贫困户全面脱贫能力。做好贫困户建档立卡、信息录入更新工作。全年全镇实现劳动力转移79人，培训劳动技能（农业技术、月嫂培训、柑橘培训）30多场次，参加学习人员200人。完成农村低收入住房困难户建房工作，全年完成低收入住房困难户建房改造32户。

【农技推广和服务工作】 2016年，扶溪镇大力引导农民调查产业结构，做好农业科学技术推广和服务工作。通过举办农技培训班、发放农科资料、现场调查与指导、实行测土配方引导农户科学施肥等形式，提高农民种植技术水平，夯实农业增产增收基础。年内，举办农业技术培训30场，参加人员653人次。

【禽兽养殖监督与整治工作】 2016年，扶溪镇抓好禽兽养殖监督与整治工作，加强各养殖场生产监督检查，针对生产用药、安全生产和农业污染等进行监督管理。按照县政府加强禽兽养殖场整治行动要求，做好调查摸底工作，配合上级有关部门进行全面整治，严格划分禁养区与非禁养区。年内，出动人员25人次，监督检查养殖场所9家，经二轮检查后，均按整改要求建设污染物治理设施。

【高效设施农业建设】 2016年，扶溪镇推进水口、紫岭、古下、厚塘村农业综合开发建设，成立工作领导小组，做好政策宣传，配合施工方做好规划设计、施工协调各项服务工作。做好家庭农场统计和示范家庭农场培育工作。

【林业工作】 2016年，扶溪镇抓好林改建设，发展林业文化，加快林业生产发展步伐。坚持以保护为目的，以打击教育为手段，加强森林资源管理和森林防火工作。加大宣传力度，增强林区干群保护意识和防火防患意识；落实防火责任制，镇与村委会签订森林防火责任书，把防火责任落实到村；加强巡逻，坚决打击乱砍滥伐林木行为，严格野外火源管理，保持全年无森林火灾发生。全年全镇造林面积46.4公顷，采伐面积113.8公顷，木材蓄积量6592.4立方米。

【社会事务工作得到稳固】 落实社会保障各项政策。落实好农村低保和救灾救济工作。全年全镇有低保户90户，低保对象173人。做好低保户、贫困户的大病救济工作，大病救助对象45人，救助金额17.59万元，镇临时救助对象19人，救助金额1.47万元。开展优抚“双拥”工作，严格按照县民政局要求，及时、足额以存折式发放各种定补和抚恤金，全年全镇有优抚对象17人，其中，复员军人5人，带病回乡退伍军人2人，烈属1人，参战人员9人。开展“七一”“八一”走访慰问军、烈属活动，发放慰问金1万多元。开展创先进活动，加强“五保”户和敬老院规范化管理，及时发放“五保”经费，替“五保”老人购买新型农村合作医疗，妥善解决“五保”老人就医问题。加大新型农村合作医疗、新型农村养老保险和城镇居民医疗保险参保力度。

抓好综治信访维稳。2016年，扶溪镇认真落实中央、省、市、县信访工作会议精神，依法处理人民内部矛盾，解决群众反映的“热点”“难点”问题。全年全镇接待群众来访54批次200多人次，受理信访案8宗，其中上级交办5宗次，均已答复办结，答复办结率100%。镇“干群会客厅”直接联系群众3000多人，收集群众意见280条，其中反映问题285个，解决问题278个，解决率97.5%；入户3788户，入户率96%。“两会”、杭州G20峰会、珠海航展等期间，全镇无人赴省进京上访。

人口与计划生育工作加强。2016年，扶溪镇根据省、市、县指示精神，严格执行计划生育层级动态管理。全年全镇出生人口204人，政策生育率95.59%，政策外多孩率0.49%，出生人口性别比121.74。落实“四术”39例。国家免费孕前优生健康检查任务数50对，完成51对，完成率102%。征收社会抚养费57635元。

抓好文、教、卫等工作。2016年，扶溪镇以省“教育强镇”创强复评验收工作为契机，加强学校教室、操场、教学设施等基础性建设，中小学教育教学质量稳步提高。教师节，镇党委、政府拿出近4万元表彰奖励和慰问一批优秀教师和部分考入重点大学、中学学生。年内，完成镇中心幼儿园“三通一平”、施工设计图、不动产权证书办理及立项工作，省“教育强镇”创强复评通过验收。完善镇文化基础设施，建成灯光篮球场1个，新建文化健身广场1个。完善镇文化站各种规章制度，站内设多功能培训室、电子阅览室、图书阅览室、文体娱乐室、办公接待室等功能室，有藏书5200余册，组织文化站、农村文化室管理人员参加县“文化知识”业务培训班，提高文化管理人员素质。加强9个行政村“农家书屋”、电子阅览室管理，对群众正常开放，为群众提供优质文化服务。加强镇卫生院、村级卫生站投入和管理，完善居民健康档案管理工作，改善农村医疗卫生设施，方便群众，减轻农民生活负担。开展新农村建设，加大投入狠抓环境整治。开展村庄卫生整治、乡村“清洁美”工程，聘请多名保洁员加强各村居环境卫生整治，组织各村委会清理河道及卫生死角垃圾。完成农村环境整治项目前期招标工作，并与中标单位签订施工合同，工程进入施工阶段。坚决执行县委、县政府关于殡葬改革的决定，落实殡葬改革，减轻群众隐性负担，对火化尸体的家庭进行补助。严把建设用地审批手续，加强环境保护、土地管理，全年查处土地违法案件15宗，处理15宗。

切实加强社团工作。2016年，扶溪镇团委、工会、妇联、残联、关心下一代、统战、宗教等工作取得新成绩。继续在9个村委会高标准完善“四个基本建设”，力促基层民兵营“四个基本建设”走在全县前列；国防教育深入开展，圆满完成年度征兵和预备役训练任务。镇妇联以县妇联工作重点为重心，围绕镇党委政府中心工作推进妇女各项工作，做好妇女小额担保信货宣传工作、妇女儿童维权工作、“三八”妇女节活动。春节期间，镇妇联组织女干部开展慰问单亲特困母亲，通过走访座谈了解她们的生活情况并发放节日慰问金每人200元；3月8日，组织女职工、村妇女主任、企业女强人等，开展反“家暴法”知识讲座和有奖知识问答活动，组织镇村女干部开展健康体检。镇工会扎实工作，勇于创新，圆满完成县总工会交办的各项工作任务。将“送温暖”工作重心落实到扶贫帮困政策上，开展金秋助学、生活救助、医疗救助系列活动，为有困难干部职工提供帮助并建立困难职工档案。镇工会争取政府支持，在奖教、奖学活动和县总工会开展金秋助学活动中为一批学生解决上学难问题，帮扶生活困难职工家庭，并结合全县开展送医活动，组织困难职工、群众免费健康体检。

加强安全生产，严防安全生产事故发生。2016年，扶溪镇安全生产工作取得成绩。各单位、个体私营户安全生产第一责任人安全意识增强，安全职能机构人员有配置，工作责任落实到人。宣传力度加大，经常组织安全生产专题会议，对怎样防范安全生产事故进行专题研讨，并深入细致地安排、强调安全生产工作；组织召开相关单位负责人会议，通过以会代训形式，认真学习《安全生产法》及相关法律法规和方针政策；利用开展安全生产月活动，刷写宣传标语35幅，要求建筑工地悬挂横幅宣传，学校、卫生院办安全知识板报4面。加强安全生产管理制度建设，做到安全生产管理有制度、计划、措施、记录，规章制度健全，建筑行业按要求做到“三同时”，生产现场安全管理加强。坚持常规检查与专项检查并重，全年开展全面性检查15次，检查单位次数累计150多次，参加检查人员60多人次。

【“四化推四区”工作推进】 招商引资工作取得新进展。2016年，扶溪镇继续抓紧落实丰竹源农业生态园建设。完善基础设施，完成由墟镇直达生态园道路硬底化。引进韶关锐新达农业科技有限公司在水口村委会左虎林场建立山楂苗圃基地和山楂种植基地，总面积133.33公顷，计划总投资16200万元。截至是年底，韶关锐新达农业科技有限公司在工商局完成注册登记，并在县发改局备案。

乡村旅游展现生机。2016年，扶溪镇注重抓旅游宣传推广扶溪，深入挖掘保护扶溪现存历史文化资源和生态资源。强化古迹保护，年内，古夏村被评为广东省古村落，并上榜中国传统村落名录。同时，扶溪民俗文化八音、花灯、土法造纸、禾斋节等得到挖掘和保护。完善旅游资源包装，按照镇域旅游总体规划要求，优化整合古夏古村、双水塔、南台庙、蛇离梯田、拱桥、竹海等人文景观和自然景观，继续挖掘八音、花灯、舞龙、舞狮、禾斋节、板凳舞等民俗文化，结合丰竹源生态园建设，精心设计生态美丽乡村游线路；科学谋划蛇离梯田旅游，积极筹划蛇离梯田AAA级旅游景区建设。

2016年扶溪镇村（居）委会基本情况一览表

表61

村（居）名称	村小组（个）	自然村（个）	村（居）委会集体纯收入（万元）	现有集体经济发展项目	特产	村（居）委会负责人
居委会	0	0	—	—	—	黄丽珠
紫岭	9	5	6.7	小水电站分红，木材厂租金	优质稻米	谭东如
扶中	14	12	15.7	砖厂租金，鱼塘、电站入股	优质稻米	罗明生
水口	4	4	16	小水电站分红，林场，砖厂租金	砂糖橘	谭贵明
古夏	13	8	5.5	小水电站分红	腊鸭	李华学
厚塘	10	7	19	小水电站分红，南台庙管理费	鸭	邓润旗
长坑	9	9	11.5	小水电站分红	冬笋	谭均发
斜周	8	8	11.1	小水电站分红，沙场，果园	优质稻米	李文满
蛇离	8	8	9.4	小水电站分红	冬笋	黄德文
左龙	6	6	10.9	小水电站分红	竹笋、香菇	刘树鹏

扶溪镇党政负责人名录：

书　记：彭国强

副书记：詹碧清（任至2016年4月）

邓文光（2016年6月任职）

张细友（任至2016年7月）

蒙升龙（2016年7月任职）

骆宝生（2016年7月任职）

党委委员：李书文

李少锋（2016年7月任职）

刘建光

黎郁文（2016年7月任职）

李惠方（女，2016年7月任职）

邓作华（2016年7月任职）

罗　耿

陈繁秀（女，任至2016年7月）

吴显桃（女，任至2016年7月）

刘　东（任至2016年7月）

赖道友（任至2016年7月）

刘美军（挂职，任至2016年7月）

人大主席：彭国强（任至2016年9月）

肖武荣（2016年9月任职）

镇　长：詹碧清（任至2016年4月）

邓文光（2016年9月任职）

副镇长：蒙升龙（任至2016年9月）

何有财（任至2016年9月）

刘　明（任至2016年9月）

罗　耿（2016年9月任职）

李凤昌（2016年9月任职）

刘克慧（女，2016年9月任职）

（张国辉）

闻韶镇

【基本情况】 闻韶镇位于仁化县东部，距县城32公里，东连南雄市百顺镇，南接黄坑镇，西与丹霞街道办胡坑村为邻，北与扶溪镇交界，属典型的山区镇。辖区总面积98.68平方公里，全镇辖村委会5个，居委会（社区）1个，总户数1126户，总人口5917人，有九年一贯制学校1所，在校学生377人。中心幼儿园1所，在校幼儿158人。

闻韶镇山清水秀，植被完好，有“天然氧吧”美誉。镇内旅游资源丰富，有人文景观省级文物保护单位北宋华林寺塔、山寨、古村、石拱桥、庙宇和自然旅游景点笔架山、风车巷、暖水温泉。S342线公路贯穿全境，交通便利，水力资源丰富，4条河流与浈江相接，境内建有水电站12座，装机容量5300千瓦，是全镇经济支柱之一。城内矿产蕴藏种类繁多，主要有金、银、铜和磁铁、稀土、翡翠岩、黄蜡石、温泉等。全面有竹制品加工厂3家，竹炭厂1家，主要土特产有冬笋、番薯、优质米等。

【经济发展情况】 2016年，全镇工业总产值2889万元，比上年增长0.4%，农业总产值10830万元，比上年增长0.1%，本级财政收入680.42万元，比上年增长18.96%，农村人均收入12025元，比上年增长10%。

【农业产业状况】 2016年，闻韶镇农作物种植面积140公顷，其中优质稻种植面积100公顷。全面落实惠农政策，发放综合直补943532.59元。种、养殖业平稳发展，全年全镇生猪养殖大户6户，“三鸟”存栏10多万只，比上年增0.5%。大力发展柑橘产业，全镇全年柑橘种植面积306.67公顷，比上年增加0.3%，新种贡柑20多公顷，比上年减少12.5%，贡柑产量1600多吨，实现收入600多万元，比上年增加200多万元。大力开展科技兴农。全年全镇早、中稻种植面积100多公顷，优质稻种植面积100%。年内，邀请专家和技术员举办各类科技培训班12期，其中柑橘技术培训班7期，其他农类培训班5期。林业持续发展，深化林权制度改革，加强生态林管护，开展植树造林行动，开展集中整治森林秩序，打击涉林违法犯罪行为，打击盗伐林木专项行动。加强山林纠纷调处和护林员队伍建设。完善山林纠纷调处机制，提高山林纠纷调处率。全年全镇接受群众来电来访35人次，受理山林纠纷3宗，调处3宗，其中1宗为历年受理积案，调处率67%。全镇毛竹面积640.8公顷，新种杉、松面积21.81公顷。护林防火工作卓有成效，切实加大了森林防火宣传与监管，全年全镇发放防火宣传资料1850份，张贴防火宣传标语382条，悬挂横幅12条，无山火发生。

【“精准扶贫”工作】 2016年，闻韶镇结合新农村建设、农村基础建设和增加农民收入，制定产业帮扶、教育帮扶、医疗救助、金融扶贫等项目，确保贫困人口精准脱贫。加大扶贫工作力度，做好项目申报，深入村户及时掌握贫困户贫困情况，全年对全镇无劳动能力者18户29人纳入社会兜底保障，实现培训脱贫4户20人，教育脱贫1户3人。加强扶贫资金管理，提高“精准扶贫”资金使用效益。加强联动建立健全工作机制，加强与帮扶单位及各部门联动工作，帮扶单位主动出击，村委积极配合，形成帮扶贫核查攻坚合力，全力推动“精准扶贫”工作有效开展。全年全镇投入扶贫资金17168574元。

【城镇基础设施建设】 2016年，闻韶镇投资26万元绿化美化路头至金竹园河堤；投资113万元改造镇自来水过滤池和4.5公里换管工程建设；投资5.8万元完善江南村委会江头村小组李屋新村建设工程；投资9.6万元建设塘源村委会漂塘小组新村自来水工程；投资10多万元维修闻韶镇中心幼儿园教师宿舍，添置塑胶跑道、活动室设施设备等。完成闻韶森林公园绿化美化建设。加强规划建设，扩大文化广场场所，增添群众健身器材15件。加大市场整治力度，开展市场整治专项行动，整治乱摆乱卖，规范市场经营，完成农贸市场扩容工程。

【社会保障工作】 2016年，闻韶镇组织失业人员130名到县文化广场参加大型企业招聘会，落实就业106人。参加城乡医疗保险人数4509人，覆盖率100%，满60周岁办理新农保养老金95人。按照“应保尽保、动态管理、公平、公正、公开”原则，深入村户，及时掌握低保对象实际情况，实行低保对象规范化，动态管理，低保名额呈现流动式，加强监督，每个村（居）委会成立评审小组1个，对低保户申请人员进行会议评审，取消低保户31户，新增低保户9户。做好“五保”对象供养工作，做好社会优抚和关爱残疾人工作。全年全镇有“五保”户15人，其中集中供养12人，分散供养3人。投入15万元安装敬老院消防设施，保障孤寡老人居住环境作。“八一”建军节和春节，镇党委、政府组成慰问团到全镇军烈属、复员退伍军人和抗战老兵家里发放慰问金，给残疾困难群众送上慰问品，为优抚对象和残疾群众解决生产生活困难。帮助白内障患者免费治疗45名，免费为残疾人办理城乡居民医疗保障111名。组织残疾人参加职业培训，对残疾人种植柑橘和养蜜蜂进行创业培训，增加残疾人参加社会就业和创业机会。

【文化体育建设】 2016年，闻韶镇投入22.5万元完善文化硬件设施建设，兴建乒乓球场1个、羽毛球场1个，添置群众健身器材一批，建立电子阅览室等文化设施。坚持免费开放图书室、娱乐室、文化健身广场等文化设施，增添图书1200册、电脑6台、液晶电视1台、投影仪1台，并全部开放。建立下徐、江南、塘源行政村电子阅览室3个，共添置电脑9台、移动音响3部。鼓励群众参与各项文化活动。年内，镇文化站举办各种科技培训班12期，播放电影36场次，观众2660多人次，送电影下乡74场，配合县文工团送戏下乡5次，张贴干部普通联系群众宣传标语230多条，全年全镇参加广场舞660人次。开展丰富多彩节假日专题活动。正月初一，镇文化站举办“庆新春春游活动”，500多名群众参与民间传统活动猜谜语、吹灯、钓鱼、击球和跳绳等活动；“三八”妇女节期间，举办妇女维权知识竞赛；举办“五四”青年节拔河比赛；国庆节，举办纪念红军长征胜利80周年书法比赛。协助市县团委到闻韶镇泰学校开展慰问活动，组织学校师生参加县演讲比赛，文艺演出5次。举办各种科普文化讲座4次，参加培训人员300多人。

【计生服务工作】 2016年，闻韶镇贯彻落实人口与计划生育目标管理责任制，开展计生春季、秋季优质服务月活动。定期组织镇、村干部学习计生政策法规、避孕节育知识。全年出生人数80人，人口出生率65%，比上年增长4.23%。政策生育率96.3%，比上年增长3.44%，出生人口性别比118.92，征收社会抚养款31017元。

【卫生教育事业发展】 2016年，闻韶镇深化医疗改革，提高镇域卫生医疗水平，降低人民群众医疗支出，着力解决群众看病难问题，加强村级卫生医疗站管理，完善村级医疗站基础设施建设，提高人民群众健康水平。开展奖教奖学，全年奖励考上本科学校闻韶学子20人，发放奖学金1.1万元。开展扶贫助学活动，联系社会慈善机构和爱心人士参与资助，有韶关市城投公司等慈善组织和企业参与，开展“爱心许愿”捐资助学活动，全年全镇捐资捐物价值6.5万元，受助学生42名。

【党风廉政建设】 2016年，闻韶镇贯彻落实党风廉政建设责任制，完善党政班子成员党风廉政建设岗位职责，加强监督力度，细化责任分工，结合廉政建设责任制“五个一”制度落实，切实履行“一岗双责”开展党纪党风教育，抓好党政领导干部廉政学习，增强领导自律意识。公开党务、政务和村务，接受群众监督，提高工作质量和效率，抓好村级“五个规范”建设工作，层层落实党风廉政建设责任制。2016年，镇纪委受理信访案件9宗，办结7宗，办结率77.8%。

【党员干部联系群众工作】 2016年，闻韶镇根据中共仁化县委有关文件精神，结合开展“普遍联系群众”活动和“民信档案”“民忧档案”“党代表工作站”“代表联系室”等相关工作，设置闻韶镇“干群会客厅”，把干群会客活动作为民心工程来抓，并且延伸到村（居），坚持普遍联系群众。全年，全镇、村接待群众101场次，群众反映问题81宗，村（社区）解决57宗，镇解决22宗。通过开展“干群会客厅”活动，推进全镇各项工作进展，促进党和人民群众血肉关系，维护农村和谐发展。

【综治维稳】 2016年，闻韶镇落实信访维稳和社会管理综治工作，开展矛盾纠纷大排查，发现矛盾纠纷及时调处，不留隐患，并对排查出来的重大矛盾纠纷和不稳定因素进行调处。全镇全年接到群众来电来访16批20人次，排查各类矛盾纠纷80次，排查出矛盾纠纷29宗，调处29宗，调处率100%。成功调处（办结）各类纠纷28宗，成功调处（办结）率96.6%，其中受理信访案件8宗（上级交办4宗），山林纠纷1宗，民事纠纷19宗（派出所3宗）。答复处理信访案8宗，答复处理率100%。稳控涉法涉诉历年积案1宗，稳控率100%。全镇刑事案件立案10宗，破案3宗，抓获犯罪嫌疑人1人，破案率30%，受理行政案件20宗，查处20宗，调处5宗。

【普法宣传】 2016年，闻韶镇加大创建“平安闻韶”宣传力度，提升群众安全防范法制意识，结合治安防范法制意识和安全防范思想意识，以普法禁毒及反邪教宣传为重点，通过悬挂横幅、张贴海报、发放宣传资料、干部职工普法考试和召开座谈会等方式，宣传并抓好落实，全年发放宣传资料1920份。7月10日，邀请县司法局人员到闻韶镇泰学校开展禁毒宣传内容法律教育活动。9月2日，邀请县公安局工作人员到闻韶街道开展交通安全宣传教育活动。10月，发放防火宣传册1432本，张贴防火宣传标语800多条，悬挂防火宣传横幅15条。

【安全生产】 2016年，闻韶镇贯彻落实上级有关安全生产工作指示精神，坚持“安全第一、预防为主、综合治理”方针，以落实责任制为基础，认真督查，消除隐患，建立健全安全生产责任制。积极开展安全生产“八打八治”专项活动，结合各项工作多次组织镇派出所、工商、安监站等部门突击检查。加大食品药品整治力度，杜绝食品药品安全事故发生。全年，开展安全生产检查出动人员88人，3次下到各电站、3间竹制品加工厂和1间木制品加工厂，并对街道店铺进行安全设施检查，在检查中发现1间竹制品加工厂和1间木制品加工厂存在乱堆乱放情况，检查组立即责令厂家做好清理工作。全年全镇无安全生产和食品药品事故发生。

【档案工作】 2016年，闻韶镇将档案工作经费纳入年度预算，加强镇、村档案员培训，全年全镇举办镇村（社区）档案员培训班2期。通过办班培训，提高镇、村档案员业务能力，建立健全镇、村档案考核机制。全年全镇完成2015年度文书、照片和实物档案收集归档工作，整理文书档案75卷、照片档案10卷、实物15件（卷）。

2016年闻韶镇村（居）委会基本情况一览表

表62

村（居）委会名称	村小组（个）	自然村（个）	村（居）委会集体纯收入（万元）	特产	村（居）委会负责人
闻韶居委会	—	—	3.5	—	陈永生
下徐村委会	10	7	6.5	冬笋	邓有为
江南村委会	6	6	8.3	冬笋	欧书贵
塘源村委会	6	6	9.2	冬笋、优质米	温天成
华塘村委会	10	8	11.3	冬笋、优质米	叶呈飞
白竹村委会	8	3	9.2	冬笋、番薯	凌家优

闻韶镇党政负责人名录：

党委书记： 陈俊华（任至2016年6月）
刘普新（2016年6月任职）

党委副书记： 冯　鹄
李杏兰（女，任至2016年6月）
卢明春（2016年7月任职）
谭志强（2016年7月任职）

党委委员： 刘厚明　邓树根
李凤昌（任至2016年6月）
李惠方（女，任至2016年6月）
黄志军（任至2016年6月）
张功庭（2016年7月任职）

刘茗瑞（女，2016年7月任职）
刘四娣（女，2016年7月任职）
温志清（2016年7月任职）
李芬萍（女，2016年7月任职）

镇　长：冯　鹄

副镇长：黎郁文（任至2016年6月）
张功庭（任至2016年6月）
刘厚明
欧江锋（2016年7月任职）
曾志坚（2016年7月任职）

人大主席：陈俊华（任至2016年6月）
黎名全（2016年7月任职）
（黎学荣）

黄坑镇

【基本情况】　位于县境东南部，东连南雄、始兴县，南接周田镇，西与世界自然遗产、世界地质公园丹霞山为邻，北与闻韶镇交界，属郊区镇。镇政府驻黄坑墟镇，距县城15公里。G106线于西南部穿境而过，并有水泥公路直达镇区及各村委会驻地，交通便利。辖区面积164.94平方公里。下辖村委会高塘、下营、黄坑、小溪、蓝田、曰庄、古竹7个和黄坑居委会（社区）1个，年末总户数4164户，户籍人口15897人，农业人口14774人，外来人口381人。

2016年，全镇生产总值2.964亿元，比上年增长7.4%。农业产值2.152亿元，农民人均收入16908元。工业产值5035万元。耕地面积1479.98公顷，2016年，贡柑、沙糖橘等等优质果树发展到1000多公顷，新种贡柑200余公顷，可挂果面积666.67公顷，实现产量3万吨，产值达2亿元。林地面积13589.91公顷，森林覆盖率76%。主要经济来源有：水稻、花生、蚕桑、贡柑和茶叶等。全镇有初级中学1所、小学2所（其中，中心小学1所，教学点1个）、幼儿园2所（其中，公办1所），在校学生1370人；有文化站1个，广播站1个。全镇参加医疗保险人数11805人，覆盖面77.5%。主产水稻、贡柑和花生，土特产有贡柑、茶叶、冬笋等，其中以贡柑闻名。域内资源竹木、硅石、稀土矿，工业以小型水电站、加工业为主，有企业上坑水电站、中寨水电站、辉祥果业打蜡厂等68家。旅游景点主要有黄坑南庄生态名园、东庄门楼、黄坑镇冯屋文明公祠等。

【经济发展状况】　2016年，全镇地区生产总值2.964亿元，比上年增长7.4%，其中农业总产值2.152亿元，比上年增长5.5%；财政收入847万元，比上年增长12.6%；农民人均收入16908元，比上年增长8.71%。

【农业发展】　2016年，黄坑镇加强特色产业管理。全年全镇柑橘种植面积1200公顷，可挂果面积1000公顷，产值达2亿多元。邀请各级农业技术专家到镇讲授相关知识8次。培育龙头企业，镇农业办指导相当规模种植户兼做养殖户，发展兼职家庭农场2个，规模26.67公顷，年产值60多万元。引导种植户联合成立合作社，引导合作社健康成长，提升农业产业化水平，加大贡柑合作社政策扶持力度。年内，全镇有合作社22家，其中黄坑柑橘合作社和黄坑冯屋贡柑合作社为县龙头企业、示范合作社。加强农机安全生产和宣传管理工作。签订了镇村农机安全责任书；多次邀请县农机局到镇上“安全农机操作”课，参加上课群众400多人次；发放农机安全宣传单300多份；配合县农机局、县交通局等安全部门在镇举办农机安全教育活动1期。全年全镇没有发生农机安全事故。

【林业工作】 严格林政管理。2016年，黄坑镇依法惩处乱砍滥伐、无证开采林地行为，坚决执行审批制度，全镇所有使用山林土地一律进行审批和规划，层层把关木材砍伐和林业用地。加大森林防火工作力度。做好生态公益林补偿资金发放工作，全年发放生态公益林补偿资金约190万元，发放2014年中央财政造林补贴资金10.85万元，补发2013年第二批中央财政造林补贴资金6.5万元和武深高速公路征地、青苗补偿等资金302万元。

【水利工作】 2016年，黄坑镇加大水利工程建设。投入7万多元维修因强降雨造成的损毁水利设施；投入2万多元清理蓝田水圳3000多米淤泥；投入20多万元在各村维修水渠，确保农田用水。加快河堤治理工程。截至2016年年底，完成6.6公里河堤治理工程主体工程建设，完成总工程量90%。

【镇、村公路建设】 镇、村公路建设方面。2016年，黄坑镇投入25万元完成火星村（0.927公里）公路建设。冯屋至曾涂屋（1.5公里）、下营至小板（1.345公里）、乡道至黎壁石（0.222公里）和下坳岭至葛布（1.917公里）公路建设进入筹建阶段。

【“精准扶贫”工作】 2016年，黄坑镇按照上级有关要求做好扶贫开发工作。全年全镇被评定为省级贫困村3个（黄坑、下营、曰庄）和分散贫困村4个。扶贫工作队到村后与镇扶贫工作组共同制订工作计划，下到扶贫村了解掌握需要帮扶人员，严格按“四看、五优先、六进、七不进”原则入村入户调查核查，评定贫困户。最终核查贫困户272户759人。按照“一户一策”实施贫困帮扶。镇班子多次和扶贫工作队一起开座谈会，探讨扶贫工作方案、制定扶贫措施，开展各种捐资助学、发放粮油米面棉被大衣等日常生活用品。

【武装卫生事业】 2016年，黄坑镇贯彻落实《中华人民共和国兵役法》，依法开展兵役执法检查、兵役登记，完成年度征兵任务。推进居民免费健康体检，建立居民健康档案，建立健康档案并录入电脑3960人，其中新建居民健康档案1165人。有861名老年人登记在册，对605位登记在册老年人进行免费健康体检，并提供中医药健康咨询服务。

【社会保障能力不断提高】 2016年，黄坑镇推进新型农村养老保险、城乡医疗保险、职工社会保险工作，全年新增新农保参保35人，续保1132人，60岁以上老人办理养老待遇216单；解决群众城乡医保返回结算98单、咨询并解决社保卡使用问题242例；完成全镇职工社会保险参保缴费率100%。

【计划生育】 2015年10月1日至2016年6月，全镇户籍人口15897人，其中常住人口12389人；已婚育龄妇女3079人；出生246人（一孩出生97人、二孩出生136人、多孩出生13人），其中政策内出生236人，政策外出生10人，政策生育率95.93%，性别比84.96。落实“四术”57例，免费孕前优生健康检查夫妇69对。

【领导干部普遍直接联系群众】 2016年，黄坑镇开展“干群会客厅”活动。按照“干群会客厅”活动相关要求，有计划安排领导干部接访，把矛盾纠纷化解在基层。认真记录约谈、访谈群众反映的问题，由镇综治办整理，对不能及时处理问题或矛盾纠纷，提交相关部门及时跟进处理。

2016年黄坑镇村（居）委会基本情况一览表

表63

村（居）名称	村小组（个）	自然村（个）	村（居）委会集体纯收入（万元）	现有集体经济发展项目	特 产	村（居）委会负责人
高塘	16	16	4.0	投资镇扶贫电站；山塘、厂场出租；山林发包	大米、贡柑、柑橘	冯立雄
下营	13	13	3.8	投资镇扶贫电站；茶场、鱼塘出租；林地发包	大米、贡柑、茶叶	简河清
黄坑	13	13	3.55	山塘出租；林地发包；电站、水厂资源费	贡柑、柑橘、大米	李金荣
小溪	7	7	8.8	电站资源费；厂场出租和林木资源费	贡柑、柑橘、白毛银毫茶叶、大米	钟新平
蓝田	5	5	1.7	电站资源费；山林发包	贡柑、柑橘、大米	张 微
曰庄	11	11	1.8	电站资源费；林地发包；厂场出租	贡柑、柑橘、大米	邓大有
古竹	12	12	5	镇政府电站投资	竹笋、大米	欧秋生
社区	1	1	0	—	—	莫尚中

黄坑镇党政负责人名录：

书　记：谭建华（任至2016年6月）
谭家琪（2016年6月任职）

副书记：邓永林（任至2016年7月）
叶长盛（任至2016年7月）
刘小巧（2016年7月任职）
沈家盛（2016年7月任职）

党委委员：许俊华（任至2016年7月）
沈家盛（任至2016年7月）
张建梅（女，2016年7月任职）
李维胜
张晓飞
李子春（女，任至2016年7月）
沈　刚（任至2016年7月）
冯智灵（2016年7月任职）
许兴远（2016年7月任职）
江谷林
刘德荣

人大主席：谭建华（任至2016年6月）
许俊华（2016年9月任职）

镇　长：邓永林

副镇长：何海生（任至2016年7月）
刘润芳（任至2016年7月）
张建梅（女，任至2016年7月）

沈　刚（2016年7月任职）
刘德荣（2016年7月任职）
卢华英（女，2016年7月任职）

（李　奇）

周田镇

【**基本情况**】 周田镇位于仁化县境南部，东连始兴县，南接曲江区，西与世界地质公园丹霞山及大桥镇为邻，北与黄坑镇交界，属省级中心镇，仁化县重点发展镇和经济发展“桥头堡”。镇政府驻平甫村，距县城17公里。G323线、G106线贯穿全境，赣韶铁路、韶赣高速公路及在建武深高速途经该镇，并设有丹霞山火车站和丹霞高速公路出入口，浈江河流与北江相接，形成便利水陆交通网络，成为粤北地区交通枢纽重镇。辖区面积296.12平方公里，辖周田、较坑、平甫、龙坑、上道、鸡龙、台滩、新庄、谭屋、上坪、雷坑、麻洋、灵溪、下洞、瑶溪村委会15个和周田居委会（社区）1个。2016年年末，总户数5570户，户籍人口28660人，农业人口25100人，外来人口1653人。耕地面积1396.5公顷，粮食播种面积1768.2公顷，粮食产量11683吨。林地面积22331.4公顷，森林覆盖率72%。

2016年，全镇主要经济来源有企业税收、河砂开采协调费，有色金属循环经济产业；农业方面有种植业、养殖业、外出务工等。有初级中学1所、小学1所（其中，中心小学1所，完全小学1所，教学点4个）、幼儿园3所（其中，公办1所），在校学生2175人；有文化站1个，广播站1个。全镇参加医疗保险人数21757人，覆盖面101.95%，养老保险续保人数3951人，完成率71.84%，领取待遇人数3750人。主产优质谷、柑橘、花生、西瓜和蒿竹，土特产有灵溪冬菇、平甫奈李、花生、西瓜、粉葛、柑桔等，其中以灵溪冬菇、平甫奈李闻名。域内资源有水力发电、铅、锌，工业以有色金属循环经济产业和水力发电为主，有企业广东志成冠军电气器材科技有限公司、博世铝业有限公司、王氏水务有限公司、盈保电业有限公司、富然农科有限公司等25家，其中已投（试）产14家。旅游景点主要有灵溪河森林旅游渡假公园、灵溪大围古村、周田风度（张屋）古村等。

2016年2月，周田镇大围村、风度村被广东省文学艺术界联合会、广东省民间文艺家协会评定为第五批广东省古村落。7月，周田村获2015年度韶关市“文明村”称号。

【**镇域经济发展**】 2016年，周田镇按照“工业强镇、农业稳镇、商贸兴镇、旅游旺镇、宜居城镇、产业富民、和谐保障”发展战略，立足优越区位条件，打造交通枢纽中心、产业集聚中心。配合做好有色金属循环经济产业基地建设，推进基地征地拆迁、协调处理工作，保障基地建设稳步推进。年内，该基地基础设施累计完成投资2037万元，完成岭尾变电站丙线（10千伏）延伸工程施工，基地污水处理厂通过环评验收，完成新庄新村安置房道路与排水工程70%，完成工业六路道路工程、新庄五路道路工程一标段钻探和初步设计，完成基地排污专用管道工程招标。全年，基地新引进新项目1个，总投资2000万元；新增意向项目2个，总投资3.2亿元，年产值10亿元，其中，新增规上企业4家，志成冠军工业园内引进企业6家全部建成投产；1月1日，韶关浩蓝环保科技有限公司基地污水处理厂项目正式运营；8月1日，完成仁化县博世铝业有限公司年产8万吨工业铝型材建设项目一期工程项目环保验收；5月26日，广东力圣蓄电池有限公司年产160万千伏安时动力储能蓄电池迁扩建项目取得环评批复；12月，广东升隆电源有限公司项目完成厂房、办公楼建设及生产设备安装，开始调试设备；

韶关凯鸿纳米材料有限公司项目建设完成固定资产投资1.5亿元。全年，基地完成产值10.11亿元，比上年减少1亿元；完成税收2429.32万元，同比增长50.87%；完成固定资产投资6.6亿元，其中工业投资6.17亿元，同比增长11.49%，完成年初制定投资任务。

2016年，周田镇地区生产总值80575万元，比上年增长8.8%；镇财政收入1489.45万元，比上年增长30.6%；农业总产值45110万元，比上年增长4.5%。第一产业（农业增加值）29019万元；第二产业26976万元，比上年增长8.5%；第三产业24580万元，比上年增长14.5%。固定资产投资111785万元（其中，镇属投资69484万元），同比下降7.2%；农民人均纯收入14018.8元，同比增长5%。

【农村农业工作】 2016年，周田镇以“农业增效、农民增收、农村稳定”为核心，以农村综合改革引领发展，加快农村基础设施建设，利用“一事一议”奖补政策兴办农村公益事业。落实责任，加强防洪、防汛及山塘水库安全管理、护林防火，做好林权争议调处、涉林信访工作。推进土地制度改革工作，扎实做好农村土地承包经营权确权登记颁证工作。按照省、市部署，坚持依法依规、实事求是、尊重民意、保持稳定原则，在2015年试点基础上，全面开展农村土地承包经营权确权登记颁证工作，截至2016年12月底，完成登记颁证工作。普惠金融和农业普查工作顺利开展。周田镇坚持以“农业增产，农民增收，农村稳定”为目标，推进农业产业化进程。以增加农民收入为目标，优化农业产业和产品结构，利用土地、森林、水资源气候等资源优势，调整农业产业和产品结构，以风顺养殖合作社、兴旺奈李水果合作社、广东富然龙头企业为依托，实施特色经济，开拓市场发展“一村一品”，形成麻洋淮山，上坪贡柑、平甫奈李、周田优质谷、较坑蚕茧、龙坑荷包豆、鸡龙萝卜等特色农业。以“公司+基地+农产”模式，创新发展“订单农业”。以申办家庭农场为主导，发展种养业。全年生猪出栏11363头，鸡鸭鹅等家禽养殖2.5万羽，养鱼960吨，奈李、火龙果、杨梅、草莓、葡萄、沙糖橘、贡柑、香蜜橙等特色水果种植面积达到1333.33公顷。引进韶关雪印公司，发展大棚蔬菜种植，发展“公司+基地+农户”经营模式，全镇种养业基本形成基地化、规模化经营格局。其中风顺养殖业合作社和富然油茶基地被评为省级农业合作社和龙头企业基地。增加农业基础设施建设投入，增强农业发展后劲，推进农田水利建设，以浈江河、灵溪河流域等中小河流治理、农村饮用水工程以及山塘、水渠整治为重点，改善15个村委农田水利基础设施和山塘水库、河提的维修除险加固建设；投资约1200万元进行农网升级改造。落实国家惠农政策，实现农村住房保险、水稻保险全覆盖，农机补贴、粮食直补、禁渔期补贴、基本农田保护补偿、生态公益林补偿资金全面发放落实到位。抓好土地确权和山林确权颁证工作，及时调解纠纷。实施“科技兴农”战略，以鑫三州农业培训基地为依托，培养农业实用人才，接受实用技术培训400余人，推广适用农机装备和技术，全方位服务“三农”工作。完成镇公共服中心、村级服务服务站建设。

【“精准扶贫、精准脱贫”工作】 2016年，周田镇按照精准帮扶“九到户”要求，通过精准施策，产业帮扶，增强贫困人口“造血”功能和自我发展能力，扶贫工作取得成效。年内，周田镇有省级相对贫困村5个，分散贫困人口村（居）11个。全年全镇实现脱贫265户522人，贫困人口脱贫率38.9%。强化组织领导，落实工作责任。成立镇“精准扶贫”工作领导小组，由挂点县领导、市驻镇工作组领导、镇党政班子成员、驻村工作队长、第一书记、驻村联络员、村（居）支部书记、镇扶贫办干部组成，形成主要领导负总责、分管领导具体抓、驻村领导督促抓工作格局。组建市驻镇工作组办公室和镇“精准扶贫”办公室，明确专人负责。各村（居）按要求成立相应领导机构，设置“精准扶贫”办公场所，形成帮扶单位、镇、村干部共同推进“精准扶贫”工作合力。强化宣传发动，营造浓厚氛围。镇党政“一把手”多次在党政班子会、干部职工大会上强调“精准扶贫”工作重要性，要求全体镇村干部了解、参与“精准扶贫”，掀起工作热潮。通过入户宣传、制作宣传栏、悬挂横幅、张贴标语、派发宣传单等方式，争取群众支持，主动接受群众监督。强化精准识贫，认真建档立卡。以“四看、五优先、六进、七不进”为标准，重点核清农户家庭资产、收入支出等情况，做到全村全户全覆盖核查。对核实的贫困户，通过召开村民代表大会进行表决形式，进行民主评议，并公示评议结果。做好贫困户信息系统录入和纸质资料归档工作，镇实现“一村一档”，村实现“一户一档”。开展建档立卡“回头看”工作，逐项检查校正审核录入系统数据，尽量避免系统和纸质资料数据出现逻辑错误。强化精准施策，完善帮扶计划，按照“一村一策”要求，合理制定出贫困村三年“精准扶贫”帮扶规划和年度帮扶计划。扶贫工作有成效。建设太阳能路灯、安全食水工程、文体活动场地垃圾中转池等公共基础设施一批，村容村貌明显改善，主导产业初具规模。村集体收入、村民人均纯收入和贫困户人均纯收入得到提高，省级贫困村平甫村、较坑村、雷坑村、灵溪村、下洞村5个基层组织建设加强。

【休闲商旅化建设】 2016年，周田镇坚持打造环丹霞山大景观、大旅游工作思路，做好景点景观保护工作，打击景区各类乱砍滥伐、乱搭乱建行为。加紧灵溪河森林公园度假公园升级改造项目（投资1亿元）建设。借助打造周田张屋村、灵溪大围村“广东省古村落”平台，以省级新农村和“丹霞彩虹”建设为契机，打造“九龄文化”和古村科考、旅游线路，并对古村予以保护、传承、开发、建设。做好旅游服务，借助周田旅游咨询服务中心平台，谋划推介周田旅游景点，提升周田旅游景点知名度。打造“丹霞仁家”品牌，建设和助力“农家乐”管理升级。完善旅游景点景区配套服务设施建设，加强镇内酒店、旅馆服务管理，提升旅游接待能力和水平，营造良好旅游与人文环境。

【社会各项事业】 2016年，周田镇坚持以人为本，促进社会事业协调发展。年内，坚持把改善民生，维护人民利益作为工作的出发点和落脚点，有效推进各项事业协调发展。社会保障体系完善，完成就业再就业和劳动技能培训和转移就业劳动力目标任务；城乡居民养老保险和医疗保险参保人数分别增至为9802人、21500人；巩固省级教育强镇成果，公开表彰奖励本年度优秀学生及教师，营造尊师重教氛围；积极开展群众文化活动和“三下乡”活动；完善医疗卫生基础设施建设，改善医疗条件，密切医患关系，卫生保健水平提高；农村低保及“五保”户及困难群众吃穿住和医疗得到解决；开展“双拥”工作，基层民兵武装“四基”建设全面落实达标；群众自觉执行殡葬改革制度。全面落实计生服务工作责任制，提高出生人口素质，强化依法管理，加强流动人口管理和计划生育工作队伍建设。社会秩序和谐，按照“打防结合，预防为主，专群结合，依靠群众”工作方针，坚持系统治理、依法治理、综合治理、源头治理；深入开展平安创建活动，安全生产“一岗双责”责任制得到落实，全镇社会安定、和谐，人民群众安全感和满意度不断提升。基层公共服务便利，整合镇、村（社区）党务政务服务中心、便民服务中心、综治信访维稳工中心、“三资”管理服务中心、人力资源服务所等平台载体，统一纳入基层公共服务平台建设，明确各级公共服务平台权责，按照“应进必进”原则，建设统一标识镇、村（社区）“一站式”基层公共服务机构及场所。截至2016年12月底，全面建成并投入使用镇政府服务中心及16个村（社区）公共服务平台。加快新农村建设步伐。突出城镇扩容提质，以全力打造宜业宜居城镇为目标，开展“美丽乡村”建设工作，实施村庄环境改造和整治计划，引导村民规划建房，全镇实现村村通水泥道路硬底化90%以上，建成饮水安全工程65%，安装太阳能路灯15个村，建设文体广场村组12个。开展“美丽庭院”创建活动，实施环境卫生整治工作，在全镇各村小组设置垃圾池或垃圾桶，各村利用省政府每年下拨环卫专项资金2万元，配备保洁人员负责垃圾收集与清运、道路清扫、水面垃圾打捞、绿化带修剪等日常保洁工作，村容村貌焕然一新。抓好消防整治工作，全年投入约300万元，全面整治公共场所、“三小”场所，并通过省考核验收，周田镇被评为省公安消防总队“先进单位”和县消防工作“先进单位”。

【作风建设】 2016年，周田镇坚持以依法行政，强化法治政府，深入推进“两学一做”教育，巩固深化“三严三实”专题教育成果，以作风转变推动工作落实。健全和规范基层组织民主管理，开展“四议两公开”“四民主工作法”。营造风清气正发展环境。强化基层服务，开展党员领导干部普遍联系群众活动，发挥“一厅三档案”为民服务平台载体作用，密切干群关系。抓精神文明建设，促核心价值观建设。2016年，周田村被韶关市文明委评为韶关市文明村，雷坑村、周田村张屋村被仁化县文明委评为仁化县文明村。加强廉政建设，强化监督体系，贯彻落实廉政建设责任制，落实“两个责任”，建立“一岗双责”，引导全体干部明底线、知敬畏、守规矩，切实做到依法用权、依矩用权、廉洁用权。开展纠风活动，印发并执行《机关作风明察暗访工作方案》，实现作风建设规范化、常态化，加强领导干部“八小时以外”监督管理。

【风度村、大围村入选广东省古村落】 2016年2月，周田镇风度村（张屋村）、大围村（翰享村）分别被广东省文学艺术界联合会、广东省民间文艺家协会评定公布为第五批广东省古村落。

【火灾隐患整治】 2016年，周田镇被列为全省第八批火灾隐患重点地区，由省政府挂牌督办整治。据统计，周田镇有“三小”场所384家、出租屋15家、公共场所32家，企业11家。年内，市、县、镇三级党委、政府高度重视，贯彻落实省、市政府通知要求，周密部署，强化领导，在人力、物力、财力上予以大力支持，动员广大群众和社会单位积极参与火灾隐患整治。投入500多万元，全面推进周田镇火灾隐患重点地区整治工作。11月17—19日，周田镇通过省级火灾隐患重点地区整治工作验收，受到广东省消防总队和县政府办通报表扬。

2016年周田镇村（社区）基本情况一览表

表64

村（社区）名称	村小组（个）	自然村（个）	村（社区）集体纯收入（万元）	现有集体经济发展项目	特　产	村（社区）负责人
较坑	18	14	7.38	鱼塘、韶石山集体山岭出租	蒿竹、贡柑、花生	刘作财
平甫	20	17	7.71	鱼塘、灵溪河森林公园及电站协调费	奈李、西瓜	罗朋文

续表64

村（社区）名称	村小组（个）	自然村（个）	村（社区）集体纯收入（万元）	现有集体经济发展项目	特 产	村（社区）负责人
周田	24	6	16.6	鱼塘、韶石山集体山岭出租，土地、房屋出租	优质谷、西瓜	张宗式
龙坑	5	5	9.04	鱼塘、韶石山集体山岭出租、房屋出租	优质谷、贡柑、西瓜	熊树红 梁树红
上道	10	9	3.21	鱼塘、竹园、孔雀场等租金	优质谷、花生、蒿竹	李振春
鸡龙	6	3	6.23	鱼塘、竹园、房屋、葡萄园出租，锦江电站分红	萝卜、沙葛	邓伟胜 吴仲雄
台滩	15	15	9.1	鱼塘、锦江电站分红、房屋出租	优质谷、花生	龚厘团
新庄	10	10	3.74	新庄电站协调费	优质谷、花生	朱伟金
谭屋	10	10	3.85	锦江电站分红、新庄电站协调费、房屋及土地出租	优质谷、花生	谭天茂
上坪	7	7	5.7	锦江电站分红、鱼塘、房屋、集体山岭出租	优质谷、贡柑、蒿竹	赖绍斌
雷坑	7	7	3.36	新庄电站协调费、林地租金	蒿竹	彭长明
麻洋	6	6	7.00	鱼塘、集体山岭出租	红瓜子、蒿竹	詹远城
灵溪	15	12	18.24	竹器厂、灵溪河森林公园协调	冬菇、冬笋	高红星
下洞	10	7	10.97	灵溪河森林公园及电站协调费	冬菇、冬笋	吴娘明
瑶溪	5	5	7.2	锦江电站分红、集体山岭出租	冬菇、木耳、蜂蜜	邵万明
社区	—	—	—	—	—	孔志海

周田镇党政负责人名录：

党委书记：邱志坚（任至2016年5月）
冯奋德（2016年6月任职）

副 书 记：冯奋德（任至2016年 5月）
曾凡军（2016年6月任职）
侯政春（任至2016年 8月）
涂丽玲（女，2016年7任职）
刘小飞（2016年7月任职，任至2016年12月）

党委委员：黄玉华（任至2016年6月）
卢明春（任至2016年6月）
邓贵胜（任至2016年6月）
刘小飞（任至2016年6月）
刘群珍（女，任至2016年6月）
许雪峰
余诗金
杨秀芬（女，2016年7月任职）
刘润芳（2016年7月任职）
马爱军（2016年

7月任职）
廖苑威（2016年7月任职）
饶长田（2016年7月任职）
邵　强（任至2016年6月）
人大主席：邱志坚（任至2016年9月）
侯政春（2016年9月任职）
镇　　长：冯奋德（任至2016年5月）
曾凡军（2016年9月任职）
副镇长：许兴远（任至2016年8月）
许雪峰（2016年9月任职）
刘新其
罗福贤
丁　贞（女，挂职，任至2016年8月）

（黄福成）

大桥镇

【基本情况】　大桥镇地处仁化县南部，距县城24公里，与韶关市东郊相连，东与周田灵溪、枫湾镇为界、南与火山镇、湾头黄浪为界。全镇土地总面积132.8平方公里，其中农用地12055.6公顷，占土地总面积89.75%，农用地中，耕地面积为917.6公顷，林地面积10560.1公顷，森林覆盖率66.2%。辖6个村委会，1个居委会，70个村民小组。2016年年末，全镇户籍人口11228人，乡村人口8520人，外来人口44人。

大桥镇地理位置优越、交通网络发达，G106线、G323线贯通全境，韶赣高速、韶赣铁路穿镇而过，浈江从北至南、锦江从西至东流经辖区在大桥交汇。湾头水利枢纽工程，使韶关至大桥通航能力达50吨。两江四岸景观优美、秀丽。

大桥镇旅游资源丰富，旅游景点有“五马归槽”“韶石山庄”“大桥青云竹林生态园”等。地势平坦，土壤肥沃，水源充足，灌溉便利，是仁化县重要的粮食、经济作物区，形成以沙田柚、水稻、蔬菜、蚕桑、西瓜等五大传统项目为主的农业产业结构。其中，有“中华名果”之称的长坝沙田柚，是国家地理标志产品。

【经济发展概况】　2016年，全镇实现地区生产总值34522万元，同比增长8.25%；农业生产总值22837.74万元，同比增长4.71%；完成全镇总税收244万元，完成任务数105.17%，同比增长-5.17%；完成固定资产投入7123万元，同比增长-49.3%；完成镇本级财政预算收入1032.3万元，同比增长-12.76%；农民人均纯收入13633元。

【重点项目建设】　旭日农业科技种植酿酒生态旅游度假观光园项目。该项目用地范围涉及大桥镇古洋、长坝2个村委会8个村小组。截至2016年年底，种植葡萄、沙田柚等水果133.33公顷；建成酒厂主体，完成生产车间内部装饰工程。计划投资4500万元，实际投资2300万元，占年度计划投资51%，累计完成投资12300万元；完成土地调规10.67公顷。

石斛生态观光园区项目。项目投资1.5亿元在大桥镇古洋农科所建立育苗基地，年产优质种苗3000万丛，是全国最大单一品种铁皮石斛育苗基地，基地内设铁皮石斛仿原生态种植示范区4公顷。2016年，完成铁皮石斛产业链建设项目新租土地平整、围网、排水沟挖掘等工作。

金喆园沙田柚种植及休闲生态农业示范项目。该项目位于长坝村，占地面积约66.67公顷，计划总投资2.1亿元，逐步建成集生产、仓储、销售与休闲观光于一体现代生态农业示范园区。截至2016年年底，种植沙田柚13000多棵、桂花4万多棵，完成部分设施建设；作为大桥镇森林公园着手申报国家AAA级旅游景区，并逐步完善园区景观及基础设施建设。

韶关新马农业有限公司项目。该项目主要从事中草药材种植及后期深加工，前期投入资金306万元。截至2016年年底，建成办公大楼及加工厂，加工设备安装并调试完毕，开始中草药批量种植生产。

【农业、农村工作】 2016年，大桥镇实现农业总产值22837.74万元。依托现代农业示范园区辐射示范带动作用，推广良种良法和农业新技术，全年举办贡柑种植、农机使用技术和水肥一体化技术等培训班5期，受训农民群众400多人次。改善农村环境，整合“美丽乡村”建设资金，完善下墩坪新农村示范点环境。做好农村危房改造工作，截至2016年年底，完成危房改造任务87户，开工率100%，竣工率98%。开展农业普查工作，完成填写普查表2144户（包括单位、规模以上、农户）。做好“一事一议”工作、“三防”工作、动物疫情防控工作及农机安全生产工作。

【新农村示范片建设】 2016年，大桥镇加大“美丽乡村”示范点环境整治力度，整合“美丽乡村”建设资金251万元（其中，县“美丽乡村”建设专项资金68万元、“一事一议”资金20万元、湾头水库移民安置资金90万元、村民筹资筹劳73万元），完善古洋村下墩坪示范点自来水、街（巷）道硬底化、排污管道、路灯、文化室、村标、绿化等项目，示范点村庄整治建设水平得到提升，对周边村庄起到较好带动作用。

【生态旅游开发】 2016年，大桥镇依托旅游资源，结合农业产业化发展优势和特色农业种植丰富优势特点，打造集观光旅游、果蔬采摘于一体休闲农家乐一批。截至2016年年底，全镇有星级“丹霞仁家”乡村旅游农家乐3家、大桥镇森林公园1座。

【民生工程】 水江渡口东、西码头改造工程。2016年1月，完成该工程邀请招标程序；4月，与中标公司茂名市市政工程总公司签订工程施工承包合同，后因汛期不宜施工，直至9月17日，中标公司方进场施工；11月底，全面完成码头工程改造。

“仁爱老街”旅游文化村建设。大桥村委会老街村小组整村危房改造工程，在原址重新规划建设新农村。截至2016年年底，摸清村民建房需求情况，制订老街村整村危房改造用地置换补偿方案，进行房屋测量、物质文物遗产摸底调查等工作；按照路改桥建设方案，在万年桥上游约10米处新建桥梁1座，新桥于是年底完工并投入使用。

古洋河整治工程。2016年，大桥镇根据全县中小河流整治项目征地工作协调会精神，与涉及古洋河整治村小组16个签订征地合同，计划征地1.47公顷，年内实际征地1.36公顷。

“村村通”自来水工程。2016年，大桥镇投资105万元，对大桥村、共和村、亲联村、大桥社区居民用水进行改造。2016年4月，完成招投标；5月，开工建设；是年底，完成工程改造。

【社会各项事业持续发展】 计划生育工作。2016年，大桥镇贯彻落实《中共中央国务院关于实施全面两孩政策改革 完善计划生育计划生育服务管理的决定》，严格执行新《广东省人口与计划生育条例》，做好新时期计划生育工作，全年全镇有已婚育龄妇女2236人，年度人口出生181人，政策生育率96.13%，出生性别比98.9，政策外多孩率0.055%。

安全稳定工作。2016年，大桥镇：查处吸毒人员17人并进行强制戒毒，受理刑事案件23宗，破8宗，行政案件36宗，查结15宗；镇、村两级共调处各类矛盾纠纷61宗，调解成功56宗，调结率91.8%；完善社会治安视频监控系统建设，完成监控点6个；镇和7个村（居）制作平安宣传栏，在市场楼面上制作大型创平宣传画，镇、村发出宣传短信3800多条，悬挂横幅6条，张贴标语20余条。

国土工作。2016年，大桥镇全面实行耕地保护动态巡查责任制，形成完整管理监察信息网络。每周对全镇主要公路沿线两侧巡查至少1—2次，村庄周边和基本保护区作为一级巡查区实行重点巡查。全年，全镇农田保护区巡查100余次，发现和制止违法用地20起，拆除违法建筑4起；办理农村宅基地申报20起，接待村民来访10起；张贴宣传标语120条，悬挂宣传横额20条。

社会保障工作。2016年，大桥镇新型农村养老保险参保4158人，其中享受待遇1627人；城乡医保参保率100%。按照政策规范化管理及时新增或取消低保、“五保”户。全年全镇有农村低保对象68户145人；“五保”户41人，其中14人集中供养，27人分散供养。

扶贫开发“双到”工作。2016年，大桥镇加强扶贫开发“双到”宣传力度，通过制作宣传横额、标语、结合工作组进村入户等形式进行深入宣传，宣传覆盖率100%。精准识别，按照“范围控制、有进有出”原则，严把入户调查、民主评议、公示公告三个关键环节。经核查，全镇有贫困人口162户431人，其中有一般贫困户87户295人、低保户46户103人、“五保”户29户33人；贫困人口中，有劳动能力贫困人口351人，无劳动能力和“五保”人员69人。建档立卡，按照贫困人口建档立卡有关要求，确定贫困户43户121人，实现“精准扶贫”档案全覆盖。

其他工作。2016年，大桥镇发挥工会、共青团、妇联、残联、关工委等群众团体桥梁纽带作用，开展科教卫、档案、食品药品安全、生态环境保护等工作，推动全镇工作全面进步。

【党建工作】 *基层党建*。2016年，大桥镇学习贯彻中共十八大、十八届五中全会及习近平总书记系列重要讲话精神，坚持党要管党、从严治党，加强领导班子和基层组织建设，积极完成各项工作任务。举办镇村干部、建党对象、后备干部、党的基本知识等各类培训班，培训中共党员、干部400多人次。抓好远程教育工作，健全网络，组织党员干部收看远程教育课件50多场次，观看人数3500人次。组织和抓好“民情日记”“民忧档案”工作，解决群众生产生活困难。

党风廉政建设扎实推进。2016年，大桥镇知责定责，筑牢责任意识。通过专题部署研究和细化明确责任，完善党风廉政建设主体责任清单。强化督责，创新落实措施。党委政府把党风廉政建设工作与各项工作紧密结合，定期监督检查所辖范围党风廉政建设情况。强化宣传教育，严肃纪律。通过“两学一做”活动、“党员随身微教育”活动、观看警示电教片、组织学习、发送廉政短信等种宣教教育方式，营造崇廉尚实、干事创业、风清气正政治生态和工作环境。正风肃纪，推进作风建设。全年不定期采取多种形式进行检查，严肃工作纪律，重点加强上班时间工作纪律监督检查，杜绝各种不良风气，切实转变工作作风，调动全体干部职工工作积极性，提高工作效率。以镇村换届年为契机，落实《干部选拔任用条例》。加强换届风气监督，增强干部选拔任用工作透明度，坚决防止和纠正选人用人上的不正之风和腐败问题。坚持从严治党，保持坚决惩治腐败强劲势头。截至2016年12月底，大桥镇排查出农村基层党员、干部违纪违法线索11条，其中，办结线索10条，正在核实线索1条。立案10件，办结1件，给予中共党员党内警告处分1人，其余9件处于办理阶段。

“干群会客厅”接访工作加强。2016年，大桥镇坚持开展每月2次矛盾排查调处和领导干部“四访”制度。每月28日为排查例会，每周安排镇班子成员到“干群会客室”接访

群众。积极做好维稳工作，实行“零报告”制度，对重访、缠访、闹访重点人员，实行镇村两级干部24小时轮值稳控制度。扎实有序开展“干群会客室”工作，全年全镇约见群众和企业主46批92人次，收集建议意见61条。

2016年大桥镇村（居）委会基本情况一览表

表65

村（居）名称	村小组（个）	自然村（个）	村（居）委会集体纯收入（万元）	现有集体经济发展项目	特产	村（居）委会负责人
共和	8	8	5.89	无	贡柑	张伟坚
亲联	10	10	4.45	切片厂、种养场、旧小学及门店出租	无	邱建新
长坝	10	10	38.37	沙田柚种植	沙田柚	谭宜彬
大桥	12	12	6	山林发包、门店出租	砂糖橘、西瓜	王伟明
古洋	21	20	11.5	生态林 山林发包 古洋电站	柑橘、葡萄	张传明
水江	9	9	0.79	门店出租	砂糖橘、贡柑、篙竹	丘定志
居委会	—	—	—	无	无	余祥军

大桥镇党政负责人名录：

书　记：林伟清（任至2016年11月）
黄银泰（2016年11月任职）

副书记：郭兰招（女）
刁祥军（任至2016年7月）
谢卫锋（2016年8月任职）
邓　飞（2016年8月任职）

党委委员：钱世全（任至2016年7月）
曹培镇（任至2016年7月）
徐于传（任至2016年7月）
陈少萍（女，任至2016年7月）
赖海文（任至2016年7月）
刘群珍（女，2016年8月任职）
张　文
张晓彬
钟祥坚（2016年8月任职）
邵　强（2016年8月任职）
黄晓梅（女，2016年8月任职）
张保卫

人大主席：钱世全（2016年8月任职）

镇　长：郭兰招（女）

副镇长：邓　飞（任至2016年7月）
钟祥坚（任至2016年7月）
张晓彬（2016年8月任职）
肖炎林
丘定志（2016年8月任职）

（吴　琼）

先进单位·先进个人

2016年获省级（含省直部门及市委、市政府授予）以上先进单位称号名录

表66

单位	授予时间	荣誉称号	授予单位
仁化县	2016.6	广东省2015年度土地执法监察考核奖二等奖	广东省国土资源厅
仁化县	2016.8	韶关市2015年度耕地保护先进单位	韶关市人民政府
仁化县	2016.8	韶关市2015年度“三旧”改造先进单位	韶关市人民政府
仁化县	2016.8	第十届双拥模范县	中共广东省委、广东省人民政府、广东省军区
周田镇风度村	2016.2	广东省古村落	广东省文学艺术界联合会、广东省民间文艺家协会
周田镇大围村	2016.2	广东省古村落	广东省文学艺术界联合会、广东省民间文艺家协会
丹霞信用社	2016.2	省级“送金融知识下乡”宣传服务站	广东金融团工委、广东银行业同业公会
县农业局	2016.3	广东省扶贫开发“双到”工作优秀单位	广东省扶贫开发领导小组
广东省渔政总队仁化大队	2016.3	2015年度海洋与渔业执法工作优秀	广东省海洋与渔业局
仁化县卫生和计划生育局	2016.3	2015年度广东省人口与计划生育工作先进单位	广东省人民政府
仁化县卫生和计划生育局	2016.4	韶关市2015年度人口与计划生育先进单位	韶关市人民政府
城口镇	2016.4	韶关市2015年度人口与计划生育先进单位	韶关市人民政府
周田供电所营配综合一班	2016.4	广东省工人先锋号	广东省总工会
县人武部党委	2016.6	先进师旅团级单位党委	中共中央军委国防动员部委员会
县人武部	2016.6	2016年度新闻舆论工作先进单位	广东省军区政治部
仁化县扶溪镇左龙村毛竹种植技术协会	2016.6	全国科普惠农兴村“先进单位”	中国科协、财政部

续表66

单位	授予时间	荣誉称号	授予单位
中共仁化县霞丰农机农民专业合作党支部	2016.7	先进基层党组织	中共广东省委
锦江电力开发总公司	2016.7	2014—2015年度“国家守合同重信用”企业	国家工商行政管理总局
周田镇周田村	2016.7	2015年度韶关市文明村	中共韶关市委、韶关市政府
中国人民财产保险股份有限公司仁化支公司营销业务一部	2016.8	2015年度标杆销售团队	中国人民财产保险股份有限公司广东省分公司
仁化县人民政府残疾人工作委员会	2016.9	全国残疾人工作先进单位	国务院残疾人工作委员会
武警仁化县中队	2016.9	“第一届”反恐应急班比武竞赛第六名	武警广东省总队
石塘镇成人文化技术学校	2016.10	广东省成人教育先进集体	广东省成人教育协会
中国人民财产保险股份有限公司仁化支公司	2016.11	先进职工小家	中国人民财产保险股份有限公司广东省分公司工会委员会
县人武部	2016.12	标兵人武部	广东省军区
扶溪镇古夏村	2016.12	中国传统村落名录	住房和城乡建设部、文化部、国家文物局、财政部、国土资源部、农业部、国家旅游局
韶关市丹霞山管理委员会	2016.12	2016年“广东省环境教育基地”	广东省环保厅
武警仁化县中队	2016.12	先进基层中队	武警广东省总队
仁化县国家税务局纳税服务股	2016.12	2014—2015年度国税系统广东省青年文明号	广东省国家税务局、共青团广东省委员会
凡口铅锌矿	2016.12	国家科学技术进步奖二等奖	中华人民共和国国务院
凡口铅锌矿职工书屋	2016.12	全国示范性职工书屋	中华全国总工会
中国电信仁化分公司大桥营销服务中心	2016.12	中国电信广东分公司2016年年度营销中心先进单位二等奖	中国电信广东分公司
中国电信仁化分公司黄坑营销服务中心	2016.12	中国电信广东分公司2016年年度营销中心先进单位三等奖	中国电信广东分公司
中国电信仁化分公司周田营销服务中心	2016.12	中国电信广东分公司2016年年度营销中心先进单位三等奖	中国电信广东分公司
仁化供电局周田供电所	2016	工人先锋号	广东省总工会
仁化供电局团委	2016	广东电网有限责任公司2015年度五四红旗团委	广东电网有限责任公司团委
仁化供电局	2016	广东电网有限责任公司2016年度模范职工之家	广东电网有限责任公司工会
仁化县科学技术协会	2016	2016年全国科普特色活动优秀单位	中国科学技术协会办公厅

2016年获省级（含省直部门及市委、市政府授予）以上先进个人称号名录

表67

姓名	性别	授予时间	获奖时工作单位	荣誉称号	授予单位
陈丽娟	女	2016.1	仁化县烟草专卖局	2015年度职业技能鉴定优秀信息员	广东省烟草专卖局
黄海峰	男	2017.1	中国电信仁化分公司大桥营销服务中心	中国电信广东分公司2016年先进绩效个人	中国电信广东分公司
刘强华	男	2017.1	中国电信仁化分公司黄坑营销服务中心	中国电信广东分公司2016年先进绩效个人	中国电信广东分公司
蒙传胜	男	2017.1	中国电信仁化分公司周田营销服务中心	中国电信广东分公司2016年先进绩效个人	中国电信广东分公司
梁城群	男	2016.3	仁化县农业局	广东省扶贫开发“双到”工作先进个人	广东省扶贫开发领导小组
雷名扬	男	2016.5	凡口铅锌矿	广东省优秀共青团员	共青团广东省委
陈景标	男	2016.5	仁化县风顺养殖农民专业合作社	2016年第一季度“诚实守信”广东好人	中共广东省委文明办
刘世松	男	2016.5	长江镇计生办	全国计划生育协会先进个人	中国计划生育协会
刘坚明	男	2016.6	仁化县农村信用合作联社长江信用社	优秀党务工作者	广东省农村信用合作社联社党委
王泽云	男	2016.9	武警仁化县中队	三等功	武警广东省总队
李庆云	男	2016.12	仁化县人武部	优秀政治机关干部	广东省军区
陈智明	男	2016	仁化供电局	县区局财务领导干部“大比武”优秀奖	广东电网有限责任公司

续表67

姓名	性别	授予时间	获奖时工作单位	荣誉称号	授予单位
罗影怡	女	2016	仁化供电局	广东电网有限责任公司2015年度财务先进个人	广东电网有限责任公司
郭迪科	女	2016	仁化供电局	公司2016年人事人资领导干部“大练兵、大比武”个人优胜奖	广东电网有限责任公司
李翠燕	女	2016	仁化供电局	广东电网2015年度营销系统推广优秀个人	广东电网有限责任公司
邓伟新	男	2016	仁化供电局	2015年度广东电网有限责任公司安全生产先进个人	广东电网有限责任公司
谢宏凯	男	2016	仁化供电局	广东电网公司2015年安全生产先进个人	广东电网有限责任公司
张　鑫	男	2016	仁化供电局	中共广东电网有限责任公司委员会2015–2016年度优秀党务工作者	中共广东电网有限责任公司委员会
张　鑫	男	2016	仁化供电局	广东电网有限责任公司“南网情•水墨韵”楹联作品二等奖	广东电网有限责任公司文联艺术界联合会
张　鑫	男	2016	仁化供电局	2015年度广东电网有限责任公司“优秀共青团干部”	共青团广东电网有限责任公司委员会
曾杜娟	女	2016	仁化供电局	2015年度广东电网有限责任公司优秀志愿者	共青团广东电网有限责任公司委员会

盛开的炮仗花　（谢嘉文　摄）

社会经济统计资料

2016年仁化县基本情况表

表68

项目		单位	2016年	2015年	增长（%）
人口情况	一、年末总人口（户籍）	人	244703	242455	0.93
	其中：男	人	124334	122992	1.09
	女	人	120369	119463	0.76
	二、年末总户数	户	73587	72484	1.52
	其中：农业户数	户	39107	37181	5.18
	非农业户数	户	34480	35303	–2.33
	三、年出生人口	人	2709	2348	15.37
	出生率	‰	13.4	11.51	16.42
	四、年死亡人数	人	1347	1158	16.32
	死亡率	‰	6.65	5.67	17.28
	五、年平均人口	人	243579	239701	1.62
	六、自然增长率	‰	6.73	5.83	15.44
劳动力	年末社会就业人员	万人	10.89	10.88	0.09
	其中：第一产业	万人	5.31	5.33	–0.38
	第二产业	万人	1.72	1.71	0.58
	第三产业	万人	3.86	3.83	0.78
土地情况	土地面积	平方公里	2223	2223	—
	1.建成区面积	平方公里	19.6	19.3	—
	2.耕地面积	公顷	21359	21359	—
	其中:水（旱）田	公顷	17747.4	17747.4	—
	旱地	公顷	2707.67	2707.67	—
	3.鱼塘面积	公顷	1783	1783	—
	4.果园面积	公顷	3422	3422	—
	5.林业用地	万公顷	17.36	17.36	—
镇村	镇（街道办）	个	11	11	—
	村委会	个	109	109	—
	居委会	个	16	16	—

2016年仁化县地区生产总值一览表

表69

项 目	按现价计		比重	按可比价计		
	2016年（万元）	2015年（万元）		2016年（万元）	2015年（万元）	增长（%）
地区生产总值	1022128	933991	100	1006506	933991	7.8
一、第一产业	206407	187672	20.19	195936	187672	4.4
二、第二产业	356752	358413	34.90	357619	358413	-0.2
1.工业	327639	318429	91.84	328506	318429	3.2
2.建筑业	29113	39984	8.16	29113	39984	-27.2
三、第三产业	458969	387907	44.90	452951	387907	16.8
1.交通运输、仓储和邮政业	63577	56941	13.85	63169	56941	10.9
2.批发零售业	105062	79742	22.89	104748	79742	31.4
3.住宿和餐饮业	37033	33303	8.07	36826	33303	9.7
4.金融业	26934	25145	5.87	26807	25145	6.6
5.房地产业	41470	39471	9.04	39643	39471	0.4
6.其他营利性服务业	53452	42259	11.65	52767	42259	23
其中：信息传输、计算机服务和软件业	9965	7461	2.17	9965	7461	33.6
7.非营利性服务业	131442	111046	28.64	128991	111046	16.2

2016年仁化县国民经济主要指标

表70

项　目	单位	2016年	2015年	增减（%）
地区生产总值（当年价）	万元	1022128	933991	9.4
地区生产总值（可比价）	万元	1006506	933991	7.8
规上工业总产值	万元	904429	837435	8.0
农业总产值	万元	327392	297563	10.0
农业机械总动力	万千瓦	13.3	13.3	0
全县固定资产投资总额	万元	637496	605658	5.26
年末通车公路里程	公里	1851	1384	33.74
公路货运周转量（全社会）	万吨/公里	92280	94498	−2.35
公路客运周转量（全社会）	万人/公里	10892	10304	5.71
电话交换机装机总容量	万门	3.3	3.3	0
年末电话用户数	万户	3.4	3.62	−6.1
年末移动电话用户数	万户	17.3	17.53	−1.3
社会消费品零售总额	万元	304816	276351	10.30
外贸出口总额	万美元	746	1147	−34.96
实际利用外资总额	万美元	82	715	−88.53
旅游总收入	万元	490852	420329	16.78
接待国内外游客	万人	852	733	16.23
地方财政一般预算收入	万元	62767	60988	2.92
地方财政一般预算支出	万元	226410	219558	3.12
金融机构各项存款余额	万元	906442	832949	8.82
其中:城乡居民储蓄存款余额	万元	629800	577348	9.08
金融机构各项贷款余额	万元	367401	332798	10.40
保险机构保费收入	万元	—	7669	−100.00
城镇居民人均可支配收入	元	23374	21153	10.50
农村居民人均可支配收入	元	13919	12552	10.89
年末参加失业保险人数	人	14326	14086	1.70
年末参加城乡社会养老保险人数	人	75446	73731	2.33
年末参加工伤保险在职人数	人	17668	17535	0.76
年末享受社会养老保险人数	人	33736	32281	4.51

2016年仁化县国民经济主要人均指标

表71

项　目	单位	2016年	2015年	增减（%）
人口密度	人/平方公里	110.1	102.9	7.0
人均地区生产总值（当年价）	元	49082	45197	8.6
人均地区生产总值（不变价）	元	48332	45197	6.9
人均耕地面积	亩	1.54	1.55	-0.6
人均粮食产量	公斤	493.9	501.1	-1.4
人均社会消费品零售总额	元	14637	13373	9.5
人均城乡居民年末储蓄余额	元	30242	27938	8.2
人均地方财政收入	元	3014	2951	2.1
城镇居民人均可支配收入	元	23374	21153	10.5
农村居民人均可支配收入	元	13919	12552	10.9
每万人拥有卫生技术人员数	人	52.2	50.6	3.2
每万人拥有病床位数	张/万人	36	35.6	1.1

2016年仁化县主要农业产品产量一览表

表72

项目	单位	2016年	2015年	增减（%）
粮食	吨	102853	103554	-0.68
其中：稻谷	吨	83513	84808	-1.53
花生	吨	33650	32810	2.56
水果	吨	63260	57698	9.64
蔬菜	吨	233580	221984	5.22
水产品	吨	9656	9432	2.37
生猪饲养量	万头	26.89	27.54	-2.36
生猪出栏量	万头	16.6	16.9	-1.78
“三鸟”饲养量	万羽	323	321	0.62
出栏和自宰家禽	万只	233	232	0.43
“三鸟”存栏量	万羽	89.6	88.4	1.36
禽蛋产量	吨	1279	1306	-2.07

2016年仁化县主要工业产品产量一览表

表73

产品名称	单位	产量		增减（%）
		2016年	2015年	
发电量	万千瓦小时	123055	104473	17.8
其中：水电	万千瓦小时	48078	33192	44.8
火电	万千瓦小时	74977	71281	5.2
锌精矿	万吨	114728	116285	-1.3
锌锭	万吨	122680	123584	-0.7
硫酸	万吨	40150	23303	72.3
铝型材	吨	8328	16235	-48.7
人造板	立方米	349347	304296	14.8

2016年仁化县文教卫生基本情况表

表74

项目		单位	2016年	2015年	同比增长（%）
教育	学校数	所	71	68	4.4
	其中：普通教育	所	30	30	0.0
	在校学生数	人	26157	25414	2.9
	普通中小学招生数	人	6886	6726	2.4
	普通中小学毕业生数	人	5842	6391	-8.6
	教职员工数	人	2401	2389	0.5
	其中：普通教育	人	2367	2352	0.6
	专任教师	人	2367	2352	0.6
	学龄儿童入学率	%	98	98	0.0
卫生	卫生机构数	个	46	46	0.0
	其中：综合医院	间	3	3	0.0
	卫生院	间	11	11	0.0
	卫生机构床位数	张	750	736	1.9
	卫生技术人员数	人	1087	1046	3.9
	其中：执业医师	人	280	264	6.1
	执业助理医师	人	146	155	-5.8
	注册护士	人	394	376	4.8

（袁　虹）

附　录

加快振兴发展　为全面建成小康社会而努力奋斗

——在中国共产党仁化县第十三次代表大会上的报告

（2016年9月20日）

中共仁化县委书记　刘　锋

各位代表、同志们：

现在，我代表中共仁化县第十二届委员会向大会作报告，请予审议。

这次大会的主要任务是：回顾总结第十二次党代会以来的工作，研究确定今后五年全县工作的指导思想、奋斗目标和主要任务；选举产生中国共产党仁化县第十三届委员会和纪律检查委员会；动员全县党员干部群众，不忘初心、脚踏实地、继续前进，坚定不移实施“四化推四区、统筹促发展”的发展战略，加快振兴发展，为全面建成小康社会而努力奋斗。

一、过去五年工作回顾

县第十二次党代会以来，我们以党的十八大和十八届历次全会以及习近平总书记系列重要讲话精神为指导，认真贯彻落实中央和省委、市委的各项决策部署，团结带领全县党员干部群众，大力实施“四化推四区”发展战略，有力地推动了经济社会持续稳定发展，基本完成了县第十二次党代会确定的各项目标任务，为加快振兴发展、全面建成小康社会奠定了良好基础。

（一）始终坚持“四化推四区”发展战略，县域经济实现平稳较快增长

一是经济综合实力不断增强。过去五年，仁化发展遇到诸多困难和挑战，经历了董塘血铅事情的低谷期，遭遇了我县主导产业有色金属产业步入“去产能、去库存”的周期性下滑期，新上项目又受环评、土地指标等因素制约，对经济带来极大影响。面对困难和挑战，全县上下团结一心，负重前行，顶住了压力，克服了诸多困难，县域经济实现了平稳增长。从2012年起，我县GDP和地方公共财政预算收入均实现“三突破”（即GDP分别突破70亿元、80亿元、90亿元大关，地方公共财政预算收入分

别突破4亿元、5亿元、6亿元大关），2014年、2015年连续两年位居全省28个山区县（市）经济综合发展力第三位。预计2016年，全县地区生产总值、地方公共财政预算收入、固定资产投资分别为102亿元、6.4亿元、69.6亿元，分别比2011年增长41.9%、58.4%、121%。

二是产业结构不断优化。三次产业结构从2011年的19.2:48.9:31.9调整为2015年的19.9:38.3:41.8。去年，全县第三产业增加值39.02亿元，同比增长12.6%，对全县经济增长的贡献率达66.4%，首次超过第二产业成为国民经济第一大产业，服务业发展呈现了良好的上升态势，县域经济转型发展的拐点初步显现。

三是特色产业不断壮大。全域旅游快速发展。制定并实施“人心向旅、规划引旅、项目强旅、服务优旅”的“十六字”旅游方针，并出台多项配套服务政策，全力推动旅游业发展。环丹产业园初具规模，宝能旅游度假项目一期等已基本完成，丹霞山博士生态园等项目建设正加快推进；丹霞源水利风景区成为国家级水利风景区，石塘古村成功创建国家3A级旅游景区；丹霞湖山温泉度假村、灵溪森林旅游度假区、红山湖旅游开发等项目稳步推进；已建成星级“丹霞仁家”33家、大小农家乐315家、丹霞民宿客栈171家；成功举办了石塘古村南粤古驿道定向大赛、长坝金柚节、黄坑贡柑节、红山茶叶节、石塘堆花米酒旅游文化节、董塘荷花垂钓节等特色节庆活动；与途家网、同程网等签订了战略合作协议，智慧旅游工作扎实推进。

工业经济发展势头向好。大力发展“生态型、节约型、科技型、创税型、规模型”“五型”工业，县有色金属循环经济产业基地被认定为省级产业集聚区、省循环化改造试点园区。园区各项基础设施有了较大提升，目前引进企业22家，计划总投资18亿元，其中16家企业已建成试产；加快培育工业经济增长点，五年新增规模以上工业企业34家。凡口铅锌矿、丹霞冶炼厂不断加大技改投入，工艺实现升级转型。成功举办仁化县（虎门）特色经济产业招商推介会等一系列招商引资活动，引进了志成冠军、广纤实业、阳光电源、杜氏玻璃等一批投资额大、辐射带动能力强的项目。

现代农业平稳较快增长。先后被列为国家现代农业示范区、国家农业科技园区、农业部农村实用人才培训基地；现代农业布局初步形成，贡柑、沙田柚、山茶油、铁皮石斛、茶叶等特色农业产业初具规模，长坝沙田柚和仁化白毛茶获得了国家地理标志产品保护；红山镇被评为“广东十大茶乡”；环丹农业观光游有序发展，已有规模以上休闲农业、乡村旅游企业7家；农民合作社共有267家，其中国家级示范社1家，省级示范合作社9家；成功举办首届农村电商节，并与京东集团签署了合作协议，“互联网+农业”发展进入快车道。

四是城乡面貌不断改善。中心城区扩容提质不断加快，公共服务设施不断改善，丹霞绿道一期、火车站广场已投入使用，新田家炳小学、县城生活垃圾填埋场等项目已建成，十六冶棚户区改造等工程正稳步推进；丹霞新城一、二期，盛世铭庭一期等房地产开发项目基本建成；县城与丹霞山融合发展进度加快，山水县城格局初步形成。县城亮化、美化、绿化工程全面实施，“创文”、“巩卫”工作扎实推进，城市形象得到进一步提升。交通基础设施不断完善，圆满完成了武深高速公路征地拆迁任务，武深高速建设进展顺利，国省道、县乡道升级改造工程建设稳步推进。成立了县规委会和镇（街）规划办，开展了规划到镇、规划到村的“规划双到”工作，城乡建设与管理水平显著提高；周田镇县城次中心、长江、董塘中心城镇建设有序推进。实施仁化美丽乡村建设和“丹霞彩虹”

省级新农村示范片建设工程，农村人居环境进一步优化。

（二）始终坚持务实为民，社会民生事业全面进步

坚持把保障和改善民生作为一切工作的出发点和落脚点，民生支出逐年递增，其中，2015年全县民生支出16.95亿元，占总支出的77.18%，分别比2010年增加12.43亿元、提高10.42个百分点。大力实施“科教兴县”发展战略，成功创建“全国科普示范县”、“广东省教育强县”，并顺利通过全国义务教育发展基本均衡县验收，高考成绩综合排名连续9年位列全市8县（市、区）第一。人民生活水平不断提高，2015年全县城镇居民收入、农民人均纯收入分别为21153元、12552元，分别比2010年增长63.7%、85.2%。稳步改善干部职工生活待遇。建立完善统筹城乡的社会保障体系，实现基本养老保险、基本医疗保险制度全覆盖。健全医疗卫生服务体系，城乡医疗保障水平不断提高。以决战决胜的力度打赢计生工作“翻身仗”，2015年被省政府评为先进单位。扎实推进基层公共文化设施建设，文化建设步伐不断加快。大力弘扬社会主义核心价值观，2014年被中央文明委确定为全国县级文明城市提名城市，是韶关市唯一获此殊荣的县（市、区）。成功举办“弘扬苏区精神，促进改革发展”学术研讨会，《仁化年鉴（2014）》被评为全国地方志优秀成果（年鉴类）一等年鉴。落实新一轮绿化广东大行动，乡村绿化美化等林业生态工程建设加快推进，被列入国家生态文明建设先行示范区主体县之一。积极实施饮水源头保护、水土保持、中小河流域治理和矿山修复、土壤治理工程。严厉打击环境违法行为，节能减排工作扎实有效，环境质量总体保持稳定。严格落实安全生产责任制，安全生产形势保持平稳。扎实开展食品药品安全监管工作，保障了群众饮食用药安全。老干、编制、法制、供销、统战、机要、保密、审计、统计、体育、档案、外事侨务、民族宗教、反邪教等工作取得了新的成绩。

（三）始终坚持创新工作方式方法，民主法治水平和社会治理能力全面提升

充分发挥县委总揽全局、协调各方的作用，切实加强和改进对人大、政协的领导，积极支持人大依法依规、人民政协依其章程独立开展工作，人大、政协职能进一步发挥。支持政府和法检“两院”依法管理、依法办事，依法行政和公正执法水平得到提升。高度重视统战工作，充分发挥工会、共青团和妇联等群团组织的桥梁纽带作用。坚持做好驻点普遍直接联系群众工作，以开展“一厅三档案”活动为抓手，创新基层治理，社会建设全面加强，该做法被中央改革办、省委改革办以专报形式予以刊发。加强基层民主法治建设，109个行政村全部创建为民主法治村，黄坑镇高塘村被评为全国“民主法治示范村”。实现“一村一法律顾问”全覆盖，引导农民以合法的方式和途径表达自身的利益诉求。扎实推进“平安仁化”建设，严厉打击各类刑事犯罪活动，社会治安综合治理全面加强。加大矛盾纠纷排查化解力度，积极探索律师参与接访来访群众工作制度，有力促进社会和谐稳定。五年来全县信访总量逐年下降，并且连续七年在全国、全省“两会”期间“零”进京上访，是目前全市唯一符合创建全国信访工作“三无”县。加强党管武装，连续五届荣获省双拥模范县，县人武部连续十五年被省军区评为标兵人武部，被中央军委国防动员部评为“先进师旅团级单位党委”，是广东省唯一获此殊荣的人武部。

（四）始终坚持全面加强党的建设，党建科学化水平不断提高

坚持民主集中制原则，规范了县委常委会议事决策制度，做到科学决策、民主决策、依法决策。深入开展创先

争优活动、党的群众路线教育实践活动、“三严三实”专题教育和“两学一做”学习教育，创新建立了“三同三谈”、“五个体察”等活动载体，党群干群关系进一步密切，党风政风进一步好转。多层次组织学习党的十八大和十八届历次全会及习近平总书记系列重要讲话精神，党员干部理想信念更加坚定。坚持按照《党政领导干部选拔任用工作条例》和“二十字”好干部标准，选优配强各级领导班子。加大后备干部培养力度，选派优秀年轻干部和村党支部书记到广州市海珠区、广州市工商联和东莞市虎门镇挂职（跟班）学习。创新建立科级干部“干事档案”，进一步激发干部干事创业热情。加强基层组织建设，选优配强基层“带头人”，持续开展“十佳”农村党支部书记评选，常态化开展村干部培训，大力整顿软弱涣散党组织，提高了基层党组织的战斗力。建立健全惩治和预防腐败工作机制，增强了领导干部的廉政风险意识。支持纪检监察机关落实“三转”，认真落实党风廉政建设和反腐败工作“两个责任”，严格执行中央“八项规定”，以“零容忍”态度惩治腐败行为，为经济社会发展提供了坚强的政治保障。

同志们，五年的变化有目共睹，取得的成绩来之不易，积累的经验弥足珍贵。这是市委、市政府正确领导和社会各界关心支持的结果，是全县广大党员和干部群众团结一致、艰苦奋斗的结果，更是历届县委打下的良好基础和老同志热情支持的结果。在此，我谨代表县第十二届委员会，向所有关心支持仁化发展的各级领导、同志们和朋友们，表示衷心的感谢和崇高的敬意！

过去五年的实践，为未来的发展奠定了坚实的基础，也为我们积累了在复杂困难局面中推进科学发展、转型发展、振兴发展的宝贵经验。

（一）理清思路、保持定力是加快振兴发展的前提条件。五年来，我们始终把战略谋划作为引领发展的先导。2012年，县委在深入分析县情的基础上，科学制定了“四化推四区、转型促升级”发展战略；今年八月，根据发展形势的变化，进一步优化和完善该战略，提出了“主动融入珠三角”的总战略和“四化推四区、统筹促发展”的具体发展思路。实践证明，该战略和思路是符合仁化发展实际的，是推动仁化当前和今后振兴发展的正确抉择。虽然近几年我县经济增速只保持了中速增长，但增速放缓有利于结构转型，为未来发展夯实基础，留下更大发展空间。因此，我们必须保持战略定力，坚持这一发展战略思路不动摇，在激烈的竞争中抢占先机、赢得主动。

（二）与时俱进、勇于创新是加快振兴发展的动力源泉。五年来，我们坚持以改革促发展，以创新破难题。如创新融资方式，引导有实力的企业参与基础设施建设，城市建设全面加快；以“一厅三档案”活动为抓手，创新基层治理，社会建设全面加强；创新推行“创文”网格化管理，文明城市创建水平大幅提升，等等。因此，今后我们要坚持解放思想、改革创新，主动以新思路、新举措应对形势变化，牢牢把握发展的主动权。

（三）迎难而上、苦干实干是加快振兴发展的关键举措。五年来，尽管困难和压力前所未有，如项目落地制约因素越来越多、征地拆迁难度越来越大，等等，但我们的领导干部身先士卒、敢想敢干，用自己的才智和汗水克服了种种困难，打赢了血铅异常事情、征地拆迁、园区申报、扶贫“双到”、“创文”、“巩卫”、计生等一场场硬仗，获得了全国县级文明城市提名城市、全国科普示范县等一项项荣誉。因此，今后全县上下只有继续保持高涨的干事创业激情和精气神，脚踏实地、真抓实干、敢于担当，才能实现全面建成小康社会的目标。

（四）以人为本、改善民生是加快振兴发展的根本目的。五年来，无论县级财政如何紧张，我们始终为群众谋福祉，让百姓得实惠，在有限财力下，不断加大民生事业投入，提高了群众满意度和幸福感，也提升了党和政府在群众中的威信。今后，我们要继续保持民生为重的情怀，用我们的辛苦指数换取百姓的幸福指数，多办顺民意、惠民生、解民忧的实事好事，用实实在在的行动密切党同群众的血肉联系。

（五）凝心聚力、团结协作是加快振兴发展的重要保障。五年来，我们始终把发挥党委的领导核心作用，与注重发挥干部群众的积极性、主动性和创造性结合起来，把干部群众的思想统一到县委的决策部署上来，全县上下心齐气顺、团结奋进、政通人和，形成了加快经济社会发展的强大合力。今后，我们只有保持上下同心这种氛围，才能继续攻坚克难、加快发展。

二、今后五年工作

今后五年，是加快仁化振兴发展的关键时期，也是全面建成小康社会的攻坚阶段。要全面审视发展形势，找准发展定位，明确奋斗目标和重点任务，努力实现我县经济社会持续健康发展。

一方面，我们面临难得的发展机遇。未来五年是我县全面主动融入珠三角、谋划战略转型升级的重要机遇期。国家大力实施“创新、协调、绿色、开放、共享”的五大发展理念，并出台《国民旅游休闲纲要（2013—2020年）》，大力发展全域旅游，在规划、政策、人才、金融等方面对欠发达地区的全域旅游发展给予支持。省委、省政府继续实施粤东西北地区振兴发展战略，深化珠三角地区对粤东西北地区的对口帮扶；省委十一届七次全会提出，要推动珠三角与粤东西北产业共建，实现同一产业、同一企业在珠三角和粤东西北跨区域布局发展，打造跨区域产业链，形成同等水平、优势互补的区域产业分工合作格局。同时，市委、市政府决定把“项目攻坚、城市提升、县域发展”作为推动韶关振兴发展的三大主题工作。这一系列决策部署和政策措施，为我县加快振兴发展提供了极为有利的外部机遇。

另一方面，我们也面临巨大的压力和挑战。从外部因素上看，国内外经济形势依然严峻，国家大力推进供给侧结构性改革，使我县过去依赖资源的传统发展方式难以为继，县域经济发展压力持续增大；随着国家出台《党政领导干部生态环境损害责任追究办法（试行）》，对生态环境和资源损害问题实行终身追查制，我县作为生态功能区，发展制约因素必将加大。从自身情况来看，一是县域经济总体偏弱。产业结构和所有制结构单一，对中金岭南等大型国有企业依存度太高，有色金属加工型企业处于产业链的低端，附加值低，抗风险能力弱；民营经济发展滞后，缺乏活力，占经济总量比例明显偏低；新经济增长点的生成远远低于预期；服务业发展水平不高，尤其是旅游产业层次低、规模小，服务水平滞后等现象突出。二是带动性强的重点项目较少。现有的产业规模小，企业数量不多，2015年全县年产值上亿元的企业仅有8家，税收超过千万元的仅有7家。三是城镇化水平不高。县城区规模偏小，城镇功能不健全，建设管理水平和基本公共服务均等化有待提高。四是干部作风建设有待加强。部分干部存在不敢担当、“为官不为”的思想；一些干部能力不足，遇到困难和问题缺乏思路和办法，出现本领恐慌；个别干部仍存在违纪违法现象，等等。以上问题和挑战，我们必须要勇于面对，采取有效措施加以解决。

今后五年工作的指导思想是：高举中国特色社会主义伟大旗帜，全面贯彻党的十八大和十八届历次全会精神，以马克思列宁主义、毛泽东思想、邓小平理论、“三个代表”重要思想和科学发展观为指导，深入学习贯彻习近平总书记系列重要讲话精神，以“四个全面”战略布局和“五大发展理念”为统领，以加快振兴发展、全面建成小康社会为目标，主动融入珠三角，加快推进供给侧结构性改革，牢牢扭住“项目攻坚、城市提升、县域发展”三大主题工作，深入实施“四化推四区、统筹促发展”的发展战略，全力将仁化打造成为国家全域旅游示范县、广东休闲旅游慢城、全市生态休闲示范区，努力走出一条山区县加快振兴发展的新路子。

今后五年的主要奋斗目标是：到2021年，全县地区生产总值达到156.6亿元，年均增长9%，人均生产总值年均增长8%；城乡居民人均可支配收入年均增长10.3%；地方公共财政预算收入达到9.68亿元，年均增长8%；固定资产投资107亿元，年均增长10%。基本形成县域特色产业体系，人民生活水平显著提高，生态环境有效改善，社会治理能力不断提升，党的建设全面加强，全面建成小康社会。

为完成以上目标任务，我们重点要抓好以下工作：

（一）以改革创新为动力，积极主动融入珠三角

珠三角地区是我国经济总量最大、最具发展活力和辐射带动力的三大经济圈之一，集中了很多先进的生产要素和发展资源，是最重要的发展引擎。我县要加快振兴发展，必须把主动融入珠三角作为总战略，在思想观念、产业、交通、市场、民生等各方面与珠三角深入对接，积极参与珠三角的产业分工，实施产业共建。加快改革不适应主动融入珠三角的工作体制机制，推进行政审批、商事登记、政务服务等领域的改革。加快推进武深高速、国省道等交通基础设施建设，建立与珠三角对接的快速交通体系。积极构建与珠三角对接的产业垂直分工与水平分工协作体系。立足矿产、旅游、生态、农业等资源优势，积极与珠三角地区建立可持续发展的垂直分工协作体系；同时，充分利用珠三角的资金要素、产品服务要素、市场和技术要素，以及成熟的教育、医疗、卫生、文化、科技、体育等公共服务要素，积极建立对接珠三角的水平分工协作体系，吸引珠三角地区的消费转移。要加快建设“五个平台”（工业园区管理服务平台、投融资平台、中小企业社会化服务平台、项目库服务平台、农村基层治理服务平台），着力破解工业园区承载能力不足、融资难、项目落地难、民营经济发展不活跃等问题。健全完善支持“双创”发展的服务机制，加强与宝能集团等企业合作，建设丹霞“双创”基地和创客服务中心，打造一流的“双创”平台。

（二）以丹霞山管理体制改革为契机，加快发展全域旅游

当前，市委、市政府改革理顺了丹霞山的管理体制机制，丹霞山与仁化融合发展的保障助推机制初步形成。我们要以此为契机，主动融入丹霞山的发展，紧紧依托丹霞山在全市率先发展全域旅游。加快编制《仁化县全域旅游发展总体规划》，制定全域旅游新攻略，积极创建国家级和省级全域旅游示范县。发挥丹霞山的“龙头”带动作用，全力将仁化打造成广东户外运动的天堂、休闲观光农业的乐园和精品特色民宿的集聚地。大力推进旅游公路建设，规划建设县内景点景区与高速公路、国省道连接的道路，逐步开通县城至主要景区的公交线路。落实体育与旅游融合发展战略，规划建设完善全县旅游指引标识、停车场、户外运动设施、汽车营地和游客集散中心等配套服务设施。推进宝能旅游综合体、保利文化旅游、丹霞山南门古洋水乡度假、丹霞湖山温泉度假村、石塘古村、灵溪森林旅游度假区、红山湖旅游开发等项目建设。新创建一批AAA级旅游景区。整合各镇（街）特色旅游资源，加大历史人文资源的保护和利用，大力发展森林、温泉、古村、

古塔、红色、人文、农业体验、运动休闲、文化体验等乡村休闲特色旅游，打造一批各具特色的乡村旅游名村。大力推进旅游行业供给侧结构性改革，出台《仁化县农村民宿管理办法》，开展“百店千家办旅游”活动，新培育一批星级“丹霞仁家”农家乐以及特色民宿客栈，打响“丹霞仁家”品牌。继续办好特色旅游节庆活动，促进旅游与农业、文化、体育活动深度结合。加大旅游营销推介力度，加快推进“互联网+旅游”发展，改善旅游业服务质量，不断提升仁化旅游美誉度和吸引力。

（三）以休闲商旅化为统筹，加快推进新型工业化、新型城镇化、农业现代化的融合发展

市委明确了仁化作为全市生态休闲示范区的发展定位；同时，要求我县要以休闲商旅化统筹新型工业、新型城镇、现代农业的共建推进。我们认为，这符合仁化实际，也为我县未来发展指明了方向。

一是加快推进新型工业化发展。要深度谋划旅游业与工业的融合发展，积极引进旅游产品深加工龙头企业，开发一批具有仁化特色、深受游客欢迎的标志性旅游产品。依托凡口国家矿山公园等资源，培育工矿遗迹游等特色工业旅游新业态。要加快改革园区管理体制机制，实行“一区多园”开发建设模式。继续完善工业园区各项基础设施，明确各园区功能定位和产业布局，其中，县有色金属循环经济产业基地重点发展有色金属深加工、高端玻璃和储能产业，大岭小企业创业基地要转型建设成为旅游配套服务区和旅游产品深加工区，凡口丹冶片区重点发展有色金属采掘和深加工产业。按照中央和省、市的部署，下大力气推进供给侧结构性改革，一方面，制定出台产业项目三年提升计划，大力推进凡口铅锌矿、丹霞冶炼厂等企业技改升级；另一方面，加强与虎门镇产业帮扶对接，加大招商引资力度，引进旅游产品加工、食品饮料、光伏发电、环保设备、机械制造、新材料等新项目，推动产业结构优化。加强与中金岭南公司沟通对接，积极推进丹冶扩能提产各项工作。全力做好企业和项目服务工作，重点抓好阳光电源光伏发电、杜氏玻璃等项目跟踪服务工作。大力扶持民营经济发展，着力破解民营企业发展中遇到的困难和问题。

二是加快推进新型城镇化发展。要把旅游元素融入到城乡建设的方方面面，争取用五年左右的时间，将仁化初步打造成特色鲜明、绿色生态、宜居宜游的广东休闲旅游慢城。高质量制定广东休闲旅游慢城建设规划，实现城市规划、土地利用规划与旅游规划多规合一。加快中心城区扩容提质，积极推进环城大道（含北边康溪桥和南边群乐桥）、丹霞大道二期（卜古岭至青湖塘）、县城北门片路网、丹霞新城路网贯通工程建设；加快丹霞绿道二期、丹霞大道绿化改造、污水处理管网二期、三期等民生工程建设；积极推进城区内涝点整治工程和城区美化、亮化、绿化工程建设。以“创文”、“巩卫”为抓手，抓好城乡环境卫生整治。加快智慧城市建设，提升城市管理效能，让群众享有更加便利的生活。加大城乡用地巡查监管力度，严厉打击“两违”行为，努力健全整治和规范相结合的长效机制，切实维护城市和镇村规划的严肃性。加快北门片区、火车站广场片区、青湖塘片区等政府储备地出让开发进度。要积极推进房地产行业的供给侧结构性改革，制定房地产去库存优惠政策，促进房地产行业健康发展。加快实施县城与丹霞山融合对接工程，使中心城区真正成为宜居宜业宜游的广东休闲旅游慢城。按照“一县两城”发展思路，加快完善周田镇区道路、污水处理厂、学校、医院、金融网点等设施，为将其建设成为县城次中心打牢基础。加快各镇（街）镇区建设，完善公共服务设施，吸引农民进城进镇，实现农民就地城镇化。

三是加快推进农业现代化发展。积极推动传统农业经营模式转变，以休闲商旅化推动传统农业向现代农业转型发展。大力发展观光农业、休闲农业、智慧农业等新型农业业态，积极申报创建全国休闲农业与乡村旅游示范县。要以国家现代农业示范区、国家农业科技园区为依托，加强与珠海农控集团等大型农业龙头企业对接，力争引入一批示范带动力强的农业观光企业。盘活农村土地资源，推动农村集体建设用地使用权依法有序流转。全力抓好农业重点项目建设，加快丹霞红花油茶文化创意产业园、城口蓝森生态农业园、周田雪印蔬菜公园等项目建设。推进长坝沙田柚观光园、黄坑贡柑观光园、红山茶叶观光园等一批环丹大型农业观光园区建设。加强对柑橘脱毒苗基地的建设管理，从源头上做好黄龙病综合防控工作。大力发展农村电子商务，推行“互联网+农业”生产经营模式。推进农田水利及林业基础设施建设，抓好中小河流治理工作。要继续深入实施《仁化县建设美丽乡村行动纲要（2015-2020年）》，大力推进美丽乡村建设和“丹霞彩虹”省级新农村示范片建设，重点抓好城乡生活垃圾无害化处理、生活污水达标排放整治和乡村绿化美化亮化工作，力争到2018年基本完成村庄整治任务。稳步推进农村综合改革，深入推进“两个重心下移”和“两个整合”，建立县镇村三级公共服务体系。加快基层公共服务综合平台建设，推进农村集体“三资”管理制度化、规范化，建立健全农村“大数据”管理服务体系。坚决打赢打好精准扶贫和精准脱贫攻坚战，深入实施十大扶贫工程（思想观念扶贫、产业扶贫、技能扶贫、金融和资本扶贫、劳务输出扶贫、设施扶贫、教育医疗扶贫、社会慈善扶贫、电商扶贫、党建扶贫），确保到2018年全县贫困人口全部脱贫。

（四）以执政为民为宗旨，全面加快社会民生事业发展

坚持教育优先发展，加强教育规划和配套设施建设，推进教育领域综合改革，统筹优化教育资源配置，全面提高教育质量，全力创建广东省教育现代化先进县。全面推进医疗卫生体制改革，编制医疗卫生服务体系规划和医疗机构设置规划。提升县级医院服务能力，加快县中医院、县妇幼保健计划生育服务中心搬迁工程建设。推进周田镇等五个乡镇卫生院业务楼、公建民营村级卫生站等项目建设，提升基层医疗卫生机构服务水平。建立健全分级诊疗、对口帮扶、绩效评价等制度，提高医疗服务效率。大力引进社会资本，积极发展壮大健康产业。认真做好传染病防控工作。坚持计划生育的基本国策，提高人口计生服务水平，落实“全面两孩”政策。实施更加积极的就业政策，建立健全城乡统一的就业失业登记制度和就业援助制度。推进居民基本养老保险、基本医疗保险城乡一体化。大力推进养老、医疗、失业、工伤、生育等保险政策向城乡居民全覆盖，稳步推进机关事业单位养老保险制度改革。推动全民休闲体育运动发展，建设全民健身广场和健身中心。坚持依法治县，推进法治政府建设，建立重大决策责任追究制度及责任倒查机制，提高各级领导干部的法治思维和依法办事能力。完善重大社会决策和重大工程项目社会稳定风险评估机制。进一步深化完善“一厅三档案”等为民服务平台建设，始终密切联系人民群众。要以县、镇、村三级综治信访维稳中心为平台，进一步加强基层社会矛盾纠纷化解工作。大力推进平安细胞创建工程，全面推进社会治安立体化防控体系建设。全面落实安全生产责任制，坚决遏制重特大安全生产事故。加强食品药品安全监管，提高食品药品安全保障水平。加大申苏申老区工作力度，争取享受原中央苏区及其他扶持老区振兴发展的政策。继续做好“双拥”优抚安置工作，贯彻军民融合发展战略，积极支持强军改革。

（五）以创建全国文明县城为抓手，不断提高公共文化服务水平

深化文化体制改革，建立

完善文化事业单位法人治理结构。实施“基层文化设施全覆盖工程”，完善县、镇、村三级公共文化设施网络，打造城市“十分钟文化圈”和农村“十里文化圈”。加快公共文化设施建设，重点抓好新“三馆”文化综合大楼和红军长征粤北纪念馆建设。以县级图书馆为中心，推进总分馆制建设。大力发展文化产业，推进九龄风度文化创意基地建设，规划建设文化创意产业园区。扶持“石塘堆花米酒酿造技艺”、“丹霞红豆制作技艺”的产业化发展。完善非物质文化遗产项目传承人的扶持激励机制，加强双峰寨、云龙寺塔等国家重点文物保护单位和长江土法造纸等非物质文化遗产的保护和开发。深入挖掘丹霞文化、古村文化、民俗文化、红色文化等特色文化资源，打造文化特色品牌。大力提升市民素质，广泛开展文明城市、文明镇村、文明窗口行业等群众性精神文明创建活动，力争2017年跻身“全国县级文明城市”行列。

（六）以建设全市生态休闲示范区为目标，加强生态文明建设

认真落实新一轮绿化广东大行动，加快实施森林碳汇重点生态工程、生态景观林带工程、城市林业工程、乡村绿化美化工程，着力构建森林生态体系。深化国有林场体制改革，划定森林生态红线。完成一镇（街）一森林公园建设。大力发展节能环保等绿色产业，积极参与珠三角地区的碳汇交易，通过市场机制实现森林生态价值补偿。严格落实省制定的重点生态功能区产业准入负面清单，实行从严从紧的环保准入，确保生态环境安全。狠抓节能减排工作，严格控制新上项目能耗增量，推行涉重企业强制性清洁生产，加强高耗能行业能耗管控。进一步加大环境监管执法力度，严肃查处企业环境违法行为。扎实推进畜禽养殖“三区”划定及清理整治，全面完成规模化畜禽养殖厂污染减排工作。推进南粤水更清和水污染防治行动计划，重点抓好饮水源头和锦江河流域保护，开展跨区域河流水环境联防联治，确保我县水体达到或保持水质目标。严格土地用途管制，调整建设用地结构，建立低效土地市场化退出机制。加强土壤污染源头防治，分类推进受污染土地及重金属超标土地的修复与治理工作，逐步解决历史累积的环境问题，改善区域生态环境质量。全面加强矿山污染治理，推进矿山复绿，强化尾矿库的风险管控。

三、全面加强党的建设

完成今后五年的奋斗目标，关键在党，根本在人。坚持党要管党、从严治党，切实为加快振兴发展、全面建成小康社会提供坚强保障。

（一）加强思想政治建设，着力激发加快发展的强劲动力

积极培育和践行社会主义核心价值观，进一步坚定理想信念，着力凝聚加快振兴发展正能量。切实把意识形态工作摆上全局工作的重要位置，加强阵地、内容、队伍和制度建设，牢牢掌握意识形态工作的领导权和主导权。推进学习型党组织建设，深入学习贯彻党的十八大和十八届历次全会以及习近平总书记系列重要讲话精神；完善党委（党组）理论中心组学习制度，保持政治定力，增强践行五大发展理念、实施产业共建、主动融入珠三角的思想自觉和行动自觉，在思想上、政治上、行动上向中央和省委、市委看齐。深入开展“两学一做”学习教育，持续巩固拓展党的群众路线教育实践活动和“三严三实”专题教育成果。科学制定干部培训工作计划，开展精准培训工作；加强与珠三角地区的双向交流学习，继续选派优秀干部和村（社区）党支部书记到虎门培训或跟班学习，切实增强干部在新常态下推动发展的能力。

（二）加强基层党组织建设，着力筑牢加快发展的坚强堡垒

要强化农村基层党组织领导核心地位，以村（社区）“两委”换届为契机，坚持“一肩挑”和“交叉任职”，选好配强村（社区）“两委”班子。强化基层治理，抓好软

弱涣散村党组织整顿转化工作，切实提升基层党组织服务能力和水平。持续深入开展驻点普遍直接联系群众工作，推动基层党组织更好地服务改革、服务发展、服务民生，以经济社会发展的实际成效来检验基层党建的成果。强化基层党组织整体功能，改善党员队伍结构，继续实施“五强书记”建设工程，提升基层党组织书记队伍整体素质。持续加强村（社区）、机关和“两新”组织党建工作，不断扩大基层党组织的覆盖面和影响力。

（三）加强干部队伍建设，着力锻造干事创业的中坚力量

要树立鲜明用人导向，真正把那些坚持发展有韧劲、谋划发展有钻劲、创新发展有办法、推动发展有贡献的优秀干部选出来、用起来。要优化完善科级干部“干事档案”，把干部的工作表现和实绩列入干事档案，并作为选拔使用干部的重要依据，破除论资排辈用干部的规则，真正做到用结果说话，凭实绩用人。贯彻落实《推进领导干部能上能下若干规定（试行）》，探索建立“领导干部惩戒性交流”制度，改变干部能上不能下的现状，打破“无错无为不摘帽”的惯例，在全县上下营造人人主动谋发展、人人尽责促发展的浓厚氛围。要加大人才的培养与引进力度，建立“四区”建设人才库，重点引进资本运作、旅游管理、城市规划、法律等“四区”建设亟需的人才。

（四）加强作风效能建设，着力提升狠抓落实的执行力

要持之以恒地推进思想再解放，努力闯出一条山区县实现振兴发展的新路子。要掌握好省纪委提出的“两个尊重”原则，把握好“三个区分”的政策界限，认真落实市委制定的干部容错免责机制，为敢于担责担当的干部免除后顾之忧，让想干事、能干事、敢干事的人不吃亏，切实保护干部干事创业的积极性。建立健全抓落实工作机制，实施重点工作约谈制度；下大力气解决制约项目建设的用地、征地拆迁、审批等瓶颈问题，实行“一个项目一个领导挂帅、一个部门主负责、一个工作计划推进”的“三个一”工作机制，积极研究解决企业存在的问题，推进项目加快建设。进一步优化完善督查督办工作机制，并强化督办结果运用，切实提高行政效率。

（五）加强党风廉政建设，着力营造风清气正的良好环境

要坚持全面从严治党、依规治党，认真落实党风廉政建设主体责任和监督责任，完善党内监督体系和党风廉政建设各项制度，努力构建不敢腐、不能腐、不想腐的有效机制。深入学习贯彻《中国共产党廉洁自律准则》、《中国共产党纪律处分条例》和《中国共产党问责条例》，充分利用两个廉政教育基地，切实增强广大党员领导干部的党纪党规意识。用好监督执纪“四种形态”，对党员干部苗头性、倾向性问题，早发现早提醒早纠正，并对症下药、精准治疗。要严格落实中央“八项规定”和县委“十项制度”，紧盯“四风”新形式新动向，继续加强对重点领域、关键环节、重要时间节点的监督检查。始终保持惩治腐败高压态势，严肃查处党员干部的违纪违法行为。广大党员领导干部要树牢道德高线、严守纪律底线，特别是要积极构建“亲、清”政商关系，真正做到既亲近企业、优化服务，又清廉交往、遵纪守法，为加快振兴发展营造风清气正的良好氛围。

各位代表、同志们，立足新的起点，展望未来前景，我们深感使命光荣、任务艰巨、责任重大。让我们紧紧团结在以习近平同志为总书记的党中央周围，团结和带领全县人民，始终保持强烈的责任感和紧迫感，凝心聚力，狠抓落实，为加快仁化振兴发展、全面建成小康社会而努力奋斗！

政府工作报告

——2016年10月26日在仁化县第十五届人民代表大会第一次会议上

仁化县人民政府县长　王晓梅

各位代表：

现在，我代表县人民政府向大会作政府工作报告，请予审议，并请县政协委员和其他列席人员提出意见。

本届政府工作回顾

五年来，在市委、市政府和县委的正确领导下，全县上下坚持以科学发展观统领全局，紧紧围绕建设“生态、活力、幸福”新仁化奋斗目标，大力实施“四化推四区”[1]发展战略，团结拼搏，攻坚克难，开拓创新，奋发有为，较好地完成了县第十四届人大确定的主要目标任务，全县呈现经济发展、民生改善、社会和谐的良好局面。五年来，我们重点抓好了以下几项工作：

抓发展、促增长，综合实力不断提升。2016年全县地区生产总值（预计数，下同）达到102亿元，比2011年增长42%，年均增长7.2%；地方一般公共预算收入达到6.4亿元，比2011年增长59.9%，年均增长9.8%；社会固定资产投资达到69.6亿元，比2011年增长121%，年均增长17.2%；社会消费品零售总额达到30.4亿元，比2011年增长79.4%，年均增长12.4%；全县城镇居民人均可支配收入23056元、农村居民人均纯收入13807元，分别比2011年增加8467元、5713元。从2012年起，全县GDP连续突破70亿元、80亿元、90亿元和100亿元大关，地方一般公共预算收入连续突破4亿元、5亿元和6亿元大关。2014年和2015年连续两年经济综合发展力在全省28个山区县（市）中排第三名。

抓调整、促转型，产业结构优化升级。三次产业结构由2011年的19.2:48.9:31.9调整为2016年的20.9:36.5:42.6，第三产业占比提高10.7个百分点。新型工业企稳向好。五年来，全力推动园区建设，完成有色金属循环基地征地拆迁和基础设施建设投资约3.3亿元，主要路网、污水处理厂一期和供水、供电系统投入使用，基础设施日臻完善。有色金属循环基地被认定为省级产业集聚区、省循环化改造试点园区。引进企业22家，其中16家企业已建成试产，累计完成投资14.7亿元，产值27亿元，税收4389万元。凡口铅锌矿、丹霞冶炼厂、奥达胶合板等技改项目顺利实施。鸿伟木业扩建项目竣工投产，并在香港成功上市。锦江电力开发总公司持续健康发展，每年上缴县财政1600万元以上，获得“国家守合同重信用企业”等荣誉称号。五年新增规模以上工业企业34家。全县完成工业总产值88.7亿元，比2011年增长26.8%，年均增长5.1%。现代农业加快发展。投入资金8.95亿元开展高标准农田、农业综合开发、田间工程、中小河流治理等基础设施建设，整治农田面积13.58万亩，治理河道118公里。成功创建国家现代农业示范区，争取上级资金9000多万元，实施沙田柚示范基地、石斛种植基地等现代农业项目40个。全县粮食总产量稳定在10万吨以上，沙田柚、贡柑等优质水果种植面积达11万亩。培育县级以上农业龙头企业22家，发展农民专业合作社269个。全县农机总动力13.3万千瓦。全县农产品“三品”[2]认证42个，国家地理标志保护产品2个。旅游休闲产业蓬勃发展。《仁化县旅游发展总体规划》（2016—2025）通过专家组评审。引进了宝能国际旅游度假、丹霞山北门水上入口综合服务区、丹霞山博士生态园等一批重点旅游项目。成功创建丹霞源国家水利风景区、凡口国家矿山公园和石塘古村国家AAA级旅游景区。成立了“丹霞仁家”协会。建成大小农家乐和民宿共315家，其中“丹霞仁家”星级农家乐23家、特色民宿10家。成功举办了石塘古村南粤古驿道定向大赛、长坝金柚节、黄坑贡柑节、红山茶叶节和农村电商节等特色节庆活动。开通了县级旅游文化电视频道、仁化旅游网站和官方微博微信，建立了仁化旅游电子商务平台，与途家、同程等企业签订了战略合作协议，智慧旅游发展步伐加快。五年全县累计接待游客2694.7万人次、旅游综合收入153.2亿元，分别比2011年增长102.9%、104.8%，年均分别增长18.9%、18.3%。

抓统筹、促管理，城乡环境日益改善。城镇面貌日新月异。成立县规委会，在全市率先成立镇（街）规划建设办和开展“规划双到”[3]工作，实现镇村规划全覆盖。完成43个行政村、80个自然村、35个名村及示范村建设规划编制，成为全市第一个通过城市景观与建筑风格规划的县（市、区）。丹霞新城、盛世铭庭等房地产项目和十六冶棚户区改造工程顺利推进，县城至丹霞山绿道一期、丹霞山火车站及广场建成并投入使用。完成县城“一江两岸”景观灯光亮化和周田至董塘国、省道亮化工程。争取上级资金1.19亿元，完成国道106线仁化段路面大修和省道246线扩建改造等工程。完成农村公路硬底化建设260多公里，投资超过8100万元。新建或改造镇级客运站8个、城乡候车亭103个。韶赣铁路仁化段建成通车。完成武深高速仁化段征地6600多亩、拆迁1.26万平方米，并顺利开工建设。建成了县城生活垃圾填埋场，环卫社会化运营顺利实施。“巩卫”“创文”[4]工作扎实推进，城市品牌和形象得到进一步提升。户籍人口城镇化率由2011年的23.5%提高到38.6%。县城建成区面积6.83平方公里，县城居住人口6.26万人，分别比2011年增长9%和12%。农村环境焕然一新。11个镇（街）实现文体休闲健身广场全覆盖。成功创建1个名镇、6个名村、15个示范村。积极实施“一事一议”村级公益事业，成效显著。围绕“五美”乡村[5]目标，建设美丽乡村19个。成功申报“丹霞彩虹”省级新农村示范片建设，获得1亿元专项资金，累计投入资金6015.6万元，启动建设项目33个。完成董塘、长江等镇生活污水处理厂及管网工程。建成县、镇、村三级垃圾收运体系，城镇生活污水集中处理率、生活垃圾无害化处理率分别达到76%和96%。完成了105家规模化畜禽养殖场治污减排设施。国、省道和乡镇严控区环境综合整治效果明显。生态环境日益优化。粤北重金属典型区域生态修复试点工程加快推进，董塘镇血铅事情得到妥善处置。完成11宗中小河流治理主体工程。县城生活污水管网扩建工程加快建设，建成基地污水处理厂及管网一期。凡口铅锌矿、丹霞冶炼厂等10余家企业实施节能降耗技改项目20多个，全县万元GDP能耗累计下降18%。新一轮绿化广东大行动成效显著，完成碳汇造林8.72万亩，建设生态景观林带

22.5公里，完成一镇一森林公园建设，生态公益林面积突破110万亩，森林覆盖率达78.92%，被列入国家生态文明建设先行示范区。

抓改革、促创新，发展活力持续迸发。行政体制改革稳步推进。大力推行“一站式”服务[6]，调整、取消、合并行政审批事项117项。完成新一轮政府机构改革，撤销行政、事业单位19个。完成县直机关和镇（街）公务用车制度改革。成立了县公共资源交易中心。完成全县基层公共服务平台建设，县、镇、村三级政务服务体系进一步完善。经济体制改革有序推进。积极推进商事制度改革，实施“五证合一、一照一码”[7]登记制度，工商登记前置审批事项由145项精减至37项。全县市场主体达到9691户，比2011年净增3495户，增长56.4%。企业投资由核准改为备案。实行财政预算追加审核制度，省直管县财政改革试点工作扎实推进。农村综合改革深入推进。基本完成农村税费、集体林权制度、新型农村合作医疗等涉农改革，林地确权完成率达95%。农村土地承包经营权确权登记工作稳步推进，已完成109个行政村、1087个经济合作社共26.04万亩、30362户农户的实测面积外业指界工作。县级改革创新扎实推进。县级公立医院改革稳步推进。农村普惠金融试点县建设工作全面开展。投融资平台等“五大平台”[8]建设稳步实施，成立了仁化县丹霞实业发展有限公司，撬动金融资本助力实体经济发展。2016年，全县金融机构各项存款余额85.5亿元、贷款余额33.5亿元，分别比2011年增加33.3亿元和18亿元，年均增长10.4%和16.7%；存贷比由29.6%提高到39.2%。五年来，引进招商引资项目360个，到位资金115亿元。

抓民生、促和谐，发展成果共建共享。加大民生事业财政投入，五年累计民生支出58.4亿元，占财政支出的74%。五年来为民办好了丹霞山火车站及广场、县行政服务中心办事大厅、新田家炳小学、一镇一公办幼儿园、县城至丹霞山绿道一期等40多件重大民生实事。坚持教育优先发展，成功创建省教育强县和全国义务教育发展基本均衡县，高考成绩综合排名一直保持全市8县（市、区）第一。城镇新增就业15043人，登记失业率控制在3%以内。城乡社会保障体系不断完善，实现基本养老保险、基本医疗保险制度全覆盖。城乡居民基本养老保险参保73731人、基本医疗保险参保174849人。县政府残工委被国务院残工委评为“全国残疾人工作先进单位”。新建保障性住房210套，改造农村危房1437户。住房维修金补贴政策全面落实，干部职工生活待遇明显提高。《仁化年鉴（2014）》被评为全国地方志优秀成果（年鉴类）一等年鉴。高质量完成第三次全国经济普查工作，荣获“全国先进集体”称号。实施文化惠民工程，119个行政村实现“农家书屋”[9]和电子阅览室全覆盖。新建11座镇（街）卫生院综合服务楼和县人民医院住院部大楼。严格落实人口计生政策，生育水平保持总体稳定，2015年被省政府评为先进单位。落实扶贫“双到”[10]资金1.77亿元，启动帮扶项目1368个，完成464户农村低收入困难户住房改造和362户“两不具备”[11]贫困村农户搬迁安置，28个省级贫困村全面脱贫，累计减少贫困人口1.24万人。“平安仁化”建设扎实推进。安全生产“一岗双责”[12]责任制全面落实，社会秩序保持和谐稳定。县人武部连续15年被省军区评为“标兵人武部”，被中央军委国防动员部评为“先进师旅团级单位党委”，是广东省唯一获此殊荣的人武部。同时，审计、监察、档案、供销、烟草、质监、食药监、邮政、广电、供电、通讯、保险、人防、气象、老龄、妇女、工会、外事侨务、民族宗教等各项工作都有新进步，人民群众的安全感和幸福感进一步提升。

抓作风、促效能，行政能力明显提升。扎实开展党的群众路线教育实践活动、“三严三实”[13]专题教育、“两学一做”[14]活动，推动作风建设常态化。坚持依法向人大报告工作，主动加强与政协联系，累计办理人大代表议案建议300件、政协委员提案169件。完善《县政府工作和议事规则》，行政决策科学化、民主化不断推进。加强政府门户网站和网络问政平台建设，组织开展民声热线、政风行风评议活动，广泛接受社会监督、群众监督，受理网络问政3541宗，处理民声热线258宗。全面落实党风廉政建设主体责任，认真贯彻执行中央“八项规定”，驰而不息纠正“四风”，旗帜鲜明反腐倡廉。行政监察、审计监督力度进一步加大。

各位代表，回顾过去五年，我们付出了无数心血和汗水，也收获了很多荣誉和喜悦。我县还先后获得了“全国最美生态旅游示范县”、“全国科普示范县”、中国摄影创作基地、“广东摄影之乡”、广东省县域旅游综合竞争力十强县、广东省“双拥模范县”、“广东省教育强县”等多项国家级、省级荣誉称号，并被中央文明委确定为全国县级文明城市提名城市，是韶关市唯一获此殊荣的县（市、区）。这些成绩的取得，得益于市委、市政府和县委的坚强领导、大力指导，得益于县人大、县政协的有效监督、全力支持，得益于全县上下的和衷共济、顽强拼搏。在此，我代表县人民政府，向各位人大代表和政协委员，向全县广大干部群众，向所有关心支持仁化发展的社会各界人士，表示衷心的感谢并致以崇高的敬意！

成绩来之不易，经验尤为宝贵。五年的发展实践，我们体会深切：

第一，必须牢牢把握“加快发展”。发展是解决一切问题的根本出路。在当前我县经济总量小、产业层次较低的情况下，必须更加突出发展第一要务。五年来，我们坚持经济建设这个中心，立足自身优势，完善发展思路，将做大做强优势产业和骨干企业作为强县之基，凝心聚力打造工业园区平台，千方百计推进重大项目建设，实现了新型工业化、休闲商旅化、农业产业化、新型城镇化的协调推进和社会事业的全面进步。

第二，必须大力弘扬“真抓实干”。五年来，我们大力弘扬求真务实、克难奋进的工作作风，认真落实县委确立的重大战略决策和工作部署，脚踏实地，把事情一件一件做好，在求真务实中破解难题，在真抓实干中奋勇争先。事实证明，只有直面矛盾，敢于担当，才能打开局面；只有环环相扣，步步主动，才能务实推进；只有不畏困难，勇往直前，才能有效落实。

第三，必须高度重视“项目建设”。项目是经济发展的核心和载体。五年来，无论是工业发展还是旅游开发，无论是城市提升还是新农村建设，无论是社会发展还是民生改善，我们都落实到一个个实实在在的项目上。正因为坚持主攻项目、扩大有效投资，才创造了过去五年的良好业绩。因此，必须始终坚持把项目作为推进各项工作的主抓手，上下同心引项目，协力齐心争项目，万众一心抓项目。

第四，必须始终坚持“改革创新”。改革创新是推动经济社会发展的动力源泉。五年来，我们始终坚持深化重点领域和关键环节改革，创新工作推进的模式和路径，完成了政府机构改革、商事制度改革、农村综合改革、投融资体制改革等，破解了前进道路上一个又一个难题，为经济社会发展注入了强大的生机和活力。

第五，必须认真落实“执政为民”。五年来，我们牢固树立执政为民理念，把实现人民生活的安康幸福作为一切工作的出发点和落脚点，体民心、察民情、顺民意，办成了一批事关群众切身利益的大事、实事，让发展成果实实在在惠及人民群众。我们深切感受到，只有坚持把为民谋利作为政府工作的根本，谋大事、干实事，才能得到群众的拥护，才能团结和调动一切积极因素，才能赢得民心、集中民智、凝聚民力，形成强大的发展合力。

成绩值得肯定，头脑务必清醒。总结经验是为了更好地指导实践，正视差距才能奋起直追。在五年的发展实践中，我们清楚地知道，我县经济社会发展还存在一些困难和问题，主要表现在：经济总量不够大，产业结构不够优化；支柱产业较单一，产业集聚化程度低；列入国家重点生态功能区后，项目用地、审批刚性约束强化，加快发展遇到瓶颈；公共服务、扶贫开发、底线民生等工作任务艰巨；新常态下一些干部对新形势、新变化不适应，担当意识不强，执行力不高，推动发展的能力不足。对于这些问题，我们将高度重视，用改革和发展的办法，认真加以解决，努力让人民群众满意!

今后五年政府工作展望

今后五年，是新一届政府全面履职的五年，是我县主动融入珠三角、加快振兴发展的关键时期，也是实现全面建成小康社会的战略机遇期和攻坚期。我们必须认清形势，抢抓机遇，奋发进取，全力推动仁化加快振兴发展。

按照县第十三次党代会的战略部署，今后五年政府工作的总体要求是：高举中国特色社会主义伟大旗帜，以邓小平理论、“三个代表”重要思想和科学发展观为指导，深入贯彻落实党的十八大、十八届历次全会和习近平总书记系列重要讲话精神，牢固树立“创新、协调、绿色、开放、共享”发展理念，主动融入珠三角，加快供给侧结构性改革，围绕“项目攻坚、城市提升、县域发展”三大主题，深入实施“四化推四区、统筹促发展”战略[15]，努力建设“生态、活力、幸福”新仁化，把仁化打造成为国家全域旅游示范县、广东休闲旅游慢城、全市生态休闲示范区。

今后五年的主要目标是：全面实现县第十三次党代会提出的主要奋斗目标，即：地区生产总值、地方一般公共预算收入、社会固定资产投资、城乡居民人均可支配收入分别年均增长9%、8%、10%和10.3%；城镇登记失业率、人口自然增长率等控制性、约束性指标符合上级规定，全面建成小康社会。

围绕上述总体目标要求，今后五年的主要任务是：

一、坚持创新发展、项目攻坚，着力激发加快振兴发展的内生动力

推动改革创新。进一步深化丹霞山管理体制机制改革，健全完善保障机制和助推机制，加快丹霞山与仁化实现融合发展。加快政府职能转变，建立政府部门权责清单，优化政府工作部门职能配置，推进“放管服”[16]和商事登记制度改革，全面实施“三单一网”[17]和“五证合一、一照一码”登记制度。复制和优化推广珠三角地区的改革成果，深化财税管理、投融资体制、项目建设直接落地改革，推进行政审批、“一门式、一网式”政府服务模式[18]等改革，加快“五大平台”建设，构建适应新常态发展要求的体制机制。实施重大项目会商会审制度，优化项目审批流程，实现开工前审批事项压减40%以上，申报材料和审批时限压减50%以上。稳步推进农村综合改革，突破城乡二元结构的体制障碍，探索建立农村综合产权交易市场，有效盘活农村土地、林地、房屋等资源要素。加快完善“丹霞创客”服务中心和“双创”[19]基地建设，探索建立“创业街”、“创业村”、“创新区”等载体，推进大众创业、万众创新，激发经济社会发展的内生动力。

狠抓项目建设。强化“抓大项目促大发展”理念，健全完善重点项目清单管理、县直部门联席会议、镇（街）行政首长工作例会等项目推进机制。实行“一个重点项目、一名县级领导、一个工作专班”

责任包保，全面推广“在谈项目促签约、签约项目促开工、开工项目促投产、没有进展促退出、服务跟进促主动”的“五促”工作法，全力加快项目落地建设。大力推行政府购买服务和PPP[20]等投融资模式，鼓励引导民间资本投向支柱产业、基础设施、民生改善等领域，着力解决项目建设融资、用地和环评审批等难题。同时，发挥乳源少数民族地区企业所得税优惠政策作用，引进一批建链、补链、延链、强链项目，力争今后五年全县新开工重点项目50个以上，建成投产重点项目30个以上。

二、坚持开放发展、主动融入珠三角，着力增强联合驱动的发展后劲

积极融入珠三角。积极与珠三角地区建立多边的直接协商机制，在旅游、工业、农业、金融、科技、教育、文化等领域开展深度的交流与对接；深入与广州辖区高新科技产业、佛山辖区小家电产业、东莞有关镇（街）装备制造业进行“一对一”对接与合作，着力引进一批优势互补产业，实现产业共建共享；完善与珠三角各区（市）间的磋商机制，共同商定跨地区的重大项目合作事宜，形成畅通的对话交流与区域合作决策沟通机制。学习珠三角地区健康快速发展的成功经验和先进做法，以观念大更新促进思想大解放，全力加快仁化振兴发展。

加快招商引资。按照《仁化县“十三五”规划重点建设项目计划表》，分期分批做好南北环城路、中低压配电网、水生态环境保护、纳米硫酸锌、生态旅游等重点建设项目的前期工作，无缝对接上级投资重点和方向，力争更多项目进入国家和省的“盘子”。加大项目争取力度，力争中央和省预算内项目资金到位总量增长20%以上。引导和鼓励重点企业积极争取上级政策和项目资金支持，促进企业优化升级、做大做强。强化园区、镇（街）招商工作主体责任，动态跟进招商引资项目建设目标任务完成情况，实行“一月一通报、一季一调度、半年一拉练、全年一考评”，力争新注册重点项目60个。

加强财金保障。深入开展协税护税工作，加强税收征管和税源管理，挖掘收入潜力，做到依法治税、应收尽收。切实增强县财政统筹调度资金能力，整合各类资源，做大做强城投、园投和中小企业担保公司等投融资平台，深入推进“助保贷”和“农保贷”等金融业务创新。完善金融支持中小微企业发展激励机制，强化金融信用体系建设，拓宽中小企业融资渠道，力争县属企业实现上市融资“零突破”。

三、坚持优化结构、转型升级，着力提升产业发展水平

做大做实全域旅游[21]。充分发挥丹霞山的龙头带动作用，高起点、高标准编制《仁化县全域旅游发展总体规划》，助推全域旅游发展，着力打造全市生态休闲旅游示范区，加快全省全域旅游示范区、国家全域旅游示范县创建步伐。强化旅游项目支撑，加快宝能国际旅游度假、保利文化丹霞小镇、丹霞山博士生态园、周田镇灵溪河森林度假公园、城口温泉和幸福航空水上飞机等重点环丹旅游配套项目开发建设，推进丹霞源国家水利风景区、万时山、恩村古村落等景点景区开发，积极创建一批国家AAA级以上旅游景区，打造全域旅游景区。加快红军长征粤北纪念馆、城口红军长征线路等红色资源开发建设，大力发展红色旅游。完善旅游交通网络，重点建设长江镇至万时山、瑶山至扶芷坝、云龙寺至石塘等旅游公路。加快完善主要景区和乡村旅游点的客运站、停车场、观景台、驿站、厕所、指引标识、游客集散中心等配套服务设施建设。以举办好南粤古驿道定向大赛、长坝柚品鉴节等活动为抓手，进一步加大旅游营销策划和宣传推介力度，打造亮点、聚焦卖点、选准引爆点，推动旅游业由“门票经济”

向“消费经济”转变。实施“互联网+旅游”行动计划，落实《仁化县农村民宿管理办法》，大力发展乡村游、农家乐、特色民宿、工业产品展示游、生态休闲观光农业游等新业态，拓展延伸旅游产业链条，促进旅游与农业、民俗文化、体育活动的深度融合，力争全县接待游客人数、旅游综合收入分别年均增长15.09%和15.23%以上。

做优做强新型工业。以壮大总量、优化存量、培植增量为重点，大力实施升级增效“五大工程”，确保全县规模以上工业总产值增长10%以上，新增规模以上工业企业30家。实施“扩园提质”工程，完善有色金属循环基地道路、水电、安置新村等基础设施，加快中金岭南有色金属产业生态工业园建设，推动县中小企业创业园转型发展，力争将仁化县经济开发区纳入《中国开发区审核公告目录（2006版）》规范管理。依托志成冠军、杜氏玻璃等龙头企业，加快储能产业园建设和高端玻璃深加工，促进上下游企业集聚共生，不断提升有色金属、储能产业等重点产业集聚发展质效。实施支柱产业壮大工程，推进凡口铅锌矿技改升级、丹霞冶炼厂扩能提产，推动支柱企业增产增效。实施中小企业成长工程，重点发展竹木和农产品深加工、旅游产品加工等中小微企业。实施传统产业升级工程，完成鸿伟木业刨花板贴面及家具深加工等投资过500万元技改项目30个以上。实施新兴产业培育工程，大力培育高新技术、新材料、新能源等新兴产业，加快建成新能源、光伏发电、铁皮石斛工厂化育苗种植及深加工等重点项目，力争新认定高新技术企业2家。抓好“个转企”[22]和商贸服务企业“下转上”[23]，力争新增限上商贸企业和服务业企业40家以上。

做精做特现代农业。按照“建园区、抓项目、扶龙头、壮基地”的思路，整合各级财政专项资金，加快推进国家现代农业示范区建设。继续实施高标准基本农田、小农水重点县、“五小”水利工程[24]建设以及中小河流治理，高标准建设一批设施农业温室大棚和节水灌溉设施，推动全县设施农业加快发展。加强与珠海农控集团等大型农业龙头企业对接，引入一批示范带动力强的农业观光企业，建设两岸三地农民创业园，推进观光农业与生态旅游融合发展。加快科技支撑、农产品质量安全、农产品市场流通和农业生态环境保护等四大新型农业社会化服务体系建设。大力发展新型农业经营主体，新增市级以上农业产业化重点龙头企业5家、规模以上农产品加工企业10家、农村专业合作社20家。力争五年新增农产品“三品”认证10个，完成“丹霞贡柑”国家地理标志保护产品登记工作。实施“互联网+”行动计划，推进普惠制农村金融和农村电子商务发展，支持黄坑镇、大桥镇长坝村等有条件的镇村大力发展农村电商，引导农民转变农业生产经营模式，带动农村经济发展和农民致富。

四、坚持协调发展、统筹城乡，着力打造优质发展环境

促进城市提升。高质量编制广东休闲旅游慢城建设规划，争取用五年左右的时间，逐步将仁化打造成特色鲜明、绿色生态、宜居宜游的广东休闲旅游慢城。按照“东扩、南拓、西进、北优、育山、美江”思路，加快中心城区扩容提质，积极推进环城大道（含北边康溪桥和南边群乐桥）、丹霞大道二期（卜古岭至青湖塘）、县城北门片路网、丹霞新城路网贯通工程建设，加快推进北门片区、丹霞山火车站广场片区、青湖塘等片区开发，拉大城市框架，推进县城与丹霞山融合发展。加快县城至丹霞山绿道二期、县中医院和污水处理管网二期、三期等民生工程建设，科学规划建设新的县文化馆、博物馆、图书馆等公共文化设施，提升城市品位和内涵。落实房地产去库存优惠政策，促进房地产行业健康发展。加快“数字化城管”[25]建设，推动城市管理重心下移，探索实施“网格化”模式，提高城市管理科学化水平。按照“海绵城市”[26]建设要求，推进城区自来水、地下综合管网扩面改造，完成城区内涝点整治工程。总结推广环卫运营、污水处理和生活垃圾处理等PPP模式，加快推进县城区公共交通、主题广场公园、园林绿化、文化广场、休闲健身场所、休闲绿道等市政项目建设。抓好人防地下空间开发。推动新岭南文化元素融入城市建筑，加快建设独具魅力的山水锦城。同时，成立城市管理局和丹霞山综合执法大队，依法打击县城及丹霞山“两违”[27]行为，做到城市整治与规范经营相结合，把县城中心区打造成为突出地域风格、凸显特色品牌的广东休闲旅游慢城。

加快镇区改造。坚持统筹规划、因地制宜、分类指导、适度开发的原则，进一步优化城镇发展布局和空间形态，加大董塘、长江等中心镇建设力度，加快完善各镇（街）镇区公路、水利、配电线路等基础设施。同时，根据各镇（街）资源优势和区位条件，建设一批生态休闲型、绿色产业型、工矿资源型、商贸集散型的“美丽小镇”、“特色小镇”。充分利用红山茶叶、大桥长坝柚等农业产业优势和基础条件，加快打造农业特色小镇，依托城口红军长征路线等资源打造“红色旅游小镇”，力争每年建成1—2个“特色小镇”，推动镇域加快发展。完善周田镇区道路、污水处理厂、学校、医院、金融网点等设施，推进周田第二中学、第二中心小学和仁化县第二人民医院等优质生活配套设施建设，力争城镇区常住人口达到2万人，着力将其建设成为县城次中心和产业配套新城。

建设美丽乡村。深入贯彻落实《仁化县建设美丽乡村行动纲要（2015—2020年）》，大力实施“规划引领、民居建设、村庄整治、创业增收、以‘仁’化人”五大工程，重点抓好农村生活垃圾收运处理、生活污水达标排放整治和乡村绿化美化亮化工作，有效改善农村生态环境和人居环境，将80%以上行政村建成“五美”乡村。全面推进“丹霞彩虹”省级新农村示范片建设，打造一批农业与旅游有机结合的示范新农村。加强中心村（社区）建设，建成一批人口集中、配套完善的新型农村社区和农民新村。加强对城口镇恩村、石塘镇石塘村、丹霞街道夏富村、扶溪镇古夏村、周田镇大围村和风度村、黄坑镇南庄村等“广东省古村落”的保护和开发，着力打造一批各具特色的乡村旅游名村。

五、坚持绿色发展、保护生态，着力建设幸福宜居家园

筑牢生态保护屏障。严格落实主体功能区划，加快推进国家生态文明建设先行示范区主体县建设，严守生态保护红线。深入实施新一轮绿化广东大行动，加快实施森林碳汇重点生态工程、生态景观林带工程、森林进城围城工程、乡村绿化美化工程，着力构建森林生态体系。力争森林覆盖率达到80%，森林面积达到261万亩，森林蓄积量达到1325.7万立方米。严格执行环境影响评价、水土保持方案评审和“三同时”制度[28]，落实国家重点生态功能区产业准入负面清单，严格环保准入，推进节能降耗，坚决控制高污染、高能耗项目落户，重点引进和发展循环经济和绿色产业。

强化环境综合整治。深入实施南粤水更清和水污染防治行动计划，加强锦江河流域等中小河流综合治理，推进县城及农村饮水源头保护工程和赤石迳水库、高坪水库生态修复工程，整治、搬迁和关闭威胁饮用水源和锦江河道水质安全的重点污染源。加大对丹霞山环境的保护与综合整治力度，加快污水管网建设，着力解决生产生活污水处理问题，有效改善人居环境。全面实施大气污染防治行动计划，深化工业园污染治理，督促和指导入园企业大力实施清洁生产；全面淘汰“黄标车”，推动机动车污染减排，有效改善大气质量。加快畜禽养殖“三区”[29]划定，加大清理整治力度，全面完成规模化畜禽养殖场污染减排工作。实施土壤污染防治行动计划，重点加快推进董塘镇重金属污染农田土壤综合治理与修复工作；全面加强矿山污染治理，推进矿山复绿，强化尾矿库的风险管控。建立健全覆盖城乡的环保基础设施体系，加大城镇污水处理设施及管网建设力度，加快建设城乡生活垃圾无害化处理设施，确保全县城镇生活污水处理率、生活垃圾无害化处理率分别达到80%和98%以上。

推动节约集约发展。加强环境监管执法，加强对重点企业能源消耗和减排总量的监控，严格新上项目节能环保审查，坚决杜绝“三高一低”[30]项目，鼓励实施一批节能和减排项目。坚持节约集约用地导向，严格土地资源使用管理，完成永久性基本农田划定，坚守耕地红线，强化土地利用动态巡查监管，加大“六类土地”[31]清理力度，盘活各类用地1000亩以上。

六、坚持共享发展、改善民生，着力增进人民群众福祉

突出抓好精准扶贫。按照“扶贫对象精准、项目安排精准、资金使用精准、措施到户精准、因村派人精准、脱贫成效精准”要求，统筹整合各部门项目资金，加快推进贫困村基础设施和公共服务项目建设。大力扶持帮助贫困户发展生态养殖、特色种植和特色林果等产业，对因灾、因病、因学、因残等致贫的人口以及丧失劳动能力的贫困人口，全面落实精准的产业扶贫、教育扶贫、医疗扶贫、社会保障扶贫等配套措施，确保按时完成全县贫困人口全部脱贫任务，坚决打赢精准扶贫和精准脱贫攻坚战。

提高公共服务水平。优化教育资源配置，实现“广东省教育现代化先进县”创建目标，落实第二期学前教育三年行动计划，促进教育均衡、内涵、优质发展。大力实施“科技兴县”和“人才强县”战略，从人、财、物等方面加大对科技研发创新和人才培育的支持力度，增强发展软实力；实施“基层文化设施全覆盖工程”，完善县、镇（街）、村（社区）三级公共文化设施网络，建设城市“十分钟文化圈”和农村“十里文化圈”。贯彻落实计划生育政策，统筹解决人口问题。积极创建省级卫生强县，强化基层医疗卫生机构标准化建设，重点加强乡村卫生站改造。抓好分级诊疗试点县工作，加强传染病防控工作。深入开展“家庭医生式”服务。加大公立医院改革力度，加快县中医院、妇幼保健计划生育服务中心建设步伐，促进基本公共卫生服务逐步均等化。大力发展体育事业，加强体育场馆和社区体育设施建设、管理和维护，建设15分钟健身圈，力促社区体育设施覆盖率达到100%，提升体育公共服务水平。深入开展“徒步丹霞”、“南粤古驿道定向大赛”等户外竞技体育活动。大力弘扬“仁”文化精神，扎实推进“创文”工作，提升城市文明程度，确保成功创建“全国县级文明城市”。

强化社会民生保障。实施返乡农民工创业示范等工程，鼓励、支持和引导大众创业、万众创新，积极促进就业，力争城镇新增就业9000人。加快实施“安居工程”[32]，落实保障性住房项目用地，破解资金瓶颈，加快推进保障性住房建设，大力实施棚户区改造货币化安置。实施棚户区改造1500套，改造面积12万平方米。加强各项社会救助制度衔接，实行城乡低保、五保动态管理，提高保障水平。完善医疗救助制度，缓解困难群众“看病难”问题。落实临时救助政策，及时开展灾害救助，增强救急救难能力。开展慈善助学活动，缓解困难家庭读书难问题。依法保障妇女、儿童和残疾人等弱势群体合法权益。加大“双拥”[33]优抚安置工作力度，促进军民融合发展。

积极创新社会治理。扎实推进“七五”普法工作，加快建设法治仁化。优化“一厅三档案”[34]等平台建设，提高为民服务能力和水平。加快农村基层治理综合服务平台建设，推进“两个重心下移”和“两个整合”[35]，健全县、镇、村三级公共服务体系。发挥村民理事会示范带动作用，推进基层民主政治建设。完善信访工作制度和稳控化解机制，积极探索律师参与接访来访群众工作制度，规范信访行为和秩序，加大矛盾纠纷排查化解力度，着力打造阳光信访、责任信访和法治信访。深化“平安仁化”建设，加强社会治理项目化、村（社区）管理网格化，建立健全立体化社会治安防控体系。全面落实安全生产责任制，完善防灾减灾和应急管理体系，深入开展安全隐患和突发事件风险隐患排查和整治工作，提高公共安全和公共突发事件应急处置能力，坚决防范和遏制各类安全事故发生，确保人民群众生命财产安全，切实维护社会和谐稳定。

七、坚持依法行政、清廉高效，着力打造人民满意政府

建设法治政府。牢固树立法治理念，深化法治建设，依法履行政府职能。坚持依法决策、科学决策，严格遵循重大行政决策法定程序，完善政府法律顾问制度和重大决策合法性审查机制，不断提高依法、科学、民主决策水平。完善行政执法程序和行政行为纠错机制，落实普法执法责任制，引导群众依法行使权利、表达诉求、解决纠纷，全力维护公共利益、群众权益和社会秩序。

建设为民政府。强化宗旨意识，深入践行群众路线和“三严三实”要求，持之以恒纠正“四风”，推进政府工作重心下移、力量下沉，主动问政于民、问需于民、问计于民，努力为人民群众办实事、谋福祉。加强公务员政策法规、专业知识培训学习，做好政策宣传解读和贯彻落实工作。

建设高效政府。创新政务服务，加快“智慧政务”建设，打造“办事不求人”的“网上政府”。精简优化办事程序，不断提高办事效率，实行清单化、台账式管理，推行岗位责任制、首问负责制、服务承诺制、限时办结制、责任追究制，加大督办督查、治庸问责力度，不断增强政府公信力，确保各项政策、决策、规划、部署快速精准落地。建立合理的“容错”机制和财政供给保障机制，鼓励大胆干事、竞进作为。

建设清廉政府。严格落实党风廉政建设主体责任和“一岗双责”，深入推进党风廉政建设和反腐败斗争。加强权力监督，完善工程建设等重点领域预防腐败长效机制。加强政务公开，实行财政预决算、“三公”经费[36]和审计报告公开。加强审计监督，加大对审计发现问题的整改和责任追究力度。加强行政监察，严厉整治和查处损害群众切身利益的不正之风和腐败问题，以实际成效取信于民。加强廉政文化建设，营造清廉为官、事业有为的干事创业氛围。

各位代表，新常态赋予新使命，新使命开启新征程，新征程孕育新机遇，新机遇催生新发展。让我们在县委的坚强领导下，在县人大、县政协的监督和支持下，进一步解放思想、开拓创新，以昂扬进取的精神状态，以只争朝夕的豪迈干劲，以众志成城的强大合力，为实现全面建成小康社会而努力奋斗！

名词解释：

［1］“四化推四区”发展战略：新型工业化推动有色金属循环经济产业园区建设，新型城镇化推动县城和乡镇建成区建设，休闲商旅化推动环丹霞生态旅游景点景区及配套服务设施建设，农业产业化推动国家现代农业示范区建设。

［2］农产品“三品”：无公害农产品、绿色食品和有机农产品。

［3］“规划双到”：规划

到镇、规划到村。

［4］“巩卫”和“创文”：巩固国家卫生县城、创建全国县级文明城市；

［5］“五美”乡村：2015年启动的美丽乡村建设行动中，提出建设“规划科学布局美、特色鲜明建筑美、生态自然环境美、产业发展生活美、乡风文明和谐美”的“五美”乡村。

［6］“一站式”服务：公民或企业进入政府综合办公点或政府门户网站，即可解决需要政府办理的有关事项。核心要素是通过网络和计算机技术实现业务逻辑集中，实现跨部门的协作服务，网上网下相结合、多种渠道受理反馈、资源共享、协同审批。

［7］“五证合一、一照一码”：在全面实施工商营业执照、组织机构代码证、税务登记证“三证合一”的基础上，再整合社会保险登记证和统计登记证，改为一次申请、由工商部门核发一个加载法人和其他组织统一社会信用代码营业执照的登记制度。简单的说，就是简化了企业登记注册的手续，由原来五个证变成一个营业执照和一个统一社会信用代码。

［8］“五大平台”建设：指建设仁化县工业园区管理服务平台、投融资平台、中小企业社会化服务平台、项目库服务平台、农村基层治理综合服务平台。

［9］“农家书屋”：为满足农民文化需要，在行政村建立的、农民自己管理的、能提供农民实用的书报刊和音像电子产品阅读视听条件的公益性文化服务设施。

［10］扶贫“双到”：扶贫开发“规划到户、责任到人”。

［11］“两不具备”：不具备生产、生活条件。

［12］安全生产“一岗双责”：是指地方各级人民政府及其有关部门的主要负责人分别对本行政区域、本行业安全生产工作负全面领导责任；分管安全生产的负责人是安全生产工作综合监督管理的责任人，对安全生产工作负组织领导和综合监督管理领导责任；其他负责人对各自分管工作范围内的安全生产工作负直接领导责任。

［13］“三严三实”：严以修身、严以用权、严以律己，谋事要实、创业要实、做人要实。

［14］“两学一做”：学党章党规、学系列讲话、做合格党员。

［15］“四化推四区、统筹促发展”战略：在原来的“四化推四区”的基础上，增加“以休闲商旅化为统筹，加快新型工业化、新型城镇化、农业现代化的融合发展”的内容。

［16］“放管服”：简政放权、放管结合、优化服务。

［17］“三单一网”：政府权力清单、企业项目投资负面清单、政府部门专项资金管理清单以及建设省市县三级联动的行政审批和便民服务网。

［18］“一门式、一网式”政府服务模式：群众进一扇门就能办理所有的审批事项，上一个网站就能够找到所需要的政府服务。

［19］“双创”：大众创业、万众创新。

［20］PPP：政府和社会资本合作模式的简称，指政府通过特许经营权、合理定价、财政补贴等事先公开的收益约定规则，引入社会资本参与城市基础设施等公益性事业投资和运营，以利益共享和风险共担为特征，发挥双方优势，提高公共产品或服务的质量和供给效率。

［21］全域旅游：是在一定区域内以旅游业为优势产业，通过对区域内旅游资源、相关产业、公共服务等进行系统化优化提升，实现区域资源有机整合、产业融合发展、社会共建共享，以旅游业带动和促进经济社会发展的区域协调发展模式。

［22］“个转企”：就是注册的个体工商户（不含港、澳、台居民申办的个体工商户）升级为企业（包括个人独资企业、合伙企业、公司制企业）。转型升级后的企业类型

一般应为有限责任公司，特殊情况下也可转型升级为合伙企业、个人独资企业。

［23］商贸服务企业“下转上”：商贸服务企业由限额以下转为限额以上或由规模以下转为规模以上。

［24］“五小”水利工程：小水窖、小水池、小泵站、小塘坝、小水渠的总称。

［25］“数字化城管”：指以信息化手段和移动通信技术手段来处理、分析和管理整个城市的所有部件和事件信息，促进城市人流、物流、资金流、信息流、交通流的通畅与协调。

［26］“海绵城市”：指城市能够像海绵一样，在适应环境变化和应对自然灾害等方面具有良好的“弹性”，下雨时吸水、蓄水、渗水、净水，需要时将蓄存的水“释放”并加以利用，能够提升城市生态系统功能，减少城市洪涝灾害的发生。也可称之为“水弹性城市”。

［27］“两违”：违法用地和违法建设。

［28］“三同时”制度：建设项目中防治污染的设施，应当与主体工程同时设计、同时施工、同时投产使用。

［29］畜禽养殖“三区”：指禁养区、限养区和适养区。

［30］“三高一低”项目：指高投入、高消耗、高污染、低效益的项目。

［31］“六类土地”：指批而未供土地、批而未征土地、征而未批土地、闲置土地、低效利用土地和未经批准擅自改变用途的土地。

［32］安居工程：指由政府负责组织建设，以实际成本价向城市中低收入住房困难户提供的具有社会保障性质的住宅建设工程。

［33］“双拥”：拥军优属、拥政爱民的简称。

［34］“一厅三档案”：指“干群会客厅、企忧档案、民忧档案和民信档案”。

［35］“两个重心下移”和“两个整合”：指基层党组织建设、村民自治“两个重心下移”，农村土地资源、财政涉农资金“两个整合”。

［36］“三公”经费：指财政拨款支出安排的出国（境）费、车辆购置及运行费、公务接待费三项经费。

仁化县董塘镇联创白鸽养殖农民专业合作社肉鸽养殖场　（县畜牧兽医水产局供稿）

仁化县国民经济和社会发展第十三个五年规划纲要

（2016年2月仁化县第十四届人大第六次会议审议批准）

二〇一六年七月

仁化县第十四届人民代表大会第六次会议关于仁化县国民经济和社会发展第十三个五年规划纲要的决议

（2016年2月26日县十四届人大六次会议第三次全体会议通过）

仁化县第十四届人民代表大会第六次会议经过审议，决定批准《仁化县国民经济和社会发展第十三个五年规划纲要》。

仁化县人民代表大会常务委员会

县十四届人大六次会议秘书处　　2016年2月

目录

本规划纲要根据《中共仁化县委关于制定全县国民经济和社会发展第十三个五年规划建议》编制，主要明确“十三五”期间仁化经济社会发展的指导思想、发展目标、发展理念，谋划重大战略，部署重大任务，是战略性、纲领性、综合性规划，是政府履行经济调节、市场监管、社会管理、公共服务和环境保护职责的重要依据，是未来五年我县经济社会发展的宏伟蓝图。

第一章 发展基础与发展环境

第一节 发展基础

1. 经济综合实力不断增强

2015年，全县实现生产总值93.4亿元，按可比价计算，比上年增长6.9%，比2010年增长38.7%，年均增长6.8%;其中第一、二、三产业增加值分别为18.8亿元、35.8亿元和38.8亿元，分别比2010年增长29.8%、23.4%和68.5%，年均增长5.4%、4.3%和11%。来源于仁化的财政总收入14.53亿元，比上年增长10.1%，比2010年增长76.98%，年均增长8.8%；地方一般公共预算收入6.09亿元，同比下降0.05%，比2010年增长80.8%，年均增长12.6%。全县人均GDP为45197元，比上年增长6.4%，比2010年增长36.5%，年均增长6.4%。完成全社会固定资产投资60.6亿元，比上年增长19.5%，比2010年增长77%，年均增长12.1%。完成社会消费品零售总额27.6亿元，比上年增长11.4%，比2010年增长88.6%，年均增长13.5%。县域经济综合发展力居全省28个山区县（市）第三位。

2. 转型升级不断加快

经济结构不断优化，由2010年的18.1∶50.4∶31.5调整为2015年的19.9∶38.3∶41.8。农业经济稳步发展，农业增加值五年年均增长5.3%。2012年，仁化被认定为国家现代农业示范区。沙田柚示范基地、山茶油综合开发、黄坑贡柑和石斛种植基地等40个现代农业项目初具规模。长坝沙田柚和仁化白毛茶通过国家地理标志产品认定。新型工业化带动作用明显增强，2015年，全县完成规模以上工业总产值79.4亿元，年均增长5.4%；完成规模以上工业增加值29.2亿元，年均增长6.3%；服务业快速发展，现代服务业与先进制造业加速融合，现代物流、金融、电子商务等生产性服务业规模不断壮大，全县环丹农业观光游发展态势向好，乡村旅游企业（住宿、餐饮企业）23家，“丹霞仁家”星级农庄乐23家，全县共有农家乐315家。

3. “四区”建设取得新突破

——工业园区建设取得新突破。完成有色基地征地拆迁投资1.55亿元、基础设施建设投资1.58亿元，建成了新庄大桥、新庄大道南段及滨江路东段等首期路网工程连网投入使用；完成了供电、供水系统建设并投入使用；污水处理厂一期工程连网投入使用；基地被省经信委批准为“广东省循环化改造试点园区”，基地入驻企业21家，16家企业试产，累计完成投资10.8亿元、产值21.1亿元、税收3169万元。积极争取有色基地享受省产业转移政策，获得5000万元省财政专项资金扶持。鸿伟木业扩建项目竣工投产，并在香港成功上市。奥达胶合板、鑫海仁丹等技改项目顺利实施，工业转型升级步伐加快。

——国家现代农业示范区建设取得新进展。五年累计投入农田水利建设及防灾减灾资金8.65亿元，改造农田13.58万亩，实施灌区改造和小型病险水库除险加固工程13宗、农村饮水安全工程18宗。全县农机总动力达13.2万千瓦，农用拖拉机2683台，水稻机耕率和机收率分别达97%和88%。争取上级资金9000多万元，实施沙田柚示范基地、山茶油综合开发、石斛种植基地等现代农业项目40个。国家现代农业示范区被国家科技部认定为第七批国家农业科技园区。全县农产品“三品”认证39个，长坝金柚、红山白毛茶通过国家地理标志保护产品认定。沙田柚、贡柑等优质水果种植面积达11万亩，年产值突破11亿元。全县省级农业龙头企业3家，培育县级以上龙头企业22家，发展农民专业合作社257个。全县高标准农田面积12万亩，占耕地面积的61.89%。农业机械化水平达80%。

——休闲旅游区建设取得新成绩。引进了宝能国际旅游度假、丹霞山北门水上入口综合服务区等环丹霞山生态旅游产业园重点项目；成功创建丹霞源国家水利风景区、凡口国家级矿山公园，石塘村被列为“中国历史文化名村”、“广东省十大特色古村”、“广东旅游名村”；大桥镇被评为“广东省休闲农业与乡村旅游示范镇”、长坝村被评为“全国一村一品示范村镇”；建设“丹霞仁家”品牌农家乐30多家；建立了县级旅游文化电视频道、丹霞旅游电子商务平台；举办了“石塘米酒、黄坑贡柑、长坝金柚、红山茶叶”等旅游节庆活动。累计接待游客2694.65万人次，年均增长18.8%。旅游综合收入153.23亿元，年均增长18.2%。

——城镇建成区建设取得新成效。引进了丹霞新城、盛世铭庭等房地产项目，县城至丹霞山绿道项目一期建成启用。城乡垃圾收运体系、公交体系等公共服务设施全面建成，县城扩容提质取得明显成效。境内韶赣高速、赣韶铁路建成通车，丹霞山火车站建成运营。完成了武深高速仁化段土地与房屋征收工作并已开工建设；国道106线县城至周田段、省道246线改造全面完成。累计投入6160.77万元，全面改造城乡中低压配电网。石塘镇被评为“广东名镇”，“丹霞彩虹”新农村示范片成功遴选为广东省第二批省级新农村连片示范建设工程，获得1亿元专项资金。美丽乡村建设扎实开展。

4. 社会建设有序推进

——教育卫生事业全面发展。大力实施科教兴县战略，五年来，政府累计投入13.86亿元用于发展教育事业。成功创建广东省教育强县，在全市率先实现省级教育强镇（街）覆盖率100%。董塘镇和城口镇顺利通过省教育强镇的复评验收。顺利通过“全国义务教育发展基本均衡县”考核验收。普通高考综合排名连续五年位列全市八县（市、区）第一。卫生服务能力明显增强。新建了11座镇（街）卫生院综合服务楼和县人民医院住院部大楼；人口计生任务全面完成，卫生领域综合改革扎实推进，门诊均次费用从原来的90元降至40元，下降55%；住院均次费用从原来的2000元降至1600元，下降20%。群众从降低药品价格中得到明显的实惠。健全基本医疗保障制度。全面实施城乡居民大病保险，大病医保起付标准1万元，一年度内参保居民只承担一个大病起付标准，报销比例达60%。

——科技实力与水平逐步提高。“十二五”期间，我县大力实施“科技兴县”战略和科技创新工程，完善出台了《仁化县专利申请资助管理办法实施细则（修订）》、《仁化县自主创新行动计划》、《仁化县贯彻落实〈韶关市改善创新环境五年行动计划〉实施方案》等创新性政策文件，每年安排科技预算支出1000多万元，重点支持科技企业发展和科技成果推广应用，培育科技创新企业21家、新增省民营科技企业2家，我县共有6家省民营科技企业；市级有色金属技术创新专业镇1个，省级以上名牌产品9个、省级著名商标12件，市级专业商标品牌基地3个。被省科技厅认定高新技术企业1家，建立了我县首家市级工程技术研发中心，专利申请累计779件，其中发明专利65件，实用新型专利235件，外观设计专利479件；专利授权540件，其中发明专利15件，实用新型专利136件，外观设计专利389件，成功创建“全国科普示范县”。

——全国文明县城创建活动扎实推进。在全市率先创建全国文明县城，并被中央文明委确定为全国县级文明城市提名城市，是韶关市唯一获此殊荣的县（市、区）。创新推行创文网格化管理；大力开展文明劝导志愿服务活动。文化繁荣初见实效，董塘镇高莲村被列入全国第三批文明村；周田村成为全省首个孝心村，也是全省社会主义核心价值观示范点。仁化是九龄故里，人文底蕴丰富。石塘古村被评为中国历史文化名村，夏富古村被评为广东省十大最美古村落；双峰寨是韶关红色旅游经典代表。成功申报省、市非物质文化遗产9个，“农家书屋”和电子阅览室实现119个行政村全覆盖。编辑出版了《仁化历史丛书》；仁化县被授予“广东省摄影之乡”，石塘镇被评为广东名间文化艺术之乡。

5. 民生保障水平不断提高

坚持把保障和改善民生作为一切工作的出发点和落脚点，努力让人民群众得到更多实惠。不断扩大社会保险覆盖面，保障底线民生，城乡居民的生活水平明显提高。城镇居民人均可支配收入、农村居民人均纯收入年均增长10.3%和12.8%，2015年分别为21153元和12552元，城乡收入比缩小为1.69。全县民生类支出稳定增长，2015年达到16.95亿元，占公共财政预算支出比重为77.18%。新建各类保障性住房五年累计648套。全县社会保险体系进一步完善，养老保险待遇水平逐步提高，城乡居民养老保险参保人数73731人，完成规划目标100%，城镇职工基本医疗保险参保人数23442人，完成规划目标100%，城镇居民医疗保险参保人数174849人，完成规划目标的100%，工伤保险参保人数17535人，完成规划目标的100%。新型农村合作医疗参保率达到100%。各项社会保险金按时足额发放，基本养老金社会化发放率达到100%。

就业稳步增长。十二五期间，全县新增就业岗位18729个，完成规划目标的100%；帮助困难人员再就业0.13万人，完成规划目标的100%；转移农业劳动力2.83万人；城镇登记失业率为2.43%，控制在3%的规划目标以内。全县养老、失业、工伤、医疗、生育保险参保人数稳步增长。

新一轮扶贫开发“双到”工作取得新成绩，创新金融扶贫，共发放信贷1195万元；落实帮扶资金1.77亿元，实施村、户帮扶项目1368个，完成“两不具备”搬迁户362户，农村低收入困难户、住户改造464户，顺利通过省第二轮扶贫工作检查验收，28个省级贫困村全面脱贫。

全县安全生产“一岗双责”责任体系进一步完善，安全生产工作得到加强。

6. 体制改革不断深入推进

政府与市场、社会关系进一步理顺。简政放权和职能转变步伐加快，全面推进实体大厅、网上办事大厅的政务服务体系建设，开通了仁化政务微博，建立了电子政务平台，政府OA电子办公系统建成运行，建成11个镇（街）便民服务中心和109个村便民服务代办站。大力推进行政审批制度改革，取消、下放和转移行政审批事项114项，行政审批事项精简到315项。网上办事大厅已延伸到所有镇（街），行政审批事项网上办理率达90%。完成了卫生局与计生局整合、县食品药品监督管理体制改革、农村综合改革、机关事业单位职工工资套改、公务用车制度改革。商事登记制度改革成效初显，取消工商登记前置审批事项108项，全面实行了“三证合一、一照一码”注册登记制度，前置审批事项压减率达89%以上，五年新登记市场主体5026户。实行了统一的城乡居民医保制度，社会保障卡“一卡通”实现全覆盖。125个村（居）实现法律顾问全覆盖。法治政府和服务型政府建设取得积极进展，现代市场体系不断完善，民生和社会治理的制度体系进一步完善。

7. 生态文明建设与环境保护不断强化

全县环境质量总体保持稳定，节能减排扎实有效，单位生产总值能源消耗五年累计下降18%、二氧化碳排放和单位工业增加值用水量、主要污染物减排指标全面完成市下达任务。污染防治设施建设成效显著，实施了县城生活污水管网扩建工程，建成了基地污水处理厂及管网一期，完成了董塘、长江等镇生活污水处理厂及管网建设工程。完成了全县109家禽畜规模化养殖场治污减排设施建设。2015年城镇生活污水集中处理率达到76 %，城镇生活垃圾无害化处理率为96%。碳排放权交易工作稳步推进。积极开展新一轮绿化广东大行动，完成碳汇造林8.72万亩，建设生态景观林带22.5公里，基本完成一镇一森林公园建设，生态公益林面积突破110万亩，全县森林覆盖率达78.9%，荣获“中国最佳生态休闲旅游名县”、“全国最美生态旅游示范县”等荣誉称号，被列入国家生态文明建设先行示范区范围。

（附表1：仁化县“十二五”经济和社会发展主要指标表）

第二节 发展环境

“十三五”时期，国际国内形势依旧复杂多变，但和平与发展仍然是时代主题，仁化处于人均生产总值向全省平均水平迈进的发展阶段，既面临难得的重要战略机遇和有利条件，也面临诸多风险和挑战。

“十三五”时期，国际体系继续朝多极化、多元化方向发展，世界经济仍处在国际金融危机后的深度调整期，亚太地区总体繁荣稳定的态势不会改变，推动增长、增加就业、调整结构成为国际社会共识。同时，世界经济格局发生深刻变化，我国综合国力和影响力不断上升，和平崛起的态势更加明显，成为参与全球治理的重要力量。

1. 全国环境

国内经济发展进入新常态。正从高速增长转向中高速增长，经济发展方式正从规模速度型粗放增长转向质量效率型集约增长，经济结构正从增量扩能为主转向调整存量、做优增量并存的深度调整，经济发展动力正从传统增长点转向新的增长点，呈现出一系列新特征。消费、投资、出口呈现新转变。消费从模仿型排浪式消费阶段向个性化、多样化消费转变。投资机会从传统产业向基础设施互联互通领域和新技术、新产品、新业态、新商业模式转移，投融资方式不断创新。出口竞争优势依然存在，但低成本比较优势发生了转化，高水平引进来、大规模走出去正在同步发生。产业组织方式、生产要素、资源环境、市场竞争呈现新特征。传统产业供给能力大幅超出需求，产业结构必须优化升级，企业兼并重组、生产相对集中不可避免，新兴产业、服务业、小微企业作用更加明显，生产小型化、智能化、专业化将成为产业组织新特征。要素的规模驱动力减弱，能源资源和生态环境约束日益趋紧，经济增长将更多依靠人力资本质量和技术进步，绿色低碳循环发展将成为经济发展新方式。市场竞争力将逐步从数量扩张和价格竞争转向质量型、差异化为主的竞争。经济风险化解和资源配置模式呈现新方向。各类隐性风险逐步显性化，化解以高杠杆和泡沫化为主要特征的各类风险将持续一段时间。全面刺激政策的边际效果明显递减，既要全面化解产能过剩，也要发挥市场机制探索未来产业发展方向。

2. 全省环境

我省经济社会发展进入重大转变时期，整体上将处于工业化发展后期阶段，转型升级进入转折期，有望迎来转型升级的“拐点”，将率先全面建成小康社会，迈向现代化建设新征程。新常态下，经济社会发展呈现出一系列新转变。发展速度上，从高速增长转向中高速增长；发展阶段上，人均GDP有望达到高收入国家标准，发展水平从中等收入迈向中高收入，进入跨越“中等收入陷阱”的关键发展阶段；发展动力上，从依靠规模扩张、要素驱动转向提质增效升级为主要特征的创新驱动发展；发展格局上，从主要依靠珠三角驱动向珠三角、粤东西北两大板块共同驱动转变；生态建设上，资源环境约束将更加趋紧，加强生态文明建设成为社会普遍共识，发展中重保护、保护中求发展成为必然选择；社会发展上，社会结构发生深刻改变，人民群众对保障和改善民生、促进公平正义、实现有效治理提出新的更高要求；全面深化改革、全面依法治省深入推进，治理体系和治理能力现代化水平将进一步提升。

3. 全市环境

“十二五”时期，韶关经济社会保持平稳增长，产业基础厚实、区域交通优势明显、旅游资源丰富、生态环境持续优化，发展基础和条件更加趋优化，未来发展的空间更加广阔。“十二五”以来，韶关经济发展也进入新常态，宏观经济增速进入到以中速区间运行、重塑产业进入关键阶段，改变重工业偏重，轻工业偏轻的结构优化调整不断深化、省划定的生态功能区资源环境约束突出、增长动力结构转换、要素成本优势下降等为特征的经济新常态。随着改革开放的深入推进，发展动力和活力将更加充足；新一轮科技革命和产业变革，有力推动经济社会转型发展；社会需求从量向质转变，新的消费需求变化，有利于加快推动产业结构转型升级；韶关列为国家资源枯竭城市、财政政策节能减排综合示范市、生态文明先行示范区、工矿企业棚户区改造示范市等，国家给予的一系政策效应在“十三五”时期仍将持续发力，省委、省政府出台《关于进一步促进粤东西北地区振兴发展的决定》，为韶关实现振兴发展注入了强大动力。韶关市市委、市政府确定的经济社会发展的“三大抓手”战略将会继续促进韶关经济社会平稳增长。

第三节 发展机遇

全面深化改革将释放新的发展活力。党的十八届三中全会就全面深化改革作出总体部署，涉及15个领域、330多项重大改革举措。我县也出台了全面深化改革的实施意见，制定了一系列改革措施，随着新一轮改革的深入推进，我县要素市场、国有资本、社会管理、公共服务等重要领域和关键环节改革将不断深化，市场化法治化营商环境将更加成熟，发展动力和活力将更加充足。

新一轮科技创新催生新的发展动力。当前，世界新一轮科技革命和产业变革蓬勃兴起、孕育突破，以信息技术为代表的新技术与产业发展深度融合，“互联网+”深刻影响经济形态变革，将催生出全新的生产方式和商业模式。国家和省都大力实施创新驱动发展战略，未来科技创新的支撑引领作用将更加凸显。我县有较好的产业基础，专利申请量达779件。这一轮科技革命和产业变革与我县加快转型升级的历史性交汇，大力实施创新驱动战略将成为我县经济社会转型发展强有力的助推器。

新的需求变化孕育新的发展潜力。随着新型工业化、信息化、城镇化、农业现代化协同推进，国内各类需求潜力进一步释放，将为“广货”提供更加广阔的国内市场。同时，2015年全县人均GDP为45197元，我县人均GDP已超过6000美元，进入了中等收入阶段，消费升级空间广阔，随着收入分配格局的逐步优化，居民消费能力将极大增强，消费将成为经济持续发展的一个主要增长点。新的需求变化，有利于我县加快推动产业结构转型升级。

“大众创业、万众创新”的“双创”战略不断激发市场活力潜力和社会创造力。仁化县在拉长有色金属循环经济产业有着独特的优势，产业园在建设和发展中接受“双创”指导，使入园企业都能成为“双创”的主线。提升园区服务等级，以“双创”（创新+创业）为载体，形成以“三大服务体系”，（1）载体服务：提供营运载体、创业平台和商务配套服务。（2）增值服务：提供政府政策的对接通路，业务对接渠道与平台。为中小微企业及创业者提供专业服务的路径与导向、顾问与助手。（3）特质服务：为初创企业及大学生提供创业实践实训题材和指导，融合园区及各方资源提供产品推广销售、信息发布、数据共享、信息咨询等服务。同时，建立了一套完善的公益性“中小微创业服务平台”的八大服务，即创业服务、技术创新、质量管理咨询服务、法律服务、投融资服务、人才与培训、信息服务、市场开拓服务。

创新公共服务等创新业态。综合运用政府通过合同、委托等方式向社会购买事务性管理服务、无偿资助、业务奖励等方式加强社会公共服务平台建设，提供社会公共服务平台。支持公共服务平台、公共信息服务平台、公共融资服务平台、公共节能技术服务平台以及法律、知识产权、财务、咨询、检验检测认证和技术等相关服务机构的建设。政府要做创业创新者的“后台服务器”，通过不断完善所需的公共产品和服务，不断清除制约“双创”的障碍，不断织牢民生保障之网，增强创业创新者试错的底气和勇气。创新新型服务业的同时为企业提供全方位专业化优质服务。

环丹霞山旅游开发战略提供了仁化“弯道超车”的重要条件。环丹霞山旅游开发战略是韶关市联系山区实际，提出并有效探索加快转型升级，走新型工业化、新型城镇化道路，提出“大丹霞"的旅游发展战略，以丹霞山世界遗产为能量核心的环丹霞山生态旅游产业园区，发展成为宜旅、宜居、宜业的新型产业带。仁化与市区的互补性强，应进一步融进市区，加快环丹霞生态旅游景点及配套服务区建设，发展成大韶关都市区的自然生态旅游中心区。

国家和省、市政策支持注入了强大动力。随着国家、省级扶持贫困地区、生态功能区、资源枯竭城市力度的不断加大和省支持粤东西北振兴发展和鼓励省属国有企业到粤东西北地区投资重大产业和基础设施项目等区域战略的深入实施，多元政策叠加，各种体制机制创新的效应和市融入建设“广佛肇+清云韶”经济圈、实施“11238”发展战略等各类政策红利将会继续释放，我县发展空间将进一步打开，客观要求我县进一步解放思想，继续锐意推进改革，扭转“上级政策普惠制”的错误思维，在全县上下形成争资引项的良好氛围，即打造“投资洼地”，也打造“政策高地”，吸引中央、省属国有企业到仁化投资，并重点围绕生态保护、老区建设、重金属污染防治这三篇文章，积极向上级争取更多资金和政策，不断放大一系列机制及政策效应，推动体制和政策优势转化为发展红利，为仁化实现振兴发展注入强大动力。

中央苏区、革命老区跨越发展。国家支持赣南等原中央苏区振兴发展，并提出振兴发展规划。政策扶持力度进一步加大，原中央苏区进入进行发展的关键时期，面临前所未有的发展机遇。仁化县在革命战争年代付出了重大牺牲，做出重大贡献。应该抓住国家《振兴发展规划》的实施契机，积极申报原中央苏区、革命老区的认定工作。充分利用国家、省市的政策机遇，实现仁化的跨越式发展。

坚实的发展基础提供了重要保障。“十二五”时期，我县以“有色金属循环经济产业园区、县城和乡镇建成区、环丹霞生态旅游景点及配套服务区、国家现代农业示范区”为主战场，实施“四化推四区”战略，加快绿色转型，合力共建“生态、活力、幸福”新仁化，仁化经济社会保持平稳增长，产业基础厚实、区域交通优势明显、旅游资源丰富、生态环境持续优化，发展基础和条件更加趋优化，未来发展的空间更加广阔。我县经济发展将进入新常态，只要我们正确认识新常态、适应新常态、引领新常态、准确把握新常态下重要战略机遇期内涵和条件的变化，保持战略定力，坚持问题导向，强化辩证思维和战略思维，充分利用并积极培育有利于经济社会持续健康发展的各种积极因素，经济社会将会继续保持平稳增长，为在全市率先全面建成小康社会打下坚实的基础。

第四节 面临挑战

“十三五”时期，国际金融危机使世界经济增长存在较大的不确定性，国内经济发展进入新常态，仁化经济发展面临新的挑战。

外部环境存在诸多不确定性因素。“十三五”时期，新常态下，经济运行潜在风险加大。经济增速放缓，高速增长时期掩盖的风险可能会进一步积累，部分中小微企业盈利能力下降、债务风险上升。财政增长的不确定性因素增加，但保障和改善民生、保护生态环境等刚性支出增长，各级政府财政支出的压力增大。实体经济风险和财政金融风险相互交织，加大了我县经济保持平稳增长的难度。

转型发展任重道远。“十三五”时期，我县推进产业转型升级、经济结构战略性调整更趋紧迫，还存在不少短板，相当一部分制造业和服务业还处于产业链的低端环节，创新能力不强，缺乏核心技术和自主品牌，面对未来更趋激烈的高端制造业和服务业竞争将处于劣势。随着人口红利的逐步减弱、各种要素成本上升，改造提升传统产业的任务将十分紧迫。

深化改革进入攻坚期。“十三五”是全面推进深化改革的关键期，也是全面完成改革任务的重要时期。重点领域的各项改革已进入“深水区”，人们对改革的要求更高、期望值也高，改革时间紧，任务重。

区域竞争压力日益增大。跳出仁化看仁化，汝城、大余、南雄等周边（市、县）竞相发展的态势咄咄逼人，在产业布局、招商引资等方面竞争会更加激烈，我县在新一轮区域竞争发展中还处于不进则退的局面。同时与珠三角等先进地区相比，我县在人才集聚和科技实力等方面都有一定差距，竞争力也弱，亟需改善加强。此外，镇域经济发展不平衡，城乡二元结构和城市内部二元结构矛盾凸显，推动城乡区域协调发展的任务十分艰巨。

生态环境保护与治理压力大、约束性强。根据广东省主体功能区规划，我县属于国家级重点功能区，部分产业的准入门槛会提高。在经济快速发展的同时，部分地区开发强度过高，大气、水和土壤等环境污染严重，生态系统出现退化的趋势，长期积累的生态环境问题正在集中显现。随着社会发展和人民生活水平的不断提高，广大人民群众对生态文明建设的期望越来越高，我国承担的国际减排责任越来越重，国家相关约束政策越来越紧，我县节能减排和环境保护治理的压力将逐年增大，资源环境对经济社会发展的约束将更强。

丹霞山旅游文化建设日益迫切。丹霞山是世界“丹霞地貌”的命名地，有着无与伦比的自然风光，无愧为世界自然遗产。但目前丹霞山在管理、开发、保护等方面还存在诸多问题，除此之外，丹霞山景区还应树立鲜明的旅游形象、深入挖掘旅游文化、加大旅游商品开发力度、完善管理机制、制定员工激励机制，使丹霞山不论在自然风光，还是在服务管理方面，都无愧为“丹霞”旅游名胜地。丹霞山确是以自然风光为主，游客主要来欣赏奇特的地质地貌，品味优美的自然风光。但给自然风光加入一点人文气息，山水才更有灵气，况且丹霞山有着深厚文化底蕴，如韶乐、宗教文化、性文化、古山寨文化、摩崖石刻、客家文化等，均有待挖掘的价值。目前，丹霞山对旅游文化的挖掘不够深入，如何挖掘旅游文化，是值得丹霞山人深入思考的问题。

社会领域矛盾多发期。目前，我县居民收入差距依然较大，人民群众日益增长的多层次需求与政府公共财力和公共服务供给能力不足的矛盾比较突出。同时，因为人口社会结构比较复杂，人们思想趋于独立多元，社会转型时期出现的社会不公、诚信缺失、道德滑坡等问题与各种社会思潮交织影响，社会治安、安全生产、食品药品安全、劳资纠纷等可能引发的矛盾和冲突不容小视，这些都对我县社会风险管控、社会服务管理和基层组织建设带来一定挑战。

总体来看，综合研判国内外形势和我县发展的机遇与挑战，“十三五”时期仁化面临的发展机遇大于挑战，是仁化加快绿色转型、实现振兴发展，全面建设小康社会的重要机遇期。我们一方面要认清形势，正视困难，努力寻找破解难题的方法和途径；另一方面必须坚定信心，抢抓机遇，以新的发展理念，新的发展模式，努力开创我县科学发展新局面。

第二章　总体要求和发展目标

第一节　指导思想

全面贯彻落实党的十八届五中全会、省委十一届五次全会和市委十一届八次全会精神，深入贯彻习近平总书记系列重要讲话精神，以“四个全面”战略布局和“创新、协调、绿色、开放、共享”发展理念为统领，积极抢抓国家“一带一路”战略、省促进粤东西北振兴发展、市融入建设“广佛肇+清云韶”经济圈的重大战略机遇，积极适应新常态，主动融入珠三角，坚持以建设“生态、活力、幸福”新仁化、确保如期全面建成小康社会为目标，以“主攻项目、决战四区”为抓手，以加快发展、改善民生为主线，以绿色发展、创新驱动为动力，以依法治县、从严治党为保障，推进经济结构战略性调整和产业转型升级，建设绿色生态美丽家园，全力将我县打造成为广东生态休闲旅游“慢城”，全省的绿色发展先行区、生态休闲旅游示范区、现代农业引领区。

第二节　发展理念

实现“十三五”时期发展目标，必须按照中央和省委、市委要求，牢固树立“创新、协调、绿色、开放、共享”的发展理念。

创新是引领发展的第一动力。必须把加快发展的基点放在创新上，不断推进理念创新、产业创新、科技创新、环境创新和体制机制创新等各方面创新，让创新贯穿一切工作，让创新活力竞相迸发，让创新价值充分体现，不断增强经济社会发展新动力。

协调是持续健康发展的内在要求。必须正确处理发展中的重大关系，统筹推进新型工业化、信息化、城镇化、农业现代化，促进城乡区域协调发展，促进经济与社会、物质文明与精神文明协调发展，不断增强发展整体性。

绿色是永续发展的必要条件和人民对美好生活追求的重要体现。必须坚持可持续发展，坚守生态底线，把生态文明建设融入经济、政治、文化和社会建设各方面和全过程，加快建设资源节约型和环境友好型社会，巩固广东绿色生态屏障，充分发挥生态独特优势，努力把生态优势转化为经济优势，促进人与自然和谐发展，建设绿色美丽仁化。

开放是繁荣发展的必由之路。必须增强开放合作意识，注重内外联动，坚持内外需并重、进出口并重、引资和引技引智并重、引进来和走出去并重，发展更高层次的开放型经济，构建开放发展新格局。

共享是中国特色社会主义的本质要求。必须坚持发展为了人民、发展依靠人民、发展成果由人民共享。努力提高农村公共服务水平，促进基本公共服务均等化，努力解决人民群众最关心最直接最现实的利益问题，使人民群众在共建共享发展中有更多获得感。

第三节　发展定位

贯彻落实《珠江三角洲地区改革发展规划纲要》和《关于进一步促进粤东西北地区振

兴发展的决定》，主动融入珠三角，实现与珠三角地区在观念、产业、交通、市场、人才等全面对接，形成与珠三角融合发展的新格局。

——绿色发展先行区。新型工业化推动有色金属循环经济产业园区建设，建设“生态型、节约型、科技型、创税型、规模型”的“五型”工业园区，建成有色金属循环经济产业基地，推进大岭小企业创业基地和东湖工业基地改造，形成“一园三区”的多元化新型工业产业发展格局。发展“互联网+”，加快电子商务平台建设，促进互联网与传统产业融合发展，深化电子商务与实体经济的有机结合。

——生态休闲旅游示范区。仁化县要围绕“一山（丹霞山）一水（锦江）两城（县城、周田产业新城）”城区规划，努力打造广东“最美休闲慢城”，以新型城镇化推动县城和乡镇建成区建设；休闲商旅化推动环丹生态旅游景点景区及配套服务设施建设，抓住“人心向旅、规划引旅、项目强旅、服务优旅”的“十六字”方针发展旅游，打造环丹霞旅游产业集聚区。

——现代农业引领区。将全县各乡镇纳入“大农业示范区”理念，重点发展茶叶、铁皮石斛、沙田柚、贡柑等绿色食品种植和深加工，以农业产业化推动国家现代农业示范区建设。

第四节　发展目标

综合考虑未来发展趋势和条件，我县“十三五”时期经济社会发展的主要目标是：

——在全市率先全面建成小康社会。经济保持平稳较快增长，力争到2019年全县生产总值比2010年翻一番，到2020年人均GDP达到全国同期平均水平、城乡居民人均收入比2010年翻一番以上，全县地区生产总值约为134亿元（2010年不变价，下同），年均增长9%，人均地区生产总值约6.2万元，年均增长8%，小康指数达到97%。转方式与调结构取得重大进展，城乡居民收入增长与经济增长同步，人民生活水平和质量普遍提高，生态环境显著改善，就业、教育、文化、社保、医疗、住房等公共服务体系更加健全，基本公共服务均等化水平稳步提高。

——基本形成绿色低碳发展新格局。单位生产总值能耗水耗、二氧化碳以及主要污染物排放的控制水平处于全国前列。集中式饮用水源水质高标准稳定达标，空气质量总体保持良好。耕地保有量保持稳定，森林覆盖率进一步提高。

——基本建成与世界自然遗产相匹配的美丽城乡。“一县两城”布局基本形成，县城区人居环境显著改善，旅游配套设施更加完善，城市品质明显提升，建设旅游县城目标基本实现；县城次中心周田镇生产生活配套设施进一步完善，实现基本成城目标。逐步打造一批特色各异的美丽小镇，全面建成仁化美丽乡村和“丹霞彩虹”省级新农村示范片，城乡面貌焕然一新。

——基本建立与珠三角融合发展的新格局。积极参与“广佛肇+清云韶”经济圈一体化建设，与珠三角在交通、产业、市场、人才等领域对接合作实现重大突破，融入珠三角发展的格局基本形成。

——基本建立具有区域竞争力的现代产业新体系。产业结构明显优化，有色金属、建材等传统优势产业得到巩固提升，旅游产品加工、机械制造、新能源、新材料、光伏发电等新兴产业加快发展，生态休闲旅游实现跨越式发展，服务业主导作用明显增强，消费对经济增长贡献明显加大，农业现代化取得明显进展，三次产业结构进一步优化，抵御周期性经济风险能力进一步增强，基本建成现代产业新体系。

——基本形成有利于加快发展的新机制。重点领域和关键环节的改革取得突破性进展，行政审批制度改革加快，引领经济发展新常态的产权制度、投融资体制、人才培养引进使用机制等现代市场体系基本健全，投资营商环境显著改善，真正发挥市场在资源配置中的决定性作用和更好发挥政府的作用。科学决策和推动落实提高执行力的工作机制进一步健全，形成干事创业的浓厚氛围。

（附表2：仁化县“十三五”经济社会发展主要指标表）

第三章　推进产业转型升级　进一步优化产业结构

第一节　加强开放合作 拓展发展新空间

牢固树立开放发展理念，主动融入珠三角，积极参与“一带一路”建设，深化与周边区域合作，拓展经济发展新空间。

1. 加快融入珠三角，建立全面对接合作机制

实施主动融入珠三角行动计划，建立健全与珠三角地区全面对接合作机制，积极融入“广佛肇+清云韶”经济圈。

与珠三角的有关区（市）建立区域协作机制。实现与珠三角全面对接，构建互联互通、资源共享、优势互补、错位发展、合作共赢的合作新格局。建立多边的直接协商机制，包括工业、旅游、农业、金融、科技、教育、文化等领域的合作。与珠三角地区相比我县拥有丰富的有色金属、土地资源，利用我县优势，与广州辖下区高新科技产业、佛山辖下区小家电产业、东莞有关镇街装备制造业产业等建立合作机制，引进珠三角地区的先进技术。签订一对一经济合作，达到与珠三角地区全方位多种形式的合作。完善与珠三角各区（市）间的磋商机制，共同商定跨地区的重大项目合作事宜，形成畅通的对话交流与区域合作决策沟通机制。强化跨部门联动合作机制，努力突破阻碍科技创新一体化的体制机制。

加强对珠三角科技合作与交流。引导仁化开拓对外科技合作新渠道，进一步深化与珠三角产业、科技合作，共建科技创新平台和园区。大力实施创新驱动发展核心战略，以创新资源的共建共享以及科技产业的协同发展为抓手，开展与珠三角区域科技资源共享开放行动、重大科技项目联合攻关行动、产业集群协同创新行动、社会民生保障科技行动、联合构建人才高地行动、科技金融合作行动、自主知识产权促进行动为重点，着力构建开放型、一体化的区域创新体系，为推进仁化转型升级、优化发展提供强大的科技支撑。

加强与珠三角的经贸合作交流。完善科技金融服务体系，加快聚集一批创业投资和科技金融服务机构和平台，强化已建科技金融服务机构的作用，建立功能较完善、专业性强、水平较高的区域性科技金融服务体系，推动与珠三角在金融、物流、信息等生产性服务业方面的深度合作与发展，积极引进和发展现代农业。推进与珠三角金融机构、金融担保企业公司的合作与交流，由民营企业发起设立民营银行、金融租赁公司、金融消费公司和金融担保公司，设立新型农村金融机构等增加我县资金的流动性。探索建立珠三角经济双向交流合作机制和产业合作协调机制。鼓励珠三角地区参与外商服务中心、产业合作发展中心、产品展示展销中心等经贸交流合作载体建设，积极搭建对珠三角投资服务平台，加快形成珠三角全方位，多领域经贸合作新格局，形成金融技术同城化。

加强与珠三角的旅游合作交流。充分利用世界自然遗产丹霞山、韶关红色旅游双峰寨、中国历史文化名村石塘古村等旅游文化资源，积极推进与珠三角地区旅游一体化，引进珠三角旅游行业管理经营的专业人才与机制，完善经营理念与管理方式，提升服务水平。延伸旅游产业链，加快旅游资源与旅游产品开发，加快建设无障碍旅游区。与珠三角地区联合打造旅游精品线

路和旅游品牌，加快推进建设世界级观光旅游线路。完善与珠三角合作机制，构建务实高效、互惠互利的区域旅游合作体，打造国内一流的旅游休闲基地。

加强与珠三角的文化合作交流。深化文化体制改革，强化文化市场监管，促进文化大发展大繁荣。科学谋划文化产业发展格局。加强 “生态文化、丹霞文化、红色文化、矿冶文化、客家文化”等品牌建设，加强与珠三角文化合作与交流，整合文化资源，采取引进、嫁接、融合、对接的方式，培育、发展特色文化产业项目。构建科学完善的文化遗产保护体系，提高全社会文化遗产保护意识，全面推进仁化申报中央苏区工作进程，打造仁化特色文化品牌。创新公共文化场馆管理运行机制，推动公共图书馆、博物馆、文化馆、科技馆等组建管理机构，吸纳珠三角有关方面代表、专业人士、各界群众参与管理，完善决策和监督机制，提高服务水平，提升使用效率。构建现代文化市场体系，推动文化产业与金融机构的战略合作，拓宽民营文化产业投融资渠道，引导和培育多层次、多样化的文化消费，形成促进文化产业发展的市场体系，使特色文化产业成为经济发展新增长点。

延长珠三角企业的产业链条，加快产业园区建设。坚持转型升级、调整优化产业结构，全力推进新型工业化，构建珠三角产业融合发展区。充分利用我县土地、水、电等资源丰富的优势，主动承接珠三角产业转移，继续完善合作共建产业园区帮扶机制，县有色金属循环经济产业基地被省经信委批准为“广东省循环化改造试点园区”，我县依托东莞（韶关）产业转移工业园带动产业集聚发展享受省产业转移政策，使我县成为承接珠三角地区工业发展的“第二车间”，推动我县的精、深加工发展。以共建产业园区为抓手，加大力度推进合作共建产业园区建设，全力推动园区开发，项目引进建设等各方工作驶入“快车道”。

以园区共建为突破口，坚持“平台共建、资源共享、优势互补、互利共赢”的原则，推动共建双方在现有园区共建、结对帮扶的基础上实现全方位、宽领域、多层次的深度合作。选择优质项目，制定优惠政策，吸引更多民间资本参与园区开发和投资其他领域，以更高的层次去谋划更加深入的合作，实现优势互补、互利双赢，推动合作效益最大化。认真履行合作双方共建产业园的责任、权利、义务，建立合理的、双方认可的利益共享机制，保障双方投资收益，探索一条共建双方、行业协会、企业共同参与，合力推进园区持续健康发展的新路子。

抓好招商引资。坚持招商选资为产业集聚服务。进一步确立集群经济的发展战略、产业定位和发展重点，明确龙头企业和重点项目，围绕延伸产业链条进行招商，对于带动性强、前景好的骨干企业，要集中优惠政策、优势力量进行重点扶持，通过产学研结合、技改创新、争创品牌，加快扩量增效，走特色化、专业化的发展路子。采取以商招商、行业协会招商、网上招商、“一把手”招商、针对性招商、乡贤招商等招商方式，重点引进旅游产品加工、电子信息、机械制造、新能源、新材料、竹木深加工等项目，不断增强招商引资的实效性。继续实行项目负责制，建立健全招商引资责任帮办和跟踪服务机制，为项目提供“一条龙”保姆式服务。

抓好园区配套设施建设。在鼓励继续强力推进基础设施建设，优化投资环境。

抓好对企业的服务。坚持依法行政与服务企业相结合，了解企业需求，解决实际问题，确保在建企业加快建设投产，签约企业尽快落地动工建设。

2. 积极参与“一带一路”建设

以韶关建设“一带一路”重要节点城市为契机，积极参与“一带一路”建设，拓展有色金属等行业的产业链，推进与“一带一路”沿线国家和地区在产业投资、贸易往来等领域的务实合作，拓宽国际市场空间，重点支持凡口铅锌矿、丹霞冶炼厂、鸿伟木业、志成冠军等优势企业“走出去”，通过跨国投资、产业链协作等形式加快对接国际先进技术、优质资源要素和全球市场，进一步扩大对外贸易，优化进出口结构，壮大外贸主体实力。

3. 深化与周边区域合作

加强与“红三角”地区基础设施、旅游、文化、经贸的交流与合作，促进区域经济协调可持续发展。

加强“红三角”区域合作。全面深化“红三角”区域旅游合作，继续完善“红三角”旅游合作协调机制，构筑旅游联盟合作平台，共同推进粤北湘南赣南游，整合网络资源，实现三市旅游官方网站的互通链接，共同开发红三角精品旅游线路。加强“红三角”区域产业合作，增强医学等学术交流。加强申苏申老的合作，积极申报原中央苏区和革命老区的认定。

推动粤湘赣开放合作试验区建设。加强与郴州市的交流合作，充分发挥各自区位优势、产业优势、资源优势及文化旅游优势，积极探索高效的合作试验区管理体制、合作模式和利益分配机制，打破行政垄断和市场壁垒，积极推动试验区与周边市场深度融合，构建互动、互补、互惠的发展格局，构筑全面对内对外开放的新高地。

第二节　突出发展“大旅游”

充分利用世界自然遗产丹霞山的独特优势资源，加快推进“以丹霞山为核心”的大旅游产业发展，力求在产业升级优化上有新突破，充分发挥我县丰富的旅游资源优势，大力创新全域旅游发展模式，执照“人心向旅、规划引旅、项目强旅、服务优旅”的发展思路，以国务院出台《关于促进旅游业改革发展的若干意见》为契机，全面加快旅游工作谋篇布局，打造仁化旅游“升级版”。到2020年，力争当年实现旅游总收入达到84.54亿元，接待游客1351.06万人次，过夜游客人数366.19万人次。“丹霞仁家”创星包装建设项目累计达到50家，形成基本完善的旅游公共服务体系，成为国内著名的岭南生态休闲度假胜地，带动第三产业全面繁荣发展。

全面塑造仁化旅游新形象。加强规划统筹、高端策划和资源整合，优化旅游产品和产业结构，以“神奇丹霞，美丽仁化”为发展定位，发挥世界自然遗产丹霞山品牌和县内旅游资源优势，加快丹霞山景区及其他旅游资源开发。以丹霞山、万时山、石塘古村、城口古村等主要景区景点规划建设为核心载体，大力推进观光旅游、休闲旅游、度假旅游和以乡村旅游、红色旅游、汽车自驾营地等为重点的旅游产品开发。依托一流的生态环境和区位优势，大力发展养生保健、健康服务、文化创意等一批具有仁化特色和生态服务属性的幸福导向型产业，全面塑造仁化旅游新形象，提升仁化旅游竞争力。

大力优化旅游空间布局。根据仁化旅游产业发展的总体目标和旅游资源分布特点，加快促进旅游产业空间结构优化，以丹霞山成为广东省唯一国家级生态旅游示范区为契机，加快环丹产业园区建设。提升仁化旅游业的核心竞争力。一是大力实施大丹霞旅游发展计划。加强对丹霞山景区内的瑶塘、断石新村的规划、建设和管理。重点推进南门古洋水乡度假区、宝能国际生态度假旅游区、北门水上入口综合服务区、梦幻丹霞、旭日葡萄观光园、金果生态园、灵树禅寺、九龄故里等环丹项目建设。加快推进县内大丹霞旅游景点景区建设，重点推进石塘古村及双峰寨、灵溪河养生度假、城口温泉、扶溪丰竹源农业生态园、万时山景区、红山茶文化温泉养生、城口蓝森高山农业生态观光、锦江水库水上休闲娱乐等项目建设，力争将其打造成AAA级及以上景点景区。大力扶持乡村旅游发展，建设瑶塘新村、夏富古村、恩村古村等特色旅游新村，推进大桥金喆园、扶溪丰竹源农业生态园、红山白毛茶生态示范园等乡村农业观光旅游项目建设。加大招商引资力度，大力引进一批旅游龙头带动项目。探索采取众筹和P2P模式，建立县旅游发展基金，吸引社会资本投入旅游产业。建立县旅游发展智库，创新旅游发展模式。积极培育“丹霞仁家”为品牌的“农家乐”和“洋家乐”等特色民宿客栈项目，开发“旅游+森林度假、生态养生、户外探险、文艺创作、体育竞技”等特色旅游项目。依托境内丰富的绿色资源，大力发展生态旅游产业，在全县形成“既有环丹项目大月亮，又有乡村生态项目小星星”的“众星拱月”旅游新格局，建设名符其实的全国旅游强县。力争到2020年达到AAA级以上景区景点4家以上。

积极优化提升旅游基础设施。加快推进全县旅游交通设施建设，设立县旅游公路建设引导基金，形成以县城为中心、链接主要景区、对接高速通道的县域旅游路网，重点完成境内高速公路、国道、省道、县道连接旅游景区的道路建设。完善便捷化的旅游巴士系统，开通至主要旅游景区的旅游客运专线车，加快实现从交通重要节点，如车站、城市与主要景区之间的无缝对接。优化提升全县旅游标识牌，加强景区和乡村旅游点停车场等配套设施建设。按照相关标准，加强旅游厕所的建设和管理，建设一批星级旅游厕所，完善电力、通信等基础设施，力争实现景观道路全程亮化、绿化、美化。积极扶持“智慧旅游”等新型旅游业态发展，推动电子科技与旅游资源有效融合，为加快旅游信息化、数字化建设，全力突破仁化旅游发展硬约束。

大力发展旅游商品。依托龙头企业成立旅游商品研究中心，开发标志型精品、名品、纪念品，加大对土特产和农副产品开发支持力度，开发一批具有仁化特色、深受游客欢迎的特色旅游商品。在旅游路线和大景区依托的镇（街）建立旅游商品购物场所，设立旅游商品专营店，引导旅游商品进入旅游服务的各个环节，满足旅客多样化购物需求，支持在线旅游商品销售。

加大旅游宣传营销力度。依托我县特色节庆活动和民间民俗文化资源，组织开展类型多样的群众性、专业性旅游活动。继续办好乡村旅游年、仁化县博士生态园水上丹霞婚纱艺术节、黄坑贡柑节、红山茶叶节、长坝金柚节、石塘堆花米酒节等旅游文化品牌活动，促进旅游与文化、体育活动相结合，不断拓展高铁沿线城市、红三角、港澳、台湾、韩国等省外和境外客源市场，提高仁化旅游知名度。强化旅游联合营销，整合旅游企业的营销力量，建立上下联运、部门联合、政个联手的联合宣传促销机制。组织旅游企业参加各类旅游交易会和宣传促销活动，与旅游企业共同打造旅游线路产品，推动旅游营销迈上新的台阶。加强与国内外有影响力的旅游组织、旅行商、主流新闻媒体以及新媒体的合作，多种形式引进策划团队、创意团队，提高旅游宣传促销专业化、市场化水平。通过多媒体系统，旅游形象片、宣传册等方式，加大仁化旅游宣传推广力度，全面展示旅游新形象。充分利用车站、高速公路、国省道、地方公路服务区、城市人流密集场所、移动服务平台等开展旅游公益宣传。开展2—4个旅游节庆活动，完善“丹霞仁家”网站，充分发挥仁化旅游网站、仁化旅游官方微信、微博、“丹霞仁家”手机APP等发挥网络信息化的宣传作用。组织旅游企业参加各类旅游交易会和宣传促销活动，整合仁化较成熟的旅游景点如灵溪河森林旅游度假公园、石塘双峰寨（古村落）、扶溪梯田等，尽快规划和完善旅游线路，加强景区之间的衔接，加强与丹霞山景区以及周边县（市、区）的沟通合作，把县内旅游线路纳入丹霞山景区和周边县（市、区）的景区（景点）进行打包宣传，力争宣传效益最大化。

大力实施“智慧旅游”，发展“互联网+旅游”。加强政企合作，牢固树立“互联网+旅游”意识，深化与阿里巴巴、京东、途家、同程网等大型电商企业的战略合作，推进“线上线下”深度融合。大力开展旅游智慧管理、智慧营销、智慧服务，建设集旅游资讯查询、电子商务、微博微信、电子导览、虚拟旅游于一体的仁化智慧旅游公共服务信息平台。深入推进智慧景区、智慧旅行社、智慧旅游饭店创建工作，推广金融IC卡旅游一卡通应用。加大资金投入，实现AAA级以上旅游景区、全县范围内的农家乐和民宿客栈免费Wi-Fi、智能导游、电子讲解、在线预订、信息推送等功能全覆盖。利用“互联网+”创新服务管理，依托智慧旅游服务管理平台及各智能信息终端，实现旅游行业监管从传统的被动处理、事后处理向过程管理和实时处理转变。

第三节　大力发展生态农业

加快现代农业建设。以农业产业化推动国家现代农业示范区建设，将全县各乡镇纳入“大农业示范区”理念，按照“一核、两带、三区”的总体布局，积极争取国家和省项目资金，鼓励和引导民间资本投入，整合各项农业项目，大力发展沙田柚、贡柑、茶叶、石斛等特色产业，重点整合全县贡柑产业资源，打造仁化贡柑品牌。大力支持中国白毛茶基因库（红山）项目建设，全面提升仁化白毛茶种质资源地位。打造古洋农业观光核心区，建设沙田柚、石斛、葡萄、贡柑核心展示区，擦亮国家农业示范区金字招牌。到“十三五”末，把示范区建成规划布局合理、生产要素集聚、设施装备先进、科技水平领先、经营机制完善、辐射带动明显的、具有粤北特色全国一流的现代农业示范区。

努力构建好四大新型农业社会化服务体系，全力打造“高产、优质、高效、生态、安全”现代农业，加快推进我县国家现代农业示范区的建设进程。一是强化科技支撑体系。紧扣发展粮食、油料、特色种植以及休闲观光农业等主导产业的科技需求，强化物质装备，提升科技水平，加强科技人才的引进，广泛开展新型职业农民培训，促进新技术、新品种的推广应用，逐步完善科技支撑体系。二是加强农产品质量安全体系建设。切实加快建立健全农业综合执法机构建设，充实农产品质量安全监管和农业综合执法工作人员。深化农产品质量安全检测，完善农产品质量安全执法监管，加大争创“三品一标”力度，加强农产品质量认证，强化体系队伍能力建设，不断提升农村质量安全水平。三是加快农产品市场流通体系发展。整合农产品市场流通资源，积极改造传统模式，改善薄弱环节，加强农产品物流基地、冷链、物流信息平台等基础设施建设。四是加强农业生态环境保护体系建设。建立、完善农业污染检测网络，合理控制养殖规模、优化配套处理设施，大幅削减化肥、农药用量，全面控制农业面源污染，大力实施村庄环境综合整治，分类防控面源污染，保护环境资源。

加强农业农村基础设施建设。按照统筹规划、分工协作、集中投入、连片推进的思路，拓宽资金渠道，加大投入力度，大规模改造中低产田，建设旱涝保收高标准农田。加快大中型灌区、排灌泵站配套改造，新建一批灌区，大力开展小型农田水利建设，增加农田有效灌溉面积。加强新增粮食生产能力规划的田间工程建设，开展农田整治，完善机耕道、农田防护林等设施，推广土壤有机质提升、测土配方施肥等培肥地力技术。完善高标准农田建后管护支持政策和制度，延长各类设施使用年限，确保农田综合生产能力长期持续稳定提升。力争到2020年，全县耕地保有量达到20371公顷，其中高标准基本农田达到13686.67公顷，经整治的基本农田质量平均提高1个利用等级，粮食亩产增加100千克，土地综合生产能力明显增强。

稳步推进农村综合改革。扎实推进农村土地承包经营权确权登记颁证工作，积极探索土地股价合作和联合、土地托管等多种经营方式，促进土地有序流转，推进农业适度规模经营。强化农村集体“三资”监管，完成县、镇（街）、村三级“三资”管理交易服务平台建设，实现与全市农村“三资”管理服务平台有效对接。完善“民信档案”，加快农村信用体系建设，制定金融扶农、金融助旅政策，简化抵押担保贷款流程。深化供销合作社综合改革，充分发挥供销合作社在为农服务上的积极作用。

构建新型农业经营体系。大力培育发展农业龙头企业和农民专业合作组织，家庭农场等新型经营主体、加快发展农业龙头企业。发展壮大沙田柚、贡柑、茶叶等农产品专业合作社，支持车八岭农科、鑫宇生态、富然农科、金果生态、丹霞天雄等一批企业申报国家和省级农业龙头企业。建成一批优质农产品生产加工基地和农业示范园区，形成一批生产方式“组织化、规模化、集约化”的新型农业经营主体。积极推广农产品电子商务，推进“互联网+农业”生产经营模式，拓展和完善农产品流通销售渠道，实现“龙头带基地、基地连农户、产加销一条龙、贸工农一体化”的现代农业产业化经营模式。到2020年，力争农业增加值达23亿元以上，全县农业龙头企业发展到30家以上，其中省重点农业龙头企业发展到5家以上，销售收入达到1.5亿元以上，带动全县50%以上农户发展，农民专业合作经济组织达300个。

大力发展生态观光农业。充分发挥仁化县农业和旅游两个行业的优势，将仁化丰厚的人文底蕴、多样的自然景观与现代特色农业发展相融合，构建以休闲、度假需求为主要功能，包括果蔬采摘、特色餐饮、乡村休闲、农事体验、乡村娱乐、科普教育等多种产品组合的高水平农业观光项目，培育休闲观光旅游龙头企业，使观光农业成为仁化农业的新兴支柱产业。整合全县农业项目建设资金，推进农业示范区大桥核心区设施农业、旅游观光体验农业等基础设施建设。集中力量，连线成片推进环丹霞山新农村产业示范带建设，打造生态旅游长廊。加快宝能生态农业园、旭日葡萄观光园、长坝金柚观光园、红山茶叶观光园、康溪农业体验科技园等大型观光农业项目建设步伐，充分发挥现代高科技农业生产的观光效应，拓宽农业产业发展的新方向，将仁化打造成为广东省生态休闲旅游基地。

支持发展林业经济。大力发展良种油茶种植，建设全省重要的油茶生产加工基地。开发森林景观资源，以优质的森林生态资源为基础，以森林公园为重点，大力发展森林生态旅游，提升旅游品质。大力发展竹子、茶叶和优良乡土阔叶树种，引进、培育、推广效益好的经济林新品种，延长林业产业链，基本建成有粤北特色、优势突出、结构和布局合理、竞争力强、经济和生态效益“双赢”的现代林业产业体系，努力打造林业经济强县。

加快发展农林产品加工流通业。加大引进培育力度，重点抓好农产品加工和林产品加工建设。加大政策扶持力度，提供优质服务，支持农林产品加工流通骨干企业建设基地，实行科研开发、生产加工、营销服务一体化经营。支持发展人造板、家具、竹木制品、纸制品、米面制品、食用油、饮料、罐头、饲料、蔬菜制品、茶叶、山货加工等农林产品加工产业。

到2020年，农民人均纯收入大幅度增长，达到17351元，年均递增10%；粮食产量达到11万吨，种植业集约化水平提高到50%；畜牧业产值占农业总产值的比重达到12%左右；农业信息化覆盖率达100%；农业科技进步贡献率达58%；主要农作物耕种收综合机械化水平达45%；土地流转率达到45%以上；农产品加工转化率达到50%以上。

第四节　推进新型工业化

坚持以创新驱动发展为核心战略，推动县经济开发区建设，全力打造“生态型、节约型、科技型、创税型、规模型”“五型”工业，走出一条适合仁化的新型工业化道路。

建设绿色工业园区。创新园区管理体制，赋予园区相应的经济社会管理权和自主权，推动工业园区新一轮大发展。高标准规划建设县产业转移集聚地（县有色金属循环经济产业基地和东莞虎门（仁化）产业转移工业园），把园区逐步打造成占地面积超万亩的“生态型、节约型、科技型、创税型、规划型”“五型”工业新城。科学合理谋划园区的功能定位和产业布局，对照产业发展指导目录，进一步明确产业发展重点。大力实施“扩园提质”战略，创新融资渠道，建立健全基础设施共建共享、与企业合作建设厂房等机制，加快道路、电力、污水处理厂、基地安置新村等基础设施建设，提高园区的承载力和吸引力。积极引导企业入园（基地）聚集发展，逐步建成有色金属产业总部经济基地。加大招商引资力度，全面深化虎门对接合作，重点围绕有色金属、玻璃深加工、新能源、新材料、电子、高档服装等产业开展招商，延伸做长产业链，成为两地合作的主要载体和辐射带动仁化县工业发展的重要引擎，发展壮大县域园区经济。加强与广晟集团沟通与协调，逐步将坪岗工业园建设成为广东岭南人文科技园。盘活大岭小企业创业基地闲置土地，加大园区环境治理力度，加快园区企业转型升级，建设以竹木和农产品深加工、机械制造、小家电生产、旅游产品加工为主的产业园区。尽快启动盘活坪岗片区各项工作，拓展经济发展新空间。力争到2020年园区工业总产值力争超过150亿元。

做强做大冶金化工产业。建设“五型”工业新城。重点围绕凡口铅锌矿、丹霞冶炼厂等大型企业，以中南大学为技术支撑，以“五型”工业新城为平台，大力引进先进的技术，利用铅锌采选的中间产品及铅锌冶炼过程的产品及废弃物进行上下游产品延伸及配套，大力培育发展资源综合回收产业集群、稀有（贵）金属深加工产业集群等。打造集生产、加工、研发、交易于一体的有色金属产业链条，优化产业结构和布局，形成集聚发展、规模发展、绿色发展、循环发展的良好格局。加强产品深加工，延长产业链。以循环产业基地为依托，鼓励企业发展铅锌产品深加工，提高产品附加值，延长产业链。促进二次资源循环利用。利用循环产业基地建设，合理规划资源综合利用产业，引进具有先进工艺、技术的公司，对冶炼过程的中间产物进行二次利用及精深加工，实现对资源全面循环利用，实现有色金属生产“环保化”和“无渣化”。鼓励稀贵金属深加工。完善循环产业基地金属回收加工产业区建设。

改造提升传统优势产业。围绕有色金属、电力、建材、机械、服装、电子电器等传统产业，推动全县工业企业新一轮技术改造，充分发挥龙头企业的带动作用，采取有力措施促使其拓展产业链、提升价值链，优化企业组织结构，进一步提高产业集中度，提高企业配套协作水平。鼓励企业引进先进技术装备，加强消化吸收再创新，形成自主知识产权和拥有核心关键技术，实施工业生产数字化和自动化，提高生产效率。充分发挥产业融合创新的引领作用，大力推进传统产业内部重组融合，传统产业与高新技术产业、网络经济和创意产业融合，形成新的竞争优势。支持凡口铅锌矿实施日采选铅锌矿石5000吨技术升级改造项目，并启动外购原矿和尾矿库资源综合利用工作，力促丹冶尽快实施镓锗铟铜综合回收项目、煤矸石电厂技术改造、银海搬迁等项目尽快实施，同时，充分利用地方资源和工业废渣，发展耐火材料、环保砖、粉刷石膏、碳素、日用陶瓷等其他建材产品。

大力发展先进制造业。把握国家实施《中国制造2025》战略机遇，优化重大产业布局，引导关联企业集聚发展，大力促进分工协作，构建竞争力强的优势产业链。重点发展资金技术密集、关联度高、带动性强的机械装备、液压油缸、金属铸锻等产业。继续支持矿山机械、冶金机械、农业机械等产业发展。

积极发展战略性新兴产业。实施战略性新兴产业培育计划，构建镓、锗、铟、硒、碲、银等稀贵金属高纯材料、化合物半导体与光电材料及其它新材料生产基地，由此孵化并建成一批高水平的重点企业，进而辐射形成太阳能电池产业、电子材料产业、生物医药与保健食品产业。新材料产业重点发展具有资源优势的ITO粉末、靶材高新材料，结合仁化、韶关产业乃至珠三角产业发展态势，以电子信息材料、新能源材料为突破口，形成新材料开发、生产及加工产业集群式发展。依托仁化丰富的生物多样性资源，开展岭南特色植物药GAP种植、提取、研发，加快实现具有自主知识产权的植物药制品及产业化，积极开发以中药材为基本原料的现代中药、保健食品等系列产品。大力发展铁皮石斛工厂化育苗、种植及深加工，建立以生物制药、中药、天然药三大领域协调发展的产业格局，带动仁化县医药产业的发展。

促进信息化和工业化深度融合。把握国际信息技术发展新趋势，实施信息化战略，推动信息化和工业化深度融合，以改造传统产业为重点，以推进制造系统智能化为主要方向，加强信息技术的推广应用，加快走新型工业化道路步伐。大力推进装备制造、有色金属、电力、建材、食品等产业“两化”深度融合工程，以提高装备智能化水平和优化工艺流程为重点，推进信息技术在企业研发、生产、管理、营销等环节中的应用，促进信息技术与制造技术的融合发展。推进智能制造发展，推进信息技术在节能减排中的应用。推动工业企业电子商务创新发展，实施互联网与工业融合创新行动。进一步推进面向中小微企业的公共服务信息平台建设，利用信息技术整合政府、市场和社会的服务资源，有效降低中小微企业运行成本。为公众和服务机构提供全面的企业基本信息，推动智慧型工业发展。

第五节　大力培育现代服务业

积极对接珠三角需求，创新服务业发展思路，大力发展商贸物流和新兴服务业。按照生产服务集聚化、生活服务连锁化、基础服务网络化的思路，着力推进物流园区和特色街区规划建设，引导和支持服务业集聚发展，着力优化服务业发展的体制机制和政策环境，改造提升传统服务业，大力发展新兴服务业，实现服务业发展提速、比重提高、水平提升。

推进商贸物流业大发展。利用广东自贸区建设的外溢效应，充分发挥仁化高速畅通、粤湘赣三省边境的区位条件，加快商贸流通、现代物流、商贸服务等产业发展，带动消费和就业，增强县域发展活力。立足于人民不断增长的商业需求，建设大型商业中心节点和专业市场群，增强商贸服务功能，建设成为粤北山区和粤湘赣边区的商贸中心。推进城市大型综合体差异化发展，重点建设社区商业，积极引导农村商贸向中心镇中心村集聚，支持传统专业市场升级打造“专业市场+电商+物流”的商业模式。依托边境的区位优势，加快推进华南大宗农产品交易中心项目建设，建设自贸区大宗商品仓储基地和保税物流配套区，打造区域性物流商贸中心。同时，深入推进万村千乡、农超对接工程，加快发展现代信息服务业，完善城乡市场网络。到2020年，全县物流服务供应能力和服务质量有较大提高，基本建立起设施先进、布局合理、运作顺畅、能力充足、服务质量良好、满足经济社会发展需求的物流服务系统，使仁化县基本形成面向全国，对接珠三角，服务于粤、湘、赣三地的粤北区域性物流节点。

稳步发展金融业。推进金融业三大市场进一步发展和成熟，引进各类金融和非金融机构，创新金融服务，不断完善城市和农村金融服务体系，形成银行业、保险业、新型农村金融机构与小额贷款公司、融资担保公司等非金融机构功能互补的良好局面，提升金融业发展水平；积极培育金融市场，大力发展资本市场，创新金融品种，拓宽融资渠道；推进金融业改革开放，积极发展现代金融，探索“物联网”金融应用。加快金融IC卡推广应用，促进金融IC卡在社会民生领域应用。大力推动社区金融服务体系，借鉴先进地方社区金融服务站经验，发展“一站式”基础金融服务，推广设立网上“金融超市”。努力扩大银行业经营规模，满足经济发展的信贷需求。支持银行业跨越发展，建立金融机构之间全面合作关系，提高金融综合服务水平。支持中小企业信用担保机构发展业务，增强担保能力，加快农村金融业发展，积极拓宽融资渠道，着力解决“三农”和中小企业融资难的问题，创新农村金融服务体系，推进金融“村村通”工程。建立农村金融服务站，推广非现金支付工具，建设农村征信系统。继续加强信用体系建设，推进金融生态环境建设，打造和谐诚信仁化。大力拓宽直接融资渠道，支持企业通过上市、发行债券等多种形式募集发展资金。鼓励企业通过配股增资、境外上市、发行境外债券、转让经营权等方式扩大利用外资规模。

培育发展新兴服务业。促进制造业与服务业相互融合、互动发展。加快发展会计、审计、法律、咨询、评估等中介服务产业，不断拓展新型服务领域。突出发展社区服务业、养老服务业等。扩大教育培训、文化创意、体育、健康等服务性消费。大力发展健康服务业，推动以健康管理、医药保健、体育健身、健康文化、健康旅游为重点的综合健康服务联动融合发展，形成医药产品、医疗及康复器械、健康管理服务等领域为重点的健康服务产业集群。培育发展社区服务业，重点发展医疗保健服务、家政服务、托幼服务和市政公用事业，满足居民生活多层次需求，发挥社区基础平台作用，加强社区公共服务组织、专业服务机构建设，扶持社区商业发展，鼓励发展社区组织和社会组织非营利性服务，为社区服务业提供良好的发展环境。培育发展养生养老服务业，充分利用优美的自然山水和良好的生态环境，建设疗养、保健、休闲等服务设施，加快相关保健医疗服务机构发展，提供养生、养老、康复医疗等高端健康服务，发展以养生养老为主题的现代服务业，推动和完善养老院、老年活动室、社区老年人日间照料中心等养老设施建设，鼓励社会资本兴办规模化、连锁化养老服务机构。大力发展医药连锁、医药物流、医药名店，方便群众购药。逐步建立与经济社会发展阶段和收入层次相适应的住房供应体系，引导房地产行业健康平稳发展。积极营造发展电子商务的良好环境，支持电子商务支撑体系建设，积极推进各类电子商务平台建设，大力实施电子商务示范工程，鼓励重点骨干企业按产业链带动上下游企业建立电子商务关系，推动企业间积极开展电子商务；积极发展第三方电子商务综合服务平台，推动面向公众的电子商务广泛应用。

第四章　加快基础设施建设　优化发展环境

加快推进交通、能源、水利等重大基础设施建设，基本建成布局合理、结构优化、功能完善、运行高效的现代化基础设施体系。到2020年，全县基础设施网络体系总体适度超前国民经济和社会发展需要。

第一节　建设现代综合交通运输体系

围绕建设交通枢纽城市的核心目标，加大投入，大力发展现代综合交通运输体系。以“三高一铁”为主骨架，国省干线公路网和内河航道为支撑，高密度农村公路网为基础，构建公路、铁路、水运、管道等多种运输方式衔接紧密，综合运输能力明显提高、交通信息化水平和服务质量显著提升，发展协调、布局合理、运行高效的综合交通运输体系。使仁化成为韶关北部支撑省际、纵横四方的核心地域和关键纽带。

公路建设。加快交通基础设施建设，重点推进武深高速、雄乐高速（仁化段）以及G106线周田至丹霞出口段，北边康溪桥、南边群乐桥和环城公路建设，老街渡口至水东人行便桥、通自然村公路硬底化、旅游公路以及公路安全生命防护等工程建设稳定推进。到2020年年末，公路通车总里程达到1689.17公里，公路密度为每百平方公里75.98公里。

客运系统建设。长途客运，全县客运线路进一步延伸，客运车辆数量稳步增加、车型更加现代化；城市公交车辆达到每万人5标台以上；全县出租车总量达100辆；逐步推行新能源汽车；农村客运方面，在全面实现农村客运“三个100%”的基础上，开拓一批新的农村客运线路，实现区域专营和规模化经营。

货运系统建设。通过货运枢纽的建设和改造升级，建设与仁化城镇空间布局和工业、商贸产业布局相协调的区域物流配送中心，夯实区域现代物流业发展基础，加速传统运输业向现代物流业的转变，充分发挥站场在物流运作中的节点作用，提供延伸服务和增值服务，培育第三方物流龙头企业，促进区域物流网络的形成。

交通支持系统建设。在公路支持保障体系、水运支持保障体系和交通安全预警与应急处理等重点交通领域方面，加快交通科技创新，加快交通信息系统建设。加强交通运输安全管理，增强应急指挥调度能力。

第二节　提高能源保障能力

坚持“节约、清洁、安全”的战略方针，以电力建设为中心，提升清洁能源比重，促进能源结构优化调整，多渠道开拓资源，提高能源保障能力。

大力发展能源产业。加强电源建设，优化能源结构，大力发展天然气、风电、太阳能等清洁能源。积极开发陆上风能资源，推动风能与其他能源互补发电及储能系统示范应用；大力发展屋顶分布式光伏发电；因地制宜推进生物质利用，加快煤炭清洁高效利用。加快开展广东粤电仁化大桥风电场项目、仁化县长江镇和周田镇风电项目前期工作。到2020年年末，全县电源结构合理，布局进一步优化，新增装机容量超过25万千瓦。

继续完善电网体系。继续加强电网升级改造和建设，优化电网结构，电网主网架逐步由内外双环网向“分区模式”过渡，增强电力分区供应和相互支援能力，促进电源电网协调发展，提升电网系统运行效率和安全保障水平。加强配电网络建设，逐步规范区内配电网接线模式，提高配电网供电能力和供电质量，开展覆盖城乡的智能、高效、绿色变电站建设。发展智能用电小区，加强电动汽车充电网络建设，加快推进电动汽车充电基础设施建设工作。到2020年，全县形成结构合理、安全可靠、先进节能、适度超前的现代化绿色电网。

发展能源与节能并重。除了开源还要节流，通过以下措施推进节能工作：

（1）控制增量，调整和优化结构。要控制高耗能、高污染行业过快增长，加快淘汰落后生产能力，完善促进产业结构调整的政策措施，积极推进能源结构调整，促进服务业和高技术产业加快发展。严格实施固定资产投资项目节能评估和审查制度，强化行业的能耗准入标准。

（2）创新模式，加快发展循环经济。推进资源综合利用，推进垃圾资源化利用，全面推进清洁生产。

（3）健全法制，强化节能减排管理，加大监督检查执法力度。建立政府节能减排工作问责制，建立和完善节能减排指标体系、监测体系和考核体系。完善节能和环保标准，开展节能减排专项执法检查等措施加强节能降耗。

第三节 建设现代化水利基础设施

落实“节水优先、空间均衡、系统治理、两手发力”的治水思路，执行最严格水资源管理制度，加强水利基础设施建设，完善水利防灾减灾体系，提升水安全保障能力。

完善城乡防灾减灾体系。加快城市防洪体系的排涝站工程、中心城镇的乡镇防洪堤建设，继续推进大中型病险水库除险加固、大型泵站更新改造工作，抓好中小河流和小流域综合治理以及小型水利设施排查整修，积极开展流域防洪和水资源配置重大水利工程前期工作，提高城乡水利防灾减灾能力。到2020年，县城防洪标准基本达到50年一遇，重点乡镇、重要村庄等防洪标准达至10—20年一遇。

增强城乡供水安全保障能力。优化水资源配置，着力加强水库库区的保护和综合治理，维持水库水质达标；加强饮用水源保护，保障人民群众饮水安全。调整部分水库功能和调度方式，逐步转为以防洪或供水为主。合理布局供水水源工程，注重构建应急供水备用体系。

提高农村地区生产生活用水保障水平。继续开展灌区续建配套和节水改造，有序推进中小型灌区改造。建设农村饮水水质监测项目，巩固农村饮水安全工程建设成果。

第四节 完善信息基础设施

加快全县信息基础设施建设，完善信息基础设施布局，重点推进网络提质增速，增强信息基础设施服务能力。

加快信息基础设施建设。完善宽带、泛在、融合、安全的信息基础设施体系。加快发展下一代互联网（NGN），推进骨干网、城域网、接入网、互联网数据中心和支撑系统的升级改造，提升城域网络综合业务承载能力，加快IPv4向IPv6业务迁移、推动IPv6宽带网络规模化商用。加快农村信息网络建设，缩小城乡宽带发展差距。加强信息基础设施的共建共享，开展频谱资源共享试点。

提升网络接入服务水平。加快推进网络基础设施建设，实施“光网城市”工程，扩容升级互联网骨干网和城域网，推进城市百兆光纤到楼入户；实施村通光纤工程，在人口密集区域实现光纤到自然村，在人口分散地区延伸无线宽带网络。加快下一代广播电视网络建设步伐，深入推进三网融合试点工作。推动第四代移动通信网络（4G）全覆盖。加快推进无线宽带城市建设。借助无线技术延伸宽带网络覆盖面，实现全县公共服务区域无线局域网（WLAN）全覆盖，实现环丹霞旅游服务区无线网络全覆盖。

推进城镇基础设施智能化。加快传感器、地理空间信息技术、卫星定位和导航技术、新一代信息网络技术在城镇化建设中的应用，推动基础设施智能感应、环境感知、远程监控等无线传感网络建设，形成全面覆盖、泛在互联的智能感知网络。建立仁化旅游电子政务平台、商务平台、“天网”电子视频监控系统。推进民生领域信息技术应用。加快推进信息惠民公共服务平台、应用项目建设，推进社会治理信息化建设。加快基层医疗卫生机构管理信息系统和省级卫生综合管理信息平台建设，建设覆盖城乡的电子健康档案和电子病历，提升互联网医疗服务，推广远程医疗和健康咨询保健智能应用。推进教育信息化一体化工程，推动优质教育信息资源开放共享和创新应用，加快发展远程教育。推进水电气、人口计生、物业管理等社区服务智能化，发展在线办理、在线阅读、居家养老、家庭病床、应急救助等领域信息化便民服务。

深入推动农业信息化发展。加快农村信息化建设，推动电子商务进农村、电子政务连农民、信息技术兴农业。加强涉农信息资源整合，建设支撑“三农”发展数据库，逐步推动精准作业、智能控制、远程诊断、遥感监测、灾害预警、地理信息服务及物联网等现代信息技术在农业、渔业和林业中的应用。着力开展农产品网上贸易和溯源，推进阿里巴巴集团、唯品会、苏宁易购、京东商城等合作开展农村电子商务试点，推动企业在“特色中国·广东馆”上线交易，努力建设淘宝“仁化特色馆”；实施铁皮石斛、沙田柚、贡柑等特色农产品“原产地直销计划”；建设网上农资交易平台，发展生鲜速递、特产专卖等农产品定制开发和深加工的互联网直销运营新模式；扩大“农家网店”规模，支持农民个体、农民专业合作社在线营销特色品牌农产品；建设食用动物、蔬菜监管溯源系统和食品监管溯源追踪管理网络平台。

推进生产服务体系信息化。构建面向企业供应链管理、交通、电力、环保、食品溯源、现代农业种养的物联网应用创新平台，设立面向中小微企业信息化服务和技术创新的云计算平台，建设面向企业经营管理及社会服务和管理的大数据挖掘应用平台和创新平台。支持和鼓励行业协会、中介组织开发深度加工的行业应用数据库，建立行业应用和商业服务大数据公共服务平台。

保障信息安全。增强电信网、广播电视网、互联网以及无线宽带网络的安全防护能力，加大无线电安全管理和重要信息系统无线电频率保障力度。加强对互联网网站、地址、域名、信息内容和接入服务单位的管理，规范互联网服务市场秩序。强化信息资源和个人信息保护，保障信息系统互联互通和部门间信息资源共享安全。强化企业、机构在网络经济活动中保护用户数据和国家基础数据的责任。支持信息安全技术研发，鼓励发展信息安全产业。

第五章　深化改革
健全发展新体制

第一节　深化行政
体制改革

继续深化行政体制改革，创新行政管理方式，切实转变政府职能，强化政府公共服务、市场监管、社会管理、环境保护等职能，优化政府职能配置。增强政府公信力和执行力，建设法治政府和服务型政府。

优化政府职能配置。健全宏观调控体系，完善财政政策与产业、价格、土地等政策的协调配合机制。加强政府发展战略、规划、政策、标准的制定和实施职能，强化公共服务、市场监管、社会管理、环境保护等职能。推动政府机构改革，优化政府工作部门职能配置。建立政府部门权责清单制度，贯彻实施县直各部门权责清单和职能调整目录，加强对权责清单的动态管理。优化权责事项办事流程，简化办事环节，明确办理时限，逐步公开权责运行流程。

深化行政审批制度改革。最大限度地减少政府对微观事务的管理，继续精简行政审批事项，全面清理非行政许可审批事项。优化审批流程，压减前置审批环节，推行并联审批，简化跨层级、跨部门审批事项的办理，推广实施行政审批标准化，建立统一的行政审批信息管理服务平台。

完善电子政务系统。构建完善横向到行政部门、纵向到镇（街）的规范统一的网上办事大厅，全面推动行政审批服务事项网上办理，实现政务信息网上公开、公共决策网上互动、投资项目网上审批、社会事务网上办理、公共资源网上交易、政府效能网上监察。健全电子政务系统，改造升级政务信息网络，建设全县统一的政务数据信息资源库和政务大数据中心，建立各级政府和部门联动的大数据形成机制。推广企业专属网页和市民个人网页，提供便捷的电子政务和民生服务。

分类推进事业单位改革。以健立功能明确、治理完善、运行高效、监管有力的事业单位去行政化，逐步取消学校、科研院所、医院等单位行政级别。推动有条件的事业单位转为企业或社会组织。建立和完善法人治理结构，增强事业单位法人自主权。创新事业单位登记管理方式。

第二节　深化经济体制改革

坚持两个“毫不动摇”，不断增强国有经济活力、控制力、影响力，激发非公有制经济活力和创造力。

建立现代产权制度。健全归属清晰、权责明确、保护严格、流转顺畅的现代产权制度。完善保护各种所有制产权的法规规章和政策体系，清理和废止各种影响投资者产权保护的现行制度。健全公有制经济产权管理制度体系，严格履行资产评估报告备案和核准制度，鼓励民营企业产权制度创新。完善产权交易市场，推动产权规范有序流转。建立不动产统一登记制度，构建标准统一、信息共享、监管联动的不动产登记信息基础管理平台和依法公开查询系统。

大力发展混合所有制经济。鼓励国有企业和集体、民营、外资企业相互投资参股、联合组建公司，允许非公有制企业参与国有企业改革。鼓励非国有资本参股国有资本投资项目，大力发展非公有资本控股的混合所有制企业。鼓励混合所有制企业实行经营者和员工持股，形成资本所有者和劳动者利益共同体。健全支持企业做强做大机制，加快培育一批主营业务收入超5亿元、10亿元、50亿元的骨干企业。完善综合服务体系，优化中小微企业发展环境。

完善国有资产管理体制。以管资本为主加强国有资产监管，推动国有资产优化重组和国有企业改革。改革国有资本授权经营体制，组件国有资本运营公司，支持有条件的国有集团公司改组为国有资本投资公司。完善国有资本经营预算制度，完善国有资本收益上缴公共财政比例，到2020年达到30%，更多用于保障和改善民生。准确界定竞争性和准公共性等功能定位，推进国有企业分类改革。规范国有企业董事会、监事会建设，健全协调运转、有效制衡的公司法人治理结构，完善现代企业制度。落实国有企业领导人员任期制和聘任制，建立经营者、员工薪酬与经营业绩相挂钩的激励与约束分配机制，实行企业经营者廉洁风险保证金制度和任期责任追究制度。探索推进国有企业财务预算等重大信息公开。

支持非公有制经济发展。坚持权利平等、机会平等、规则平等，消除对非公有制经济的隐性壁垒和差别待遇。按照“非禁即入”原则，鼓励民营企业进入特许经营领域，建立重大项目面向民间投资招标长效机制。拓宽民间投资领域，鼓励民营资本投资金融服务、基础设施、公用事业、社会事业等领域。清理、减免涉企行政事业性收费，完善严格控制涉企检查、严禁向企业摊派制度，切实减轻企业负担。落实国家和省对非公有制企业的扶持政策，帮助解决资金、土地、技术、人才等问题。鼓励和促进符合条件的个体工商户转制为私营企业，支持有条件的私营企业建立现代企业制度。支持各级工商联更好发挥管理服务非公有制经济的助手作用。

第三节 完善现代市场体系

加快形成企业自主经营、公平竞争，消费者自由选择、自主消费，商品和要素自由流动、平等交换的现代市场体系，提高资源配置效率和公平性。

建立宽进严管的市场准入和监管制度。推动实行统一的市场准入制度，在制定负面清单基础上，各类市场主体可依法平等进入清单之外领域。探索对外商投资实行准入前国民待遇加负面清单的管理模式。全面推开商事制度改革，探索实行营业执照、组织机构代码证、税务登记证等多证合一登记制度。健全优胜劣汰市场化退出机制，完善企业破产制度。严格市场监管，清理和废除妨碍统一市场和公平竞争的各种规定和做法。落实市场监管体系规划，建立政府负责、部门协作、行业规范、公众参与、司法保障的市场监管新格局。完善网上市场监管机制，规范网上市场经营秩序。

推进价格体制改革。严格控制由政府定价的范围与项目，放开竞争性领域的商品和服务价格，将政府定价范围缩小到重要公用事业、公益性服务、网络型自然垄断环节。重点推进电力、天然气、用水和交通等公用事业竞争性环节价格改革。完善综合施策的价格调控机制和市场价格监管机制，建立健全价格监测预警体系。

建立城乡统一的建设用地市场。在符合规划和用途管制前提下，允许农村集体经营性建设用地出让、租赁、入股，实行与国有土地同等入市、同价同权。明晰农村集体经营性建设用地流转的范围、方式、主体和条件等，研究建立城乡土地交易的统一规则。继续推进“三旧改造”和棚户区改造，盘活城乡存量建设用地。建立公益性项目建设用地保障制度。深化建设用地审批制度改革。建立有效调节工业用地和居住用地合理比价机制，创新工业用地弹性出让制度，建立低效土地市场化退出机制。探索加快实行经营性的基础设施和公共事业用地有偿使用，原则上取消非公益性用地划拨。建设城乡一体的土地二级市场交易体系。建立兼顾国家、集体、个人的土地增值收益分配机制，合理提高个人收益。

加快金融创新。扩大金融业对内对外开放，建立健全多层次的金融体系，提升服务实体经济和社会民生功能。发展地方法人金融机构，支持民间资本依法发起设立中小型银行、消费金融公司、金融租赁公司，吸引各类金融组织到仁设立分支机构。推动农村信用社改制为农村商业银行，继续发展村镇银行。规范发展小额贷款、融资租赁、融资性担保、典当行等准金融机构。完善保险经济补偿机制，落实巨灾保险制度，构建农业保险体系。

推进社会信用体系建设。全面实施社会信用体系建设规划，推进行业、部门和个人信用建设，提高政务诚信、商务诚信、社会诚信和司法公信。加快建设覆盖全社会的公共联合征信系统，突出社会成员信用信息的记录、整合和应用。规范发展信用服务市场，实行信用分类监管制度，建立守信企业“绿色通道”和失信企业综合惩戒机制。

第四节 建立现代财政制度

按照完善立法、明确事权、透明预算、提高效率的原则，加快构建科学的财税体制。

完善预算管理机制。将政府收入和支出全部纳入预算管理，建立跨年度预算平衡机制。严格执行各级人大批准的年度预算，进一步深化国库集中支付制度改革、政府采购制度改革、“收支两条线”改革。全面规范专项资金使用管理，强化结余结转资金管理。完善政府性债务管理体系，规范政府依法举借债务，实行债务规模控制，建立债务风险预警机制，落实债务偿还责任。进一步推进财政转移支付“压专项、扩一般”改革。强化财政监督和绩效管理，推进财政信息公开。

完善事权和支出责任相适应的运行机制。梳理县以下各级政府承担的事权，逐步推进事权优化调整。按照权责对称、合理分担、协调平衡的原则，合理划分县以下各级财政承担的支出责任。健全与事权和支出责任改革相衔接的财政转移支付制度。

完善财政保障和配置机制。进一步强化财政保障作用，拓宽基本公共服务供给范围，逐步提高各项基本公共服务的财政保障标准和覆盖水平。创新财政保障基本公共服务的政策措施，完善财政保障基本公共服务的供给机制。构建政府公共资源投入的公平配置机制。创新财政资金分配、使用方式，财政资金用于经营性领域的分配体现杠杆性和股权性，规范财政资金竞争性分配方式，发挥财政资金的引导放大作用。推行财政专项资金基金化改革，稳步推进设立一批产业基金、偿债基金、项目基金、创业投资引导基金等。规范公共资源交易平台管理，完善公共资源交易监管机制。

完善地方税收征管机制。根据中央和省、市的统一部署积极推进税制改革，探索建立地方税收体系，完善县以下分税制财政体制。规范和加强相关税政管理工作，推进税收征管法治化、信息化、便民化。加强地方税源管控，建立健全综合治税工作机制，优化涉税服务。清理规范财税优惠政策，维护公平的市场竞争环境。

第五节　加快投融资体制改革

着力推进投融资管理体制改革，创新投融资机制，充分发挥社会资本特别是民间资本的积极作用，激发市场活力鼓励和支持有条件的企业上市，在资本市场直接融资，积极支持本县中小企业在全国中小企业股权市场挂牌交易。

深化企业投资管理体制改革。理清政府与市场的边界，确立企业投资主体地位。推动企业投资项目实行准入负面清单、行政审批清单、政府监管清单“三单”管理，进一步放宽企业投资准入，强化事中事后监管，构建市场开放公平、规范有序，企业自主决策、平等竞争，政府权责清晰、监管有力的企业投资管理新体制，营造优质高效的投资环境。

推进政府投资管理体制改革。完善政府投资基本建设项目管理体制，制定县级政府投资基本建设项目管理办法。合理界定政府职责，完善投资决策机制，强化投资规划计划调控，加强项目管理与监督，建立健全责任追究制度。加强财政预算与投资计划的衔接，统筹各类用于基本建设的专项资金，集中投入使用。研究制定基本建设项目库管理办法，改革先定预算、后找项目模式。加强基本建设项目储备，有序开展项目前期工作。

积极开展政府和社会资本合作（PPP）。健全PPP机制，拓宽社会资本投资渠道。政府通过特许经营、购买服务、股权合作等方式，与社会资本建设利益共享、风险分担及长期合作关系，促进投资主体多元化，增加公共产品和服务的有效供给。制定PPP项目管理办法，健全风险防范、监督、退出机制，规范合作关系。建立PPP项目库，定期集中向社会推介条件成熟的PPP项目。

拓宽融资渠道。探索创新信贷服务，支持开展担保创新类贷款和预期收益质押贷款业务。鼓励民间资本采取私募等方式发起设立产业投资基金和创业投资基金，引导社保资金、保险资金和其他社会资金投入收益稳定、回收期长的基础设施和基础产业项目。支持重点领域建设项目采用企业债券、项目收益债券、公司债券、中期票据等方式通过债券市场筹措投资资金。鼓励具备条件的企业开展资产证券化业务。

第六章 实施创新驱动战略 增强发展动力

第一节 深化创新体制改革

加快完善和落实激励自主创新的政策，深化科技创新体制改革，完善创新驱动导向评价体系，构建有利于创新发展的政策环境。

完善技术创新市场导向机制。利用市场化手段改革技术创新项目的形成机制和支持方式，发挥市场技术研发方向、路线选择、要素价格和各类创新要素配置的导向作用。推进科技成果处置权改革，试行科技成果公开交易备案管理制度。

建立和完善创新驱动导向评价体系。完善科研评价机制，建立全县科技发展水平评估体系和创新驱动发展评估体系。改进和完善地区生产总值核算方法，体现创新的经济价值。研究建立科技创新、知识产权与产业发展相结合的创新驱动发展评价指标，并纳入国民经济和社会发展规划。健全企业技术创新经营业绩考核制度，加大技术创新在企业经营业绩考核中的比重。对企业研发投入和产出进行分类考核，形成鼓励创新、宽容失败的考核机制。把创新驱动发展成效纳入对地方领导干部的考核范围。

转变政府科技管理职能。创新政府科技投入机制，逐步将政府对企业技术创新的投入方式转变为以普惠性财税政策为主，进一步扩大研发费用加计扣除等普惠性政策适用范围，提高普惠性财税政策支持力度。改革科技管理体制，建立依托专业机构管理科研项目的机制。实施严格的知识产权保护制度，探索开展知识产权“三审合一”和“三权合一”改革。优化政府采购政策，试行创新产品与服务远期约定政府购买制度。完善要素价格倒逼创新机制。

完善企业为主体的产业技术创新机制。鼓励构建以企业为主导、产学研合作的产业技术创新战略联盟。更多运用财政后补助、间接投入等方式，支持企业自主决策、先行投入，开展重大产业关键共性技术、装备和标准的研发攻关。开展龙头企业创新转型试点，探索政府支持企业技术创新、管理创新、商业模式创新的新机制。完善中小企业创新服务体系，加快推进创业孵化、知识产权服务、第三方检验检测认证等机构的专业化、市场化改革，壮大技术交易市场。

第二节 大力提升创新驱动发展能力

构建以市场为导向的科技创新体系，强化企业创新主体地位，促进科技创新成果转化应用，提高科技创新能力。

构建以市场为导向的科技创新体系。坚持以市场需求为导向，发挥市场配置资源的基础作用，加快科技资源流动和技术转移。优化配置科技资源，统筹安排项目建设，加大对人才和基地的支持力度，实现从技术突破的单一目标向提高科技持续创新能力的综合目标转变，增强科技资源的活力和效率。

大力培育发展高新技术企业和创新型中小企业。完善高新技术企业政策扶持机制，培育一批具有核心技术的龙头骨干企业和创新型中小微企业，形成科技型龙头企业、高新技术企业、中小微创新企业协同发展新格局。到2020年，高新技术企业数量达到3家。

促进科技创新成果转化应用。完善激励创新的产权制度，建立健全科技成果转移转化和技术扩散机制，建设技术交易服务平台，打通从科技强到产业强的通道。

构建创新型企业孵化体系。大力发展创新型企业孵化器，重点建设面向中小微企业的综合性前孵化器、大型孵化器，打造“前孵化器—孵化器—加速器—专业园区”完整孵化链条。发展创新公共服务，在技术创新、工业设计、质量检测、知识产权、信息网络、电子商务、企业融资、人才培训等领域支持建立公共服务平台，形成网络化创新服务体系。建成1家以上科技企业孵化器，着力提高高新技术企业树立和规模。

第三节　强化科技人才支撑

加大育才工作力度，完善引才引智工作机制，创新型人才培养模式，营造有助于人才发展的环境。

加强育才工作力度。加快培育和积累人力资本，重点培养和引进高层次、复合型、创新型、急需紧缺人才，培育一批科技领军人才和企业家。改革职业教育体制机制，采用产教融合、校企合作、现代学徒制等多种培养模式，打造基层专业技术人才和具有专业技能的产业工人队伍。拓展校企合作途径，发展新型联合培养基地，提高人才创新能力和综合素质。

完善引才引智工作机制。继续实施广东“特支计划”和“扬帆计划”，完善引才引智机制，建立仁化县科技人才库，提升人才的吸引力和凝聚力。加大对“人才开发专项资金”的投入，保障“人才计划”的实施。坚持把引进项目、技术和引进人才紧密结合起来，制定和实施引进高素质人才的配套政策，多渠道、宽领域、多形式引进高层次人才，广泛吸收各类学科带头人、管理专家和优秀青年人才。充分发挥各类人才的创业平台作用，鼓励国内外优秀人才来仁创业。

优化人才发展环境。创新人才激励政策，完善高层次、高技能人才特殊津贴制度和科研人员成果转化收益分配与激励机制，出台高层次人才在住房、医疗、户籍、配偶安置等方面配套政策。建立分类分层、灵活的人才评价体系，推动实施第三方评价。进一步改革职称制度，按照“谁用人、谁评定”原则，创新评价机制，完善评价条件，扩大评价范围。改进科研人员薪酬和岗位管理制度，促进科研人员在事业单位和企业间合理流动。加强人才供需预测和监测，完善人才服务体系，建立人才公共服务平台和健全外地人才来仁工作人员服务机制，建立完善仁化县科技人才库、高层次人才库，提升人才服务水平。

第四节　提升产学研创新水平

加强产学研相结合，大力支持企业建立研发机构，提升产学研水平。

加强产学研相结合。在市场创新体系中，必须以企业为主体、在市场机制下实现“产学研”的结合，加快建立与国内外高校、科研机构深入开展产学研合作模式和机制，通过共建研发机构及成果转让、委托开发、联合开发等多种方式，开展深入合作，建立紧密的关系，加强与韶关学院的合作，完善落实与韶关学院全面合作框架协议。目前与校合作在生态农业开发、乡镇规划及新农村建设、产业建设与转型、旅游开发、环境保护、信息技术开发、创业平台建设等领域开展深度合作。接下来，将在该校建立仁化生态产业科教孵化园，推行“一院一镇一品”的产学研对接和成果转化机制，致力于高位推进、规范化推动、打造“县校合作示范模式”。围绕仁化产业特色和需求，引导和组织骨干企业、核心企业与中科院下属对口的研究院所、国内优势高校和其他科研机构共同组建产学研创新联盟，联合开展重大产业共性技术、核心技术的攻关。签署与校、机构合作协议，既是贯彻落实“大众创业、万众创新”的具体举措，也为双方实现优势互补、互惠共赢、共同发展搭建新的平台。

支持企业建立研发机构。引导企业围绕市场需求和长远发展，建立研发机构，健全组织技术研发、产品创新、科技成果转化的机制，加强对企业技术中心和技术创新示范企业的认定工作。对企业国家重点实验室、国家工程（技术）研究中心、国家认定的企业技术中心以及科技类民办非企业单位，依据相关规定给予进口科技开发用品或科教用品的税收优惠政策。对民办科研机构等新型研发组织，在承担国家科技任务、人才引进等方面与同类公办科研机构实行一视同仁的支持政策。

提升研发机构建设水平。实施大型企业研发机构全覆盖行动，鼓励社会力量创办一批企业化管理、适应市场机制、以需求为导向、多投资主体、多元化发展的新型研发机构，组织开展新型研发机构竞争力评价，推动新型研发机构可持续发展。

第五节 大力推动大众创业、万众创新

鼓励创新就业。完善创新型企业孵化环境，发展面向创新创业的金融服务，构建众创空间创业平台，加快形成大众创业、万众创新的崭新局面。

提升创新金融服务水平。大力发展天使投资、创业投资，建立天使投资风险补偿制度，设立创业投资引导基金，实施新兴产业创投计划。支持设立科技银行、科技小额贷款公司等金融机构或组织，实行专门的客户准入标准、信贷审批和风险控制。探索知识产权质押融资贷款贴息扶持政策。

大力发展众创空间。鼓励支持创新大众化，构建线上线下相结合、面向大众的“众创空间”服务平台，大力培育创客中心，为小微创新企业成长和个人创业提供低成本、便利化、全要素的开放式综合服务。培育创新意识和创业文化，鼓励“草根创新”、微创新、微创业，营造鼓励探索、宽容失败的氛围。建设仁化县丹霞创客服务中心，培育一批低成本、便利化、全要素、开放式的创客空间、创业街、创新工场等众创空间。力争到2020年，建成5家新型创业孵化平台，创新创业团队和项目达到100个。

第六节 大力发展“互联网+”

推进“互联网+”行动，大力发展工业互联网、电子商务和互联网金融，积极培育基于互联网的新兴业态。

促进互联网与传统产业融合发展。推进下一代互联网技术向制造业等实体产业延伸渗透，通过互联网新技术提升传统产业创新管理水平、优化生产供应链、拓展海内外销售渠道，促进生产需求和市场供给的精准对接。支持骨干企业应用工业互联网，开展线下制造与线上商务相结合的O2O制造模式。发展支撑主导产业的“工业云”应用，支持发展基于互联网的制造业全产业生态系统协作。创新工业互联网商业形态，鼓励智能终端生产企业发展“众包”模式。

加快发展电子商务产业。积极参与省市电子商务平台、大宗商品交易平台和网络零售平台建设，深化电子商务与实体经济的有机结合。依托电子商务平台，推进“广货网上行”，支持跨境电子商务合作。发展移动电子商务，开展基于移动互联网、社交网络等的新兴商务应用。

大力发展互联网金融。健全互联网金融创新发展的体制机制，统筹指导互联网金融加快创新、规范经营、健康发展。探索建设互联网金融服务专区，积极培育P2P网络贷款、网络第三方支付、供应链金融等为代表的互联网金融新业态，促进基于互联网的小额创业融资等业务。

创新信息消费发展模式。推进以互联网为载体的信息消费，丰富信息消费内容，推动餐饮、酒店、商场、旅游等消费服务企业发展线上线下联动的体验式消费、群体共享式消费、个性需求定制服务等新消费模式。

实施信息化战略，推动信息化和工业化深度融合，推进

"互联网+"行动，大力培育发展新兴业态，拓展信息应用的广度和深度，完善信息基础设施，强化信息安全保障，全面提升我县信息化发展水平。到2020年，信息技术自主创新能力和信息产业核心竞争力明显增强，新一代信息技术在经济社会各领域广泛应用，信息化总体水平再上新台阶。

第七章　推进城乡及物质文明精神文明协调发展构建平衡发展新格局

以人的城镇化为核心，推动国土空间集约、高效、可持续利用，进一步优化全县城镇空间格局，加快中心城区扩容、老区（城）提质、新城开发、沿河带动，着力推进城乡统筹，不断提高城镇管理能力，增强城镇综合承载力，促进物质文明与精神文明协调发展，形成均衡协调发展新格局。

第一节　优化城镇功能布局

适应新型城镇化发展要求，提高城乡规划科学性，加强空间开发管制，合理划分县域的城乡发展空间，构建"一核，双轴，三区，五节点，两级复合发展轴"的城镇体系空间结构，优化城镇体系和城镇功能分区，全面推进新型城镇化发展。

加快构建以主城区为中心、以丹霞街道为核心，董塘、长江、周田3个城镇为副中心，以106国道发展轴线和辅助轴线两级发展轴联网辐射为支撑的功能互补、特色鲜明的城镇空间布局体系。依托丹霞街道、董塘、周田、黄坑、大桥的地缘优势，将其打造成环丹旅游小镇群；依托丹霞街道、周田城镇建设基础条件，将其打造成新型城镇化主战场；依托周田、董塘产业基础优势，将其作为新型工业化的主战场；依托黄坑、大桥、红山的特色农业资源，将其打造成现代农业示范区、特色农产品深加工基地和农业休闲观光带；依托石塘、城口、扶溪的旅游资源，将其打造成"红色游""古镇游""古村游"的重要目的地；依托长江、红山、扶溪、城口、闻韶的生态资源禀赋，将其打造成我县北部重要生态屏障和生态休闲旅游示范片。

第二节　积极稳妥推进以人为核心的新型城镇化

以打造全国最美生态旅游示范县为目标，坚持"一县两城"、"一江两岸"、"一山两区"的总体发展战略，实施产城融合。推进中心城区扩容提质，不断增强区域综合竞争力和辐射带动力。加快完善城乡基础设施，形成有利于县域经济加快发展的良好环境，进一步加快新型城镇化进程，不断增强我县农业农村经济活力。加强区域交流合作，提升对外开放水平。力争到2020年，全县城镇化率达到45%，构建城乡区域协调发展的格局，基本建成经济繁荣、环境优美、人文丰沛、生态宜居的现代化山水城市。

在全面实施主体功能区规划的基础上，进一步优化城镇化布局，围绕"一山（丹霞山）一水（锦江）两城（县城、周田产业新城）"，优化城镇规划，策划包装十里画廊，将"县城——丹霞山——周田"连成一体，促进"山、水、城"交融互动，拉大城市框架，提高城市品位，将我县打造成粤北"最美休闲慢城"。

推进中心城区扩容提质。推进北门片中高档居住商业区、黄屋片旅游配套服务区、中心区"三旧"改造和棚户区改造，推进县城生活污水管网工程二期市政项目建设，规划建设县城休闲购物商业街，不断发展壮大房地产、金融、保险行业，积极培育"楼宇经济"、"总部经济"，全面增强县城的基础设施承载能力、完善县城综合功能、提升城市文化内涵、塑造县城城市形象，提高县城的集聚力、辐射力和带动力，使中心城区真正成为宜居宜业的现代山水旅游县城。

建设产业配套新城。按照“一县两城”发展思路，加快完善周田镇区道路、污水处理厂、学校、医院、金融网点等基础设施和公共服务设施建设，将周田镇打造成3万—5万人居住的规模合理、产业集聚、设施完善的产业配套新城。合理把握新区规模，加强产业支撑，打造集实体产业发展，完整生活配套设施为一体的产业新城。高起点规划建设中学、小学、幼儿院和医院等产业配套设施，满足工业、物流、旅游等产业的生活配套需求，实现产业发展与城市功能相融合，围绕工业园区和物流园区的“两园带动”，将周田打造成全县的旅游窗口、物流中心、工业产业新城、交通枢纽，实现产城融合。

加快推进“一江两岸”、“一山两区”建设。完善县城“一江两岸”亮化工程、重点推进县城至丹霞山绿道项目、丹霞山北门综合服务区和南门综合服务区建设，增强城市景观功能、生态功能和居住功能，注重城市品质和功能提升，不断增强区域综合竞争力和辐射带动力，加快推进新型城镇化建设。

打造特色宜居小镇。按照统筹规划、因地制宜、分类指导、适度开发的原则，进一步优化城镇化的发展布局和空间形态，加大中心镇建设力度，形成以县城区为核心，以董塘、长江中心镇为重点的网络化城镇空间格局。高标准推进墟镇基础设施、公共服务设施和公共安全设施建设，优先将墟镇及周边基础条件好的村庄作为美丽乡村的重点建设区域，全面提升墟镇综合承载力和公共服务水平，建设一批生态休闲型、绿色产业型、工矿资源型、商贸集散型美丽小镇。

第三节　积极推进城乡一体化建设

1. 完善城乡一体化体制

着力破除城乡二元结构，健全城乡一体发展的体制机制，在城乡资源要素市场、产业发展、规划建设、基础设施和公共服务等方面推进一体化。

推进城乡规划建设一体化。统筹经济社会发展规划、土地利用规划和城乡规划，合理安排城镇建设、村落分布、产业聚集、农田保护和生态涵养空间，优化城乡空间布局和结构。加快编制村镇体系规划，加强城市规划与村镇体系规划的衔接。加大以城带乡、以工促农力度，统筹城乡基础设施建设，强化城乡基础设施连接，推动水电路气等基础设施城乡联网、共建共享。

强化城乡资源要素市场一体化。加快建立城乡统一的人力资源市场，推动形成城乡劳动者公平就业、同工同酬的制度环境。建立健全农村急需的专业技术型、市场经营型人才引进和常驻机制。加快农村集体资产资源交易平台建设，建立城乡统一的建设用地市场。创新涉农金融产品与服务，保障金融机构农村存款主要用于农业农村。鼓励社会资本投向“三农”，在农村兴办各类事业。

推进城乡基本公共服务和公共资源配置一体化。合理配置城乡基本公共服务资源，建立健全优质教育、医疗资源城乡共享机制，缩小城乡基本公共服务水平差距。推动城乡各类基本公共服务和社会保障实观自由顺畅转移、无障碍对接。加大强农惠农富农政策力度，扩大公共财政覆盖农村范围，提高农村基础设施和公共服务的财力保障水平。

2. 有序推进农业转移人口市民化

把推进农业转移人口市民化作为城镇化的首要任务，统筹推进户籍制度改革，推动基本公共服务逐步覆盖全部常住人口，使全体居民共享城镇化发展成果。

推进符合条件的农业转移人口落户城镇。以资源环境承载力为基础，结合城市规模，推进差别化户籍制度改革，优化人口布局，引导人口向县城和中心城镇有序转移，全面放开建制镇和小城市落户限制，继续推行高技能人才入户奖励制度，完善流动人口居住证“一证通”制度，积极拓展居住证的社会应用功能。

推进基本公共服务覆盖全部常住人口。保障农业转移人口随迁子女平等接受公共教育，鼓励公办学位供给不足的地方向符合条件的民办学校购买义务教育服务。健全农业转移人口社会保障体系，鼓励农业转移就业人口参加职工基本医疗保险。建立不分户籍、不分经济类型和用工形式的失业保险制度。改善农业转移人口基本医疗卫生条件，大幅提升基本公共卫生服务的覆盖面，促进农业转移人口与城镇居民享受同等公共卫生服务。

第四节　稳步推进仁化美丽乡村建设

深入贯彻落实《仁化县建设美丽乡村行动纲要（2015—2020年）》及《仁化县建设美丽乡村评定标准及验收工作方案》，以改善农村生态环境与人居环境为突破口，大力实施规划引领、民居建设、村庄整治、创业增收、以‘仁’化人“五大”工程，进一步完善解决村庄规划、公共设施、产业发展、乡风文明等问题，力争到2020年年底，80%以上行政村建成“规划科学布局美、特色鲜明建筑美、生态自然环境美、产业发展生活美、乡风文明和谐美”的“五美”乡村。加大资金投入，因地制宜发展一批农业与旅游相结合项目，全面推进“丹霞彩虹”省级新农村示范片建设，因地制宜发展一批农业与旅游相结合的示范新村。深入推进新时期精准扶贫、精准脱贫三年攻坚工作，抓好贫困村基础设施和产业开发，确保高质量完成扶贫工作任务，进一步夯实农村发展基础。

优化农村规划布局。提高村庄规划编制质量和覆盖率，科学引导农村住宅和居民点建设，建设各具特色的美丽乡村。完善农村基础设施。改善农村道路通行条件，加快建设与城镇供水网联接的农村饮水安全工程，实施新一轮农村电网升级改造，加强农村邮政设施和宽带网络建设，推广沼气等清洁能源。

加快农村社会事业发展。推进农村义务教育学校标准化建设，建立健全新型职业化农民教育、培训体系，加强乡镇卫生院和村卫生室建设，加强乡镇综合文化站等农村公共文化和体育设施建设，完善农村最低生活保障制度，健全农村留守儿童、妇女、老人关爱服务体系。

推进农村环境综合整治。加快完善农村垃圾、污水处理系统，建立健全农村垃圾收运处理体系和管理长效机制，加快农村生活垃圾、污水处理系统各项基础设施建设，加大农业面源污染整治力度，推进农村废弃物和人畜粪便无害化处理，基本完成村庄整治任务。

保护传承传统优秀乡村文化。提升自然村落功能，保持乡村风貌、民族文化和地域文化特色，保护传统村落、少数民族特色村寨和民居，传承发扬岭南传统村落文化。深入推进农村精神文明创建活动，弘扬善行义举。

第五节　推动物质文明和精神文明协调发展

坚持社会主义先进文化前进方向和中国特色社会主义文化发展道路，加快实施文化强县战略，大力弘扬时代精神和新时期仁化人文精神，紧紧围绕建设社会主义核心价值体系、坚持以人为本这一主线，以创建全国县级文明城市为抓手，积极推进文化惠民工程，提升全民文化素养，力争2017年跻身“全国县级文明城市”行列；不断完善城乡公共文化服务体系，促进城乡公共文化事业均衡发展；努力打响特色文化品牌，提升仁化文化内涵和形象；有效整合文化资源，发展壮大文化产业；深化文化体制改革，增强文化创造和发展活力，全面提升仁化文化软实力，为全县经济社会跨越发展提供精神动力和智力支撑。到2020年，仁化文化软实力进一步提升，建立起与我县经济水平、人口状况和服务要求相适应，结构合理、发展平稳、网络健全、运行有效、覆盖城乡、惠及全民的公共文化服务体系，文化建设各项主要指标达到全市平均水平以上，全县城乡群众人人享有公共文化服务，文化生活质量明显提高，群众对政府保障人民基本文化权益满意度大于85%。

大力培育和实践社会主义核心价值观，深入开展社会主义核心价值体系学习教育，大力弘扬优秀传统文化和时代精神，积极构筑新时期仁化人文精神，全面提高公民思想道德文化素养。

加强社会主义核心价值观体系建设。深入开展社会主义核心价值体系学习教育，用社会主义核心价值体系引领社会思潮、凝聚社会共识。倡导富强、民主、文明、和谐，倡导自由、平等、公正、法治，倡导爱国、敬业、诚信、友善，积极培育和践行社会主义核心价值观，使之成为全体人民的共同价值追求。把社会主义核心价值观融入国民教育和精神文明建设全过程，加强理想信念教育，弘扬“厚于德、诚于信、敏于行”的“广东精神”和“解放思想、改革开放”的时代文化精神。按照社会主义核心价值观的基本要求，健全各行各业规章制度，完善市民公约、乡规民约、学生守则等行为准则，使社会主义核心价值观成为人们日常工作生活的基本遵循。

广泛开展道德实践活动。以诚信建设为重点，加强社会公德、职业道德、家庭美德、个人品德教育，推进诚信建设制度化。深化公民道德宣传日活动，组织道德论坛、道德讲堂、道德修身等活动。大力弘扬志愿服务精神，开展多形式的行业、社区志愿服务，推动志愿服务常态化制度化。推进文明城市、文明村镇、文明单位、文明家庭等创建活动，开展全民阅读活动，不断提升公民文明素质和社会文明程度。开展礼节礼仪教育，使礼节礼仪成为培育社会主流价值的重要方式。建设优秀传统文化传承体系，弘扬中华优秀传统文化。开展革命传统教育，加强爱国主义教育基地建设。

全面提高公民思想道德文化素养。坚持以社会主义核心价值体系建设为引领，构筑以粤北优秀历史文化传统为底蕴、以现代文明素质为特征的新时期仁化人文精神，培养和提升公民素养、促进人的全面发展。加强现代公民教育、文明礼仪教育、道德品格教育、社会主义民主法治理念教育，提升公民思想道德素质。普及科学知识，弘扬科学精神，提高全民科学素养。深化未成年人思想道德建设，推进社会主义核心价值观进校园，培育网络文明新风，凝聚社会正能量。加强廉政文化建设，推进廉政文化“进机关、进社区、进家庭、进学校、进企业、进农村”活动，营造风清气正的干事创业氛围。繁荣发展哲学社会科学，加强地方特色文化研究，推出一批指导性、实践性强的理论研究成果。

第八章　加快生态文明建设　建设美丽仁化

坚持节约资源和保护环境的基本国策，把生态文明建设放在突出的战略位置，融入经济建设、政治建设、文化建设、社会建设各方面和全过程，以健全生态文明制度体系为重点，优化国土空间开发格局，全面促进资源节约利用，加大自然生态系统和环境保护力度，打造生态屏障，大力推进仁化绿色发展。到2020年，单位GDP能耗下降、能源消费总量、单位GDP碳排放、化学需氧量、二氧化硫、氨氮、氮氧化物等各项指标排放达到省市下达的要求，环境质量明显改善，环境安全得到可靠保障，生态文明制度体系基本建立。

第一节　推进主体功能区建设

大力实施主体功能区规划，形成主体功能定位清晰、结构优化、效率提升、区域协调、可持续发展的国土空间开发格局。

落实主体功能区战略。加快实施《仁化县主体功能区建设试点示范方案》，进一步明确镇（街）的主体功能定位。按照国家、省与市的功能区规划要求，将我县辖区内11个镇（街道）功能定位为城市发展空间、农业生产空间、生态保护空间三类主体功能区，明确各镇（街）的主体功能定位。科学规划生产、生活、生态空间，引导人口、经济合理分布，提高空间利用效率，保障生态安全，构筑与资源环境承载力相匹配的生态安全格局、新型城镇化格局、生态产业发展格局和综合交通格局。强化主体功能区分区管控，严格执行差别化的财政、投资、产业、土地、农业、环境、应对气候变化等配套政策，实施各有侧重的绩效考核评价办法。

优化国土空间开发格局。重点发展区域要完善基础设施建设，优化发展环境，促进产业和人口集聚，提高城市综合竞争力，打造宜居城市。生态发展区域要积极探索限制开发区域协调发展的新模式、新途径，提高生态产品供应能力，基本形成“特色农业及特色农产品加工业”为主体的农业战略格局，农业综合生产能力得到切实加强，农产品供给安全得到有效保障。禁止开发区域要依法监管，加强实施保护，筑固“三大绿色屏障、三条清澈河流”为主体的生态安全战略格局，生态安全得到有效保障。加快推动县镇（街）经济社会发展、城乡、土地利用、生态环境保护等规划“多规合一”，形成一个县镇（街）一本规划、一张蓝图。到2020年，全县基本形成主体功能定位清晰、结构优化、效率提升、区域协调、可持续发展的国土空间开发格局。

仁化县主体功能区布局方案

功能区布局	范围	面积（平方公里）	比例（%）
农业生产空间	黄坑镇	170	7.7
城市发展空间	周田镇	792	35.6
	董塘镇		
	丹霞街道		
生态保护空间	大桥镇	1261	56.7
	石塘镇		
	红山镇		
	城口镇		
	长江镇		
	扶溪镇		
	闻韶镇		
其中：禁止开发区	各级政府所列入的生态公益林、各级自然保护区、森林公园、湿地公园以及重要水源地、重要湿地，坡度大于35度以上和海拔300m等高线以上山体（主要分布在生态发展区域）	550.31	24.75

城市发展空间：（丹霞街道、周田镇、董塘镇）建成全县政治、经济和文化发展中心，以生态工业、宜居县城、旅游服务、职业技能培训为龙头，重点发展以工业、旅游、房地产、有色金属循环经济产业、农产品加工和现代商贸物流业、现代生态旅游观光为主的产业，兼顾发展现代农业和服务业，成为具有县域特色工业、服务业的集聚发展区。

农业生产空间：（黄坑镇）发展现代农业，增加农民收入，加快现代乡镇建设。按照“高产、优质、高效、生态、安全”的要求，扎实开展“建基地、扶龙头、育品牌、强服务”等农业农村工作，形成以粮食作物为支撑、多种经济作物同步发展的农产品结构。大力发展无公害、绿色、有机农业，加快发展农产品加工业，建设一批优质农产品基地和农业示范园区，推动农业生产组织化、规模化、集约化，逐步将传统农业转变为特色农业、高效农业和生态农业，建成特色优势农业基地。

生态保护空间：（大桥镇、石塘镇、红山镇、城口镇、长江镇、扶溪镇、闻韶镇）广东省绿色生态屏障，保障全省和华南地区的生态安全；全省重要的水源涵养区，对于保障全省乃至港澳地区的饮水安全具有重大意义；生物多样保护区，维系华南地区物种的保全。充分利用优越自然环境和地理条件，大力发展特色生态农业；充分利用丰富的旅游资源，大力发展生态旅游业；以生态保护为主体功能，适当选点集聚人口与产业，大力发展与生态功能相适应的特色产业，促进人与自然和谐共处。建成以粮食为主的农产品主产区、生态产品生产和绿色屏障保护基地、水源涵养区和生物多样性保护示范区。

推进国家生态文明先行示范区建设。按照《仁化县主体功能区建设试点示范方案》，建立健全生态产业体系，加快水源保护、林业生态、节能减排、耕地保护、矿山地质环境与大气污染治理、生态文化和民生保障、绿色发展支撑平台等建设，力争到2020年，把仁化建设成为“青山、碧水、蓝天、绿地”的现代生态城市。

第二节　加强环境保护和污染治理

按照防治结合、标本兼治、综合施策的原则，强化区域防控，加快解决水、大气、土壤污染等突出环境问题，切实改善环境质量。

改善水环境。深入实施南粤水更清行动计划，强化用水总量、用水效率和水功能区限制纳污控制。实施以水资源开发利用、用水效率、水功能区限制纳污为核心的最严格的水资源管理制度。开展跨区域河流水环境联防联治，加强锦江河、董塘河、凡口河、城口河等中小河流综合治理，重点加快推进县城及农村饮水源头保护工程建设和赤石迳水库、高坪水库生态修复工程，强化饮用水源的日常巡查管理和执法行动。推广高效节水技术和产品，发展节水农业，加强城市节水，推进企业节水改造，建设节水型社会。严格监控污染源，整治、搬迁和关闭威胁饮用水源和锦江河道水质安全的重点污染源。完善雨污分流系统，推进生活污水、工业废水集中处理，强化重点污染源工业废水达标排放。到2020年，完成流经县镇（街）城区的主要河涌环境综合整治，全县优良水质断面比例达100%。

治理大气污染。全面实施大气污染防治行动计划，推进大气污染防治。深化工业源污染治理，全面推动锅炉污染整治，深入推进电力行业污染减排，重点加强钢铁等行业脱硫脱硝和清洁生产。促进有用热需求的产业园区、产业集聚区全部实现集中供热。着力削减挥发性有机物，加强挥发性有机物排放控制。强化城市扬尘治理，全面加强城市道路、建筑工地抑尘降尘。加强机动车污染减排，全面淘汰“黄标车”。到2020年，大气质量明显改善，全县城市环境空气质量优良天数占比达到98.9%。

土壤污染综合防治。制定实施土壤污染防治行动计划。加强土壤污染源头防治，严格土壤环境监管，优先保护耕地和饮用水水源地土壤环境。加强典型区域土壤修复与综合治理，重点开展集中连片耕地和受污染场地土壤污染的综合整治，重点加快推进凡口铅锌矿矿区周边重金属污染农田土壤综合治理与修复工作，对关停并转、破产、搬迁的涉重企业原场址开展场地污染排查。

全面加强矿山污染治理，推进矿山复绿，强化尾矿库的风险管控。实施典型区域土壤污染综合治理，重点对受重金属污染的耕地、涉重金属行业搬迁场地、简易垃圾填埋场等受污染场地进行修复。深化农业点源和面源污染防治，严格控制农业污染源，减少使用农药化肥，推进畜禽养殖业规模化、标准化、生态化发展。

加快环保基础设施建设。建立覆盖城乡的环保基础设施体系。加大城镇污水处理设施及管网建设力度，实现污水处理设施建制镇全覆盖，强化污泥无害化处理处置。加快建设城乡生活垃圾无害化处理设施，鼓励区域处理设施共建共享和技术集成创新，提升生活垃圾全过程资源化利用水平。到2020年，全县城镇生活污水处理率达到80%，生活垃圾无害化处理率达到98%以上。

第三节　加强节能降耗

以推动产业生态化、低碳化发展为导向，推动清洁生产、节能降碳，促进资源循环利用，实现经济绿色转型。

推进节能降耗。在产业低碳化、交通清洁化、建筑绿色化、服务业集约化、主要污染物减量化、可再生能源利用规模化等六大领域建成一批节能减排综合示范项目。加快实行能源消费强度与消费总量“双控”制度，开展煤炭消费减量管理。严格实施固定资产投资项目节能评估和审查制度，加强重点地区节能监控，严格控制年综合能耗3000吨标准煤以上的新上项目能耗增量。抓好电力、建材、冶炼等重点耗能行业的节能降耗工作，加快淘汰落后产能。继续实施十大重点节能工程和节能产品惠民工程。大力推进节能环保产业，推行合同能源管理和环境污染第三方治理，推动节能环保技术、装备和服务水平显著提升。

发展循环经济。遵循减量化、再利用、资源化原则，加快建立循环型工业、农业、服务业体系，提高全社会资源产出率和循环利用率。推进矿产资源、水资源、废弃物以及再生资源的循环利用，扩大循环经济规模。推进循环经济园区建设，加快循环化试点改造步伐，推进产业链接循环化、资源利用高效化、污染治理集中化、基础设施绿色化、园区管理规范化的“五化”改造，鼓励采用先进清洁生产工艺，全面推进清洁生产。强化生态农业循环体系建设，强化农作物秸秆和畜牧养殖废弃物综合利用，到2020年畜牧养殖废弃物资源化利用率达到90%以上。

推动低碳发展。建立碳排放总量和强度“双控”机制，加强低碳发展基础能力建设，完善温室气体排放的统计监测核算体系。加快低碳技术革新与推广应用，实施一批碳捕集、利用和封存试验项目。提升应对气候变化能力，探索建立碳普惠制度，健全碳排放管理和交易制度，推进低碳试点示范、碳排放权交易试点，建成一批具有典型示范意义的园区和社区。

发展绿色产业。大力发展节能环保产业，推行合同能源管理和环境污染第三方治理，推动节能环保技术、装备和服务水平显著提升。大力发展生态农业、观光农业，努力创建农产品区域品牌。发展壮大林业产业，加强经济林基地建设，发展林下经济。积极发展生态旅游业，把生态旅游打造成为我县重点生态功能区的支柱产业。

第四节 推进生态修复和生态建设

坚持保护优先，落实新一轮绿化广东大行动，加强生态环境的建设与修复，增强生态产品供给能力，维护自然生态的完整性、连续性和多样性。

保护和培育森林生态系统。落实新一轮绿化广东大行动，加快实施森林碳汇重点生态工程、生态景观林带工程、森林进城围城工程、乡村绿化美化工程，着力构建森林生态体系，将110万亩生态公益林、主要江河和道路沿线林区纳入封山育林范围，建立500亩生态林建设示范点和义务植树基地，积极开展“生态示范镇村”创建活动，建设南岭生态屏障体系，努力提升生态屏障森林质量和数量，加快完善生态公益林示范区，稳步推进生态公益林效益补偿机制。加强造林抚育，积极开展植树造林、封山育林和中幼龄林抚育改造，修复区域地带性森林植被，大力推进林木良种化进程。加强森林防火、有害生物治理和森林病虫害防治体系建设，完善森林火灾应急管理体系，确保森林生态安全。到2020年，森林覆盖率达到80%，森林面积达到261万亩，森林蓄积量达到1325.7万立方米。

保护湿地与河湖生态系统。建立水域生态保护和管理体系，保持和维护水的自然流态，严控对天然河流、湿地的侵扰。加强湿地自然保护区、湿地公园、湿地多用途管理区建设，逐步引导可持续利用湿地资源，优化湿地生态系统结构和恢复湿地功能。加强江河湖库管理，严格饮用水源保护，强化生态修复，确保水环境质量持续改善。

加强生物多样性保护。维护生态平衡，实施生物多样性保护重大工程，保护生态系统多样性、生物物种多样性和遗传资源多样性。加强自然保护区建设，优化自然保护区结构和空间布局，完善自然保护区和森林公园网络体系。加强生物物种和遗传资源保护，推进南岭山地森林及生物多样性生态功能区建设，对重要生态系统和物种资源实施强制性保护。建立生物多样性监测评估与预警体系，有效防范物种资源丧失和外来物种入侵。

改善生态宜居环境。全面加强城市发展的布局和形态规划，合理确定城市开发边界和开发强度，强化城市建设的生态和文化元素。加强城市基础设施和社区低碳化改造。拓展城市绿色开敞空间，加强公园、道路林荫绿化建设，对接国家公园体系。推进森林进城围城，建设集中连片的城市森林。

倡导绿色低碳生活。推动个人和家庭践行绿色低碳生活理念，倡导适度消费，引导消费者转变消费观念，节约能源资源，形成“资源有价、污染付费”的绿色消费预期。鼓励家庭闲置和废旧物品的循环利用，减少使用一次性用品，推动居民消费结构向低碳、节能、可再回收的方向发展。鼓励能效标识产品、低碳认证产品等绿色产品的生产使用，政府优先采购绿色产品，逐步引导全社会形成绿色消费模式。积极倡导低碳出行，鼓励使用公共交通工具，探索发展共乘交通。加强公园、绿道、道路绿化建设，重点加快推进县城至丹霞山绿道建设。建立碳普惠制度，推动低碳社会建设。加强城乡生态环境建设，拓展绿色空间，倡导低碳生活和绿色消费，形成人人、事事、时时崇尚生态文明和践行绿色低碳理念的社会新风尚。

弘扬生态文化。深入挖掘生态文化内涵，塑造具有时代气息、鲜明特色的生态文明理念。大力开展生态文明宣传教育活动，推动绿色低碳知识进学校、进课堂、进企业、进机关，引导全社会树立生态文明意识，形成生态自觉。培育生态文化载体，创建一批生态文明教育基地。积极开展群众性生态科普活动，组织好世界地球日、世界环境日、节能宣传周、低碳日等主题宣传，营造崇尚生态文朗的社会氛围。

第五节　加快生态文明制度体系建设

深化生态文明体制改革，加快建立系统完整的生态文明制度体系，推进形成生态文明建设的长效机制。

健全决策和监督机制。各级政府在重大开发和重大项目决策中，把环境、资源等生态因素作为重要评判依据，充分考虑环境影响和生态效应。建立健全专家咨询机制和公众参与监督机制，对环境立法、执法、重大环境保护决策以及环保焦点事件实行公众听证制度。

完善生态环境管理制度。建立生态红线保护制度，构建以生态保护红线、环境质量底线和资源利用上线“三线”为核心的生态保护红线体系。健全自然资源资产产权制度和用途管制制度。建立和完善污染物排放监管制度，探索独立进行环境监管和行政执法。建立健全生态保护与污染防治的联动机制，加大跨区域、跨部门联合执法力度。健全环境应急体制，完善环境应急监测网络和处置系统，全面提升突发环境事件应急处理能力。

推行市场化机制。建立反映市场供求和资源稀缺程度、体现生态价值和代价补偿的资源有偿使用制度。以增强生态发展区域生态发展能力为导向，完善生态保护补偿机制。加大对重点生态功能区、禁止开发区和农产品主产区的转移支付力度，提高其基本公共服务供给能力。建立完善重点领域节能减排市场化机制，推进节能量、碳排放权、排污权、水权交易试点。

健全评价考核和责任追究制度。加快构建生态文明建设评价体系，建立和完善生态价值评价、生态安全评价、环境影响评价制度。探索编制自然资源资产负债表。逐步建立体现生态文明要求的干部考核体系，建立资源环境离任审计制度。推行生态环境损害责任追究制，对不顾生态环境导致严重后果的责任人，终身追究责任。

第九章　加快社会事业发展　提高民生福祉

第一节　扎实推进脱贫攻坚工程

把脱贫攻坚摆在改善民生的首要位置，大力推进扶贫开发，实施精准扶贫、精准脱贫，坚决打赢脱贫攻坚战，实现现行标准下的贫困人口全部脱贫。

拓展扶贫路径，深入推进新时期精准扶贫、精准脱贫三年攻坚工作，抓好贫困村基础设施和产业开发，建立扶贫工作长效机制，积极实施产业扶贫、金融扶贫、电商扶贫、旅游扶贫等，探索对贫困人口实行资产收益扶持制度，提高扶贫实效，确保高质量完成扶贫工作任务，进一步夯实农村发展基础。加强贫困地区基础设施建设，提高基本公共服务水平。落实脱贫工作责任制，强化脱贫工作责任考核。健全社会参与机制，办好扶贫济困日等社会扶贫活动。

产业扶贫：引导和支持贫困地区发展壮大优势特色农业产业，支持沙田柚、贡柑、茶叶、石斛等特色产业，着力推进现代农业园区建设，发展现代农业，在产业化项目布局上对贫困区予以倾斜。培育发展一批专业大户、农民专业合作社、龙头企业等新型农业经营主体，大力推广“公司+基地+农户”的经营模式。以产业优化升级为目标，坚持引进与就地培育相结合，推动传统产业优化升级、新兴产业规模发展，提高产业核心竞争力。

金融扶贫：鼓励金融机构在贫困区县设立村镇银行、小额贷款公司等新型农村金融机构，增加贫困地区资金供给渠道。以“民信档案”为抓手，加快农村信用体系建设，提升金融服务“三农”水平。继续强化政银企交流与合作，加大“助保贷”支持力度，设立旅游发展基金、小微企业和民营经济发展专项资金，努力缓解企业融资难题，支持贫困地区企业和农户实施特色产业开发，开展金融扶贫富民工程。

电商扶贫：加强农村电商发展，积极推进“互联网+农业”生产经营模式，通过农村电商平台拓展和完善农产品流通销售渠道，创新现代农业产业化经营模式，让扶贫搭上电子商务快车，促进农村经济转型升级，打造“专业市场+电商+物流”的商业发展模式。

旅游扶贫：按照“大旅游”发展战略要求，依托仁化丰富的旅游资源，立足当地资源优势，让当地贫困群众从旅游发展中充分获益。集中扶持一批有条件的贫困村开展旅游扶贫，按照整村推进方式，集中支持建设一批基础设施项目，兴办一批乡村旅游项目，集中力量解决贫困村发展乡村旅游面临的突出困难，支持重点景区和乡村旅游发展，带动贫困区群众加快脱贫致富步伐。以旅游带动产业发展，推动贫困地区脱贫，是仁化扶贫开发的优势所在，推进环丹霞山生态旅游产业园项目建设，着力优化提升旅游发展空间。

继续开展“申苏申老区”工作，做好“申苏申老”工作的后勤保障，确保工作进行顺利，完善仁化有关原中央苏区的文献、书证、无证、口述材料、革命遗址等历史资料，理清历史面貌工作，完善韶关市一谱两图工程（一谱：革命历史年谱；两图：朱德部队和红军在韶关活动示意图、党组织、红色政权、革命武装示意图）。完善原中央苏区县（市）的申报材料，争取将我县列入国家的《赣闽粤原中央苏区振兴发展规划》的范围，享受原中央苏区相关优惠政策，着力改善老区群众的生产生活条件，从根本上解决扶持地区经济和社会民生发展的问题。

第二节　提高就业水平

坚持把促进就业放在经济社会发展优先位置，实行更加积极的就业政策，坚持就业优先，鼓励多渠道多形式的就业，促进创业带动就业，构建和谐劳动关系。

扩大就业规模，增加就业岗位。积极引导社会资本进行创业项目投资和创业平台建设。继续发展就业容量大的中小企业，增加公共服务领域的就业岗位。把促进就业与推进资源枯竭城市产业转型有机结合，培育吸纳就业能力较强的产业。建立健全促进农村劳动力转移就业的政策，统筹规划跨地区流动就业、就地就近就业、返乡自主创业等多种转移就业渠道。实施城乡就业援助计划，加强农民工进城后的就业援助，建立和完善就业援助办法。

建立健全统筹城乡的就业促进体系。积极推进公共就业服务均等化，实施更加积极的就业政策，建立城乡统一的人力资源市场体系。继续提升公共就业服务体系建设水平，统筹城乡和不同性别、不同地区、不同文化程度群体就业，做好对城镇新增劳动力、农村富余转移劳动力和高校毕业生就业的指导和服务。进一步完善覆盖城乡劳动者的职业培训体系，加强对新成长劳动力和失业人员的就业创业培训，建立健全维权和服务体系。继续加强就业、失业、人力资源市场供求情况动态监测，建立失业调查统计制度。“十三五”期间城镇登记失业率控制在3%以内。

优化创业环境，构建和谐劳动关系。大力推进自主创业，加快健全创业带动就业机制，完善促进创业的政策体系，重点扶持智力型、技能型创业，加大初次创业者、外来创业者在仁创业的财政、税收及金融支持力度，尤其加大海外留学、大学毕业生就业的扶持力度，吸引更多的高层次人才来仁就业创业。健全劳动关系协调机制，继续引导企业改善用工环境，加强企业文化建设，加强人文关怀，畅通职工表达合理诉求渠道，构建和谐劳动关系。

第三节　提高居民收入水平

改进和完善收入增长机制和分配机制，提高城乡居民收入水平，形成合理有序的收入分配格局。

改进和完善企业工资与经济效益协调增长机制。在提高效益的基础上逐步提高最低工资标准和离退休人员待遇。保护劳动所得，全面推行工资集体协商制度和签订集体合同制度。加快特色产业基地建设，健全营销网络，提升农业产业化经营程度，带动农民增收。持续扩大中等收入群体，提高中低收入群体收入。大力推进扶贫开发，实施精准扶贫，显著减少贫困人口。建立体现岗位绩效和分级分类管理的事业单位工资分配制度。完善公务员工资正常增长机制和定期调整制度。

建立健全收入分配机制。完善初次分配机制，健全再分配调节机制，形成合理有序的收入分配格局，不断缩小城乡、区域、行业和居民之间的收入差距。探索增加财产性收入渠道，保障农民公平分享土地增值收益，保障金融机构农村存款主要用于农业农村。完善劳动、资本、知识、技术、管理等要素按贡献参与分配的制度，充分发挥市场机制在要素配置和初次分配中的决定性作用。明显改善收入分配秩序，依法保护合法收入，合理调节过高收入，有效规范隐性收入，坚决取缔非法收入。

第四节　加快教育事业发展

坚持教育优先发展的战略地位，统筹资源配置，大力实施“科教兴县”战略，打响“广东省教育强县”品牌，推进教育领域综合改革，大力促进教育公平，推进义务教育均衡、内涵、优质发展，积极创建广东省教育现代化先进县。到2020年，十五年教育普及程度巩固提高。全面普及学前教育和高中阶段教育，学前三年毛入园率94%以上，高中阶段毛入学率达到94%以上。巩固提高九年义务教育水平，小学毛入学率达100%以上，初中毛入学率达99%以上。形成惠及全民的公平教育，提供更加丰富的优质教育，构建体系完备的终身教育体系，健全充满活力的教育体制。加快仁化电大建设步伐，不断扩大远程开放教育本专科在校生。积极发展成人教育、老年教育，基本满足社会继续教育和职业培训需求。主要劳动年龄人口（20–59岁）平均受教育年限达到12年。

统筹优化教育资源配置。调整优化财政支出结构，增加教育投入，改善办学条件。继续整合优化教育资源，科学规划学校布局，新建仁化第一小学，扩大办学规模，使新仁化第一小学达30个教学班以上。推进义务教育现代化学校建设，实施教育信息化应用工程、义务教育学校安全卫生工程，教师学历提升工程，增加农村义务教育投入，促进义务教育基本均衡，提高义务教育发展水平。积极发展学前教育，大力发展公办幼儿园。将现仁化第二小学改建成公办普惠性幼儿园，积极扶持普惠性民办幼儿园，注重保基本、广覆盖、多形式，不断满足适龄儿童入园的需要。推进普通高中优质特色多样化发展，提高普通高中教育质量和办学水平，兴建仁中学生宿舍楼、文体综合楼。大力发展职业教育，兴建仁化中等职业学校教学综合大楼，扩大招生规模，普职招生比例逐步达到1:1左右。加快职业技术教育集团化发展，统筹协调职业教育和技术教育发展，继续打造好职业技术教育品牌，培养更多适合“四区”发展的人才。加大特殊教育的投入，新建规范化仁化县特殊学校。积极发展继续教育，重视发展民族教育、民办教育和成人、社区教育，促进各类教育协调发展，努力实现基本公共教育服务均等化。

加快教育体制改革步伐。坚持立德树人教育理念，把综合素质作为评价教育质量的核心内容，全面实施素质教育。深化考试招生制度改革，逐步形成分类考试、综合评价、多元录取的招考制度，拓宽学生成才发展通道。鼓励基础教育探索与社会实践、亲近自然相结合的教学形式，支持多种基础教育模式并存。推进职业教育改革，鼓励组建职业教育集团，鼓励和扶持社会力量举办各类教育，承担义务教育的民办学校纳入经费保障机制，促进各类民办教育规范特色发展。

建立健全教育发展保障体系。加强师资队伍建设，加大教师教育和培训力度，实施教师学历提升工程，到2020年，幼儿教师专科学历达100%，小学教师本科学历达70%以上，初中教师本科学历达100%，高中教师研究生达15%以上。提高教师的品德素质和教学能力；关心教师的工作和生活，落实教师待遇，维护教师合法权益。统筹义务教育阶段教师资源的配置，完善校长、教师轮岗交流制度。推行户籍与学籍相分离的管理办法，有效解决异地务工人员随迁子女平等接受义务教育问题，健全特殊教育体系，提高特殊儿童、青少年接受基础教育和职业教育的比例。健全家庭困难学生资助体系，率先从建档立卡的家庭经济困难学生实施普通高中免除学杂费，实现家庭经济困难学生资助全覆盖。对不同阶段的教育设定区别化、科学化的评价体系，积极推动第三方评价。

第五节　完善社会保障体系

坚持可持续发展，全面建立制度化的民生保障体系，不断提高社会保障水平，实现人人享有基本社会保障。

完善公平可持续的社会保障体系。进一步扩大社会保险覆盖面，提高保障水平，切实保障困难群体基本生活，重点解决好非就业群体社会保障问题。稳步推进机关事业单位养老保险制度改革，做好城乡居民基本养老保险与城镇职工基本养老保险有效衔接，完善基本养老保险关系转移接续政策，实现企业与机关事业单位养老制度并轨，新老制度平稳过渡。按照“多层次、全覆盖、保基本”的原则，完善城乡居民基本养老保险制度和基本医疗保险门诊费用统筹机制。健全全面医疗保障体系，实施城乡统一的医保制度，实现职工医保与城乡居民医保制度的有效对接，进一步缩小政策范围内住院费用支付比例与实际支付比例的差距。大力推进城乡居民大病保险和基本医疗保险的统筹，有效落实异地就医即时结算和医保关系转移接续。完善职工大额保险、职工住院补充医疗保险、城乡居民大病保险等多层次保障政策。探索建立农村生育保险。

完善社会福利服务体系。合理提高待遇标准，推进城乡、区域、行业和人群间的标准水平衔接平衡。建立企业退休人员基本养老金和城乡居民基础养老金正常调整机制。提高城乡居民最低生活保障、农村五保供养等底线民生保障水平。加大二代社保卡发放力度，拓展社会保障卡服务功能。完善社会保障公共服务体系信息化建设和“一站式”服务平台。稳步发展机构养老服务，进一步完善城市福利院设施，继续加大福利事业的开放水平。做好实施养老、失业保险市级统筹工作。支持残疾人事业发展，保障残疾人合法权益，加大对残疾人生产扶助和生活救助力度。大力做好“双拥”优抚安置工作。积极培育和规范社会慈善组织，鼓励社会力量投入社会福利事业，拓展社会志愿服务，扶持发展社会慈善事业。

推进保障性住房建设。加快“安居工程”建设，加强保障性住房建设和管理，加大财政投入力度，在财政预算中优先安排保障性住房建设专项资金，建立以公租房为主的可持续、能循环的住房保障体系，鼓励社会资本参与保障性住房建设。扩大保障性住房覆盖面，通过新建、改建、政府购置、租赁等方式增加保障性住房房源。重点发展廉租房和公租房，加快推进棚户区和农村危旧房改造。完善住房保障政策体系，强化各级政府的住房保障责任，落实土地、财政等政策。保障性住房建设用地纳入当地年度土地供应计划，确保优先供应。进一步完善保障性住房申请、审核、退出等制度，规范保障性住房使用。改善房地产市场调控，落实差别化的土地、金融、税收等房地产政策，合理引导自住和改善性住房需求，抑制投资投机性购房需求。完善土地供应政策，增加居住用地供应总量，有效扩大普通商品住房供给。完善住房公积金制度，提高公积金使用效率。把保障基本住房、稳定房价和加强市场监管纳入各地经济社会发展的工作目标。“十三五”期间，五年实施棚户区改造1500套，改造面积12万平方米。到2020年，基本解决我县城镇中低收入住房困难家庭和棚户区居住家庭的住房问题。

第六节　提高人民健康水平

倡导健康生活方式，发展体育事业，继续深化医药卫生体制改革，提高医疗健康服务水平，增强人民身体素质。按照“保基本、强基层、建机制”的原则，进一步健全基层公共卫生服务机构，提高公共卫生服务均等化水平，完善公共卫生服务体系；优化医疗服务模式，完善科学就医体系，巩固基层医疗服务网络建设成果。扩大基本医疗保障覆盖面，提高保障水平；落实好国家基本药物制度，完善药品供应保障体系;加大公立医院改革力度，建立现代医院管理制度，基本形成覆盖城乡的社会保障体系。卫生资源适度增长，争取政府对卫生事业的财政投入不断加大，增加幅度不低于财政支出的增长幅度。公共卫生服务水平提升，基本服务项目实现均等。医疗服务能力提高，基层医疗服务网络建立健全，医疗服务能力和技术水平不断提高。加强艾滋病、结核病、H7N9禽流感麻疹等重大传染病和地方病防止。基本药物制度全面落实，合理用药状况明显好转。基层医疗卫生机构配齐基本药物并执行零差率销售，其它医疗机构按规定配齐和优先使用基本药物。

提升医疗卫生服务能力。坚持卫生事业公益性质，建立与经济社会发展相适应的卫生财政投入增长机制，鼓励社会资本以多种形式举办新增大型医疗机构，不断满足群众医疗卫生服务需求。全力推进基本公共卫生服务逐步均等化进程，着力构建与经济社会友展水平相适应、与居民健康需求相匹配、体系完整、层次分明的综合性医疗卫生服务体系，建立覆盖城乡居民的基本医疗卫生制度。到2020年，每千人口医疗机构床位数达到4.5张。完善全科医生制度，到2020年每万人全科医生数达到2人。建立健全分级诊疗制度，严格实行基层首诊、双向转诊。推进医师合理流动，鼓励医师到基层、边远地区、医疗资源稀缺地区和其他有需求的医疗机构多点执业。积极推行家庭医生服务方式。完善疾病预防控制、妇幼保健、精神疾病等公共卫生服务网络。将农村妇女两癌筛查纳入合作医疗。深入推进中医药强县建设，充分发挥中医“治未病”和养生保健优势，提高中医药服务能力。

继续深化医药卫生体制改革。推进公立医院综合改革，明确公立医院基本职能，统筹推进公立医院管理体制、补偿机制、人事分配、药品供应、价格机制等综合改革。动态调整基本药物目录。推进公立医院实施按病种、按服务单位等定价模式，逐步理顺医疗服务价格比价关系。深化基层医疗卫生机构综合改革，加强基层医疗卫生机构服务能力建设，探索建立分级诊疗制度，健全完善医疗卫生机构绩效考核、收入分配和人员聘用等机制。进一步理顺医疗服务价格，实施财政、医保、价格三联动的补偿机制。探索跨区域统筹设置医疗卫生机构，提高资源共享率和利用效率。切实加强人口健康信息化建设，建成省、市、县互联互通的人口健康信息平台。不断加大优质医疗服务供给，发展远程医疗服务应用。鼓励社会办医，优化社会办医政策环境，促进非公立医疗机构与公立医疗机构享有同等待遇。

保障妇女健康问题。积极在社区、乡镇组织开展妇女健康知识讲座。提高女性自我保健意识及疾病防治意识。让女性平时有多预防、常体检、早发现，养成以预防为主，治疗为辅的健康观念，进一步增强了女性们的自我保护意识。启动两癌免费筛查活动。通过知识讲座等多种宣传手段，积极营造良好的筛查氛围，为全县适龄妇女进行“两癌”筛查登记，对影响妇女健康的重大疾病宫颈癌、乳腺癌、生殖道感染以及影响生活质量的常见病进行有计划的免费筛查。

大力发展体育事业。不断完善城乡公共服务体系，统筹规划体育设施建设。加强体育场馆和社区体育设施建设、管理和维护，在城市社区建设15分钟健身圈，新建社区的体育设施覆盖率达到100%，广泛开展全民健身活动，不断增强人民体质。发展竞技体育，积极拓展体育业态，推动体育产品品牌建设，扩大和引导体育消费，推动体育产业与旅游、文化等相关产业的互动发展，打造仁化休闲旅游和户外运动基地新形象。

第七节 促进人口长期均衡发展

坚持计划生育基本国策，优化人口结构，提高人口素质，积极稳妥有力应对老龄化挑战，实现健康老龄化。

调整优化人口结构。统筹人口数量、质量、结构、分布与经济布局相对均衡。区分城市规模和综合承载力，引导人口合理流动和布局。改善出生人口素质和结构，普及优生优育优教知识，强化出生缺陷的预防和干预，提升生殖健康水平，加强对出生人口性别比偏高问题的综合治理。完善人口计划生育管理服务体系。全县常住人口总量控制在23万人左右，确实做好妇幼健康和计划生育管理与服务工作，全面提升人口素质，努力完成人口计划。

应对人口老龄化。顺应人口老龄化趋势，建立覆盖城乡的老年保障体系，稳步提高养老保障和老年人医疗保障水平。优先发展社会养老，全面建立居家养老为基础、机构养老为支撑、社区养老为依托的多元化养老服务体系，着力解决农村养老问题，培育发展养老服务产业，鼓励扶持社会力量积极参与养老服务运营和管理。到2020年，每千名老人拥有养老服务床位数35张。发展普惠性的老年健康医疗福利，加强康复护理救助等面向老年人的公共服务设施建设。支持老年人继续为社会贡献宝贵经验和知识。重视老年人精神文化生活需求，积极推动老年文教体育事业发展，弘扬敬老风尚。

加强人口服务管理。加强全员人口管理，创新流动人口服务管理体制，完善居住证制度，拓展居住证基本公共服务功能，依法保障流动人口的合法权益。建立城乡统一的户口登记制度，完善全员人口信息库，建立人口基础信息共享机制，逐步实现跨部门、跨地区信息整合和共享，加快建立人口监测和预警机制。

加强对妇女儿童合法权益的维护。坚持男女平等，落实妇女儿童发展规划，保护妇女儿童权益，保障妇女平等参与经济社会发展权益，关注妇女儿童身心健康，改善儿童成长环境，加强未成年人保护。

第八节 完善公共文化服务体系

1. 构建现代公共文化服务体系

创建全国县级文明城市，完善文化基础设施，整合仁化历史文化资源和生态资源，打造特色文化品牌，保护和开发文化遗产，构建现代公共文化服务体系。

完善公共文化服务网络。牢固树立文化民生的理念，按照公益性、基本性、均等性、便利性的要求，加强公共文化服务体系和档案资源体系建设，推进实施“基层文化设施全覆盖工程”，构建覆盖城乡、结构合理、功能健全、实用高效的公共文化服务体系，切实保障人民基本文化权益。加快完善县、乡镇（街道）、村（社区）三级公共文化设施网络，到2020年建成城市“十分钟文化圈”和农村“十里文化圈”。完成各级文化场馆设施达标任务。到2020年，县图书馆、文化馆达到国家二级馆以上标准，县档案馆建设符合国家标准的“五位一体”综合档案馆，积极推进数字档案馆的建设。乡镇（街道）综合文化站达到省二级站以上标准，行政村（社区）按照“五个有”标准建成文化设施，每万人拥有公共文化设施面积（按常住人口计算，不含室外文化设施面积）达到1200平方米。完善公共文化设施配套建设。打造城市特色文化景观。加强城市夜景、文化广场、文化主题公园、文化商业街等城市特色文化景观的规划、建设、管理，增强我县宜居城乡建设文化内涵。推进文化惠民工程。继续实施和推进广播电视“村村通”，完成全省中央广播电视节目无线数字化覆盖工程，进一步扩大农村有线和无线广播电视信号综合覆盖。加快广电传统媒体与新媒体融合，大力推动广电新媒体平台建设，构建新型传播体系。继续实施和推进文化信息资源共享、乡镇和社区综合文化站（室）、农村电影放映和农家书屋等国家、省重点文化惠民工程项目建设，着手实施一批新的文化惠民工程建设项目，提高公共文化服务水平。到2020年，农家书屋基本覆盖全县所有行政村，文化信息共享工程服务网点基本覆盖到每个行政村。强化公共文化设施的服务功能，提高公共文化基础设施服务效率。推进城乡居民基本公共文化服务均等化。

提高公共文化产品和服务的供给能力。建立完善公共文化产品与服务供给体系。制定基本公共文化服务保障标准、技术标准和评价标准，促进基本公共文化服务标准化、均等化。不断提高公益性文化事业单位的管理水平和综合服务能力，扩大文化产品和服务供给范围，满足城乡群众就近选择享受文化服务、参与文化创造的需求。广泛开展群众文化活动，大力营造浓厚文化氛围，组织好节庆文化活动，丰富群众文化生活，促进全民文化艺术素质的提高。坚持面向基层、服务群众，加快推进重点文化惠民工程，加大对农村和欠发达地区文化建设的帮扶力度，继续推动公共文化服务设施向社会免费开放。引入竞争机制，推动公共文化服务社会化发展。建立和完善长效经费保障机制，构建文化精品创作生产平台，实施优秀文化人才培养和引进工程。

提升城市文化内涵和形象。以生态文化为研究工作重点，加强丹霞文化、禅宗文化、客属文化、名人文化、红色文化、矿冶文化等特色文化的研究，着力打造丹霞文化、名人文化、红色文化、客家文化和生态文化五个文化品牌。

加快全国县级文明城市创建工作，努力践行社会主义文明城市。围绕把仁化建成有道德内涵的城市、有文化活力的城市、有古道乡愁的城市，以城市规划合理，生态环境良好，经济比较发达，劳动就业充分，基础设施完善、社会保障健全，科技教育进步，文化体育繁荣，市民素质优良等为创建目标，扎实推进全国县级文明城市创建工作，力争2017年进入第五届“全国县级文明城市”行列。构建科学完善的文化遗产保护体系，加大文化遗产的挖掘与保护力度，加强非物质文化遗产的保护和传承，提高全社会文化遗产保护意识，科学编制历史文化名城保护规划，通过创建全国文明县城，增强我县的文化实力和竞争力。

2. 大力发展文化产业

优化文化产业结构和布局，创新文化产业发展模式，培育发展特色文化产业，建立统一开放、竞争有序的现代文化市场体系，促进文化产业加快发展，构建现代文化产业体系，不断提高文化产业增加值占GDP的比重。引入韶关市盛世和文化传播有限公司，依托我县周田镇风度古村进行"丹霞九龄风度文化创意基地"项目建设，总投资7800万元，包括九龄文化街、红豆杉观赏园、生态观赏园、古民居考古体验、孝文化培训、民俗文化表演、祈福文化、九龄创意产业园、农民文化艺术中心、中国高等美术院校丹霞周田写生基地、民俗文化风情街、鲶鱼转水上乐园等十二个子项目。

构建现代文化产业体系。研究制订全县文化产业发展规划，依托仁化特色资源，确立产业发展方向，明确产业发展重点，加强对全县文化产业的统筹规划和科学布局，不断完善产业结构和布局。重点发展出版发行业、广电服务业、文化艺术服务业、娱乐业、广告业、文化产品制造业等产业。坚持文化大产业理念，推进文化创意与其他产业融合发展，做大做强环丹（生态）旅游产业园，形成重大产业项目、特色文化项目、小微文化企业并驾齐驱的良好局面。推动文化与科技融合，以科技创新推动文化业态和生产、传播方式创新，拓展新型文化产品和服务。推动文化与旅游融合，大力发展文化旅游休闲产业。推动文化与商业融合，大力发展时尚文化产业。推动文化与体育健身产业融合，大力发展文化体育产业。培育发展特色文化产业。整合丹霞文化、禅宗文化、生态文化等特色文化资源，积极培育、做大做强优势产业和龙头产业项目，构建特色文化产业体系，使特色文化产业成为经济发展新增长点。

建立现代文化市场体系。建全多层次的文化产品、服务和要素市场，鼓励金融资本、社会资本、文化资源相结合，完善文化市场准入和退出机制，鼓励各类市场主体公平竞争、优胜劣汰，充分发挥市场在文化资源配置中的决定性作用，规范市场秩序，优化市场环境，构建统一开放、竞争有序的现代文化市场体系。积极开发移动电视、网络广播电视等以网络为载体的新兴市场。研究建立文化知识产权的价值评估体系，设立价值评估中介机构和抵（质）押登记、交易平台。完善社科文艺精品创作生产评价制度，充分发挥奖励扶持机制在文化产品创作生产中的示范、导向和激励作用。打造地域特色文化品牌推动文化产业与金融机构的战略合作，拓宽民营文化产业投融资渠道，引导和培育多层次、多样化的文化消费，形成促进文化产业发展的市场环境。

3. 深化文化体制改革

完善文化管理体制和文化生产经营机制，建立健全现代公共文化服务体系，推动文化事业全面繁荣和文化产业快速发展。

推进文化管理体制机制创新。按照政企分开、政事分开原则，进一步理顺党政部门与文化企事业单位关系，推动政府部门由办文化向管文化转变，由单一行政管理向依靠法律、科技、经济等综合管理转变。健全国有文化资产管理体制，出台国有文化资产监管办法，建立党委和政府监管国有文化资产管理机构，实现管人、管事、管资产、管导向"四向"相统一。创新和完善政府采购、服务外包、志愿者服务等公共文化服务方式，推动公共文化服务项目外包和设施委托管理。创新公共文化场馆管理运行机制，推动公共图书馆、博物馆、文化馆、科技馆等组建理事会，吸纳有关方面代表、专业人士、各界群众参与管理，完善决策和监督机制，提高服务水平，提升使用效率。

推进国有经营性文化单位转企改制。分类推进文化事业单位改革，明确不同文化事业单位功能定位，完善绩效考核机制，深化事业单位内部人事、收入分配、社会保障制度改革。全面推进国有经营性文化事业单位转企改制，加快公司制、股份制改造，建立现代企业制度和规范的法人治理结构，推动文化事业单位形成责任明确、行为规范、富有效率、服务优良的运行机制。加强传统主流媒体建设，提高我县传统主流媒体的整体实力和综合竞争力。

鼓励非公有制文化企业发展。降低社会资本进入门槛，扩大非公有制文化企业准入领域，在国家许可范围内，引导社会资本以多种形式投资文化产业，参与国有经营性文化单位转企改制，参与国有文化企业重组，参与重大文化产业项目实施，并在投资核准、信用贷款、土地使用、税收优惠、对外贸易和申请专项资金等方面，给予与国有资本投资同等支持。培育文化非营利组织，引导和鼓励社会力量通过兴办实体、资助项目、赞助活动、提供设施等形式参与公共文化服务体系建设。加强和改进对非公文化企业服务和管理，引导投资方向，抑制无序竞争，促进其自觉履行社会责任。支持各种形式小微文化企业发展，鼓励他们走“专、精、特、新”路子，充分发挥他们在调整产业结构、扩大内需、增加就业等方面的积极作用，激发全民创业热情和文化创造活力。

第九节　创建和谐稳定法治环境　建设平安仁化

贯彻落实中央关于建设中国特色社会主义法治体系、建设社会主义法治国家的要求，全面推进依法治县，加快建设法治仁化。坚决维护宪法法律权威，依法维护人民权益、维护社会公平正义、维护社会大局稳定，实现科学立法、严格执法、公正司法、全民守法，促进治理体系和治理能力现代化。

建设法治政府。建立权责统一、权威高效的依法行政体制，使各级政府在法治轨道上开展工作，加快建设职能科学、权责法定、执法严明、公开公正、廉洁高效、守法诚信的法治政府。依法全面履行政府职能。健全依法决策机制。严格规范公正文明执法。加强对行政权力的制约和监督。保证公正司法。

推进法治社会建设。大力弘扬社会主义法治精神，建设社会主义法治文化，增强全社会厉行法治的积极性和主动性，形成守法光荣、违法可耻的社会氛围。深入开展法治宣传教育。健全依法维权和矛盾纠纷预防化解机制。健全法律服务体系，加大“两违”防控巡查力度，严厉打击“两违”建设行为，努力构建整治和规范相结合的城建管理新机制。

创新社会治理体系。遵循社会各方面共同参与社会治理的改革方向，着力改进社会治理方式，提高社会治理水平，实现政府治理和社会自我调节、居民自治良性互动。培育、孵化服务型社会组织，加大政府购买社会服务力度，激发社会组织活力。

完善城乡基层社会治理机制。健全基层综合服务管理平台，推进基层管理网格化、基层服务社会化，建立多元主体参与的新型社区治理模式。健全村（社区）民主自治制度，创新符合地方实际的村（社区）民自治有效实现形式。完善村（社区）民参与社会治理机制，增强参与社会治理能力，扩大对公共事务参与范围。积极稳妥推进村（社区）政经分离改革，增强村（社区）公共服务能力。完善城乡基层治理体制，强化基层治理责任，健全党组织与基层群众普遍直接联系的制度。

创新城乡基层社会治理机制，全面落实乡镇（街道）领导干部驻点普遍直接联系群众工作和“两代表一委员”直接联系群众制度，巩固和完善

“一厅三档案”（干群会客厅、企忧档案、民信档案、民忧档案），确保该活动制度化、常态化、长效化，将其打造成全国加强社会治理的品牌。规范社会组织管理，提高社会组织服务能力。

完善社会志愿服务体系。健全社会工作制度，加大社工专业人才队伍建设力度。支持和发展志愿服务组织，大力发展志愿服务事业，积极引导民间力量参与社会治理，建立覆盖全社会的志愿服务体系。健全志愿服务事业国际化、社会化发展机制。培育发展社区社会组织和志愿服务活动。大力发展以党员干部、团员青年、各类代表委员、专业技术人员和社会组织骨干为主力的社区志愿服务组织，建立社区志愿者公开招募、登记注册、爱心储蓄激励等机制，积极开展开展文明劝导、社区服务、治安巡防、文体教育、科普宣传、应急救援、环境卫生、公益帮扶等社区志愿活动。采取党组织导航、典型引路和政策综合扶持等方式，积极培育社区公益慈善类、科普宣传类、文体健身类、居民互助类等社团组织，引导社区成员参与社区建设。

保障食品安全。第一，落实企业和政府责任。根据食品安全法，食品生产经营者负有保证食品安全的社会责任，各级地方人民政府负有对本行政区域的食品安全监管工作统一领导、组织、协调的责任，各有关部门要坚持统一协调与分工负责相结合，认真履行职责，搞好监督指导。第二，要进一步完善和强化责任制度与问责制度，推动食品安全监管工作顺利进行。食品安全监管部门必须敬业尽责，以对百姓生命高度负责的态度对食品市场加大检查频率，拓宽覆盖范围，最好做到常规检查和突击检查相结合，保证食品安全市场的“零死角”。坚决打击食品安全领域各种违法生产经营的行为，严肃查处并追究监管不力的行为，真正做到有法必依、违法必究、执法必严。第三，建立完善的食品安全应急体系。整合食品卫生监督、质检、工商为主的政府职能部门资源，使各有关部门的监管工作有机衔接起来，让市场监管到位。第四，努力提升社会的道德良心水准。食品安全问题要得到有效遏制，相关部门要加大宣传力度，真正调动起广大老百姓监督食品市场安全的积极性和能动性，保障人民的身体健康。

保障药品安全。加强药品安全监管，完善产地准出、市场准入、问题药品召回和信息可追溯制度。开展药品安全风险和舆情监测，建立风险监测网络。健全药品安全管理“零容忍”机制，加快建立最严格的覆盖全过程的监管制度。强化质量抽检和检测，严惩制假、贩假等违法犯罪行为，切实保证药品质量和安全，维护人民生命安全健康。

提高安全生产水平。深化安全生产管理体制改革，扩大安全监管部门管理权限，健全安全生产监管监察体制机制，防止和减少安全事故。加强企业安全管理，推进安全生产标准化建设，保证安全生产投入。提高公众安全意识，保障全民职业安全健康权益，有效控制工矿商贸就业人员的伤残率及职业病发病率。

健全公共安全体系。强化食品安全、药品安全、安全生产、社会治安、应急管理等领域工作。完善食品药品行政管理体系、技术支撑体系和监管网络，加强能力建设，组建乡镇监管机构，落实行政村（社区）协管员制度，构建“县、乡、村”三级食品药品监管网络。完善安全生产投入机制，加大政府投入力度，开展安全生产示范工程建设，重点实施公共安全基础设施、技术支撑体系建设、应急救援建设、改善安全生产监管条件等方面项目，强化安全生产责任。完善治安联防联控体系，加强对公共场所、重点单位、人群、设施的管理防范，强化单位、社区治保队伍建设，调动群众全面参与治安工作的积极性。加强应急体系建设，积极预防和有效应对突发社会安全事件。

完善公共突发事件应急处置体系。健全对事故灾难、公共卫生事件、食品安全事件、社会安全事件、重大环境污染事件的预防预警和应急处置体系，提高政府应对公共突发事件能力。加强应急联动机制，加快应急平台建设。实施分级管理，明确各级政府的责任，进一步完善突发公共事件专项应急预案、部门应急预案和地方应急预案。强化公共场所应急体系建设。加强宣传教育和应急演练，提高公众自救、互救和应对各类突发公共事件的综合能力。

强化粮食等重要物资储备。健全重要物资储备及安全监管预测预警体系，统筹安排实物储备和能力储备，确保关系国计民生的重要物资充足、安全供应。全面落实粮食和食用植物油储备，完善粮油市场监测网络和应急体系，推进粮食基础设施建设，增强政府对粮食的宏观调控能力。强化粮食流通监管，完善粮食购销管理体系，确保粮食数量、质量安全。

增强防灾减灾能力。加强气象、地震、地质和风暴潮等灾害监测预报工作，完善重大灾害监测预警和应急服务体系。加强人口和产业密集地区防灾减灾设施建设。加快建立地质灾害易发区调查评价体系、检测预警体系、防治体系和应急体系，加大重点区域地质灾害治理力度，加强灾害救援队伍建设，提高物资保障水平。推行自然灾害风险评估，科学安排生产生活设施布局。

加强社会治安综合治理。推进社会治安综合治理防控体系建设工程，严密防范、依法打击各类违法犯罪活动，全面加强禁毒工作。完善重大社会决策、重大工程项目社会稳定风险评估机制。健全社会舆情汇集分析机制，完善网络问政和信访工作机制，畅通群众利益诉求和权益保障渠道，积极预防和妥善处置各类群体性事件，切实把各类矛盾纠纷解决在萌芽状态。扎实推进基层综治信访维稳中心建设。严厉打击两抢一盗、黑恶势力、非法集资、赌博、吸毒等各类违法犯罪行为，确保每一宗案件在阳光下公正、公平，全力提高群众安全感和群众对政法工作的满意度。加强消防基础设施建设。健全互联网安全管理制度。维护国家安全和社会稳定。

加强国防动员基础能力建设。继续完善国民经济动员组织机构体系，大力推进国民经济动员常态化建设。重点在交通基础设施、城市管网、电力电信基础设施以及重大信息化建设上，兼顾国防动员需求。认真贯彻落实《中华人民共和国国防动员法》，增强国防意识，推进国防科技工业军民深度融合发展。

第十章 保障措施

第一节 狠抓项目 全力推进支撑体系建设

以重大项目为抓手，加强与华侨城等战略投资者合作，积极推进规划实施载体建设，为规划有效落实提供坚实保障。谋划一批、实施一批重大项目，优化重大项目投资行业结构和区域分布结构，健全重点项目储备库。仁化县“十三五”规划重点建设项目110项，总投资696.80亿元，“十三五”期间投资483.65亿元。“十三五”规划重点前期工作项目12项，总投资10.78亿元。

1. 交通运输项目

“十三五”规划重点建设项目11项，估算投资5.74亿元，“十三五”期间投资5.74亿元。重点建设仁化县X296线长江至白洞矿场段公路改建工程、仁化县三、四级公路安全生命防护工程、新农村公路路面硬化工程、仁化县X336线长江至城口段路面改造工程、长江至万时山公路改建工程、S345线仁化董塘至乐昌坳等项目。

2. 能源保障项目

“十三五”规划重点建设项目5项，估算总投资32.08亿元，“十三五”期间投资22.08亿元。重点建设广东华电以分布式能源项目为代表的新能源项目（韶关市仁化县）、风电项目、天然气管道及气库建设、仁化中低压配电网建设、风电项目、仁化变电站增容扩建项目等项目。

3. 水利建设项目

“十三五”规划重点建设项目25项，估算总投资45.97亿元，“十三五”期间投资45.97亿元。重点建设仁化灌区改造工程（含2014、2015年度农田水利重点县项目、2014年田间工程及25个灌区）、浈江治理工程（仁化县段）项目、浈江防洪体系建设（5个在编项目）、仁化江河治理工程（6个项目段）、仁化中小河流域综合整治工程（11个镇）、仁化山洪沟治理工程（11个镇）、水生态环境保护工程（23个项目）、仁化大中型水库水生态修复工程（4宗）、浈江新庄电站–湾头电站水库防洪体系建设、仁化灌区改造工程（各乡镇在编中小型项目）、仁化县田间工程（规划2016年至2020年）、山区五市中小河流治理项目等项目。

4. 先进制造业项目

“十三五”规划重点建设项目15项，估算总投资38.81亿元，“十三五”期间投资33.71亿元。重点建设仁化县有色金属循环经济产业基地基础设施建设、韶关仁化银海集团有价多金属综合回收异地升级扩建项目、凡口铅锌矿选矿厂技术升级改造工程、广东力圣蓄电池有限公司、广东广纤实业有限公司、年产60万吨优质低铁石英砂、鸿伟木业刨花板贴面及家具深加工项目、丹霞冶炼厂镓锗铟铜综合回收项目、东莞大通家具产业转移项目等项目。

5. 现代服务业项目

“十三五”规划重点建设项目25项，估算总投资468.43亿元，“十三五”期间投资308.43亿元。重点建设韶关仁化华南大宗农产品物流交易中心、韶关仁化宝能国际旅游度假项目、韶关仁化梦幻丹霞项目（广东一和）、温泉漂流度假村项目、韶关仁化凤鸣谷文化旅游度假村、韶关丹霞山南门古洋水乡度假区、丹霞山北门水上入口综合服务区、广东韶关丹霞山博士生态园实业有限公司、韶关丹霞源国家水利风景区建设项目、韶关广东岭南人文科技创业园、韶关”丹霞之吻”爱情村旅游文化产业园项目、仁化县旭日农业科技种植酿酒生态旅游度假观光园、万时山生态旅游项目、丹霞山别传寺灵树禅院、石塘古村旅游项目、长盛商业街、金海霞度假村、仁化水上飞机等项目。

6. 现代农业项目

“十三五”规划重点建设项目6项，估算总投资30.3亿元，“十三五”期间投资17.3亿元。重点建设韶关仁化宝能生态观光现代农业综合园、山楂种植与深加工项目、仁化县千亩自然生态灵芝公园、丹霞红花油茶文化创意产业园、仁化县城口镇蓝森生态农业园项目等项目。

7. 宜居城乡项目

“十三五”规划重点建设项目13项，估算总投资40.96亿元，“十三五”期间投资31.91亿元。重点建设韶关市仁化县“丹霞彩虹”省级新农村示范片建设、绿道二期建设（卜古岭至丹霞山山门段）、北门片市政工程二期、丹霞新城、董塘新城、长江综治中心地块开发、碧翠园、周田街道基础设施改造、“三馆”文化综合大楼、南岭生态气象中心等项目。

8. 绿色生态项目

“十三五”规划重点建设项目3项，估算总投资26.53亿元，“十三五”期间投资11.53亿元。重点建设仁化县董塘镇土壤修复与150MW光伏发电综合利用示范项目、村镇环境综合整治项目、仁化污水处理厂二期及管网三期铺设等项目。

9. 民生保障项目

“十三五”规划重点建设项目7项，估算总投资7.98亿元，“十三五”期间投资6.98亿元。韶关市仁化县晟泰花园项目（国有工矿棚户区改造）、仁化中医院、市政道路排水工程、北门片区第二小学、镇自来水工程改造、仁化县妇幼保健计划生育服务中心改扩建项目等项目。

第二节　建立和完善规划实施保障机制

完善规划体系，强化政策引导和要素保障，制定规划年度实施方案，建立保障规划实施的长效机制。

1. 完善规划体系

强化县国民经济和社会发展总体规划的引导地位，县级专项规划和镇（街）规划要切实贯彻县总体规划的战略意图和主要任务，加强与总体规划各项指标的衔接。以国民经济和社会发展规划为依据，突出主体功能区规划的总控性地位，探索推行主体功能区规划、城乡规划、土地利用规划、环保规划等各类空间规划“多规合一”。探索推进县镇（街）经济社会发展规划改革创新，统筹推动县镇（街）空间“一张图”管理。

2. 加强政策引导

围绕发展重点领域，研究制定一系列能够有效解决突出矛盾、营造公平环境、激发社会活力的重大政策举措，为各项发展目标提供有力支撑。重点围绕完善现代市场体系、推动经济转型升级和创新驱动发展、提高民生保障水平、促进城乡区域一体化发展、推进资源节约和环境保护、提升文化软实力等重点领域和关键环节，加强政策储备、研究制定和协调落实，推动形成有效的政策预期和导向。

3. 制定年度实施方案

按照规划确定的发展目标、主要任务，制订规划年度实施方案，细化工作分工，明确工作责任，逐年逐项落实目标任务。强化对推进全面建成小康社会各项任务目标的落实，把实施短板指标的推进工作作为年度任务重点，确保完成全面建成小康社会目标。加强年度实施方案与年度计划的衔接协调。

4. 强化要素保障

加强资金、土地、能源及重要商品物资等要素对规划实施的保障作用。优化财政支出结构和政府投资结构，优先安排涉及民生、公共服务和城乡一体化等领域的财政支出和项目投入，集中财力保证政府投资重大项目的资金需求。科学调控土地供应，合理调整用地结构，优化土地资源配置和空间布局，优先保证保障性住房、重点发展平台开发、公共服务改善、重大基础设施和高端产业项目建设等方面的土地需求。注重需求侧管理和供给保障能力建设，完善能源和重要商品物资管理。

第三节　建立健全规划监督考核机制

完善规划实施监督评估制度，强化组织实施，扩大公众参与，落实规划目标任务。

1. 加强指标约束

本规划确定的约束性指标要纳入镇（街）、县直有关部门经济社会发展综合评价和绩效考核，并分解落实到各镇（街）和县直有关部门，实行规划目标责任制。县政府要将约束性指标和各项任务分解到年度，纳入经济社会发展年度计划。

2. 加强评估考核

各级政府要强化对规划有关结构优化、民生改善、资源节约、生态环境、社会环境和基本公共服务等方面目标任务完成情况的综合评价考核，建立科学合理的各级政府考核机制。考核结果作为各级政府领导班子调整和领导干部选拔任用、奖励惩戒的重要依据。完善规划年度考核和中期评估制度，检查规划落实情况，分析规划实施效果，及时查找问题、解决问题。

3. 加强社会监督

加大规划宣传力度，使公众深入了解“十三五”经济社会发展宏伟蓝图，进一步凝聚社会共识，激发发展热情。积极探索创新公众参与形式，拓宽公众参与渠道，完善规划实施的公众参与和民主监督机制。及时公开规划实施情况，主动接受社会民主监督。

附表1

仁化县“十二五”经济和社会发展主要指标表

序号	指标	计量单位	“十二五”完成情况		“十二五”规划目标				完成情况	备注
			2015年（预计）	2011—2015年均递增（%）	2015年	2011—2015年均递增（%）	2015年（中期评估调整）	2011—2015年均递增（%）（中期评估调整）		
	全县合计（27项）									
一	经济发展（5项）									
1	地区生产总值（GDP）	亿元	93.4	6.8	120	13以上	由120调为108	由13调为11以上	难以完成	
	其中:第一产业增加值	亿元	18.8	5.4	15	6			难以完成	
	第二产业增加值	亿元	35.8	4.3	69	14			难以完成	
	*工业增加值	亿元	31.8	3.7	64	13.6			难以完成	
	建筑业增加值	亿元	3.99	10.7	5	18			难以完成	
	第三产业增加值	亿元	38.8	11	36	17			难以完成	
	三次产业比例	—	19.9:38.3:41.8	—	13:57:30	—			难以完成	
2	人均地区生产总值（人均GDP）	元	45197	6.4	52000	12.5以上			难以完成	
3	全社会固定资产投资	亿元	60.56	12.1	80	18以上	由80调为65	由18调为12以上	难以完成	
4	社会消费品零售总额	亿元	27.6	13.5	30	15			难以完成	
5	地方财政一般预算收入	亿元	6.0988	12.57	7	15以上			难以完成	
二	社会发展（13项）									
1	城镇居民人均可支配收入	元	21153	10.4	20000	9			可完成	

续上表

序号	指标	计量单位	“十二五”完成情况		“十二五”规划目标				完成情况	备注
			2015年（预计）	2011—2015年均递增（%）	2015年	2011—2015年均递增（%）	2015年（中期评估调整）	2011—2015年均递增（%）（中期评估调整）		
2	农村居民人均纯收入	元	12552	13.1	11000	10			可完成	
3	城镇登记失业率	%	2.42	—	3.5以内	—			可完成	
4	转移农业劳动力人数	人	累计28303人	—	—	五年累计4万人			难以完成	
5	高中阶段教育毛入学率	%	97	—	93	—			可完成	
6	九年义务教育完成率	%	100	—	93	—	由93调为100		可完成	约束性
7	城乡居民老养保险参保人数	人	73731	—	全覆盖	—	由全覆盖调为70800		可完成	约束性
8	城乡居民医疗保险参保人数	人	174849	—	全覆盖	—	由全覆盖调为172000		可完成	
9	城乡三项医疗保险参保率	%	100	—	95	—	由95调为99		可完成	约束性
10	城镇保障性安居工程建设	套	五年累计648套	—	五年累计60	—	由五年60调为累计210		可完成	约束性
11	常住人口	万人	20.75	—	23	—	由23调为20.7		可完成	
12	人口自然增长率	‰	5.83	—	8	—			可完成	约束性
13	全社会平均期望寿命	岁	77.4	—	76	—			可完成	
三	资源环境（9项）									
1	单位生产总值能源消耗降低	%	-18	-18	—	五年累计下降15	比2010年下降18		可完成	约束性
2	单位工业增加值用水量降低	%	待市核定	—	—	五年累计下降20	比2010年下降34		可完成	约束性
3	非化石能源占一次性能源消费比重	%	待市核定	—	8	—			可完成	约束性

续上表

序号	指标	计量单位	“十二五”完成情况		“十二五”规划目标				完成情况	备注
			2015年（预计）	2011—2015年均递增（%）	2015年	2011—2015年均递增（%）	2015年（中期评估调整）	2011—2015年均递增（%）（中期评估调整）		
4	城镇生活污水集中处理率	%	76	—	75	—			可完成	
5	城镇生活垃圾无害化处理率	%	96	—	90	—			可完成	
6	单位生产总值二氧化碳排放降低	%	待市核定	—	—	五年累计下降15			可完成	约束性
7	主要污染物排放量									约束性
	①二氧化硫	吨	1719	—	—	五年累计下降8%	比2010年减少71.58%		可完成	
	②化学需氧量（COD）	吨	3190	—	—	五年累计下降8%	比2010年减少13.26%		可完成	
	③氨氮	吨	272	—	—	五年累计下降8%	比2010年减少15.55%		可完成	
	④氮氧化物	吨	804	—	—	五年累计下降12%	与2010年持平		可完成	
8	森林增长（包括以下两项指标）									约束性
	①森林覆盖率	%	78.9	—	＞75.1	—	由＞75.1调为78.9		可完成	
	②森林蓄积量	万立方米	1125.7	—	1000	—	由1000调为1000以上		可完成	
9	耕地保有量	公顷	21446	—	20371	—	20371		可完成	约束性

说明：①地区生产总值和城乡居民收入绝对数按2010年价格计算，速度按可比价计算；②常住人口按五普口径计算，待国家公布六普数据后再做调整；③“三项医疗保险”是指城镇职工基本医疗保险、城镇居民基本医疗保险、新型农村合作医疗；④约束性指标尚需根据国家、省、市分解下达意见调整；⑤在“属性”栏目当中，除了“约束性”指标，其余均为“预期性”指标

附表2

仁化县“十三五”经济和社会发展主要指标表

序号	指标		2015年	2020年	年均增长	属性
一、经济发展						
1	地区生产总值（2010年不变价，万元）		872368	1342246	9	预期性
2	人均地区生产总值（2010年不变价，元）		42215	62033	8	预期性
3	城镇化率	户籍人口城镇化率（%）	24.2	45	13.2	预期性
		常住人口城镇化率（%）	38.75	60	9.1	
4	服务业增加值比重（%）		41.8	47	2.4	预期性
5	宽带接入能力	城市宽带接入能力（Mbps）	20Mbps	100Mbps	16%	约束性
		农村宽带接入能力（Mbps）	（镇区用户）8Mbps	（全县用户）20Mbps	15%	
6	进出口总额（含货物贸易额+服务贸易额，万美元）		1400	2200	10%	预期性
7	实际利用外资金额（万美元）		721	1500	10%	预期性
二、创新驱动						
8	研究与发展经费支出占地区生产总值比例（%）		0.36	1	12.80%	预期性
9	科技进步贡献率（%）		完成市下达任务			预期性
10	技术自给率（%）		完成市下达任务			预期性
11	每万人发明专利拥有量（件）		0.25	0.6	7%	预期性
12	新增劳动力平均受教育年限（年）			12		约束性
13	主要劳动力年龄人口接受高等教育比例（%）		完成市下达任务			预期性
三、民生福祉						

续上表

序号	指标		2015年	2020年	年均增长	属性
14	城乡居民人均可支配收入（元）		15290	25000	10.3	预期性
15	城镇就业	城镇调查失业率（%）	2.42	3	—	预期性
		城镇新增就业人数（人）	3128（五年累计18729）	完成市下达任务		
16	每千人口执业（助理）医师数（人）		1.6	2.5	18	约束性
17	贫困发生率（%）		6.06	完成市下达任务		约束性
18	城镇保障性安居工程建设（套）		68（累计648）	完成市下达任务		约束性
19	每千名老年人口养老床位数（张）		11	完成市下达任务		约束性
四、生态文明						
20	耕地保有量（万公顷）		2.1446	完成市下达任务		约束性
21	万元GDP用水量（m^3/万元）		完成市下达任务			约束性
22	非化石能源占能源消费比重（%）		完成市下达任务			约束性
23	单位生产总值能源消耗降低（%）		完成市下达任务			约束性
24	单位生产总值二氧化碳排放降低（%）		完成市下达任务			约束性
25	主要污染物排放减少	化学需氧量（%）	3190	完成市下达任务		约束性
		二氧化硫（%）	1719			
		氨氮（%）	272			
		氮氧化物（%）	804			
26	空气质量达标率（%）		98.9	完成市下达任务		约束性
	其中，PM2.5浓度（微克/立方米）		完成市下达任务			
27	水质断面达标比例（%）		完成市下达任务			约束性
28	森林发展	森林覆盖率（%）	78.9	80	0.22	约束性
		森林蓄积量（万立方米）	1125.7	1325.7	40	

注：第17项指标，2015年贫困发生率按照4000元新时期扶贫标准计算，2020年以当年扶贫标准衡量

附表3：

仁化县“十三五”规划重点建设项目计划表

填表单位（盖章）：

序号	项目名称	建设阶段	建设规模	建设起止年限	总投资（万元）							到2015年底预计完成投资（万元）	“十三五”期间投资（万元）	新增建设用地情况		责任单位	备注
					小计			市县财政	银行贷款	企业自有	其他			合计（亩）	其中农用地（亩）		
	总计（110项）				6968021	2061	49862	59157	6000	5101116	296103	478065	4836521	19095	4160		
	一、交通运输项目（11项）				57369	1761	1585	0	0	0	537	0	57369	390	0		
1	S345线仁化董塘至乐昌坳	新建		2016–2017	3880	1761	1585				537		3880			公路局	
2	仁化县X335线上社至马岭段公路改线工程（二期）	新建	14.588公里	2016–2017	1800								1800			地方公路管理站	
3	仁化县X296线长江至白洞矿场段公路改建工程	新建	16.300公里	2016–2018	9673								9673			地方公路管理站	

续上表

序号	项目名称	建设阶段	建设规模	建设起止年限	总投资（万元）							到2015年底预计完成投资（万元）	“十三五”期间投资（万元）	新增建设用地情况		责任单位	备注
					小计			市县财政	银行贷款	企业自有	其他			合计（亩）	其中农用地（亩）		
4	仁化县X793线谭屋至月岭段路面大修工程	新建	14.275公里	2016–2017	1723								1723			地方公路管理站	
5	仁化县X336线长江至城口段路面改造工程	新建	26.800公里	2016–2017	2999								2999			地方公路管理站	
6	瑶山至芙芷坝公路改建工程	新建	7.300公里	2017–2018	876								876			地方公路管理站	
7	长江至万时山公路改建工程	新建	20公里	2017–2019	2400								2400			地方公路管理站	
8	仁化县三、四级公路安全生命防护工程	新建	510.575公里	2016–2020	9017								9017			地方公路管理站	
9	新农村公路路面硬化工程	新建	200公里	2016–2020	7000								7000			地方公路管理站	

续上表

序号	项目名称	建设阶段	建设规模	建设起止年限	总投资（万元）							到2015年底预计完成投资（万元）	“十三五”期间投资（万元）	新增建设用地情况		责任单位	备注
					小计			市县财政	银行贷款	企业自有	其他			合计（亩）	其中农用地（亩）		
10	北环城路	新建	5公里	2016–2020	13000								13000	300		交通局、住建局	
11	南环城路	新建	1.5公里	2016–2020	5000								5000	90		交通局、住建局	
	二、能源保障项目（5项）				320814	0	0	0	0	221500	0	0	220814	180	0		
1	风电项目	新建	规划装机容量10万千瓦。	2016–2018	80000								80000	40		发改局	已列入广东省陆地风电发展规划（2013–2022年）
2	广东华电以分布式能源项目为代表的新能源项目（韶关市仁化县）	新建	建设以分布式能源项目为代表的新能源项目，建设装机容量为20–50万千瓦的能源站为仁化县有色金属循环经济产业基地提供清洁能源。	2016–2025	200000					200000			100000	140		基地管委会	

续上表

序号	项目名称	建设阶段	建设规模	建设起止年限	总投资（万元）							到2015年底预计完成投资（万元）	“十三五”期间投资（万元）	新增建设用地情况		责任单位	备注
					小计			市县财政	银行贷款	企业自有	其他			合计（亩）	其中农用地（亩）		
3	天然气管道及气库建设	新建	整个周田城区及近郊管道天然气普及	2016–2020	21500					21500			21500			周田镇	
4	仁化变电站增容扩建项目	新建	110千伏大岭站第二台主变扩建工程，110千伏仁化周田#2主变扩建工程，110千伏仁化城口#2主变扩建工程，累计新增35千伏及以上变电容量120兆伏安	2016–2020	3127								3127			供电局	
5	仁化中低压配电网建设	新建	“十三五”期间中低压配电网建设计划投资16187.97万元。建设电缆线路34.5km，电缆沟15km；新建架空线路4回，累计66.5km。新增自动化开关140台。改造残旧10kV线路总长172.34km。改造台区102个。	2016–2020	16187								16187			供电局	

续上表

序号	项目名称	建设阶段	建设规模	建设起止年限	总投资（万元）							到2015年底预计完成投资（万元）	“十三五”期间投资（万元）	新增建设用地情况		责任单位	备注
					小计			市县财政	银行贷款	企业自有	其他			合计（亩）	其中农用地（亩）		
	三、水利项目（25项）				459751	0	36907	15817	0	0	0	12565	459751	0	0		
1	仁化灌区改造工程（含2014、2015年度农田水利重点县项目、2014年田间工程及25个灌区）	续、拟建	渠道及渠系建筑物改造，改善灌溉条件	2011-2020	29036								29036			水务局	仁化灌区改造工程（含2014、2015年度农田水利重点县项目、2014年田间工程已于十二五”期间完成；25个灌区到2015年底已完成十二五”期间完成7宗，由于该类项目规划已取消，不应再编入十三五”规划中。故本项应予以取消。）
2	仁化小水电站挖潜改造（6宗）	续建	升级改造	2011-2020	5963								5963			水务局	

续上表

序号	项目名称	建设阶段	建设规模	建设起止年限	总投资（万元）							到2015年底预计完成投资（万元）	“十三五”期间投资（万元）	新增建设用地情况		责任单位	备注
					小计			市县财政	银行贷款	企业自有	其他			合计（亩）	其中农用地（亩）		
3	11个水利管理所建设（11个乡镇）	拟建	升级改造	2011–2020	2200								2200			水务局	
4	集中式水厂水质能力检测室（11个乡镇水厂）	拟建		2011–2020	2500								2500			水务局	
5	浈江治理工程（仁化县段）项目	拟建	治理河道总长38.4 km，新建堤防40.35km，河道疏浚38.4 km。	2016–2020	34155								34155			水务局	该项目暂无具体的规划任务要求，应予以取消。
6	浈江防洪体系建设（5个在编项目）	拟建	管理机构、水文观测、预警体系建设	2016–2020	48000								48000				

续上表

序号	项目名称	建设阶段	建设规模	建设起止年限	总投资（万元）							到2015年底预计完成投资（万元）	“十三五”期间投资（万元）	新增建设用地情况		责任单位	备注
					小计			市县财政	银行贷款	企业自有	其他			合计（亩）	其中农用地（亩）		
7	仁化江河治理工程（6个项目段）	拟建	新建堤防、涉河建筑物、河道疏浚	2016–2020	18000								18000			水务局	该类项目已于十二五”期间提前完成，不应再编入十三五”规划中。故本项应予以取消。
8	仁化中小河流域综合整治工程（11个镇）	拟建	岸坡处理、河道疏浚、生态修复	2016–2020	33000								33000			水务局	该类项目已归由山区五市中小河流治理项目于十二五”期间提前实施，不应再编入十三五”规划中。故本项应予以取消。

续上表

序号	项目名称	建设阶段	建设规模	建设起止年限	总投资（万元）							到2015年底预计完成投资（万元）	“十三五”期间投资（万元）	新增建设用地情况		责任单位	备注
					小计			市县财政	银行贷款	企业自有	其他			合计（亩）	其中农用地（亩）		
9	仁化山洪沟治理工程（11个镇）	拟建	治理山洪沟，修建挡砂坝	2016–2020	42800								42800			水务局	
10	水生态环境保护工程（23个项目）	拟建	岸坡处理、河道疏浚、生态修复	2016–2020	69000								69000			水务局	
11	仁化大中型水库水生态修复工程（4宗）	拟建	整治库区3.870万亩	2016–2020	24000								24000			水务局	
12	浈江新庄电站–湾头电站水库防洪体系建设	拟建	整治库区2万亩	2016–2020	15000								15000			水务局	
13	仁化大中型水库水资源保护规划项目（4宗）	拟建	污染源治理、水土保持、富营养化防治等	2016–2020	5085								5085			水务局	

续上表

序号	项目名称	建设阶段	建设规模	建设起止年限	总投资（万元）							到2015年底预计完成投资（万元）	“十三五”期间投资（万元）	新增建设用地情况		责任单位	备注
					小计			市县财政	银行贷款	企业自有	其他			合计（亩）	其中农用地（亩）		
14	河道修复工程（丹霞源水利风景区）	拟建	设置生态护岸，修复河道水生态系统	2016–2020	3000								3000			水务局	
15	水生态监测站（丹霞源水利风景区丹霞街道办、城口、扶溪项目）	拟建	建设水生态监测站，开展水科研监测工作	2016–2020	1000								1000			水务局	
16	生态绿道（丹霞源水利风景区丹霞街道办、城口、扶溪项目）	拟建	加强基础设施建设，保护水生态环境	2016–2020	3000								3000			水务局	
17	丹霞源水利风景区能力建设	拟建	生态环境管理机构建设	2016–2020	500								500			水务局	

续上表

序号	项目名称	建设阶段	建设规模	建设起止年限	总投资（万元）							到2015年底预计完成投资（万元）	“十三五”期间投资（万元）	新增建设用地情况		责任单位	备注
					小计			市县财政	银行贷款	企业自有	其他			合计（亩）	其中农用地（亩）		
18	仁化县村村通自来水工程	拟建	改、扩建水厂、管网延伸等	2016–2020	6828								6828			水务局	
19	仁化灌区改造工程（各乡镇在编中小型项目）	拟建	渠系建筑物改造，改善灌溉条件	2016–2020	48175								48175			水务局	由于该类项目已通过高标农田建设、小型灌区改造工程、田间工程等项目实施完成，目前该类项目规划也已取消，不应再编入十三五”规划中。故本项应予以取消。
20	仁化县小型水库除险加固工程	拟建	水库总库容431.79万立方米，1宗小（一）型，2宗小（二）型	2016–2020	786								786			水务局	由于该项目“十二五”期间完成，不应再编入“十三五”规划中。故本项应予以取消。

续上表

序号	项目名称	建设阶段	建设规模	建设起止年限	总投资（万元）							到2015年底预计完成投资（万元）	“十三五”期间投资（万元）	新增建设用地情况		责任单位	备注
					小计			市县财政	银行贷款	企业自有	其他			合计（亩）	其中农用地（亩）		
21	仁化县田间工程（规划2016年至2020年）	拟建	渠道及渠系建筑物改造，改善灌溉条件	2016–2020	10000								10000			水务局	由于该类项目规划2015年暂停了1年，2016年后的项目预编入“十三五”规划中。修改内容如左侧表格。
22	水文监测站（10宗）	拟建	建设10宗雨量、流量自动监测站	2016–2020	2000								2000			水务局	
23	山区五市中小河流治理项目	拟建	治理河道长度299.1km	2016–2020	52724		36907	15817				12565	52724			水务局	由于该类项目已从2015年开始实施，2015年度项目已完成，2016年后的项目预编入十三五”规划中。修改内容如左侧表格。

续上表

序号	项目名称	建设阶段	建设规模	建设起止年限	总投资（万元）							到2015年底预计完成投资（万元）	“十三五”期间投资（万元）	新增建设用地情况		责任单位	备注
					小计			市县财政	银行贷款	企业自有	其他			合计（亩）	其中农用地（亩）		
24	应急备用水源工程	新建	新建机房一座，架设ϕ900管网一条，全长8千米。	2016–2020	2000								2000				
25	农村饮水工程及镇区管网改造	新建	完成农村安全饮水村村通及镇区自来水管网改造工程。	2016–2018	1000								1000			水务局	
	四、先进制造业项目（15项）				388120	0	0	0	0	77000	5000	45000	337120	520	0		
1	仁化县有色金属循环经济产业基地基础设施建设	续建	进行三通一平、污水处理厂及排污管网、变电站等设施建设	2011–2020	70000							35000	35000			基地管委会	

续上表

序号	项目名称	建设阶段	建设规模	建设起止年限	总投资（万元）							到2015年底预计完成投资（万元）	“十三五”期间投资（万元）	新增建设用地情况		责任单位	备注
					小计			市县财政	银行贷款	企业自有	其他			合计（亩）	其中农用地（亩）		
2	广东银海有色金属渣业集团有限公司搬迁项目	新建	有色金属（除汞外）冶炼废物HW48）20万吨/年以上	2013–2020	66000					66000		10000	50000	500		经信局	
3	凡口铅锌矿选矿厂技术升级改造工程	续建	日采选铅锌矿石5500吨	2015–2017	67100								67100			经信局	
4	广东力圣蓄电池有限公司	新建	铅酸蓄电池制造项目，全面建成后实现产值6亿元、税收1050万元。	2016–2021	18000								18000			基地管委会	
5	广东广纤实业有限公司	新建		2016–2017	15000					8000			15000	20		开发区	

续上表

序号	项目名称	建设阶段	建设规模	建设起止年限	总投资（万元）							到2015年底预计完成投资（万元）	“十三五”期间投资（万元）	新增建设用地情况		责任单位	备注
					小计			市县财政	银行贷款	企业自有	其他			合计（亩）	其中农用地（亩）		
6	年产60万吨优质低铁石英砂项目	续建	年产40万吨低铁光伏材料、20万吨电子级超细硅微粉材料；年产4万吨高硼硅玻璃生产线；日产600吨太阳能超白玻璃生产线。	2015-2018	80000								80000			长江镇	
7	韶关市天伦实业有限公司纳米硫酸锌项目	新建	建设利用次氧化锌制备年产一万吨饲料级纳米硫酸锌项目，投产后可实现年产值8000万元，税收500万元，就业100人。	2016-2020	7800								7800			基地管委会	

续上表

序号	项目名称	建设阶段	建设规模	建设起止年限	总投资（万元）							到2015年底预计完成投资（万元）	“十三五”期间投资（万元）	新增建设用地情况		责任单位	备注
					小计			市县财政	银行贷款	企业自有	其他			合计（亩）	其中农用地（亩）		
8	仁化县合泰铝制品有限公司年产1万吨铝锭项目	新建	建设利用工业铝边角料年产1万吨铝锭项目	2016–2020	720								720			基地管委会	
9	长江镇红藤坑辉绿岩矿场	新建	在长江镇红藤坑开采辉绿岩矿，年产规模8万立方米。	2016–2018	1000								1000			长江镇	
10	大型竹类深加工项目	新建	引进大型的、高附加值的竹类深加工企业。	2016–2018	5000								5000			长江镇	
11	周田镇小产业园	新建	规划面积200亩	2016–2020	5000						5000		5000			周田镇	
12	凯斯德汽配加工、住宅区及农贸市场建设	新建	涉及汽配加工、住宅区及农贸市场建设	2016–2020	7500					3000			7500			周田镇	

续上表

序号	项目名称	建设阶段	建设规模	建设起止年限	总投资（万元）							到2015年底预计完成投资（万元）	“十三五”期间投资（万元）	新增建设用地情况		责任单位	备注
					小计			市县财政	银行贷款	企业自有	其他			合计（亩）	其中农用地（亩）		
13	鸿伟木业刨花板贴面及家具深加工项目	新建	技术升级	2016–2020	10000								10000			经信局	
14	丹霞冶炼厂镓锗铟铜综合回收项目	新建		2016–2020	15000								15000			经信局	
15	东莞大通家具产业转移项目	新建	建设家具产业项目，年产值7.5–11亿元，解决150–1300人就业。	2016–2020	20000								20000			经信局	
	五、现代服务业项目（25项）				4684316	0	0	0	0	4516316	0	314000	3084316	11513	3450		

续上表

序号	项目名称	建设阶段	建设规模	建设起止年限	总投资（万元）							到2015年底预计完成投资（万元）	“十三五”期间投资（万元）	新增建设用地情况		责任单位	备注
					小计			市县财政	银行贷款	企业自有	其他			合计（亩）	其中农用地（亩）		
1	韶关仁化华南大宗农产品物流交易中心	新建	项目规划建设用地4000余亩，建设有加工展示区、交易仓储区、配套服务区、综合服务区、商务办公区、生活配套区等六大功能区。	2014–2025	400000					400000		20000	380000	4000		周田镇	
2	韶关仁化宝能国际旅游度假项目	续建	建设山地体育公园、民俗风情小镇、养生休闲设施、涵养林保护及抚育等，占地面积19600亩。	2013–2025	1200000					1200000		80000	500000	2000		丹霞街道办	

续上表

序号	项目名称	建设阶段	建设规模	建设起止年限	总投资（万元）							到2015年底预计完成投资（万元）	“十三五”期间投资（万元）	新增建设用地情况		责任单位	备注
					小计			市县财政	银行贷款	企业自有	其他			合计（亩）	其中农用地（亩）		
3	韶关仁化梦幻丹霞项目（广东一和）	续建	集五星级酒店、国际会议中心、度假村、房地产于一体的综合开发项目。规划用地约3200亩。分两期进行开发。	2013–2020	450000					450000		70000	380000	1008		丹霞街道办	
4	仁化森林旅游度假景区	续建	4A级原生态旅游度假区	2015–2020	45000					45000		3000	42000			周田镇	
5	温泉漂流度假村项目	续建	建设温泉度假村及旅游配套设施（包括城口温泉、扶溪温泉、闻韶温泉）	2014–2020	110000							10000	110000			旅游局	

续上表

序号	项目名称	建设阶段	建设规模	建设起止年限	总投资（万元）							到2015年底预计完成投资（万元）	“十三五”期间投资（万元）	新增建设用地情况		责任单位	备注
					小计			市县财政	银行贷款	企业自有	其他			合计（亩）	其中农用地（亩）		
6	韶关仁化凤鸣谷文化旅游度假村	新建	开发建设一个集旅游度假、文化产业、休闲娱乐为一体的综合开发项目。（其中：建设一家五星级酒店及广东汉莎文化产业有限公司的粤北基地）。该项目规划面积925.3亩。	2016–2025	250000					250000		0	100000	925		旅游局	
7	韶关丹霞山南门古洋水乡度假区	续建	商业街、酒店等旅游服务设施；道路、停车场、码头等公用配套设施以及安置房	2013–2020	600000					600000		35000	565000	3000	3000	大桥镇	

续上表

序号	项目名称	建设阶段	建设规模	建设起止年限	总投资（万元）							到2015年底预计完成投资（万元）	“十三五”期间投资（万元）	新增建设用地情况		责任单位	备注
					小计			市县财政	银行贷款	企业自有	其他			合计（亩）	其中农用地（亩）		
8	丹霞山北门水上入口综合服务区	续建	建设游船码头服务中心、主题酒店、商业街、市民活动广场	2014–2017	70000					70000		45000	25000			旅游局	
9	广东韶关丹霞山博士生态园实业有限公司	续建	建设水上丹霞码头、生态茶园、名俗养生渡假休闲区等	2014–2022	116000					116000		30000	60000	500	450	旅游局	
10	韶关丹霞源国家水利风景区建设项目	新建	集自然生态保护弘扬历史文化森林生态旅游和城乡居民绿色休闲短期度假自然观光等综合性生态型水利风景区	2016–	100000					100000			100000			旅游局	

续上表

序号	项目名称	建设阶段	建设规模	建设起止年限	总投资（万元）							到2015年底预计完成投资（万元）	“十三五”期间投资（万元）	新增建设用地情况		责任单位	备注
					小计			市县财政	银行贷款	企业自有	其他			合计（亩）	其中农用地（亩）		
11	韶关广东岭南人文科技创业园	新建	以人文科技、旅游开发、保健养身、休闲娱乐为主的环丹霞山旅游产业技	2016–	1000000					1000000			500000			旅游局	
12	丹霞九龄风度文化创意基地	新建	位于丹霞山东南方，周田村至浈江河畔鲶鱼转，面积约20平方公里	2015–2020	7800					7800			7800			仁化县文化广电新闻出版局	
13	韶关"丹霞之吻”爱情村旅游文化产业园项目	新建	爱情村项目是一个以生态开发为宗旨，集爱情公园、婚庆策划、休闲度假村、五星酒店、旅游地产为一体的全新产业模式，爱情村项目规划总面积约为1200亩。	2016–2020	121400					121400			121400			旅游局	

续上表

序号	项目名称	建设阶段	建设规模	建设起止年限	总投资（万元）							到2015年底预计完成投资（万元）	“十三五”期间投资（万元）	新增建设用地情况		责任单位	备注
					小计			市县财政	银行贷款	企业自有	其他			合计（亩）	其中农用地（亩）		
14	仁化县旭日农业科技种植酿酒生态旅游度假观光园	续建	建设葡萄酒酿酒厂，果蔬加工车间，产品仓储，办公楼及配套设施；建设野外休闲品酒区，花卉观光区，产品展厅，风情商业街.特色餐厅，农业生态酒店度假村	2011–2017	80000					80000		20000	60000			大桥镇	
15	万时山生态旅游项目	新建	集森林生态保护、休闲旅游、万时山旅游为一体的观光区	2016–2020	10000								10000			旅游局	

续上表

序号	项目名称	建设阶段	建设规模	建设起止年限	总投资（万元）							到2015年底预计完成投资（万元）	“十三五”期间投资（万元）	新增建设用地情况		责任单位	备注
					小计			市县财政	银行贷款	企业自有	其他			合计（亩）	其中农用地（亩）		
16	丹霞山别传寺灵树禅院	新建	建设规模2000平方米的古寺庙建筑，	2016–2021	26000								26000	80		旅游局	
17	石塘古村旅游项目	续建	以保护及培育古村历史文化产业，修缮古民居、古巷道、历史水系，建设集历史文化、红色文化、生态旅游为主题的休闲度假古村落	2015–2020	15000							1000	14000			石塘镇	

续上表

序号	项目名称	建设阶段	建设规模	建设起止年限	总投资（万元）							到2015年底预计完成投资（万元）	“十三五”期间投资（万元）	新增建设用地情况		责任单位	备注
					小计			市县财政	银行贷款	企业自有	其他			合计（亩）	其中农用地（亩）		
18	丹霞天雄茶叶精深加工项目	新建	新建茶叶精制加工厂、茶文化展示馆、公司产品展示中心、茶叶制品科研中心，建筑面积15000平方米。年产红茶200吨，带动3000农户种植茶叶，解决130人就业。	2016–2020	7000								7000			经信局	
19	长江镇桐子坪农产品物流交易中心	新建	用地80亩（包含：停车场、备货场、农产品储存场）交易大楼等	2016–2021	5000					5000			5000			长江镇	

续上表

序号	项目名称	建设阶段	建设规模	建设起止年限	总投资（万元）							到2015年底预计完成投资（万元）	“十三五”期间投资（万元）	新增建设用地情况		责任单位	备注
					小计			市县财政	银行贷款	企业自有	其他			合计（亩）	其中农用地（亩）		
20	长江商贸中心	新建	该项目总投资5000多万元，用地面积约8000平方米，建设住房200多套，建有3000平方米的地下停车场。另小区旁有1000平方米的购物广场、幼儿园、运动广场等。	2016–2021	5000					5000			5000			长江镇	
21	汇华商业中心	新建	在火车站东面建设商业中心	2016–2020	2000					2000			2000			周田镇	

续上表

序号	项目名称	建设阶段	建设规模	建设起止年限	总投资（万元）							到2015年底预计完成投资（万元）	“十三五”期间投资（万元）	新增建设用地情况		责任单位	备注
					小计			市县财政	银行贷款	企业自有	其他			合计（亩）	其中农用地（亩）		
22	长盛商业街	新建	占地9953.6㎡，总建筑面积50649.3㎡，其中地下室5579.8㎡，商业裙楼11159.6㎡，住宅29939㎡。	2016–2020	12116					12116			12116			周田镇	
23	金海霞度假村	新建	在龙坑村征地建设休闲旅游度假会议中心	2016–2020	30000					30000			30000			周田镇	
24	云海棠园林度假村	新建	在龙坑村征地建设休闲旅游度假会议中心	2016–2020	2000					2000			2000			周田镇	

续上表

序号	项目名称	建设阶段	建设规模	建设起止年限	总投资（万元）							到2015年底预计完成投资（万元）	“十三五”期间投资（万元）	新增建设用地情况		责任单位	备注
					小计			市县财政	银行贷款	企业自有	其他			合计（亩）	其中农用地（亩）		
25	仁化水上飞机	新建	水上飞机及配套设施	2016-2020	20000					20000			20000			旅游局	
	六、现代农业项目（6项）				303000	0	0	0	0	266000	0	5000	173000	1700	280		
1	韶关仁化宝能生态观光现代农业综合园	新建	生态观光现代农业综合园。	2016-2025	230000					230000			100000	1400		周田镇	
2	仁化县城口镇蓝森生态农业园项目	续建	项目总投资约3000万元，占地面积约3087亩。建设内容包括通山公路水泥硬底化；修建登山栈道、主体建筑及四合院等设施；生态农业基地建设等。	2013-	3000							0	3000			城口镇	

续上表

序号	项目名称	建设阶段	建设规模	建设起止年限	总投资（万元）							到2015年底预计完成投资（万元）	“十三五”期间投资（万元）	新增建设用地情况		责任单位	备注
					小计			市县财政	银行贷款	企业自有	其他			合计（亩）	其中农用地（亩）		
3	山楂种植与深加工项目	新建		2015-2018	48000					30000		5000	48000	300	280	林业局	
4	高标准农田建设工程	新建	完成高洞、芭蕉垅、油洞、塘洞、冷饭坑、学堂坝、凌溪、石是等村的高标准农田建设工程。	2016-2020	1000								1000			农业局	
5	丹霞红花油茶文化创意产业园	新建	以种植红花油菜为主，发展环丹观光产业、科普	2016-2020	6000					6000			6000			农业局	

续上表

序号	项目名称	建设阶段	建设规模	建设起止年限	总投资（万元）							到2015年底预计完成投资（万元）	“十三五”期间投资（万元）	新增建设用地情况		责任单位	备注
					小计			市县财政	银行贷款	企业自有	其他			合计（亩）	其中农用地（亩）		
6	仁化县千亩自然生态灵芝公园	新建	租地1530亩，种植灵芝、石斛等，同时建设配套设施停车场和五栋业务用房，建设旅游农业旅游观光、休闲度假公园。	2016-2021	15000								15000			农业局	
	七、宜居城乡项目（13项）				409590	300	11370	43340	6000	20300	33280	86500	319090	1672	210		

续上表

序号	项目名称	建设阶段	建设规模	建设起止年限	总投资（万元）							到2015年底预计完成投资（万元）	“十三五”期间投资（万元）	新增建设用地情况		责任单位	备注
					小计			市县财政	银行贷款	企业自有	其他			合计（亩）	其中农用地（亩）		
1	韶关市仁化县“丹霞彩虹”省级新农村示范片建设	续建	涉及3个主体村、3个非主体村，主体建设面积20万平方米	2015–2017	55000		10000	20000			30000	10000	45000	72	10	县委农办	
2	绿道二期建设（卜古岭至丹霞山山门段）	新建	绿道二期部分为卜古岭至丹霞山山门段，全长约2.3公里，建设用地红线宽约30–50米，该段为绿道中的生态旅游景观带，主要以自然景观和田园风光的梳理组织为主，强调闲散野趣的游憩方式。	2016–2020	9000			9000					9000			住建局	

续上表

序号	项目名称	建设阶段	建设规模	建设起止年限	总投资（万元）							到2015年底预计完成投资（万元）	“十三五”期间投资（万元）	新增建设用地情况		责任单位	备注
					小计			市县财政	银行贷款	企业自有	其他			合计（亩）	其中农用地（亩）		
3	北门片市政工程二期	新建	解放东街、规划一路、规划二路新东横街、沿江路-横巷	2016-2020	7000			7000					7000			住建局	
4	城口镇农贸市场改造	新建	规划在老市场重建一栋三层高，占地面积约2771平方米的新市场	2016-2020	800					800			800			城口镇	
5	城口老锯板厂“三旧改造”土地开发项目	新建	对城口镇老锯板厂面积约2600平方米的土地开发建设													城口镇	

续上表

序号	项目名称	建设阶段	建设规模	建设起止年限	总投资（万元）							到2015年底预计完成投资（万元）	“十三五”期间投资（万元）	新增建设用地情况		责任单位	备注
					小计			市县财政	银行贷款	企业自有	其他			合计（亩）	其中农用地（亩）		
6	董塘新城	新建	一是打通建设繁塘路（墟镇三叉路口）至省道246线道路。二是建设综合商贸中心（农贸市场）及商住小区。三是建设公共设施，包括：车站、停车场、镇级文体健身广场。	2016–2019	10000				6000	4000		0	10000	200	200	董塘镇	

续上表

序号	项目名称	建设阶段	建设规模	建设起止年限	总投资（万元）							到2015年底预计完成投资（万元）	“十三五”期间投资（万元）	新增建设用地情况		责任单位	备注
					小计			市县财政	银行贷款	企业自有	其他			合计（亩）	其中农用地（亩）		
7	丹霞新城	续建	规划总面积1850亩。一期工程由14栋28层电梯房、53栋步梯房、三层大型肉菜市场、六层大型商业楼组成。二、三期工程待规划设计。	2012–2020	300000							76000	220000	1400	0	丹霞街道办	
8	碧翠园	新建	规划总面积为37530平方米，由3栋17层电梯、1栋10层电梯及3栋6层步梯房组成。	2015–2018	9500					9500		0	9500			丹霞街道	

续上表

序号	项目名称	建设阶段	建设规模	建设起止年限	总投资（万元）							到2015年底预计完成投资（万元）	“十三五”期间投资（万元）	新增建设用地情况		责任单位	备注
					小计			市县财政	银行贷款	企业自有	其他			合计（亩）	其中农用地（亩）		
9	长江综治中心地块开发	新建	占地面积5600平方，（含一栋主楼，两栋副楼，和中间停车坪）建筑面积约3万㎡	2016-2021	6000					6000			6000			长江镇人民政府	
10	周田街道基础设施改造	新建	城区街道市政设施全面改造铺设	2016-2020	5000			3000			2000		5000			周田镇	
11	“三馆”文化综合大楼	续建	建设面积11000平方米	2014-2016	4000			4000					4000			文广新局	
12	南岭生态气象中心	续建		2015-2018	2000	300	420				1280		2000			气象局	

续上表

序号	项目名称	建设阶段	建设规模	建设起止年限	总投资（万元）							到2015年底预计完成投资（万元）	“十三五”期间投资（万元）	新增建设用地情况		责任单位	备注
					小计			市县财政	银行贷款	企业自有	其他			合计（亩）	其中农用地（亩）		
13	仁化突发事件预警信息发布中心、综合应急指挥中心，气象防灾减灾科普教育中心	续建		2015–2018	1290		950	340				500	790			气象局	
	八、绿色生态项目（3项）				265275	0	0	0	0	0	250000	5000	115275	2900	0		
1	村镇环境综合整治项目	新建	美丽乡村建设、乡村清洁美工程、村容村貌整治工作	2016–	7375								7375			生态办	

续上表

序号	项目名称	建设阶段	建设规模	建设起止年限	总投资（万元）							到2015年底预计完成投资（万元）	“十三五”期间投资（万元）	新增建设用地情况		责任单位	备注
					小计			市县财政	银行贷款	企业自有	其他			合计（亩）	其中农用地（亩）		
2	仁化污水处理厂二期及管网三期铺设	新建	污水处理厂扩建及管网铺设	2016-2020	7900								7900			住建局	
3	仁化县董塘镇土壤修复与150MW光伏发电综合利用示范项目	新建	建设150MW光伏电站，每年光伏发电量约为15087.8万kWh，治理重金属污染土地3700亩。	2016-2025	250000						250000	5000	100000	2900		董塘镇	
	九、民生保障项目（7项）				79786	0	0	0	0	0	7286	10000	69786	220	220		

续上表

序号	项目名称	建设阶段	建设规模	建设起止年限	总投资（万元）							到2015年底预计完成投资（万元）	“十三五”期间投资（万元）	新增建设用地情况		责任单位	备注
					小计			市县财政	银行贷款	企业自有	其他			合计（亩）	其中农用地（亩）		
1	韶关市仁化县晟泰花园项目（国有工矿棚户区改造）	续建	国有工矿棚户区改造，共2575套住房，建筑面积约23万平方米。	2013–2018	60000							10000	50000	220	220	住建局	
2	仁化中医院	新建	住院部、门诊部等建筑面积7500平方米	2016–2020	2900								2900			卫计局	
3	市政道路排水工程	改扩建	市政道路排水等工程	2016–2020	4286						4286		4286			住建局	
4	北门片区第二小学	新建	北门储备地配建小学	2016–2020	2000						2000		2000			教育局	
5	新建北门片区幼儿园	新建	原二小位置配建幼儿园	2016–2020	1000						1000		1000			教育局	

续上表

序号	项目名称	建设阶段	建设规模	建设起止年限	总投资（万元）							到2015年底预计完成投资（万元）	“十三五”期间投资（万元）	新增建设用地情况		责任单位	备注
					小计			市县财政	银行贷款	企业自有	其他			合计（亩）	其中农用地（亩）		
6	镇自来水工程改造	新开工	挡水坡、储水池建设及管网的铺设	2016-2025	8000								8000			相关镇	
7	仁化县妇幼保健计划生育服务中心改扩建项目	新开工	建设一幢3400平方米出生缺陷综合干预中心业务楼	2016-2017	1600								1600			卫计局	

填表联系人： 联系电话：

附表4

仁化县“十三五”规划重点前期工作项目计划表

填表单位（盖章）：　　　　单位：万元

序号	项目名称	建设规模	建设起止年限	投资来源	总投资	前期工作内容	责任单位	备注
	总计（12项）				107874			
1	恩村古村旅游开发	借助恩村久远的历史，丰富浓厚的人文遗址，城口镇特殊的红色旅游资源，丰富优质的温泉资源环境对恩村古村进行开发保护。		招商引资	5000	积极招商引资	城口镇	
2	城口“红军长征突破第二道封锁线”旅游景区	充分利用城口镇铜鼓岭革命烈士纪念碑，谭甫仁将军故居，红军长征战士宿营地，红军时期遗留在当地农村的各种墙上标语、条幅、器物等资源，大力发展红色旅游业，带动老区发展。		招商引资	3000	积极招商引资	城口镇	
3	“寻奇锦江，探幽仁化”旅游项目	旨在利用城口镇丰富的旅游资源，积极吸引外商投资成立旅游公司，专门经营“丹霞山—城口”的旅游线路，吸引更多的丹霞山游客到城口来游玩，增加地方就业，带动当地经济发展。					旅游局	
4	日立蓄电池项目		2016—2018	企业自筹	25000		基地管委会	
5	仁化县X320线龙皇坪至闻韶段路面改造工程	33.445公里	2017—2019	省财政、市县财政	6020.1	正在办理前期审批工作	仁化县地方公路管理站	

续上表

序号	项目名称	建设规模	建设起止年限	投资来源	总投资	前期工作内容	责任单位	备注
6	各县（市、区）新建乡村公路工程（合计）	40.000公里	2016—2020	省财政、市县财政	1800	正在筹集配套资金	仁化县地方公路管理站	
7	各县（市、区）通自然村公路硬化改造（合计）	250.000公里	2016—2020	省财政、市县财政	7500	正在筹集配套资金	仁化县地方公路管理站	
8	各县（市、区）安保工程（合计）	129.734公里	2016—2020	省财政、市县财政	5189.36	正在筹集配套资金	仁化县地方公路管理站	
9	云龙寺至石塘公路改建工程	7.500公里	2017—2018	省财政、市县财政	900	编制完成工程可行性研究报告	仁化县地方公路管理站	
10	丹霞山南门景区公路新建工程	11.000公里	2017—2019	省财政、市县财政	2640	编制完成工程可行性研究报告	仁化县地方公路管理站	
11	仁化县大桥镇水江渡口大桥新建工程	桥长（延米）：200；桥宽（米）：7.5	2018—2020	省财政、市县财政	825	正在办理可研	仁化县地方公路管理站	
12	仁化县多功能景观廊桥项目		2017—2019	企业自筹	50000		住建局	

仁化县授予荣誉市民称号办法

（2016年11月25日仁化县第十五届人大常委会召开第一次会议审议通过）

第一条　为鼓励和表彰对仁化县经济、科技、文化、教育、卫生、体育、社会公益慈善事业、对外友好关系等做出重大贡献的国外华侨、华人、港澳台同胞、国内外人士，促进我县对外交往和经济发展，根据国家和省的有关规定，制定本办法。

第二条　凡遵守中华人民共和国法律、法规，拥护中国统一大业，履历清楚，对仁化发展作出重大贡献，符合下列条件之一的国外华侨、华人、港澳台同胞、国内外人士，经本人同意，可授予仁化县荣誉市民称号。

（一）热心仁化县科技、文化、教育、卫生、体育、社会公益慈善事业、对外友好关系，并作出重大贡献，或者捐资额或物资等额在30万元人民币以上者；

（二）积极支持和参与仁化经济建设，实际投资项目在3000万元人民币以上，并产生良好经济效益者；

（三）在县人大、政协任职，并对仁化县的建设有特殊贡献者（指所提建议或意见被接纳，对仁化各项社会事业有重大促进作用；在境外穿针引线，为我县引进重要技术、人才或数额较大的资金设备）；

（四）关心仁化经济建设，在境外积极宣传仁化，为仁化推销产品、开拓海外市场，增加产品出口创汇，成绩突出者。

第三条　授予荣誉市民称号按下列程序报批：

（一）由推荐单位填写《仁化县荣誉市民推荐书》；

（二）采取分类归口申报：属政协委员者由县政协办公室负责申报；属台湾同胞者由县人民政府台湾事务办公室负责申报；属来韶投资置业者由县经信局负责申报；属为仁化科技、教育、文化、卫生、体育、社会公益慈善事业、对外友好关系作出贡献者，分别由县科技局、县教育局、县文广新局、县卫计局、县体育局、县民政局、县外事侨务局负责申报；

（三）由申报单位或部门提出申报意见，送县外事侨务局进行初审后报县人民政府审核，再由县人民政府提请县人民代表大会常务委员会审议决定。

第四条　授予荣誉市民称号每两年举行一次，被授予荣誉市民称号的人士，由县人民政府举行授予荣誉市民称号仪式，颁发证书、荣誉证，同时通过新闻媒介向社会公开宣传，予以表彰。

第五条　荣誉市民证书、荣誉证由县人民政府授权县外事侨务局统一制作。

第六条　仁化县荣誉市民可以享受以下待遇：

（一）由举办单位邀请参加本县举办的重大庆典活动，享受贵宾礼遇；

（二）在仁化投资办企业、兴办公益事业、自置物业时，在同等条件下，给予优先安排，享受有关优惠政策；

（三）本人可以免费游览仁化县境内（含丹霞山）的旅游景区景点；

（四）参加县外事侨务局

组织的荣誉市民有关活动；

（五）凡被授予荣誉市民称号者，可由有关部门根据需要，分别授予（或聘任）为荣誉顾问、荣誉校长、荣誉院长、荣誉所长、荣誉会长等荣誉称号，并可参加相应的活动；

（六）被授予荣誉市民称号者，个人事迹可载入当年的仁化年鉴。

第七条　荣誉市民如有下列情形之一的，取消其荣誉市民资格。

（一）违法乱纪，被司法机关拘捕、判刑的；

（二）偷逃税款的；

（三）违反社会公德、引起严重后果，造成恶劣社会影响的。

第八条　取消荣誉市民资格的报批程序。

（一）由原申报单位提出处理意见；

（二）由县外事侨务局核实调查；

（三）报县人民政府核准；

（四）提请县人民代表大会常务委员会审议决定。

第九条　本办法由县外事侨务局负责实施，所需经费纳入财政预算，专款专用。

第十条　本办法在仁化县辖区范围内适用，自发布之日起施行，有效期五年。2014年4月23日仁化县人民政府印发的《仁化县授予荣誉市民称号暂行办法》（仁府〔2014〕9号）同时废止。

丹霞山景区风光（谢嘉文 摄）

仁化县人民政府文件

仁府〔2016〕25号

仁化县人民政府关于印发仁化县集体建设用地使用权流转管理实施办法的通知

各镇人民政府，县各有关单位：

现将《仁化县集体建设用地使用权流转管理实施办法》（仁府规审〔2016〕7号）印发给你们，请认真贯彻执行。

仁化县人民政府

2016年9月12日

仁化县集体建设用地使用权流转管理实施办法

第一章　总则

第一条　为加强集体建设用地管理，规范集体建设用地使用权流转，维护所有者和使用者的合法权益，提高土地资源利用率，加快农村工业化、农业产业化和城镇化进程，推动农村社会经济发展，建立和完善统一规范、健康有序的土地市场，根据《中华人民共和国土地管理法》、《广东省集体建设用地使用权流转管理办法》等有关规定，结合本县实际，制定本办法。

第二条　本办法所称集体建设用地，是指符合土地利用总体规划，权属合法，界址清楚，已依法批准的集体建设用地和征地时配额留用地。

第三条　本办法所称集体建设用地使用权流转（以下简称集体建设用地流转），是指集体建设用地使用权通过有偿、有期限出让、转让、出租、抵押、置换及作价出资、入股、联营等方式导致土地使用权属转移或土地使用者实际发生变更的行为。

第四条　根据国有和集体土地两种产权统一市场的管理原则，县国土资源局负责对集体建设用地流转行为进行管理和监督；由县公共资源交易中心实施公开交易。

第五条　集体建设用地使用权出让、出租、转让、转租和抵押，适用本办法。

第二章　集体建设用地流转原则和条件

第六条　集体建设用地使用权以出让、转让、出租和抵押等形式入市流转应遵循自愿、公开、公平、等价有偿和用途管制等原则。

第七条　下列情况之一的，集体建设用地使用权不得流转：

（一）不符合土地利用总体规划、城市规划或村庄、集镇规划的；

（二）土地权属有争议的；

（三）司法机关和行政机关依法裁定、决定查封或以其它形式限制土地权利的；

因转让、出租和抵押地上建筑物、其他附着物而导致住宅用地使用权转让、出租和抵押的除外。村民出卖和出租住房后不得再申请新的宅基地。

第八条　集体建设用地使用权转让、出租和抵押时，其地上建筑物及其他附着物随之转让、出租和抵押;集体建设用地上的建筑物及其他附着物转让、出租和抵押时，其占用范围内的集体建设用地使用权随之转让、出租和抵押。

第九条　出让、出租和抵押集体建设用地使用权，应当经本集体经济组织成员的村民大会2/3以上（含本数，下同）成员或者2/3以上村民代表的同意，并签名确认。

第十条　以下建设项目可以使用集体建设用地：

（一）兴办各类工商企业，包括国有、集体、私营企业，个体工商户，外资投资企业（包括中外合资、中外合作、外资独资企业、“三来一补”企业），股份制企业，联营企业等；

（二）兴办公共设施和公益事业；

（三）兴建农村村民住宅。

第十一条　镇（街）村（居）范围内的集体经济组织内部的企业破产、兼并、经营机制转换、企业组织结构变革以及公益事业设施用地等情况致使土地使用权属或实际使用者发生变更的，可通过权属变更备案手续和权属登记手续、变更土地使用权或实际使用者。

第十二条　企业转让、出租、作价入股兴办外商投资企业或内资联营企业和跨镇（街）组建企业集团公司或股份合作公司等情况致使土地使用权流转的，应当依本办法转换土地使用权属或变更实际使用者。

第十三条　土地使用权者应当按照县政府建设用地批准文件规定的用途使用土地。

确需改变土地用途的，应当经土地所有者和县国土资源局、县城乡规划主管部门同意，报县政府批准。

第十四条　通过出让、转让和出租方式取得的集体建设用地使用权不得用于商品住宅开发，按照土地利用总体规划和城镇总体规划、村庄规划可以用于商品住宅开发的，应当依法征为国有土地。

第十五条　政府为公共利益的需要，依法对集体所有的土地实行征收或者征用的，农民集体土地所有者和集体建设用地使用者应当服从。

第十六条　县国土资源局负责本行政区域内集体建设用地使用权流转的管理和监督检查。县财政、审计、农业、社会保障、民政等部门，按各自职能范围对流转过程及土地增值收益分配进行监督，各镇（街道）应当配合各部门做好集体建设用地使用权流转的管理工作。

第三章　集体建设用地使用权流转审批程序

第十七条　集体建设用地使用权，需要出让、转让、出租和抵押的，经各镇（街道）同意，由土地所有者向县国土资源局申请，其中由农村集体经济组织出让、转让、出租和抵押建设用地使用权的，在申请前应征得村民会议讨论同意。符合本办法规定的，县国土资源局应当依法予以核准。具体程序参照《中华人民共和国城镇国有土地使用权出让和转让暂行条例》的审批权限报批实施。

第十八条　集体建设用地使用权出让，是指农民集体土地所有者将一定年限的集体建设用地使用权让与土地使用者，由土地使用者向农民集体所有者支付出让价款的行为。以集体建设用地使用权作价入股（出资），与他人合作、联营等形式共同兴办企业的，视同集体建设用地使用权出让。

集体建设用地使用权转让，是指集体建设用地使用权人将集体建设用地使用权再转移的行为，包括出售、交换和赠与。

集体建设用地使用权出租，是指集体土地所有者或集体建设用地使用权人作为出租人（含转租），将集体建设用地租赁给承租人使用，由承租人向出租人支付租金的行为。

集体建设用地使用权抵押，是指集体建设用地使用权人不转移对集体建设用地的占有，将该集体建设用地使用权作为债权担保的行为。

第十九条　集体建设用地流转，土地所有者与使用者双方必须签订书面流转合同，流转合同须经县国土资源局审查核准后方可生效。

第二十条　集体建设用地流转时，应当确定土地使用期限，并与项目经营期限相一致，但最高年限不得超过国务院规定的国有土地使用权出让最高年限。土地使用权期限按流转批准之日起算。再次流转期限，为前次土地流转合同确定的期限减去前次土地使用者已使用后的剩余年限。

第二十一条　集体建设用地使用权出让最高年限按下列用途确定：

（一）工矿仓储用地（含工业用地、采矿用地、仓储用地）五十年；

（二）公共建筑用地（含机关团体用地、教育用地、科研设计用地、文体用地、医疗卫生用地、慈善用地）五十年；

（三）商服用地（含商业用地、金融保险用地、餐饮旅馆业用地、其他商服用地）四十年；

第二十二条 农村宅基地应予严格规范，按法定的宅基地面积，实施有计划的搬迁改造，提倡建多层高层住宅或发展农民公寓、农村商业街，逐步将腾出的空心村和富余宅基地复垦还田或者入市流转，以缓解集体建设用地的供地需求。

第二十三条 经流转获得集体建设用地的使用者应当在流转合同规定的建设期限内进行投资建设，集体建设用地所有者负责监督;超过规定期限仍未建设的，视作闲置土地处理。

第二十四条 集体建设用地使用权出让、出租用于经营性商业、旅游、娱乐等经营性项目的，应当参照国有土地使用权公开交易的程序和办法，通过土地交易市场招标、拍卖、挂牌或上网竞价等方式运作。

第二十五条 集体建设用地首次流转按下列程序办理：

（一）集体建设用地的首次流转时，由集体土地所有者和受让者同时向县国土资源局提出集体建设用地流转书面申请，并同时申请地价评估;评估地价业经审核备案后，集体土地所有者与土地使用者根据不同的流转方式草签相应的土地流转合同。

（二）项目用地单位和个人应当在建设项目可行性论证的同时，向县国土资源局提出用地预审申请，县国土资源局同时对有关项目进行预审，并根据预审结果和土地利用年度计划核定用地指标，核发《建设项目用地预审报告书》，未取得《建设项目用地预审报告书》的，有关部门不予办理立项审批和城镇规划许可手续。

（三）条件具备的，县国土资源局应当给予农村集体土地所有者依法办理《集体建设用地使用权证》，并按规定收取用地规费，收费项目包括：

1. 集体农地转用审批税费：

（1）新增建设用地有偿使用费；

（2）耕地开垦费（占用耕地时收取）。

2. 新增集体建设用地流转出让税费：

（1）契税；

（2）耕地占用税。

（四）流转双方办理申请手续时，应提供下列文本：

1.《集体建设用地使用权流转申请表》；

2.《建设项目用地预审报告书》；

3.《项目建设立项批文》；

4.《建设用地规划许可证》或《乡村建设规划许可证》和规划红线图；

5. 村民代表意见书（集体经济组织村民会议三分之二成员或三分之二以上村民代表同意，并签名确认）；

6. 原《集体土地建设用地使用证》；

7.《地价评估报告》；

8. 拟流转的宗地图件；

9. 草签《集体建设用地流转合同》。

（五）属经营性项目用地和工业项目用地的，并凭有效的身份证明文件，到土地交易机构按现行的土地交易程序办理流转手续。

（六）土地使用者按合同约定的时间付清土地价款后，十五日内到县国土资源局办理土地申报登记。

第二十六条 集体建设用地再次流转，按下列程序办理：

（一）土地使用者持集体建设用地使用证、与前使用者签订的流转合同、经营项目批文和规划部门的规划许可证，向县国土资源局提出书面申请，同时申请地价评估，评估地价经审核备案后，流转双方根据不同流转方式草签相应的土地流转合同，并到县国土资源局办理流转手续。

（二）土地使用者之间的流转，必须征得集体土地所有者的同意，并由再次受让人继续履行原使用者的权利和义务。

（三）按本办法规定的审批权限报经批准后，转让方、受让方向地税部门缴纳集体建设用地流转应征税费后，县国土资源局颁发批准文件，合同生效。

第二十七条　集体建设用地租赁流转程序：

（一）对转制企业采取租赁土地使用权的，由集体经济组织或村民委员会与土地使用者签订土地使用权租赁合同，合同统一使用省国土资源厅印制的文本。合同对土地用途、座落、面积、租赁期限、使用条件、租金标准、缴纳时间、违约责任等必须作出明确的规范约定。并上报县国土资源局核准，颁发土地他项权利证书后，土地租赁关系成立。

（二）农户店面房租赁，连带土地使用权出租，县国土资源局向租赁双方发出书面通知，限期申报登记，参照国有土地使用权租赁管理办法提供租赁双方的协议、身份证、营业执照等有关文本办理申报登记，缴纳有关规费后，颁发土地他项权利证书。

第二十八条　集体建设用地使用权抵押的管理。

（一）集体建设用地使用权应当签订书面合同以及抵押相关的文书，到县国土资源局办理抵押登记；

（二）农民集体土地使用者抵押集体建设用地使用权的，在申请办理抵押登记时，应当提供本集体经济组织的村民会议2/3以上成员或2/3以上村民代表同意抵押的书面材料；

（三）处分抵押集体建设用地使用权的，抵押人有优先受偿权；

（四）抵押权因债务清偿或者其他原因而消灭的，应当办理注销抵押登记。

第四章　产权界定和登记

第二十九条　集体建设用地发生流转前，其土地所有者由土地所在村民小组、村委会和县国土资源局下属的国土资源所共同确认。

集体土地所有权为村民小组或村委会或镇（街）集体经济组织，所有权代表为村民小组或村委会或村集体经济组织或镇（街）集体经济组织。

第三十条　县国土资源局负责对集体建设用地所有权和使用权进行权属调查审定，经县政府审核批准后颁发集体建设用地所有权证和使用权证。

第三十一条　集体建设用地使用者，为使用土地的独立法人单位或个人。

第三十二条　依本办法流转的集体建设用地使用权抵押，应在抵押双方签订抵押合同30日内持抵押合同、土地使用证等文本到县国土资源局申请办理抵押登记，未进行抵押登记的，不发生抵押效力。

第三十三条　集体建设用地流转合同约定的使用期届满，土地使用权由土地所有者收回，其地上建筑物和附着物归土地所有者所有或按流转约定处理。土地使用者应在使用期届满后30天内将土地使用证缴交发证机关，并办理注销登记。

第三十四条　集体建设用地流转合同约定的使用期届满，土地使用者要求续期的，应在期限满前60天内，向土地所有者申请续期，办理续期登记手续，并缴纳有关税费和土地收益金。

第三十五条　依本办法取得的集体建设用地使用权受法律保护，因国家和农村集体社会公共利益需要，报经县政府批准，可以提前收回土地使用权，并根据土地已使用年限、缴付土地使用费情况和土地使用者开发利用投资实际情况给予相应的补偿。

第五章　地价和收益管理

第三十六条　县国土资源局逐步建立与城镇地价体系相衔接的集体建设用地地价体系，尽快制定和公布集体建设用地的基准地价，按照不同用途，确定集体建设用地流转最低限价，低于流转最低限价的，县政府不予审批。

第三十七条　集体建设用地流转时，应当由具备估价资质的地价评估机构进行评估。

第三十八条　县国土资源局依据当地政府确定的基准地价、流转最低限价、宗地评估价，根据流转宗地的面积、位置、容积率、用途、基础设施完善程度和市场供求等状况初步核定集体建设用地流转价格，报集体建设用地所有权人参考。

第三十九条　集体建设用地流转的实际交易价格明显低于政府公布的价格，县国土资源局应当责令使用者补足地价，或政府可行使优先购买权。

第四十条　集体建设用地使用权流转，可以采取土地一次性转让方式，流转方一次性收取流转年限内的地价；也可以采取年租制方式，流转方每年收取年租金。采取年租制方式转让土地的，在付清剩余年限的全部地价款后，允许受让的土地使用权再次流转。

第四十一条　集体建设用地流转，土地受让人应按规定缴纳契税，具体计税依据、税率等征收标准按契税有关政策执行。

第四十二条　集体建设用地使用权流转收益金，其中50%应用于村民的社会保障；50%留于村集体发展经济（鼓励村民折资入股，以每年分红利或以股份方式，投入发展股份制经济增加收入）。

第六章　法律责任

第四十三条　集体建设用地流转所确定的土地用途，应当与土地利用总体规划和城市、村镇建设规划所确定的土地用途相衔接。对不符合两个规划的集体建设用地的，不予办理流转手续。同时对不按规划确定的用途擅自流转的单位和个人，予以严肃查处，防止以流转名义擅自改变土地用途的现象发生。

第四十四条　在办理集体建设用地流转过程中，应当坚持“权益合法、面积准确、界址清楚、利用合理”的前提条件，不能以既成事实的交易行为替代集体建设用地流转审批手续，切实把好集体建设用地流转合法性审查。

第四十五条　属集体建设用地流转和抵押的，应当经地价评估，坚持集体建设用地流转中的公正合理，防止流转中虚假地价交易行为的发生。

第四十六条　国家、省对集体建设用地流转管理有新规定的，从其规定。

附　则

第四十七条　本办法由县国土资源局负责解释。

第四十八条　本办法自发布之日起施行，有效期5年。

公开方式：主动公开

抄送：县委办，县人大办，县政协办，县纪委办。

仁化县人民政府办公室　　2016年9月12日印发

仁化县人民政府文件

仁府〔2016〕8号

仁化县人民政府关于印发仁化县新型职业农民扶持奖励办法（试行）的通知

各镇人民政府，县各有关单位：

现将《仁化县新型职业农民扶持奖励办法（试行）》（仁府规审〔2016〕2号）印发给你们，请认真贯彻执行。

仁化县人民政府

2016年5月16日

仁化县新型职业农民扶持奖励办法（试行）

第一章 总 则

第一条 为贯彻落实中共中央关于大力培育新型职业农民的工作部署，加快推进我县新型职业农民培育工作，鼓励各类社会人才投身现代农业，建立一支“有文化、懂技术、会经营、善管理”的职业农民队伍，根据有关法规政策，结合我县实际，特制定本办法。

第二条 本办法适用于取得《仁化县新型职业农民证书》的人员。

第二章 扶持奖励政策

第三条 先进性奖励。对参加新型职业农民培训的人员，按照培训出勤、考试成绩、规模、效益、诚信等评选条件，评出10%的优秀学员，对优秀新型职业农民学员进行适当资金奖励。

第四条 促进农业资源要素流转。

（一）土地流转扶持。对符合条件的新型职业农民，鼓励和支持在依法、自愿、有偿的原则下，采取转包、租赁、互换、入股、联营、托管等方式流转农村土地，发展适度规模经营。（二）其它资源流转。支持农村林权、果园、养殖基地、机械设备等各种资源要素进入市场，促进生产要素向新型职业农民流转。

第五条 项目扶持。对符合条件的新型职业农民，可优先申报涉农的各类项目，新农村帮建、整村推进、农村能源、农业生猪标准化规模养殖场改扩建、水利设施建设、农业综合开发、测土配方施肥、农业设施补贴等向新型职业农民倾斜，农业生产资源向新型职业农民集中。

第六条 农业技术支持。对职业农民优先选派专业对口的科技人员进村入户、联户结对开展技术指导服务，优先指导其应用先进适用技术，提供有关种植、养殖配套技术服务，随时提供技术咨询与指导服务，免费提供各种技术知识资料。

第七条 能力提升扶持。择优遴选推荐新型职业农民为现代青年农场主培育对象，开展深入的教育培训、实践实训、创业指导等跟踪服务；整合各培训资源，优先安排新型职业农民作为培育对象，对产业发展和素质提高有强烈要求的新型职业农民，优先推荐到大中专农业院校或各级现代农业培训基地进行免费研修，全面提升专业技能水平。

第八条 强农惠农政策扶持。在享有现有强农惠农政策的基础上，逐步探索新增惠农补贴重点向新型职业农民倾斜；进一步支持新型职业农民投保农业保险，对符合条件的新型职业农民逐步提高农业保险补贴额度和范围，支持保险机构积极开发农业保险产品，扩大农业保险作物品种和灾害类型，减少自然灾害对农业生产者造成的经济损失。

第九条 农业品牌化、标准化建设支持。

（一）鼓励和支持新型职业农民建立联合社、互助社、技术协会等民间组织，为社员提供全程服务，对效果显著者实行奖励。

（二）由新型职业农民创办或领办的农业企业、合作社、家庭农场，在龙头企业、示范性合作社、示范性家庭农场评定时给予优先推荐，优先享受相应的扶持奖励政策。

（三）免费优先推荐参加农产品推荐展销会，各类评选评比活动，在各项政府主办的农产品评比、评选中，荣获国家、省、市、县奖励的，荣获国家、省、市名牌产品、著名商标等名牌创建荣誉的，符合条件者可适当追加奖励。

（四）新型职业农民创办或领办的农业经营主体，产品取得无公害农产品、绿色食品、有机产品认证（限中绿华夏）的，获证当年分别给予一次性10000元、20000元、30000元资金奖励。

（五）对新型职业农民免费提供农产品检测、咨询服务。

第十条　金融贷款支持。对新型职业农民优先给予资金支持，加大对符合条件新型职业农民的信贷支持力度，提供贷款贴息支持。由仁化县新型职业农民创办或领办，在仁化县登记注册具有一定生产规模的农业企业、专业合作社、家庭农场，具备符合要求的农业项目建设方案和明确的建设期限，贷款额分别达到100万元以上、50万元以上、30万元以上的，一次性贴息一年；对取得贷款后未按方案实施或无故未能完成项目建设的一律取消贴息。

第十一条　收费优惠。对新型职业农民创办或领办的农业经营主体，开展的各类生产设施建设收取的行政事业性收费，除按规定上缴中央、省、市外，一律从低收取。

第三章　附　则

第十二条　本办法扶持奖励政策依托中央财政新型职业农民培训补助资金、仁化县省级现代农业示范区项目建设省级补助资金实施。

第十三条　本办法由仁化县新型职业农民培育工程工作领导小组办公室负责解释。

第十四条　办法自发行日起试行，有效期为二年。

公开方式：主动公开

抄送：县委办，县人大办，县政协办，县纪委办。

仁化县人民政府办公室　　2016年5月16日印发

仁化县人民政府文件

仁府〔2016〕9号

仁化县人民政府关于印发
仁化县新型职业农民培育认定
管理办法（试行）的通知

各镇人民政府，县各有关单位：

现将《仁化县新型职业农民培育认定管理办法（试行）》（仁府规审〔2016〕3号）印发给你们，请认真贯彻执行。

仁化县人民政府

2016年5月16日

仁化县新型职业农民培育认定管理办法（试行）

第一章　总则

第一条　为实现我县农业的可持续发展，落实中共中央、国务院关于“大力培育新型职业农民”的工作部署，加快培育一批有文化、懂技术、会经营的新型职业农民，根据《广东省2015年新型职业农民培育工程项目实施方案》（粤农函〔2015〕389号）等文件要求，结合我县实际，制定本办法。

第二条　新型职业农民是具有较高文化素质和农业生产管理技能，主要从事农业生产经营，有一定生产经营规模，依靠科技进步和科学管理，并以此为主要收入来源的从业者。仁化县建立新型职业农民教育培训、认定管理、政策扶持“三位一体”的培育制度，通过开展系列培育工作，吸引和留下一批高素质农业后继者从事农业生产经营，确保主要农产品的有效供给，保持农业产业长期稳定发展。

第三条　仁化县新型职业农民培育认定管理按照“政府引导、农民自愿、严格标准、动态管理、政策扶持”的要求进行，认定工作坚持“公开、公平、公正，择优”的原则，充分考虑其产业规模、技能水平、职业素养和社会服务能力。

第二章　遴选建档

第四条　新型职业农民培育对象遴选遵循“立足产业、农民自愿”的原则，按照个人申请、村委推荐、乡镇初审、县农业局确认等程序择优确定。

第五条　凡符合以下条件的，均可提出申请：

（一）拥护党的路线、方针、政策，遵纪守法，热爱农业，积极服务农村，具有良好的职业道德和社会公德；

（二）本地户籍，户年人均纯收入高于当地农村年人均纯收入，年龄在16—55周岁，身体健康；

（三）在农业科技、生产技能和经营管理等方面符合仁化县现代农业的发展要求，并具备一定的产业规模；

（四）初中及以上文化程度或接受过一定的专业技术培训，取得相应资格证书；

（五）具有农业创新意识，自愿接受新型职业农民培育部门的管理以及安排。

符合以上条件者，可到所在镇（街）领取《仁化县新型职业农民信息采集表》，表格经镇农业行政部门核实盖章，送至县新型职业农民培育工程工作领导小组审核，符合条件者经公示无异议后确定为培育对象，建立学员档案。

第三章　教育培养

第六条　根据我县农业产业发展实际情况，结合专业要求，依托专业培训机构，为培育对象开展系统性的教育培养。

（一）遴选培训主体。择优确定符合我县培育要求的机构，培训机构做到有场所、有设备、有人员、有制度等；培训机构根据培育需要，有针对性地选择实训基地，在产业集中区开设田间学校，进行实地教学培训。

（二）优化师资力量。按不同专业和不同培训阶段所需的师资要求，向社会聘请专家及技术能人，建立一支专业的培训师资队伍；结合农业生产特点、农民教育规律和学习特点，开展集中理论学习与实践相结合的教育培训。

（三）实行免费培训。免费培训、免费提供教材、免费提供师资、免费提供实践基地等。

第四章　认定标准和条件

第七条　仁化县生产经营型新型职业农民认定工作坚持“公开、平等、择优、德绩并重”的原则，申请人须具备以下基本条件：

（一）积极参加生产经营型新型职业农民培训，考试考核合格者；

（二）年龄在16—55周岁，身体健康，学习积极，科技意识和服务意识好，示范带动、致富和带动周围农民致富能力强；

（三）具有一定的文化素质或技能水平：具有初中及以上学历，或具有与申报产业相关的职业资格证书、绿色证书等。

第五章　认定程序

第八条　其主要认定程序是：

（一）提交申请。申请人到所在镇（街）农业部门领取《仁化县新型职业农民资格认定申请表》，相关信息由镇（街）农业办公室进行初审，审核通过后将人员信息报送至仁化县新型职业农民培育工程工作领导小组办公室，报送资料包括：

1.《仁化县新型职业农民认定申请表》一式三份；

2.身份证、毕业证书或专业技术职称证书、新型职业农民培训证书、其他证明材料，以上资料提供复印件各一份。

（二）评审认定。县新型职业农民培育工程工作领导小组组织相关人员对申报材料进行评审、认定。

（三）公开公示。县、镇（街）二级对认定人员进行公开公示，接受社会监督，公示无异议后，颁发新型职业农民证书。

第六章　对象管理

第九条　实行档案管理。建立新型职业农民纸质档案，建立新型职业农民数据库和信息管理系统。

第十条　实行动态管理。

（一）准入机制。对认定的新型职业农民进行动态管理。被确认为新型职业农民的，优先享受各级政府的相关扶持政策，各级政府为其提供跟踪管理服务。

（二）退出机制。对已确认为新型农民的，存在违法行为或不服从有关部门管理以及其他原因不宜继续作为新型职业农民的，经核实，取消其资格，不再优先享受各级政府的相关扶持政策。

第七章　附则

第十一条　本办法由仁化县新型职业农民培育工程工作领导小组负责解释。

第十二条　本办法自发行日起试行，有效期为二年。

公开方式：主动公开

抄送：县委办，县人大办，县政协办，县纪委办。

仁化县人民政府办公室　　2016年5月16日印发

仁化县人民政府文件

仁府〔2016〕35号

仁化县人民政府关于印发仁化县农村民宿管理办法（试行）的通知

各镇人民政府，县各有关单位：

《仁化县农村民宿管理办法（试行）》（仁府规审〔2016〕9号）业经2016年11月8日县政府常务会议讨论通过，现印发给你们，请认真贯彻执行。

仁化县人民政府

2016年11月15日

仁化县农村民宿管理办法（试行）

为规范“农村民宿”经营行为，提高“农村民宿”服务质量，促进我县农村民宿快速发展，现结合我县实际，特制定本县农村民宿管理办法。

一、对象界定

农村民宿是指经营者利用农村房屋，结合当地人文、自然景观、生态环境资源及农林渔牧生产活动，以旅游经营方式，为游客体验乡村生活提供餐饮住宿的接待场所。凡在本县行政区域内开展“农村民宿”经营服务的，适用本办法。

二、发展原则

民宿发展要坚持统一规划、科学有序、注重品质、体现特色、保护环境、永续利用等原则，实现经济效益、社会效益和生态效益的统一。

三、开业条件

从事农村民宿经营必须符合以下条件：

（一）经营用房

1. 凡新建用于农村民宿即经营性用房的，均须按照建设报建程序办理工程报建手续。

2. 对现有未完善房屋产权手续且正在从事食宿服务的农村房屋（含农村出租屋），以及拟改造为农村民宿的房屋，须委托有资质的单位对房屋结构质量进行安全检测和出具“房屋结构质量安全检测鉴定报告书”，方可进行经营服务。

3. 农村民宿单体建筑面积一般在600平方米以内（村集体用房、农林场房可适当放宽），建筑层数不超过5层（含）、房间20间以下（对已有建筑和符合改造条件的可适当放宽）。

4. 经营场所无安全隐患，对可能出现危险的地方，应设置警示标志。

5. 每层楼面至少设一个通风采光的卫生间，地面应经防滑处理且有防滑标志，干湿分隔，卫生条件应符合有关规定，配备洗漱台、淋浴装置、梳妆镜等设施。

（二）消防安全

6. 主体建筑的耐火等级不应低于二级，但屋顶承重构件可采用燃烧体，当主体建筑耐火等级为三级（屋顶承重构件除外）时，建筑层数不应超过5层且最大层建筑面积不应大于240平方米；当主体建筑耐火等级为四级（屋顶承重构件除外）时，建筑层数不应超过2层且最大层建筑面积不应大于300平方米。

7. 主体建筑至少有一个能供火灾扑救的立面，该立面不应安装影响逃生和火灾扑救的固定防盗网、金属栅栏、广告牌等遮挡物；每间客房均应设有面向户外的窗户，且客房窗户、阳台不得设置金属栅栏，确需设置金属栅栏的，应当能从内部易于开启。

8. 应按每层不少于2具的标准配备灭火器；每层建筑面积超过100平方米的，应按每50平方米1具的标准配备灭火器。灭火器应当选用2公斤以上的ABC型干粉灭火器，并应放置在公共部位的明显位置。

9. 设置有能覆盖照明所有楼梯间、疏散走道应设置消防应急照明和疏散指示标志。

10. 开关、插座和照明器靠近可燃物时，应采取隔热、散热等保护措施，白炽灯、镇流器等不应直接设置在可燃装修材料或可燃构件上。明敷的电气线路应穿阻燃硬质PVC管或金属管保护。

11. 除厨房外，不得使用明火。不应存放液化石油气罐和甲、乙、丙类易燃可燃液体。确需存放的，应存放在独立的建筑内。厨房与其他部位应当采取分隔措施，并设置自然排风窗。燃油、燃气锅炉等易燃易爆用品，需严格按照有关要求妥善存放管理。

12. 设置零售、餐饮等辅助功能用房的，应设在首层或第二层，且其建筑面积原则上不大于200平方米；场所内不得设置歌舞娱乐放映游艺场所。

13. 疏散楼梯应采用室内封闭楼梯间或室外疏散楼梯，确有困难时，可采用敞开楼梯间，但房间门应设乙级防火门；疏散楼梯应采用不燃烧体；疏散楼梯净宽不宜小于1.1米；疏散通道和安全出口应当保持畅通，严禁在疏散通道、安全出口处堆放物品影响疏散。3层（含）以上楼层应每层配置有逃生绳、逃生软梯等逃生设施，且应采取保护措施。

14. 符合下列条件之一的民宿，可设置1部疏散楼梯：

（1）楼梯间可通屋顶平台，通向屋顶平台的门应向外开启，屋顶平台安装有应急照明灯具，且该屋顶平台可通向相邻建筑进行疏散。

（2）主体建筑为3层及3层以下时，其每层最大建筑面积不大于200平方米；主体建筑为4层及以上时，其每层最大建筑面积不大于120平方米。

15. 每间客房应配备逃生用口罩和手电筒等设施。

16. 客房、厨房、餐厅、和内走道应安装独立式或联网型火灾探测报警器。

（三）治安安全

17. 各民宿经营户须落实旅客住宿登记制度，在接待处配置电脑等设备，及时登记旅客资料，并按照要求建档保存。对未携带有效身份证件的旅客，经营户应报当地派出所进行身份核对。接待涉外人员住宿，如需接待的，必须取得当地公安局出入境管理部门批准。

18. 民宿接待处、出入口和主要通道，须安装视频监控系统。对于民宿集中的村庄和聚集地，在满足治安管理最低要求的前提下，可采取资源整合的方式，在村庄和聚集区域的重要路口和关键部位统一安装视频监控点。

19. 民宿内应设置用于住客寄存贵重物品的设施。民宿客房要安装防盗搭扣。一楼应安装防盗设施，设施要便于由内向外开启的装置。

（四）卫生安全

20. 从业人员持有有效健康证明（上墙公布）和卫生知识培训合格证明，个人卫生良好，掌握岗位基本卫生知识，配备专（兼）职卫生管理员。

21. 民宿持有有效卫生许可证（上墙公布），相关配套用房和设施，按《公共场所卫生标准》、《公共场所卫生管理条例》、《公共场所卫生管理条例实施细则》执行。根据民宿旅业服务的规模大小，至少单独设立布草间（柜），专用的洗消间（区），配备洗消产品和设备。

（五）环境保护

22. 民宿不涉及餐饮服务的，须到县环保部门备案；民宿从事餐饮服务的，须经县环保部门登记。

23. 民宿的生活和餐饮污水必须无害化处理后达标排放，可以直接或经预处理后纳入村级生活污水集中处理设施处理。产生的油烟必须配套设置污染防治设施，油烟经处理后应当符合规定的排放标准。推行生活、餐饮垃圾分类处理。

24. 自然保护区、饮用水源保护区、重要的自然与文化遗产、风景名胜区等禁止准入区，严禁新建、扩建规模民宿项目。

（六）食品安全

25. 至少单独设立原料粗加工间（区）、切配烹饪区、餐用具清洗间（区）和餐厅，其中切配烹饪间面积≥8平方米。

26. 清洗餐具和原料的水池应分别设置，不得混用。

27. 切配烹饪间需室内单独设置，不得露天敞开设置。切配烹饪间地面铺设防滑地砖。

28. 根据民宿餐饮服务的规模大小，配备与经营规模相适应的冰箱、冰柜冷藏设施、电子消毒柜和餐具清洁柜，切配操作台。各个卫生保洁设施正常运转和使用。

29. 所有的餐饮从业人员都要进行年度健康体检和食品安全知识培训，取得健康证明后上岗。严格执行餐饮食品安全操作规范。

（七）通信便捷

30. 配备与外界沟通联系的固定电话或移动电话。

31. 提供互联网络连接服务，实现民宿经营区域无线WIFI全覆盖。

（八）规范管理

32. 建立完善的内部管理制度（上墙公布）和服务礼仪规范。

33. 有明码标价的收费标准、住客须知。设立投诉电话。

34、鼓励经营业主为住客提供旅游意外保险。

四、办证程序

35. 建立联合审批工作机制。成立由公安、消防、住建、旅游、卫计、环保、食品药品监管、工商等部门组成的联合审批小组，明确并固定专门工作人员代表部门开展证照办理审批工作。民宿开办实行部门联合审批，由县民宿发展协调小组办公室牵头，联合受理、联合审查、联合踏勘、一站式审批：

（一）业主提出申请，签署村委会意见后提交镇（街）；

（二）镇（街）实地踏看，对经营用房的合法性、选址安全性、布局合理性和其它申办条件进行审核和公示，公示时间不少于3日，对符合条件的，签署意见后提交县民宿发展协调小组办公室审批；

（三）县民宿发展协调小组办公室牵头，组织联合审批小组进行实地核验，集体评审，并将评审结果一次性告知申请人；

（四）工商部门进行名称核准；

（五）民宿各项设施按许可标准实施后，报县民宿发展协调小组统一进行审核；

（六）营业执照先行办理，并办理税务登记等证件。县公安、食药监、卫计等职能部门，根据各自开展的专项验收意见，办理特种行业经营、餐饮服务、公共场所卫生等许可证。要求相关职能部门依法、高效、优质地为业主办理相关证照。

五、监督管理

36. 成立仁化县民宿发展协调领导小组，具体由县政府办、农委办、公安、消防、旅游、卫计、住建、食药监、工商等部门组成，负责民宿发展过程中重大事项的决策及管理过程中涉及全局性、政策性问题的协调和处置。领导小组下设仁化县民宿管理办公室，办公室设在县旅游局，负责牵头民宿的联合审批、联合执法和日常管理的指导督查。各成员单位应当按照各自职责，制定相关监督管理措施和服务政策。

37. 各镇（街）负责本行政管辖区域内民宿的审核、指导、培训、服务、规划、统计、安全和日常管理工作，各镇（街）要安排相关人员，负责民宿管理工作。丹霞山管委会要加强对丹霞山景区范围内农村民宿的监督管理。

38. 加强行业自律。民宿发展规模较大的村或镇（街）要推动成立民宿协会等行业组织，发挥行业自律作用。民宿行业组织的设立应报当地镇（街）同意，经县旅游局及县旅游协会审核后报县民政部门依法登记。

六、法律责任

39. 建立民宿违法经营查处联动机制。各镇（街）负责日常巡查监管，发现违法经营行为及时处置并报县民宿发展协调小组办公室，由办公室督促相关部门依法查处；涉及多部门的，由县民宿发展协调小组办公室牵头实施联合执法。对监管缺失或履职不到位的，由县民宿发展协调小组办公室报送县监察部门按照有关规定进行问责处理。

40. 民宿经营者对游客活动中可能出现危险的情况负有提醒告知义务，有安全隐患区域必须设置警示标志，并采取必要的防护措施。当发生突发公共事件时，民宿经营者须迅速采取有效措施，实施应急处置，并按国家有关规定立即如实报告当地镇（街）和县相关部门。各镇（街）要不断完善民宿集聚区的应急保障机制，配备通讯、医疗、供电等应急设施。

41. 当发生洪涝台等重大自然灾害，县政府及相关部门发出紧急避险或人员转移指令后，民宿经营者应协助做好游客的劝返或转移工作。对不服从县政府和相关部门发布的决定、命令（指令）和其它紧急措施要求的，依据《中华人民共和国治安处罚法》及相关法律法规，由公安机关及相关部门依法予以处罚，构成犯罪的依法追究刑事责任。

42. 民宿经营者不得有下列行为，违者由相关部门按有关法律规定处理：

（一）不按规定对入住游客进行登记；

（二）纠缠消费者或强行向消费者销售商品、提供服务；

（三）产品销售和服务不实行明码标价，违反价格相关法律的；

（四）经营不符合卫生标准，有害人体健康的食品；

（五）经营国家保护的野生动物或者其制品；

（六）经营国家明令禁止个人经营的物品；

（七）污染环境、乱搭乱建、乱占乱用土地；

（八）从事其它违反法律法规的经营活动。

七、政策扶持

43. 实施精品民宿规范提升工程。鼓励民宿自愿申请“丹霞仁家”农家乐服务质量等级评定，对符合“丹霞仁家”服务规范和标准的，颁发“丹霞仁家”牌匾，并按照有关规定给予相应的政策扶持。对达不到“丹霞仁家”服务规范和标准的，撤销其“丹霞仁家”资格和收回其牌匾。同时，加大“丹霞仁家”的宣传推介，引导广大游客前往“丹霞仁家”消费，通过市场倒逼的方式，提升农村民宿服务水平。每年评比一批精品民宿，给予重点支持服务。

44. 县旅游、工商、税务等相关部门要引导规模经营农村民宿单位按照“丹霞仁家”服务规范和标准，加大提升改造工作，对符合条件的“丹霞仁家”，引导其转为限额以上服务业，实现公司化、规范化运营，提升其对地区生产总值和税收的贡献率。县民宿发展协调小组办公室结合每年开展的民宿品质管理综合考核，对转为限额以上服务业的“丹霞仁家”，按照限上服务业有关规定给予税费优惠和奖补政策。

45. 加大民宿发展的金融扶持力度，建立仁化县民宿协会，共同出资成立民宿发展互保基金，争取在农信社及其他金融机构获得信贷支持。

八、附则

46. 本办法自发文之日起施行，有效期两年。由县民宿发展协调小组办公室负责解释。

47、乡村会所、乡村度假酒店、主题休闲农庄等乡村旅游新业态项目，须按旅游项目报批建设规定办理，建成营业后，纳入民宿日常管理体系。

附件：1. 仁化县民宿发展协调领导小组

2. 仁化县民宿发展协调小组成员单位职责

3. 仁化县农村民宿办理证照所需材料

4. 仁化县农村民宿申报表

公开方式：主动公开

抄送：县委办，县人大办，县政协办，县纪委办。

仁化县人民政府办公室　　　　2016年11月15日印发

附件1

仁化县民宿发展协调领导小组

组　长：沈建图（县政府副县长）

副组长：刘建新（县政府办）

叶志琴（县旅游局）

成　员：郑　戈（县公安局）

张伟强（县发改局）

钟福光（县安监局）

李庆明（县财政局）

章　俊（县住建局）

谭群辉（县交通运输局）

李志平（县水务局）

王金焕（县农业局）

谭定权（县委农办）

邓志华（县林业局）

沈家富（县旅游局）

邬立雄（县卫计局）

温宇军（县环保局）

赖东北（县食品药品监督管理局）

陈　彬（县工商局）

刘锦云（县国土资源局）

白洪洋（县消防大队）

领导小组下设办公室，办公室设在县旅游局，办公室主任由县旅游局局长兼任，县公安、消防、旅游、卫计、工商、食药监等部门分管领导兼任副主任。

附件2

仁化县民宿发展协调小组成员单位职责

县委农办：协同县旅游局开展星级民宿经营户“丹霞仁家”评定和民宿特色村、示范点评定工作。将民宿从业人员的培训纳入农民素质提升工程。将民宿集聚区村庄环境建设纳入各村日常管理机制。

县公安局：负责做好民宿游客的入住登记和治安安全指导管理工作。依法查处未取得特种行业许可从事住宿服务的无证经营行为。加强民宿遵守法律法规的宣传教育。

县消防大队：开展民宿消防安全知识培训，加强对全县民宿消防工作的监督检查，对存在消防隐患的点，及时指出并采取有效措施予以改正。

县发改局：对民宿发展进行政策和资金的扶持；指导民宿实行明码标价，对民宿价格和收费行为进行指导和监管。

县安监局：负责对各职能部门和镇（街）履行民宿综合安全监管的指导。

县财政局：负责民宿专项扶持和奖励资金的落实，及时下拨资金并进行监督检查。

县住建局：逐步建立健全农房建设工程质量安全监管相关制度，指导民宿所在镇（街）抓好民宿建设质量安全工作。

县交通运输局：参与做

好交通道路沿线民宿的选址审核。完善、规范交通警示标志和标牌，加强民宿经营区域交通安全监管。

县水务局：参与民宿的选址，防止民宿的发展影响防汛安全和水资源保护。指导镇（街）将乡村旅游的防汛安全纳入基层防汛防台体系建设，建立民宿防汛防台安全联系人制度；指导镇（街）完善民宿防汛防台应急预案编制，明确避灾场所，确定避灾路线；协同县国土、安监等职能部门督促镇（街）在易发生安全事故的山边、溪边、涉水项目及其它危险地段设立安全警示标志，以防游客涉险。

县农业局：负责指导农产品市场体系建设，组织开展绿色食品、无公害农产品生产进民宿工作。

县林业局：指导民宿做好林地的流转，按有关规定做好民宿涉及林地的选址审核（审批）以及监督指导森林消防等工作，依法查处违法使用林地行为，使我县民宿的发展与生态县建设相协调。

县旅游局：具体负责民宿产业发展的指导、服务、管理、培育、星级评定等工作，组织开展民宿宣传、营销、推介和从业人员业务培训等工作。承担民宿发展协调小组办公室职责，负责协调有关部门，形成服务和管理合力。

县卫计局：负责制订全县民宿相关服务项目卫生标准，做好民宿经营场所卫生许可和从业人员健康的审查；加强对民宿经营户日常经营中的卫生监督，依法查处违法经营行为。

县环保局：研究制定仁化县民宿生活污水处理办法，负责做好全县民宿相关环保法律、法规、政策的宣传和落实工作；指导民宿建设环保设施；加强对各民宿环境保护工作的监管和业务指导，对有环境影响的及时提出整改措施。

县食品药品监管局：负责民宿经营户的食品安全综合监督工作。做好民宿餐饮服务许可的审查，落实餐饮从业人员健康管理制度，依法查处餐饮服务无证经营行为。

县工商局：负责做好民宿营业执照的办理，加强日常监督管理检查、督促民宿经营户合法经营，依法查处无照经营行为，配合许可部门查处无证经营行为。

县国土资源局：负责做好民宿土地使用的审批（审核）工作，依法查处违法使用土地行为，协助和指导镇（街）做好地质灾害的防治和宣传工作。

附件3

农村民宿办理证照所需材料

一、农村民宿办理营业执照所需材料

1. 经营者身份证复印件；

2. 经营场所使用证明（自有房产提供所在村出具的该住宅属合法建筑同意经营的证明，非自有房产需提供租房协议复印件）；

3. 经营者一寸照片一张；

4. 办理个体工商户营业执照所需的工商登记的相关表格、名称核准文件等；

5. 如需办理公司制企业，还需提供办理公司制企业所需的工商登记的相关表格、名称核准文件、企业章程等。

二、农村民宿办理特种行业许可证所需材料

1. 营业执照复印件；

2.《特种行业许可申请登记表》；

3. 消防安全检查合格证；

4. 经营场所功能区分布及面积的平面示意图，建筑各层消防设施平面布置示意图。

三、农村民宿办理餐饮经营许可证所需材料

1. 营业执照复印件；

2.《餐饮服务许可申请书》；

3. 负责人身份证复印件（外地人要提供暂住证复印件）；

4. 从业人员健康体检合格证明原件及复印件、从业人员身份证复印件；

5. 经营场所平面布局图；

6. 食品安全承诺书。

附件4

仁化县农村民宿申请表

申请日期：　　年　　月　　日　　　　　　编号：〔20　〕　　　号

<table>
<tr><td>民宿名称</td><td></td><td>业主姓名</td><td colspan="3"></td></tr>
<tr><td>户籍地</td><td></td><td>身份证号</td><td colspan="3"></td></tr>
<tr><td>固定电话</td><td></td><td>手机号码</td><td colspan="3"></td></tr>
<tr><td>开业时间</td><td></td><td>从业人员数</td><td></td><td>家庭人口</td><td></td></tr>
<tr><td>房屋占地面积</td><td></td><td>营业用房面积</td><td></td><td>楼 层</td><td></td></tr>
<tr><td>房屋位置</td><td></td><td>客房数及床位数</td><td></td><td>餐位数</td><td></td></tr>
<tr><td colspan="2">邻里关系和谐，自觉遵守法律法规和乡规民约，无影响社会稳定因素存在</td><td colspan="4">所在村意见及签字：
年　月　日</td></tr>
<tr><td colspan="2">符合相关规划要求，有合法的土地和房屋证明，具有必要的污染治理和安全防护等基础配套设施。</td><td colspan="4">镇（街）意见及签字：
年　月　日</td></tr>
<tr><td colspan="2">自觉履行治安、消防安全责任和义务，符合公安机关对民宿登记备案及消防安全条件。</td><td colspan="4">公安意见及签字：
年　月　日</td></tr>
<tr><td colspan="2">自觉履行消防安全责任和义务，符合消防安全条件。</td><td colspan="4">消防大队意见及签字：
年　月　日</td></tr>
<tr><td colspan="2">做好餐饮经营和餐饮从业人员健康工作，符合食品药品监管部门的食品安全综合监管要求。</td><td colspan="4">食品药品监管局意见及签字：
年　月　日</td></tr>
<tr><td colspan="6">民宿发展协调小组办公室意见及签字：
年　月　日</td></tr>
</table>

注：本表格一式三份，民宿经营者、镇（街）、县民宿发展协调小组办公室各一份。凭此表格办理相关证照。

2016年中国共产党仁化县委员会文件目录一览表

表75

序号	发文单位	文件名	发文号	发文时间
1	中共仁化县委	中共仁化县委关于制定国民经济和社会发展第十三个五年规划的建议	仁发〔2016〕1号	2016.2.4
3	中共仁化县委、仁化县人民政府	中共仁化县委、仁化县人民政府关于调整部分县领导班子成员工作分工及挂点联系镇（街）的通知	仁发〔2016〕2号	2016.2.4
3	中共仁化县委	中共仁化县委关于印发《中共仁化县委常委会2016年工作要点》的通知	仁发〔2016〕3号	2016.3.29
4	中共仁化县委、仁化县人民政府	中共仁化县委、仁化县人民政府关于调整部分县领导班子成员工作分工的通知	仁发〔2016〕4号	2016.4.18
5	中共仁化县委、仁化县人民政府	中共仁化县委、仁化县人民政府关于调整部分县领导班子成员工作分工的通知	仁发〔2016〕5号	2016.5.31
6	中共仁化县委、仁化县人民政府	中共仁化县委、仁化县人民政府关于调整部分县领导班子成员工作分工的通知	仁发〔2016〕6号	2016.7.12
7	中共仁化县委、仁化县人民政府	中共仁化县委、仁化县人民政府关于调整县党政班子领导成员工作分工的通知	仁发〔2016〕7号	2016.9.23
8	中共仁化县委、仁化县人民政府	中共仁化县委、仁化县人民政府关于调整县党政班子领导成员工作分工的通知	仁发〔2016〕8号	2016.11.7

2016年仁化县人民政府文件目录一览表

表76

序号	发文单位	文件名	发文号	发文时间
1	仁化县人民政府	关于表彰2015年度仁化县政风行风建设优胜单位的决定	仁府〔2016〕1号	2016.1.26
2	仁化县人民政府	关于印发仁化县财政预算调整联席会议议事规则的通知	仁府〔2016〕2号	2016.2.1
3	仁化县人民政府	关于印发仁化县人民政府2016年工作要点的通知	仁府〔2016〕3号	2016.3.24
4	仁化县人民政府	仁化县关于大力推进大众创业万众创新的实施意见	仁府〔2016〕4号	2016.4.5
5	仁化县人民政府	仁化县人民政府关于清理非行政许可审批事项并调整县直有关部门职能的决定	仁府〔2016〕5号	2016.4.25
6	仁化县人民政府	仁化县人民政府关于公布县直部门权责清单的决定	仁府〔2016〕6号	2016.4.28
7	仁化县人民政府	仁化县人民政府关于邓又进等同志职务任免的通知	仁府〔2016〕7号	2016.5.4

续表76

序号	发文单位	文件名	发文号	发文时间
8	仁化县人民政府	仁化县新型职业农民扶持奖励办法（试行）	仁府〔2016〕8号	2016.5.16
9	仁化县人民政府	仁化县新型职业农民培育认定管理办法（试行）	仁府〔2016〕9号	2016.5.16
10	仁化县人民政府	关于调整仁化县突发公共事件应急管理委员会成员和设立专项应急指挥机构的通知	仁府〔2016〕10号	2016.5.16
11	仁化县人民政府	仁化县建设领域工人工资支付分账管理实施细则	仁府〔2016〕11号	2016.5.25
12	仁化县人民政府	关于印发董塘镇基础设施建设项目用地征收涉及的人工树木移植和果园水管补偿标准的通知	仁府〔2016〕12号	2016.6.12
13	仁化县人民政府	关于印发董塘镇基础设施建设项目房屋征收与补偿方案的通知	仁府〔2016〕13号	2016.8.5
14	仁化县人民政府	印发仁化县丹霞新城综合建设项目房屋征收与补偿方案补充规定的通知	仁府〔2016〕14号	2016.7.19
15	仁化县人民政府	关于进一步促进政府工作提质增效若干机制	仁府〔2016〕15号	2016.8.8
16	仁化县人民政府	周田镇至韶赣高速丹霞出口市政道路改造建设项目房屋征收与补偿方案的补充规定	仁府〔2016〕16号	2016.8.9
17	仁化县人民政府	仁化县“梦幻丹霞”建设项目房屋征收与安置补偿方案	仁府〔2016〕17号	2016.8.9
18	仁化县人民政府	丹霞街道牛鼻村简帛精舍文化旅游项目地上附着物征收补偿方案	仁府〔2016〕18号	2016.8.9
19	仁化县人民政府	关于机关事业单位工作人员养老保险制度改革贯彻意见的通知	仁府〔2016〕19号	2016.8.18
20	仁化县人民政府	仁化县人民政府关于印发仁化县气象事业发展“十三五”规划的通知	仁府〔2016〕20号	2016.8.17
21	仁化县人民政府	关于表彰2016年优秀校长、优秀教育工作者、优秀教师、优秀班主任、优秀乡村教师、尊师重教先进单位的决定	仁府〔2016〕21号	2016.8.25
22	仁化县人民政府	关于公布仁化县规范性文件清理情况的通知	仁府〔2016〕22号	2016.8.29
23	仁化县人民政府	关于印发《仁化县钢铁行业化解过剩产能实现脱困发展实施方案》的通知	仁府〔2016〕23号	2016.8.30
24	仁化县人民政府	关于我县村（居、社区）“三定”干部参加企业职工养老保险的实施意见	仁府〔2016〕24号	2016.9.9
25	仁化县人民政府	仁化县集体建设用地使用权流转管理实施办法	仁府〔2016〕25号	2016.9.12
26	仁化县人民政府	关于印发仁化县购房契税补贴实施方案（试行）的通知	仁府〔2016〕26号	2016.9.26

续表76

序号	发文单位	文件名	发文号	发文时间
27	仁化县人民政府	关于对2016年“十一”黄金周旅游服务工作先进集体和个人予以表扬的通报	仁府〔2016〕27号	2016.10.17
28	仁化县人民政府	仁化县人民政府关于李伟强等同志职务任免的通知	仁府〔2016〕28号	2016.10.18
29	仁化县人民政府	关于印发《仁化县安全生产“一票否决”制度实施办法》的通知	仁府〔2016〕29号	2016.11.8
30	仁化县人民政府	关于印发《仁化县安全生产诫勉约谈制度》的通知	仁府〔2016〕30号	2016.11.8
31	仁化县人民政府	关于印发《仁化县生产安全事故预警防控制度》的通知	仁府〔2016〕31号	2016.11.8
32	仁化县人民政府	关于印发《仁化县安全生产重大事故隐患挂牌督办制度》的通知	仁府〔2016〕32号	2016.11.8
33	仁化县人民政府	关于印发《仁化县行政许可事项目录（2016年版）》的通知	仁府〔2016〕33号	2016.11.8
34	仁化县人民政府	关于印发仁化县县城规划区农民住房管理规定的通知	仁府〔2016〕34号	2016.11.11
35	仁化县人民政府	仁化县农村民宿管理办法（试行）	仁府〔2016〕35号	2016.11.15
36	仁化县人民政府	仁化县授予荣誉市民称号办法	仁府〔2016〕36号	2016.12.13
37	仁化县人民政府	仁化县人民政府关于印发《仁化县国有资产经营（集团）有限公司组建方案》的通知	仁府〔2016〕37号	2016.12.26
38	仁化县人民政府	关于印发深化县属企业负责人薪酬制度改革的实施方案的通知	仁府〔2016〕37号	2016.12.26

2016年中共仁化县委办公室文件目录一览表

表77

序号	发文单位	文件名	发文号	发文时间
1	中共仁化县委办公室、仁化县人民政府办公室	中共仁化县委办公室、仁化县人民政府办公室关于印发仁化县2016年重点建设项目计划的通知	仁办发〔2016〕1号	2016.3.3
2	中共仁化县委办公室	中共仁化县委办公室关于转发《政协仁化县第十届委员会常务委员会2016年工作要点》的通知	仁办发〔2016〕2号	2016.3.17

2016年仁化县人民政府办公室文件目录一览表

表78

序号	发文单位	文件名	发文号	发文时间
1	仁化县人民政府办公室	关于调整仁化县科技进步实绩考核工作领导小组成员的通知	仁府办〔2016〕1号	2016.1.4
2	仁化县人民政府办公室	关于调整仁化县科技工作领导小组成员的通知	仁府办〔2016〕2号	2016.1.4
3	仁化县人民政府办公室	关于成立仁化县建筑余泥渣土堆放（排放）场及地质灾害易发场所等安全隐患专项整治工作领导小组的通知	仁府办〔2016〕3号	2016.1.4
4	仁化县人民政府办公室	新型工业化目标管理实施方案	仁府办〔2016〕4号	2016.1.5
5	仁化县人民政府办公室	仁化县“互联网+”行动计划（2015—2020年）	仁府办〔2016〕5号	2016.1.5
6	仁化县人民政府办公室	关于成立2016年仁化县国有建设用地供应计划编制工作领导小组的通知	仁府办〔2016〕6号	2016.1.11
7	仁化县人民政府办公室	关于成立仁化县2016年春运工作领导小组的通知	仁府办〔2016〕7号	2016.1.19
8	仁化县人民政府办公室	关于成立丹霞山自然保护区环境违法行为整改工作领导小组的通知	仁府办〔2016〕8号	2016.1.21
9	仁化县人民政府办公室	关于成立仁化县防寒防冻应急工作领导小组的通知	仁府办〔2016〕9号	2016.1.25
10	仁化县人民政府办公室	关于公布仁化县2015年县级农业龙头企业名单和县级专业合作社示范社的通知	仁府办〔2016〕10号	2016.2.29
11	仁化县人民政府办公室	仁化县贯彻落实《韶关市农村生活垃圾收运处理工作绩效考核办法（试行）》的实施方案	仁府办〔2016〕11号	2016.2.29
12	仁化县人民政府办公室	仁化县环境监管网格化管理工作实施方案	仁府办〔2016〕12号	2016.3.1
13	仁化县人民政府办公室	关于成立全县农村普惠金融试点工作领导小组的通知	仁府办〔2016〕13号	2016.3.7
14	仁化县人民政府办公室	2016年仁化县政策性农房保险工作方案	仁府办〔2016〕14号	2016.3.9
15	仁化县人民政府办公室	关于调整仁化县卷烟打假工作领导小组成员的通知	仁府办〔2016〕15号	2016.3.11

续表78

序号	发文单位	文件名	发文号	发文时间
16	仁化县人民政府办公室	关于调整仁化县爱国卫生运动委员会成员的通知	仁府办〔2016〕16号	2016.3.14
17	仁化县人民政府办公室	仁化县2016年度地质灾害防治方案	仁府办〔2016〕17号	2016.3.14
18	仁化县人民政府办公室	关于印发省级现代农业示范区建设贷款贴息方案补充意见的通知	仁府办〔2016〕18号	2016.3.14
19	仁化县人民政府办公室	关于成立仁化县旅游交通公路项目建设工作领导小组的通知	仁府办〔2016〕19号	2016.3.15
20	仁化县人民政府办公室	关于印发仁化县建立分级诊疗制度实施方案（试行）的通知	仁府办〔2016〕20 号	2016.3.18
21	仁化县人民政府办公室	关于调整仁化县妇女儿童工作委员会成员的通知	仁府办〔2016〕21号	2016.4.5
22	仁化县人民政府办公室	关于成立仁化县创建“无传销县”工作领导小组的通知	仁府办〔2016〕22号	2016.4.11
23	仁化县人民政府办公室	关于成立仁化县农村电子商务建设工作领导小组的通知	仁府办〔2016〕23号	2016.4.15
24	仁化县人民政府办公室	关于成立政府投资项目融资工作领导小组的通知	仁府办〔2016〕24号	2016.5.5
25	仁化县人民政府办公室	关于调整仁化县国有建设用地使用权招标拍卖挂牌领导小组成员的通知	仁府办〔2016〕25号	2016.5.6
26	仁化县人民政府办公室	关于印发《仁化县进一步落实食品安全属地管理责任的实施意见》的通知	仁府办〔2016〕26号	2016.5.13
27	仁化县人民政府办公室	仁化县2016年度企业职工基本养老保险扩面征缴工作实施方案	仁府办〔2016〕27号	2016.5.16
28	仁化县人民政府办公室	关于成立仁化县“政银保”联席会议领导小组的通知	仁府办〔2016〕28号	2016.5.16
29	仁化县人民政府办公室	关于成立仁化县农村产权抵押贷款工作领导小组的通知	仁府办〔2016〕29号	2016.5.28
30	仁化县人民政府办公室	仁化县关于成立国、省道道路改造工作领导小组的通知	仁府办〔2016〕30号	2016.6.12
31	仁化县人民政府办公室	关于调整县人民政府残疾人工作委员会成员的通知	仁府办〔2016〕31号	2016.6.15
32	仁化县人民政府办公室	仁化县精准扶贫“民信档案”贷款贴息方案	仁府办〔2016〕32号	2016.6.16
33	仁化县人民政府办公室	关于印发仁化县政府投资重点建设项目及PPP模式建设项目招标文书会审制度实施细则的通知	仁府办〔2016〕33号	2016.7.4

续表78

序号	发文单位	文件名	发文号	发文时间
34	仁化县人民政府办公室	仁化县主动融入珠三角实现加快发展行动计划（2016—2018）	仁府办〔2016〕34号	2016.7.4
35	仁化县人民政府办公室	关于印发仁化县产业集聚扩能增效专项资金股权投资实施方案的通知	仁府办〔2016〕35号	2016.7.8
36	仁化县人民政府办公室	关于印发仁化县基层医疗卫生机构经常性收入、支出核定实施方案的通知	仁府办〔2016〕36号	
37	仁化县人民政府办公室	关于成立仁化县休闲农业和乡村旅游工作领导小组的通知	仁府办〔2016〕37号	2016.7.13
38	仁化县人民政府办公室	关于成立仁化县民爆物品仓库建设协调工作领导小组的通知	仁府办〔2016〕38号	2016.7.15
39	仁化县人民政府办公室	关于成立仁化县集体建设用地使用权流转工作工作领导小组的通知	仁府办〔2016〕39号	2016.8.1
40	仁化县人民政府办公室	关于成立仁化县“河长制”工作领导小组的通知	仁府办〔2016〕40号	2016.8.3
41	仁化县人民政府办公室	关于成立仁化县2016年造林补贴工作领导小组的通知	仁府办〔2016〕41号	2016.8.3
42	仁化县人民政府办公室	仁化县病险山塘除险加固实施方案	仁府办〔2016〕42号	2016.8.4
43	仁化县人民政府办公室	关于印发涉及财政资金安排公文处理程序的通知	仁府办〔2016〕43号	2016.8.5
44	仁化县人民政府办公室	关于印发仁化县加快投资项目审批改革方案的通知	仁府办〔2016〕44号	2016.8.5
45	仁化县人民政府办公室	关于印发仁化县建立统一的公共资源交易平台实施方案的通知	仁府办〔2016〕45号	2016.8.8
46	仁化县人民政府办公室	关于成立县城内涝点整治专责工作领导小组的通知	仁府办〔2016〕46号	2016.8.9
47	仁化县人民政府办公室	关于成立仁化县协税护税工作领导小组的通知	仁府办〔2016〕47号	2016.8.11
48	仁化县人民政府办公室	仁化县人民政府关于印发仁化县协税护税工作实施方案的通知	仁府办〔2016〕48号	2016.8.12
49	仁化县人民政府办公室	关于印发《仁化县深化小型水利工程管理体制改革实施方案》的通知	仁府办〔2016〕49号	2016.8.17
50	仁化县人民政府办公室	仁化县2016年度中央财政造林补贴实施方案	仁府办〔2016〕50号	2016.8.17
51	仁化县人民政府办公室	关于成立仁化县全面建成小康社会统计监测工作领导小组的通知	仁府办〔2016〕51号	2016.8.22

续表78

序号	发文单位	文件名	发文号	发文时间
52	仁化县人民政府办公室	关于印发《仁化县新一轮农村电网改造升级工作实施方案》的通知	仁府办〔2016〕52号	2016.8.29
53	仁化县人民政府办公室	关于成立仁化县实施新一轮农村电网改造升级工程领导小组和工作小组的通知	仁府办〔2016〕53号	2016.8.31
54	仁化县人民政府办公室	成立仁化县钢铁行业化解过剩产能工作领导小组的通知	仁府办〔2016〕54号	2016.8.31
55	仁化县人民政府办公室	关于印发仁化县河道管护巡查制度的通知	仁府办〔2016〕55号	2016.9.1
56	仁化县人民政府办公室	关于印发《仁化县镇（街）级河道河长例会报告制度》等七项制度的通知	仁府办〔2016〕56号	2016.9.1
57	仁化县人民政府办公室	关于印发仁化县河道管理养护工作监督考核办法的通知	仁府办〔2016〕57号	2016.9.2
58	仁化县人民政府办公室	空号	仁府办〔2016〕58号	2016.9.6
59	仁化县人民政府办公室	关于成立仁化县国有资产整合领导小组的通知	仁府办〔2016〕59号	2016.9.9
60	仁化县人民政府办公室	关于调整仁化县质量强县工作领导小组成员的通知	仁府办〔2016〕60号	2016.9.9
61	仁化县人民政府办公室	关于印发仁化县河湖养护保洁管理办法及实施细则	仁府办〔2016〕61号	2016.9.9
62	仁化县人民政府办公室	仁化县农村产权抵押贷款工作实施方案	仁府办〔2016〕62号	2016.9.14
63	仁化县人民政府办公室	仁化县农业“政银保”项目实施方案	仁府办〔2016〕63号	2016.9.14
64	仁化县人民政府办公室	印发全县一门式一网式政务办理模式改革推进计划的通知	仁府办〔2016〕64号	2016.9.14
65	仁化县人民政府办公室	仁化县进一步加强农产品质量安全监管工作实施意见	仁府办〔2016〕65号	2016.9.23
66	仁化县人民政府办公室	关于调整县禁毒委员会组成人员的通知	仁府办〔2016〕66号	2016.9.23
67	仁化县人民政府办公室	关于印发《仁化县2016年土地征用、土地租用、房屋征收绩效考核细则》的通知	仁府办〔2016〕67号	2016.9.27
68	仁化县人民政府办公室	关于印发《仁化县2016年协税护税及非税收入完成情况考核方案（试行）》的通知	仁府办〔2016〕68号	2016.9.29
69	仁化县人民政府办公室	关于进一步规范县政府常务会议会务工作的通知	仁府办〔2016〕69号	2016.10.8

续表78

序号	发文单位	文件名	发文号	发文时间
70	仁化县人民政府办公室	关于成立仁化县河道采砂联合执法工作领导小组的通知	仁府办〔2016〕70号	2016.10.10
71	仁化县人民政府办公室	仁化县深化中小学教师职称制度改革实施方案	仁府办〔2016〕71号	2016.10.13
72	仁化县人民政府办公室	关于调整仁化县国家重点生态功能区县域生态环境质量考核工作领导小组成员及办公室成员的通知	仁府办〔2016〕72号	2016.10.13
73	仁化县人民政府办公室	关于成立仁化县原民办代课教师身份和工作年限认定工作领导小组的通知	仁府办〔2016〕73号	2016.10.13
74	仁化县人民政府办公室	关于调整县食品安全委员会组成人员的通知	仁府办〔2016〕74号	2016.10.27
75	仁化县人民政府办公室	关于印发《仁化县中小企业社会化服务平台建设实施方案》的通知	仁府办〔2016〕75号	2016.10.28
76	仁化县人民政府办公室	关于成立丹霞山（仁化县境内）人工林赎买流转工作领导小组的通知	仁府办〔2016〕76号	2016.11.2
77	仁化县人民政府办公室	关于成立仁化县社会保险扩面征缴工作领导小组的通知	仁府办〔2016〕77号	2016.11.3
78	仁化县人民政府办公室	关于成立仁化县生活污水PPP项目工程工作领导小组的通知	仁府办〔2016〕78号	2016.11.4
79	仁化县人民政府办公室	关于调整仁化县银海有色金属综合回收有限公司搬迁项目领导小组成员的通知	仁府办〔2016〕79号	2016.11.8
80	仁化县人民政府办公室	关于调整仁化县粮油供应和价格稳定工作领导小组的通知	仁府办〔2016〕80号	2016.11.11
81	仁化县人民政府办公室	关于调整仁化县粮食应急工作指挥部成员的通知	仁府办〔2016〕81号	2016.11.11
82	仁化县人民政府办公室	关于调整仁化县创建“广东省推进教育现代化先进县”工作领导小组成员的通知	仁府办〔2016〕82号	2016.11.17
83	仁化县人民政府办公室	仁化县全面推行农业“三项补贴”改革工作实施方案	仁府办〔2016〕83号	2016.11.21
84	仁化县人民政府办公室	关于印发《仁化县森林防火工作责任制实施细则》的通知	仁府办〔2016〕84号	2016.11.21
85	仁化县人民政府办公室	关于成立“双创”基地推进工作领导小组的通知	仁府办〔2016〕85号	2016.11.22
86	仁化县人民政府办公室	关于印发仁化县政府性债务风险应急预案（试行）的通知	仁府办〔2016〕86号	2016.11.25
87	仁化县人民政府办公室	关于做好迎接中央环保督察工作的通知	仁府办〔2016〕87号	2016.11.28

续表78

序号	发文单位	文件名	发文号	发文时间
88	仁化县人民政府办公室	仁化县新时期精准扶贫精准脱贫产业扶贫“以奖代补”操作细则	仁府办〔2016〕88号	2016.11.30
89	仁化县人民政府办公室	仁化县新时期精准扶贫资金管理暂行办法	仁府办〔2016〕89号	2016.11.30
90	仁化县人民政府办公室	仁化县新时期精准扶贫精准脱贫就业扶贫“以奖代补”操作细则	仁府办〔2016〕90号	2016.11.30
91	仁化县人民政府办公室	关于调整仁化县第三次全国农业普查领导小组的通知	仁府办〔2016〕91号	2016.12.1
92	仁化县人民政府办公室	关于印发仁化县推行一门式一网式政府服务模式改革工作实施方案的通知	仁府办〔2016〕92号	2016.12.1
93	仁化县人民政府办公室	关于调整仁化县河道采砂开采权出让招投标工作领导小组成员的通知	仁府办〔2016〕93号	2016.12.2
94	仁化县人民政府办公室	仁化县机关事业单位基本养老保险参保登记工作方案	仁府办〔2016〕94号	2016.12.2
95	仁化县人民政府办公室	印发关于加快推进全县机关事业单位养老保险制度改革工作方案的通知	仁府办〔2016〕95号	2016.12.2
96	仁化县人民政府办公室	仁化县行政服务中心办事大厅窗口管理办法	仁府办〔2016〕96号	2016.12.7
97	仁化县人民政府办公室	关于印发仁化县农村卫生站规范化建设实施方案的通知	仁府办〔2016〕97号	2016.12.7
98	仁化县人民政府办公室	关于调整县山林纠纷调处领导小组成员的通知	仁府办〔2016〕98号	2016.12.7
99	仁化县人民政府办公室	关于印发仁化县行政服务中心办事大厅进驻单位窗口及分中心工作考核方案的通知	仁府办〔2016〕99号	2016.12.7
100	仁化县人民政府办公室	关于成立仁化县粮食安全责任考核工作领导小组的通知	仁府办〔2016〕100号	2016.12.12
101	仁化县人民政府办公室	仁化县人民政府办公室关于印发仁化县公务员医疗补助实施方案的通知	仁府办〔2016〕101号	2016.12.22
102	仁化县人民政府办公室	关于成立仁化县全面提升三防能力建设领导小组的通知	仁府办〔2016〕102号	2016.12.26
103	仁化县人民政府办公室	关于调整仁化县国有建设用地使用权招标拍卖挂牌领导小组成员的通知	仁府办〔2016〕103号	2016.12.26

索　　引

主题索引

说　　明

1. 本索引采用主题分析法，款目按汉语拼音字母（同音字按声调）顺序排列；

2. 《特辑》《大事要闻》《先进单位、先进个人》《社会经济统计资料》《附录》等篇及表格不作内容主题分析；

3. 索引款目后的数字表示内容所在的页码，数字后的英文小写字母（a、b、c）表示栏别（即版面的左、中、右栏）。

A

B

C

D

E

F

G

H

J

K

L

M

N

P

S

T

W

X

Y

仁化县城一角 （谢嘉文 摄）

表格索引

丹霞山风光（谢嘉文 摄）